Droemer
Knaur®

Michael Baigent
Richard Leigh

Verschlußsache
Magie

Wir werden noch immer von
magischen Kräften gesteuert

Aus dem Englischen von
Bernhard Kleinschmidt, Konrad Dietzfelbinger,
Harald Stadler

Droemer Knaur

Originaltitel: The Elixir and the Stone. A History of Magic and Alchemy
Originalverlag: Viking, London

Die Folie des Schutzumschlags sowie die Einschweißfolie sind PE-Folien
und biologisch abbaubar.
Dieses Buch wurde auf chlor- und säurefreiem Papier gedruckt.

Umschlaggestaltung: Agentur Zero, München
Umschlagfoto: Bilderberg, Hamburg
Satz: Ventura Publisher im Verlag
Druck und Bindung: Ueberreuther Print
Printed in Austria
ISBN 3-426-27001-3

2 4 5 3 1

Une forêt des symboles est la nature
Où le meute cherche la mandagore.

Fouilles-toi, et tu percevras
L'alisier, cormier et alchemilla.

Ave, regina elementorum.

Le riche art de la chimie noire
Vient du sortilège du gros bois.

La cithare saumâtre lave l'hermine
Et la genêt l'ensachant.

Ave, mundi rosa.

Mais sois sans crainte, et tu verras
Le Normand vainc le Capétien.

Jehan l'Ascuiz

Ein Wald von Symbolen ist die Natur,
wo die Meute die Alraune sucht.

Erforsche dich, und du wirst entdecken
den Mehlbeerbaum, den Spierling und den
    Frauenmantel.

Gegrüßet seist du, Königin der Elemente.

Die reiche Kunst der schwarzen Chemie
kommt aus dem Zauber des dichten Waldes.

Die herbe Zither wäscht das Hermelin
und der Ginster hüllt es ein.

Gegrüßet seist du, Rose der Welt.

Doch sei ohne Furcht, und du wirst sehen:
Der Normanne besiegt den Kapetinger.

Jehan l'Ascuiz

Inhalt

Teil II

Anhang

Einleitung

Im Wettstreit um die beherrschende Rolle innerhalb der europäischen Kultur und Gesellschaft konkurriert die Wissenschaft seit dem 17. Jahrhundert mit der Philosophie, der etablierten Religion und den Künsten. Nach dem Ende des Zweiten Weltkriegs schien ihre Überlegenheit ebenso gesichert wie berechtigt, denn in den Jahren nach 1945 begann im Westen ein neues Zeitalter des wissenschaftlichen Rationalismus und Skeptizismus. Alles, was zum Bereich des Irrationalen gehörte oder an Magie und »Aberglauben« erinnerte, wurde nicht einfach ignoriert, sondern mit Mißtrauen, Besorgnis und Feindseligkeit bedacht.

Für die Menschen, die den Konflikt der Jahre 1939 bis 1945 durchlebt hatten – ganz gleich, ob sie ihn maßgeblich beeinflußt, ob sie daran teilgenommen oder ihn als Kinder einfach miterlebt hatten –, schien die Wissenschaft eine neue und tendenziell allmächtige Autorität zu erlangen. Sie war es, die Fortschritte wie den Einsatz von Antibiotika bewirkt hatte. Dazu kamen Entwicklungen im Bereich der Kommunikation, wie etwa das Fernsehen. Natürlich hatte die Wissenschaft auch beispiellose Mordwerkzeuge geschaffen: das Düsentriebwerk, Raketen und Lenkflugkörper, die Atom- und die Wasserstoffbombe. Doch selbst diese potentiell furchterregenden Neuerungen schienen nie für möglich gehaltene Aussichten auf »Fortschritt« zu versprechen, wenn man sie für friedliche Zwecke einsetzte. Das Düsentriebwerk konnte problemlos in zivile Flugzeuge eingebaut werden, um die Reisemöglichkeiten zu revolutionieren und den Erdball mit einem Netz von Luftstraßen zu überziehen. Raketen schufen die Möglichkeit zur bislang unvorstellbaren Eroberung des Weltraums; die Kernenergie schien die beruhigende Versprechung einer unbegrenzten Energiequelle zu bieten. Als Folge genoß der Wissenschaftler einen besonderen Status, der ihm das Ansehen des Hohepriesters, Magiers oder obersten Zauberers verlieh. Mochte man ihn wegen der Kräfte fürchten, die er entfesseln konnte, so schenkte man ihm doch auch Vertrauen. Zuversichtlich bestellte man ihn zum Wächter über die Zukunft der Menschheit.

Die Generation, die den Zweiten Weltkrieg erlebt hatte, hatte augenscheinlich gute Gründe für ihr Vertrauen in die Wissenschaft, ebenso hatte sie aber auch gute Gründe für ihr Mißtrauen gegenüber dem, was sie als irrational empfand. Vielfach sah man den Weltkrieg selbst als einen Kreuzzug gegen die Mächte des Irrationalen, das sich auf erschreckende Weise in der orchestrierten Massenhysterie der nationalsozialistischen Aufmärsche manifestiert hatte. Es war ein fester Bestandteil der nationalsozialistischen Ideologie gewesen, hatte sich in Hitlers Reden ausgedrückt und war im unmenschlichen Ausmaß der sogenannten Endlösung kulminiert. Erschienen war es aber auch in den wilden Attacken der japanischen Infanterie auf dem pazifischen Kriegsschauplatz, in der willfährigen Mißhandlung Kriegsgefangener durch ihre japanischen Aufseher, in dem Ehrenkodex, der besiegten japanischen Offizieren den Selbstmord aufzwang, in der sinnlosen Selbstverbrennung der Kamikazepiloten.

Nachdem sie auf derartige Erscheinungen des Irrationalen getroffen waren, schreckten die britischen und amerikanischen Kriegsteilnehmer vor dem Bereich des Irrationalen insgesamt zurück. Nach ihrer Heimkehr suchten sie verständlicherweise nur die Ruhe, das sprichwörtliche friedliche Leben, eine Wiederherstellung der Normalität und die klare, rationale Zukunft, die die Wissenschaft versprach. Diese Normalität in den vom wissenschaftlichen Rationalismus definierten Grenzen wurde als das *Nonplusultra* der westlichen Kultur gesehen. Normalität und die mit ihr verbundene Konformität wurden zu den Wahrzeichen einer Epoche, bei der man heute an graue Flanellanzüge denkt. Die beiden Begriffe waren der Maßstab, nach dem die Kriegsgeneration ihre Kinder aufziehen wollte und nach denen diese später leben sollten. Zu diesem Zweck bedachte man den dem sogenannten Baby-Boom entsprungenen Nachwuchs in ungekanntem Ausmaß mit den Segnungen eines mühevoll erworbenen Wohlstands, einer üppigen Auswahl technisch optimierter Konsumartikel und einem reichen Angebot vorzugsweise höherer Bildung.

12

Als die neue Generation in den 60er Jahren erwachsen wurde, erschien die von der Kriegsgeneration propagierte »Schöne neue Welt« zunehmend hohl und leer von jeglichen höheren Werten oder Zwecken, die sich von purem materiellem Erfolg hätten abheben können. Gerade die Bildung, von der die Jugend der 60er Jahre profitierte, ließ diesen Zustand um so stärker hervortreten. Statt einer glänzenden Zukunft sah sich diese Jugend mit drei furchterregenden Erscheinungen konfrontiert, die in der Geschichte der Menschheit noch nie aufgetreten waren. Es waren die drei ebenso unheilvollen wie allgegenwärtigen Gefahren der nuklearen Verwüstung, der Überbevölkerung und der Umweltzerstörung. Jeder dieser Faktoren verwandelte die biblische Vorstellung der Apokalypse aus einem theologischen Glaubensartikel in eine Drohung, die nur zu rasch wahr werden konnte.

In diesem dräuenden Schatten der von Menschenhand geschaffenen dreifachen Apokalypse gelangte die Jugend der 60er Jahre zur Reife. Es war ein Schatten, der einen Schleier des Zweifels über den Glauben an die Vernunft und den wissenschaftlichen Rationalismus warf, dem die Kriegsgeneration sich verschrieben hatte. Die Vernunft selbst erschien nun als hinterhältige Maske, als rechtfertigende Rationalisierung neuer Formen des Wahnsinns. So war es kaum »vernünftig«, genügend Kernwaffen zu produzieren und zu horten, um die Erde 60fach vernichten zu können. Es war kaum »vernünftig«, den Planeten im Übermaß zu bevölkern, ohne adäquate Vorkehrungen zur Bewältigung dieses Wachstums zu treffen. Und schließlich war es kaum »vernünftig«, Raubbau an den vorhandenen Ressourcen zu betreiben, ohne sich darum zu kümmern, wie man sie regenerieren könnte.

Wenn Vernunft zu derart offensichtlicher Unvernunft führen konnte, folgerte die Jugend der 60er Jahre, war die Vernunftgläubigkeit der Elterngeneration nicht mehr angebracht. Wenn die Wissenschaft in eine derartige Sackgasse führte, verdiente sie das Vertrauen der Menschheit nicht mehr. Und wenn Normalität und Konformität nur dazu dienten, den Menschen zum Komplizen seiner eigenen potentiellen Vernichtung zu machen, waren dies keine haltbaren Werte mehr. Von all diesen Vorgängen fühlte sich die Jugend zunehmend betrogen, und dieses Gefühl wurde nicht nur in den Vereinigten Staaten noch durch einen

Krieg verstärkt, dessen Wert und Legitimität immer zweifelhafter wurden. Innerhalb von zehn Kriegsjahren starben 56000 junge Amerikaner in den Dschungeln, Flußdeltas und Reisfeldern Südostasiens, wo sie nicht für ihre eigene Überzeugung kämpften, sondern für die ihrer Eltern. Im nachhinein nahmen sich weitere 60000 bis 100000 Menschen das Leben. So war der Vietnamkrieg der erste Krieg in der Geschichte der Menschheit, bei dem die Zahl der Gefallenen von der Zahl der Selbstmorde unter den Veteranen überschritten wurde.

Als die Jugend der 60er Jahre rebellierte, geschah dies in verschiedenartiger und nicht immer schlüssiger Form. Die von heutigen Kritikern am häufigsten hervorgehobenen Aspekte dieser Rebellion sind »Permissivität«, die sogenannte »Drogenkultur« und ein unerhört respektloser Widerstand gegen die etablierte Autorität. An zweiter Stelle im Katalog der Verfehlungen folgen oft der Widerstand gegen die christliche Moral, eine Hinwendung zu anderen (besonders östlichen) Religionen, die Beschäftigung mit der Psychologie (besonders der von C. G. Jung) und ein »ungesundes« Interesse am »Okkulten« oder »Esoterischen«.

Natürlich hatte es auch in der Vergangenheit sporadisch eine Renaissance des Okkulten gegeben, im allgemeinen in stürmischen Übergangsperioden, etwa am Vorabend der Französischen Revolution, in den Nachwehen des Deutsch-Französischen Kriegs von 1870, der zum Zusammenbruch von Frankreichs Zweitem Kaiserreich führte, oder vor Beginn des Ersten Weltkriegs und vor der Russischen Revolution. Und selbstverständlich war das »Okkulte« oder »Esoterische« auch zwischen diesem sichtbaren Auftreten wirksam, wenn auch an der Peripherie der gesellschaftlichen Entwicklung. Es wäre schwierig, auch nur ein einziges Jahrzehnt innerhalb der vergangenen vier Jahrhunderte aufzuspüren, in dem nicht irgendeine bedeutende Persönlichkeit oder eine Gruppe von Personen Experimente und Erkundungen in dem Bereich durchführte, den man als die »verbotenen Künste« bezeichnete.

Auch in den 60er Jahren fiel das wiedererwachte Interesse an diesen »verbotenen Künsten« mit einer Zeit stürmischer Veränderungen zusammen. Diesmal allerdings in einem ebenso dramatischen wie nie dagewesenen Ausmaß: nicht innerhalb einer kleinen gebildeten Elite, nicht im Rahmen von Freimaurer-Logen, sondern in der gesamten westlichen Hemisphäre in einer ganzen Generation unzufriedener, aber gebildeter junger Menschen. Unter den Eltern dieser Generation begannen lautstark die Alarmglocken zu läuten, um im gesamten folgenden Jahrzehnt nicht mehr zu verstummen. In den frühen 70er Jahren war einer der Autoren dieses Buchs soeben nach London gezogen und unterrichtete an einem Polytechnikum. Weil bekannt war, daß er an der amerikanischen Bürgerrechtsbewegung teilgenommen und sich gegen den Vietnamkrieg ausgesprochen hatte, erwarteten die meisten seiner glühend dem Marxismus ergebenen Kollegen, daß er ihre Ideologie teilte. »Es ist eigentlich nicht der Faschismus, der uns Sorgen macht«, vertraute ihm einer von ihnen im Gespräch an. »Der Faschismus ist so gut wie erledigt. Die wirkliche Bedrohung kommt von Jung und dem ganzen mystischen Zeug.« Nach Ansicht dieses besorgten Ideologen behinderten »Jung und das ganze mystische Zeug« die Anwerbung von Gesinnungsgenossen für die gute Sache, weil sie die Menschen dazu brachten, nach innen zu schauen, wobei ihr Bewußtsein für die Notwendigkeit einer sozialen und politischen Revolution abstumpfte.

Tatsächlich gelang der geschmähten mystischen Tendenz ironischerweise das erstaunliche Kunststück, die politische Rechte wie die Linke – also sowohl die selbstzufriedenen Vertreter des Status quo wie die selbsternannten »revolutionären Kräfte«, die eben diesen Zustand radikal verändern wollten – in Besorgnis und Widerstand zu vereinen. »Jung und das ganze mystische Zeug« vereinten auch zwei weitere maßgebliche Interessengruppen, die sich traditionell feindlich gegenüberstanden, nämlich das wissenschaftliche und das religiöse Establishment. In vorhersehbaren regelmäßigen Abständen beklagten Wissenschaftler wie Kleriker das Ausmaß, in dem die »esoterische Mode« den *Zeitgeist* durchdrungen habe. So kann man jene Alarmglocken, die in den 60er Jahren zu läuten begannen, noch heute hören, wenn auch im allgemeinen zu hochmütigem Spott gedämpft. Schlecht informierte Kommentatoren, Meinungsmacher, Rezensenten und Politiker ergehen sich gern in abfälligen Bemerkungen über eine »New-Age-Mode«, als sei die betreffende »Mode« nicht so alt wie die Ursprünge unseres philosophischen und religiösen Denkens.

Natürlich ist nicht zu leugnen, daß ein großer Teil des in den 60er Jahren wiedererwachten »esoterischen« Interesses ausgesprochen törichte Züge hatte: banale astrologische Kolumnen, die Befragung des Tierkreises, der Tarot-Karten oder des I Ging vor jeder wichtigeren oder unwichtigeren Entscheidung, vorgefertigte Selbstverwirklichungs-Programme, Erleuchtung aus der Dose, Instant-Nirwana, Schädelbohr-Sets zum Selbermachen. Unbestreitbar ist auch, daß die Renaissance des Okkulten damals eine Anzahl wirklich übler Phänomene hervorgebracht hat, eine Begeisterung für den Satanismus zum Beispiel und Machenschaften wie die Aktivitäten der Gruppe von Charles Manson. Sich ausschließlich auf diese Phänomene zu konzentrieren bedeutet jedoch, die kreativen und konstruktiven Dimensionen dieser Renaissance zu übersehen. Denken wir beispielsweise an die Autoren, die in den 60er Jahren als Vertreter »esoterischen« Gedankenguts hervortraten – an Carlos Fuentes und Gabriel García Márquez in Lateinamerika, an Thomas Pynchon in den Vereinigten Staaten und an den Franzosen Michel Tournier, um nur einige zu nennen. Dazu kamen Wissenschaftler und Wissenschaftlerinnen wie Edgar Wind oder Frances Yates, deren Erforschung der »Esoterik« unserem Verständnis der Renaissance und der Reformation neue Türen geöffnet hat. Auf das England zur Zeit Elisabeths I. und ihres Nachfolgers Jakob I., auf Shakespeare, Marlowe und ihre Zeitgenossen fiel so neues Licht. Durch Jung und einige seiner Schüler hat die esoterische »Mode« der Sechziger ein Interesse für das weibliche Prinzip – das *Ewig-Weibliche* Goethes – geweckt und für die Notwendigkeit, dieses Prinzip ins Bewußtsein und in die Kultur des Westens zu integrieren. Wie dieses Buch zeigen wird, hat das »esoterische« Prinzip der magischen Zusammenhänge schließlich den gesamten Bereich der Umweltforschung inspiriert und dazu geführt, daß wir die Erde als lebenden Organismus und ein alles umfassendes »Ökosystem« erkennen.

Interessant an dieser Renaissance des Okkulten der 60er Jahre ist nicht so sehr die Frage, was sie an Gutem oder Bösem bewirkt hat, sondern daß sie überhaupt stattgefunden hat. Das wiederum schien anfänglich überraschend, wenn man es in Kontrast setzte zu der unmittelbar vorangegangenen Epoche, also der Nachkriegszeit voller Normalität und

Mäßigung, voll wissenschaftlichem Realismus, Konformität, Konsumdenken und grauen Flanellanzügen. Das Interesse am Okkulten war jedoch gerade eine Reaktion auf diese Erscheinungen und die sie begleitende Selbstzufriedenheit, Engstirnigkeit und Sterilität. Einer ganzen Generation aufgeklärter junger Menschen wurde offenbar, daß die Werte ihrer Eltern in eine potentiell tödliche Sackgasse geführt hatten. Wenn irgendein Weg aus dieser Misere zu finden war, mußte er eine Veränderung der Grundhaltungen zur Folge haben: eine Veränderung, die der Zersplitterung die Integration entgegensetzte, der Spezialisierung ein ganzheitliches Verständnis, dem Mechanismus den Organismus und der Analyse die Synthese.

Die »Renaissance des Okkulten« in den 60er Jahren muß – wie viele andere Entwicklungen dieses Jahrzehnts – in diesem Kontext gesehen werden. Die der Mentalität der Zeit zugrundeliegende Dynamik lief auf eine Neuorientierung im Bereich der Werte hinaus, auf eine Bewegung hin zu Integration, Ganzheitlichkeit, Organismus und Synthese. Damals lag das Wort Revolution allerorten in der Luft. Unter Verkennung der eigentlich treibenden Kräfte wurde der Begriff oft oberflächlich aufgefaßt und direkt in politische Kategorien umgesetzt. Letztendlich aber ereignete sich eine wesentlich tiefer gehende Revolution, die an die Umwälzungen der Renaissance erinnerte: eine Revolution der Grundhaltungen und Werte, der persönlichen und kollektiven Prioritäten, ja des Bewußtseins selbst, also der Art und Weise, wie man die Wirklichkeit sah, sie verstand und mit ihr umging.

Diese Revolution verdankte sehr viel der sogenannten Renaissance des Okkulten. Genauer gesagt: Sie war einem bestimmten Korpus »esoterischer« Lehren verpflichtet, die wir gemeinhin unter dem Begriff der Hermetik kennen. Die Hermetik betont unter anderem den Zusammenhang allen Wissens und wie wichtig es ist, zwischen den verschiedenen Wissensbereichen Verbindungen herzustellen. In diesem Sinne kann die Revolution des Bewußtseins, die die 60er Jahre prägte, als hermetisch bezeichnet werden.

Die Verfasser dieses Buchs entstammen der Generation der 60er Jahre. Dafür wollen wir uns nicht entschuldigen; wir sind vielmehr ziemlich stolz darauf. Und wir sind auch stolz darauf, in jener Zeit – wenn auch nicht ohne die angebrachte Skepsis – an der Renaissance des Okkulten teilgenommen zu haben.

Wie viele unserer Altersgenossen haben wir auf mehreren Wegen zur Hermetik gefunden. Und auf die wichtigsten Wege führte gerade das Erziehungssystem, das diesen Bereich jenseits der Schranken akademischer Anerkennung verwiesen hatte. Wie wir rasch entdeckten, war die »Universität« alles andere als »universell«. Doch in den starr voneinander getrennten Fachbereichen, die sich wie in einem Vakuum der Erforschung der englischen, amerikanischen, französischen oder deutschen Literatur widmeten, lasen wir Lyrik und Prosa, die die von der Universität selbst geächteten Beziehungen herstellte: Beziehungen zwischen den Künsten, den Wissenschaften, zwischen Geschichte, Philosophie, Psychologie, Mythologie und vergleichender Religionswissenschaft. Während die Fachbereiche sich mit dem kleinlichen Fanatismus operettenhafter Nationalisten über ihre Reviergrenzen stritten, verschafften uns Blake, Goethe und Balzac, Flaubert, Tolstoi und Dostojewski, Joyce, Proust, Thomas Mann, Yeats und Rilke eine umfassendere Perspektive. In vielen dieser Gestalten, sogar in scheinbar so gesetzten Vertretern des Viktorianismus wie George Eliot und Robert Browning, trafen wir auf explizite Hinweise auf die Hermetik und ihre Anhänger.

Dazu kamen noch nicht in den Kanon aufgenommene Autoren. Lawrence Durrell beispielsweise wurde vom akademischen Establishment im allgemeinen übergangen und sogar herabgesetzt, doch an den britischen und amerikanischen Universitäten dürfte es damals wenige Studenten gegeben haben, die sein *Alexandria-Quartett* nicht gelesen hatten. Es war auf den Seiten von Durrells Tetralogie, wo wir – wie viele andere – zum ersten Mal auf Anspielungen auf die geheimnisvollen Lehren stießen, die man als *Corpus Hermeticum* bezeichnet. In seinen Werken trafen wir auch auf Namen wie Paracelsus und Agrippa, die in den herkömmlichen Lehrbüchern und Anthologien nirgends erwähnt wurden. Es war Durrells übersteigert romantische Beschwörung Alexandrias, die uns mit der Wiege des hermetischen Denkens bekanntmachte. Und es war Durrell, in dessen Werk wir auf die hermetischste aller

18

Disziplinen stießen, die Alchemie; nicht als eine kuriose Form primitiver Chemie, sondern als komplexes und ungemein beziehungsreiches symbolisches System, das Sexualität als Metapher für Kunst, Kunst als Metapher für Sexualität und beides als Metaphern für eine Wandlung des Selbst verwendete.

Wie Durrell hatte auch C. G. Jung keinen Platz im üblichen akademischen Lehrplan jener Zeit. Die Literatur aber führte uns mit dem Gefühl einer beglückenden Entdeckung zu ihm; und von Jung führte der Weg wieder zurück zur Alchemie und zur Hermetik, entweder direkt oder auf dem Umweg über Goethe. Bald wurde uns deutlich, daß im Grunde sehr viele Wege zu Alchemie und Hermetik zurückführten – obgleich die Universitäten die Wegbeschreibung verloren oder bewußt unleserlich gemacht zu haben schienen.

Wir entdeckten, daß die Hermetik eine überraschend neue Perspektive auf die gesamte Welt des Wissens bot, das – wie der Name nahelegte – vermeintlich an den »Universitäten« gepflegt und erörtert werden sollte. Aus dieser neuen Perspektive aber erschien die Aussicht so atemberaubend wie der Erdball in den Augen der Astronauten, die damals in den Weltraum vordrangen. Wie dieses Bild der Erde waren Wissen und Wirklichkeit jetzt als nahtlos zusammengefügtes Ganzes zu erkennen, ergaben sich Verbindungen zwischen angeblich unterschiedlichen »Disziplinen« und »Fächern«, die von den Universitäten künstlich getrennt, losgelöst, isoliert und abgeschirmt wurden. Indem die Hermetik eine Perspektive bot, die über die streng umgrenzten Bereiche des Wissens hinausführte, ließ sie erkennen, wie diese Bereiche sich zusammenfügten, wie sie ineinanderflossen, sich überschnitten und gegenseitig erhellten. Daneben konnte man aber auch erkennen, welche Risse und Verwerfungen jene Trennung, Zersplitterung und Isolation hervorgerufen hatte.

Gleichzeitig bot die Hermetik mehr als ein bloßes abstraktes oder theoretisches Verständnis und mehr als einen allgemeinen philosophischen Ansatz. Sie bot auch empirische Einsichten in die Art und Weise, in der die »Magie« – und zwar fast immer in ihrer verderblichen Form – von den Mechanismen der modernen westlichen Gesellschaft benutzt und ausgebeutet wurde. Kurz gesagt: Die Hermetik bot die Möglichkeit zu erkennen, wie bestimmte ihrer grundlegenden Prinzipien und Trieb-kräfte entwendet und zu letztendlich korrumpierten Zwecken eingesetzt wurden. So erschien die »Magie« zumindest in der modernen Welt als eine Metapher für gewisse heimtückische Formen der Manipulation, für eine »Kunst, die Dinge geschehen zu lassen«, allerdings auf eine Weise, die der wirklichen Hermetik zuwiderläuft.

Die Hermetik verschaffte uns auch neue Einsichten in die Geschichte. Folgte man beispielsweise den akademischen Lehrbüchern dieser Jahre oder den Vorlesungen der meisten unserer Professoren, wurzelte das folgenschwere Phänomen der Renaissance in Vorstellungen, die man später als »humanistisch« bezeichnete. Es waren Werte, wie sie Martin Luther, Erasmus von Rotterdam oder Sir Thomas More, der Verfasser der *Utopia*, verkörperten. Wir standen diesem Humanismus gewiß nicht feindselig gegenüber. Doch als wir unsere vom offiziellen Lehrplan abweichenden Erkundungen fortsetzten und in Persönlichkeiten wie Edgar Wind und Frances Yates eine neue Generation akademischer Lehrer entdeckten, begann die Renaissance in einem ganz anderen Licht zu erscheinen. Obgleich sie dem Humanismus zweifellos viel verdank-te, verdankte sie doch noch mehr dem hermetischen Denken und der hermetischen Tradition. Die wahre Triebkraft hinter der Renaissance, deutete sich an, war letztendlich »magisch«.

Diese Entdeckung führte uns zu einer weiteren Erkenntnis, über die die traditionelle Wissenschaft in Übereinstimmung mit dem Rationalismus der Nachkriegszeit einen diskreten Schleier geworfen hatte. Wenn die Renaissance weniger im Humanismus als in der Hermetik wurzelte, konnte der sogenannte Renaissance-Mensch – die Gestalt, die diese Epoche für die Nachwelt exemplarisch verkörperte – nicht vom Schlage eines Luther, Erasmus oder Thomas More sein. Wer aber war er dann? Wir fanden ihn bald in einer Anzahl von Persönlichkeiten, die Frances Yates »Renaissance-Magier« genannt hat. Doch als es uns gelang, diese Magier als historische Persönlichkeiten zu identifizieren, sahen wir, daß wir sie bereits als literarische Gestalten kannten. Wir hatten sie, wenn auch im Kontext einer strengen christlichen Moralität, in Marlowes *Doktor Faustus* kennengelernt oder in der toleranteren, sympathischeren Form von Goethes *Faust*. Je mehr wir uns mit ihr beschäftigten, desto mehr Bedeutung gewann diese Gestalt für uns. Faust hielt uns vor Augen, was unsere Generation charakterisierte: Ruhelosigkeit, Neugier, Wagemut, Wissensdurst und die Ablehnung einengender Konventionen. Und bald gewann er für uns eine noch viel wichtigere Bedeutung. Durch welche Gestalt versucht unsere Kultur, ihre Identität zu definieren? Auf den ersten Blick scheint die Antwort auf diese Frage recht leicht. Noch immer spricht man von einer »christlichen Zivilisation«, einer »christlichen Kultur«, einer »christlichen Welt«. Und noch immer ist – wenn auch nicht mehr ganz so häufig wie in der Vergangenheit – von der »Christenheit« die Rede. Angesichts solcher Begriffe ist klar, daß die westliche Gesellschaft sich darin gefällt, Jesus Christus als Leitfigur der von ihr geschaffenen Welt zu betrachten. In Wirklichkeit aber ist die Gestalt, die unsere Kultur am deutlichsten verkörpert, nicht der sanfte »Heiland«, der ans Kreuz geschlagen wurde, sondern eine ganz andere Figur: Es ist der Zauberer, der Magier, der Hexer, der in den Sagen der Renaissance einen durch sein Blut besiegelten Pakt mit dem »Teufel« schließt. Die Leitfigur unserer Kultur ist nicht Christus, sondern Faustus.

Faust oder Faustus hat in erster Linie, wenn auch nicht ausschließlich, durch zwei herausragende Werke der Weltliteratur bis heute überlebt: durch Marlowes Schauspiel und Goethes dramatisches Gedicht. In diesen beiden Werken verkörpert sich die kollektive Identität unserer Kultur. Wir begegnen darin einem Menschen, der bereits alle Bereiche des etablierten Wissens gemeistert und das gesamte Spektrum der menschlichen Erfahrung durchlaufen hat und nun vor der unabweisbaren Frage steht, wohin er als nächstes vorstoßen soll. Er fragt sich, welche neuen Welten es zu erobern, welche neuen Disziplinen es zu erforschen, welche neuen Wissensbereiche es zu erkunden gilt. Anders als Jesus Christus versucht diese Gestalt nicht, andere Menschen zu Gott zu führen, ja noch nicht einmal, ihre eigene, persönliche Einheit mit Gott anzustreben. Sie verlangt vielmehr nach nichts Geringerem, als selbst Gott zu werden. Bei der Verfolgung dieses Ziels setzt sie die technischen Möglichkeiten ihrer Zeit ein, um sich die Quelle einer ebenso gewaltigen wie ungenützten Kraft gefügig zu machen – einer Kraft, die nach den Vorstellungen der traditionellen christlichen Moral als »infernalisch«, »dämonisch«, »diabolisch« oder »satanisch« gilt. Mit der Quelle dieser Macht also schließt Faust seinen Pakt. Sie wird ihm die Mittel und Fähigkeiten zur Verfügung stellen, alles zu erreichen, was er erreichen will: die Herrschaft über neue Bereiche des Wissens zu erlangen, die Höhen und Tiefen der menschlichen Erfahrung zu durchlaufen, das bislang Unerforschte und Unbekannte zu erkunden. Im Gegenzug wird er am Ende der ihm gewährten Zeit seiner Seele verlustig gehen.

Nun besteht ein wichtiger Unterschied zwischen Marlowes aus dem 16. Jahrhundert stammender Fassung der Geschichte und dem Drama Goethes, das im Übergang vom 18. zum 19. Jahrhundert entstand. Am Ende von Marlowes Stück ist die Verlorenheit von Faustus' Seele ewig, unwiederbringlich, unwiderruflich und unrettbar. Am Ende von Goethes Werk hingegen wird die Verlorenheit dank des Eingriffs des *Ewig-Weiblichen*, also des weiblichen Prinzips, wieder aufgehoben, so daß Faust zur Erlösung und Rettung gelangen kann.

Heute, am Ende des 20. Jahrhunderts, bietet sich für unsere Kultur die Gelegenheit, ihr eigenes kollektives Faust-Drama zu schreiben. Offen ist, ob wir dabei im Sinne Marlowes oder in dem Goethes verfahren.

Teil I

1. Kapitel:
Hermes, der dreifach Große

Seit das Experiment der Menschheit seinen Anfang genommen hat, ist es von Magiern, Schamanen, Sehern, Wundertätern und Heilern begleitet worden. Lange vor dem Beginn der Geschichtsschreibung verrichteten solche Gestalten die teils unterschiedlichen, teils ineinander übergehenden Funktionen des Priesters, Propheten, Weisen, Hexers, Wahrsagers, Traumdeuters, Hellsehers, Astrologen, Barden und Arztes. Ihre Handlungen gehören zu den ersten, die von der Geschichtsschreibung aufgezeichnet wurden.

Als im Nahen Osten die christliche Epoche anbrach, traten solche Gestalten gehäuft auf. Man hat gelegentlich sogar behauptet, Jesus selbst sei nur einer von unzähligen Wundertätern seiner Zeit gewesen, sein späterer Einfluß und seine Wirkung auf unsere Kultur bloßer Zufall. Folgt man beispielsweise dem verstorbenen Professor Morton Smith von der Columbia University, so war das Christentum anfangs nur eine zufällige Angelegenheit, die sich wie so viele andere historische Phänomene leicht anders hätte entwickeln können – oder überhaupt nicht. Wäre es nicht zu einer unvorhergesehenen Verkettung von Umständen gekommen, hätten wir statt 2000 Jahren Christentum womöglich 2000 Jahre einer auf den Lehren des Apollonios von Tyana basierenden Religion erlebt. Auf jeden Fall hat Jesus, wie er in der christlichen Überlieferung erscheint, viel mit Apollonios gemein.

Apollonios stammte aus der heute in der Türkei liegenden Stadt Tyana; er wurde im frühen 1. Jahrhundert n. Chr. geboren und starb zwischen 96 und 98. Ein Schriftsteller namens Philostratos hat um 220 seine Lebensgeschichte verfaßt. Nach den von Philostratos gesammelten Berichten heilte Apollonios Kranke, erweckte mindestens einen Menschen von den Toten und fuhr bei seinem eigenen Tod in körperlicher

Form zum Himmel empor, begleitet vom Gesang von Tempeljungfrauen. Schon in jungen Jahren soll er sich dem pythagoreischen Denken verschrieben haben. Er war strenger Vegetarier und trug sein Haar auffällig lang. Seine Ablehnung des Blutopfers brachte ihn dazu, Gewänder aus Leinen zu tragen statt Leder, Fell oder andere von Tieren stammende Erzeugnisse. Sein leidenschaftliches Streben nach philosophischer Erkenntnis führte ihn auf ausgedehnte Reisen nach Italien, Griechenland, Ägypten, Syrien und Babylon. Er weigerte sich, Palästina zu besuchen, weil er glaubte, der jüdische Brauch des Tempelopfers beflecke dieses Land wie seine Menschen. In den Jahren 41 bis 54 lebte er in Indien, um das hinduistische Denken und die Überreste des Buddhismus zu studieren. Unter seinen Jüngern befand sich der römische Kaiser Vespasian, der ihn zu seinem spirituellen Ratgeber bestellte. Apollonios war der Ansicht, die einzig gültige Philosophie müsse sich auf das beziehen, was er die Seele nannte, »deren unsterbliches und unerzeugtes Wesen die Quelle der Existenz ist«.[1]

Man kann sich leicht weit Schlimmeres vorstellen als 2000 Jahre einer auf Apollonios gegründeten Religion, auch wenn sie – wie jede andere Religion – zweifellos von der Zeit, von sozialen und politischen Zwängen, vom Dogmatismus oder Fanatismus ihrer Anhänger verzerrt worden wäre. Wie die Dinge liefen, wurde Apollonios jedoch vom sogenannten Gang der Geschichte in jeder Beziehung zur Seite gedrängt, so daß wir nur durch die Biographie des Philostratos – ein Dokument von oft zweifelhafter Zuverlässigkeit – überhaupt etwas von ihm wissen. Andere Wundertäter dieser Epoche sind einer noch vollständigeren Vergessenheit anheimgefallen.

Einer von ihnen – ob er nun wirklich gelebt hat oder nur eine Erfindung ist – hat in der christlichen Überlieferung überlebt und ist zum Urbild des Magiers und zum ersten Vertreter der »schwarzen« oder bösen Magie, zur »ersten voll ausgeprägten Legende des [...] schwarzen Magiers« in der europäischen Geschichte geworden.[2] Es ist die Gestalt, die im 8. Kapitel der Apostelgeschichte (Verse 9–24) ebenso wie in den Schriften der Kirchenväter und späterer Autoren als Simon Magus auftaucht. Und auch Faust oder Faustus tritt in der Maske des Simon auf die Bühne.

Vieles deutet darauf hin, daß der ursprüngliche Simon – also die Person oder die Personen, auf denen sein Bild beruht – ein Anhänger des »ketzerischen« Denkens war, das wir als Gnosis oder Gnostizismus kennen. Ein im 4. Jahrhundert lebender Kirchenvater, Epiphanius von Salamis, verdammt ihn sogar als Urheber des Gnostizismus, was allerdings eine wenig überzeugende Annahme ist.[3] Andere Kirchenschriftsteller schreiben, er habe von sich behauptet, der Messias, der Sohn Gottes und sogar eine Verkörperung von Gott dem Vater zu sein. Es heißt, er sei in Gesellschaft einer Prostituierten aus Tyros umhergezogen, deren Name Helena auf eine Identifikation mit der trojanischen Helena verweist, vielleicht sogar auf eine Reinkarnation dieser Gestalt. Ein anderer Name, den man ihr verlieh, soll jener der Sophia gewesen sein, also des gnostischen Begriffs für die Verkörperung der göttlichen Weisheit. »Ihre Darstellung als Dirne«, schreibt Hans Jonas, »soll zeigen, wie tief das göttliche Prinzip, das einst von oben ausging, um zu schaffen, eben durch seine Schöpfung gesunken ist.«[4]

In der Bibel und in der späteren christlichen Überlieferung fungiert Simon als eine Art Erzgegner, als eine Verkörperung der Mächte der Dunkelheit, der unheiligen und unreinen Kräfte, denen die neue Botschaft des Christentums diametral entgegengesetzt ist. So erscheint er in der Apostelgeschichte als selbsternannter samaritanischer Wundertäter und Mochtegern-Messias. Eine charismatische Gestalt mit eigener eifriger Gefolgschaft, ist er wie Petrus – wenngleich auf eine eher unheilvolle Weise – ein »Menschenfischer« oder »Seelenfischer«. Als er und Petrus aufeinandertreffen, bietet Simon dem Apostel Geld, damit dieser ihm die Gabe, durch Handauflegen zu heilen, verkaufe. Anders gesagt: Er versucht, die heilende Kraft des Heiligen Geistes zu selbstsüchtigen und korrupten Zwecken zu erwerben, weshalb die Sünde des Ämterkaufs auch als Simonie bezeichnet wird.

In späteren Berichten kulminiert die Begegnung der beiden darin, daß Simon einen symbolischen Fehdehandschuh wirft und Petrus zu einer Art spirituellem oder magischem Duell herausfordert, bei dem jeder das jeweilige Wunder des anderen übertreffen muß.[5] Anfänglich übertrumpft Simon Petrus tatsächlich, da die von ihm geschaffenen Wunder scheinbar glanzvoller sind. Im Gegensatz zu Petrus' Taten entstammen sie jedoch nicht der Macht oder einem Auftrag Gottes, sondern – mittels bloßer Zauberei – einer eher fragwürdigen und (in der Sicht der christlichen Interpreten) dämonischen Quelle. Dadurch sind sie befleckt und unrein. So berückend sie sein mögen, sie sind lediglich ein billiges Produkt von Taschenspielerei, sind Täuschung und Schwindel, reizen die Oberfläche des Bewußtseins, haben jedoch keinen tieferen Wert. So ist nicht verwunderlich, daß Simon in den überlieferten Berichten schließlich seine wohlverdiente Strafe erhält: Er stürzt aus der Luft, in die er sich erhoben hat, bricht sich das Bein und diskreditiert sich so selbst.

Was Simons Auftreten in der Apostelgeschichte betrifft, so ist er eine unbedeutende Nebenfigur, ein korrupter Taschenspieler und Scharlatan, ein belangloses Hindernis, das aus dem Weg geräumt werden muß, damit Petrus seine triumphale Mission in Samarien fortsetzen kann. In den Augen späterer Schriftsteller wird er jedoch zu wesentlich mehr als einem schäbigen Rivalen des Petrus, der die Macht Gottes gegen sich hat. Er wird mit keiner geringeren Gestalt als der des Antichrist zusammengeworfen und ist damit nicht allein ein menschlicher Gegner, sondern eine Verkörperung oder ein Gesandter des größten geistigen Feindes. Für den gläubigen Christen wurde der ursprüngliche Erzzauberer damit zu einem Vertreter der schwarzen Magie, zu einem Sendboten der Mächte des kosmischen Bösen. Die Kräfte, die er ausübte, mußten folglich der höchsten Quelle der Sünde entstammen, dem Antichrist oder Teufel. So trugen auch alle späteren Magier allein durch die Ausübung »magischer« Künste das Stigma, auf Simons Spuren zu wandeln. Angesichts der kirchlichen Lehren konnten sie als nichts anderes erscheinen. Sie konnten offenkundig nicht als Menschen gesehen werden, die Zugang zur göttlichen Kraft hatten, konnten nicht als moderne Apostel erscheinen, da dies das Monopol in Frage gestellt hätte, das die Kirche auf diese Kraft beanspruchte. Jede Ausübung einer Kraft, die nicht einer offiziell sanktionierten kirchlichen Quelle entstammte, konnte definitionsgemäß nur dämonisch sein.

So bereitete Simon Magus den Weg für Faust, den Magier, der einen Pakt mit dem Teufel schließt. Der Zusammenhang der beiden Gestalten beschränkt sich allerdings nicht auf thematische Parallelen und die gemeinsame Beziehung zum Schatten der trojanischen Helena. Das deutsche Wort »Faust« könnte, als Metapher verstanden, einen gewissen – allerdings strapazierten – Sinn ergeben; auf Latein jedoch bedeutet Faustus »der vom Glück Begünstigte«, und es ist der Name in eben dieser Bedeutung, den Simon Magus annimmt. So schreibt Hans Jonas:

> Interessant ist, [...] daß Simon im lateinischen Kontext den Beinamen Faustus (»der Begünstigte«) annimmt. Verbindet man dies mit seinem ständigen Beinamen »der Magier« und der Tatsache, daß er von einer Helena begleitet wurde, die er als Reinkarnation der trojanischen Helena bezeichnete, so wird deutlich, daß hier eine der Quellen der Faust-Legende liegt. [...] Gewiß vermuten nur wenige Bewunderer von Marlowes und Goethes Dramen, daß ihr Held von einem gnostischen Sektierer abstammt und daß die wunderschöne Helena, die seine Kunst heraufbeschwört, einst der herabgestiegene Gedanke Gottes war, dessen abtrünnige Menschheit gerettet werden sollte.[6]

In der Apostelgeschichte sieht Simon Magus sich nicht als wirklich böse oder als Abgesandten der höllischen Mächte. Doch selbst zu seiner Zeit, also zwischen der Mitte und dem Ende des 1. Jahrhunderts, wäre eine solche Gestalt von den meisten Juden ebenso scharf kritisiert worden wie von den Anhängern der Bewegung, die sich zum Christentum entwickeln sollte. Für die Juden wäre er ein religiöser Außenseiter gewesen, der sich jenseits der erlaubten Grenzen des offiziell anerkannten Tempelpriestertums, der glühend nationalistischen messianischen Sekten und der Anhänger des aufkeimenden rabbinischen Judentums bewegte. In den Augen der Vertreter der neuen Religion – sei es der frühen Kirche des Herrenbruders Jakobus oder der Anhänger des Außenseiters Paulus – wäre er in noch schlechterem Licht erschienen.[7] Man hätte ihn als rivalisierenden Messias gesehen, dessen Behauptungen und Aktivitäten die Vorrechte des einzig wahren Erlösers geschmälert und sich ihrer bemächtigt hätten. Damit aber wäre er in der Tat nachweislich zu einem »Anti-Christ« geworden.

Wenn die Gestalt des Magiers, wie Simon Magus sie verkörpert, im

Palästina des Neuen Testaments also geächtet war, so gab es andere Orte, an denen er eindeutig willkommener war. Im 1. Jahrhundert war der wichtigste dieser Orte Ägypten, und hier besonders die Stadt Alexandria.

Alexandria –
das Zentrum des griechischen Ägypten

Mehr als ein halbes Jahrtausend vor dieser Zeit waren zwischen Ägypten und Griechenland freundschaftliche Beziehungen geknüpft worden. Schon 610 v. Chr. entstand im Nildelta eine griechische Siedlung als Handelszentrum, und griechische Krieger, die zuvor gegen die persischen Expansionsgelüste gekämpft hatten, standen den Ägyptern häufig gegen ähnliche Vorstöße der Perser bei. Im Gegensatz zu Griechenland war Ägypten jedoch nicht in der Lage, die Eindringlinge zurückzuschlagen. Den Großteil einer nahezu 200jährigen Periode, von 525 bis 332 v. Chr., stöhnte das Land unter dem persischen Joch. 343 floh der letzte der Pharaonen, Nektanebos II., den Nil hinauf ins äthiopische Exil, wodurch das Ägypten der alten Dynastien sein Ende fand. Tempel, Schreine, Denkmäler, ja ganze Städte wurden von den persischen Eroberern in Trümmer gelegt.

Als Alexander der Große 332 v. Chr. in Ägypten einmarschierte, wurde er von der einheimischen Bevölkerung als Befreier begrüßt. Die Soldaten der persischen Besatzungsmacht leisteten wenig Widerstand und wurden leicht überwältigt. Ein Jahr später, 331, gründete der makedonische Heerführer die Stadt, die bis zum heutigen Tag seinen Namen trägt. Kurz darauf verließ er das Land, um nie mehr zurückzukehren. Er starb acht Jahre später in Babylon, und sein gewaltiges Reich, das sich bis zu den Grenzen Indiens erstreckte, wurde zwischen seinen Feldherren aufgeteilt. Einer von ihnen, Ptolemaios, erhielt als Erbe Ägypten und bestieg 304 als Ptolemaios I. den Königsthron. Damit gründete er eine Dynastie *hellenistischer* Monarchen, die Ägypten regierte, bis die letzte Herrscherin der Linie, Kleopatra, im Jahre 30 v. Chr. starb. Kleopatra beging Selbstmord, als ihre Flotte und jene des aufständischen Römers Marcus Antonius in der Schlacht von Actium von Octavian, dem adoptierten Sohn Julius Caesars, geschlagen wurde. 27 v. Chr. erhob der siegreiche Octavian sich selbst zum Kaiser, nahm den Namen Augustus an und gründete das Römische Reich. Ägypten wurde damit zu einem Satelliten Roms, regiert von einem direkt dem Kaiser unterstellten Präfekten. In den folgenden dreieinhalb Jahrhunderten diente das Land als Kornkammer Roms. Alexandrinische Schiffe brachten das Korn übers Mittelmeer, zuerst nach Italien, dann auch zu den entfernten Außenposten des Imperiums und ab 330 n. Chr. schließlich auch zu der neu gegründeten Stadt Konstantinopel.

Unter der griechischen Dynastie der Ptolemäer bot Ägypten die Aussicht auf Land, soziales Fortkommen und ein leicht gewonnenes Vermögen. Das zog natürlich Einwanderer an, von denen viele in ihrem Heimatland arm gewesen waren und nun die Gelegenheit ergriffen, ihr Los zu verbessern, ja zu Macht und Autorität zu gelangen. Ägypten wurde durch den Zustrom griechischer Siedler hellenisiert und entscheidend verändert. Zum Beispiel hatten die meisten Ägypter traditionell Bier getrunken. Die Griechen hingegen tranken Wein, weshalb man große Weinberge anlegte. Während die meisten Ägypter Gewänder aus Leinen trugen, bevorzugten die Griechen Wolle, was zur Einfuhr von Schafen führte. Und da sie sich nicht mit irgendeinem Ersatz für ihr Olivenöl zufriedengaben, legten die Griechen auch umfangreiche Olivenhaine an. Zudem gründeten sie neue, an den bedeutenden Handelsstraßen gelegene Städte. Um die landwirtschaftliche Produktion zu optimieren, ordneten die Griechen das Land neu, kultivierten weitere Flächen, verbesserten mit ihrer technischen Kunstfertigkeit die Bewässerung und legten Sümpfe trocken. Die Einfuhr von Eisen erlaubte den Bau landwirtschaftlicher Geräte in einer besseren Qualität, als Ägypten sie bis dahin gekannt hatte.

Das Bankwesen wurde zu einem der Pfeiler der hellenistischen ägyptischen Wirtschaft. Eine offizielle königliche Bank wurde errichtet, die ihren Hauptsitz in Alexandria und Niederlassungen im ganzen Land hatte. Als Teil des königlichen Schatzamtes der Ptolemäer wechselte und verlieh sie Geld, nahm Einlagen an und bot Hypotheken. Derartige Vergünstigungen gewährten die Griechen freilich vorrangig ihren

Landsleuten, während die einheimische ägyptische Bevölkerung davon weitgehend ausgeschlossen blieb.

Unter der Herrschaft der Ptolemäer gelangte jedoch ganz Ägypten zu Wohlstand, die Einheimischen ebenso wie die eingewanderten Siedler. Am Ende von Kleopatras Regentschaft war der im Land geschaffene Reichtum gewaltig. Nach einem Bericht betrugen die jährlichen Staatseinkünfte 294 Tonnen Gold und 45 300 Tonnen Weizen, was in heutiger Währung mehrere 100 Millionen Dollar betragen würde.[8] Als das Land an der Schwelle zur christlichen Epoche in römische Hände fiel, war es wahrscheinlich das bedeutendste wirtschaftliche Besitztum seiner Zeit. Kein anderer Teil des Römischen Imperiums wies ein vergleichbares Einkommen auf.

Daß ganz Ägypten zu Wohlstand gekommen war, zeigte sich am glanzvollsten in Alexandria. Obgleich nie offiziell zur Landeshauptstadt erhoben, besaß die Metropole einen einzigartigen Status. Sie war die Residenz der ptolemäischen Herrscher und nach deren Sturz Sitz des römischen Präfekten. Man sprach gewöhnlich davon, sie liege »bei« Ägypten anstatt »in« Ägypten.

Im 1. christlichen Jahrhundert war Alexandria die reichste, weltoffenste und kultivierteste Stadt der griechisch-römischen Welt, dazu ihr konkurrenzloses Handelszentrum. Ihre Bevölkerung wird auf eine halbe Million Menschen geschätzt, war also wesentlich größer als die jeder anderen Metropole des Mittelmeerraums. Alexandria war berühmt für seine Bauten. Zu seinen Hauptsehenswürdigkeiten zählte der berühmte Leuchtturm von Pharos, eines der sieben Weltwunder der Antike. Erbaut auf der Insel Pharos, war der Bau mit der eigentlichen Stadt durch einen 1300 Meter langen Damm verbunden. Der Leuchtturm war 120 Meter hoch, was einem modernen 40stöckigen Hochhaus entspricht. Er war aus strahlend weißem Stein erbaut und wurde von einem gewaltigen Standbild des Zeus gekrönt. Auf seiner Spitze wurde ständig ein Feuer unterhalten, dessen Lichtschein durch eine Reihe von Vergrößerungsspiegeln weit aufs Meer hinausgeworfen wurde.

Nach einem Bericht umfaßte die Stadt mehr als 800 Tavernen, mehr als 1500 Badehäuser, mehr als 2400 Tempel und mehr als 24 000 Wohnhäuser. Dazu kamen Theater, ein Stadion für Spiele, ein Forum, ein

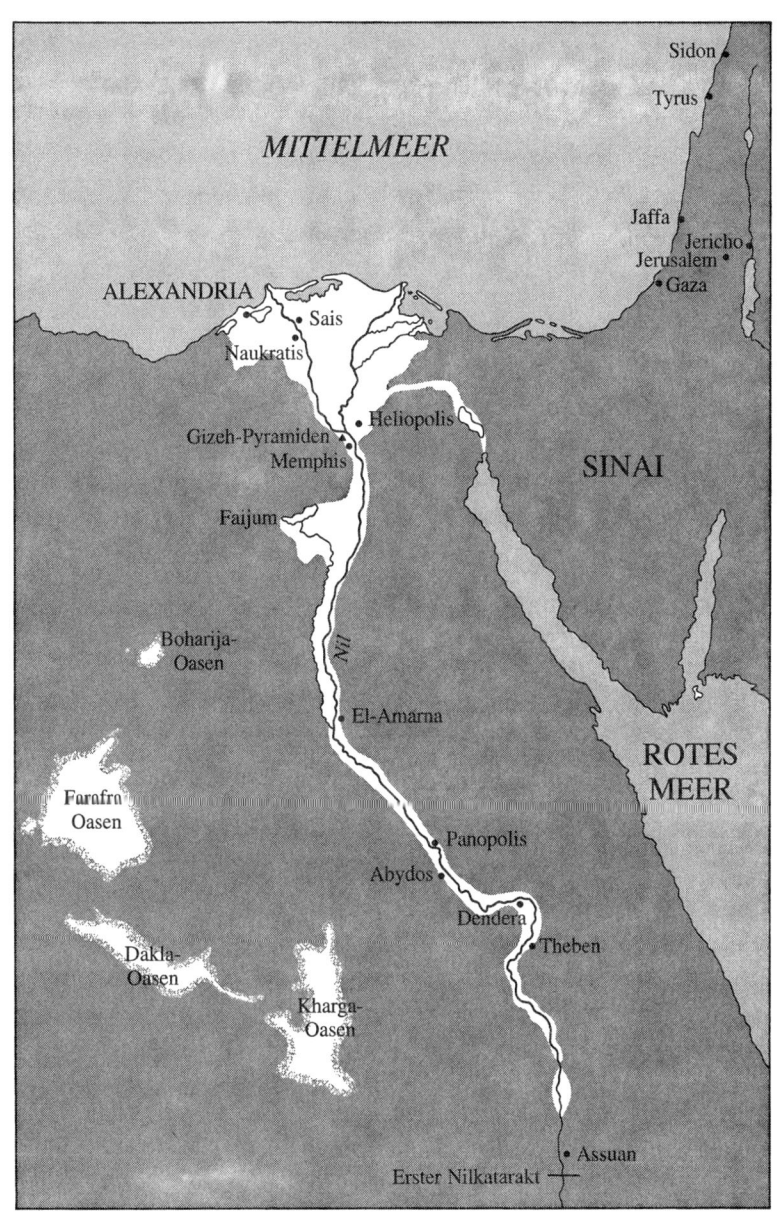

Ägypten unter hellenistischer Herrschaft
(332 bis 30 v. Chr.)

großer Markt, ein riesiges Gymnasium, zahlreiche öffentliche Gärten und heilige Haine. Es gab Gerichtsgebäude, Kasernen und unzählige Denkmäler. Am Eingang des Augustustempels standen zwei Säulen, die später als »Nadeln der Kleopatra« bekannt wurden. Eine von ihnen steht heute am Londoner Themseufer, die andere im Central Park von New York. Bei all diesen Gebäuden wurde so verschwenderisch weißer Marmor verwendet, daß er im Sonnenlicht die Augen geblendet haben soll.

Zu den Hauptsehenswürdigkeiten dieser Zeit zählte der einbalsamierte und in Leinen gewickelte Leichnam Alexanders, den man aus Babylon in die von ihm gegründete Metropole zurückgebracht hatte. Der Leib des großen Heerführers ruhte in einem goldenen Sarkophag, dieser in einem gewaltigen Grabmal, das zum Ziel von Wallfahrten wurde. Man nimmt an, daß der Sarkophag um 89 v. Chr. von einem der ptolemäischen Könige entwendet wurde, der in Geldnot geraten war. Das Grab überlebte etwas länger. Zum letzten Mal taucht es 215 n. Chr. in der Geschichtsschreibung auf, als es vom römischen Kaiser Caracalla besucht wurde.

Für viele Menschen der damaligen Zeit, auf jeden Fall aber für die Nachwelt, bestand die Krönung von Alexandrias Glanz in der berühmten alexandrinischen Bibliothek. Kraft dieser Sammlung hatte die Stadt andere Bildungszentren wie Athen und Korinth übertroffen und war zum bedeutendsten Hort der Gelehrsamkeit in der Antike geworden. Eigentlich gab es zwei große Bibliotheken in Alexandria. Die größere war aus weißem Marmor erbaut und mit dem »Museum« verbunden, das ursprünglich das *Museion*, der Schrein der Musen, war. Eine kleinere Bibliothek, gewissermaßen eine Filiale der ersten, war in dem dem Gott Serapis geweihten Tempel untergebracht.[9]

Das *Museion* war anfänglich ein kultisches Zentrum, eine heilige, den Musen geweihte Stätte. Unter der römischen Herrschaft, die jene der Ptolemäer ablöste, gewann es einen weltlicheren Charakter und entwickelte sich zum antiken Gegenstück der heutigen Universität. Am Meer gelegen, bot es einen überdachten Wandelgang, einen Bogengang mit Sitzen, einen gemeinsamen Eßsaal für die Gelehrten, Zimmer für Privatstudien, Wohnräume und wahrscheinlich auch Vortrags- und

Theatersäle. Die Institution bestritt auch den Unterhalt der Mitarbeiter. Sie bezahlten keine Steuern, erhielten kostenlos Unterkunft und Verpflegung, ein gutes Gehalt und eine Anzahl weiterer Vergünstigungen, darunter Diener.

Das *Museion* war zwischen 300 und 290 v. Chr. von Ptolemaios I. gegründet worden, einem gebildeten Mann, der die Gesellschaft von Künstlern, Philosophen, Dichtern und anderen Schriftstellern genoß. Ptolemaios befahl, alle Bücher, die man auf den in Alexandrias Häfen liegenden Schiffen entdeckte, einzuziehen und zu kopieren. Die Kopien wurden den Besitzern der Bücher übergeben, die Originale im *Museion* untergebracht. Zudem ließ Ptolemaios Abschriften von Büchern in anderen Bibliotheken – etwa in der von Athen – machen, und schließlich wurden in allen damals bekannten Ländern der Erde Privatsammlungen aufgekauft.

Die bibliophile Leidenschaft des Ptolemaios teilten auch dessen Nachfolger, so daß die Bibliothek schließlich aus zehn Sälen bestand, von denen jeder einem anderen Wissensgebiet gewidmet war. Wie den Leuchtturm von Pharos betrachtete man sie als eines der sieben Weltwunder der Antike. Die Texte wurden in Form von Manuskriptrollen aus Papyrus aufbewahrt, die meist zwei oder mehr Einzelwerke enthielten. In seiner glanzvollsten Zeit besaß das *Museion* ungefähr eine halbe Million solcher Rollen, die kleinere, zum Serapistempel gehörige Bibliothek weitere 40 000. Alles war sorgsam beschriftet und katalogisiert. Und alles war nicht nur einer gebildeten Elite zugänglich, sondern uneingeschränkt auch der Allgemeinheit und damit jedem Menschen, der Wissensdrang verspürte.

Ein großer Teil der in den Bibliotheken der Stadt bewahrten Schriften war in griechischer Sprache abgefaßt. In der römischen Zeit wurde dieses Material natürlich durch lateinische Texte ergänzt. Es gab jedoch auch Werke in zahlreichen anderen Sprachen und aus wesentlich abgelegeneren Gebieten. Zu finden waren zum Beispiel Kommentare der heiligen zoroastrischen Schriften und höchstwahrscheinlich auch Kopien alter ägyptischer Werke.

Wie jede ähnliche Institution waren auch die Bibliotheken Alexandrias den Wechselfällen des Krieges und den Exzessen doktrinärer Fanatiker ausgeliefert. So belagerte Julius Caesar 48 v. Chr. die Stadt. Von der besiegten ägyptischen Flotte breitete sich das Feuer auf die Gebäude an der Küste aus, so daß im *Museion* 70 000 Schriftrollen zerstört wurden. Viele von ihnen wurden ersetzt, doch ab dem Ende des 3. Jahrhunderts waren die alexandrinischen Bibliotheken wiederholt Plünderungen ausgesetzt: durch eine neue Welle persischer Invasoren, durch den römischen Kaiser Diokletian, durch fanatische christliche Dogmatiker. Im 4. Jahrhundert scheint die Hauptbibliothek, also die des *Museion*, der Vernichtung anheimgefallen sein; oder sie war so stark geschrumpft, daß sie der Geschichtsschreibung keine Erwähnung mehr wert schien. 391 zerstörte schließlich ein wütender christlicher Mob unter Führung des Patriarchen von Alexandria die kleinere Bibliothek im Serapistempel ebenso wie den Tempel selbst. Dieser Verlust des reichen Wissensschatzes von Alexandria muß zu den größten Katastrophen in der Geschichte unserer Kultur gezählt werden. Er stellt ein Vergehen dar, für das das Christentum nie angemessen zur Rechenschaft gezogen wurde – allerdings sind christliche Fundamentalisten noch heute nur zu bereit, Bücher zu verbrennen.

Das Ausmaß dieses Verlusts wird am ehesten an einigen der berühmten Namen deutlich, die man mit Alexandria und seinen Bibliotheken verbindet. »Schüler« Alexandrias war etwa Euklid, der Mathematiker, dessen Geometrie noch heute Gültigkeit hat, weiter Eratosthenes, der zu dem Schluß kam, daß die Erde eine Kugel ist, und der sogar ihren Umfang berechnete, ferner der Astronom und Astrologe, den wir unter dem Namen Ptolemaios kennen. Die Lehren des Arztes Galen beeinflußten während der folgenden eineinhalbtausend Jahre das medizinische Denken; der ägyptische Priester und Historiker Manetho schuf eine Aufstellung der ägyptischen Herrscher und Dynastien, die in vieler Hinsicht noch heute Geltung hat. Zu nennen sind auch Kirchenväter und Theologen wie Klemens von Alexandria und Origenes, dazu herausragende gnostische Lehrer wie Valentinus und Basilides und schließlich zahlreiche Philosophen von weitreichendem Einfluß wie Plotin, Proclus und der hellenisierte Jude Philon.

Wie die Vielfalt dieser Gestalten zeigt, war Alexandria an der Schwelle zum christlichen Zeitalter ein regelrechter Schmelztiegel. Die Bevölkerung der Stadt bestand aus Menschen aller Länder, aller Rassen, aller Kulturen und aller Glaubensrichtungen der damals bekannten Welt; und so entwickelte sich eine weltoffene Metropole, vergleichbar nur mit heutigen Zentren wie London und New York. Hier lebten natürlich die einheimischen Ägypter; hier lebten Menschen aus dem gesamten griechischsprachigen Mittelmeerraum, nicht nur vom griechischen Festland und den dazugehörigen Inseln, sondern auch aus Sizilien, Syrien und Kleinasien. Dazu kamen Babylonier, Araber, Perser, Karthager, Gallier und Emigranten aus dem heutigen Italien und Spanien. Außerdem fand sich hier die größte jüdische Gemeinde außerhalb Judäas.

Wie jede andere Volksgruppe in Alexandria bewohnten die Juden der Stadt ein eigenes Viertel. Obwohl sie sich in religiösen Dingen an Jerusalem orientierten und dem dortigen Tempel jährlich Abgaben sandten, waren sie in ihren Gewohnheiten und ihrem Lebensstil hellenisiert. Viele von ihnen hatten griechische Frauen geheiratet, viele sprachen kein Hebräisch mehr, und der Gottesdienst in einer großen und zahlreichen kleineren Synagogen wurde auf griechisch gehalten. Es entstanden griechische Übersetzungen der Tora. Unter den am Toten Meer entdeckten Schriftrollen von Qumran sind manche auf griechisch abgefaßt und auf Papyrus geschrieben, was die Vermutung aufwirft, sie könnten aus Alexandria stammen.[10]

Die Juden genossen das höchste Ansehen aller Nichtgriechen in Alexandria und waren mit einer beträchtlichen Autonomie ausgestattet. So hatten sie ihre eigenen Richter und Gemeindevorstände. Manche von ihnen erreichten hohe Stellungen. So heißt es, einer der ptolemäischen Herrscher habe die Verwaltung seines gesamten Königreichs wie auch den Oberbefehl seiner Streitkräfte zwei Juden übertragen. In der Armee Kleopatras III. befanden sich zwei jüdische Generäle.

Als die ptolemäische Dynastie unterging, entstand unausweichlich Spannung zwischen der jüdischen Gemeinde und den neuen römischen Herrschern, die zunehmend einen Antisemitismus von nie gekannter Schärfe hegten. Zu dieser Zeit lehnte Palästina sich unablässig gegen die römische Besatzungsmacht auf, und das Echo dieses Aufruhrs hallte über die Wüste nach Alexandria. 66 n. Chr. brach in Judäa eine ausgewachsene Rebellion los, die die folgenden acht Jahre andauerte. Während die römischen Legionen allmählich die Kontrolle über das Land wiederherstellten, suchten viele messianische jüdische Rebellen – die Zeloten mit der Untergruppe der Sikarier – Zuflucht in Alexandria, wo sie alles unternahmen, um neue Erhebungen zu schüren.[11] Die daraus entstehenden Unruhen führten zu unheilvollen Konsequenzen, während weitere Aufstände in Judäa die antijüdische Stimmung verstärkten. Um die Mitte des 2. Jahrhunderts war Alexandrias einst vielköpfige jüdische Gemeinde dezimiert.

Inzwischen waren die glanzvollen Jahre Alexandrias weitgehend Vergangenheit. Doch noch im 4. Jahrhundert schreibt der römische Historiker Ammianus Marcellinus über Ägypten: »Dort sind ja die Menschen zuerst – lange vor den übrigen – sozusagen zu den Wiegen der verschiedenen Religionen gelangt und wachen noch heute sorgfältig über die ersten Anfänge der Gottesverehrung, welche in geheimen Schriften niedergelegt sind.«[12] Pythagoras wie Platon, betont Ammianus Marcellinus, hätten einen großen Teil ihres Wissens aus Ägypten bezogen. Und noch zu seiner Zeit, fügt er hinzu, seien die Quellen dieses Wissens in Alexandria nicht versiegt:

[Es] schweigen auch heutzutage noch nicht völlig die verschiedenen Wissenschaften in eben dieser Stadt; denn irgendwie sind wie ehedem die Lehrmeister der Wissenschaften hier am Leben, noch immer bringt der geometrische Zeigestab das Verborgene ans Licht, ist auch noch nicht gänzlich dortzulande die Musik versiegt und die Harmonie verstummt, und findet bei einigen, obschon nicht eben zahlreichen Gelehrten die Betrachtung von Erd- und Sternbewegungen warme Pflege. Es gibt auch Rechenkünstler, außerdem einige wenige, die sich auf Zukunftsdeutung verstehen.[13]

Ammianus Marcellinus kommt zu dem Schluß: »Wünscht nun einer vielfache Unterweisung in der Erkenntnis des Göttlichen und – mit lebendigem, rückwärtsschauendem Geiste – den Ursprung aller Zukunftsahnungen, so wird er beobachten, daß alle derartige Wissenschaft über die gesamte Welt hin von Ägypten ausgegangen ist.«[14]

Wenn Alexandria in seinen besten Tagen einen zentralen Umschlagplatz für Waren darstellte, so galt das auch für den Umschlag von Ideen. Und wenn es ein Schmelztiegel für verschiedene Völker war, so verschmolzen hier auch Religionen, Glaubensbekenntnisse und philosophische Systeme. Die Stadt war eine Schaltstelle und ein Umschlagplatz für das Wissen der gesamten bekannten Welt. Ihre Mauern nahmen so gut wie jede Religion und Denkweise auf.

Als eine Art Untergrund fungierten die kultischen Bräuche, die sich von der Religion des alten Ägypten ableiteten und in die Zeit der Pharaonen und vielleicht noch weiter zurückreichten. Über diese Schicht legte sich – häufig von ihr durchzogen – die Schicht einer Vielzahl von Kulten griechischer Gottheiten, darunter auch des Stadtgründers Alexanders des Großen und der ptolemäischen Dynastie, deren Herrscher keine Skrupel hatten, sich selbst zu Göttern zu erklären. Von besonderer Bedeutung war der Kult des Gottes Serapis. Bei Serapis handelt es sich um eine bewußt geschaffene Gottheit, die so entworfen und zusammengefügt wurde, daß sie Griechen wie Ägyptern gleichermaßen zusagte. Serapis, schreibt ein Forscher, »war im Grunde das Ergebnis der Studien einer Gruppe von Philosophen und Priestern, die aus allen Quellen schöpfte und all die Vorstellungen und Attribute zusammenfügte, die von Nutzen sein würden«.[15]

Der Serapis-Kult wurde vom ptolemäischen Herrscherhaus besonders gefördert, weil er religiöse Unterschiede ausglich und dazu dienen konnte, die öffentliche Ordnung aufrechtzuerhalten. Er leitete sich teilweise von der uralten Verehrung des heiligen Apis-Stiers ab, deren Zentrum sich in der einstigen ägyptischen Hauptstadt Memphis befunden hatte. Der Apis-Kult wiederum hatte Elemente der noch älteren Verehrung des Osiris aufgenommen, weshalb Serapis oft als Gatte der archaischen ägyptischen Muttergottheit Isis dargestellt wurde. So wandten sich an Serapis gerichtete griechische Inschriften nach der Übertragung in demotische (vereinfachte) Hieroglyphen an Osiris. Was die Griechen betraf, vermischte Serapis sich mit Zeus, so daß häufig der Doppelname Zeus-Serapis auftauchte. Serapis wurde aber auch mit anderen ägyptischen Gottheiten wie Amun und mit anderen griechischen Göttern wie Poseidon in Beziehung gesetzt. In jedem Bezirk

Ägyptens war ein ihm geweihter Tempel zu finden, und jener in Alexandria gehörte zu den wichtigsten Bauten der Stadt.

Im Gefolge der römischen Besatzung bürgerte sich die Verehrung römischer und von den Römern übernommener griechischer Gottheiten ein. Als selbsternanntem Gott war auch dem römischen Kaiser ein eigener offizieller Kult gewidmet. Dazu kam die enthusiastische Verehrung der aus dem östlichen Mittelmeerraum stammenden Göttin Kybele, deren von eigener Hand kastrierte Priester offenbar ein gewohnter Anblick auf Alexandrias Straßen waren. Verehrt wurde auch Ahura Mazda, die zentrale Gestalt des persischen Zoroastrismus. In der Stadt lebten Lehrer, Verfechter und Gläubige der sogenannten Gymnosophie, also des Hinduismus und Buddhismus und der damit verbundenen Philosophien, yogischen Disziplinen und Methoden aus Indien. Bereits erwähnt wurden die Juden, deren Bedeutung nur jener der Griechen nachstand.[16]

In der Mitte des 1. Jahrhunderts begann sich in Alexandria auch jener neue Glaube zu verbreiten, der später als Christentum bekannt wurde. Um im Strudel der Glaubensrichtungen und Traditionen der Stadt zu überleben und sich treu zu bleiben, mußte er sich anpassen und einen Teil der spezifisch messianischen und jüdischen Eigenheiten aufgeben, die ihn in Palästina geprägt hatten. Zudem wurde er komplexer und löste sich von der einfachen Botschaft, die Paulus seinen großenteils ungebildeten Jüngern gepredigt hatte. Es war evident, »daß sich das Christentum auf griechische Philosophie und Wissenschaft einlassen mußte, wenn es mehr sein wollte als eine Religion für Ungebildete«.[17]

Als Folge entwickelte sich das Christentum in Alexandria in eine völlig neue Richtung. Unter der Führung von Klemens von Alexandria und seinem Nachfolger Origenes begannen christliche Theologen, sich mit dem griechischen Denken vertraut zu machen, also etwa mit den Lehren der Stoiker und mit jenen von Aristoteles und Platon. Dadurch geistig gerüstet, traten sie in eine Art Dialog mit dem Heidentum ein, der sich zunehmend zu einer Auseinandersetzung zwischen intellektuell gleichwertigen Gegnern entwickelte. Häufig ergaben sich viele Gemeinsamkeiten. Origenes beispielsweise, einer der einflußreichsten Kirchenväter, war ein Schüler desselben alexandrinischen Lehrers wie Plotin, der Gründer jener heidnischen philosophischen Schule, die wir als Neuplatonismus kennen. Das christliche Konzept des *Logos* wiederum leitete sich aus der Interpretation des hellenisierten Juden Philon ab.

Das heutige Denken unterscheidet gewöhnlich zwischen Theologie und Philosophie. Die erste wird als der intellektuelle Ausdruck, vielleicht auch als Unterordnung des Glaubens, des Bekenntnisses, der Glaubenssätze, die sich auf das Göttliche oder Numinose beziehen, unter die Vernunft gesehen. Insofern erscheint die Theologie als ein Versuch, das Heilige zur Sprache zu bringen oder zu erklären. Die Philosophie hingegen ist etwas »Profaneres«, im ursprünglichen Wortsinn verstanden. Philosophie kann rein weltlich sein. Freilich kann sie auch genauso metaphysisch sein wie jede Theologie, doch selbst dann bezieht sie sich nicht in gleicher Weise auf das Heilige. Fast alle Religionen sehen den Ursprung der Theologie im Göttlichen. Philosophie ist im wesentlichen eine Angelegenheit des Menschen.

Im Alexandria der ersten nachchristlichen Jahrhunderte – und im Grunde auch während des größten Teils der vergangenen 2000 Jahre – existierten solche feinen Unterscheidungen nicht. Theologie und Philosophie waren mehr oder weniger miteinander austauschbar oder gingen so stark ineinander über, daß die Trennlinie zwischen ihnen nicht zu erkennen war. So gediehen im geistigen Klima Alexandrias nicht nur verschiedene Glaubensrichtungen und die zugehörigen Theologien, sondern auch das, was wir heute philosophische Systeme nennen würden. Diese aber genossen ein vergleichbares Ansehen, einen vergleichbar hervorgehobenen Rang. Neben die Kulte, Sekten, Geheimlehren und Religionen Alexandrias traten die philosophischen Lehren. So besaß Aristoteles, der einstige Mentor Alexanders des Großen, eine große Anhängerschaft, und das aristotelische Denken sollte einen bleibenden Einfluß auf die christliche Lehre ausüben. Ebensoviel Verehrung genoß Platon, der anfänglich als ein noch stimmigeres Verbindungsglied zwischen Christentum und Heidentum gesehen wurde. Durch mystische Philosophen wie Plotin lebte das platonische Denken kraftvoll in einer später als Neuplatonismus bezeichneten Form wieder auf. Auch andere Philosophen waren sehr beliebt, besonders einige der sogenannten vorsokratischen Denker mit einer mehr oder weniger mystischen Einstellung wie etwa Pythagoras oder Heraklit.

So geschah es, daß Kulte, Sekten, Religionen und philosophische Schulen und Systeme sich in Alexandria aneinander rieben, miteinander wetteiferten und einander in einem dynamischen und ständig im Wandel befindlichen geistigen Schmelztiegel beeinflußten. Die Denkformen, die aus diesem Zusammenspiel entstanden, werden heute zusammenfassend als Synkretismus bezeichnet. Der alexandrinische Synkretismus sollte einen entscheidenden Einfluß auf das Entstehen und die Entwicklung des europäischen Bewußtseins und der damit verbundenen Haltungen und Wertvorstellungen ausüben. Zu seinen bedeutendsten Aspekten aber zählt das Konglomerat, das in der Folge zur magischen Tradition des Westens verschmolz, zu jener Tradition also, von der Faust, wie wir ihn seit der Renaissance kennen, durchdrungen war. Der treffendste Ausdruck dafür ist »Hermetik« bzw. »hermetisches Denken«.

Die hermetischen Mysterien

Und seit Jahrhunderten hatte der Mensch hinaufgeschaut, wie er jetzt schaute, zum Vogelflug. Die Kolonnade über ihm ließ ihn undeutlich an einen antiken Tempel denken und der Eschenstock, auf den er sich müd stützte, an den Krummstab des Auguren. Ein Gefühl von Angst vor dem Unbekannten regte sich im Herzen seiner Müdheit, Angst vor Symbolen und Vorzeichen, vor dem falkengleichen Mann, dessen Namen er trug und der sich schwang hoch auf aus der Gefangenschaft auf weidengeflochtenen Flügeln, vor Thoth, dem Gott der Schreiber, der mit einem Rohr auf ein Täfelchen schrieb und auf seinem schmalen Ibiskopf das Mondhorn trug.

Er lächelte, als er an das Bild des Gottes dachte, denn es erinnerte ihn an einen schnapsnasigen Richter in Perücke, der Kommas setzte in ein Dokument, das er eine Spanne weit von sich weg hielt, und er wußte, daß er den Namen des Gottes nicht behalten hätte, wenn er nicht klänge wie ein irischer Fluch.[18]

Mit diesen Worten beschwört Stephen Dedalus, die Hauptfigur in James Joyce' *Porträt des Künstlers als junger Mann*, eine Vision der Schutzgottheit herauf, die über das hermetische Denken wacht. Die Hermetik verdankt ihren Namen einer Gestalt, die als Thot, Thot-Hermes oder Hermes Trismegistos, der dreifach große Hermes, bekannt ist. Schon vor der Zeit des alexandrinischen Synkretismus hatte man geglaubt, Thot-Hermes habe tatsächlich gelebt. Platon etwa hatte spekuliert, ob Thot »ein Gott oder nur ein göttlicher Mensch« gewesen sei.[19] Im Rahmen des alexandrinischen Synkretismus war er oft, wenngleich nicht immer, »ein Sterblicher, der Offenbarungen aus der Welt des Göttlichen empfängt und schließlich durch Selbstreinigung selbst die Unsterblichkeit erlangt, jedoch unter den Menschen bleibt, um ihnen die Geheimnisse der Welt des Göttlichen zu enthüllen«.[20] Später – und im Grunde bis ins 17. Jahrhundert hinein – glaubte man noch immer an einen historischen Ursprung der inzwischen als Hermes Trismegistos bekannten Gestalt und stellte sie oft auf die gleiche Stufe mit Moses, Zarathustra und Pythagoras. Hermes, meinte man, sei ein Vorläufer dieser drei und der Mentor des Mose gewesen.

Heute ist man allgemein der Ansicht, daß es kein wirklich lebendes Urbild für Thot-Hermes gegeben hat. Die zahlreichen Texte, die ihm zugeschrieben werden, erkennt man als Werke vieler verschiedener Autoren, die über eine beträchtliche Zeitspanne hinweg zusammengefügt wurden. Diese Autoren jedoch schrieben ihre Werke selbst dem ibisköpfigen Gottmenschen zu. Sie präsentierten ihre Lehren so, als seien sie von ihm geschrieben oder diktiert worden oder als trügen sie zumindest das Siegel seiner Autorität.

In der älteren ägyptischen Mythologie taucht die ibisköpfige Gestalt als *Dhwtj* (ausgesprochen Dscho-ti) auf. Wie dieser Name sich zu Thot entwickelte und damit, wie Joyce schreibt, einem irischen Fluch gleicht, ist unklar. Vielleicht klang er in griechischen Ohren oder von griechischen Lippen so. Nicht ganz klar ist auch, warum Thot eigentlich als »dreifach groß« bezeichnet wird. Einige der hermetischen Schriften scheinen anzudeuten, seine dreifache Größe sei das Ergebnis von drei Inkarnationen gewesen. Sie wurde jedenfalls schon lange vor dem Entstehen dieser Texte anerkannt. Eine aus dem Jahre 172 v. Chr.

stammende Inschrift erwähnt »Thot, den dreifach Großen«.[21] Eine noch
ältere Inschrift aus dem 3. vorchristlichen Jahrhundert wiederum verweist auf »Thot, den Dreimalgrößten«.[22] In der altägyptischen Kunst
erscheint er im allgemeinen so wie in der Passage aus Joyce' *Porträt
des Künstlers*: als menschliche Gestalt mit einem Ibiskopf. Gelegentlich
wird er jedoch ganz in Ibisgestalt dargestellt. Jedenfalls war der Ibis sein
geheiligtes Symbol. Der ihm gewidmete Kult drehte sich um den Ibis,
und jeder, der einen Ibis tötete, zog selbst die Todesstrafe auf sich.
Allerdings war Thot nicht ausschließlich auf diese Manifestation beschränkt. Häufig wird er auch als weißer Pavian dargestellt.

Als ägyptische Gottheit erfüllte Thot eine Anzahl von Funktionen. Er
war ein Mondgott, was durch die Mondsichel symbolisiert wurde, und
das Silber war ihm geweiht. In seiner Funktion als Psychopompos –
Seelengeleiter – gewährte er die Einweihung in die verborgensten Mysterien. Er diente als Wächter der Tore zur Unterwelt; als solcher wog
er die Seelen der Verstorbenen, um ihr posthumes Schicksal zu bestimmen. Man sagte ihm die Erfindung der Schrift nach und stellte ihn oft –
wie bei Joyce – beim Beschreiben einer Tafel mit einem Rohr dar. Weil
das Schreiben als magischer Vorgang empfunden wurde – es ging um
das »Wort Gottes« oder »göttliche Worte« –, sah man Thot auch als
Gott der Magie, als den obersten Meister aller Magier, der seinen
menschlichen Jüngern die Geheimnisse seiner Kunst anvertraute.

In bestimmter, wenn auch peripherer Hinsicht überlappten die Funktionen des Thot sich mit jenen des griechischen Gottes Hermes oder fielen
mit ihnen zusammen. Während der ptolemäischen Dynastie verschmolz
er daher mit Hermes, wodurch ein Doppelname entstand. Thot-Hermes
war jedoch eine wesentlich erhabenere Gestalt als sein zeitweiser griechischer Gegenpart. Papyrusrollen aus Alexandria

zeigen den neuen synkretistischen Hermes als kosmische Macht,
Schöpfer von Himmel und Erde und allmächtigen Beherrscher der
Welt. Er regiert Schicksal und Gerechtigkeit, ist Herr der Nacht und
des Todes wie auch deren geheimnisvollen Nachspiels – daher die
häufige Verbindung zum Mond (Selene) und zu Hekate. Er weiß
»alles, was unter dem Himmelsgewölbe und unter dem Erdboden

verborgen ist«, und wird daher als Quelle der Orakel verehrt: Viele der magischen Beschwörungen, die sich an Hermes richten, sollen verborgene Dinge offenbaren, und zwar häufig dadurch, daß der Gott dazu gebracht wird, in einem Traum zu erscheinen.[23]

Die Thot-Hermes zugeschriebenen oder sich auf ihn beziehenden Werke sind zahlreich, oft jedoch dunkel und unklar. Viele von ihnen enthalten aus verschiedenen Quellen stammendes Material, andere erinnern an manche der anderen Religionen, Kulte und philosophischen Traditionen, die den alexandrinischen Synkretismus charakterisierten. Da sind zum Beispiel jene 17 längeren Dialoge, die wir unter dem Sammeltitel *Corpus Hermeticum* kennen. Etwa 40 um das Jahr 500 gesammelte Exzerpte und Fragmente fügt das *Anthologium* des Johannes Stobaios zusammen. Drei Texte sind in koptischer Sprache auf Papyrus geschrieben und gehören zu den 1945 im ägyptischen Nag Hammadi entdeckten Werken; andere Fragmente haben nur in den selektiven Zitaten der frühen christlichen Schriftsteller überlebt. Zahlreiche praktische Texte beziehen sich wie der *Liber Hermetis* auf die Astrologie oder auf die Alchemie. Und schließlich existieren zwei etwas später entstandene Werke von besonderer Bedeutung. Das eine ist der magisch-astrologische *Picatrix*, das andere und vielleicht berühmteste die sogenannte *Tabula Smaragdina*, die smaragdene Tafel. Sie wird als prägnanteste und zugleich definitiv gültige Zusammenfassung des hermetischen Denkens angesehen.

In der Hermetik offenbart sich eine Tradition, die dem athenischen Rationalismus des Aristoteles diametral entgegengesetzt ist. Tatsächlich erklärt sie sich gelegentlich eindeutig als unvereinbar mit der vorherrschenden griechischen Denkart und beschwört statt dessen die Mysterien des alten Ägypten. Im 16. Traktat des *Corpus Hermeticum* etwa erklärt Thot-Hermes, die Bedeutung seines Werks werde

gänzlich unverständlich, wenn die Griechen später unsere Sprache in ihre eigene übersetzen wollen, was zu größter Verdrehung und Unklarheit des Geschriebenen führen wird. In dieser Abhandlung aber, die in unserer eigenen [d. i. ägyptischen] Muttersprache formuliert wird, ist der Sinn der Wörter eindeutig. Denn schon allein die besondere Eigenart unserer Sprache und [...] ägyptischen Wörter bewahren in sich das, was mit dem Gesagten ausgedrückt werden soll.[24]

Wie in der hebräischen Sprache und in der späteren jüdischen Kabbala können Töne, Wörter, ja selbst einzelne Buchstaben in der Hermetik wie Speicherzellen fungieren. Es sind Gefäße, die mit einer Art göttlicher oder magischer Kraft gefüllt sind wie eine Batterie mit elektrischer Energie.

Ganz allgemein gesagt ist die Hermetik eine mystische Tradition, eine mystische Sammlung von Lehren, eine mystische Denkweise. Wie viele solcher Traditionen, Lehren und Denkweisen verweigert sie sich starker Vereinfachung und blindem Glauben. Sie weist das starre Dogma ebenso zurück wie eine zur Interpretation nötige priesterliche Autorität. Sie weigert sich auch, das rationale Denken als überlegenes Mittel der Erkenntnis, als oberste Instanz der Wirklichkeit anzuerkennen. Statt dessen betont und rühmt sie die mystische oder numinose *Erfahrung*, das direkte, unvermittelte Erfassen des Heiligen, das unmittelbare Erkennen des Absoluten.

Hermetik und Gnosis

In der Sprache des alexandrinischen Synkretismus lautet der zur Beschreibung dieses unmittelbaren Wissens verwendete Begriff *Gnosis*. Dies hat zu einer unglückseligen begrifflichen Verwirrung geführt, die sich über die Jahrhunderte hinweg bis heute gehalten hat. Als Folge hat man die Hermetik oft mit dem verwechselt, was gemeinhin als »Gnostizismus« oder »gnostisches Denken« bezeichnet wird. Der Begriff Gnosis bedeutet einfach unmittelbares Wissen, und in diesem Sinne besitzt die Hermetik tatsächlich eine »gnostische« Ausrichtung. Das trifft jedoch auch auf viele der anderen Kulte, Sekten, Lehren und philosophischen Schulen zu, die im Alexandria jener Zeit zu finden waren. So könnte man auch viele Aspekte des Hinduismus, des Buddhismus und besonders des Taoismus als gnostisch bezeichnen, ebenso bestimmte Formen der christlichen und jüdischen Religion wie auch später des Islam.

Was die Welt des alexandrinischen Synkretismus betrifft, so wurde der Begriff »gnostisch« vor allem von philosophischen Schulen verwendet, die spezifisch *dualistische* Konzepte vertraten. Wie der Begriff Dualismus schon andeutet, geht es um eine Opposition, oft auch um einen Konflikt zweier gegensätzlicher Prinzipien, Wertsysteme und Wirklichkeiten. Im Dualismus werden bestimmte Aspekte oder Kategorien der Wirklichkeit anderen übergeordnet. Diese wiederum werden als unwirklich, minderwertig oder böse abgelehnt. Durch seine Unterscheidung zwischen Leib und Seele, zwischen dem Geist und der »sündigen« Natur hat das Christentum also einen dualistischen Charakter.

Im alexandrinischen Synkretismus wurde der Begriff Gnosis also vor allem von dualistischen Gruppierungen verwendet, die einen Unterschied zwischen Geist und Materie postulierten. Was die Materie betraf, so betrachtete man sie als in sich schlecht. Die dingliche Welt, also die Welt der Phänomene, wurde für das Werk einer minderwertigen, bösartigen Gottheit gehalten. Als Folge mußten, um die Vereinigung mit einer größeren und wahreren Gottheit zu erlangen, deren Reich rein geistiger Natur war, die Materie und ihre Welt transzendiert werden. Auf eben diese Vereinigung mit der Gottheit verwies das Wort Gnosis. Diese Vorstellungen der dualistischen Schulen und Sekten Alexandrias entstammten wahrscheinlich dem verwandten Dualismus des persischen Zoroastrismus, der später, wieder in Persien, von dem Weisen Mani als Manichäismus wiederbelebt wurde. Noch später tauchte er in Europa in den mittelalterlichen Häresien der Bogomilen und Katharer auf.[25]

Dadurch, daß die dualistischen Strömungen Alexandrias die Gnosis betonten, verband sich der Begriff Gnostizismus untrennbar mit ihnen. So irrtümlich diese Assoziation war, sie blieb hängen, so daß »Gnostizismus« und »Dualismus« heute vielfach für identisch gehalten werden. Dies war gewiß nicht das letzte Mal, daß ein Wort, das einst eine Vielfalt von Bedeutungen besaß, von Gruppierungen mit bestimmten Interessen usurpiert wurde und dadurch eine wesentlich engere und einseitige

Bedeutung erhielt. Man denke nur daran, wie der Begriff »Demokratie« von linken wie rechten totalitären Regimen in Anspruch genommen wurde oder daran, wie homosexuelle Wortführer sich das englische Wort *gay* – lustig, fröhlich – angeeignet haben. Wenn die heutige Assoziation sich hält, werden zukünftige Generationen ein Gedicht wie Yeats' »Lapis Lazuli« fälschlicherweise und im Gegensatz zur Absicht des Autors als Hymne an die Homosexualität interpretieren. Auf eben diese Weise hat sich die Gleichsetzung des Gnostizismus mit dem Dualismus etabliert, weshalb viele spätere Autoren, die in der Hermetik Verweise auf die Gnosis fanden, zu dem Schluß kamen, die Hermetik müsse dualistisch sein oder es müsse irgendein Mißverständnis vorliegen, so daß sie überhaupt nicht gnostisch genannt werden könne.

Im Grunde spalteten die dualistischen Gruppierungen die Wirklichkeit, um einen dieser Teile als minderwertig zu brandmarken und ihn abzulehnen. Für sie bedeutete Gnosis die Überwindung der dinglichen Welt zum Zweck der Erkenntnis des reinen Geistes und der Vereinigung mit ihm. Bei diesem Vorgang ging auch alles verloren, was die Menschheit im tiefsten Sinne menschlich macht.

Für die Hermetik hingegen gab es letztendlich nur ein einziges Alles. Die Wirklichkeit mit all ihren Aspekten wurde als eine einzige, alles durchdringende und alles umfassende Totalität begriffen, als ein einheitliches Ganzes, in dem alle Dichotomien, alle Unterscheidungen zwischen Leib und Seele oder Geist und Materie aufgingen und harmonisch integriert wurden. Alles hatte auf seine ganz eigene Weise seinen Wert; alles war Teil des umfassenden Entwurfs. Selbst das Böse, das als solches gesehen wurde und dem es entgegenzutreten galt, hatte seinen Platz im Ganzen. In Goethes *Faust* stellt Mephisto sich mit wehmütiger Selbstironie als das Prinzip vor, »das stets das Böse will, und stets das Gute schafft«, indem es seine vorbestimmte Rolle im moralischen und kosmischen Drama der Wirklichkeit spielt. Diese Einstellung ist typisch für die Hermetik. Anders als für den Dualisten bedeutete Gnosis für den Hermetiker die unmittelbare Erkenntnis der allumfassenden Harmonie und das Sicheinfügen in sie.

Innerhalb dieser Harmonie war alles mit allem durch ein Netzwerk aus ineinandergreifenden Beziehungen verbunden. Diese Beziehungen wiederum beruhten auf dem Prinzip der Analogie. Ein Ding war das Echo anderer Dinge, spiegelte diese wider, wies Parallelen zu ihnen auf, korrespondierte mit ihnen. Die Wirklichkeit bestand aus einem komplexen, ständig vibrierenden und *lebendigen* Gewebe von Beziehungen. Diese aber verhielten sich wie Noten oder Akkorde, verbanden sich zu beständig neuen Kombinationen und Permutationen, um so zu einer einzigen großen Symphonie beizutragen. Man konnte sie auch mit einer Vielzahl verschiedenfarbiger Fäden vergleichen, die miteinander verwoben waren, um einen einzigen nahtlosen Teppich zu schaffen. So heißt es in der *Tabula Smaragdina*: »Siehe, das Oberste kommt vom Untersten, und das Unterste vom Obersten; ein Werk der Wunder von einem Einzigen.«[26] Eine bekanntere Übersetzung lautet: »Was oben ist, gleicht dem, was unten ist; was unten ist, gleicht dem, was oben ist.«[27] Dieser Satz ist oft zu der einfachen Formel »Wie oben, so unten« abgekürzt worden.

Der Weg des Hermes

Die *Tabula Smaragdina* führt weiter aus: »Gemäß der Entstehung der großen Welt entsteht die kleine Welt.«[28] Das heißt, daß das Geringere das Größere widerspiegelt, das Größere das Geringere. Die atomare Struktur ist ein Spiegel der Struktur des Sonnensystems, diese ein Spiegel der atomaren Struktur. Der Mensch ist ein Spiegel des Kosmos und umgekehrt. Dasselbe Prinzip kann sozusagen horizontal ausgedehnt werden, so daß sich die Außen- und die Innenwelt widerspiegeln. Das in der menschlichen Psyche enthaltene Universum ist ein Spiegel des äußeren Universums, das wiederum als die »Psyche« der lebenden und fühlenden Totalität begriffen werden kann – oder, wenn man diesen Begriff verwenden will, als die »Psyche« Gottes, der in der jüdisch-christlichen Überlieferung den Menschen als sein Ebenbild erschafft. Für den Hermetiker konnten die Analogien oder Zusammenhänge, die die verschiedenen Fäden der Wirklichkeit verbinden, am besten durch Symbole ausgedrückt werden. So wurde die Wechselbeziehung von Mikrokosmos und Makrokosmos traditionell durch das berühmte »Siegel des Salomo« bezeichnet, einen sechszackigen Stern, der aus zwei ineinandergreifenden Dreiecken besteht, von denen eines mit einer Spitze nach oben, das andere nach unten weist. Derartige Symbole waren jedoch mehr als eine praktische Abkürzung. Sie wirkten vielmehr wie die Töne, Buchstaben und Worte im Ägyptischen und Hebräischen, waren Gefäße oder Speicherzellen der Kraft, mit latenter Energie geladene Batterien. Oft »Siegel« oder »Zeichen« genannt, waren sie wie Kreuzstiche im Gewebe der Wirklichkeit, waren Verknüpfungen, die das Netzwerk zusammenhielten. So bestand die Realität, wie Baudelaire fast zwei Jahrtausende später bestätigte, aus einem »Wald von Symbolen«. Zudem konnten diese Symbole auf praktische Weise »aktiviert« werden. Wie die Elemente oder Moleküle bei einer chemischen Reaktion konnte man sie dazu verwenden, neue Kombinationen, neue Verschmelzungen des Möglichen zu bilden. Vermittels solcher Verfahren war eine Veränderung zu erreichen. Der dabei verwandte Prozeß stellte eine Art Magie dar: »Die neuere Forschung hat viel dazu beigetragen zu zeigen, welchen bedeutenden Rang die Praxis wie die Theorie der Theurgie einnahm, also der ›Ausübung heiliger Handlungen‹, vor allem unter Verwendung magischer ›Symbole‹ oder *Symbola*« [...].«[29]

Die Hermetik war also mehr als eine bloße Theorie, mehr als nur ein weiteres philosophisches System. Sie bot auch eine konkrete Methodologie, mit der ihre Lehren in die Praxis umgesetzt werden konnten. Diese Methodologie umfaßte geistige Disziplinen wie Meditation, Gedächtnisübungen und Atemkontrolle ebenso wie praktischere Verfahren, zum Beispiel die Alchemie. In diesem Sinne hatte die Hermetik viel mit dem chinesischen Taoismus gemein, der wesentlich ältere Ursprünge hat, jedoch zur selben Zeit noch immer in Blüte stand. Tatsächlich sprachen die Anhänger der Hermetik oft von einem »Weg des Hermes«, womit nicht allein eine Sammlung von Lehren, sondern ihre praktische Anwendung gemeint war. Auch das Wort »Tao« bedeutet »Weg«, und der Taoismus schließt eine ähnliche praktische Dimension ein. Nun gibt es keine Hinweise auf eine gegenseitige Befruchtung von Taoismus und Hermetik. Zwischen China und Alexandria liegt eine beträchtliche Entfernung, die in den ersten Jahrhunderten der christlichen Zeitrechnung noch beachtlicher war als heute. Doch ist es zumindest auffällig, daß die taoistische Alchemie in China im selben Zeitraum entstand, in der sich in Alexandria die hermetische Alchemie herausbildete. Die im hermetischen Denken formulierten Lehren hatten ebenso großen Einfluß wie die Methodologie, die es zum Zwecke ihrer Anwendung bot. Noch bedeutender waren jedoch die Verzweigungen und Rückwirkungen, denen die Hermetik eine Tür öffnete. Diese Folgen wurden nie direkt ausgedrückt, schon gar nicht in der Sprache, die wir hier verwenden. Indem sie ihnen nachgingen, sollten die Anhänger der Hermetik jedoch nichts weniger als eine Revolution in der Geschichte des europäischen Bewußtseins bewirken, eine radikale Veränderung der Einstellung des Menschen gegenüber dem von ihm bewohnten Kosmos wie auch gegenüber seinem eigenen Leben und Schicksal.

In der Vergangenheit war die Einstellung des Menschen gegenüber dem Kosmos im Grunde passiv gewesen. Der Mensch konnte die Natur beobachten, konnte ihre Vorgänge betrachten und versuchen, die um ihn eintretenden Phänomene vorherzusagen. Er hielt sich jedoch nicht für fähig, irgendeine bedeutsame Veränderung zu bewirken, die über seine unmittelbaren Lebensumstände und seine Umgebung hinausging. Er hielt sich nicht für fähig, aus eigener Kraft Veränderungen von der Art hervorzurufen, die wir heute etwa mit der Physik oder der Chemie verbinden. Um einen Wandel zu bewirken, mußte der Mensch die Götter anflehen, zu seinen Gunsten zu handeln, mußte darum beten, daß sie ihm durch ihre Intervention, ihr Einschreiten halfen. Die Götter waren das Medium, durch das die Dinge geschahen, und der Mensch war ihnen auf Gnade und Verderb ausgeliefert. Er konnte mit ihnen verhandeln, konnte versuchen, sie zu überreden oder mit Opfern und Ritualen zu besänftigen. Unabhängig von ihnen übte er jedoch keine Macht aus, die ihm ermöglicht hätte, die Wirklichkeit nach seinem Willen zu formen. Das hermetische Denken schuf die Basis für eine neue Haltung, die dem Menschen die Möglichkeit gab, seine Passivität aufzugeben, seine Hilflosigkeit zu überschreiten und eine aktivere Rolle einzunehmen. Denn wenn tatsächlich alles miteinander verwoben war, konnte der Mensch Dinge in anderen Sphären geschehen lassen, indem er in der ihm zugänglichen Sphäre wirksam handelte. Zog man an einem bestimmten Faden im Teppich der Wirklichkeit, so mußte dies in einem anderen

Bereich dieses Teppichs eine Wirkung haben. Durch die Hermetik gelangte eine völlig neue Vorstellung ins menschliche Denken: die Vorstellung, daß man einen metaphorischen oder auch konkreten Knopf drücken konnte, um etwas geschehen zu lassen. Statt hilflos passiv zu bleiben, konnte der Mensch selbst zum aktiv Handelnden werden. Er konnte sich tatkräftig auf die Suche nach Mitteln begeben, durch die eine Veränderung in der Welt um ihn wie auch in ihm selbst zu bewirken war. Ob mit guten oder bösen Folgen, er konnte darangehen, die Umstände zu steuern.

Als Resultat dieser Neuorientierung hörte der Mensch auf, ein bloßes Opfer der Wirklichkeit zu sein. Dasselbe galt für seinen Status als bloßer Beobachter der ihn umgebenden Welt. Nun konnte er zur bestimmenden Macht werden – falls es ihm gelang, die erforderlichen Schlüssel und »Druckpunkte« zu entdecken, mit denen die Wirklichkeit gesteuert und seinem Willen unterworfen werden konnte. Dies war die Geburtsstunde einer radikal neuen und ungemein dynamischen Erforschung des Kosmos und seiner Zusammenhänge, einer Erforschung, die zur Grundlage der magischen Tradition Europas werden sollte. Sie schuf jedoch auch die Basis für wesentlich mehr, darunter nicht zuletzt die wissenschaftliche Forschung. Aus der Perspektive des alexandrinischen Hermetikers bestand keinerlei Unterschied zwischen Magie und Wissenschaft, was auch für die Renaissancegestalt Faust gilt. Und es gibt gute Gründe dafür, daß es heute noch gelten kann.

Die Alchemie

Wenn Simon Magus, der ursprüngliche Faustus, unter den Juden und frühen Christen im Heiligen Land fehl am Platz war, am Busen des alexandrinischen Synkretismus hätte er eine ihm gemäße Heimat gefunden. Sein Hauptproblem wäre gewesen, unter zu vielen ähnlichen Gestalten, unter zu vielen konkurrierenden Magiern, zu vielen Jüngern der Hermetik verlorenzugehen. Denn zu Beginn des christlichen Zeitalters war Alexandria geradezu überschwemmt von faustischen Prototypen. Unter den frühesten, noch aus ptolemäischer Zeit stammenden

52

Gestalten wäre Bolos aus Mendes zu nennen, der eine Verschmelzung des ägyptischen und des pythagoreischen Denkens vertrat. Er war eine »entscheidende Gestalt in der Entwicklung der griechisch-ägyptischen Alchemie. Zweifellos ist es großteils seinem Einfluß zu verdanken, daß sich Überschneidungen von pythagoreischem Denken und Alchemie ergaben. Zudem zeigt er eine enge Verwandtschaft zur Welt der magischen Papyrusrollen [...].«[30]

Es gab auch weibliche Alchemisten, weibliche Faust-Gestalten. Eine von ihnen war unter dem Namen Kleopatra bekannt; ihr wird ein Ausspruch zugeschrieben, der in erstaunlicher Weise an den Beginn der *Tabula Smaragdina* erinnert: »Sagt uns, wie das Höchste zum Tiefsten hinabsteigt und wie das Tiefste zum Höchsten emporsteigt.«[31] Zu nennen wäre auch eine schattenhafte Gestalt, die wir nur als Maria die Jüdin kennen. Man nimmt an, sie habe im frühen 2. Jahrhundert n. Chr. gelebt, doch lebt sie nur in Zitaten fort, die spätere Hermetiker ihr zuschrieben.[32] Manches weist darauf hin, daß sie die Technik der alchemistischen Destillation wie auch das dazu notwendige Instrumentarium erfunden haben könnte.

Wenn jedoch überhaupt eine Gestalt unter Alexandrias Hermetikern deutlich herausragt, so ist dies wohl der als Zosimos von Panopolis bekannte Alchemist, der gegen Ende des 3. Jahrhunderts n. Chr. lebte. Zosimos verkörperte deutlich eine Einstellung, die grundlegend für die faustischen Gestalten der Renaissance werden sollte: Alchemie ist im Grunde eine spirituelle Disziplin, eine Art objektive Ergänzung und in die äußere Welt getragene Reflexion eines letztendlich inneren Prozesses. So hat man gesagt, aus der Sicht Zosimos' könnten spirituelle Erfahrungen »durch materielle Metaphern erklärt« werden.[33] Anders gesagt: Die Alchemie dient als Mittel der geistigen Reinigung, so daß die »Verfahren der konventionellen Alchemie nichts als eine Vorbereitung auf die Reinigung und Vervollkommnung der Seele sind«.[34] Für Zosimos war die Alchemie die Magie der materiellen Welt, die vom Schicksal regiert und bestimmt wird. Die Seele aber kann dieses Schicksal transzendieren. In diesem Sinne waren Alchemie und Magie nur eine Stufe auf dem Pfad einer geistigen Entwicklung, die zur Wahrnehmung und Verinnerlichung der hermetischen Totalität führte.

2. Kapitel:
Hermetische Magie, Alchemie und der Islam

Im Herzen von Kleinasien liegt in der öden Landschaft der südlichen Türkei die Stadt Urfa, einst das uralte Edessa. 40 Kilometer südöstlich findet sich an einem Nebenfluß des Euphrat ein Dorf, das zu klein ist, um auf den gängigen Straßenkarten zu erscheinen. In seiner Nähe liegt eine einsame Ansammlung zerfallender Ruinen. Hier stand einst die geheimnisvolle Stadt Harran und bewachte die Karawanenstraße, die den Persischen Golf mit dem Mittelmeer verband. In ihrer Zeit war sie so von Sagen umrankt wie in späteren Tagen Zentren wie das tibetische Lhasa; und in der jüdischen, christlichen und islamischen Tradition hat ihr Name noch immer einen ehrwürdigen Klang.[35] So steht im Alten Testament, hier habe der Patriarch Abraham auf seiner Reise von Ur nach Kanaan Aufenthalt genommen. Zum vermutlichen Zeitpunkt von Abrahams Reise wie auch Jahrhunderte davor und danach war Harran dem babylonischen Mondgott Sin geweiht. Im 8. Jahrhundert n. Chr. war jedoch ein anderer Mondgott zur Schutzgottheit der Stadt geworden: Thot-Hermes oder Hermes Trismegistos.

Nach dem Brand seiner Bibliotheken hatte Alexandria als Zentrum der Gelehrsamkeit an Bedeutung verloren. Das orthodoxe Christentum hatte den dynamischen Austausch von Gedanken und Traditionen unterdrückt, die die Zeit des Synkretismus geprägt hatten; und die Denker, Philosophen und Lehrer, die der Stadt einst ihre Lebendigkeit verliehen hatten, waren in alle Winde verstreut. Manche von ihnen hatten Zuflucht im nahe Harran gelegenen Edessa gefunden. Im späten 2. und frühen 3. Jahrhundert n. Chr. war das hermetische Denken hier von dem spirituellen Lehrer Bardesanes verbreitet worden, dessen Gewandtheit bei Streitgesprächen selbst die Anerkennung orthodoxer kirchlicher Autoritäten wie Eusebius von Caesarea gewonnen hatte. In der Überlieferung wird Bardesanes als Mentor Manis bezeichnet, des Propheten, von dem der dualistische Glaube – bzw. die Häresie – des Manichäismus ausging. Im Manichäismus aber rangiert Hermes Trismegistos zusammen mit Zarathustra, Platon, Buddha und Jesus als einer der »Herolde des Guten in der Welt«.[36]

Als Zentrum der Gelehrsamkeit kam Edessa Alexandria jedoch nie gleich. Wenn dies überhaupt von einem Ort gesagt werden kann, so wäre dies das ältere geistige Zentrum Athen. Hier leitete beispielsweise der neuplatonische Philosoph Proklos im 5. Jahrhundert n. Chr. die Akademie.[37] Doch auch hier machte sich der neue christliche Glaube breit, um seinen üblichen Lohn zum üblichen Wechselkurs anzubieten – Erlösung im Jenseits als Entschädigung für Intoleranz im Diesseits. Im Jahre 529 ließ Kaiser Justinian, dessen Vorgänger Konstantin zwei Jahrhunderte zuvor das Christentum zur tragenden Religion des Römischen Reichs gemacht hatte, die athenische Akademie schließen. Verfolgt von fanatischen Christen, zogen sich die letzten Lehrer nach Osten zurück. Am Hof des Königs von Persien fanden sie vorübergehend Zuflucht, um dann scheinbar von der Bühne der Geschichte zu verschwinden. Inzwischen sieht es jedoch so aus, als hätten sie oder ihre Jünger eine neue Zufluchtsstätte in Harran gefunden, wo eine Akademie eingerichtet wurde, die mindestens bis ins 10. Jahrhundert bestand.[38] Als das hermetische Denken wieder auftauchte, war dies jedenfalls in Harran, das offenbar zum neuen Zentrum der hermetischen Gelehrsamkeit geworden war.

Bagdad und Harran

Inzwischen hatte sich der religiöse und politische Charakter des Mittelmeerraums dramatisch geändert. Das einst so mächtige Römische Reich war in zwei Hälften zerfallen, die jeweils einen eigenen Kaiser besaßen und ihre eigene Form des Christentums vertraten. Dann war die westliche Hälfte des Reiches mit ihrem Zentrum Rom zusammengebrochen, als »barbarische« Stämme von Norden und Osten eingedrungen waren. Die östliche Hälfte, also das Reich von Byzanz mit seiner Hauptstadt

Konstantinopel, erfreute sich noch immer einer scheinbar sicheren Existenz, doch waren seine Fundamente brüchig, verletzlich und gefährdet. Dennoch hatte Konstantinopel die Stelle Alexandrias als bedeutendste Stadt des griechischsprachigen Ostens übernommen. Im frühen 7. Jahrhundert wurde Ägypten von neuem von persischen Armeen überrannt. Diese zogen sich zwar nach einem Jahrzehnt zurück, doch 642 wurden auch die letzten byzantinischen Streitkräfte zur Flucht gezwungen. Die alexandrinische Flotte entschwand nach Griechenland, und Ägypten geriet endgültig in andere Hände.

Abgesehen von diesen traumatischen Veränderungen war ein Ereignis von noch größerer Bedeutung eingetreten. Sein Urheber war ein reisender Kaufmann, den die Welt heute als Mohammed kennt. Nach einzelnen Quellen entstammte er einer Familie heterodoxer, vielleicht sogar häretischer Christen. Jedenfalls hatte er eine Reihe zunehmend kraftvoller spiritueller Erlebnisse und zog sich oft in Wüstenhöhlen zurück, um dort zu meditieren. Dabei erlebte er eine Gotteserfahrung, die ihn grundlegend veränderte. Er begann, gegen den Götzendienst zu predigen und die Vorherrschaft eines einzigen Gottes – Allahs – zu preisen, für den Jesus nur einer von mehreren Propheten war; ein Status, der Jesus selbst zweifellos angenehmer gewesen wäre als jener der Göttlichkeit, den ihm seine eigenen Jünger auferlegten. Diesem einen höchsten Gott, lehrte Mohammed, schuldete jeder demütige »Unterwerfung«, auf Arabisch *Islam*. Seine Predigten über diese Unterwerfung wurden in dem heute als Koran bekannten Buch gesammelt. Für die Muslime gilt Mohammed nur als Vehikel oder Sprachrohr, denn sie glauben, Gott selbst habe den Koran diktiert.

Mohammed begab sich auf einen Feldzug, um seinen Glauben zu verbreiten, wenn nötig durch einen heiligen Krieg und das Schwert. Im Jahre 622, mit dem der islamische Kalender offiziell beginnt, zog er in die kleine Stadt Jathrib, die ihren Namen zu Medinat al-Nabi, also »Stadt des Propheten« änderte. Sie ist das heutige Medina. 630 eroberten er und seine Anhänger die heilige Stadt Mekka im heutigen Saudi-Arabien. Die heidnischen Götterbilder wurden zerstört, das Wallfahrtsziel Kaaba, ein großer schwarzer Stein meteoritischen Ursprungs, in ein islamisches Heiligtum verwandelt.

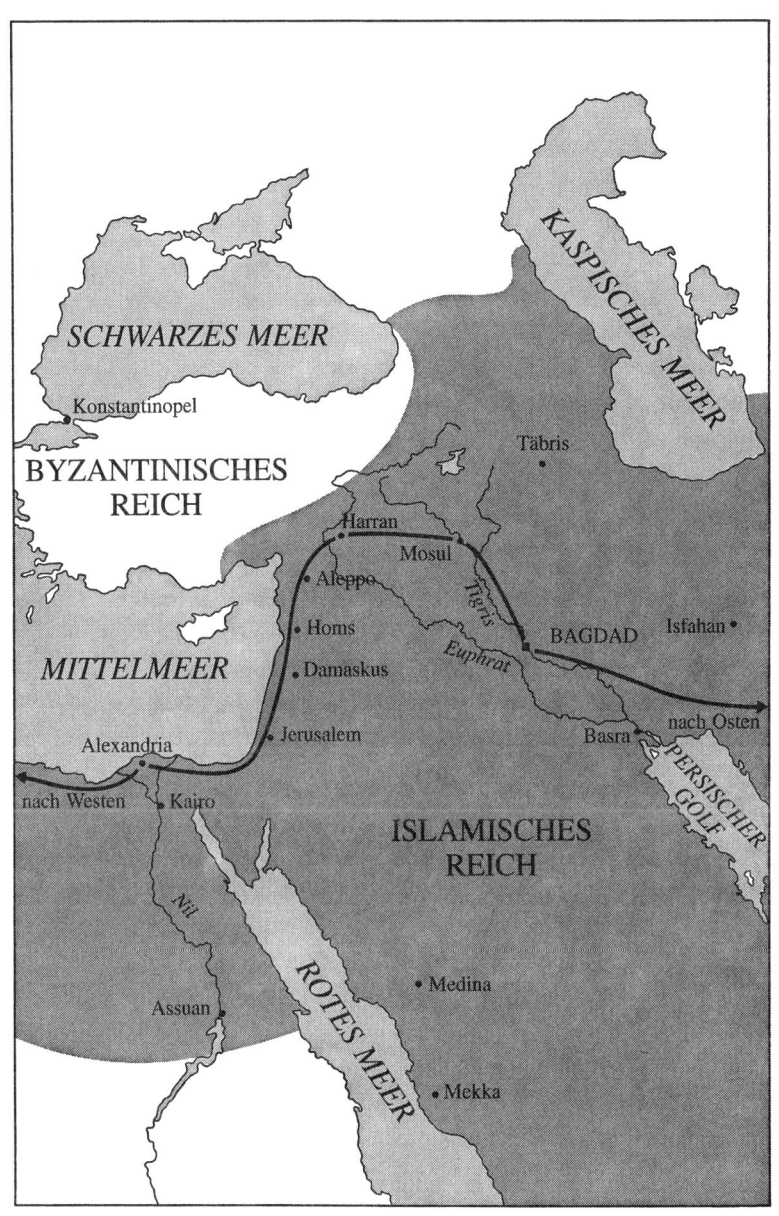

Die arabische Welt des Nahen Ostens
(8. Jh. n. Chr.)

Im Jahre 632 starb Mohammed, ohne Anweisungen über seine Nachfolge zu hinterlassen, was zu Grabenkämpfen zwischen seinen Jüngern führte. Es folgten Jahre des Streits, der Intrige und der Mordtaten, bis sich die beiden konkurrierenden Hauptgruppen des Islam herausbildeten, die noch heute existieren: die Schiiten und die Sunniten. Obgleich die ersteren nie völlig überwältigt wurden, waren es die Sunniten, die schließlich die politische Macht an sich rissen und den Titel *Kalif*, also Nachfolger, für sich beanspruchten. Von 661 bis 750 wurde das theokratische islamische Reich des Islam von der Dynastie der Omaijaden regiert, einer Adelsfamilie aus Mekka. Ihr Reich erstreckte sich bald von der Straße von Gibraltar im Westen bis nach Samarkand und zum Punjab im Osten. 711 fielen sie in Spanien ein, und schon 714 hatten sie mit Ausnahme einer christlichen Enklave in Galicien die gesamte Iberische Halbinsel erobert. Wenig später überschritt eine arabische Armee die Pyrenäen Richtung Frankreich und nahm 719 Narbonne ein, das zur Gebietshauptstadt wurde. Von dort drang der Islam das Rhonetal entlang ins Herz Frankreichs vor, bis eine christliche Streitmacht unter dem Befehl von Karl Martell, dem Großvater Karls des Großen, ihr 732 in der Schlacht bei Tours und Poitiers Einhalt gebot. Das Schlachtfeld stellte den Punkt des weitesten islamischen Vordringens in Westeuropa dar, denn nun wendete sich das Blatt. Nach siebenjähriger Belagerung fiel Narbonne 759 wieder in christliche Hand, und die Araber zogen sich hinter die Pyrenäen zurück.

In der Zwischenzeit, genauer gesagt im Jahre 750, waren die Omaijaden von der rivalisierenden Familie der Abbasiden gestürzt worden. Einer der letzten Omaijaden-Prinzen entkam nach Spanien, wo seine Nachfolger weitere drei Jahrhunderte in ihrer Hauptstadt Córdoba regierten. Der Rest der islamischen Welt fiel jedoch in die Hände der Abbasiden, die Damaskus, die Hauptstadt ihrer Vorgänger, aufgaben und eine neue Residenz errichteten. Diese Stadt, offiziell im von Astrologen als glückverheißend berechneten Jahr 762 gegründet, war Bagdad.[39] Während Europa in den folgenden 500 Jahren durch das sogenannte finstere Mittelalter taumelte, wurde Bagdad zum kulturträchtigsten und zivilisiertesten Zentrum westlich des indischen Subkontinents.

Im Jahre 830 kam der Kalif von Bagdad auf seinem Feldzug gegen die

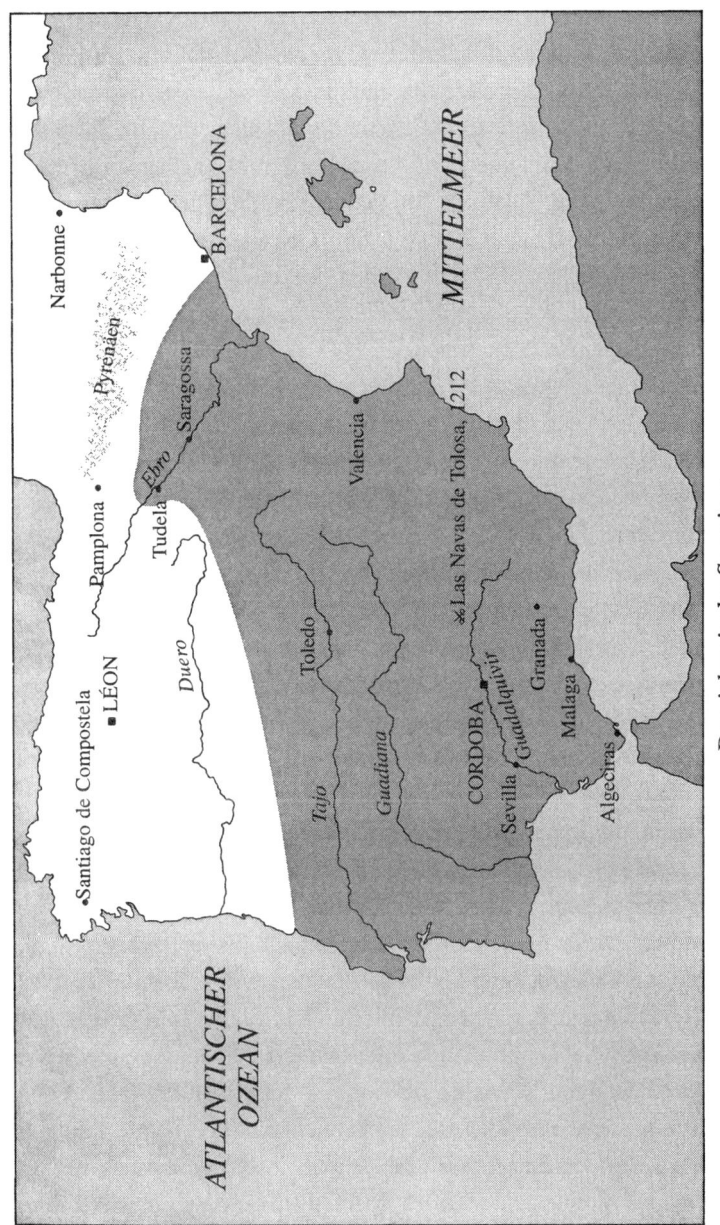

Das islamische Spanien:
Emirat von Córdoba

59

christliche Streitmacht des Byzantinischen Reichs durch Harran. In der Menge, die ihn willkommen hieß, fiel ihm eine Anzahl seltsam gekleideter Menschen auf, die keine Muslime zu sein schienen. Er fragte sie also, wer sie seien und zu welchem der »Völker des Buches« sie gehörten.[40] Nach dem Gesetz des Koran bot der Islam allen »Schriftbesitzern« Schutz und Toleranz. So nannte man die Angehörigen jener Religionen, deren heilige Schriften von Gestalten stammten, die im Islam als Propheten anerkannt wurden wie etwa Mose, Zarathustra, Jesus und Buddha. Also waren Juden, Zoroastrier, Christen und Buddhisten allesamt »Schriftbesitzer«.

Als Antwort auf die Frage des Kalifen erwiderten die seltsam gekleideten Männer, sie seien einfach Harranier. Unbefriedigt von dieser vagen Antwort verlangte der Kalif eine genauere Aussage. Waren seine Gesprächspartner Juden, Christen oder zoroastrische Magier? Als sie ihm weiterhin auswichen, wurde der Herrscher ungeduldig und bezeichnete sie als Ungläubige, so daß ihnen die Hinrichtung drohte. Dann stellte er ihnen ein Ultimatum. Wenn er von seinem Feldzug zurückkehrte, verkündete der Kalif, müßten die sogenannten Harranier sich entweder als Muslime oder sonstwie als »Schriftbesitzer« erklären. Weigerten sie sich, so würden sie nach dem islamischen Recht bestraft werden.

Manche der Bedrohten konvertierten tatsächlich zum Islam oder zum Christentum. Andere hingegen konsultierten einen Experten für islamisches Recht, der ihnen riet, sich Sabäer zu nennen, da dieses Volk aus Saba (arabisch Scheba), einer den heutigen Jemen umfassenden Region im südlichen Arabien, vom Koran offiziell anerkannt wurde. Diese Bezeichnung wurde tatsächlich übernommen, obgleich der Kalif starb, bevor er zur Vollstreckung seines Ultimatums zurückkehren konnte. Seine Nachfolger und spätere islamische Autoritäten fuhren fort, den selbsternannten Sabäern förmlich Anerkennung und Schutz zukommen zu lassen. Um ihren Status zu bekräftigen, mußten diese jedoch den Namen des Buchs oder der Bücher nennen, aus denen ihre heiligen Schriften bestanden. Um dieser Verpflichtung nachzukommen, verwiesen sie auf bestimmte dem Hermes Trismegistos zugeschriebene Texte. So wurde die Hermetik zur offiziellen Religion der Sabäer und als solche von den islamischen Autoritäten anerkannt. Die Sabäer von Harran aber wurden die Bewahrer und Hüter der Hermetik, während andere philosophische Richtungen vom Islam, vom Judentum oder vom Christentum aufgesogen wurden.

In Harran blühte die Hermetik. Und in Harran entstand, so glaubt man, ein neuer hermetischer Text, der für die spätere magische Tradition höchst bedeutsam werden sollte. Der bei den frommen christlichen Theologen berüchtigte Text wurde zum typischen Beispiel des »verbotenen Buches«. Noch gegen Ende des 19. Jahrhunderts verabscheute und fürchtete ein Kommentator ihn so sehr, daß er hoffte, »er möge nie in eine moderne Sprache übertragen werden«.[41]

Im Arabischen heißt das betreffende Buch *Ghajat al-Hakim, Ziel der Weisen*. Durch eine falsche Übersetzung des Namens des arabischen Autors, dem man es irrtümlich zuschrieb, kennt die europäische Wissenschaft es als *Picatrix*. Der *Picatrix* ist ein Führer, ein Lehr- und Handbuch zur Praxis der astrologischen Magie.

Die Astrologie war in der ältesten aller menschlichen Kulturen entstanden, im Mesopotamien der alten Sumerer und Babylonier. Von dort aus hatte sie sich im Verlauf der Jahrhunderte in der gesamten zivilisierten Welt ausgebreitet, war in der Zeit des alexandrinischen Synkretismus aufgeblüht und hatte im hermetischen Denken eine bedeutende Stellung errungen. Da sie einen Einfluß der Planeten auf irdische Vorgänge postulierte, sah man sie als erhabene Illustration und Manifestation des hermetischen Konzepts, das Makrokosmos und Mikrokosmos, oben und unten verband.

Der *Picatrix* verstärkte die Stellung der Astrologie im Kontext des hermetischen Denkens noch. »Alle Dinge dieser Welt«, heißt es darin, »gehorchen den himmlischen Formen.« Und: »Alle Weisen stimmen darin überein, daß die Planeten Einfluß und Macht auf diese Welt ausüben. [...] Daraus folgt, daß die Wurzeln der Magie in den Bewegungen der Planeten liegen.«[42] Der *Picatrix* geht anschließend noch einen Schritt weiter, indem er – aus Sicht der Magie – die Astrologie so anwendbar machte wie die Alchemie. Er bot dem aufstrebenden Magier detaillierte Anweisungen, wie der himmlische Einfluß der Planeten auf die Erde beschworen, nutzbar gemacht und eingesetzt werden konnte. Besondere Aufmerksamkeit widmete er dem, was er »Talismane« nannte und explizit mit dem alchemistischen Elixier verglich. Durch den korrekten Entwurf und Bau eines Talismans und durch die korrekte Ausführung der damit verbundenen Rituale konnte der Magier die von den himmlischen Sphären ausstrahlende Energie kontrollieren. In Form von engelsgleichen Einheiten oder Geistern konnte er etwa die Kräfte des Mars in kriegerischen Angelegenheiten anrufen und die der Venus in den Dingen der Liebe. Damit lernte der Hermetiker, »diese himmlischen Geister auf Erden hinabzuziehen und sie dazu zu bringen, in ein materielles Objekt (einen Talisman) einzutreten, das daraufhin genau definierte magische Kräfte besaß«.[43]

Im Rahmen solcher Handlungen entsteht im *Picatrix* das Bild eines »hermetischen Menschen«, beschrieben als »der Magus, der Weise, der Meister von Himmel und Erde«.[44] Damit wurde der »hermetische Mensch« zur Verknüpfung, zum Schnittpunkt von Makrokosmos und Mikrokosmos, also der größeren und der geringeren Welt: »Ich sage euch, daß der Mensch eine Welt genannt wird, und zwar durch den Vergleich mit jener größeren Welt, wie es eben heißt, was immer in der größeren Welt enthalten sei, sei naturhaft auch in der geringeren enthalten.«[45]

In Harran wurde der *Picatrix* in das Korpus der früheren hermetischen Schriften aufgenommen, die aus Alexandria, aus anderen Orten der griechischen Welt, aus Syrien, Edessa oder aus vorislamischen arabischen Quellen stammten. Und es war großenteils Harran, von wo aus die Hermetik ins Zentrum der islamischen Kultur eindrang, um unter anderem einen Einfluß auf die islamische Wissenschaft und Mathematik auszuüben. Harran diente also als Lager und als Umschlagplatz, über den die hermetischen Überlieferungen Alexandrias den Weg ins Zentrum der islamischen Kultur fanden. So schreibt ein Beobachter: »In der muslimischen Welt muß die Hermetik als einer der bedeutendsten Faktoren angesehen werden, die zur Bildung des muslimischen Weltbilds beitrugen.«[46]

Um ein Beispiel zu nennen: Ein arabischer Autor erwähnt seine Kenntnis der 22 Werke des Hermes Trismegistos – vier über die Magie, fünf über die Astrologie und 13 über die Alchemie.[47] Es gab zahlreiche arabische Übersetzungen älterer hermetischer Schriften, aber auch viele originale arabische Werke, die dem Hermes zugeschrieben wurden. So ist es kaum verwunderlich, daß auch genügend Potential für Verwirrungen existierte. Manche islamischen Gelehrten setzten Hermes Trismegistos etwa irrtümlich mit einer im Koran erwähnten Gestalt namens Idris gleich. Ferner wurde der Beiname Trismegistos gelegentlich so verstanden, daß er sich auf drei unterschiedliche Gestalten bezog, die den Namen Hermes trugen. Eine von diesen wurde mit Idris identifiziert, der vor der Sintflut gelebt haben sollte. Von der zweiten glaubte man, sie habe in Babylon gelebt und als Mentor des Pythagoras fungiert. Die dritte wurde nach Ägypten in die Zeit des alexandrinischen Synkretismus versetzt. Doch ob man ihn als einheitliche oder als dreigeteilte Gestalt betrachtete, man rühmte Hermes als den ursprünglichen Quell der prophetischen Weisheit, den ersten Lehrer der Wissenschaft und der Philosophie. Mit ihm verband man Magie, Alchemie, Astrologie, ja »alles, was mit wundertätigen Kräften und ebensolcher Weisheit zu tun hatte«.[48] Durch ihn »wurde es den Muslimen möglich, die griechische Wissenschaft und Philosophie in ihr Weltbild zu integrieren, ohne das Gefühl zu haben, sich in irgendeiner Weise von der Tradition des Propheten zu entfernen«.[49]

Mit besonderer Begeisterung wurde die Hermetik und vor allem die Alchemie vom Sufismus aufgenommen. Die Meister der sufischen Schule von Bagdad verfaßten alchemistische Abhandlungen und wurden später mit alchemistischen Legenden in Verbindung gebracht. Häufig wurden auch alchemistische Begriffe verwendet, um die sufischen Lehren zu erläutern: »Der Sufi-Meister [...] bearbeitet das unedle Metall in der Seele des Schülers, das er mit Hilfe der spirituellen Methoden des Sufismus in Gold verwandelt.«[50] Auch der Gründer eines sufischen Ordens sagt: »Wir sind es, die durch unseren Blick den Staub des Weges in Gold verwandeln.«[51] Im Sufismus »ist die Welt ein Werkzeug, das die Menschheit zurechtschleift«.[52] Die große Aufgabe des Alchemisten bedeutete für die Sufis dasselbe wie einst für Zosimos, nämlich die spirituelle Verwandlung des Menschen; und das Elixier oder der Stein der Weisen wurden zum Symbol dieser inneren Integration und Vervollkommnung. Auch den hermetischen Lehrsatz der Korrespondenzen, des Wechselspiels von Makrokosmos und Mikrokosmos, nahmen die Sufi-Meister in ihre Lehren auf. Viele ihrer Schriften gleichen völlig jenen des hermetischen Korpus.

Der berühmteste, bedeutendste und einflußreichste der arabischen Alchemisten, Djabir Ibn Haijan (Geber bzw. Geber arabicus genannt, ca. 721–815) war gleichzeitig Sufi. Mit seinem Werk schuf er die Basis für die gesamte spätere Alchemie des Islam. Er vertrat eine umfassende Kosmologie, deren Ausrichtung stark der alexandrinischen Hermetik ähnelte. Von größter Bedeutung wurde später die Analogie, die er zwischen dem Alchemisten und dem Schöpfer zog und bei der »der Mensch als Mikrokosmos und gleichzeitig als Ebenbild Gottes bezeichnet wird, insoweit er in der Lage ist, alles zu wissen und Wunder zu vollbringen«.[53]

Soweit bekannt, führte Djabir als erster tierische und pflanzliche Produkte – beispielsweise Blut, Urin und Knochenmark – in die Alchemie ein. Darüber hinaus trug er dazu bei, in der islamischen Welt die pythagoräische Zahlenlehre zu verbreiten. Aus seinen Werken spricht eine erstaunliche Belesenheit, die eine Vertrautheit mit alchemistischen und philosophischen Ideen aus so weit entfernten Regionen wie China demonstriert. In den Schriften Djabirs erscheint auch die erste erhaltene Fassung der *Tabula Smaragdina*, auch wenn diese wesentlich älteren Quellen zugeschrieben wird. Djabir und sein Kreis schrieben aber auch über eine Vielzahl weiterer Themen: über Mathematik, Magie, Astrologie und Astronomie, Medizin, über Spiegel, über militärische Geschütze wie Belagerungsmaschinen, über mechanische Figuren oder Automaten. Viele Jahre lebte Djabir in Bagdad als Hofalchemist des Kalifen Harun ar-Raschid, bis heute durch die Geschichten aus *Tausend und einer Nacht* bekannt; ein Teil der Magie und der geheimnisvollen Bannkraft dieses Buches geht zweifellos auf Djabir und seinen Kreis zurück.

Im 10. Jahrhundert war Bagdad ein Zentrum der Gelehrsamkeit für die gesamte islamische Welt geworden, in dem eine ungemein aktive Gemeinschaft von Philosophen, Lehrern, Schriftstellern und Übersetzern lebte. Hier fand sich sogar eine große jüdische Gemeinde mit geschätzten 40 000 Mitgliedern, in der man die Werke und Disziplinen studierte, die später als Kabbala bekannt wurden. Die Hermetik hatte schon immer enge Verbindungen und Parallelen zum esoterischen jüdischen Denken aufgewiesen, weshalb es nicht überrascht, Hinweise auf Schulen der jüdischen Alchemie zu entdecken. Heute erkennt man sogar, daß die Hermetik viele entscheidende Berührungspunkte zwischen Islam und Judentum hervorgehoben, wenn nicht gar etabliert hat, wie etwa eine gemeinsame Interpretation der Propheten des Alten Testaments. Am Ende des 1. Jahrtausends war die Hermetik nun bereit, erstmals im christlichen Europa an den Tag zu treten. Bevor dies geschehen konnte, mußte die europäische Kultur jedoch erst die geistige Differenziertheit und Offenheit entwickeln, die zum Verständnis des hermetischen Denkens nötig ist.

3. Kapitel:
Magie im frühen Mittelalter

Im Verlauf des 1. Jahrtausends besaß die Hermetik natürlich kein Monopol auf die Entfaltung der Magie. So hatten etwa Indien und China ihre eigenen magischen und alchemistischen Traditionen, die sich nach Tibet, Birma, Korea und Japan ausbreiteten. In vieler Hinsicht waren diese Traditionen wesentlich älter als die alexandrinische Hermetik, doch wären sie dieser – oder zumindest ihren Grundvoraussetzungen – keineswegs fremd gegenübergestanden. Um nur ein Beispiel zu nennen: Die taoistische Alchemie beruhte auf Elementen, die sich von der europäischen Vierheit von Erde, Luft, Feuer und Wasser unterschieden oder diese ergänzten. So betrachtete der taoistische Alchemist gelegentlich auch das Holz als Element. Doch in ihren Grundprinzipien – dem Zusammenspiel von oben und unten und von innen und außen, der Wechselbeziehung aller Dinge, der Möglichkeit, durch den »Druck auf den richtigen Knopf« Veränderungen herbeizuführen – stimmten die alchemistischen Traditionen des Ostens mit ihrer westlichen Entsprechung überein. Und durch die Gymnosophisten Alexandrias hatte das indische Denken in seiner vedischen wie seiner buddhistischen Ausprägung etwas ganz Eigenes in den Schmelztiegel der Hermetik eingebracht.

Auch im nördlichen Europa des sogenannten finsteren Mittelalters existierte eine magische Tradition, die mit der Hermetik allerdings wenig gemein hatte. In den slawischen und germanischen Völkern wirkten die herkömmlichen Schamanen, die Wahrsager oder Medizinmänner der Stämme. Unter den Kelten fand sich der höher entwickelte Typus des Druiden, dessen Rolle und Aktivitäten sich mit jenen des Barden oder, wie man ihn im alten Irland nannte, des Ollaven überschnitten. Der Schamane, Druide, Barde oder Ollave übte eine Art priesterlicher Funktion aus. Da keine geschriebene Sprache existierte, war er stark von seinem Gedächtnis abhängig, und das Gedächtnistraining, das auch in den Kulturen des Mittelmeers gelehrt wurde, wurde zu einer für seinen Beruf typischen Fertigkeit. Sein Erinnerungsvermögen war oft phänomenal. Später sollte die aus mediterranen wie keltischen Quellen stammende »Kunst der Erinnerung« sich mit der Hermetik vereinen und zu einem grundlegenden Bestandteil der esoterischen Tradition Europas werden.

Da man die Schrift nicht kannte, war der Druide, Barde oder Ollave im Grunde ein wandelndes Buch, wenn nicht gar eine wandelnde Bibliothek. In seinem Gedächtnis ruhten die Geschichte, die Legenden, die Bräuche, die Gesetze, ja das gesamte Erbe und das gesamte Selbstbild eines Stammes oder Volkes. Aus diesem Grunde war er eine ehrwürdige und machtvolle Gestalt, die einen mindestens so geheiligten Status genoß wie später der christliche Priester. Nach einem heute leider nicht mehr erhaltenen Brauch besaß der Barde des alten Irland die Autorität, auf dem Schlachtfeld zu erscheinen und durch einen einfachen Befehl einen Waffenstillstand zwischen den kämpfenden Parteien herbeizuführen. Jeder, der sich seinem Spruch widersetzte, galt als verflucht.

Einen Fluch auszusprechen stellte eine magische Handlung dar: primitiv nach hermetischen Maßstäben, aber dennoch magisch. Selbst bei Menschen, die mit der betreffenden Überlieferung nicht vertraut waren, war die Wirkung oft durchschlagend. So schreibt der römische Historiker Tacitus über eine im Jahr 61 vorgefallene Konfrontation römischer Soldaten mit keltischen Kriegern: »Da stand am Gestade die gegnerische Kampffront, eine dichte Reihe von Waffen und Männern; dazwischen liefen Frauen herum, die nach Art von Furien im Leichengewand mit herabwallenden Haaren Fackeln vorantrugen; die Druiden ringsum stießen grausige Verwünschungen aus, die Hände zum Himmel erhoben.«[54] Die Wirkung war mehr als entnervend: »Dieser ungewohnte Anblick versetzte die Soldaten in Bestürzung, so daß sie sich, gleichsam an den Gliedmaßen gelähmt, unbeweglich der Verwundung aussetzten.«[55]

Wenn Magie dieser Art die gut ausgebildeten, disziplinierten römischen Truppen einschüchtern konnte, war sie für die Menschen, zu deren

Alltag sie gehörte, um so bedrohlicher. Der keltische Barde ging oft verschwenderisch mit seinen magischen Flüchen um, wobei Worte und Namen für ihn – wie für den Hermetiker – eine innewohnende Kraft besaßen. »Nannte« der Barde einen Menschen, indem er ihn in einem Gedicht, einer sogenannten Verzauberung oder Verwünschung anrief, so konnte er Unheil auf ihn und seine Nachkommen herabrufen, gewöhnlich »bis in die siebte Generation«. Es ist nicht verwunderlich, daß diese Fähigkeit dem Barden beträchtliche Macht verlieh, Furcht und Schrecken einzuflößen. So lautet ein altes irisches Sprichwort: »Verflucht sei, wer seine Hand gegen einen Dichter erhebt.« Bei derartigen Verwünschungen ging es um mehr als kleinliche persönliche Rachsucht: Stellte der Dichter das personifizierte Erbe des gesamten Volkes dar, war jeder Schaden, den man ihm zufügte, zumindest symbolisch ein Schaden für das ganze Volk. Der für solche Taten verantwortliche Missetäter wurde demnach zum Ausgestoßenen und Geächteten und war regelrecht verflucht – die heidnische Entsprechung von exkommuniziert.

Als schwaches Echo haben die Spuren dieser Denkweise in Irland bis heute überdauert. Sie finden ihren leisen Widerhall in der Wertschätzung, die dem Dichter zuteil wird. Noch immer umhüllt ihn eine leise Aura des Magischen, ein matter Nimbus heiliger Ehrfurcht; und seinen Worten wird mehr Gewicht und Bedeutung beigemessen als anderswo in Europa. So gilt die Lyrik in England nur als glorreicher Schmuck der Nationalkultur und spielt im Alltagsleben der meisten Menschen kaum eine Rolle. In Frankreich wird die Lyrik zwar als essentieller Ausdruck der Kultur geschätzt, ja demonstrativ hochgehalten, doch nur im weltlichen Zusammenhang. In Irland hingegen ist die Lyrik nicht nur ein unerläßlicher Bestandteil der Kultur, sondern auch von einer Qualität durchdrungen, die ans Spirituelle, ans Mystische, ans Orakelhafte angrenzt. Ihr wohnt noch immer etwas inne, was der Sphäre der organisierten Religion nahekommt. Die Sprache – besonders die poetische Sprache – enthält immer noch einen Rest Magie, mit einer Kraft, im Guten oder Bösen zu bezaubern. Anders gesagt: Die Dichtung ist machtvoll. Und ganz gleich, welche Schande die Terroristen aller Seiten in Nordirland verdienen, eines muß man ihnen zugute halten: Im

Gegensatz zu anderen Fanatikern, die gegen die Autoren von Werken der schöpferischen Einbildungskraft die Todesstrafe aussprechen, haben die Extremisten in Ulster immer einen geradezu priesterlichen Respekt gegenüber der Magie des Wortes in der gehobenen Literatur gezeigt.

Die Magie der alten Kelten kann – wie jene der Germanen und Slawen – jedoch nicht in irgendeinem Sinne als hermetisch bezeichnet werden. Sie mag vielleicht gewisse Elemente enthalten haben, die den Grundlagen der Hermetik ähneln. So nimmt man beispielsweise an, daß die Druiden des keltischen Gallien und der Britischen Inseln an Vorstellungen wie die Reinkarnation und die Unsterblichkeit der Seele glaubten. Manche klassischen Autoren haben daher vermutet, sie seien vom pythagoräischen Denken beeinflußt gewesen. Das dürfte unwahrscheinlich sein, obgleich es angesichts des griechischen Handels mit dem keltischen Europa nicht gänzlich abgetan werden kann. Doch trotz solcher Parallelen blieb die Magie des frühen europäischen Mittelalters ziemlich primitiv. Sie drückte sich in Flüchen aus, in trivialer Hexerei, im Hellsehen, Heilen und in der Weissagung, also in ausschließlich ortsgebundenen Phänomenen, die bestenfalls Dinge wie Regenmachen umfaßten. Was ihr fehlte, war der allumfassende kosmologische, metaphysische, erkenntnistheoretische und psychologische Rahmen, der die Hermetik charakterisiert. Die Magie konnte nicht dazu eingesetzt werden, auf einer über das Beschränkte und Gegenwärtige hinausgehenden Ebene »Dinge geschehen zu lassen«. Und anders als die Hermetik konnte sie keine Grundlagen für etwas schaffen, das sich zu wissenschaftlicher Forschung entwickelte und letztendlich zur wissenschaftlichen Manipulation der Wirklichkeit. Nach den von den faustischen Magiern der Renaissance entwickelten Kategorien und Definitionen blieb sie auf das Reich der »niederen Magie« oder der »Beschwörung« beschränkt.

Denkt man an die Magie während des »finsteren Mittelalters« in Europa, kommt einem unmittelbar die Gestalt Merlins in den Sinn. Für viele Menschen ist Merlin der Urtyp des Magiers, des Hexers, des Zauberers. Doch die Gestalt, die diesen Ruf genießt, stammt in Wirklichkeit gar nicht aus dem frühen Mittelalter, sondern ist eine literarische Schöpfung des Hochmittelalters, als die mittelalterliche Kultur ihren Zenit erreichte. Merlin ist der Magier, wie man ihn sich im 13. und 14. Jahrhundert vorstellte und ins 6. Jahrhundert zurückversetzte, wie auch die Ritter und ihr aus einer späteren Epoche stammender Ehrenkodex ins legendäre Britannien des Königs Artus versetzt wurden.

Wenn ein historisches Vorbild für Merlin existiert hat, so müßte dieses um die Mitte oder das Ende des 6. Jahrhunderts gelebt haben, also zu der Zeit, in der man auch Artus vermutet, falls es ihn überhaupt gab. Ein vages und schattenhaftes Bild dieses frühen Merlin hat in der walisischen Sage und Dichtung in der Gestalt des Myrddin überlebt. Myrddin aber unterscheidet sich stark von dem eindrucksvollen, erhabenen und majestätischen Magier der späteren Artus-Sage. Er könnte ein Druide gewesen sein oder ein vom druidischen Denken beeinflußter Seher.[56] Im Grunde unterscheidet er sich nicht grundsätzlich vom traditionellen Stammes-Schamanen und Wahrsager. Und da er so weit davon entfernt ist, mit einer übernatürlichen, nahezu gottgleichen Autorität ausgestattet zu sein, ist er eher ein Opfer und Märtyrer, ein verfolgter Visionär, gejagt von seinem eigenen Volk, geächtet und verstoßen.

Hätte im 6. Jahrhundert also ein Merlin oder sein Urbild gelebt, so hätten sie wenig gemein mit der majestätischen und imponierenden Gestalt der mittelalterlichen Dichtung gehabt, also mit jener Gestalt, die 1135, mehr als fünf Jahrhunderte später, durch Geoffrey von Monmouths *Geschichte der Könige Britanniens* ins öffentliche Bewußtsein trat. Der historische Merlin, wenn er überhaupt je gelebt hat, wäre nicht mehr als ein regionaler Prophet oder ein Wahrsager mit schamanischen Zügen gewesen, der vielleicht in manchem an den Narren bei Shakespeare erinnert hätte. Womöglich hätte er eine pantheistische Beziehung zur Natur und zu ihren Phänomenen vertreten oder wäre so verstanden worden. Seine tatsächlichen Gaben bestanden vielleicht aus den typischen Fähigkeiten des Schamanen, mit Tieren zu kommunizieren, die eigene Gestalt zu verändern, tranceähnliche Zustände bei sich und anderen hervorzurufen, Träume zu deuten und wahrzusagen. So hätte man ihn wohl für fähig gehalten, Vorgänge zu interpretieren oder vorherzusagen, aber nicht, sie in Szene zu setzen, einzuleiten oder zu verursachen. Verglichen mit der hochfliegenden, stark spirituell orientierten Magie des Hermetikers wäre auch seine Magie trivial, begrenzt und materialistisch gewesen.

Die Kirche absorbiert die
heidnische Magie

In der Hermetik war die Magie in einen ebenso komplexen wie hochentwickelten psychologischen, theologischen und kosmologischen Rahmen eingebettet. Gemessen an diesem Standard war die Magie des frühmittelalterlichen Europa eine primitive Angelegenheit. Das soll jedoch nicht heißen, daß ihr Einfluß oder die Zähigkeit und Ausdauer, die ihr das Überleben ermöglichten, geringzuschätzen wären. Jede europäische Gemeinde von den großen städtischen Zentren bis zu den abgelegensten Dörfern besaß ihre eigenen Hexen und Zauberer. Auf einfache, aber zweifellos oft recht wirksame Weise kümmerten diese sich um Leib und Seele ihrer Mitbewohner: als Ärzte und Hebammen, als Kräuterkundige und Wetterpropheten, als Deuter von Zeichen und Träumen, als Ratgeber, als damaliges Gegenstück des modernen psychologischen Beraters oder Therapeuten. Die Wirksamkeit eines Teils ihrer Kräuter und ihrer homöopathischen Heilmittel wird in letzter Zeit, wenn auch widerwillig, allmählich auch wieder von der Schulmedizin anerkannt.

Im frühmittelalterlichen Europa wurde diese Magie von den kirchlichen Autoritäten und ihren weltlichen Repräsentanten weithin gefürchtet und verdammt. Im 6. Jahrhundert berichtet Bischof Gregor von Tours, wie der Tod eines Prinzen einer magischen Beschwörung zugeschrieben wurde und eine Hexenjagd auslöste, die in der Hinrichtung »mehrere[r] Weiber in der Stadt Paris« gipfelte.[57] Im frühen 9. Jahrhundert erließ Karl der Große strenge Gesetze gegen die Magie, in erster Linie dazu gedacht, die heidnischen Völker in Norddeutschland zu christianisieren oder zumindest zu zähmen. Diese Gesetze schufen einen Präzedenzfall für einen Großteil der späteren Verfolgungen, die – ob durch Hysterie oder durch zynische Berechnung ausgelöst – bis ins frühe 18. Jahrhundert andauerten und sich auch über den Atlantik hinweg ausbreiteten, um etwa in Salem in Massachusetts und in weiten Teilen Lateinamerikas aufzutauchen. Dies ist ein trauriges Kapitel in der Geschichte der europäischen Zivilisation und des Christentums, das jedoch bekannt genug ist, um hier nicht wiederholt werden zu müssen. Es mag genügen, daß Zehn-, vielleicht auch Hunderttausende unglücklicher Opfer gefoltert, gehängt, ertränkt, auf dem Scheiterhaufen verbrannt oder auf irgendeine andere schauderhafte Weise zu Tode befördert wurden; hinreichende Gründe waren oft Kenntnisse in der Kräutermedizin, die Denunziation mißgünstiger Nachbarn oder der scheinheilige und selbstgerechte Eifer eines Inquisitors.

Trotz dieser Verfolgungen überlebte die heidnische Magie. Bis weit ins 20. Jahrhundert hinein wurde sie in abgelegenen Dörfern gepflegt, manchmal bis heute. Seit das letzte Viertel dieses Jahrhunderts angebrochen ist, haben zudem zahlreiche Menschen begonnen, sich wieder mit der heidnischen Magie zu beschäftigen, weil sie die etablierte Religion als hohl empfinden. Im heutigen Großbritannien schätzt man die Anhänger des Wiccakults, der sogenannten »alten Religion« oder Hexerei, auf über 20 000. Entgegen populärer Vermutungen hat dies nichts mit den herkömmlichen Vorstellungen von Satanismus zu tun. Vielmehr beruhen Wiccakult und Satanismus auf vollständig unterschiedlichen Glaubenssystemen und Praktiken, die sich eher feindlich als verwandt gegenüberstehen. Der Wiccakult – oder die Hexenkunst – ist ein Überbleibsel der alten vorchristlichen Religion. Zuerst umfaßte er wahrscheinlich keine Theologie, keinen begrifflichen Rahmen, sondern war eher eine Ansammlung empirischer Praktiken und Techniken als eine Glaubenslehre. Erst als er später gezwungen war, sich gegenüber einer nominell christianisierten Welt zu erklären und zu rechtfertigen, entwickelte sich ein entsprechender Rahmen. Diesen kann man annäherungsweise als eine Art mystischen Pantheismus beschreiben, als eine von Achtung geprägte Beziehung zur Natur, die viele Menschen heute außerordentlich lobenswert fänden. Außerdem wurden die Kräfte der Natur als heidnische Götter und Göttinnen personifiziert, wodurch sich – von der Kirche bewußt gefördert – die Vermengung mit dem Satanismus nahelegte.

Nach einer alten Weisheit werden die Götter jedweder Religion zu den

Dämonen der Religion, die an ihre Stelle tritt. So raubte man etwa der Astarte – sie war die Muttergottheit der alten Phönizier, deren »Himmelskönigin« und »Stern des Meeres« – ihre Titel, unterwarf sie einer Geschlechtsumwandlung und machte sie zum Dämon Aschtarot. Im antiken Rom wurde die Naturgottheit Pan mit Hörnern, Bart, gespaltenen Hufen und einem Ziegenschwanz dargestellt. Im Verständnis dieser Zeit war Pan bestimmt nicht »böse«; er verkörperte einfach die Kräfte der Natur und damit nicht zuletzt die sexuelle Energie, die in der Fruchtbarkeit ihren Ausdruck findet. Nach Auffassung des Christentums war die Natur jedoch »sündig« und »gefallen«, so daß sie einer Erlösung bedurfte. Die Sexualität wiederum betrachtete man nicht nur mit Mißtrauen, Angst oder Abscheu, sondern brandmarkte sie auch als »Sünde«, sofern sie sich nicht innerhalb der begrenzten Institution der Ehe abspielte. Als Folge wurde der Gott der »sündigen« Natur und der sexuellen Energie automatisch verrucht, eine Verkörperung des »Bösen«. Und so verwandelte die christliche Lehre den gehörnten, gehuften und ziegenschwänzigen Naturgott in den Teufel.

Einer ähnlichen Verwandlung unterwarf man die Naturgottheiten des nördlichen Europa, die ebenfalls oft gehörnt waren wie die als Herne der Jäger bekannte Gestalt oder der keltische Gott Cernunnos. Auch sie mußten sich der bewußten Verschmelzung und Verwechslung mit dem christlichen Teufel beugen, wodurch ihre Anhänger automatisch als Satanisten abgestempelt wurden. Als Verfolgte entwickelten sich manche dieser Anhänger zweifellos wirklich dazu und akzeptierten die kirchliche Assoziation ihrer gehörnten Gottheit mit der Verkörperung der in der Natur vorhandenen Gesetzlosigkeit, Anarchie, »Bestialität« und lüsternen Potenz. Und natürlich gab es auch unter jenen, die an die christliche Sündenlehre und an die entsprechenden Definitionen von Gut und Böse glaubten, einige echte Satanisten: Menschen, die im vollen Bewußtsein ihrer ketzerischen und frevlerischen Absicht das Böse als solches anerkannten und danach strebten, es sich zu erschließen. Doch für die meisten Gläubigen der »alten Religion« existierte die christliche Theologie einfach nicht. Sie erkannten sie nicht an, so daß der Begriff Sünde im christlichen Sinne für sie nicht mehr Bedeutung besaß als heute für einen Hindu oder Buddhisten. Ihre Verehrung ihrer gehörnten Gottheit drückte also keinerlei Verherrlichung des Bösen aus, sondern einfach Ehrfurcht vor der Natur und ihren Kräften. Vielerorts gestand die Kirche stillschweigend ein, daß ihr Versuch, die »alte Religion« auszumerzen, fehlgeschlagen sei. An seine Stelle trat dann das Bemühen, sie anzugliedern oder aufzusaugen. In großen Teilen des scheinbar christlichen Europa war das Christentum in Wirklichkeit nur eine Fassade, ein von außen übergestülpter, künstlicher Überbau, der die darunterliegenden Schichten mehr oder weniger intakt ließ. Die Bauern besuchten am Sonntag die vorgeschriebenen Messen, hielten sich an die von der Kirche bestimmten Feiertage, bezeugten der kirchlichen Hierarchie den notwendigen Gehorsam und bezahlten ihren Zehnten; doch während die Priester ein Auge zudrückten, praktizierten sie weiterhin die Riten der »alten Religion«. Auf diese Weise überlebten Rituale wie die *Walpurgisnacht*, der »Hexensabbat« mit seiner orgiastischen sexuellen Ekstase und der zur Einweihung verabreichten Droge des Mutterkorns, eines starken Halluzinogens, das das Gefühl des Fliegens hervorruft. Manches deutet darauf hin, daß die Stimmen, die Jeanne d'Arc zu hören meinte und die sie dem Erzengel Michael und den Heiligen Katharina und Margareta zuschrieb, in Wirklichkeit von Gestalten stammten, die ursprünglich bei einem Wiccaritual angerufen wurden und nur rein äußerlich christianisiert worden waren. So sieht es jedenfalls Thomas Keneally, der Autor von *Schindlers Liste*, in *Blood Red, Sister Rose*, einem seiner früheren Romane. Seine Darstellung der Jeanne d'Arc kann es mit jeder anderen aufnehmen, ja sie ist plausibler als viele andere.

Wenn die »Heiligen«, deren Stimme Jeanne hörte, letztendlich auf heidnische Gestalten im christlichen Gewand zurückgeführt werden könnten, wäre das kaum ungewöhnlich. Viele heidnische Gottheiten wurden auf diese Weise vereinnahmt, und zwar samt ihren Schreinen und heiligen Stätten. Anfänglich zierte sich die Kirche bei solchen Vorgängen und fühlte sich verpflichtet, sie zu verschleiern und rational zu erklären. So schrieb der heilige Augustinus im Jahre 398:

Und wenn Tempel, Götzen, Haine und dergleichen auf Befehl der Obrigkeit niedergeworfen werden, ist unsere Teilnahme an diesem

Vorgang zwar ein klarer Beweis, daß wir jene Dinge nicht schätzen, sondern verabscheuen; doch müssen wir uns hüten, eine dieser Stätten zu unserem persönlichen und privaten Vorteil zu nutzen, auf daß klar werde, daß wir bei ihrer Zerstörung nicht von Habgier, sondern von Frömmigkeit geleitet werden. Werden die Überreste dieser Orte hingegen zum Vorteil der Gemeinde genutzt oder dem Dienst Gottes geweiht, so geschieht ihnen dasselbe wie den Menschen, wenn diese von Gottlosigkeit und Frevel zur wahren Religion bekehrt werden.[58]

Kaum zwei Jahrhunderte später war die kirchliche Vorgehensweise in diesen Dingen deutlich dreister geworden. 601 schrieb Papst Gregor I.,

daß die Heiligtümer der Götzen bei diesem [dem englischen] Volk keineswegs zerstört werden müssen, daß aber die Götzenbilder, die sich darin befinden, zerstört werden sollen, daß Wasser geweiht und in diesen Heiligtümern versprengt, daß Altäre gebaut, Reliquien niedergelegt werden. Denn wenn diese Heiligtümer gut gebaut sind, müssen sie notwendigerweise vom Dämonenkult in die Verehrung des wahren Gottes verwandelt werden, damit dieses Volk, wenn es sieht, daß diese seine Heiligtümer nicht zerstört werden, den Irrglauben aus dem Herzen verbannt und, den wahren Gott erkennend und bewundernd, mit mehr Zutrauen an den Orten zusammenkommt, an die es gewöhnt ist. Und da sie viele Rinder als Opfer für die Dämonen zu schlachten pflegen, muß für sie auch daraus eine andere Feier werden: […] am Tag der Weihe oder am Tag der Heiligen Märtyrer, deren Reliquien dort niedergelegt sind […].[59]

In Übereinstimmung mit dieser Taktik wurden christliche Kirchen, Klöster und Kathedralen im allgemeinen über heidnischen Kultstätten errichtet. Mit Hilfe von Reliquien verwandelte man die den heidnischen Gottheiten und Helden geweihten Riten in eine christliche, Heiligen und Märtyrern gewidmete Form. Die an zahlreichen heiligen Stätten verehrte Muttergottheit wurde einfach christianisiert, also sozusagen getauft und zwangsbekehrt. So war der Großteil der »Notre Dame« – Unserer Lieben Frau – geweihten französischen Kirchen ursprünglich ganz anderen Damen gewidmet: der Isis (wie die Wallfahrtskirche von Le Puy), Rosmerta, der Patronin der Maas, oder Arduina, der Schutzgottheit der Ardennen.[60] Indem die Kirche die solchen Gestalten geweihten Schreine umwandelte, »reinigte« und »heiligte« sie sie und paßte sie ihrer eigenen Muttergottheit, der Jungfrau Maria an, die wiederum oft mit Maria Magdalena verschmolzen oder verwechselt wurde.

Was die Bauern betraf, die an den betreffenden Orten beteten, änderte sich durch den Namenswechsel nicht viel, da die eine Muttergottheit geradesogut wie die andere sein mochte. Sie verehrten weiterhin dieselbe Gottheit, gleichgültig, wie die Hierarchie der christlichen Kirche sie zu nennen gedachte. Im restlichen Europa geschah weitgehend das gleiche. So verschmolz man in Irland die heidnische Muttergottheit Brigit, die Patronin des Feuers, mit der sagenhaften Tochter eines Druiden, die sich zum Christentum bekehrt und eine religiöse Gemeinschaft gegründet haben soll. Unter dem Namen Brigida heiliggesprochen, wurde die heidnische Göttin spirituell gereinigt und damit ihr Kult legitimiert.

Nun überlebte die heidnische Magie nicht nur durch die nominelle Christianisierung von Gottheiten und heiligen Stätten. Zu nennen wäre etwa die Dichtung, die sich um den sogenannten Heiligen Gral rankt. Man hält sie gemeinhin für eindeutig christlich, wird der Gral doch als christlicher Kultgegenstand dargestellt. Im 12. Jahrhundert war er auch sicher dazu geworden. Doch die Gralsdichtung dieser Zeit geht auf die Kreuzzüge zurück und spiegelt einen Verschmelzungsprozeß wider, eine gelegentlich gezwungene Übertragung jüdisch-christlichen Materials auf wesentlich ältere Sagen keltischen Ursprungs. Diese älteren Texte aber haben nichts Christliches an sich, weshalb man sie gelegentlich die Sagen vom »heidnischen Gral« nennt. Der darin vorkommende Gral wiederum hat in keiner Weise etwas mit Jesus zu tun; er ist vielmehr ein magischer Kessel, in dem die Verwundeten geheilt und die Toten zum Leben wiedererweckt werden können. Der Held dieser heidnischen Gralssagen ist nicht Parzival und erst recht nicht die späteren Gestalten Lanzelot und Galahad, sondern Gawain, dessen Streben dahin geht, dem Land seine Fruchtbarkeit zurückzugeben.

Diese Figur ist auch der Held eines anderen Werks, das auf Motiven beruht, die derselben Zeit wie die Sagen um einen »heidnischen Gral« entstammen: *Sir Gawain und der Grüne Ritter*. Dieser Roman, entstanden im Herzen eines vermeintlich christlichen Europa, ist ein unverhohlenes Porträt vorchristlicher Magie. Der grüne Ritter ist eine ins mittelalterliche Rittertum übertragene Darstellung der alten keltischen Fruchtbarkeitsgottheit, das nördliche Gegenbild des Pan, die über den Reigen der Jahreszeiten herrscht, über das Säen und das Einbringen der Ernte, über Geburt, Tod und Wiedergeburt im Jahreslauf. Der Text spiegelt die närrische Vergeblichkeit der menschlichen Versuche wider, in diese Naturvorgänge einzugreifen, und beschreibt die Armseligkeit solch gutgemeinter Versuche, sich dem natürlichen Gang der Dinge zu widersetzen.

Die Fruchtbarkeitsgottheit in *Sir Gawain und der Grüne Ritter* erscheint auch in einer Vielzahl weiterer Verkleidungen. Um nur ein Beispiel zu nennen, taucht sie in England wiederholt als Figur des Grünen Mannes auf, die unauffällig inmitten einer gängigeren und orthodoxeren Bildwelt die Kirchen schmückt. Der Grüne Mann wird häufig mit Herne dem Jäger, Cernunnos und ähnlichen gehörnten Gottheiten assoziiert; und wenn es überhaupt einen Unterschied zwischen diesen Gestalten gibt, so wäre es der, daß der Grüne Mann über das Reich der Pflanzen herrscht, Herne und seine Verwandten über das der Tiere. Sie alle aber sind Erscheinungen der natürlichen Ordnung, aus der der Mensch ausgeschlossen ist – nach christlicher Vorstellung zu seinem Nutzen, nach heidnischer zu seinem Schaden.

Die vielleicht deutlichste und bekannteste Verkörperung des Grünen Mannes ist die mittelalterliche Gestalt des Robin of the Greenwood. Er ist der Robin Goodfellow – oder Puck – in Shakespeares *Sommernachtstraum*. In der elisabethanischen Zeit war der einstige Fruchtbarkeitsgott zur Gestalt eines Elfs geschrumpft, doch seine Kräfte blieben unvermindert. Noch in Shakespeares Drama dient er als Schutzgeist der geschlechtlichen Vereinigung. Aus breiterer Perspektive verbindet man ihn wie das Rotkehlchen, dessen englischen Namen er trägt, mit der Ankunft des Frühlings und der fruchtbaren Erneuerung der Welt.

In einem 1994 in der *Times* erschienenen Leserbrief kritisierte ein bekannter Politiker vermeintliche Pläne, den ersten Mai als Feiertag zu streichen. Dieser Tag, argumentierte der Briefautor, gehöre seit langem zur Tradition der Arbeiterbewegung, sei daher tief im öffentlichen Bewußtsein verwurzelt und von besonderer Bedeutung für die gesamte »arbeitende Bevölkerung«. Diese Begründung könnte ein Hinweis auf jene beklagenswerte Unwissenheit sein, die allzu viele unserer Politiker auszeichnet. Da der betreffende ehrenwerte Herr jedoch als gebildet gilt, gab er wohl eine Probe einer anderen, unter Politikern sehr verbreiteten Eigenschaft: der schiefen und bewußt parteiischen Darstellung geschichtlicher Fakten.

Schon lange bevor der erste Mai der Arbeiterschaft und den Traditionen des internationalen Sozialismus gewidmet wurde, besaß er in der volkstümlichen Kultur Europas eine besondere und ganz andere Bedeutung. Im mittelalterlichen England wie auch anderswo war dieser Tag ein Fruchtbarkeitsfest, bei dem man die Wiederkehr des Frühlings, die Erneuerung des Jahres und die Fruchtbarkeit der Erde feierte. Den Boden zu besäen wurde als eine Art Geschlechtsakt verstanden, als eine Form heidnischer Sexualmagie. Für die Bauern dieser Zeit war der erste Mai daher ein Tag sexueller Freizügigkeit und ungezügelter Ausschweifungen. Der althergebrachte Maibaum wurde mit unübersehbar phallischen Motiven geschmückt; die erwählte Maikönigin war eine nur spärlich getarnte Verkörperung der heidnischen Muttergottheiten, die eine wichtige Rolle im Wiccakult und anderen vorchristlichen Religionen gespielt hatten. Die Maienkönigin und andere Jungfrauen des Dorfes begaben sich in einen nahen Wald, wo sie von »Robin of the Greenwood« und seinen »fidelen Mannen« empfangen wurden. Dabei handelte es sich um einen einzelnen jungen Mann des Dorfes, gelegentlich auch um einen Adligen, dessen Gewand ihn als Frühlingsboten kennzeichnete. Es folgte eine ausgelassene Szene, bei der »Robin« den Mädchen ihre sexuelle Initiation zuteil werden ließ. In manchen Fällen gab er auch der Vereinigung sich bereits versprochener Paare seinen Segen. Neun Monate später begrüßte das Dorf dann eine winterliche Brut außerehelicher Kinder, die man als »Söhne des Robin« bezeichnete. Es waren oft diese Rituale, aus denen sich Namen wie Robinson ableiteten. Wie ein entrüsteter elisabethanischer Beobachter schreibt, »laufen alle jungen Burschen und Mädchen, alten Männer und Weiber nachts in Wälder, Haine, Hügel und Berge, wo sie die Nacht bei angenehmer Kurzweil verbringen«.[61] Empört bemerkt derselbe Autor: »Ich habe es von glaubwürdiger Seite […] gehört, daß von vierzig, sechzig oder hundert Mädchen, die über Nacht in den Wald gehen, kaum ein Drittel makellos zurückkehrt.«[62]

Als »Robin of the Greenwood« verschmolz der alte heidnische Fruchtbarkeitsgott – oder der Grüne Mann – schließlich auch mit der Gestalt des Robin Hood. Bis zu einem gewissen Grad könnte er sogar den Kern der entsprechenden Sage darstellen. Im Jahre 1555 verbot das strenge presbyterianische Parlament Schottlands daher ein Schauspiel, das fahrende Komödianten jeden Mai im Schloß von Rosslyn aufgeführt hatten. Der Titel des Stücks lautete *Robin Hood und Little John*, und es war so beliebt, daß die beiden Türme des Schlosses die Namen der beiden Titelhelden erhielten. »Keiner«, verkündete das Parlament steif, »soll als Robin Hood, Little John, Abt der Unvernunft oder Maienkönigin auftreten.«[63] Die Wortwahl des Erlasses spricht Bände: Der Abt der Unvernunft ist natürlich Bruder Tuck, der in seiner ursprünglich heidnischen Form über die Kräfte der »sündigen Natur« und der Anarchie gebot und bei den Fruchtbarkeitsriten des ersten Mai seine blasphemische Parodie des christlichen Segens erteilte. Die Maienkönigin wiederum war die in Sagen als Maid Marian erscheinende Gestalt, mit der jedes Dorfmädchen bei seiner sexuellen Initiation durch »Robin« identifiziert wurde.

Bei all diesen heidnischen Relikten hatte das magische Element einen wichtigen Stellenwert, darunter in augenscheinlich so unschuldigen Dingen wie dem Moriskentanz, den Maskenspielen und sogar in vielen sogenannten Wiegenliedern. Auch hier handelte es sich aber um eine rein ortsbezogene und oft speziell sexuelle Magie, die auf den Mysterien der Zeugung und Fortpflanzung beruhte. Entsprechend konnte diese gelegentlich auf die Natur ausgedehnt werden, etwa bei Handlungen wie dem Regenmachen. Im Verhältnis des Menschen zu allem, was über ihn hinausging, lag ihr jedoch Passivität zugrunde. Anders gesagt: Der Mensch konnte flehen und beten, konnte versuchen, die unbekannten Kräfte um ihn her zu besänftigen; doch konnte er es nicht wagen, sie zu kontrollieren oder zu beherrschen. Myrddin mag eine Art Magier gewesen sein, doch hat er sich nicht zu einer Gestalt wie Merlin oder gar Faust entwickelt.

Dennoch fürchtete die Kirche ihn und die Kräfte, die er verkörperte. Bereits Anfang des 4. Jahrhunderts bedrohte das Konzil von Elvira (heute eine Vorstadt von Granada) jeden mit der Exkommunikation, der durch Magie einen Menschen zu Tode gebracht hatte: im Grunde ein Eingeständnis, daß der Tod durch Magie tatsächlich eine Möglichkeit, ja eine Bedrohung war.

667 mißbilligte das Konzil von Toledo das »Lesen von Messen zum Zweck des Todes von Feinden«.[64] Um dieselbe Zeit glaubte der walisische Klerus, eine zehn Mal über dem Wachsbild eines Menschen gelesene Messe könne innerhalb von zehn Tagen dessen Tod herbeiführen. So wurden die Götter und Göttinnen der »alten Religion« gewiß nicht als belangloser Aberglaube abgetan. Man betrachtete sie vielmehr als Dämonen, die selbst für Rechtgläubige eine ständige Gefahr darstellten. Ihre Sprecher, Abgesandten und Botschafter aber waren gefährliche Personen, die nicht ignoriert werden durften, sondern überwältigt und ausgeschaltet werden mußten.

In irischen Legenden mißt sich der heilige Patrick daher mit Druiden im wundertätigen Wettkampf. Bei einem dieser Wettkämpfe verbrennt ein Druide in einer aus grünem Holz errichteten Hütte bei lebendigem Leibe, während der Heilige in einer Hütte aus trockenem Holz von den ihn umlodernden Flammen verschont wird. Ein anderes Mal läßt Patrick einen Druiden hoch in die Luft schweben, um seinen Gegner sodann fallen zu lassen, so daß dieser auf den Felsen zu Tode stürzt.[65] Der Widerhall von Petrus' Taten in der Apostelgeschichte und der darauf aufbauenden Legende ist unübersehbar. Wenn Druiden wie Myrddin auch noch keine vollen faustischen Qualitäten erlangt hatten, konnte man sie doch einem Simon Magus gleichsetzen.

Als Antwort auf die von solchen Gestalten ausgehende Bedrohung begann die Kirche, eine eigene Magie zu entwickeln, in bestimmten Fällen auch eine Art Gegenzauber. Unter anderem belegt dies der Reliquienkult. Die Heiligen wurden als Beschützer vor der heidnischen Magie angerufen, und zu ihrem Kult gehörte »sehr bald das Ausgraben, das Überführen, die Zerlegung – ganz zu schweigen von begierigem

Berühren und Küssen – der Gebeine der Toten«.[66] Um einem Heiligen eine Kultstätte zu weihen, benötigte man mindestens ein kleines Fragment seines Körpers, zum Beispiel einen Finger, eine Locke oder gar seine Vorhaut. Dieses noch so kleine Körperteil stellte sicher, daß der Heilige tatsächlich am betreffenden Ort zugegen war und persönlich im Gebet angerufen werden konnte. In späteren Zeiten reichte es aus, Dinge zu benutzen, die lediglich in Berührung mit dem Körper des Heiligen gekommen waren oder die er gesegnet hatte. Man nahm an, eine Art spiritueller Osmose habe solchen Objekten etwas von der Wirkkraft des Heiligen übertragen. Der Handel, oft auch der Diebstahl von Reliquien spielte bei der Verbreitung der Kirche in Europa eine große Rolle. Natürlich gab es auch tragbare Reliquien für den persönlichen Gebrauch, die von ihrem Besitzer von Ort zu Ort transportiert werden konnten, wie etwa Splitter des Wahren Kreuzes. Im Grunde dienten diese Dinge als magische Amulette oder Talismane, die die Magie der vorchristlichen Religion neutralisieren oder wirkungslos machen sollten.

Eine etwas fortgeschrittenere Form der christlichen Magie, der man sogar rudimentäre Elemente der Hermetik zubilligen könnte, schloß den Gebrauch von Klängen ein. Diese hatten schon immer magische Bedeutung besessen, vom Singsang und dem Trommelschlag des primitiven Schamanen zu den komplexen Zusammenhängen des hermetischen Denkens, das Beziehungen zwischen dem *Pneuma* (griechisch für Geist wie Atem) und dem *Logos* (dem Wort) als Schöpfungsprinzip darstellte. Dazu kam die pythagoräische Harmonielehre, die sogenannte Sphärenmusik. Wie bereits erwähnt, hatte das Christentum eine quasi-hermetische Vorstellung des Logos als schöpferisches Element übernommen und es mit dem Pneuma in Form des Heiligen Geistes verbunden.

Die christliche Magie des europäischen Mittelalters beruhte häufig auf einer vereinfachten Auffassung solcher Konzepte. So wurde die menschliche Stimme bei der Ausübung eines religiösen Ritus zu einem Vehikel für den Geist, wodurch das Gebet zu einer Art magischer Handlung wurde, zu einer von Gott eingegebenen Anrufung oder Beschwörung. Auf diese Weise entstand auch der Gregorianische Gesang. Er wurde einstimmig, ohne Begleitung und auf einen geheiligten Text gesungen; und er erforderte intensive Übung besonders des Atems, um das *Pneuma* – den Geist – wirksam ausrichten und leiten zu können. Die heutige Forschung hat entdeckt, daß der Gregorianische Gesang greifbare psychologische wie körperliche Wirkungen hervorrufen kann.[67] Oft hat er eine heilende Wirkung. Zudem kann er durch eine Übertragung kräftigender Energie die Ausdauer erhöhen, was von besonderer Bedeutung für die mittelalterlichen Mönche war, die innerhalb von 24 Stunden acht Gottesdienste verrichten mußten, am Tag wie in der Nacht. Bei kürzlich durchgeführten Experimenten zeigte sich, daß Mönche, denen man die Möglichkeit zum Gesang nahm, rasch von Mattigkeit und Müdigkeit erfaßt wurden.

Eine andere Form mit Tönen arbeitender christlicher Magie bediente sich der Glocke. Manches weist darauf hin, daß auch der Gebrauch von Glocken im Christentum auf dem Umweg über die Hermetik auf pythagoreische Quellen zurückgeht. Im pythagoreischen wie im hermetischen Denken bestehen Wechselbeziehungen zwischen Ton und Form, Ton und Gestalt. Töne können der Energie Form und Richtung geben. So kann man sich den Klang eines Horns oder einer Trompete als »Stoß« vorstellen, als stoßförmige Kraft, die in fächerförmiger Gestalt vom Instrument nach außen strebt. Das Wesen dieses Klanges ist von Grund auf aggressiv und kämpferisch, ja kriegerisch, weshalb man ihn dazu benutzen konnte, um die Stoßrichtung der Truppen anzuzeigen. So konnte er auch auf fast karikaturistische Weise als jener explosive Impuls dargestellt werden, mit dem Josuas Trompeten die Mauern Jerichos zum Einsturz brachten.

Den Klang einer Glocke hingegen stellte man sich ganz anders vor, nämlich in Form konzentrischer, von einem Punkt ausgehender Kreise, ähnlich den Wellen, die sich um einen ins Wasser geworfenen Stein bilden. Diese Eigenschaft verstärkte sich, wenn die Glocke von oben her erklang, so daß ihr Läuten sich in einem ständig größer werdenden Umkreis nach unten und außen verbreitete. Anders als Instrumente wie das Widderhorn oder die Rohrflöte war die Glocke zudem vom Menschen gemacht, war keine Art Nebenprodukt oder Abfall der Natur. Sie wurde bewußt für einen geheiligten Zweck gegossen, stellte daher den Triumph des nach dem Bilde Gottes geschaffenen Menschen über die

»sündige Natur« dar. In religiösem Zusammenhang gebraucht, wurde sie wie die menschliche Stimme zum Vehikel oder Kanal des Geistes. Einer der frühesten Hinweise auf den Gebrauch von Glocken in christlichen Kirchen findet sich im späten 6. Jahrhundert bei Gregor von Tours. Die von ihm beschriebenen Instrumente sind allerdings kleine Handglocken, mit denen zum Gebet gerufen wird. Zu seiner Zeit scheinen sie nicht besonders häufig und auch nicht offiziell ins religiöse Ritual eingebunden gewesen sein. Wann dies geschah, ist ungewiß, doch im 10. Jahrhundert waren große, in Türmen aufgehängte Glocken bereits weit verbreitet und ein unerläßlicher Bestandteil des christlichen Ritus. Mit derselben Kunstfertigkeit, die man später zur Herstellung von Kanonen anwandte, wurden sie in einem Vorgang voller Sorgfalt und priesterlicher Ehrfurcht aus Bronze gegossen. War der Guß vollendet, wurden sie in einer komplexen Zeremonie, die einer Art Taufe gleichkam, offiziell und rituell gesegnet. Jede Glocke wurde mit Weihwasser besprengt, gereinigt, geheiligt, geweiht und wiederholt mit Öl gesalbt, »auf daß der Teufel bei ihrem Klang entfliehen möge«.[68] Nicht selten erhielten Glocken auch einen Namen, genau wie Schwerter, darunter das berühmte Excalibur des Königs Artus.

Aus heutiger Sicht mag es schwierig sein, die psychologische und spirituelle Bedeutung der Glocke im Mittelalter zu begreifen. Zuerst einmal ist es nötig, sich den ständigen und alles beherrschenden Schrecken vor Augen zu halten, in dem die frommen Christen dieser Zeit lebten. Menschliche Siedlungen – ob Städte, Dörfer oder auch Abteien und Klöster – waren selten, sie lagen isoliert und weit voneinander entfernt. Zwischen ihnen erstreckten sich, unbewohnt und bedrohlich, riesige, den größten Teil des Landes bedeckende Wälder. In den dunklen, dräuenden Tiefen dieser Gebiete »sündiger Natur« lauerte ein Übermaß an physischen wie geistigen Gefahren: böse Geister, Werwölfe, Dämonen im Gewand heidnischer Götter und Göttinnen, unzählige andere »unreine« oder »unheilige« Kräfte, dazu natürlich auch wilde Tiere und allzu menschliche Banditen, Plünderer und der Kirche feindlich gegenüberstehende »Heiden«. Jede christliche Siedlung war eine einsame, verwundbare Enklave in der Wildnis, auf allen Seiten von einer Vielzahl potentieller Bedrohungen umgeben, ob diese nun real waren oder nur ein Produkt der Phantasie. Gegen diese Bedrohungen schuf der volltönende Klang einer Glocke einen schützenden magischen Kreis, gewissermaßen eine Palisade aus Tönen und das spirituelle Gegenstück eines Verteidigungsringes. Er stellte ein Bollwerk und einen Wall gegen die Anarchie dar, die von außen herandrängte. Innerhalb der geweihten Sicherheit dieses Ringes herrschte eine von Gott gegebene und gelenkte Ordnung.

Der Glockenklang war eine Verkörperung dieser Ordnung. Daneben zeigte er die Stunde an und unterteilte den Tag in planmäßig festgelegte Einheiten, die bestimmten Verrichtungen und Gebeten geweiht waren. So wurde dem chaotischen Fluß der Zeit die Gottesgabe von Form und Struktur aufgezwungen. Die von der Glocke angezeigte Unterteilung der Zeit in meßbare Einheiten war eine von vielen Methoden, mit denen man die Kräfte des Chaos, der Finsternis und des Bösen, die sich ungesehen in der Luft sammelten, auf Distanz hielt und abwehrte. Ein regionales deutsches Konzil stellte fest: »Beim Klang der Glocken, welche die Christen zum Gebet rufen, erschrecken die Dämonen und entfliehen, und die Geister des Sturms, die Mächte der Lüfte werden besänftigt.«[69] Ein Meßbuch wiederum weiß um »die Kraft einer Kirchenglocke, wo immer ihr Klang zu hören ist, die Kräfte des Bösen weit weg zu jagen, dazu die geschwätzigen und fratzenhaften Schemen der Toten und alle Geister des Sturms«.[70]

An heidnischen Festtagen, wie etwa in der Mittsommernacht oder der *Walpurgisnacht*, wurden die Glocken die ganze Nacht geläutet, um den feindlichen Zauber abzuwehren. Zudem glaubte man, Glocken könnten vor Seuchen schützen, die häufig dem Wirken dunkler Mächte zugeschrieben wurden. Die Ordensregel der Zisterzienser untersagte den Bau einer Abtei in Hörweite der Glocken einer anderen. Teilweise hatte das wohl den rein praktischen Grund, Verwirrung zu vermeiden und die von der Feldarbeit heimgerufenen Mönche davor zu schützen, zum falschen Kloster zu marschieren. Man muß aber auch beabsichtigt haben, die harmonische Magie der Glocken vor der Zerstörung durch Dissonanzen zu bewahren. Zudem garantierte diese Regel eine größere Verbreitung des Glaubens.

Abgesehen von der Magie, die es zur Bekämpfung des Heidentums entwickelte, übernahm das Christentum bestimmte Formen heidnischer Magie zu eigenen Zwecken. So war etwa der Exorzismus schon seit den Zeiten der frühesten Schamanen praktiziert worden. Die Menschheit wurde schon immer von »Teufeln« der einen oder anderen Art gepeinigt, die vertrieben werden mußten. Nach Aussage der Heiligen Schrift hatte Jesus selbst Teufelsaustreibungen durchgeführt, und dieses ehrwürdige Vorbild gestattete es der Kirche, das Verfahren zu übernehmen. Beim christlichen Ritual des Exorzismus trat wieder die Glocke in Funktion. Abgesehen davon war es – wie viele andere Formen der christlichen Magie – von seinem heidnischen Gegenstück praktisch nicht zu unterscheiden. Unterschiedlich war nur die Quelle, aus der es seine Kraft zu beziehen meinte.

Am Ende des 1. Jahrtausends hatte das Christentum sein eigenes, umfassendes magisches System entwickelt. Wie die heidnische Magie, der sie entgegentreten sollte, war die christliche Magie jedoch im Grunde primitiv. Ihr fehlten der allumfassende Rahmen des hermetischen Denkens wie auch die von der Hermetik geschaffenen Möglichkeiten der praktischen Anwendung. Anders als die Hermetik gestattete sie dem Menschen nicht, Verantwortung für sein eigenes Schicksal zu übernehmen und die Wirklichkeit zum Guten wie zum Bösen nach seinem Geheiß zu gestalten. Abgesehen von begrenzten Phänomenen wie denen des Heilens, der Unterstützung der Fruchtbarkeit oder des Schutzes gegen den bösen Blick verlieh sie der Menschheit nicht die Kraft, in der gesamten Welt »Dinge geschehen zu lassen«.

Gegen Ende des 10. Jahrhunderts begann schließlich die Hermetik in Europa einzusickern, vermittelt durch islamische wie jüdische Lehren. Versuche, ihr Einhalt zu gebieten, erwiesen sich als vergeblich, und aus dem Sickern wurde bald eine Vielzahl von Strömen, dann eine Flut. Diese Flut ging von drei Quellen aus; die erste war Spanien, die zweite Sizilien und die dritte, seit dem Beginn der Kreuzzüge, der Nahe Osten und das Heilige Land. Die aus diesen Quellen stammende Magie sollte Myrddin in die wesentlich beeindruckendere Gestalt Merlins verwandeln. Und Merlin war nur noch eine Inkarnation von Faust entfernt.

4. Kapitel:
Drei Wege nach Europa

Unter der nominellen Schirmherrschaft der Kirche war das westliche Europa das ganze Frühmittelalter hindurch von Stagnation und Stillstand geprägt. Wenn überhaupt Entwicklungen stattfanden, dann nur im Schneckentempo. Im Süden jedoch entfalteten sich die Dinge mit einer auch aus heutiger Sicht geradezu atemberaubenden Rasanz und Dynamik. Die treibende Kraft hinter dieser Entwicklung war der Islam. Die moderne europäische Kultur ist stolz auf ihre klassischen Vorbilder, auf das Erbe der griechischen und römischen Antike. Natürlich sollten wir dieses Erbe nicht unterschätzen. Allerdings neigen wir dazu zu vergessen, daß es zum größten Teil nicht direkt zu uns kam. Es wurde uns über den Islam vermittelt, und zwar anfänglich auf dem Umweg über Spanien.

Am Ende des 4. Jahrhunderts hatte das einst unbesiegbare Römische Reich zu wanken begonnen; im frühen 5. Jahrhundert, im Jahre 410, brach es vollständig zusammen, und selbst die »Ewige Stadt« wurde von den vordringenden Westgoten überrannt, die mit ihrer Stoßkraft weiter nach Westen vorrückten: durch Südfrankreich nach Spanien und Portugal und über die Straße von Gibraltar bis nach Nordafrika. In den folgenden drei Jahrhunderten erstreckte sich ihr Königreich von den Pyrenäen über die gesamte Iberische Halbinsel und über das Mittelmeer hinweg bis ins heutige Tunesien und Algerien. Zu Beginn des 8. Jahrhunderts aber lag das Westgotenreich den arabischen Armeen, die unter dem Banner des Islam auf dem Vormarsch waren, im Weg.

Im Jahre 711 stürmten die islamischen Streitkräfte, nachdem sie das nordafrikanische Herrschaftsgebiet der Westgoten überrannt hatten, über die Straße von Gibraltar nach Spanien. Ganze drei Jahre später, 714, hatten sie die gesamte Iberische Halbinsel erobert, mit Ausnahme einer Enklave christianisierter Westgoten und romanisierter Iberer im äußersten Nordwesten, in Galicien. 732 überquerte eine arabische Armee die Pyrenäen und drang bis zum französischen Bordeaux vor. Nach einer sechstägigen Schlacht bei Tours und Poitiers wurde sie von Karl Martell, dem Großvater Karls des Großen, geschlagen. In den folgenden zweieinhalb Jahrzehnten wurden die Araber über die Berge nach Spanien zurückgedrängt. Wie bereits erwähnt, war ihr Herrscher ein geflohener Prinz aus der Dynastie der Omaijaden, die 750 im Nahen Osten gestürzt worden war. Um das neue Kalifat nicht herauszufordern, das kurz darauf seine Residenz nach Bagdad verlegte, nahm dieser Prinz den Titel eines Emirs an. Mit seiner Hauptstadt Córdoba war das arabische Spanien damit vorläufig vom Rest der islamischen Welt abgetrennt.

Diese Isolation war einer von mehreren Faktoren, die das Christentum zum Gegenangriff ermutigten. 778 überquerte eine christliche Armee unter Karl dem Großen, dem Enkel Karl Martells und zukünftigen Kaiser des Heiligen Römischen Reichs, die Pyrenäen und belagerte Saragossa. Das Unternehmen scheiterte, so daß die Streitmacht sich über die Berge zurückziehen mußte. Die Vernichtung ihrer Nachhut am engen Paß von Roncevalles inspirierte eines der frühesten Epen der christlichen Kultur Europas, das berühmte *Chanson de Roland* mit seiner späteren Fassung als *Rolandslied*. Ein Vierteljahrhundert später gelang es Karls Sohn Ludwig, Barcelona einzunehmen. Es wurde zur Hauptstadt eines eigenständigen Staates, einer jüdisch-christlichen Enklave an der Ostküste des islamischen Spanien, die 300 Jahre unter der Herrschaft der Grafen von Barcelona verblieb.[71]

Im frühen 12. Jahrhundert wurde das islamische Spanien politisch zunehmend instabil. Eine Reihe oft gewalttätiger Umbrüche folgte, und zeitweise war die Iberische Halbinsel in 60 und mehr unabhängige Reiche gespalten, jeweils regiert von einem unbedeutenden Herrscher. Manche oder gar alle von ihnen wurden kurzzeitig wieder vereinigt, fielen aber gleich wieder von neuem auseinander. Zwischen 1090 und 1147, während sich die Aufmerksamkeit der Christenheit auf die ersten beiden Kreuzzüge richtete, ergriff eine zur Unterstützung der islamischen Streitkräfte aus Nordafrika herbeigerufene Berber-Armee die

Gelegenheit, das gesamte Land unter ihre Kontrolle zu bringen. Eine neue, von Marrakesch aus geführte islamische Regierung wurde eingesetzt, von einem Sufi-Aufstand jedoch wieder gestürzt, worauf Spanien von neuem zerfiel.

Trotz dieser politischen Wechselfälle blühte die islamische Kultur Spaniens. Während im Norden die christliche Enklave Galicien isoliert, zurückgeblieben und arm blieb, gedieh das restliche Land unter der Herrschaft der Mauren. Neben anderen Neuerungen wurden neuartige Bewässerungsmethoden eingeführt, so daß die Landwirtschaft florierte. Viele der heute mit Spanien in Verbindung gebrachten Erzeugnisse wie Orangen, Reis und Baumwolle gelangten durch die Araber dorthin. Heutzutage verlassene und unfruchtbare Landstriche wurden damals intensiv bebaut und brachten oft zwei Ernten im Jahr hervor. Die Einöde des heutigen Andalusien war bedeckt von Obstgärten und Weinbergen. Der landwirtschaftliche Aufschwung wurde begleitet von der Entfaltung eines aufblühenden städtischen Handels und städtischer Bildung, neue Handelszentren trieben Geschäfte mit dem östlichen Mittelmeer. Ab dem 9. Jahrhundert wurde der bis dahin unterbrochene Kontakt zwischen Spanien und dem Rest der islamischen Welt wiederhergestellt, und das Land erlebte eine kraftvolle kulturelle Renaissance. Scharen spanischer Gelehrter reisten zum Studium nach Bagdad, von wo auch Bücher eingeführt wurden. Schulen wurden gegründet, Schriftsteller gefördert und unterstützt. Besonders die Lyrik kam in Mode, und Dichter erhielten einen Status, der dem des keltischen Barden oder Ollaven ähnelte. Der Ruf dieser Autoren verbreitete sich auch jenseits der Pyrenäen, wo sie die späteren Troubadoure und *Trouvères* des mittelalterlichen Frankreich beeinflußten. In der zweiten Hälfte des 10. Jahrhunderts wurde in Córdoba eine Bibliothek mit 400 000 Bänden eingerichtet, die zum »größten Zentrum der Gelehrsamkeit in der gesamten, sowohl islamischen wie christlichen europäischen Welt wurde«.[72]

Córdoba selbst war eine uralte Stadt, gegründet von phönizischen Handelsleuten. Im Römischen Reich war sie der Geburtsort von zwei Kaisern, Trajan und Hadrian. Als Hauptstadt des islamischen Spanien entwickelte Córdoba sich rasch zur größten Metropole Europas, in der mehr als eine Million Menschen lebten. Arabische Chronisten berichten, daß ihr von Mauern umgebenes Zentrum zu ihrer Blütezeit mehr als 400 Moscheen, 900 Bäder, 60000 Paläste, 80000 Läden und 200000 weitere Häuser beherbergte. Dieser Stadtteil war bekannt für seine Sauberkeit, seine gepflasterten Straßen und die nächtliche Beleuchtung. Die ihn schützende Mauer besaß 132 Türme und 13 Tore; jenseits lagen fünf ummauerte Vorstädte, dazu 21 ohne Mauern.[73]

Höchst bedeutsam war Córdoba vor allem als kulturelles und geistiges Zentrum. Die gewaltige Bibliothek mit ihren 400000 Bänden zählte man zusammen mit den Bibliotheken von Kairo und Bagdad zu den drei größten Institutionen ihrer Art in der islamischen Welt. Zusätzlich besaß Córdoba weitere 70 öffentliche Bibliotheken und zahlreiche Privatsammlungen.

Im 12. Jahrhundert wetteiferte Córdoba mit Bagdad um die kulturelle Vorherrschaft innerhalb der islamischen Welt. Die erste Universität des mittelalterlichen Europa war im Grunde die Große Moschee der Stadt, zu der Tausende von Studenten strömten. Es gab viele Schulen für Kopisten, die großenteils Frauen waren, dazu Übersetzungsanstalten, gegründet, um dem westlichen Leser die Texte des Ostens zugänglich zu machen. Griechische Texte, die zuvor schon in Harran oder Bagdad übersetzt worden waren, wurden so auch für spanische Gelehrte zugänglich. Unablässig entstanden neue Bücher: über Musik, Geographie, Geschichte, Astronomie, Astrologie, Botanik, Mathematik, Chemie, Alchemie, Philosophie und über das hermetische Denken.

Sofern sie sich nicht in militanter Opposition zum Islam befanden, wurden Christen mit Toleranz, ja Wohlwollen behandelt. Dasselbe galt für die Juden. Kirchen, Klöster, kirchliche Schulen und Synagogen blieben erhalten und konnten ihr Werk fortführen. Allerdings traten viele Christen zum Islam über, da sie seine Regeln, verglichen mit denen Roms, zwanglos und angenehm fanden. Andere Christen zog es von jenseits der Pyrenäen nach Spanien, angelockt von Berichten über die Kultur, die Gelehrsamkeit und die geschäftlichen Möglichkeiten des Landes. Während Bücher im christlichen Europa weitgehend auf die Höfe und Klöster beschränkt waren, hatte in Spanien die gesamte

Bevölkerung Zugang zu ihnen. Mitte des 9. Jahrhunderts klagt der christliche Bischof von Córdoba, seine Schäfchen hätten eine solche Vorliebe für arabische Bücher entwickelt, daß sie »mit gewaltigen Kosten große Bibliotheken aufbauen [...]. Kaum jemand kann einem Freund einen anständigen lateinischen Brief schreiben, doch unzählig sind jene, die sich auf arabisch ausdrücken und Gedichte in jener Sprache verfassen können.«[74]

Der Bischof mochte murren, doch andere nominell christliche Herrscher verspürten durchaus Affinität zum maurischen Spanien. Nach einer 1213 von einem Mönch in St. Albans verfaßten Chronik erwog der englische König Johann ernsthaft, zum Islam überzutreten. Wie allgemein bekannt, war Johann ein wenig beliebter König, ja einer der unpopulärsten englischen Monarchen. Er grollte über die öffentliche Wertschätzung, die sein Bruder Richard Löwenherz genoß, in dessen Abwesenheit er die Regentschaft führte. Seine eigene Macht sollte später durch die Magna Charta eingeschränkt werden, und er zürnte dem Papst, weil dieser sich weigerte, ihm die zur Festigung seiner Herrschaft erforderliche Unterstützung zu gewähren. Folglich suchte er nach Alternativen.

Im Jahre 1213 brach eine geheime Gesandtschaft zum islamischen Herrscher Marokkos auf. Sie bestand aus zwei Rittern und einem Londoner Priester, einem gewissen Magister Robert. Die Gesandten hatten den Auftrag, dem marokkanischen Potentaten zuzusagen, König Johann werde »freiwillig sich und sein Königreich aufgeben, und wenn es jenem gefiele, es als Lehen von ihm entgegennehmen; auch werde er den christlichen Glauben aufgeben, den er für falsch erachte, und treu dem Gesetz des Mohammed folgen«.[75] Johann bot auch seine Hilfe dabei an, das Christentum in Spanien auszumerzen und den Islam auf der gesamten Iberischen Halbinsel zu verbreiten.

Der islamische Herrscher Marokkos antwortete den Gesandten Johanns:

Ich habe soeben im Buch eines weisen Griechen und Christen namens Paulus gelesen, welches in griechischer Sprache geschrieben ist, und seine Taten und Worte gefallen mir sehr. Eines an ihm jedoch mißfällt mir, und zwar, daß er nicht fest zu jenem Glauben stand, in den er hineingeboren wurde, sondern sich wie ein Überläufer und Unschlüssiger einem anderen zuwandte. Und ich sage dies im Hinblick auf euren Herrn, den König der Engländer, der das frömmste und reinste Gesetz der Christen aufgibt, unter dem er geboren wurde, und ersehnt, launenhaft und wankelmütig wie er ist, zu unserem Glauben überzutreten.[76]

Aufgrund dieser Überlegungen entschied der Herrscher, König Johann sei »ein Mann ohne Bedeutung, gänzlich unwürdig einer Allianz mit einem islamischen Fürsten wie ihm selbst«.[77] Er entließ die drei Gesandten des englischen Monarchen mit einer eindrucksvoll ritterlichen Ansprache:

Ich habe nie gelesen oder gehört, daß ein König, dem ein solch wohlhabendes Reich untertan ist, freiwillig seine Souveränität zerstören wollte, indem er aus einem freien Land ein tributpflichtiges macht, einem Fremden das gibt, was sein eigen ist, Glück in Elend verwandelt und sich dergestalt dem Willen eines anderen unterwirft, gleichsam besiegt ohne ein Wort.
Vielmehr habe ich von vielen gelesen und gehört, die Ströme von Blut vergießen, um ihre Freiheit zu erlangen, was eine lobenswerte Handlung ist; doch höre ich nun, daß Euer elender Herr, ein Taugenichts und Feigling, der schlimmer ist als ein Nichts, von einem freien Mann begehrt, zum Sklaven zu werden und damit zum erbärmlichsten aller menschlichen Wesen.[78]

Es muß nicht weiter ausgeführt werden, daß Johanns Werben um den Islam keine Konsequenzen hatte. Der Leiter der Gesandtschaft, der Priester und Magister Robert, reiste später ins Heilige Land und trat dem Orden der Tempelritter bei. Dann fiel er von den Templern ab, lief zu ihren Gegnern über und beendete sein Leben als Gesandter des Großkhans, als die Mongolen 1242 in Österreich einfielen.
Auch wenn Johann von England überaus begierig war, zum Islam überzutreten, blieben andere, näher am Geschehen wohnende christliche Fürsten unnachgiebige Feinde des maurischen Spanien. Trotz seiner

blühenden Kultur befand sich das Land in einem nahezu permanenten Kriegszustand mit seinen christlichen Gegnern im Norden. Zwietracht und politische Instabilität führten dazu, daß die Mauren in diesem Konflikt schließlich den kürzeren zogen. Unerbittlich wurde der Islam über einen Zeitraum von 500 Jahren zurückgedrängt und zuletzt von der Iberischen Halbinsel vertrieben. Diesen Vorgang, der im Grunde einem ständigen Kreuzzug gleichkam, kennen wir heute als Reconquista.

Als Spanien im frühen 8. Jahrhundert von islamischen Kräften erobert worden war, hatte sich in Galicien, also im äußersten Nordwesten, trotzig eine christliche Enklave gehalten. Aus dieser Bastion entwickelte sich das Königreich Asturien. Später, im Jahre 910, wurde ein Teil davon zum Königreich León, das sich im 13. Jahrhundert mit dem Königreich Kastilien vereinte. Im 8. Jahrhundert schlugen die Mauren die Invasion der Franken unter Karl dem Großen zurück, doch zu Beginn des 9. Jahrhunderts eroberte Karls Sohn Ludwig Barcelona und verschaffte dem Christentum damit eine zweite Enklave auf der Iberischen Halbinsel. Von diesen beiden Bollwerken – León und Kastilien im Norden, Barcelona an der Ostküste – ging die christliche Gegenoffensive aus.

In Galicien wurde der christliche Eifer seit langem von dem im 9. Jahrhundert errichteten Heiligtum von Santiago de Compostela aus angefacht. Diese Stätte, an der später eine der großen Kathedralen des Christentums stehen sollte, entwickelte sich rasch zu dem neben Rom bedeutendsten Wallfahrtsort des westlichen Europa. Santiago verlieh der Reconquista ihre geistliche Stoßkraft.

Von León und später Kastilien her drangen die christlichen Armeen nach Süden zum Duero und schließlich ins islamische Herzland Andalusien vor. Aus dem später dem Königreich Aragón angegliederten Barcelona marschierten andere Streitkräfte durchs Ebrobecken und die Ostküste hinab auf Valencia und Murcia zu. Das erste entscheidende Ereignis der Reconquista war 1085 die Eroberung Toledos, das zur symbolischen Hauptstadt der christlichen Rückeroberung Spaniens wurde.

In der Zeit, in der Toledo fiel, beherrschte die epische, halb legendäre Figur des Rodrigo Díaz das öffentliche Bewußtsein Spaniens. In der

Geschichtsschreibung als El Cid bekannt – eine Verballhornung des arabischen *Sajjid* (Herr, Meister oder Führer) –, wird Rodrigo im allgemeinen als christlicher Held empfunden. In Wirklichkeit war seine Laufbahn wesentlich schillernder, als die spätere Idealisierung glauben machen könnte.[79] Zumindest einmal, von 1081 bis 1086, diente er als Söldner der Mauren und führte Krieg gegen die christlichen Herrscher, denen er im Grunde zur Treue verpflichtet war, wie auch gegen andere christliche Adlige. Um 1093 war er sich seiner Zugehörigkeit jedoch klar geworden. Ein Jahr danach eroberte er Valencia und wurde – wenn auch nicht nominell – selbst zu einem christlichen König. Als er fünf Jahre später starb, fiel Valencia wieder, doch die Reconquista hatte inzwischen so an Stoßkraft gewonnen, daß sie sich letztendlich als unaufhaltsam erwies.

Zu Beginn des 12. Jahrhunderts wurden die christlichen Streitkräfte durch Ritter und Fußvolk aus anderen europäischen Ländern, besonders aus Frankreich, verstärkt. Es waren Männer, die am ersten Kreuzzug teilgenommen hatten, und es war nicht schwierig, ihren Beistand zu erlangen, da der Konflikt auf der Iberischen Halbinsel inzwischen ebenfalls offiziell als Kreuzzug bezeichnet wurde, mit allen dazugehörigen Vorteilen: Ablaß, Vergebung oder Absolution von Sünden, Aussicht auf Beute und Land, das man den »Ungläubigen« im Namen Gottes entriß. Mit Unterstützung der Veteranen aus dem Heiligen Land nahmen die christlichen Armeen unter dem König von Aragón 1118 Saragossa ein. Wie Dominosteine begannen die anderen großen Städte zu fallen. 1148 wurde das an der Ebromündung gelegene Tortosa erobert.

Im Gefolge des ersten Kreuzzugs traten im Heiligen Land die Ritterorden auf den Plan, die Templer und die Johanniter. 1128, als sie vom heiligen Bernhard ihre Ordensregel erhielten, wurden die Templer überschwenglich gerühmt. Noch im selben Jahr begannen sie, spanische Ritter aufzunehmen; dazu erhielten sie Schenkungen – Geld, Land und Burgen – von spanischen Fürsten, die verständlicherweise großes Interesse hatten, solch professionelle und erfahrene Soldaten für die Reconquista anzuwerben. Bis zur Mitte des 12. Jahrhunderts war der iberische Besitz der Templer und Johanniter beträchtlich angewachsen. Dazu gehörte eine Anzahl von Grenzfestungen, Bastionen an der Front zwischen Christentum und Islam, die als defensive Bollwerke wie auch als offensive Brückenköpfe wirken sollten. Doch während Templer und Johanniter gerne bereit waren, Schenkungen anzunehmen, standen sie Feldzügen und Kämpfen eher zurückhaltend, ja zögerlich gegenüber. Beide Orden stellten eine deutliche Abneigung zur Schau, in den Krieg zu ziehen und sich an einer zweiten Front gegen den Islam zu beteiligen, da sie »darauf beharrten, daß ihr eigentliches Ziel die Verteidigung Jerusalems sei, und es ablehnten, sich über das zur Vermeidung des königlichen Zorns unvermeidliche Mindestmaß hinaus durch Kämpfe in Spanien davon ablenken zu lassen«.[80]

Diese Passivität führte zur Bildung einer Anzahl rein iberischer Orden, die sich nach dem Vorbild der Templer und Johanniter richteten, aber speziell für militärische Operationen in Spanien und Portugal vorgesehen waren. Der wohl bedeutendste dieser Ritterorden war der von Calatrava, gegründet 1158, vom Papst 1164 anerkannt und mit derselben zisterziensischen Regel ausgestattet wie die Templer. 1170 entstand der Orden von Cáceres, der sich zum Orden von Santiago entwickelte und 1175 die päpstliche Bestätigung erhielt. Diese wurde 1177 auch dem Orden von Alcántara zuteil, der zehn Jahre später mit dem Orden von Santiago verschmolz. In den folgenden Jahren entstand eine Anzahl weiterer Orden. Als die Templer zwischen 1307 und 1314 offiziell unterdrückt wurden, entstand der Orden von Montesa als Zuflucht für die vor der kirchlichen Verfolgung fliehenden Ritter.

Im Heiligen Land lagen die Templer, die Johanniter und die verschiedenen kleineren Orden ständig im Streit miteinander. Manche von ihnen, besonders die Templer, arrangierten sich häufig mit dem Islam. Der Eifer der spanischen Orden scheint hingegen kompromißloser und fanatischer gewesen zu sein; zudem arbeiteten sie im allgemeinen eng untereinander wie mit den Königshäusern zusammen. Sie erhielten vielfach die Aufgabe, die wichtigsten Einfallswege zwischen dem christlichen und dem islamischen Gebiet zu verteidigen; und das Netzwerk ihrer Burgen und Festungen fing den Ansturm der feindlichen Kräfte ab. Gleichzeitig stellten sie das mittelalterliche Gegenstück heutiger Stoßtruppen für christliche Gegenoffensiven dar. Im Verlauf der Zeit wurden sie ungeheuer reich und mächtig und beherrschten schließlich große Landstriche in Spanien und Portugal. Ihr Einfluß und ihre Privilegien hielten sich noch lange, nachdem ihre militärische Rolle an Bedeutung verloren hatte. Doch es ist fraglich, ob die Reconquista ohne sie ebenso erfolgreich gewesen wäre.

Gestärkt durch den Eifer, die Disziplin, die Professionalität und die Erfahrung der Ritterorden, gewannen die christlichen Streitkräfte in Spanien eine neue und unwiderstehliche Durchschlagskraft. 1212 wurde bei Las Navas de Tolosa eine entscheidende Schlacht geschlagen, nach der sich das Blatt endgültig gegen den Islam wendete. 1236 wurde Córdoba erobert, ein Jahr später das Gebiet von Valencia und Murcia. Sevilla fiel 1248, Cádiz 1262. Im letzten Drittel des 13. Jahrhunderts war das maurische Spanien auf das kleine Königreich Granada zusammengeschrumpft, das nur durch ein besonderes Abkommen mit dem kastilischen Königshaus überleben konnte.

Im Jahre 1340 landete eine aus Nordafrika kommende arabische Armee bei Gibraltar. Mit ihrer Hilfe unternahm das islamische Granada einen letzten Versuch, das an die Christenheit verlorene Gebiet zurückzugewinnen. Die arabische Flotte erlitt jedoch bei einer Seeschlacht vor der Küste von Algeciras eine Niederlage, wodurch sämtliche weiteren Verstärkungen wie auch der Nachschub unterbunden wurden. Kurz darauf, im Juni 1340, wurde die maurische Armee in der Schlacht von Salado entscheidend geschlagen. Granada war nun endgültig isoliert und vom Rest der islamischen Welt abgeschnitten. Umgeben von Feinden, führte es weitere eineinhalb Jahrhunderte ein Schattendasein. 1479 schließlich wurde das übrige Spanien vereinigt, als der mit Isabella von Kastilien vermählte Ferdinand den Thron von Aragón bestieg. In seinem neu vereinten Reich stellte das maurische Granada einen unerwünschten Auswuchs dar, der ausgemerzt werden mußte. Am 2. Januar 1492 fiel die Stadt, und 781 Jahre islamischer Präsenz in Spanien fanden endgültig ihr Ende. Ihr Erbe jedoch pflanzte sich jahrhundertelang fort und ist noch heute ein Bestandteil der europäischen Kultur. Ein bedeutender Teil dieses Erbes war das hermetische Denken, für das Spanien als erste und nachhaltigste Eingangspforte diente.

Spanische Mystiker und Magier

Schon vor der Ankunft des Islam waren Elemente des hermetischen Denkens, der Magie, der Alchemie und anderer sogenannter esoterischer Traditionen nach Spanien gelangt. In den ersten Jahrhunderten der christlichen Epoche war das Land ein bedeutsamer Bestandteil des Netzwerks von Wirtschaft und Handel gewesen, das das Römische Reich zusammenhielt. In den spanischen Häfen trafen täglich Schiffe aus dem ganzen Mittelmeerraum ein, zum Beispiel aus den alten phönizischen Städten an der syrischen Küste und aus Alexandria. Diese Schiffe brachten nicht nur Waren, sondern auch Ideen. So wurde Spanien zum Speicher jüdisch-christlicher Lehren aus dem östlichen Mittelmeer wie auch des alexandrinischen Synkretismus. Hier fanden die geistigen Nachkommen solch archetypisch faustischer Gestalten wie Simon Magus und Zosimos eine neue Heimat.

Einer dieser Erben war der berühmte Erzketzer Priscillian, von 381 bis zu seinem Tod fünf Jahre später Bischof von Avila. Seine Lehren enthielten Elemente des gnostischen Dualismus wie auch der messianischen jüdischen Tradition, wie man sie in den Schriftrollen von Qumran findet. Zu finden waren aber auch Elemente des pythagoreischen und des hermetischen Denkens. Es hieß, Priscillian sei Schüler eines geheimnisvollen Magiers aus Memphis gewesen, von dem wir nur den Namen Marcus kennen und die Aussage, er sei »ein überaus gelehrter Kenner der magischen Kunst« gewesen.[81] Ob Marcus tatsächlich gelebt hat oder nicht, bleibt unklar, doch Priscillian selbst, sein Charisma, seine heterodoxen Predigten und die wachsende Zahl seiner Jünger stellte eine mögliche Bedrohung für die Kirche dar, die damals noch immer darum kämpfte, ihre Position als Staatsreligion des Römischen Reichs zu festigen. Der Priscillianismus wurde zur ausdrücklichen Häresie erklärt, sein Urheber selbst der magischen Praxis angeklagt. Zu den gegen ihn erhobenen Beschuldigungen gehörte der angebliche Besitz eines magischen Amuletts, auf dem der Name Gottes in lateinischer, griechischer und hebräischer Sprache stand. Priscillian wurde 386 vor Gericht gestellt, verurteilt und hingerichtet, doch seine Anhängerschaft überlebte. Sein Grab in Galicien entwickelte sich zum Heiligtum und Wallfahrtsort. Henry Chadwick, Professor in Oxford, ist auf Hinweise gestoßen, daß Santiago de Compostela an der Stätte von Priscillians Grab erbaut wurde.[82] Auf jeden Fall haben Ausgrabungen unter der Kirche Gräber aus der entsprechenden Zeit zutage gebracht.

Abgesehen von isolierten Zufluchtsorten, über die kaum mehr etwas bekannt ist, waren der Priscillianismus und seine hermetischen Ideen in Spanien im 7. Jahrhundert wohl verschwunden. Als die Iberische Halbinsel im 8. Jahrhundert jedoch von islamischen Kräften erobert wurde, brachten diese den Sufismus mit seiner nachhaltigen Verkündung des hermetischen Denkens mit. Und als im frühen 9. Jahrhundert wieder Verbindungen zwischen dem maurischen Spanien und Bagdad bestanden, wurden alle Früchte der orientalischen Gelehrsamkeit importiert: die Schriften und Lehren der Sufis, arabische Übersetzungen griechischer und syrischer Originale, die Werke der Schulen von Edessa und Harran, das gesamte Textkorpus der Hermetik, dazu Magie, Alchemie und Astrologie. Die frühesten erhaltenen Fassungen bedeutender hermetischer Schriften wie der *Tabula Smaragdina* und des *Picatrix* sind arabische Übersetzungen aus Spanien. Auch die Kabbala, jene so eng mit der Hermetik verwandte esoterische Lehre des Judentums, begann in Spanien Fuß zu fassen.

In Córdoba lehrten islamische Magier wie Ibn Masarra (um 883–931) ihre eigene Auffassung des hermetischen Denkens. Ibn Masarra, der Bagdad besucht hatte, verbreitete unter anderem eine als »Wissenschaft der Schriften« bezeichnete Disziplin, die eine Spielart des bereits in der jüdischen und hermetischen Tradition verankerten Systems darstellte. Er verkündete auch das hermetische Konzept der Wechselbeziehung von Mikrokosmos und Makrokosmos. Ob Ibn Masarra ein Sufi war, ist unsicher, doch weist einiges darauf hin. Jedenfalls nahmen spätere Sufi-Meister seine Lehren begeistert auf, darunter auch der größte dieser Meister, Ibn Arabi.

Ibn Arabi wurde 1165 in Murcia geboren. Acht Jahre später zog seine Familie nach Sevilla, wo seine Ausbildung begann. Im Alter von 15 Jahren machte er eine mystische oder numinose Erfahrung, die richtungweisend für sein Leben wurde. Seine Reisen führten ihn nach Tunis, Fès, Kairo, Jerusalem, Mekka, Bagdad, Anatolien und schließlich nach

Damaskus, wo er 1240 starb. An all diesen Orten gewann er Schüler wie auch neue Erkenntnisse. Ibn Arabi war auch als Autor überaus aktiv; ihm werden mehr als 400 Werke zugeschrieben, die viel den Lehren und der Symbolik der Hermetik verdanken. Wie zuvor Zosimos verwendete er oft alchemistische Metaphern, um beispielsweise den Prozeß der spirituellen Reinigung und Vervollkommnung zu beschreiben. So diente ihm Gold als Symbol der von der Schlacke der Erfahrung noch unverdorbenen Seele. Ibn Arabi entwickelte auch eine typisch hermetische Auffassung des Logos als »kreatives, beseelendes und rationales Prinzip des Kosmos«. Über Jesus schrieb er: »Zu sagen, daß Christus Gott sei, ist in dem Sinne wahr, daß alles andere Gott ist, und zu sagen, daß Christus der Sohn Marias sei, ist ebenso wahr; doch zu sagen, Gott sei Christus, der Sohn Marias, ist falsch, denn dies hieße, daß Er Christus ist und sonst nichts. Gott ist du und ich und alles andere im Universum.«[83] Dies ist das unverkennbar hermetische Prinzip, daß nur »ein Alles« existiert, im Gegensatz zu den Lehren des Dualismus und des Christentums, die die Wirklichkeit zerlegen, um anschließend bestimmte Aspekte zu isolieren und abzulehnen.

Der Einfluß Ibn Arabis verbreitete sich mit der Zeit weit über die islamische Welt hinaus und zeigte sich im Werk so bedeutender europäischer Gestalten wie Dante. Überdies hat Ibn Arabi auf außerordentlich moderne Weise die Psychologie und Phänomenologie der numinosen oder mystischen Erfahrung erkundet. In dieser Hinsicht erscheint er als Vorläufer hermetischer (oder neo-hermetischer) Denker des 20. Jahrhunderts wie C. G. Jung und Robert Musil.

Ibn Masarra und Ibn Arabi waren nur zwei der zahlreichen hermetisch orientierten Schriftsteller des islamischen Spanien. Durch die Kommentare solcher Autoren und durch Übersetzungen alter hermetischer Texte begannen die hermetischen Lehren ins Christentum einzudringen. Spanien entwickelte sich geradezu zum Paradies für wißbegierige Christen, zu einer Kammer verlorener oder bislang unentdeckter Schätze. So war Spanien das Land, von dem das Licht nordwärts zu scheinen begann, um Europas finsteres Zeitalter zu erleuchten. Die Reconquista brachte dem christlichen Europa Land, Gold, Seide und andere materielle Güter, aber auch Tausende von Manuskripten.

Da die meisten dieser Schriften auf arabisch oder hebräisch abgefaßt waren, entstand eine blühende Übersetzungskultur. Bald strömten Übersetzer über die Pyrenäen, um den christlichen Armeen in jede dem Islam entrissene Stadt zu folgen. Dort arbeiteten sie intensiv mit jüdischen und maurischen Gelehrten zusammen, die sich entschieden hatten, in den eroberten Gebieten zu bleiben. In den Jahren nach 1160 wurde ein »umfassendes Übersetzungsprogramm geplant und durchgeführt«.[84] Zu dieser Zeit waren zahlreiche hermetische Schriften jedoch bereits übersetzt worden, darunter die *Tabula Smaragdina*. Übersetzt wurden Werke über Magie und Alchemie, aber auch Schriften über die Astrologie und die astronomischen, mathematischen und geometrischen Fähigkeiten, deren man zur Erstellung von Horoskopen bedurfte. Es entstanden Übersetzungen von Ptolemäus und Euklid, von Aristoteles, Archimedes und weiteren griechischen Philosophen von der vorsokratischen bis zur neuplatonischen Zeit. Um 1143 erschien die erste lateinische Fassung des Koran. Über Spanien gelangte auch die Algebra (von arabisch *al-djebr*) erstmals nach Europa, dazu die Trigonometrie und die arabischen Zahlen, mit denen die höhere Mathematik erst möglich wurde.

Es ist also nicht verwunderlich, wenn Spanien allmählich von einer eindeutig mystischen Aura umgeben war. Dem mittelalterlichen Europa erschien es als ein magisches Reich, das Schatzkammern voll geheimnisvollem, schwer begreifbarem und gelegentlich auch verbotenem Wissen barg. Wie die Christen dieser Zeit aus Frömmigkeit Wallfahrten ins Heilige Land unternahmen, zogen sie aus Wissensdurst nach Spanien. Im *Parzival*, der bedeutendsten christlichen Gralsdichtung, behauptet Wolfram von Eschenbach, seine Version der Gralssage von dem Provenzalen Kyot gehört zu haben, der sie in Spanien von einem »Heiden« namens Flegetanis vernommen habe. Bis ins 14. Jahrhundert reisten europäische Alchemisten wie Nicolas Flamel auf der Suche nach verborgener Weisheit nach Spanien.

Es kann kaum überraschen, daß die Aussicht auf magisches Wissen und vor allem magische Kräfte auch das Interesse christlicher Fürsten und sogar des christlichen Klerus erregte. Angesichts des weitgehenden Bildungsmonopols der Kirche wurden viele der Übersetzungen ohnehin

von Klerikern geschaffen. Die Auftraggeber waren kirchliche Würdenträger, zum Beispiel Bischöfe, die nach Wissen jenseits der von Rom
aufgerichteten Schranken strebten. Auch die Übersetzer waren sich
ständig bewußt, daß sie mit verbotenem und potentiell gefährlichem
Material umgingen. So arbeiteten um die Mitte des 12. Jahrhunderts
zwei aus dem Norden kommende Gelehrte, Hermann von Kärnten und
Robert von Ketton, an Manuskripten aus dem Gebiet um Ebro. Als sie
1143 ihre lateinische Übersetzung des Koran abgeschlossen hatten,
wandten sie ihre Aufmerksamkeit astrologischen Schriften zu. Sie zitierten ausgiebig aus hermetischen Quellen, übersetzten jedoch nur
ausgewählte Stellen. Obwohl sie augenscheinlich mit dem gefürchteten
Picatrix vertraut waren, verzichteten sie nicht nur darauf, diesen zu
übersetzen, sondern auch darauf, direkt aus ihm zu zitieren. In seinen
eigenen Schriften unterscheidet Hermann deutlich zwischen esoterischen und exoterischen Lehren, also zwischen geheimen und zugängli-
cheren Schulen der Weisheit. Wie Hermann schreibt, hätten er und sein
Kollege gemeinsam an den »verborgenen Schätzen der Araber« gear-
beitet.[85] Wenn er anschließend erklärt, ein Traum habe ihn dazu verlei-
tet, gibt er wohl seiner Befürchtung Ausdruck, damit schon zuviel
gesagt zu haben.
Die christlichen Herrscher hatten weniger Bedenken, sich in offiziell
verbotenes Terrain vorzuwagen. Manche von ihnen, wie etwa Jakob I.
von Aragón, machten sich das neue Wissen, darunter die Hermetik,
freudig zu eigen. An ihren weltlich orientierten, gebildeten Höfen
gedieh die Wissenschaft und das intellektuelle Abenteuer. Der bedeutendste dieser Herrscher war Alfons X. von Kastilien, auch als Alfons
der Weise bekannt. 1221 in Toledo geboren und 1284 gestorben, regierte er das inzwischen mit León vereinte Kastilien von 1252 bis zu seiner
Absetzung im Jahre 1282. Er hatte verwandtschaftliche Beziehungen
zum fränkischen Königshaus in Jerusalem und war ein Vetter des
deutschen Kaisers Friedrich II. Nach Friedrichs Tod war er selbst ein
Anwärter auf den Kaiserthron und verfehlte die Wahl nur knapp.
Alfons hatte den Ruf eines Philosophenkönigs. Er war ein eifriger Leser
und ein gewandter Dichter und Musiker, der sich persönlich mit berühmten Troubadouren maß. Dazu besaß er eindrucksvolle Kenntnisse

der Geschichte und der Astronomie und ließ die berühmten Alfonsinischen Tafeln zur Berechnung der Planeten erstellen. Eine seiner größten Leidenschaften war die Astrologie:

> König Alfons war immer bemüht, den Himmel zu erforschen und unermüdlich den Einfluß der Sterne auf das menschliche Schicksal zu erkunden. Während seines Studiums astrologischer Tafeln und Horoskope ermutigte er seine arabischen und jüdischen Gelehrten, den Himmel und die Himmelskörper mit astronomischen Methoden zu studieren. [...] Das Begehren des Königs war, das Schicksal zu erkennen.[86]

Alfons schrieb auch ein Buch über Schach und gab eine Gesetzessammlung heraus, die aufgrund ihrer Klarheit noch heute ein Standardwerk ist und in die Gesetzgebung der Vereinigten Staaten eingegangen ist. Zudem ließ er zahlreiche Übersetzungen hermetischer Schriften verfassen, und zwar ins Kastilische statt ins Lateinische. 1256 schließlich gab er, unbeeindruckt vom Schwefelgeruch, den fromme Christen damit verbanden, die kastilische Übersetzung des *Picatrix* in Auftrag.

Die Kreuzfahrer im Heiligen Land

Zu Alfons' Zeiten war Spanien jedoch nicht mehr der einzige, ja nicht einmal mehr der wichtigste Kanal, durch den die Hermetik nach Europa gelangte. Weitere zweieinhalb Jahrhunderte, bis 1492, blieb das Land eine Schatzkammer verborgenen Wissens – über die Hermetik, die Kabbala, die Sufis und vieles andere. Doch hatten die Ende des 11. Jahrhunderts einsetzenden Kreuzzüge begonnen, einen weiteren, direkteren Übertragungsweg zu schaffen. Die Reconquista erstreckte sich über einen größeren Zeitraum als die Kreuzzüge. Sie begann früher und endete später. Zudem fand sie auf europäischem Boden statt, näher an der übrigen Christenheit, von ihr nur durch die Pyrenäen statt durchs Mittelmeer getrennt. Erstaunlicherweise waren es jedoch die Kreuzzüge, die die islamische Wissenschaft wie auch die Hermetik rascher und tiefer ins Herz der europäischen Kultur brachten – nach Deutschland und in die anderen Gebiete des Heiligen Römischen Reichs, nach Frankreich, nach England und Schottland, ja sogar nach Skandinavien. Im letzten Jahrzehnt des 11. Jahrhunderts zog eine bunt zusammengewürfelte Armee aus Rittern, Pilgern, religiösen Fanatikern, Priestern, Söldnern, Verfemten, Abenteurern, Freibeutern, Unternehmern und raffgierigen Zynikern zum Heiligen Land – im Auftrag und mit der Billigung des Papstes selbst, mit einer im voraus gewährten Vergebung der Sünden und einem garantierten Platz im Himmel. Ihr Ziel war, den islamischen »Ungläubigen« das zu entreißen und in die Hände der Christenheit zurückzulegen, was man für das Heilige Grab hielt, obgleich niemand genau wußte, wo es sich befand. Der durch diese Torheit ausgelöste Konflikt dauerte zwei Jahrhunderte, bis zum Mai des Jahres 1291.

In den Nachwehen des erfolgreichen ersten Kreuzzugs und der Eroberung Jerusalems wurde 1099 das Fränkische Königreich Jerusalem errichtet, auch Outremer genannt. Die Heilige Stadt selbst wurde gut 90 Jahre später – 1181 – von den Sarazenen wieder eingenommen, doch das vorgeblich fränkische Königreich überlebte ein weiteres Jahrhundert. Es stellte im Grunde die erste große imperialistische Unternehmung der sich noch herausbildenden europäischen Zivilisation dar.

Outremer war eine Art europäische Kolonie, in prekärer Lage im Nahen Osten errichtet. Zwei Jahrhunderte lang förderte es einen nachhaltigen Kontakt zwischen dem Christentum und einem Spektrum fremder Kulturen, nicht allein mit der islamischen und jüdischen, sondern auch mit der antiken Welt. Als Folge waren die Christen einer Vielzahl neuer und verwirrender Denkweisen ausgesetzt und einer Vielzahl ebenso neuer und verwirrender Wissensgebiete. In einem wichtigen Aspekt unterschieden sich die Kreuzzüge allerdings von den kolonialistischen Unternehmungen späterer Epochen. Diese konnten für sich in Anspruch nehmen, zumindest materiell das Eindringen einer technisch fortschrittlichen in eine primitivere Zivilisation zu sein. Was immer Europa später von Indien oder vom Fernen Osten lernte, hatte wohl Einfluß auf seine Philosophie, seine Geisteshaltung, seine Sitten, sein soziales und geschäftliches Leben, aber es bedeutete keine Revolution für die europäische Wissenschaft und Technologie. Was diese beiden Bereiche betraf, lernten Indien und der Ferne Osten großenteils vom Westen. Während der Kreuzzüge aber besaßen die Eindringlinge in keinem Bereich – außer ihrer militärischen Stärke – einen Vorsprung. Trotz des christlichen Anspruchs auf moralische wie spirituelle Überlegenheit und auf ein Monopol auf die religiöse Wahrheit waren die europäischen Angreifer, verglichen mit ihren vorgeblich unterentwickelten Opfern, unerhört rückständig, und sie waren schändlich weniger tolerant, weniger »zivilisiert«. Die europäische Gesellschaft jener Zeit war noch immer plump, weitgehend analphabetisch, unwissend und technisch unreif, während der Islam eine weit »fortgeschrittenere«, wesentlich kultiviertere, weit mehr verfeinerte und humanere Kultur darstellte.

Es ist an dieser Stelle nicht notwendig, die Geschichte der Kreuzzüge zu rekapitulieren. Für unsere Zwecke genügt die Beobachtung, daß das, was als ein gewalttätiger und traumatischer Zusammenprall zweier Kulturen begann, sich in eine zweihundert Jahre andauernde, gegenseitige Osmose verwandelte. Auch wenn die Kreuzzüge im allgemeinen als eine Zeit ständiger, unbarmherziger und kompromißloser Kämpfe geschildert werden, war die Realität ganz anders. Die Gefechtsphasen dauerten meist nur kurz. In den Pausen zwischen dem Aufflackern der Kämpfe beherrschten ein labiler Waffenstillstand und Verhandlungen die Szene. Gefangene wurden ausgetauscht, Kontakte zwischen den Gegnern hergestellt. Als Folge waren Christen wie Muslime ständig dem gegenseitigen Einfluß von Denkweisen, Werten, Gebräuchen, Verfahren und Techniken ausgesetzt. Und während der Islam von diesem Austausch mit Ausnahme militärischer Taktiken nicht viel zu lernen hatte, war die Lage des westlichen Christentums ganz anders. Es hatte nicht nur vom Islam und vom Judentum viel zu lernen, sondern ebenso von anderen Ausformungen und Gestalten des Christentums.

Anstatt das Mittelmeer zu überqueren, wählten viele Kreuzfahrer den Landweg nach Palästina, wobei sie durch Konstantinopel oder andere Gebiete des geschwächten Byzantinischen Reichs und anschließend durch Kleinasien zogen. Als Gottfried von Bouillon 1098 das erste Kreuzfahrerheer nach Jerusalem führte, wurde sein jüngerer Bruder Balduin Herrscher und Graf von Edessa. Nominell war Edessa ein christlicher Staat, doch seine religiöse Ausrichtung war eher byzantinisch als römisch. Die Stadt Edessa selbst lag nur wenige Kilometer von Harran entfernt.

Beim vierten Kreuzzug begnügte sich der Hauptteil der Streitmacht nicht damit, durch Konstantinopel zu marschieren, sondern nahm die Stadt ein, plünderte sie und errichtete eine lateinische Dynastie, die in den folgenden 75 Jahren das Reich von Byzanz regierte. In Städten wie Konstantinopel und Edessa kamen die katholischen Ritter, Gelehrten und Fürsten in nachhaltigen Kontakt mit der griechisch-orthodoxen Kirche und mit oberflächlich christianisierten Anhängern des gnostischen Dualismus wie etwa den Bogomilen. Diese waren in vieler Hinsicht Vorläufer der französischen Katharer. Kontakt entstand auch zu häretischen oder schismatischen christlichen Sekten wie etwa den Nestorianern; Sekten, die vielfach unbeeinflußt von der paulinischen Theologie Roms waren und eine »reinere«, den Worten Jesu näher stehende Form des Christentums vertraten. Und schließlich öffnete sich den Kreuzfahrern auch das gesamte Wissen Griechenlands von der Antike bis zur Zeit des alexandrinischen Synkretismus. Dazu gehörte natürlich auch eine kräftige Dosis hermetischen Gedankenguts.

In Jerusalem wurden die Juden der Stadt von den Kreuzfahrern in eine Synagoge getrieben und mitsamt dem Gebäude lebendig verbrannt. Für den Fall, daß dies noch nicht abschreckend genug wirkte, untersagte man den in anderen Orten des Heiligen Landes lebenden Juden den Zugang zur Hauptstadt. In Palästina wie auch in heute im Libanon und in Syrien liegenden Gebieten überlebten die jüdischen Gemeinden jedoch. Mit ihnen pflegte ein Teil der Kreuzfahrer einen etwas freundschaftlicheren Umgang. Auch in Ägypten kamen gefangene oder abtrünnige europäische Ritter in Kontakt mit jüdischen Gemeinden. Es ist unklar, in welchem Ausmaß kabbalistische Lehren dadurch nach Europa gelangten, doch fand eine solche Übertragung auf jeden Fall statt und ergänzte die aus anderen Quellen stammenden Aspekte des hermetischen Denkens.

Die bedeutendste dieser Quellen war natürlich der Islam, der seit langem einen beträchtlichen Teil der Hermetik aufgenommen hatte. Trotz aller offiziellen Feindseligkeit trieben Christen und Muslime in den Kampf-

pausen ausgiebig Handel miteinander, mit jeder Art von Waren, aber
auch mit Ideen. Oft waren die Beziehungen zwischen den vermeintlichen Gegnern herzlich, ja eng. Sie wurden intensiv gepflegt von Herrschern wie dem englischen König Richard Löwenherz, von Adligen und
Soldaten, die gelegentlich zum Islam übertraten, und besonders von den
Tempelherren. So war es den Amtsträgern der Templer gestattet, arabische Schreiber einzustellen. Diese Schreiber dienten als Dolmetscher,
Übersetzer, Gesandte und oft auch als Freunde. Ihr Dienst erforderte
intelligente Männer, deren umfassendes und tiefreichendes Wissen ihre
Auftraggeber unweigerlich beeinflussen mußte.

Obgleich es an detaillierten Informationen mangelt, weist vieles darauf
hin, daß die Templer sich mit dem Sufismus beschäftigten und entsprechendes Gedankengut assimilierten. Genauer dokumentiert ist die Beziehung der Templer zu der hermetisch orientierten Gruppe ismailiti-
scher Kämpfer, die in der Geschichtsschreibung als Haschischim oder
Assassinen auftauchen. Aus bis heute unbekannten Gründen zahlten die
Assassinen den Templern während eines Großteils des 12. Jahrhunderts
regelmäßig Tribut. Zudem dienten sie ihnen als Übersetzer, Dolmetscher, Spione, Gesandte und als die mittelalterliche Version gedungener
Mörder.

Bekannt ist auch, daß die Templer eine beispiellos enge Beziehung zu
der vielleicht geheimnisvollsten und am schwersten faßbaren Religion
des Nahen Ostens hatten – zu den Drusen, die noch heute im Libanon
leben. Ihr Glaube wurzelt ursprünglich im Koran, doch umfaßt er so
viele zusätzliche Elemente, daß manche Muslime seine Zuordnung zum
Islam in Frage stellen. Unter den heiligen Schriften der Drusen finden
sich das Alte und das Neue Testament, die Werke von Pythagoras,
Platon und Plotin, aber auch die dem Hermes Trismegistos zugeschriebenen Lehren.[87]

Zur Zeit der Kreuzzüge erinnerte das Heilige Land geradezu an einen
alchemistischen Destillierkolben, an ein Gefäß, in dem die Elemente
radikal unterschiedlicher Kulturen gewaltsam zusammengebracht wurden. Das Ergebnis entsprach dem einer chemischen Reaktion, bei der
vollständig neue Verbindungen entstehen. Die Kreuzzüge bewirkten
eine dramatische Verwandlung von Islam wie Christentum, wobei das

letztere wohl stärker betroffen war, weil es mehr zu lernen hatte. Entscheidend veränderte sich unter anderem auch die europäische Auffassung der Magie, in die zunehmend wissenschaftliche und technische Elemente einflossen. In so unterschiedlichen Bereichen wie Medizin, Kartographie, Mathematik, Navigation, Pharmazie, Architektur, Technik und Psychologie entstanden neue Zusammenhänge, die die alten Unterscheidungen verwischten. Die primitive Hexerei und der Schamanismus des frühen Mittelalters wichen einer dynamischeren und komplexeren Magie. In Verbindung mit Wissenschaft und Technik begann diese nun, sich zunehmend zu einer Kunst zu entwickeln, welche »Dinge geschehen lassen« konnte. Damit aber war der Europäer, noch während er dem Christentum äußerlich seine Ergebenheit bezeugte, endgültig auf dem Weg zum faustischen Menschen.

Das Königreich Sizilien

Die Reconquista und die Kreuzzüge waren die beiden wichtigsten Kanäle, durch die das hermetische Denken ins westliche Europa gelangte. Daneben bestand jedoch noch ein dritter Kanal, den man als Nebenfluß der beiden anderen bezeichnen könnte, als eine parallel verlaufende Strömung, die sich gelegentlich mit ihnen verband, aber ein eigenes Profil behielt. Von geringerem Umfang und anfänglich stärker regional beschränkt, besaß er eine konzentrierte Intensität, die ihn einen starken und letztendlich weitreichenden Einfluß ausüben ließ. Dieser dritte Kanal war Sizilien.

Im frühen 9. Jahrhundert wurde Sizilien, bis dahin im Besitz des Byzantinischen Reichs, von den Sarazenen erobert und ging damit in islamischen Besitz über. Die islamischen Eindringlinge fanden auf der Insel einen Schatz griechischen Wissens vor, das ihr eigenes ergänzte und erst später auch andernorts zum Vorschein kam. Indem Sizilien das Wissen des Islam und des byzantinischen Griechenland verband, wurde es zu einem neuen Zentrum der Gelehrsamkeit. Im 11. Jahrhundert war Syrakus die Heimat Abufalahs, eines der bedeutendsten islamischen Vertreter der Alchemie, der Astrologie und der hermetischen Magie.

In der Zwischenzeit hatten im Norden folgenschwere Entwicklungen stattgefunden. Das ganze 9. Jahrhundert über hatten nordische Plünderer – Wikinger aus Skandinavien – Frankreich wie auch das angelsächsische England gepeinigt. Im Jahre 911 waren sie durch den Vertrag von Saint-Clair-sur-Epte besänftigt worden, in dem man ihnen die später als Normandie bezeichnete Halbinsel im Nordwesten Frankreichs überließ. Doch obwohl die Normannen dadurch in Frankreich eingegliedert wurden, blieb ihr eroberischer Impetus ungeschwächt. 1066 wandten sie ihre Aufmerksamkeit England zu, doch zuvor waren sie schon 1017 in Italien eingefallen.

Die normannische Streitmacht in Italien bestand großenteils aus jüngeren Söhnen und Abenteurern, die in ihrer Heimat wenig Aufstiegschancen hatten. Das zu dieser Zeit noch von byzantinischen Griechen beherrschte Süditalien bot verlockende Aussichten auf Land, Reichtum, Adel und Macht. Bis 1038 hatten die normannischen Ritter dort Fuß gefaßt und begonnen, ihre Stellung mit Lehen und den entsprechenden Titeln zu festigen. Um die Mitte des 11. Jahrhunderts war der gesamte italienische Süden unter ihrer Kontrolle.

1038 schlossen normannische Ritter ein vorübergehendes Bündnis mit ihren byzantinischen Gegnern und unternahmen einen gemeinsamen Angriff auf das islamische Sizilien, der zurückgeschlagen wurde. 23 Jahre später wagte eine rein normannische Armee eine zweite Invasion und bildete einen Brückenkopf um Messina. 1063 hatte sie den gesamten Nordosten Siziliens eingenommen.

Die Eroberung der Insel wurde nun zu einem offiziell anerkannten Kreuzzug, für den der Papst ein Banner sandte, unter dem die normannischen Ritter kämpfen konnten. In den folgenden acht Jahren blieb die Lage allerdings unverändert, und zwar aus gutem Grund: Die Aufmerksamkeit der Normannen richtete sich auf ein anderes Ziel. 1066 setzte der normannische Herzog Wilhelm nach England über, und sein Feldzug lockte jene Rekruten an, die sonst eventuell die Streitmacht ihrer Landsleute im Krieg um Sizilien verstärkt hätten. 1071 nahm man den Faden mit der Belagerung der Hauptstadt Palermo jedoch wieder auf. Ein Jahr später ergab sich die Stadt, und 1079 war der gesamte sizilianische Norden in normannischer Hand. Der Süden blieb vorläufig unter islamischer Kontrolle, jedoch nicht lange: 1085 fiel Syrakus, im selben Jahr wie das spanische Toledo. 1091 schließlich wurde das letzte islamische Bollwerk erobert, und das normannische Königreich Sizilien wurde errichtet.

Wie häufig auch andernorts waren die Normannen in Sizilien in religiösen Dingen nicht nur tolerant, sondern nach den Gepflogenheiten der Zeit einigermaßen lax. Die normannischen Monarchen Siziliens genossen einen geradezu islamischen Lebensstil und residierten in ihren Palästen mit Gärten, Orangenhainen und künstlichen Seen wie arabische Potentaten. Sie unterhielten von Eunuchen bewachte Harems und unterhielten sich abends mit Musik, Gedichten und Tänzerinnen. Wenn adlige Damen sich aus dem Hof auf die Straßen begaben, so taten sie dies auf islamische Art, mit Hauben und Schleiern. Unter normannischer Herrschaft rivalisierte Palermo mit den spanischen Städten als intellektuelles und kulturelles Zentrum, in dem sich die Früchte des christlichen, islamischen und jüdischen Wissens vereinten. Gelehrte der drei Religionen arbeiteten Seite an Seite; sie übersetzten Texte ins Lateinische, verfaßten Kommentare und eigene Werke. Wie in Spanien, so blühte auch in Sizilien die Hermetik auf und sollte bald die Straße von Messina zum italienischen Festland überschreiten.

Das Vordringen der Hermetik beschleunigte sich im 13. Jahrhundert durch die erhabenste und beeindruckendste Gestalt ihrer Zeit: den Hohenstaufen Friedrich II., Kaiser des Heiligen Römischen Reiches. 1194 war die normannische Herrschaft zu Ende gegangen, und Kaiser Heinrich VI. wurde zum König von Sizilien gekrönt. Er starb 1197, als sein Sohn Friedrich gerade drei Jahre alt war. 1215 wurde dieser in Aachen zum deutschen König gekrönt, 1220 in Rom zum römischen Kaiser. Der junge Herrscher hatte wenig Respekt vor dem Christentum und nahm dem Papst gegenüber eine Haltung unbekümmerten Trotzes ein, die ihm 1227 den Kirchenbann eintrug. Das hinderte ihn nicht daran, über das Mittelmeer Kurs aufs Heilige Land zu nehmen und einen scheinbaren Kreuzzug anzuzetteln, bei dem er christliche wie islamische Machthaber manipulierte und mit den Arabern komplizierte Verträge aushandelte. 1229, also 41 Jahre nach dem Verlust der Stadt durch die Kreuzritter, brachte Friedrich es fertig, sich ohne jedes Blutvergießen zum König von Jerusalem krönen zu lassen. Rivalisierende europäische Herrscher waren außer sich, weil er dies mit so unchristlichen Mitteln wie der Diplomatie erreicht hatte anstatt mit dem Schwert.

Friedrichs eigenständiges Verhalten verstörte nicht nur die anderen europäischen Monarchen, sondern auch die Kirche und die größeren Ritterorden im Heiligen Land, besonders die Templer. Unterstützung erhielt er hauptsächlich von den Rittern des Deutschen Ordens, eines relativ jungen, 1190 entstandenen Ablegers der Templer. Hermann von Salza, der Hochmeister dieses Ordens, wurde einer von Friedrichs engsten Vertrauten. Der Landmeister Hermann von Balk führte einen Feldzug in die bewaldete Wildnis entlang der Ostsee. Hier errichtete der Deutsche Orden sein eigenes Herrschaftsgebiet, *Ordensland* oder *Ordensstaat* genannt, das sich später von Brandenburg bis zum Finnischen Meerbusen und bis zum russischen Pskow erstreckte. Es wurde zur Grundlage des zukünftigen Königreichs Preußen.

Friedrich selbst hatte wenig Sehnsucht nach derart unwirtlichen Landschaften. Er überließ den Deutschen Orden seinen Unabhängigkeitsbestrebungen und ließ sich in Sizilien nieder. Dort entstand der gebildetste, zivilisierteste, gelehrteste und feinsinnigste Hof des Jahrhunderts, ja womöglich des gesamten europäischen Mittelalters. Wie seine normannischen Vorgänger wählte Friedrich einen islamischen Lebensstil. Sein Harem aus islamischen Tänzerinnen, der von Eunuchen bewacht wurde, reiste verschleiert und in verhüllten Sänften auf Kamelen. In Friedrichs Armee diente ein großes islamisches Kontingent an leichter Kavallerie und Bogenschützen. Wenn der Kaiser reiste, führte er immer seine Bibliothek mit sich. Begleitet wurde er auch von seiner Menagerie, zu der Luchse, Löwen, exotische Vögel und ein zahmer Jagdgepard gehörten, dazu die erste Giraffe, die Europa je gesehen hatte. Das Ende seines Gefolges bildete ein Elefant mit einem hölzernen, von islamischen Armbrustschützen besetzten Turm.

Ungeachtet seines genußfreudigen Lebensstils war Friedrich ungemein gebildet. Von seiner eigenen Hand stammt ein hoch gelobtes und noch heute berühmtes Buch über die Falknerei. Er zeigte großes Interesse für die Naturwissenschaft, die Mathematik, die Medizin, die Theologie und das islamische Wissen, darunter auch das hermetische Denken. Er bestand auf der Verwendung der arabischen anstelle der römischen Zahlen. Einen besonderen Status genoß an seinem Hof die Dichtung. Es fanden häufig literarische Wettbewerbe statt, denen die Ritter des Deutschen Ordens weitab in ihren Burgen an der Ostsee nacheiferten. Die an Friedrichs Hof vorgetragene Lyrik war oft vertont und auf italienisch statt auf lateinisch abgefaßt, was Dante später dazu brachte, den Kaiser den »Vater der italienischen Dichtkunst« zu nennen. An Friedrichs Hof wurde auch die lyrische Form des Sonetts erfunden.

Friedrich war das Idealbild eines freigebigen kaiserlichen Gönners. Er förderte eine beeindruckende Zahl von Gelehrten, Schriftstellern und Übersetzern in allen Künsten und Wissenschaften, darunter so bekannte Gestalten wie Michael Scotus. Dieser hatte zuvor in Toledo gewirkt und sich einen Ruf als Astrologe und Übersetzer geschaffen. Zu seinen Übertragungen zählten Werke von Aristoteles und dessen Interpreten. Um 1220 wurde er der Hofastrologe Friedrichs, lehrte die »Kraft der Worte und Zahlen« und lieferte dem Kaiser Vorhersagen für militärische Unternehmungen, politische Vorhaben und den Städtebau.

1224 gründete Friedrich in Neapel eine der ersten Universitäten Europas, nur wenig jünger als die Universität von Salamanca (1218) und älter als Oxford (gegründet 1249), die Sorbonne (1257) und Cambridge (1284). Friedrichs Ärzteschule in Salerno war die bedeutendste ihrer Art im Mittelalter, und kein Arzt durfte in seinem Reich praktizieren, wenn er nicht ein Diplom von dort erhalten hatte. Das umfassende Curriculum begann mit einem Kursus der Logik, auf den fünf Jahre Medizin folgten, deren letztes der praktischen Chirurgie gewidmet war. Salerno war unter anderem richtungweisend im Gebrauch von Anästhetika, indem es den Betäubungsschwamm einführte, getränkt mit einer Mischung aus Haschisch, Opium, Belladonna und anderen Stoffen. Das Wissen darüber ging jedoch verloren und wurde erst Jahrhunderte später wieder entdeckt.

Friedrich nahm großen persönlichen Anteil an der Übersetzung, Niederschrift und Verbreitung medizinischer Texte. Sein Hauptinteresse galt jedoch religiösen Themen wie der Frage nach dem Wesen der Seele und nach ihrer Unsterblichkeit. Er befaßte sich selbst mit dem Judentum und kam zu dem Schluß, daß es Einflüsse der indischen Philosophie aufweise. Friedrich genoß es auch, Gelehrte mit religiösen und philosophischen Rätseln zu konfrontieren. Im Geiste solcher Herausforderung ersann er 1240 seine »Sizilianischen Fragen«, fünf Probleme, die er an Gelehrte in Ägypten, Syrien, Persien, Marokko und anderswo in der islamischen Welt sandte. Die Fragen bezogen sich auf die Ewigkeit der Welt, die Grenzen der Theologie, die Kategorien der Wissenschaft, die Unsterblichkeit der Seele und auf folgende Aussage Mohammeds: »Das Herz des Gläubigen liegt zwischen den beiden Fingern (Gottes) des Barmherzigen.«[88] Keine der Antworten, die Friedrich erhielt, befriedigte ihn. Seine eigene Position scheint einen skeptischen Rationalismus mit einer gewissen spirituellen Ader verbunden zu haben. Dies war jedoch eine Spiritualität im weitesten hermetischen Sinne, unabhängig vom theologischen Dogma jeder etablierten Religion. Was diese betraf, so war er nicht bereit, irgendeine Legende oder Theorie unbesehen zu akzeptieren. 1239 beschuldigte ihn Papst Gregor IX. offiziell, die jungfräuliche Geburt Christi geleugnet und behauptet zu haben, die Welt sei von drei Betrügern getäuscht worden: Mose, Jesus und Mohammed.[89]

Im Europa des 13. Jahrhunderts war alles außerhalb der Kirche angesiedelte Wissen von Anfang an suspekt und wurde mehr oder weniger ausdrücklich mit der Magie in Verbindung gebracht. Teils wegen seiner Bildung, teils wegen seiner Vertrautheit mit der Hermetik sahen viele in Friedrich einen Magier. Seine Feinde klagten ihn an, sich mit verbotener Magie zu befassen, und manche von ihnen glaubten ihre eigenen Anschuldigungen auch. Zweifellos waren diese nicht gänzlich unberechtigt. Auf jeden Fall drang die Hermetik unter der Schirmherrschaft Friedrichs mit dem Siegel der kaiserlichen Billigung nach Europa vor. Sie fand ihren Weg bis an die Ostsee, wo man den Deutschen Orden wiederholt derselben häretischen und magischen Praktiken beschuldigte wie die Templer. Anders als diese blieben die Deutschordensritter jedoch jenseits der Reichweite kirchlicher wie weltlicher Verfolgung. Soweit reichte der Einfluß Friedrichs. Hätte die drei Jahrhunderte später erscheinende Gestalt des Faust je nach weltlicher Macht gestrebt, hätte sie höchstwahrscheinlich ähnliche Züge wie der Hohenstaufenkaiser aufgewiesen.

5. Kapitel:
Die Magier des Hochmittelalters

Unser Bild des Hochmittelalters mit seinen reich gekleideten Schloßherrinnen, den abenteuerlustigen fahrenden Rittern in ihren Rüstungen, den Turnieren, der höfischen Minne, den Troubadouren, Dichtern, Minnesängern und seiner zunehmend verfeinerten Kultur stammt aus einer Zeit nach dem Beginn der Reconquista und der Kreuzzüge. Vor diesen Ereignissen war das westliche Europa nach islamischem oder byzantinischem Standard so zurückgeblieben wie die »unschuldigen Heiden« Asiens und Afrikas in den Augen der Entdecker späterer Jahrhunderte oder wie die Indianer aus der Perspektive der Konquistadoren und Siedler, die als erste Kontakt zu ihnen aufnahmen. Selbst Diplomaten, Minister, Höflinge und Monarchen waren für gewöhnlich des Lesens und Schreibens unkundige Tölpel mit nur geringem Wissen philosophischer, geschichtlicher, kultureller, ja sogar geographischer Fakten. Die Druckerpresse war noch nicht erfunden; Bücher waren daher nur in beschränkter Anzahl verfügbar, und die Kirche hielt die meisten von ihnen unter Verschluß. So besaß sie ein Monopol auf Bildungsgut und machte dieses quasi nur tröpfchenweise verfügbar. Erst als die Reconquista und die Kreuzzüge Kontakt mit dem islamischen, jüdischen und byzantinischen Denken herstellten, begann Europa, im üblichen Sinne des Wortes »zivilisiert« zu werden.

Bei Anbruch des 13. Jahrhunderts hatten sich die europäische Gesellschaft und ihr Selbstverständnis – das Bild, das die Europäer von sich und ihrem Platz in der Welt hatten – jedoch bereits so stark verändert, daß sie kaum wiederzuerkennen waren. Diese Verwandlung war auf ihre Weise so dramatisch und rasant wie jene, die wir unserem eigenen Jahrhundert zuschreiben. Die Medien kommentieren immer wieder, wie radikal die Welt sich für einen im letzten Jahrhundert geborenen Menschen verändert habe, wenn er heute seinen 100. Geburtstag feierte. Ein um 1090 geborener Europäer aber hätte die Veränderungen in der Welt des Jahres 1190 fast ebenso stark empfunden. Es waren eben jene Veränderungen, die auf den nachhaltigen Kontakt mit dem islamischen, jüdischen und byzantinischen Denken und dessen Assimilation zurückzuführen waren. Und als Europa so viele Grundgedanken dieser Kulturen aufnahm, zählten dazu auch die Grundgedanken der Hermetik.

Die Astrologie, um das wohl naheliegendste Beispiel zu nehmen, war in Europa im Grunde nichts Neues. Schon im Römischen Reich war sie weit verbreitet gewesen und hatte in allen Teilen des einstigen Herrschaftsgebiets überlebt. Im 7. Jahrhundert diente dem König von Northumbria ein spanischer Astrologe, der ihn während seines Kriegs mit den keltischen Briten in militärischen Fragen beriet.[90] Karl der Große hielt sich nicht nur einen Astrologen, sondern eignete sich auch selbst das entsprechende Wissen an.[91] Doch die europäische Astrologie des Frühmittelalters blieb eine primitive und unbeholfene Angelegenheit, die sich im gleichen Maß wie auf genaue mathematische Berechnungen auch auf Omen und Vorzeichen verließ. Durch die Einführung der arabischen Zahlen wie auch der islamischen Geometrie und Mathematik wurde die europäische Astrologie wesentlich komplexer und gewann eine neue und umfassendere Dimension.

Die Einstellung der Kirche gegenüber der Astrologie war schon immer verworren und zweideutig gewesen. Die frühen Kirchenväter hatten sie angegriffen und darauf verwiesen, daß das Alte Testament jedwedes Weissagen verdamme. Man erkannte, daß die Astrologie im Heidentum wurzelte und daher gefährliche Elemente heidnischen Denkens enthielt. Zudem, argumentierten die christlichen Theologen, postuliere sie einen fatalistischen Determinismus, der den freien Willen des Menschen leugne. Wenn die Sterne die Handlungen der Menschen kontrollierten, sei die Menschheit im Grunde jeder Verantwortung für Gut und Böse entledigt, so daß die Erlösung bedeutungslos würde. Einige der wütendsten Attacken gegen die Astrologie kamen von keinem Geringeren als dem heiligen Augustinus. Kein Astrologe könne korrekte Aussagen machen, behauptete dieser, wenn er nicht »der geheimen Eingebung böser Geister« folge.[92]

Trotz solcher Äußerungen zeigten auch die Vertreter der Kirche – Mönche, Äbte, Bischöfe und Kardinäle, sogar Päpste – selbst große Neigung zur Astrologie. Es war sogar in erster Linie die Kirche, die im Rahmen ihres Bildungsmonopols die astrologische Methodik tradierte. So lebte diese innerhalb der Kirche fort, bis sie später von weltlichen Persönlichkeiten aufgegriffen werden konnte. Zu den kirchlichen Astrologen zählte etwa der Bischof von Lisieux, der Kaplan Wilhelms des Eroberers; und als 1104 der Erzbischof von York starb, fand man unter seinem Kissen eine astrologische Schrift.[93]

Mit der Einführung der arabischen Zahlen und der islamischen Mathematik gewann die Astrologie noch intensiveren und begeisterteren Anklang. Als im 13. Jahrhundert die ersten europäischen Universitäten entstanden, boten sie allesamt astrologische Vorlesungen an. Die Theologen ersannen komplizierte intellektuelle Klimmzüge, um die Astrologie mit der christlichen Lehre in Einklang zu bringen. So argumentierte man zum Beispiel, die Astrologie würde sich auf den Leib beziehen, aber nicht auf die Seele: Während die physischen Gebrechen, Begierden und Leidenschaften eines Menschen von den Sternen beeinflußt sein mochten, blieb seine Seele frei. Astrologische Voraussagen könnten sich also nur auf den ersten Aspekt beziehen, nicht aber auf den letzteren. Der heilige Thomas von Aquin meinte, viele astrologische Vorhersagen seien wahr, weil so wenige Menschen ihren leiblichen Gelüsten widerstünden.[94] Er fürchtete aber auch, daß der Gebrauch der Astrologie zum Blick in die Zukunft die Unvorsichtigen mit dämonischen Kräften in Kontakt bringen könnte.

Thomas von Aquin scheint in der Astrologie etwas gespürt zu haben, was der christlichen Lehre von Grund auf feindlich gegenüberstand. Die Ironie der Situation hat er jedoch nicht ganz verstanden. Die frommen Vertreter der christlichen Lehre hatten sich dazu beglückwünscht, die Götter der Antike verbannt zu haben. In Rom, dem Mittelpunkt des alten heidnischen Reiches, waren Merkur, Venus, Mars, Jupiter und Saturn dem Anschein nach durch die Heilige Dreifaltigkeit und die Jungfrau Maria ersetzt worden. Inzwischen aber hatten sich die antiken Götter, getarnt als Planeten, durch die Astrologie heimtückisch ins Herz der christlichen Kultur zurückgeschlichen und begonnen, ihre Herrschaft zurückzufordern. Wohl leisteten die kirchlichen Würdenträger des Mittelalters Gott dem Vater, dem Sohn und dem Heiligen Geist formal Gehorsam, doch es waren die Konjunktionen oder Oppositionen von Venus und Merkur, von Mars und Jupiter, nach denen sie ihr Leben organisierten, ihren Tagesablauf planten und ihre Entscheidungen trafen. Den gleichen Prinzipien folgend, gingen die Kaufleute ihren Geschäften nach, ersannen die Staatsmänner ihre Intrigen, erstellten die Heerführer ihre Strategie. So gewannen die Götter in Gestalt der Planeten womöglich einen noch größeren Einfluß als in der Vergangenheit. Sie schienen eine geradezu greifbare Macht; und durch das hermetische Prinzip der Analogie, des inneren Zusammenhangs zwischen Mikrokosmos und Makrokosmos, konnte diese Macht offenbar manipuliert, reguliert, kanalisiert und gesteuert werden.

Hatte Thomas von Aquin dieses Phänomen nur geahnt, so sahen andere es deutlicher. 1277 sprach der Bischof von Paris eine neuerliche Verdammung der Astrologie aus und hob die heidnischen – also die islamischen und hermetischen – Quellen hervor, in denen diese Disziplin verwurzelt sei.[95] Inzwischen war es jedoch schon zu spät, und der Prozeß, den der Bischof fürchtete, war nicht mehr umkehrbar. Die hermetisch ausgerichtete Astrologie hatte sich bereits zu fest etabliert, um noch ausgemerzt zu werden. Im Gegensatz zu den Einwänden der frühen Kirchenväter beraubte sie den Menschen nicht mehr seines freien Willens. Sie tat das Gegenteil, denn sie gewährte dem Menschen eine größere Freiheit, die Kontrolle über sein Leben zu ergreifen, sein Schicksal zu formen und seine Angelegenheiten zu regeln, als das Christentum ihm zugestehen wollte. War man nämlich in der Lage, die Sterne korrekt zu interpretieren und seine Handlungen damit in Einklang zu bringen, so wurden die Kirche und ihre Hierarchie entbehrlich und überflüssig.

Selbst die komplexere Astrologie, die im Gefolge der Reconquista und der Kreuzzüge in Europa einsickerte, war noch unvollständig. Da sie keinen Zugang zum gesamten Korpus der hermetischen Lehren hatten, bedienten die mittelalterlichen Astrologen sich notwendigerweise eines bruchstückhaften Materials, was ihnen auch bewußt war. Sie wußten etwas, was heute viele selbsternannte Astrologen, darunter die meisten

Autoren einschlägiger Zeitungskolumnen, zu vergessen scheinen – daß die Astrologie notwendigerweise in einen größeren Zusammenhang gestellt werden muß. Aus Sicht des mittelalterlichen Astrologen war seine Kunst keine unabhängige, isolierte und autonome Disziplin, die gewissermaßen in einem Vakuum ausgeübt werden konnte. Im Gegenteil: In Übereinstimmung mit dem hermetischen Grundsatz des inneren Zusammenhangs stand sie in enger Wechselbeziehung mit anderen Fächern, anderen Wissensgebieten. Sie war nur eine Komponente in einer alles umfassenden Totalität, und ihre Gültigkeit leitete sich großenteils von eben diesem unauflösbaren Zusammenhang mit anderen Komponenten her.

Das wichtigste dieser Elemente war natürlich die Alchemie, gelegentlich als »irdische Astrologie« und häufiger als die »königliche Kunst« bezeichnet – oder auch einfach als »die Kunst«, was ihre Überlegenheit über alle anderen Künste andeutete. Die Alchemie beruhte auf demselben komplexen Netzwerk hermetischer Zusammenhänge wie die Astrologie, weshalb Korrespondenzen oder Analogien mit der Astrologie selbst wie auch mit zahlreichen weiteren Disziplinen bestanden. So wurden die astrologischen Zeichen für die sieben »Planeten« – Sonne, Mond, Merkur, Venus, Mars, Jupiter und Saturn – auch zur Bezeichnung der mit ihnen korrespondierenden Metalle verwendet. Für das mittelalterliche Denken spiegelten diese Zeichen Wechselbeziehungen und Zusammenhänge wider, die ans Unheimliche grenzten, aber auch die hermetische Vorstellung von Makrokosmos und Mikrokosmos bestätigten. Im Rahmen der Astrologie herrschte zum Beispiel der nach dem antiken Kriegsgott benannte Mars über das Blut und dessen Kreislauf. Mars wurde als der »rote Planet« empfunden und bezeichnet, und Rot war seine astrologische Kennfarbe. Die Alchemie setzte Mars mit Eisen gleich, das im alchemistischen Labor im allgemeinen als Eisenoxid, also Rost, verwendet wurde und daher eine rötliche Farbe hatte. Bekanntlich ist es auch das Eisen, das dem Blut die rote Farbe verleiht.

Heute sieht man die Alchemie häufig als Vorläuferin der modernen Chemie, und in vieler Hinsicht trifft das auch zu. Doch der mittelalterliche Alchemist und sein Nachfolger in der Renaissance hätten sich in keiner Weise als Chemiker im heutigen Sinne betrachtet. Hätte die im 20. Jahrhundert geprägte Vorstellung von Psychologie damals schon existiert, hätte unser Alchemist sich wie etwa C. G. Jung als spirituell orientierter Psychologe gesehen, der sein eigener Klient oder Patient war. Anders gesagt: Er hätte sich als Teilnehmer eines Programms zur Veredlung und Veränderung seines Selbst gesehen, für den das äußerliche alchemistische Experiment lediglich ein »objektives Korrelat« im Sinne T. S. Eliots bedeutete, also das in der äußeren Welt sichtbare Spiegelbild eines im Innern vorhandenen Zustands oder Prozesses. Wie der Bildhauer davon spricht, die in einem Steinblock eingebettete oder verborgene Form zu befreien, so war es die Absicht vieler Alchemisten, ihre latenten Möglichkeiten in die sie umgebende Welt der Elemente und Mineralien freizusetzen. Die Disziplin, mit der sich die Alchemisten des Mittelalters und der Renaissance dabei am häufigsten identifizierten, war die Botanik.

Die Botanik diente dazu, dem Alchemisten einen exakten Sinn seiner Arbeit zu vermitteln, einer im Grunde sanften, natürlichen und organischen, nicht aber mechanischen oder künstlichen Tätigkeit. Das alchemistische Labor sollte die Naturvorgänge selbst widerspiegeln, sollte diese Vorgänge unterstützen und begünstigen, nicht aber sie verbessern oder hintergehen, sie durch Gewalt oder Zwang verzerren. So sollte Gold nicht hergestellt oder fabriziert werden; es sollte dazu gebracht werden zu »wachsen«. Der Alchemist bezeichnete sich daher häufig als Botaniker der Metalle oder Minerale, der diese nährte, sie pflegte und zu organischem Wachstum führte. Wie die Pflanzenkunde erforderte der alchemistische Prozeß viel Geduld, und wie die Pflanzenkunde empfand man ihn als fruchtbringend und sanft. Das war auch nötig, denn wie unser Buch zeigen wird, war das höchste Subjekt und Objekt des alchemistischen Experiments der Alchemist selbst.

Trotz dieser breiten psychologischen und spirituellen Zusammenhänge etablierte die Alchemie eine Methodik und eine Faktensammlung, die zur Grundlage der modernen Chemie wurden. Ihr Erbe findet sich jedoch auch in anderen Bereichen, die teilweise weitab von ihren ursprünglichen Zielen liegen. Die komplexen Destillationsverfahren der Alchemie führten zur Verbreitung, wenn nicht gar zur Entdeckung des destillierten Alkohols – ein vom arabischen *al-kuhl* abgeleiteter Begriff. Die dieser Form des Alkohols verliehenen Namen spiegeln oft seinen alchemistischen Ursprung wider, wie etwa *aqua vitae, eau de vie,* die ja auch als »geistige Getränke« gelten. Destillierter Alkohol wurde auch als »Weingeist« bezeichnet. Eine berühmte, leider aber wohl erfundene Geschichte berichtet von der Entdeckung des als Bénédictine bekannten Likörs: Eines Tages saß ein mittelalterlicher Mönch trotz des Verbots seiner Oberen in seiner Zelle und hantierte mit seinem Alchemiekasten für Anfänger. Im Verlauf seines Experiments produzierte er eine Flüssigkeit von kristallklarer, bernstein- oder topasähnlicher Farbe. Als er sie probierte, stellte er fest, daß ihr Geschmack ungemein angenehm war und ein warmglühendes Wohlgefühl hervorrief. Es überrascht nicht, daß ihn dies zu weiteren Schlucken verführte, und schon nach kurzer Zeit fühlte er sich ausgesprochen beschwingt und beflügelt. Bald tanzten er und seine Brüder im Kloster umher und verkündeten triumphierend, sie hätten das alchemistische Elixier entdeckt. Angesichts des Katers am nächsten Morgen muß ihnen das kirchliche Wettern gegen den Umgang mit dem Verbotenen durchaus gerechtfertigt erschienen sein.

Die Alchemie und die Astrologie waren die wichtigsten Erscheinungen, die auf das Eindringen der Hermetik ins westliche Europa folgten. Dabei blieb es jedoch nicht. Zum Beispiel verwendete die arabische Liebeslyrik häufig die hermetische Symbolsprache, was seinen Weg ins Werk der europäischen Troubadoure fand.[96] Das Leid der keuschen oder höfischen Liebe war oft in alchemistische Metaphern gekleidet. Dazu kamen die bis heute bekannten Gralsdichtungen. Chrétien de Troyes, Wolfram von Eschenbach, Robert de Boron, Sir Thomas Malory und zahlreiche andere Dichter übertrugen jüdisch-christliche Motive auf die »primitive« Magie der Geschichten von einem sogenannten »heidnischen Gral« – Motive, die mit hermetischen Gedanken und Symbolen durchtränkt waren. Besonders deutlich kann man diese im *Perlesvaus* erkennen, der kürzlich als *Hohe Geschichte des Heiligen Grals* neu erschienen ist. Der Autor dieses Werks blieb anonym, was innertextliche Hinweise stützt, daß es sich um einen Tempelritter handelt. Der Leser trifft hier auf einen von drei Hirschen

118

gezogenen Karren, in dem die Häupter von 150 Rittern liegen, manche »versiegelt mit Gold, andere mit Silber, und dritte mit Blei«.[97] Unter diesen liegt auch das Haupt einer Königin, »versiegelt mit Blei und gekrönt mit Kupfer«.[98] An einer späteren Stelle des Textes erscheint ein Schloß mit 33 »Meistern«, alle in weiße Gewänder mit einem roten Kreuz auf der Brust gekleidet. Einer dieser Meister erklärt dem Helden: »Da sind die mit Silber versiegelten Häupter und die mit Blei versiegelten Häupter und die Leiber, auf welche diese Häupter gehörten; ich sage dir, du mußt das Haupt des Königs wie das der Königin dahin bringen lassen.«[99]

Solche oft mit der hermetischen Magie verbundene Symbolik ist typisch für den *Perlesvaus*, aber auch für Wolfram von Eschenbachs *Parzival*. Die Gralsritter, heißt es da,

erhalten Speise und Trank von einem makellos reinen Stein, und wenn Ihr bisher noch nichts von ihm gehört habt, wird er Euch jetzt beschrieben. Er heißt *Lapsit exillis*. Die Wunderkraft des Steines läßt den Phönix zu Asche verbrennen, aus der er zu neuem Leben hervorgeht. Das ist die Mauser des Phönix, und er erstrahlt danach ebenso schön wie zuvor. Erblickt ein todkranker Mensch diesen Stein, dann kann ihm in der folgenden Woche der Tod nichts anhaben. Er altert auch nicht, sondern sein Leib bleibt wie zu der Zeit, da er den Stein erblickt. Ob Jungfrau oder Mann: wenn sie, in der Blüte ihres Lebens stehend, den Stein zweihundert Jahre lang ansehen, ergraut lediglich ihr Haar. Der Stein verleiht den Menschen solche Lebenskraft, daß der Körper seine Jugendfrische bewahrt. Diesen Stein nennt man auch den Gral.[100]

Die Wissenschaft hat zahlreiche Interpretationen des Begriffs *lapsit exillis* vorgeschlagen, die alle mehr oder weniger plausibel erscheinen. Es könnte sich um eine Verballhornung von *lapis ex caelis*, »Stein aus den Himmeln« handeln oder von *lapsit ex caelis*, »er fiel von den Himmeln«. In Frage käme auch eine Verkürzung von *lapis lapsus ex caelis*, »ein vom Himmel gefallener Stein«. Am naheliegendsten ist jedoch *lapis elixir*, der Stein der Weisen und das Elixier der Alchemie.[101]

Auf jeden Fall ist die obige Passage voll alchemistischer Symbolik. Der Phönix beispielsweise ist ein bekanntes Bild in einschlägigen Werken, und Wolfram stellt ihn in einen vertrauten alchemistischen Zusammenhang.

Durch die hermetischen Gralsromane und die fiktiven historischen Werke dieser Zeit – wie etwa Geoffrey von Monmouths *Geschichte der Könige Britanniens* – entstand auch die Gestalt Merlins, wie wir sie heute kennen. Der Zauberer, der im Bewußtsein und in der Literatur des Hochmittelalters so gewaltig aufragt, hat nichts mehr gemein mit dem primitiven Schamanen Myrddin Wyllt der alten keltischen Sagen. Vielmehr ist Merlin nun ein voll entwickelter Magus, durchdrungen vom Spektrum der Mysterien, die zum Inventar des Eingeweihten und Jüngers der Hermetik gehören. Trafen die Leser des Mittelalters bei Geoffrey von Monmouth auf ihn, so hatte er nicht nur für ihre Gegenwart Bedeutung, sondern auch für ihre Zukunft: Geoffreys mythologisierte Geschichte enthielt eine Sammlung von Merlin zugeschriebenen Prophezeiungen. Diese Vorhersagen wurden oft als abgetrennter und eigenständiger Text reproduziert. Sie sollen Owen Glendower 1402 bei seiner walisischen Rebellion inspiriert, aber auch Jeanne d'Arc den Weg geebnet haben. So heißt es in der offiziellen, im 19. Jahrhundert verfaßten Version ihrer Legende: »Der alte Merlin, der Seher der Vorzeit, hatte die Ankunft der Jeanne d'Arc geweissagt, und sie kam zur vorhergesagten Zeit.«[102] Merlin habe prophezeit, »das Königreich Frankreich, durch eine Frau verloren, werde von einer anderen Frau gerettet werden; und eine Jungfrau aus dem Grenzland Lothringen werde kommen, um Orléans zu befreien«.[103]

Im Hochmittelalter hatte Merlin sich also aus einem primitiven Stammesschamanen zur Urform des hermetischen Magiers entwickelt. Man glaubte, er habe Zugang zu Dingen gehabt, die bisher für sonst niemanden zugänglich waren – zu Aspekten des hermetischen Denkens, die in Europa nur bruchstückhaft existierten, eher geahnt als bekannt oder begriffen. Dadurch war Merlin zum Bindeglied zwischen der biblischen Gestalt des Simon Magus und jenem Mann geworden, der sich im 15. Jahrhundert unter dem Namen Faust ins europäische Bewußtsein einprägen sollte.

Zur selben Zeit gab es eine Anzahl realer, an Merlin erinnernder Gestalten in Europa, die sich mit den vorhandenen Fragmenten der Hermetik beschäftigten. Sie waren zwar nicht ganz so ehrfurchtgebietend wie der ebenso beeindruckende wie romantisierte Zauberer der Artus-Sage, doch einige von ihnen leisteten substantielle Beiträge zum Fortschritt der Bildung und der Wissenschaft und zur Geschichte des europäischen Denkens insgesamt.

Zumindest in englischsprachigen Ländern ist die bekannteste dieser Gestalten wohl der Franziskaner Roger Bacon (1214–1294). In Somerset geboren, studierte Bacon Mathematik und Medizin in Oxford und Paris. Es ist nicht weiter erstaunlich, daß er in Frankreich in Konflikt mit der kirchlichen Hierarchie geriet und Publikationsverbot erhielt. Nach seiner vorläufigen Rehabilitierung kehrte er nach England zurück, wo er einige Jahre später von neuem aneckte, so daß er in Haft kam und seine Bücher verbrannt wurden. Bacon beherrschte nicht nur Latein, sondern auch Hebräisch, Arabisch und Griechisch, und dies zu einer Zeit, in der wenige europäische Gelehrte auch nur eine dieser Sprachen gemeistert hatten. Er war einer der großen mittelalterlichen Pioniere der experimentellen Wissenschaft. Seine Forschungen erstreckten sich auf Alchemie, Chemie, Mathematik, Astronomie, Magnetismus und Optik, womit er einen Maßstab für das Wissensspektrum setzte, das damals jenen Menschen verfügbar wurde, die Bacons Durst danach verspürten. Man schreibt Bacon zu, bei der Entwicklung und dem Gebrauch von Linsen neue Wege gegangen zu sein, und seine Experimente mit Salpeter sollen zur Erfindung des Schießpulvers in Europa beigetragen haben. In seinen umfangreichen Schriften spricht er von Schiffen, die einst ohne Ruder und Segel fahren würden, von Wagen, die sich ohne Pferde bewegen könnten, und von durch die Luft fliegenden Maschinen.

Zwangsläufig wurde der Name Bacons mit einer Reihe phantastischer Legenden und Schriften in Verbindung gebracht. Es hieß, seine alchemistischen Studien hätten in der Herstellung eines geheimnisvollen Messingkopfes gegipfelt, der die Zukunft vorhersagen konnte. Man schrieb ihm auch den Besitz eines magischen Glases oder einer Kristallkugel mit solchen Fähigkeiten zu. Nun haben diese Geschichten zwar keinen realen Hintergrund, doch zeigen sie etwas davon, wie der mittelalterliche Magier und Wissenschaftler von seinen Zeitgenossen gesehen wurde. In einer Hinsicht waren diese Vorstellungen nicht gänzlich falsch. Ganz abgesehen von den Legenden, die sich um ihn ranken, ist in Bacon ein faustischer Durst nach Wissen und Macht zu spüren, eine Entschiedenheit, die inneren Mechanismen der Realität zu verstehen, sie nach seinem Willen zu formen und die »Dinge geschehen zu lassen«.

Neben Bacon ist der bereits erwähnte Michael Scotus (1175–ca. 1234) zu nennen, der in Spanien studierte und später der Hofastrologe und Magier Kaiser Friedrichs II. wurde. Sechs Jahrhunderte später trug Coleridge sich mit dem Plan, ein Stück über Scotus zu schreiben, den er als eine faszinierendere Persönlichkeit als Faust bezeichnete; und Scotus erscheint auch in Sir Walter Scotts Versepos *Der letzte Minstrel*, allerdings in einem zeitlich unrichtigen Rahmen. Nahe Valencia wurde Arnaud de Villanova (1235–1311) geboren, dessen alchemistische und wissenschaftliche Experimente dem Vergleich mit der entsprechenden Tätigkeit Bacons standhalten. Zu nennen wäre auch Ramón Llull (Raimundus Lullus) aus Mallorca (1229–1315), bekannt als einer der berühmtesten hermetischen Magier seiner Zeit. Nach den neuesten Erkenntnissen war Llull allerdings nie alchemistisch tätig, und er schrieb auch kein einziges alchemistisches Traktat. Zahlreiche zeitgenössische und spätere Autoren brachten jedoch unter seinem Namen eine Vielzahl solcher Traktate hervor, weshalb er in jeder vor dem 20. Jahrhundert verfaßten Aufzählung bedeutender mittelalterlicher Alchemisten erscheint. Auch wenn Llull sich nicht selbst mit alchemistischen Experimenten beschäftigte, besaß er doch eindrucksvolle Kenntnisse des sufischen, kabbalistischen und hermetischen Denkens und übte beträchtlichen Einfluß auf spätere Vertreter der Hermetik aus.

Der bedeutendste aller Alchemisten und hermetischen Philosophen des Mittelalters war der Dominikaner Albertus Magnus (um 1193–1280), Bischof von Regensburg, bis er sich unweit Köln in die Klausur zurückzog. Mehr als alle anderen Alchemisten seiner Zeit wurde Albertus von Generationen von Nachfolgern als Mentor und Vorbild gerühmt. Er war jedoch auch ein ungemein einflußreicher Theologe und Philosoph, der beim Studium aristotelischen wie auch jüdischen, islamischen und naturwissenschaftlichen Gedankenguts neue Wege beschritt. Seine Schriften erscheinen noch immer auf jeder Leseliste kirchlicher Literatur des 13. Jahrhunderts, und während seiner Zeit als Lehrer in Paris war kein Geringerer als Thomas von Aquin sein Meisterschüler und Schützling. Es war Albertus, dem Thomas seinen tiefgreifenden Kontakt mit dem aristotelischen Denken verdankte.

Albertus wird allgemein als der bedeutendste lateinische Gelehrte und Naturwissenschaftler seiner Zeit bezeichnet. Sein Werk enthält Schriften über Physik, Zoologie, Astronomie, Botanik, Mineralogie, Geographie und Astrologie, aber auch über Magie, Alchemie und das hermetische Denken. Besonders bemüht war Albertus, Magie und christliche Theologie auf irgendeine Weise zu versöhnen. Zu diesem Zweck begann er, zwischen verschiedenen Formen der Magie zu unterscheiden. Zum einen war dies die böse oder schwarze Magie, die den Umgang mit dämonischen Kräften einschloß und Beschwörungen und Zauberworte verwendete. Unter diese Kategorie ordnete Albertus auch die Hexerei und die Beschwörungsriten ein, die als Relikte der alten heidnischen Religion überlebt hatten. Zum anderen war da eine sogenannte Naturmagie, die sich auf die der Natur innewohnenden Prinzipien und auf die übernatürliche Einwirkung der Sterne bezog und eine menschliche Einwirkung oder Manipulation ausschloß. Dies war nach Albertus die Magie der drei »weisen Männer« oder Magier der Bibel, die – im deutschen Sprachraum als die Heiligen Drei Könige bekannt – Jesus nach seiner Geburt ihre Ehrerbietung bezeugten.[104] Auch die Alchemie gehörte dazu, die »die Natur unter allen Künsten am genauesten nachahmt«.[105]

So weit, so gut. Diese Unterscheidung erscheint klar genug, auch wenn sie sich einer gewissen Spitzfindigkeit bedient. Nun hat man aber bemerkt, Albertus habe in seinen wissenschaftlichen Schriften, »beeinflußt vor allem von der arabischen Astrologie, den pseudo-aristotelischen Schriften und der hermetischen Literatur«[106], eine dritte Form der Magie beschrieben. Diese leitet sich in vieler Hinsicht aus der Hermetik ab, beruht auf dem hermetischen Prinzip der Wechselbeziehung von Mikrokosmos und Makrokosmos und bedient sich der »okkulten« Eigenschaften von Pflanzen, Steinen, des Bluts bestimmter Tiere, von

Amuletten und Talismanen. Natürlich hätte auch die Alchemie genausogut unter diese Kategorie fallen können wie unter die der »Naturmagie«. Die hermetische Magie enthält jedoch Elemente, die Albertus als böse verdammt. So verurteilt er in seinen theologischen Schriften etwas, was er in seinen wissenschaftlichen Schriften akzeptiert. Allerdings muß man in Betracht ziehen, daß Albertus Dominikaner war und innerhalb der Kirche wirkte, weshalb er Vorsicht walten lassen mußte. Im Vorwort einer seiner alchemistischen Schriften führt er die Irrtümer auf, zu denen Alchemisten am häufigsten neigen, und skizziert dann die Regeln, an die sie sich halten müssen. Die erste dieser Regeln ist die Verschwiegenheit.

Zu den am häufigsten mit der mittelalterlichen Magie und Alchemie verbundenen Namen gehört schließlich eine Gestalt aus etwas späterer Zeit: Nicolas Flamel. Um 1330 geboren und 1418 gestorben, arbeitete Flamel ursprünglich als Schreiber, also Kopist, in Paris. Durch seinen Beruf hatte er Zugang zu vielen seltenen Büchern und Dokumenten und erwarb sich eine für einen Laien seiner Zeit unübliche Kenntnis der Malerei, der Literatur, der Chemie, der Mathematik und der Architektur. Zudem begann er, sich in ihm zugängliches Material über Alchemie, die Kabbala und das hermetische Denken zu vertiefen.

Nach Flamels eigener Darstellung stieß er um 1360 auf einen alchemistischen Text, der sein Leben verändern sollte. Er vermutete, dieser entstamme – womöglich durch Diebstahl – jüdischen Quellen. Auf dem Titelblatt habe gestanden: »Abraham der Jude, Fürst, Priester, Levit, Astrologe und Philosoph entbietet dem jüdischen Volk, das durch den Zorn Gottes in Gallien zerstreut ist, Gesundheit und Segen.«[107] Jede siebte Seite des Buchs enthielt ausschließlich Illustrationen; und manche der Bilder waren von eindeutig alchemistischer und hermetischer Natur. Das Original soll in der Pariser Bibliothèque de l'Arsenal gestanden haben; nachfolgende Generationen von Adepten haben sich mit religiösem Eifer – aber, soweit bekannt ist, vergeblich – um Abschriften des Textes bemüht.

Wie Flamel berichtet, konnte er das Buch, das weder auf lateinisch noch auf französisch abgefaßt war, selbst nicht lesen. Vielleicht war es auf hebräisch geschrieben; jedenfalls war Flamel davon überzeugt, daß man es nur verstehen konnte, wenn man die Kabbala kannte. Flamel verbrachte mehr als zwanzig enttäuschende Jahre damit, über seinem unentzifferbaren und geheimnisvollen Fund zu brüten. Schließlich behauptete er, auf einer Reise ins spanische Santiago de Compostela in León einen konvertierten Juden getroffen zu haben, der ihm das Buch erläuterte. Nach Paris zurückgekehrt, machte er sich an die Anwendung dessen, was er gelernt hatte, und vollbrachte am Mittag des 17. Januar 1382 die erste in einer Reihe alchemistischer Umwandlungen.[108]

Nun steht die Wahrheit von Flamels Bericht natürlich in Frage. Tatsache ist aber, daß er wenig später die Gönnerschaft einer Frau erlangte, die selbst als »Expertin der chemischen Wissenschaften« bekannt wurde. Es war Blanche d'Evreux, auch als Blanca von Navarra bekannt, Tochter des Königs von Navarra und später Gattin des französischen Königs Karl VI. Angeblich als Folge seiner alchemistischen Umwandlungen wurde Flamel zudem ungeheuer reich. Am Ende seines Lebens besaß er allein in Paris mehr als 30 Häuser und Grundstücke. Dennoch scheint er ein bescheidener Mensch gewesen zu sein, der nicht mit seiner Macht prahlte und einen großen Teil seines Wohlstands guten Zwecken zuführte. Bis zum Jahr 1413 hatte er in Paris vierzehn Hospitäler, sieben Kirchen und drei Kapellen gestiftet, dazu eine ähnliche Zahl in Boulogne. Es war wohl eher dieser Altruismus als sein erstaunlicher Aufstieg, der ihn zur Legende machte. Noch im 18. Jahrhundert wurde er von Menschen wie Sir Isaac Newton verehrt, der gewissenhaft seine Werke studierte, darin viele Anmerkungen anbrachte und sie sogar abschrieb, um so seine Verpflichtung zu erfüllen, »die Meisterschaft des Hermes zum Ruhme Gottes zu vervollkommnen«.[109]

Es ist auffällig, daß alle bekannten Vertreter der mittelalterlichen Magie und Hermetik mit Ausnahme Flamels entweder selbst Kleriker waren oder von Klerikern gefördert wurden. Anders gesagt: Das Bildungsmonopol der Kirche war intakt und praktisch ungebrochen; Ausnahmen waren Schützlinge des einen oder anderen Königshofs, etwa die Verfasser mancher Gralsdichtungen, die von weltlichen Herrschern unter ihre Fittiche genommen wurden. Mit Flamel jedoch, diesem letzten Magier des Mittelalters, begann sich die Lage zu verändern. Dieser

Wandel sollte bald wesentlich dramatischere Züge annehmen. Eine neue Generation von Magiern wartete auf ihren Auftritt auf der Bühne der Geschichte – Persönlichkeiten, die nur sehr lose Verbindungen zur Kirche hatten oder ihr ablehnend gegenüberstanden. Faustus bereitete sich auf sein Erscheinen vor; und die Kirche würde ihre eigenen, deutlich heterodoxen Magier hervorbringen müssen, um mit ihm Schritt zu halten.

6. Kapitel:
Die Renaissance

Zu Beginn des 15. Jahrhunderts hatte im westlichen Europa bereits eine weltliche Kultur Wurzeln geschlagen. So mag etwa Dantes wohl bereits um 1307 begonnene *Göttliche Komödie* eine letztendlich »religiöse« Aussage haben; aber sie entstand nicht im kirchlichen Rahmen, war auf italienisch und nicht auf lateinisch abgefaßt, und ihr Christentum grenzte in mehr als einer Beziehung gefährlich an Heterodoxie, wenn nicht gar an Häresie. Im Gefolge Dantes (1265–1321) trat Francesco Petrarca (1304–1374) auf, dessen Dichtung, Gelehrsamkeit und leidenschaftliches Interesse für das klassische Griechenland ein neues Interesse an der Welt der griechischen Antike hervorgerufen und ihn als »Vater des italienischen Humanismus« bekannt gemacht hatten. Zur selben Zeit wie die Werke Petrarcas entstanden die Prosaerzählungen des Giovanni Boccaccio (um 1313–1375). Die Wirkung dieser Männer aber breitete sich aus. So zeigte sich der Einfluß Boccaccios innerhalb weniger Jahre nach seinem Tod selbst im weit entfernten, groben und regnerischen England, wo Chaucers *Canterbury Tales* die Tradition britischer Profanliteratur einläuteten. Wie Dante schrieben Petrarca, Boccaccio und Chaucer nicht auf lateinisch, sondern in der Sprache ihres Landes.

Im großen und ganzen blieb das Bildungsmonopol der Kirche jedoch intakt. Allerdings hatte es sich sichtlich gelockert und begonnen, Anzeichen einer neuen Flexibilität, ja Kühnheit zu zeigen. In Italien und Frankreich lehrte man Griechisch und studierte eifrig die griechische Philosophie, soweit man Zugang zu ihr hatte. Für Thomas von Aquin und andere herausragende Theologen blieb zwar Aristoteles – dessen Denken man leicht mit der katholischen Lehre in Einklang bringen konnte – die höchste Autorität der Antike, aber auch Platon gewann jetzt von neuem wieder Einfluß. Tausend Jahre zuvor hatte ihm kein Geringerer als der heilige Augustinus seine Billigung gewährt und ihn dem Christentum näher gesehen als alle anderen heidnischen Denker. Andere geistliche Autoren waren derselben Meinung, so daß in den kirchlichen Bibliotheken lateinische Übersetzungen seiner Werke zu finden waren. Durch das Studium der griechischen Sprache wurden seine Dialoge zunehmend auch im Original zugänglich und begannen, einen immer größeren Einfluß auszuüben.

Der Platonismus wiederum hatte viel mit der Hermetik gemein, so daß die Verbreitung platonischen Gedankenguts erheblich dazu beitrug, der Hermetik in Europa den Weg zu ebnen. Die massivste und subversivste Infiltration des Christentums mit der Hermetik wurde jedoch von der Kirche selbst gefördert. Bei dem Versuch, ihre Autorität auch auf den griechisch-orthodoxen Glauben auszudehnen, schuf die Römische Kirche unabsichtlich Zugang zu einer Denkweise, die Aufruhr in ihrem eigenen Innern erzeugen sollte.

Im 11. Jahrhundert, ungefähr 50 Jahre vor dem ersten Kreuzzug, war es der orthodoxen Kirche von Byzanz gelungen, sich mit der Hermetik zu versöhnen. Man nimmt an, daß die Sammlung der »offiziellen« hermetischen Schriften, die wir heute als *Corpus Hermeticum* kennen, um das Jahr 1050 entstand, als Michael Psellos, ein bekannter byzantinischer Gelehrter, Philosophieprofessor, Historiker, Theologe und Staatsbeamter, sie in Konstantinopel zusammentrug. Psellos hatte das Studium des Neuplatonismus wiederbelebt und so großen Ruhm erworben, daß Schüler unterschiedlichster Herkunft – von Arabern bis zu Kelten – herbeiströmten, um unter seiner Obhut zu studieren. Seine Fassung der hermetischen Schriften hat er wahrscheinlich aus Harran erhalten, wo kurz zuvor ein wichtiger Tempel zerstört worden war. Bei der Bearbeitung entfernte Psellos viele der rein magischen und alchemistischen Aspekte, wodurch er die Texte für das griechisch-orthodoxe Christentum genießbarer machte und sicherstellte, daß weder er noch sein Werk auf dem Scheiterhaufen landeten. Die philosophischen und mystischen Dimensionen der Hermetik blieben jedoch intakt und fanden durch Psellos den Weg ins Zentrum des geistigen Lebens von Byzanz.

In der Zwischenzeit hatte sich der seit langer Zeit bestehende Disput zwischen der orthodoxen und der katholischen Kirche verschärft, und der Wille Gottes schien – zumindest in Form seiner irdischen Institutionen – widersprüchlicher denn je. Im Jahre 1054, als Michael Psellos gerade den Höhepunkt seiner Laufbahn erreichte, gab man jeden Anschein einer Übereinstimmung der beiden Kirchen auf. Der Bruch zwischen ihnen wurde offiziell festgeschrieben, worauf sie sich gegenseitig exkommunizierten und ihre Antipathie bis 1965 beibehielten. In den folgenden drei Jahrhunderten genossen die katholischen Kreuzfahrer die stillschweigende, gelegentlich auch offene Billigung ihrer Kirche, der östlichen Rivalin Roms Schaden zuzufügen. Beim vierten Kreuzzug fand ihre Streitmacht, vorgeblich auf dem Weg nach Jerusalem zur Befreiung des Heiligen Grabs, im Jahre 1204 genügend Zeit, um die byzantinische Hauptstadt zu plündern und auszurauben. Im Anschluß daran schafften die Kreuzfahrer es nicht mehr, überhaupt ins Heilige Land zu gelangen.

Im 15. Jahrhundert war das Byzantinische Reich nun unter den zunehmenden Druck der Türken geraten und daher genötigt, bei den Herrschern im Westen um Hilfe nachzusuchen. Der Preis dieser Hilfe war zwangsläufig eine gewisse Annäherung an Rom. So reiste 1438 der byzantinische Kaiser, begleitet vom Patriarchen von Konstantinopel als dem orthodoxen Gegenstück zum Papst, nach Italien zu einem Konzil, das die Möglichkeiten der Wiedervereinigung der Christenheit ausloten sollte. Zunächst tagte das Konzil in Ferrara, doch ein plötzlicher Ausbruch der Pest bewirkte die unvermutete Verlegung des Treffens nach Florenz und damit in den Herrschaftsbereich des päpstlichen Bankiers Cosimo de' Medici.

Das Konzil begann seine Arbeit am 8. Januar 1438 in Ferrara, am 26. Februar 1439 fand die erste allgemeine Sitzung in Florenz statt, das Dekret über die Union mit den Griechen wurde am 6. Juli veröffentlicht, die Abreise des byzantinischen Kaisers erfolgte am 26. August 1439. Greifbare Ergebnisse brachte es kaum zutage. Die beiden Kirchen einigten sich auf eine nebulös formulierte Übereinkunft, deren Zustandekommen vielleicht dadurch begünstigt wurde, daß der Patriarch von Konstantinopel während der Verhandlungen das Zeitliche segnete. Der Kaiser wiederum hegte bei der Rückkehr in sein Reich Befürchtungen, seinem Volk die vermeintliche Übereinkunft zu offenbaren, weshalb diese bis 1452 geheimgehalten wurde. Im folgenden Jahr ergab sich Konstantinopel den Türken, und die ganze Angelegenheit war belanglos geworden.

Wenn das Konzil von Florenz auch wenig für die Einheit des Christentums tat, so streute es in anderen Bereichen Saatgut von enormer Bedeutung aus. Um den Standpunkt der orthodoxen Kirche zu vertreten, hatte der Kaiser von Byzanz nämlich ein Gefolge von mehr als 650 Gelehrten und Klerikern mitgebracht. Da diese erwarteten, aus den relevanten Schriften zitieren zu müssen, waren sie mit einem reichen Vorrat an griechischen Manuskripten angereist. Nicht alle dieser Schriften waren eindeutig biblisch oder christlich, und viele waren im Westen noch unbekannt. Das größte Interesse erregte wohl das Werk Platons, das den westlichen Gelehrten bislang hauptsächlich durch seinen *Timaios* vertraut war.

Zu den bedeutendsten Gelehrten im Gefolge des byzantinischen Kaisers zählte Georgios Gemistos, der während des Konzils den Künstlernamen Plethon annahm. In Mistra, der damals drittgrößten Stadt des byzantinischen Reiches, auf dem Peloponnes unweit des antiken Sparta gelegen, hatte er sich einen Namen als Lehrer der Philosophie gemacht. Plethon war – wenn auch nicht ausdrücklich – in jeder Hinsicht ein »heidnischer« Philosoph. Er vertrat den in Alexandria zu Beginn der christlichen Epoche lebendigen Synkretismus, besonders den Neuplatonismus. Dem Christentum stand er feindselig gegenüber und verwarf Aristoteles, die philosophische Ikone vieler katholischer Theologen. Und er träumte davon, die Vitalität und Dynamik der heidnischen Tradition und die alte athenische Akademie wiederaufleben zu lassen.

In Byzanz bedrohte das herrschende Recht jeden Christen, der zu heidnischem Gedankengut oder entsprechender Praxis zurückkehrte, mit der Todesstrafe. Plethon war also gezwungen, seine wahre Überzeugung unter Verschluß zu halten. Er offenbarte sie anscheinend nur einer exklusiven Gruppe von Eingeweihten unter seinen Schützlingen in Mistra. Durch diese Gruppe verbreitete Plethon seine Ideen. Er bestand auf der mündlichen Unterweisung, da Pythagoras wie Platon das gesprochene dem geschriebenen Wort vorgezogen hätten. Das

Konzil verschaffte ihm ein einzigartiges Forum; und sein Aufenthalt in Florenz rief eine Art chemischer Reaktion hervor, aus deren wechselseitiger Wirkung Plethon wie die Stadt von Grund auf verändert hervorgingen.

Schon einige Generationen vor dem Konzil war Florenz zu einer Pflanzstätte verschiedener Studien geworden. Die weltliche Wissenschaft hatte sich in einem Milieu eingerichtet, in dem sie ungehindert von klerikalen Fesseln gedeihen konnte. In einer Atmosphäre, die sich zunehmend von den von der kirchlichen Lehre geförderten Schuldgefühlen befreite, gewannen die Würde und die Bedeutung des Menschen einen bis dahin ungekannten Stellenwert. Häufig sprach man vom neuen Konzept der *studia humanitatis*. Damit war Florenz zur Wiege des humanistischen Denkens geworden.

Gleichzeitig mit dem neuen Humanismus entstand eine Gegenbewegung zu Aristoteles. Ihr Ursprung lag bereits ein Jahrhundert zurück, als Petrarca Griechisch gelernt und Platon gerühmt hatte. Obwohl dem Publikum zu dieser Zeit nur wenig von Platons Werken zugänglich war, hatten Petrarcas Schützlinge und Schüler sie begeistert aufgenommen. Zur Zeit des Konzils hatte sich das platonische Denken in Florenz, wenn auch nur auf einer mageren Basis verfügbarer Texte, ebenso gut etabliert wie der Humanismus. Florenz war eine unabhängige Republik und mit seinen 50 000 bis 70 000 Einwohnern das fünftgrößte städtische Zentrum Europas. Mit der Eroberung Pisas hatte es 1406 sogar einen eigenen Hafen gewonnen. Zudem residierten hier die Medici, die die größte Bank des Kontinents betrieben. Die Medici, aber auch viele andere Persönlichkeiten des öffentlichen Lebens förderten den Humanismus nicht nur, sie waren selbst aktive Humanisten.

Man kann sich die Begeisterung vorstellen, mit der Plethon, bislang gezwungen, seine Interessen verborgen zu halten, sich in diese erfrischend unzensierte und unbehinderte Szene stürzte. Er genoß die intellektuelle Freiheit in vollen Zügen, und das um so intensiver, als er nicht verpflichtet war, jeder Sitzung des Konzils beizuwohnen. Plethon hatte Zeit und konnte die Gelegenheit nutzen, sich ausgiebig mit den Florentiner Humanisten zu verbrüdern.

Am Ende seines Aufenthalts in Florenz hatte Plethon seinen vorgetäuschten christlichen Glauben vollständig abgelegt. Zumindest in privaten Zirkeln begann er, eindeutig häretische Überzeugungen zu verbreiten und die christliche Lehre abzulehnen. Schließlich vertrat und verteidigte er eine Richtung, die an die Geheimlehren der Antike erinnerte. Innerhalb weniger Jahre, prophezeite er, würden sich diese über die ganze Welt ausbreiten, alle anderen Glaubensrichtungen (einschließlich des Christentums und des Islam) ersetzen und der Menschheit eine neue Einheit bringen. Daher sei es unvermeidlich, daß »Mohammed und Christus vergessen« würden und daß »die echte Wahrheit an allen Gestaden der Welt aufscheinen« werde.[110] Die blanke Vehemenz dieser Annahme ist verblüffend. Plethon behauptet nicht, das Christentum und der Islam seien Variationen einer absoluten Wahrheit; er bezeichnet sie vielmehr als Verfälschungen davon, weshalb ihre Beseitigung eine Vorbedingung für die Wiedererweckung dieser Wahrheit sei.

In Florenz hielt Plethon auch eine Reihe öffentlicher Vorträge vor humanistischen Gelehrten, bei denen er Platon und Aristoteles verglich. Während er letzteren mit beißender Kritik überschüttete, rühmte er Platon. Seine Worte besaßen besondere Autorität, weil er vor seinen Zuhörern direkt aus den griechischen Originalen zitieren konnte, ohne die verzerrten Interpretationen der lateinischen und arabischen Übersetzungen. Plethon sprach auch von seinem Glauben an eine universelle, am Neuplatonismus geschulte Religion, die »einen Geist, eine Seele, einen Logos« postulierte.[111] Sein Wissen, sein Enthusiasmus und sein Charisma waren so groß, daß er bei seinem Publikum ein Verlangen nach tieferen Einblicken in seine Vision und nach einer umfassenderen Kenntnis der Quellen weckte, aus der sie stammte. Unter den Menschen, die dieses Verlangen am brennendsten spürten, war jemand, der in einer einzigartigen Lage war, es zu stillen: Cosimo de' Medici selbst. Er »hörte häufig einen griechischen Philosophen mit Namen Gemistos Plethon, der wie ein zweiter Platon über die platonischen Mysterien sprach. [...] Cosimo war so begeistert, so beseelt, daß er seit dieser Zeit tief in seinem Geiste eine Art Akademie ersann, um diese im ersten günstigen Augenblick entstehen zu lassen.«[112]
Dies schrieb einige Jahre später Marsilio Ficino, ein junger Mann, der

SCHWEIZ

KÖNIGREICH
UNGARN

OTTOMANISCHES
REICH

HERZOGTUM SAVOYEN

HERZOGTUM MAILAND

Mailand

Turin

Padua

Venedig

Mantua

Po

Parma

Modena

Genua

Bologna

Ravenna

Florenz

Pisa

4

Urbino

VENEZIANISCHE REPUBLIK

Siena

3

Perugia

Assisi

5

Adriatisches Meer

KORSIKA

Tiber

6

Rom

Capua

Neapel

MITTELMEER

SARDINIEN

KÖNIGREICH
DER BEIDEN
SIZILIEN

Palermo

SIZILIEN

Syrakus

1. Republik Genua
2. Herzogtum Modena
3. Republik Florenz
4. Vom Kirchenstaat abhängige Gebiete
5. Republik Siena
6. Kirchenstaat

Italien zur Zeit der Renaissance
(spätes 15. Jh.)

Cosimos Schützling werden und bei den folgenden Entwicklungen eine überragende Rolle spielen sollte. Tatsächlich hatten Plethons Vorträge in dem durchaus weltlich gesinnten Cosimo ein Verlangen nach einer höheren, geistigeren Wahrheit erweckt – einer Wahrheit, die die Kirche seiner Meinung nach nicht mehr zu vertreten schien, wohl abcr Platon. Er besorgte sich eine vollständige Ausgabe von Platons Werken, wahrscheinlich direkt von Plethon; und er entwickelte einen ambitionierten Plan, das Studium Platons nach Florenz zu bringen, ja die Stadt zu einem Zentrum für platonische Studien zu machen. Das Hauptelement seines Traums war die Gründung einer vollgültigen Platonischen Akademie in der Tradition der Akademien der Antike. Als Plethon im Sommer 1439 nach Byzanz zurückkehrte, beeinträchtigte dies das Vorhaben in gewisser Weise, doch Cosimo machte sich daran, andere Lehrer zu finden und Schriften zu sammeln. Mit einer Energie, wie sie nur ein Sendungsbewußtsein hervorbringen kann, sandte er seine Boten nach Osten, um für seine Bibliothek im Kloster San Marco, die schließlich mehr als 10000 Bände enthielt, alte Manuskripte zu erwerben.

Trotz aller Begeisterung schritten Cosimos Pläne vorerst nur langsam voran. 1453 aber fiel Konstantinopel nach langem Todeskampf schließlich den Türken in die Hände. Eine Folge dieses Debakels war eine Massenflucht von Gelehrten und Klerikern, von denen viele Manuskripte von unschätzbarem Wert mit sich führten. Die Mehrzahl der Flüchtlinge gelangte über die Adria nach Italien, wo ihre Ankunft Cosimos Traum von einer Platonischen Akademie neuen und dynamischen Auftrieb verlieh. 1459 beauftragte er einen Schüler der Universität von Bologna, Marsilio Ficino, mit der Leitung der Institution.

Ficino, 1433 als Sohn eines Arztes nahe Florenz geboren, war zur Zeit des Konzils von Florenz erst fünf Jahre alt gewesen. In seiner Jugend genoß er eine umfassende Bildung und erwarb sich eindrucksvolle Kenntnisse nicht nur der zu seiner Zeit üblichen Fächer, sondern auch der Musik und der griechischen Sprache und Philosophie. Seine Beschäftigung mit dem griechischen Denken versetzte seinem christlichen Glauben einen vernichtenden Schlag, und die Vorträge byzantinischer Flüchtlinge bewegten ihn so stark, daß der Erzbischof von Florenz ihm ihren Besuch untersagte. Unbeeindruckt setzte Ficino seine Studien mit einem Eifer fort, der ihm eine Anklage wegen Ketzerei eintrug. In jeder anderen Stadt wäre dies einem Todesurteil gleichgekommen, doch Ficino blieb unbehelligt und setzte seine Arbeit in Bologna fort, bis Cosimo ihn zurückrief.

Gerade 26 Jahre alt, durfte der frühreife junge Gelehrte sich in Careggi in einer Villa der Medici niederlassen. Hier entstand Cosimos seit langem geplante Akademie, deren Besucher bald nicht nur Gelehrte, sondern auch Künstler, Bankiers, Anwälte, Kaufleute, Politiker und Kleriker waren. Da Cosimo die griechische Sprache selbst nicht beherrschte, beauftragte er Ficino mit der Übersetzung seiner wertvollen Sammlung von Platons Werken. Cosimos Leidenschaft für dieses Unternehmen spricht aus dem folgenden Brief an seinen Schützling:

Gestern begab ich mich auf mein Landgut zu Careggi, nicht um das Land, sondern um meinen Geist zu bestellen. Komm so bald als möglich zu uns, Marsilio. Bringe das Buch unseres Platon über das höchste Gut mit, das, wie ich glaube, Du nunmehr Deinem Versprechen gemäß aus dem Griechischen in das Lateinische übertragen hast. Ich wünsche nichts sehnlicher als zu erkennen, welcher Weg am bequemsten zur Glückseligkeit führt. Sei gegrüßt, und komme nicht ohne die orphische Leier.[113]

Ein Jahr lang konzentrierte Ficino sich auf die Übersetzung Platons, doch 1460 wies Cosimo ihn unvermittelt an, seine Arbeit zu unterbrechen und all seine Energie auf etwas anderes zu verwenden. Das neue Projekt bestand aus der Übersetzung noch erregenderer Texte: Michael Psellos' aus dem 11. Jahrhundert stammende Ausgabe des *Corpus Hermeticum* war soeben in Cosimos Hände gelangt, und er wollte die hermetischen Dialoge lesen, bevor er starb. Ficino beendete seine neue Aufgabe im April 1463 und erhielt zur Belohnung eine Villa in Careggi. Ein Jahr später, 1464, starb Cosimo.

Es wird nirgendwo berichtet, ob Plethon während seines Aufenthalts in Florenz die hermetischen Schriften erwähnte. Allerdings ist es möglich, daß er sie heimlich jenen mitteilte, die er für wert hielt, »eingeweiht« zu werden. Zumindest ist unvorstellbar, daß er sie nicht kannte. Die hermetischen Schriften hatten jedenfalls eine elektrisierende Wirkung auf Cosimo wie auch auf Ficino, der in ihnen die Basis des platonischen Denkens sah. In den Jahren 1467 bis 1469 verfaßte Ficino einen Kommentar zu Platon, der den Titel *Theologia Platonica* erhielt. Für Ficino waren Platonismus und Hermetik eben dies geworden: eine regelrechte Theologie, die eine bedeutsame und verlockende Ergänzung der jüdisch-christlichen Tradition darstellte, wenn nicht gar eine Alternative. In dieser Zeit versuchte Ficino tatkräftig, die antiken heidnischen Geheimlehren wiederzuerwecken, und er beschäftigte sich intensiv mit den dazugehörigen Praktiken, Ritualen und Zeremonien. Er empfahl das regelmäßige Singen orphischer Hymnen, jener kultischen Beschwörungen, die man mit den Mysterienschulen der Antike verband. Die Akademie in Careggi hatte er mit astrologischen Bildern schmücken lassen, deren Betrachtung er als geistige Wohltat und Förderung der Erleuchtung pries. An den Wänden standen Sprüche, die er als seine Maximen erwählt hatte: »Alles wird vom Guten zum Guten geleitet. Fröhlich in der Gegenwart, lege nicht Wert auf Vermögen und trachte nicht nach hohem Rang! Meide das Zuviel, meide die Geschäfte, fröhlich in der Gegenwart!«[114]

Wie ihre antiken Vorbilder war die Akademie keine konventionelle Schule, sondern eine lockere, oft gesellige Vereinigung von Menschen mit einem Interesse an platonischen und hermetischen Studien. Es wurden Vorträge gehalten und Symposien veranstaltet. Ficino selbst bot seinen Schülern und gelehrten Gästen informelle Anleitung und Studienpläne. Zu den Teilnehmern zählten Lorenzo de' Medici – Lorenzo der Prächtige –, der 1469 die Florentiner Staatsführung übernommen hatte, und der Architekt Leon Battista Alberti, der bei der Wiederbelebung der klassischen Bauprinzipien des Vitruv eine wichtige Rolle spielte; Angelo Poliziano, Hauslehrer von Lorenzos Kindern, Übersetzer von Homer und Mentor der englischen Humanisten William Latimer und Thomas Linacre, war dabei; und schließlich kam auch der Dichter und Erzieher Cristoforo Landino dazu, der 1481 eine Ausgabe von Dantes *Göttlicher Komödie* mit eigenem Kommentar und Illustrationen von Botticelli veröffentlichte. Botticelli wiederum war nur einer von vielen großen Künstlern, die unter dem Einfluß von Ficinos Akademie standen; zu nennen wären weiter Leonardo da Vinci, Michelangelo, Raffael, Tizian und Dürer. Außerdem pflegte Ficino eine rege Korrespondenz mit so weit entfernt lebenden Persönlichkeiten wie John Colet in England, Johannes Reuchlin in Deutschland und mit dem König von Ungarn, der ihn an seinen Hof lud.

Unter Bezug auf die hermetischen Schriften erläuterte Ficino die Prinzipien einer im westlichen Europa bislang unbekannten Magie. Auf ihrer Basis legte er dar, wie der Mensch die Beziehung zwischen Mikrokosmos und Makrokosmos nutzen konnte, um die Aspekte beider Bereiche aktiv zu überwachen und zu steuern. Als die hinter seinen Lehren stehende Autorität bezeichnete er Hermes Trismegistos, den legendären Autor der hermetischen Schriften. Wie in der Zeit des alexandrinischen Synkretismus hielt man den »dreifach großen Hermes« für eine historische Gestalt. Ficino, die Medici und seine anderen Schüler hielten ihn für einen altägyptischen Magier und Weisen, älter und weiser als Platon und Pythagoras, die ihre Lehren offenbar von ihm abgeleitet hatten. Gelegentlich bezeichnete man ihn als ebenbürtigen Zeitgenossen von Zarathustra und Mose, oder man rühmte ihn gar als Quelle ihrer Inspiration. Das alte Ägypten erschien wieder als der höchste Quell der Weisheit, in den Hermes Trismegistos zugeschriebenen Schriften glänzte ein »Licht der göttlichen Erleuchtung«, und man verehrte sie als »Offenbarungen göttlicher Wahrheit, nicht als Erzeugnisse des menschlichen Verstandes«.[115]

Wie in der Epoche des alexandrinischen Synkretismus verschmolz Hermes Trismegistos mit dem Mondgott Thot, dem Erfinder der Schrift, Beschützer der Magie, Richter der Toten und Wächter der Tore zur Unterwelt, dessen geweihte Zahl die Drei und dessen Metall das Silber war. Symbolisch als weißer Pavian, als Ibis oder als ibisköpfige Menschengestalt dargestellt, beherrschte der dreifach große Hermes in den folgenden einenhalb Jahrhunderten das Pantheon der klassischen Weisen, Wahrsager und Propheten. Obwohl es nie explizit ausgesprochen wurde, übertraf seine Autorität im Grunde die von Jesus. Was den Glauben betraf, so hielt man Jesus nominell die Treue. Doch wenn es um Hilfe in praktischen Angelegenheiten ging – ob das die persönliche Lebensführung, politische Aktivitäten oder die Planung von Feldzügen betraf –, wandten sich die Magier, die Fürsten, die militärischen Befehlshaber und sogar die Kleriker zunehmend an Hermes. Er wurde dadurch zu einem aktiven Medium, durch das man »Dinge geschehen lassen« konnte. Anders gesagt: Hermes wurde durch die ihm zugeschriebenen Lehren zu einem Kanal für die praktische Anwendung der Magie.

Die von Ficino und seinen Nachfolgern skizzierte und erläuterte Magie wird allgemein als »Talisman-Magie« bezeichnet. Sie unterschied sich radikal von der trivialen Hexerei der Vergangenheit, da sie den weitgehend eingeschränkten Bereich der mittelalterlichen Magie überschritt und mehr war als okkulte Rache an persönlichen Feinden oder ein Heilmittel für Sterilität, Impotenz und Haarausfall. Derartige Dinge spielten natürlich weiterhin eine Rolle, nun aber in einem letztendlich kosmischen Rahmen, der Bestrebungen und Wünsche weit jenseits eines rein persönlichen, örtlich begrenzten, engen Kreises bediente. In Ficinos Magie konnte man sich kosmische Kräfte, kosmische Prinzipien, kosmische Energie nutzbar machen. Um sich beispielsweise der Kraft der Sonne zu bedienen, trug man einen Mantel in ihrer goldenen Farbe und führte vor einem mit ihrem Bild geschmückten Altar ein Ritual aus. Dabei verbrannte man Weihrauch, hergestellt aus der Sonne geweihten Pflanzen, salbte sich mit ebensolchen Ölen und sang eine orphische Hymne an den Himmelskörper:

Hör mich, Glückseliger! Waltend des alldurchschauenden, ewigen Auges […]! Du lenkst mit goldener Leier des Alls harmonische Bahn, Aufzeiger der Werke des Guten, Held, der die Horen ernährt. Herrscher des Alls, mit Flötengesang, feuriger Renner, im Kreise wirbelnd, schimmernder Bringer des Lichts, Spender des Lebens, fruchtgebender Paian […]! Lebenslicht, der Gerechtigkeit Auge […] – Helios, höre mein Wort: Wonniges Leben zeige den Mysten![116]

Im Sinne Ficinos war dies keine bloße »Lobeshymne« oder eine rein ästhetische Übung, sondern eine magische Anrufung. Sie diente dazu, die Sonne aktiv und konkret ihr talismanisches Bild bewohnen und »besitzen« zu lassen. Durch dieses Bild aber bewohnte und »besaß« sie auch den Bittsteller und integrierte seine Persönlichkeit in eine transzendente Macht. Das talismanische Bild – gewissermaßen der Magnet, der die Kraft der Sonne an sich zog – nahm oft die Form eines Kunstwerks an. So dienten Gedichte, Musikstücke, Masken, Gemälde und Skulpturen als solche Bilder und damit als Kanäle der talismanischen Magie. In Übereinstimmung mit den hermetischen Architekturprinzipien galt dies auch für Gebäude und Gärten.

Ficino schrieb ausführlich über die Techniken, mit denen man die Kräfte der Planeten durch das Prinzip der hermetischen Analogie anziehen und zum Nutzen des Individuums konzentrieren konnte: »Willst du Körper und Geist die Kraft der Sonne empfangen lassen, so lerne, welche Dinge unter den Metallen und Steinen, mehr noch unter den Planeten, besonders aber in der tierischen Welt ihr zugeordnet sind.«[117] Um die Kraft der Sonne anzurufen, »mußt du Sonnendinge tragen, […] an Sonnenorten leben, Sonne sehen, Sonne hören, Sonne riechen, Sonne imaginieren, Sonne denken, ja Sonne ersehnen«.[118]

Mit Hilfe von Amuletten und Talismanen, vor allem aber durch Salben und Elixiere suchte Ficino eine Art spirituelles Vergrößerungsglas zu entwickeln – etwas, das wie ein Brennglas die Sonnenenergie zu größerer Intensität bündeln konnte, als sie üblicherweise in der Natur auftrat. Theoretisch konnte diese Intensität dazu verwendet werden, etwas hervorzuheben oder zu erleuchten, zu heilen, zu wärmen oder in bestimmten Fällen auch zu entzünden. Doch wenn die Sonne auch den greifbarsten Einfluß ausübte, so war dies bei weitem nicht der einzige. Amulette, Talismane, Salben und Elixiere konnten gleichermaßen dazu geschaffen werden, um die Kraft anderer Planeten und Gestirne anzurufen. So glaubte man etwa, die Melancholie sei dem Einfluß des Saturn unterworfen: Weil der Saturn über die langen Stunden herrschte, die der Philosoph bei seiner Arbeit verbrachte, war dieser besonders anfällig für Melancholie. Um diese Neigung zu neutralisieren, konnte er den ausgleichenden Einfluß des Jupiter anrufen. Durch solche Techniken, erklärte Ficino, könne man »die Tücke des Schicksals umgehen«.[119] Man brauchte also kein passives und hilfloses Opfer der Umstände oder des eigenen Horoskops zu bleiben, konnte sein Schicksal in die eigenen Hände nehmen und es den eigenen Wünschen entsprechend gestalten.

In Übereinstimmung mit den Traditionen der Geheimlehren unterzog sich der Mensch einem symbolischen Tod und einer Wiedergeburt, bei der etwas entstand, was als neue Identität begriffen und oft mit einem neuen Namen versehen wurde. Wurde ein solches Ritual unter astrologisch günstigen Umständen durchgeführt, so konnte man theoretisch sogar mutmaßliche Mängel im eigenen Horoskop beseitigen.

7. Kapitel:
Die Verbreitung der hermetischen Weisheit

Mit Ficinos 1463 abgeschlossener Übersetzung des *Corpus Hermeticum* begann sich das entstehende, aber noch formlose Phänomen zu kristallisieren, das wir heute als Renaissance bezeichnen. Es nahm allmählich eine eindeutige Orientierung und Stoßrichtung an, dazu eine mächtige Dynamik. Technische Entwicklungen verstärkten diese Dynamik, darunter nicht zuletzt die Erfindung des Buchdrucks. 1455 war die Gutenberg-Bibel entstanden, das erste mit beweglichen Lettern gedruckte Buch. Als die erste derartige Druckerpresse 1476 durch William Caxton nach England gelangte, war der ursprünglich primitive Vorgang bereits verbessert und verfeinert worden.

Im Europa des 15. Jahrhunderts gab es zwei Zentren des Buchdrucks: Venedig, wo die erste Presse 1469 genehmigt wurde, und Paris, wo man die Arbeit nur wenig später aufnahm. Am Ende des Jahrhunderts arbeiteten mehr als 150 venezianische Pressen, die mehr als 4000 Titel hervorgebracht hatten; in Paris waren weitere 2000 Bücher veröffentlicht worden. Andere Städte leisteten weniger, doch der gesamte Ausstoß war gewaltig. Man schätzt, daß in Europa bis 1503 annähernd acht Millionen Bücher gedruckt wurden. Die Drucker machten beträchtliche, an den Profit der heutigen Pressezaren erinnernde Gewinne, so daß auf dem ganzen Kontinent eine neue wohlhabende Schicht entstand. Die Kosten für den Druck von Ficinos Übersetzung der platonischen Werke betrugen 1483 das Dreifache einer von Hand gefertigten Abschrift. Doch während diese Abschrift ein Unikat gewesen wäre, setzte die gedruckte Ausgabe mehr als tausend Exemplare in Umlauf.

Die zunehmende Verfügbarkeit von Büchern führte dazu, daß Ideen wesentlich weiter verbreitet werden konnten als wenige Jahre zuvor. Zudem war schon die Verbreitung von Büchern ein Anreiz zum Erlernen von Lesen und Schreiben. Der Adel, bislang damit zufrieden, die Bildung in den Händen der Kirche zu lassen, begann nun, diesen Bereich für sich selbst in Anspruch zu nehmen. Dasselbe geschah in der aufstrebenden Schicht der städtischen Bürger, Kaufleute und Unternehmer. Wie Frances Yates bemerkt hat, war der Buchdruck »jene Erfindung, welche die gesamte Evolution der europäischen Kultur ermöglichte, die sich in der Folge so erstaunlich rasch entfaltete«.[120] Daß die Kirche sich zur Zensur berufen fühlte, konnte diese Entwicklung nicht behindern: »Die italienische Renaissance gewann Beständigkeit, indem sie durch die Druckkultur festgehalten wurde.«[121]

Die Erfindung des Buchdrucks ließ Ficinos Florentiner Akademie ungemein kraftvoll aufblühen. Ebenso enthusiastisch war die Gönnerschaft der Medici, zuerst von seiten Cosimos, dann, und vielleicht noch stärker, durch Lorenzo den Prächtigen. Die Akademie wandte sich nicht nur an Gelehrte, Philosophen und Theologen, sondern auch an andere Kleriker, an Diplomaten, Ärzte, Anwälte, wohlhabende Bankiers, Schriftsteller und Maler. Sie alle glaubten an den Beginn eines neuen Zeitalters und daran, daß die Welt vor einer folgenschweren Veränderung stand. Ein noch nie dagewesener Optimismus lag in der Luft. Beispielsweise erwartete man, innerhalb weniger Generationen könnten Heilmittel für praktisch jede Erkrankung entdeckt werden. Man erwartete auch die baldige Entstehung einer neuen universellen Religion, die das Christentum mit dem Platonismus und der Hermetik aussöhnen würde und damit endgültig den Streit beenden sollte, der die Menschen verwirrte.

Von der florentinischen Akademie begann ein neuer *Zeitgeist* auszustrahlen und sich allmählich über Italien auszubreiten. Noch vor 1470 wurde in Neapel eine zweite Akademie gegründet; eine dritte – noch radikaler, heidnischer und ritualistischer in ihrer Zielsetzung – war in Rom entstanden. Es war nicht weiter verwunderlich, daß der Papst sie schließen und ihre Mitglieder verhaften ließ. 1471 bestieg mit Sixtus IV. ein neuer Papst den Heiligen Stuhl, und die römische Akademie wurde wiedererrichtet.

1502 wurde in Venedig eine später besonders bedeutende Akademie gegründet, doch in den folgenden zweieinhalb Jahrzehnten verhinderten politische Konflikte in Italien die Einrichtung weiterer solcher Institutionen. Nach 1525 nahmen sie aber wieder zu. Viele von ihnen hatten an die Freimaurerei erinnernde Züge: Wie später die Freimaurerlogen wählten sie beziehungsreiche und oft mystische Namen, dazu schmuckvolle Devisen, Embleme und Wappenschilde. Komplexe rituelle Regeln und Zeremonien wurden eingeführt, und die gewählten Amtsträger nahmen bedeutsame Namen an, wie etwa »Die Erhabenen« oder »Die Verborgenen«.[122]

Im frühen 18. Jahrhundert gab es in Italien mehr als 500 Akademien. Manche von ihnen – wie die 1690 gegründete Arkadische Akademie in Rom – waren in ganz Europa bekannt und nahmen bedeutende Persönlichkeiten des Kontinents auf. So war Goethe Mitglied der Arkadischen Akademie. Vor den berühmten Bericht seiner *Italienischen Reise* stellte er das Motto »Auch ich in Arkadien!«[123]

Damit haben wir allerdings drei Jahrhunderte vorgegriffen. Zurück ins Florenz des späten 15. Jahrhunderts, wo Ficino zunehmend von seiner fiebrigen Energie verzehrt wurde. Seine Rolle als treibende Kraft der ersten Akademie übernahm zunehmend eine noch wagemutigere, beherrschendere und charismatischere Gestalt, Giovanni Pico della Mirandola (1463–1494). War Ficino im Grunde ein sanftmütiger Gelehrter und Pädagoge, zeigte Pico eine vollständig andere Persönlichkeit. Mit einer Kühnheit, die Ficino maßlos, ja gefährlich unbesonnen gefunden hätte, begab sich Pico auf eine Suche, die die ambitioniertesten Vorhaben der Renaissance umfaßte. Es war das Verlangen, alles menschliche Wissen und Bemühen zu einer ganz neuen und allumfassenden Synthese zu vereinen. Und während Ficino in erster Linie Akademiker war, war der akademisch nicht weniger fähige Pico auch ein praktizierender Magier. Mit Pico della Mirandola war die Gestalt des Faust erwachsen geworden, auch wenn sie noch nicht ihre volle Größe erreicht hatte.

Pico entstammte einer norditalienischen Adelsfamilie. Angewidert wandte er sich von den Privilegien seines Standes ab und beschloß schon als frühreifer junger Mann, sich der Gelehrsamkeit zu widmen. Er studierte an den Universitäten von Bologna, Ferrara, Padua, Pavia und Paris und erwarb dort Kenntnisse des kanonischen Rechts, der Literatur, der mittelalterlichen Scholastik und Theologie, der griechischen Sprache und der griechischen Philosophie. Später lernte er Hebräisch, Arabisch und Aramäisch; bis dahin beauftragte er andere Kenner dieser Sprachen, Übersetzungen für ihn anzufertigen. Bei einem Besuch in Florenz wurde er zum Freund Ficinos und zu einem bedeutenden Mitglied von dessen Akademie.

1486 verwirklichte er sein kühnstes Vorhaben. Er verfaßte ein Kompendium aus 900 hermetisch orientierten Thesen, das er in Rom mit der Ankündigung veröffentlichte, er sei bereit, es gegen jeden Opponenten zu verteidigen. Damit hatte er dem gesamten Christentum den Fehdehandschuh hingeworfen und die Welt herausgefordert, mit ihm über seine Philosophie zu debattieren. Er bot sogar an, seinen Gegnern die Reisekosten nach Rom zu erstatten. Seine aufsehenerregende Geste führte allerdings zu nichts. Der Papst untersagte die erhoffte Debatte und brandmarkte dreizehn von Picos Thesen als häretisch. Ein unaufrichtiger Widerruf, der sich als Apologie ausgab, brachte ihm nur weitere Probleme, aus denen ihn der Tod des Papstes und die Fürsprache von Lorenzo de' Medici retteten. Etwas ernüchtert ließ er sich in Florenz nieder; er fuhr fort zu schreiben und zu studieren, von weiteren öffentlichen Debatten ließ er jedoch ab. Er starb 1494, fünf Jahre vor Ficino, im Alter von 31 Jahren.

Picos Denken wies typisch hermetische Züge auf. Wie Ficino rühmte er das *Corpus Hermeticum* als wahre Bibel. Allerdings fügte er ihm etwas hinzu. Da er Parallelen zwischen der Hermetik und der jüdischen Kabbala entdeckte, machte er sich daran, die beiden Konzepte zu verbinden. Durch Pico gelangte die Kabbala in die Welt des Christentums und verschmolz mit der Hermetik. Um diesen ebenso entscheidenden wie einflußreichen Prozeß zu bewerkstelligen, bediente Pico sich der Hilfe zweier Mentoren.

Einer dieser Mentoren war der Sizilianer Flavius Mithridates, der vom Judentum zum christlichen Glauben konvertiert war. Mithridates diente Pico als Übersetzer und machte ihm eine Reihe kabbalistischer Schriften zugänglich. Seine Leistung war enorm. Von Mai bis November 1486 übersetzte er für Pico eine ganze Bibliothek: annähernd 40 Bücher mit mehr als 3500 Manuskriptseiten.[124] Zudem brachte er Pico »Chaldäisch« – also Aramäisch – bei.

Noch wichtiger für Pico wurde der hermetische Kabbalist Johanan Alemanno. Dieser stützte sich auf eine jüdisch-hermetische Tradition, als deren Ursprung man das Spanien des frühen 12. Jahrhunderts annimmt. Sie identifizierte Hermes Trismegistos in einer seiner Inkarnationen mit der biblischen Gestalt des Henoch. In dieser Tradition fand sich ein Konzept talismanischer Magie, das den später von Ficino vertretenen Vorstellungen ähnelte. So hieß es, das Goldene Kalb des Alten Testaments sei kein Götzenbild, sondern ein magischer Talisman gewesen. Manche Forscher sind der Ansicht, Aspekte dieser Tradition seien von Wolfram von Eschenbach aufgegriffen worden und für einen Teil der hermetischen Motive im *Parzival* verantwortlich.

Dies also war die Überlieferung, von der Alemanno ausging. Er schrieb, man habe die alten Israeliten gelehrt, »an die Möglichkeit zu glauben, geistige Kräfte und Ausströmungen vom Himmel herabsteigen zu lassen, und zwar durch vom Menschen gefertigte Vorrichtungen wie Talismane, Gewänder und bestimmte Dinge, deren Zweck es ist, das Herniedersteigen einer bestimmten geistigen Kraft zu verursachen«.[125] Alemanno meinte auch, der Tempel in Jerusalem sei in Wirklichkeit »ein riesenhafter Talisman, erbaut, um die Gegenwart Gottes zu veranlassen, darauf herniederzusteigen«.[126] Und wenn Hermes Trismegistos mit Henoch gleichgesetzt werden könne, seien Mose wie Salomo hermetische Adepten und Magier.

Pico griff Alemannos Vorstellungen begierig auf. Auf dem Berg Sinai, folgerte er, habe Mose nicht nur die Zehn Gebote erhalten, sondern auch eine esoterische, mystische Interpretation davon, die geheim und mündlich weitergegeben wurde. Diese »geheime und wahre Auslegung des Gesetzes«[127] sei die Kabbala, die Pico mit dem von Ficino übersetzten *Corpus Hermeticum* in Verbindung brachte. Das Ergebnis war eine umfassende und überzeugende neue Synthese, in der die mystischen und magischen Aspekte des christlichen, jüdischen, islamischen und hermetischen Denkens verschmolzen. Um diese Synthese weiter zu vervollständigen, fügte Pico ihr chaldäische Orakel und orphische Hymnen hinzu. So entstand eine Art neuer Weltreligion, zu deren Grundbestandteilen die Magie gehörte.

Als er sich auf die große Debatte zur Verteidigung seiner 900 Thesen vorbereitete, verfaßte Pico eine feierliche Rede über die Würde des Menschen, mit der er die Sitzung eröffnen wollte. Weil das Streitgespräch nie stattfand, wurde diese Rede nie öffentlich gehalten und auch erst nach Picos Tod veröffentlicht. Heute sieht man in ihr jedoch das prägnanteste Resümee von Picos Denken. Pico verfolgt hier die Konsequenzen der eineinhalb Jahrtausende zuvor erstmals von der Hermetik formulierten Idee, daß der Mensch nicht das unglückliche Opfer der Umstände oder des Schicksals sein muß, sondern die Macht erwerben kann, die ihn umgebende Wirklichkeit zu formen und sein Schicksal in Freiheit und Verantwortung selbst zu bestimmen. Pico erklärt, der Mensch sei dazu geschaffen, zwischen Himmel und Erde im Mittelpunkt der Welt zu stehen. In dieser Lage könne er aus freiem Willen aus sich machen, was immer er wünsche: »Im Menschen aber sind bei seiner Geburt von Gott Vater vielerlei Samen und Keime zu jedweder Lebensform angelegt; und welche er hegt, die wachsen und tragen Frucht in ihm.«[128] Wie Frances Yates bemerkt hat, wird dieser Prozeß »durch die korrekte Anwendung natürlicher Substanzen in Übereinstimmung mit den Prinzipien einer entsprechenden Magie« erreicht.[129] Pico selbst schreibt: »Und wie der Bauer die Ulme mit den Reben verbindet, so der Magier die Erde mit dem Himmel, will heißen: die untere Welt mit den Gaben und Kräften der höheren.«[130]

In ihrer Würdigung Picos schreibt Frances Yates:

> Hier beginnen wir, eine tiefreichende Veränderung im Status des Magiers wahrzunehmen. Der Schwarzkünstler, der seine trüben Mixturen zusammenbraute, wie auch der Zauberer mit seinen furchterregenden Beschwörungen waren von der Gesellschaft Ausgestoßene, als Gefahr für die Religion angesehen und gezwungen, ihr Metier im verborgenen auszuüben. In den philosophischen und frommen Magiern der Renaissance sind diese altertümlichen Gestalten kaum mehr erkennbar.[131]

Im Gegensatz zum mittelalterlichen Zauberer besteht Pico nach Yates auf der »Würde des Menschen als Magus, [...] der in sich die göttliche Schöpferkraft trägt und die magische Kraft, Erde und Himmel zu verbinden«.[132] So ist es auch Pico, der »als erster kühn eine neue Stellung des europäischen Menschen formuliert, des Menschen als Magus, der Magie wie Kabbala einsetzt, um auf die Welt einzuwirken und sein Schicksal mittels der Wissenschaft zu beherrschen«.[133]

Verbindungen nach Norden

Die von der florentinischen Akademie – erst durch Ficino, dann durch Pico – erzeugte Stoßkraft konnte ihren Impetus nicht unbegrenzt aufrechterhalten. Als die von ihr erweckten Erwartungen sich nicht erfüllten, war er zum Erlahmen verurteilt. 1492 starb Lorenzo der Prächtige. Sein Sohn erwies sich als ungeeignet für das Geschäft des Bankiers und Finanzverwalters, mit dem seine Familie ihre Macht und Stellung gestützt hatte. So begann sich das Glück der Medici zu wenden, und die Florentiner Politik versank im Chaos. 1494 folgte Pico seinem berühmten Gönner ins Grab. Im selben Jahr marschierte eine französische Armee unter Karl VIII. in Italien ein, und die Medici wurden aus Florenz vertrieben.

Inzwischen hatte die von der Florentiner Akademie ausgehende Bewegung jedoch andernorts feste Wurzeln geschlagen. Das neue Zentrum für hermetische Studien in Italien war Venedig, das unabhängig geblieben und von den Erschütterungen, die das Land zerrissen, nicht betroffen war. Hier befand sich bereits eine große griechische Bibliothek und eine ansehnliche Zahl griechischer und byzantinischer Exilanten. Die Existenz einer großen jüdischen Gemeinde ermöglichte das Studium der hebräischen Sprache und förderte im Sinne Picos die Integration kabbalistischen Materials mit dem hermetischen Denken. Und, wie bereits erwähnt, war Venedig das wichtigste Zentrum des Buchdrucks, die Hauptstadt der europäischen Druckindustrie.

Der bedeutendste venezianische Buchdrucker war Aldus Manutius, ein enger Freund und einstiger Hauslehrer von zwei Neffen Picos. Um 1489 zog er nach Venedig und errichtete seine berühmte aldinische Druckerpresse. Um 1500 beherrschte er die Publikation griechischer, darunter besonders hermetischer und platonischer Schriften. Alles in allem veröffentlichte er 94 Autoren aus der Zeit der griechischen Antike und danach. Er erfand das handliche Oktavformat und verwendete als erster die Kursivschrift.

Manutius widmete sich der Förderung der Gelehrsamkeit und spielte bei der Verbreitung der Hermetik eine entscheidende Rolle. Sein Haus und sein Buchladen wurden zu einem beliebten Treffpunkt von Schriftstellern und Denkern, die nicht nur aus Venedig, sondern auch aus dem Ausland kamen. 1502 gründete Manutius aus eigener Initiative eine venezianische Akademie; 1505 trug er sich mit dem Plan, nach Deutschland überzusiedeln und am Hof von Kaiser Maximilian I. eine Akademie einzurichten.[134] Dieses Vorhaben blieb unverwirklicht, doch durch die reiche Augsburger Bankiersfamilie der Fugger besaß Manutius zahlreiche Verbindungen zu Deutschland und anderen Ländern im Norden und Westen Europas. So konnte er zu einem wichtigen kulturellen Makler zwischen dem Italien der Renaissance und dem übrigen Europa werden.

1496 schloß Manutius eine enge Freundschaft mit dem Engländer Thomas Linacre, der später Erasmus von Rotterdam und Sir Thomas More im Griechischen unterwies, als Leibarzt des englischen Königs Heinrich VIII. diente und 1518 das Königliche Ärztekollegium gründete. 1503 empfing Manutius in Venedig einen besonders bedeutenden Besucher: Albrecht Dürer. Fünf Jahre später war er Gastgeber des holländischen Gelehrten und Schriftstellers Desiderius Erasmus von Rotterdam, einer der herausragenden Gestalten des Humanismus. So wurde Manutius zur Brücke zwischen den beiden wichtigsten Aspekten des Denkens der Renaissance: der von Ficino und Pico vertretenen Hermetik und dem Humanismus, für den Namen wie Thomas Linacre, Erasmus, Sir Thomas More und Martin Luther stehen.

Zu Manutius' einflußreichsten Freunden zählte der deutsche Hermetiker und Kabbalist Johannes Reuchlin (1455–1522), den er 1498 kennenlernte und verlegte. Reuchlin entwickelte Picos kabbalistische Magie zu einer eigenen Synthese des Kabbalismus und der Hermetik und damit des jüdischen und griechischen Denkens. Sein erstes, 1494 erschienenes Buch soll Dürer zu seinen Kupferstichen inspiriert haben. *De arte cabalistica,* sein zweites, ambitioniertes Werk, erschien 1517 und wurde als »erste ausführliche Abhandlung eines nicht-jüdischen Autors über die Kabbala« und als »Bibel der christlichen Kabbalisten« bezeichnet.[135] In Heidelberg gründete Reuchlin einen Studienzirkel, der sich zu einer informellen Akademie entwickelte, der Academia Platonica. Hier herrschte »ein Kult der drei klassischen Sprachen und der mystischen Lehren, die Reuchlin bei Pico in Florenz aufgesogen hatte«.[136] Zu den Mitgliedern zählten Conrad Celtis, auch er ein Freund von Manutius, und ein bedeutender Vertreter der hermetischen Alchemie mit Namen Trithemius. Dieser wiederum war später der Mentor von Heinrich Cornelius Agrippa von Nettesheim, der überragenden Verkörperung der Faust-Gestalt in der Renaissance.

Die Entwicklung des Buchdrucks und das Auftreten humanistischer Gelehrter wie Erasmus hatten das Bildungsmonopol der Kirche von Grund auf erschüttert. So waren es vorrangig weltliche Schriftsteller und Lehrer, die für die Verbreitung der Hermetik sorgten. Trotz des unvermeidlichen Konflikts mit der kirchlichen Orthodoxie war jedoch auch eine Anzahl von Klerikern beteiligt. Zu den einflußreichsten Vertretern in Venedig, der neuen Heimat der Hermetik, zählte etwa der Franziskaner Francesco Giorgi (1466–1540). Stark von Pico beeinflußt, entdeckte er wie dieser eine Vielzahl von Verbindungen zwischen dem hermetischen Denken und der Kabbala. Das veranlaßte ihn dazu, eine große Bibliothek hebräischer Bücher aufzubauen, die das Interesse anderer Hermetiker entfachte. In sein System einer »christlichen Kabbala« schloß er die Zahlenkunde und die sakrale Geometrie ebenso ein wie die platonischen und pythagoräischen Harmonievorstellungen. Zudem spielte er eine entscheidende Rolle beim Entstehen einer Beschäftigung, die im 16. Jahrhundert zunehmend an Bedeutung gewann: der Übertragung hermetischer Prinzipien auf die Architektur. Giorgi weckte neues philosophisches Interesse an dem römischen Architekten Vitruv, der maßgeblich bei der Umgestaltung Roms durch Kaiser Augustus mitgewirkt hatte.

Giorgi hielt die Architektur für ein entscheidendes Verbindungsglied innerhalb der harmonischen Wechselbeziehung von Mikrokosmos und Makrokosmos, ein Thema, das später in der Freimaurerei Bedeutung gewinnen sollte. So besaß Vitruvs Architekturtheorie in den Augen

Giorgis eine religiöse Bedeutung, die sich vom Tempel Salomos ablei-
tete. Der Kosmos Giorgis basierte auf Zahlen, und er glaubte, sein
Architekt habe ihn »im Einklang mit den unwandelbaren Gesetzen der
kosmischen Geometrie« geschaffen.[137]
Giorgis Ansichten über die Architektur fanden in Venedig breite Aner-
kennung. Als sich 1534 ein Disput über die Proportionen einer neuen
Franziskanerkirche erhob, entschied der Doge, daß der hermetische
Mönch als Schiedsrichter fungieren sollte. Sogleich schuf Giorgi seinen
eigenen Entwurf, dazu gedacht, »die praktische Anwendung der [...]
Harmonien von Makro- und Mikrokosmos« zu verkörpern.[138]
Aufgrund seiner patrizischen Herkunft fungierte Giorgi gelegentlich als
Gesandter der venezianischen Republik. So vermittelte er auch in den
Verhandlungen bezüglich der Scheidung Heinrichs VIII. von Katharina
von Aragón. Ende 1529 entsandte der englische Monarch insgeheim
Vertraute nach Venedig, um von den dortigen Rabbinern Ratschläge
über die Legalität der Scheidung nach dem Alten Testament einzuholen.
Da Giorgi sich in der jüdischen Religion auskannte und gute Kontakte
zur jüdischen Gemeinde Venedigs hatte, spielte er bei den folgenden
Beratungen eine wichtige Rolle. Anschließend erhielt er persönliche
Schreiben des englischen Königs, in denen dieser ihm für seine Hilfe
dankte.[139]

Die Kirche greift ein

1521 drangen wieder fremde Truppen in Italien ein. Diesmal war es die
Armee Kaiser Karls V., die 1527 Rom plünderte. Inzwischen hatte sich
die protestantische »Häresie« in Deutschland etabliert und blühte auf.
In Italien war diese Krankheit jedoch noch nicht ausgebrochen, und die
Kirche nutzte die Lage, um ihre Position zu verstärken. 1542 wurde das
Heilige Officium – die Inquisition – reformiert und erhielt vergleichba-
re Vollmachten wie zuvor bereits in Spanien. Es besaß nun die Autorität,
zu verhören, einzukerkern, zu bestrafen, zu enteignen und die Todes-
strafe zu verhängen. 1555 bestieg der Kopf des Heiligen Officiums als
Paul IV. den Heiligen Stuhl, worauf energisch durchgegriffen wurde.

Praktisch alle Formen des heterodoxen Denkens, darunter auch die Hermetik, wurden zunehmend in den Untergrund gedrängt. Andernorts hatte die Verbreitung der Hermetik jedoch eine wachsende und unwiderstehliche Dynamik gewonnen. Oft gaben ihr gerade jene Maßnahmen, die sie unterdrücken sollten, weiteren Schwung. Aus heutiger Sicht hat das Jahr 1492 Bedeutung wegen Kolumbus' erster Entdeckungsreise; im zeitgenössischen Europa war seine Bedeutung auf ganz andere Gründe zurückzuführen. 1469 hatte Isabella, die Erbin des kastilischen Thrones, Ferdinand, den Thronerben von Aragón, geheiratet; 1474 bestieg sie ihren Thron. Fünf Jahre später trat auch ihr Gatte seine Thronfolge an, wodurch ein vereintes spanisches Königreich entstand. 1492 kapitulierte Granada, das letzte islamische Bollwerk der Halbinsel. Wenig später begannen Ferdinand und Isabella, ein ebenso umfassendes wie drakonisches Säuberungsprogramm durchzusetzen, das sich wie ein Vorläufer der nazistischen Rassenpolitik und der neueren »ethnischen Säuberung« im früheren Jugoslawien ausnimmt. Mit dem Mandat der beiden Monarchen ausgestattet, erhielt die berüchtigte Inquisition die Macht, das Reich von allem zu säubern, was dem katholischen Glauben feindlich gegenüberzustehen schien. Wie Carlos Fuentes bemerkt hat, verbot Spanien mit den Mauren die Sinnlichkeit und mit den Juden die Intelligenz und wurde daraufhin steril.

Eine der Konsequenzen dieses Säuberungsprogramms war ein großer Flüchtlingsstrom in andere Teile Europas. Zu den Emigranten gehörten natürlich auch auf die Kabbala und die jüdisch oder islamisch orientierte Hermetik spezialisierte Gelehrte, die unbekannte Schriften mit sich führten. Der Exodus aus Spanien war vergleichbar mit der 40 Jahre zurückliegenden Fluchtwelle aus Byzanz. Viele der Flüchtlinge gelangten nach Italien, vor allem nach Venedig, wo sie einen bedeutenden Beitrag zur aufkeimenden Renaissance leisteten. Viele andere kamen in die Niederlande, Spaniens entfernteste europäische Provinz, die sich als guter Nährboden für die mitgebrachten Lehren erwies.

Die Niederlande – Holland und Flandern – waren bereits seit einigen Jahren eine Brutstätte heterodoxen und bilderstürmerischen Denkens. Es hatten sich mystische Sekten, esoterische Kulte und Geheimgesellschaften verbreitet, wie etwa die Brüder vom Freien Geiste, die jede Organisation und Hierarchie ablehnten und eine Art spiritueller Anarchie vertraten. Hieronymus Bosch soll zu ihren Mitgliedern gezählt haben. Später brachte Erasmus die humanistische Tradition nach Holland, wo sie feste Wurzeln schlug. Der Zustrom neuen Materials aus Spanien löste eine mit ihrer italienischen Vorläuferin vergleichbare Bewegung aus, die sogenannte Flämische Renaissance. Wie in Italien vermischten sich hermetisches und jüdisches Denken mit humanistischen Lehren, wobei der gemeinsame Nenner der Widerstand gegen die Unterdrückungsversuche Roms war.

Die Entwicklung in den Niederlanden wurde auch durch die Ereignisse im benachbarten Deutschland beeinflußt. Hier war die Hegemonie der Kirche besonders im Norden schon immer brüchiger, schwächer und gefährdeter gewesen, ein verletzlicher Oberbau, dem es nicht wie anderswo gelungen war, sich eine feste Basis zu schaffen. Im ersten Viertel des 16. Jahrhunderts zerbrachen die Bastionen der kirchlichen Autorität, die die Verbreitung der Hermetik sonst eventuell behindert hätten, und die monolithische Kontrolle der Kirche ging endgültig verloren. Am 31. Oktober 1517 zettelte ein rebellischer Augustinermönch namens Martin Luther auf eigene Faust einen scheinbar selbstmörderischen Aufstand an, der in ganzen vier Jahren die Reformation entfesselte.

Luther wurde 1483 geboren. 1505 trat er in ein Augustinerkloster ein und erklomm rasch die Stufenleiter des Ordens. 1512 wurde er zum Doktor der Theologie promoviert und Professor für Bibelauslegung; 1515 war er für elf Klöster verantwortlich. Inzwischen hatten sich seine Lehren jedoch zunehmend von der Orthodoxie gelöst. Zwischen 1512 und 1515 durchlebte er eine spirituelle Krise, die man in neuerer Zeit als Nervenzusammenbruch interpretiert hat. Jedenfalls führte sie ihn zu dem Schluß, daß allein der Glaube zur Erlösung nötig sei und daß gute Werke letztendlich überflüssig seien. War aber der Glaube die alleinige Voraussetzung für die Erlösung, wurde auch die Vermittlung der Kirche und ihrer Priesterschaft überflüssig.

Luthers feindselige Haltung gegenüber der Kirche wurde durch das Ausmaß und die Korruptheit des klerikalen Amtsmißbrauchs verschärft. Der Gipfel dieses Mißbrauchs war in den Augen Luthers der skandalöse

Ablaßhandel, bei dem jeder, der über genügend Wohlstand verfügte, sich die Vergebung seiner Sünden erkaufen konnte. Als 1517 ein Dominikaner Ablässe verhökerte, um Gelder für die Renovierung des Petersdoms aufzutreiben, entfachte dies Luthers erbitterten Widerstand. Getrieben von rechtschaffener Wut stellte er einen Katalog von 95 Thesen beziehungsweise Anklagen gegen den römisch-katholischen Glauben zusammen und nagelte ihn an die Tür der Wittenberger Schloßkirche. Diese eindeutig rebellische Geste fand einen unerwartet positiven Widerhall in Deutschland. Innerhalb weniger Wochen verbreitete sich die Botschaft von Luthers 95 Thesen im ganzen Land, und viele Menschen, die auf Reformen innerhalb der Kirche gedrängt hatten, griffen sie begeistert auf. Mit besonderem Enthusiasmus reagierten die Vertreter des neuen Humanismus.

Die Versuche der Kirche, den rebellischen Emporkömmling mundtot zu machen, wurden von anderen Mönchen und durch die Unterstützung weltlicher Herrscher vereitelt. In Wittenberg fand Luther im sächsischen Kurfürsten einen mächtigen Beschützer. 1520 brach er endgültig mit Rom und veröffentlichte ein Traktat, in dem er die deutschen Fürsten aufforderte, selbst die Kirche zu reformieren. Sie sollten aufhören, das Papsttum zu finanzieren, und den Zölibat ebenso abschaffen wie Totenmessen, Wallfahrten, den Ablaßhandel, die Mönchsorden und verschiedene andere Praktiken und Institutionen. Die Kirche reagierte erwartungsgemäß: Im Juni 1520 wurden Luthers 95 Thesen offiziell als ketzerisch verdammt. Luthers Antwort war die Verbrennung der ihn verurteilenden päpstlichen Bulle. Am 3. Januar 1521 wurde er exkommuniziert.

Im selben Jahr befahl man Luther, sich vor Kaiser Karl V. auf dem Reichstag in Worms zu verteidigen. Weiterhin vom sächsischen Kurfürsten und anderen Herrschern unterstützt, verweigerte Luther den Widerruf und tat seinen berühmten Ausspruch: »Hier stehe ich; ich kann nicht anders.« Aus Furcht, sich die deutschen Fürsten abspenstig zu machen, wich Karl weiteren Auseinandersetzungen aus. Mehr oder weniger durch dieses Versäumnis erhielt Luthers Häresie eine gleichsam offizielle Bestätigung; der Protestantismus war in Deutschland etabliert, und dem Papst fehlten die Mittel, ihn auszurotten. Viele

Priester gaben ihr Amt auf, um zu heiraten, ebenso Mönche und Nonnen, die ihre Klöster verließen. Luther selbst legte 1524 die Mönchskutte ab und heiratete im folgenden Jahr die einstige Zisterziensernonne Katharina von Bora. Seine Rebellion breitete sich inzwischen weiter aus. 1519 führte Ulrich Zwingli die Reformation in der Schweiz ein, und 1555, neun Jahre nach Luthers Tod, etablierte Johannes Calvin seine eigene, strenge Form des Protestantismus in Genf. Zu Calvins Schülern zählte John Knox, der die Reformation nach Schottland brachte.

Es war nicht nur Luthers mutiger persönlicher Widerstand, der der katholischen Herrschaft einen entscheidenden Schlag versetzte, sondern auch sein geschickter Einsatz der Drucktechnik. In der Vergangenheit war die Bibel nur in lateinischer Sprache – und damit auch nur für die kirchliche Hierarchie – verfügbar gewesen. Mit einem einzigen Schlag zerstörte Luther dieses Monopol: 1522, ein Jahr nach seiner trotzigen Antwort vor dem Wormser Reichstag, veröffentlichte er eine deutsche Übersetzung des Neuen Testaments. Sie war die erste einem großen Kreis verfügbare Übersetzung der Heiligen Schrift in eine moderne Landessprache und das Vorbild aller weiteren Übertragungen wie etwa der King-James-Bibel. Zum Beispiel erschien 1525 eine englische Version der Bibel, von William Tyndale direkt aus dem Griechischen und Hebräischen übersetzt.

Zum ersten Mal konnte jeder des Lesens kundige Mensch die Bibel selbst lesen, womit die Rolle des Priesters als Hüter und Interpret von Gottes Wort überflüssig wurde. Die Folgen im weltlichen wie theologischen Kontext waren enorm. Zum Beispiel ergab sich ein weiterer Anreiz, lesen und schreiben zu lernen, selbst in sozialen Schichten, die bislang keine Notwendigkeit darin gesehen hatten. Ganze gesellschaftliche Gruppen wie die widerborstigen deutschen Reichsritter ergriff der Wunsch, lesen zu können. Wer aber die Bibel lesen konnte, der konnte auch andere Dinge lesen, die der Bibel oft feindlich gegenüberstanden. Es war in Deutschland nicht ungewöhnlich, daß Menschen mit ganz verschiedenem Hintergrund – Gelehrte wie Reuchlin und selbstbewußte rebellische Ritter wie Ulrich von Hutten und Franz von Sickingen – mit einem breiten literarischen Spektrum vertraut waren. Dieses umfaßte die konventionelle Theologie, Luthers Lehren und den von Erasmus geprägten Humanismus ebenso wie das hermetische und kabbalistische Denken. Im Verein mit mächtigen weltlichen Gestalten wie den Reichsrittern zogen die protestantischen Theologen gewissermaßen die Aufmerksamkeit der katholischen Autoritäten auf sich, so daß die Vertreter der Hermetik sich nahezu ungehindert betätigen konnten.

Während sich der Protestantismus im nördlichen Teil Europas ausbreitete, wurde er von der Hermetik begleitet, teils mehr oder weniger verborgen, teils recht offen. Unter den weltlichen Herrschern, die sich dem neuen Glauben zuwandten, fand die Hermetik mächtige Beschützer und oft Jünger. So strahlte der Einfluß von Reuchlins hermetischer Akademie in Heidelberg auf die Höfe der regionalen Fürsten aus. Am Ende des 16. Jahrhunderts hatte sich eine beträchtliche Anzahl deutscher Adliger den hermetischen Lehren verschrieben. Nun förderte die herrschende Atmosphäre das Auftreten faustischer Gestalten.

Angesichts dieser Umstände mußte der hermetische *Zeitgeist* auch über den Kanal auf die Britischen Inseln gelangen. In Schottland fand er Zuflucht bei Adelsfamilien, die sich seit dem Mittelalter mit einem breiten Spektrum esoterischen Gedankenguts befaßt hatten, das teils aus keltischer Zeit, teils von den Kreuzzügen stammte. Wie anderswo deckte die Hermetik sich oft mit dem Humanismus und verbreitete sich über dieselben Kanäle. Thomas Linacre etwa besuchte Manutius' hermetischen Zirkel in Venedig und wurde nach seiner Heimkehr Leibarzt Heinrichs VIII. und Gründer des Königlichen Ärztekollegs. Zur selben Zeit wie Linacre war ein weiterer Schützling von Manutius in Venedig: William Grocyn, der später Professor des Griechischen in Oxford wurde. Linacre wie Grocyn werden üblicherweise als Humanisten bezeichnet, doch waren beide enge Freunde des Hermetikers John Colet. Dieser hatte sich 1493 auf eine zwölfjährige Reise ins Ausland begeben. Obgleich darüber wenig bekannt ist, nimmt man an, er habe einige Zeit bei Manutius in Venedig verbracht. Jedenfalls war er stark von Ficino beeinflußt, dessen Werk er verbreitete, als er 1505 nach England zurückkehrte und zum Gründer und Dekan der Saint Paul's School wurde. Als solcher war er Gastgeber von Heinrich Cornelius Agrippa. Mit diesem bedeutendsten Magus der Renaissance werden wir uns später ausführlicher beschäftigen.

Wie Linacre und Grocyn hatte Colet ein sehr freundschaftliches Verhältnis zu Sir Thomas More. Auch More wird im allgemeinen als Humanist bezeichnet und mit Erasmus in Verbindung gebracht. Tatsächlich scheint der Rationalismus seiner *Utopia* mit der Hermetik unvereinbar, doch More war ein glühender Bewunderer Picos, mit dem hermetischen Denken vertraut und für manche seiner Aspekte durchaus aufgeschlossen. Seine früheste Biographie ist in einem langen Brief enthalten, den Erasmus an Ulrich von Hutten schrieb, einen rebellischen deutschen Reichsritter, Dichter und Satiriker, der sich sowohl dem Humanismus wie der Hermetik verschrieben hatte. Daß Erasmus mit einer Gestalt wie Hutten korrespondierte, beweist die engen Zusammenhänge der humanistischen und hermetischen Zirkel.

Für die Verbreitung der Hermetik in England sorgte indirekt auch Heinrich VIII. Wie bereits erwähnt, nutzte Heinrich bei seiner Scheidung von Katharina von Aragón Hilfe und Rat des venezianischen Kabbalisten Francesco Giorgi. Schon 1527 hatte er beim Papst um seine Scheidung nachgesucht und auf die Präzedenzfälle zweier französischer Könige verwiesen. Die Bemühungen des Papstes, der Angelegenheit auszuweichen, brachten den englischen Herrscher dazu, woanders Hilfe zu suchen. Nach dem Alten Testament waren Scheidungen genehmigt, was Heinrich auf die Idee brachte, über Giorgi den jüdischen Standpunkt zu erkunden. Zudem fühlte er sich veranlaßt, dem Protestantismus nähere Aufmerksamkeit zu schenken, weil dieser der alttestamentlichen Position anhing und das entsprechende kanonische Gesetz der Kirche ablehnte. Im Protestantismus, wie beispielsweise in Luthers Forderung an die weltlichen Herrscher, die Kirche zu reformieren, fand der König den Schlüssel zu seinem Problem.

1531 entwickelte Heinrich den Plan, sich selbst als Oberhaupt der englischen Kirche anerkennen zu lassen. 1533 heiratete er heimlich Anne Boleyn, die bereits mit einer Tochter schwanger ging, der späteren Elisabeth I. Im selben Jahr erklärte Erzbischof Cranmer öffentlich Heinrichs Ehe mit Katharina für nichtig. Im Sommer zur Königin gekrönt, gebar Anne ihre Tochter im September. Heinrich wurde vom Papst exkommuniziert, worauf die englische Kirche jeden Kontakt zu

Rom abbrach. Als die englischen Bischöfe die päpstliche Oberhoheit 1535 förmlich zurückwiesen, war die anglikanische Kirche entstanden. Ein Jahr später begann die Aufhebung der Klöster.

In dieser Atmosphäre religiöser Umbrüche und der Opposition gegen die Autorität Roms konnten sich Humanismus und Hermetik gut entfalten. Am Ende des 16. Jahrhunderts gab es in England feste hermetisch orientierte Zirkel und Gesellschaften. Manche von ihnen waren mehr oder weniger geheim; manche scheinen zusätzlich als Spionagenetze fungiert zu haben; manche traten in einen fruchtbaren Kontakt mit bereits bestehenden britischen Institutionen und führten zu einem Konglomerat, aus dem sich allmählich die Freimaurerei entwickelte. Wie noch zu zeigen ist, spielte das hermetische Denken zur selben Zeit auch eine bedeutende Rolle in der elisabethanischen Kultur und damit im Theater Marlowes und Shakespeares. Im *Doktor Faustus* und im *Sturm* erfuhr der Magier der Renaissance die definitive literarische Manifestation der Epoche.

Der hermetische Kaiser

Die Hermetik gedieh nicht nur im Protestantismus, sondern auch in katholischen Ländern. Am Ende des 16. Jahrhunderts hatte sie sich am mächtigsten katholischen Hof Europas etabliert, dem des habsburgischen Kaisers Rudolf II., König von Österreich, Ungarn, Böhmen und Mähren. Rudolfs Herrschaft (1576–1612) fiel zeitlich mit jener der englischen Monarchen Elisabeth I. und Jakob I. zusammen und war von vergleichbarer kultureller Dynamik geprägt. Von Anfang an betrug der Kaiser sich jedoch auf eine Weise, die aus orthodoxer Perspektive schlecht zu seiner erhabenen Position paßte. So verschmähte er die traditionelle Habsburgerresidenz Wien und versammelte seinen Hof in Prag, der böhmischen Hauptstadt. In einer Zeit zunehmender Polarität von Protestantismus und Katholizismus innerhalb Europas weigerte sich Rudolf, Stellung zu beziehen, und bezeichnete sich einfach als Christ. Obwohl er die zeitliche Macht der Kirche repräsentieren sollte, verzichtete er auf die Verfolgung von Protestanten, stand dem Papsttum zunehmend feindlich gegenüber und widersetzte sich noch auf dem Totenbett einer Versöhnung mit Rom.

Rudolf beschäftigte sich intensiv mit esoterischen Dingen und begeisterte sich für alle Erscheinungen der Hermetik, besonders für die Magie und Alchemie. Viel Zeit und große Geldsummen verwendete er für den Aufbau seiner Bibliothek, die umfassendste Sammlung ihrer Art in Europa. Sie enthielt nicht nur die Standardwerke der Hermetik, sondern auch den *Picatrix*, das gefürchtete, von der Kirche voller Grauen verdammte Handbuch der Magie. Rudolf beschäftigte sich selbst mit alchemistischen Experimenten und lud Anhänger der Hermetik aus allen Teilen Europas nach Prag, wo er ihnen eine großzügige Gönnerschaft und Stellungen am Hof bieten konnte. Seiner Einladung folgten Hermetiker aus den verschiedensten Ländern wie der Pole Michael Sediwoj (oder Sendivogius) und der Schotte Alexander Seton. Zu den bedeutendsten Gästen zählte der englische Magus John Dee, später Hofastrologe Elisabeths I. und oft als Vorbild des Prospero in Shakespeares *Sturm* bezeichnet.

Ein weiterer berühmter Gast Rudolfs war Giordano Bruno, vielleicht der stürmischste und ehrgeizigste aller Renaissance-Magier, der nach nichts Geringerem strebte als danach, die menschliche Natur zu verwandeln. Nach Ansicht der Forschung war er dabei, ein ganz Europa umspannendes Netz von Geheimgesellschaften zu schaffen, und Prag war ein guter Nährboden für ein derartiges Unterfangen. Während seines Aufenthalts in der böhmischen Hauptstadt veröffentlichte Bruno ein Buch, dessen an Rudolf gerichtete Widmung seine Philosophie einer einzigen wahren Universalreligion skizzierte, die in der okkulten Überlieferung verwurzelt war.[140] Zu den bemerkenswerten Schützlingen des Kaisers gehörte auch der deutsche Alchemist und hermetische Philosoph Michael Maier. Er diente Rudolf bis zu dessen Tod im Jahre 1612 als Hofalchemist und Privatsekretär, um dann nach Hessen, Holland und schließlich England zu ziehen, wo er bei der Verbreitung der Hermetik und des Gedankenguts der Rosenkreuzer eine gewichtige Rolle spielte. Als Gönner von Gestalten wie Dee, Bruno und Maier begeisterte Rudolf die Hermetiker in ganz Europa. Manche rühmten ihn gar als neuen Hermes Trismegistos. Der Kaiser war jedoch nicht nur von der Hermetik, sondern gleichermaßen auch von der Kabbala fasziniert. So initiierte er das ehrgeizige Projekt, ein umfassendes Kompendium kabbalistischer Texte zu veröffentlichen, »in dem die Schriften hebräischer Weisheit von christlichen Gelehrten kommentiert« werden sollten.[141] Während die Juden anderswo in Europa verfolgt wurden, lebten sie in Böhmen und besonders in Prag unter dem persönlichen Schutz des Kaisers. In dieser Geborgenheit erlebte die jüdische Gemeinde Prags eine Blütezeit. Die wohlhabendsten Männer der Stadt waren eng mit dem Hof verbundene Juden. Man hat vermutet, sie hätten die riesige kaiserliche Sammlung von Gemälden und esoterischen Büchern finanziert. Auf jeden Fall existierte ein reger Austausch von Geld und Ideen zwischen dem Ghetto und dem Schloß, wie es der Schriftsteller Leo Perutz formuliert hat. Von dieser Situation profitierte auch Prags Haupt-Rabbiner, der Hohe Rabbi Löw, eigentlich Juda ben Bezalel. Später ging er als Schöpfer des Golem in die Legende ein, also eines von Menschenhand geschaffenen, mechanischen Automaten in Menschengestalt, durchdrungen vom Lebensfunken der kabbalistischen und hermetischen Magie.

1614 erschien in Deutschland das erste in einer Reihe anonym verfaßter Manifeste, die angeblich von der geheimnisvollen hermetischen Bruderschaft der Rosenkreuzer stammten. Die Schriften verbreiteten sich ebenso rasch wie zuvor Luthers 95 Thesen und polarisierten die öffentliche Meinung Europas. Die Reaktionen reichten von glühender Zustimmung bis zu hysterischer Panik, Paranoia und Feindseligkeit. Was ihren philosophischen Charakter betraf, waren die Rosenkreuzer-Manifeste typisch hermetisch, alchemistisch und kabbalistisch. Sie gaben vor, die Ankunft einer neuen Weltreligion zu verkünden, einer neuen Weltordnung aus Freiheit, Harmonie und universeller Brüderlichkeit. Dabei zeigten sie deutliche Sympathie für den Protestantismus und eine vehemente Antipathie gegenüber der Römischen Kirche. Paradoxerweise unterstützten sie den Römischen Kaiser, der an und für sich den katholischen Glauben zu schützen hatte: »In politischer Hinsicht erkennen wir das *Römische* Reich an, aber *Quarta Monarchia* ist unser und der Christen Haupt.«[142]

Das erste der Manifeste, das diesen Satz enthielt, wurde 1614 veröffentlicht, zwei Jahre nach dem Tod Rudolfs II. Allerdings nimmt man allgemein an, daß die Schriften bereits eine gute Zeit vor ihrer Publikation zirkulierten. Angesichts seines Kontexts kann der zitierte Satz sich also nur auf Rudolf beziehen, der die vertretenen Ideen von Herzen begrüßt hätte. Sein zweiter Nachfolger Ferdinand II. sollte sich bald gegenteilig verhalten und versuchen, sie auszurotten.

Wenn der fragliche Satz sich tatsächlich auf Rudolf bezieht, so wäre er ein weiterer Beweis für die Wertschätzung, die der Kaiser von seiten der europäischen Hermetiker und besonders durch die sogenannten Rosenkreuzer erfuhr. Er drückt jedoch auch den Anspruch der europäischen Hermetik auf eine spezifisch politische Dimension aus. Folgt man Autoren wie Frances Yates, so hat dieser Anspruch dazu beigetragen, die Katastrophe des Dreißigjährigen Kriegs auszulösen. In einem ganz Europa umfassenden Ausmaß sollte Faust Kräfte beschwören, über die er die Kontrolle verlor.

8. Kapitel:
Faustus

Allein schon mit dem Wort Renaissance assoziiert man heute eine Vielzahl illustrer, klangvoller Namen. In erster Linie dürfte der Begriff an Titanen im Reich der Kunst erinnern: Giotto, Botticelli, Leonardo, Michelangelo, Dürer, Brunelleschi, Donatello, Palladio, Rabelais, Ronsard, Marlowe, Shakespeare. Doch auch Kunstmäzene fehlen nicht, z.B. Lorenzo de' Medici, Ludovico Sforza oder die Gonzagas in Mantua; Revue passieren weiter Dynastien wie die in Intrigen und Machtpolitik verstrickten Borgias, Seefahrer, Naturforscher und Konquistadoren wie Vasco da Gama, Heinrich der Seefahrer, Kolumbus, Vespucci, Magellan, Drake, Raleigh, Cortés und Pizarro; Theologen vom Range eines Luther, Zwingli, Calvin und John Knox; Schriftsteller des Humanismus, etwa Erasmus und Sir Thomas More; und schließlich Monarchen von überlebensgroßer Statur: Franz I. von Frankreich, Karl V. und Rudolf II., beide Kaiser des Heiligen Römischen Reiches, Philipp II. von Spanien, Heinrich VIII. und Elisabeth I. von England. Doch hinter all diesen großen Persönlichkeiten hebt sich die archetypische Gestalt des Faustus ab, des Renaissance-Magiers in seinen positiven und negativen Aspekten. In dieser Figur verkörpert sich die eigentliche Lebensauffassung der Renaissance – sie ist ihr inspirierendes Leitbild, gibt ihr den spirituellen und moralischen (oder amoralischen) Rahmen und ist zugleich Auftrag, Verheißung, Erwartung und Hoffnung, die das Handeln der Menschen in dieser Epoche motivierte und rechtfertigte. Künstler und Mäzene, Forscher und Konquistadoren, Theologen, Humanisten und Fürsten – sie alle verfolgten ihre Ziele in der unerschütterlichen, selbstbewußten Überzeugung, sie seien die Schöpfer einer besseren, geistigeren Welt, einer Welt, in der sich wie niemals zuvor Wissen mit Macht verbündete, um eine neue Morgenröte

161

der Menschheit heraufzuführen. Die Faustgestalt, der Renaissance-Magier, verkörpert diesen besonderen Bund zwischen Wissen und Macht auf eindrucksvolle Weise. Faust wird mit der Renaissance zum höchsten Archetypus, zum Paradigma des modernen westlichen Menschen, zum höchsten, das Selbstverständnis der westlichen Kultur und Zivilisation prägenden Mythos.

»Faust« läßt an die geballte Hand, eben die Faust, denken. Und den meisten modernen Kommentatoren erscheint das sehr einleuchtend, ja sogar bedeutsam, weshalb sie sich nicht die Mühe machen, ein Stück weiterzudenken. Doch im Lateinischen bedeutet *Faustus* »der Glückliche« oder »der Begünstigte«. Es sei daran erinnert, daß genau dies der Beiname war, den sich Simon Magus zugelegt hatte, der erste Erzmagier und große Widersacher der christlichen Überlieferung, der mit dem heiligen Petrus einen Wettkampf der Zauberer austrug. Faustus ist also eine spätere Inkarnation, ein ins 16. Jahrhundert verschlagener Avatar des Simon Magus. Die Identität der beiden läßt sich durch eine Reihe von Fakten belegen. So soll Simon Magus beispielsweise in Gesellschaft einer Prostituierten gereist sein, von der er behauptete, sie sei die Reinkarnation der trojanischen Helena. In den meisten Versionen der Fausterzählung, einschließlich der von Marlowe und Goethe, benutzt der Protagonist seine dämonischen Kräfte, um ebenfalls den Schatten Helenas heraufzubeschwören und sich mit ihm zu vereinigen. Man könnte darauf hinweisen, daß Faust, jedenfalls in Marlowes Schauspiel, dafür mit der ewigen Verdammnis bestraft wird, weil seine Vereinigung mit Helena nichts anderes ist als die Vereinigung mit einem Sukkubus, einer unkörperlichen, dämonischen Wesenheit. Nach Auffassung späterer Autoren wie Joris-Karl Huysmans bedeutet die sexuelle Vereinigung mit einem solchen Wesen – einem männlichen Inkubus oder einem weiblichen Sukkubus – die geheimnisvolle, unaussprechliche Sünde gegen den Heiligen Geist, die einzige Sünde, die niemals vergeben werden kann.

Es scheint so, als habe es tatsächlich eine historische Person namens Faustus gegeben, die jedoch sehr bald von Legende, Folklore und Literatur überwuchert wurde. Die erste schriftliche Erwähnung eines »Faustus« findet sich in einem Brief von 1507, verfaßt von dem Alchemisten und hermetischen Philosophen Trithemius. Der Brief befindet sich heute in der Bibliothek des Vatikan. In einem an Johannes Wirdung zu Haßfurt, Astrologen und Hermetiker am Hof des Kurfürsten von der Pfalz in Heidelberg, adressierten Schreiben berichtet Trithemius:

> Jener Mensch, über welchen du mir schreibst, Georg Sabellicus, welcher sich den Fürsten der Nekromanten zu nennen wagte, ist ein Landstreicher, leerer Schwätzer und betrügerischer Strolch, würdig ausgepeitscht zu werden, damit er nicht ferner mehr öffentlich verabscheuungswürdige und der heiligen Kirche feindliche Dinge zu lehren wage [...] Magister Georg Sabellicus, Faust der Jüngere, Quellbrunn der Nekromanten, Astrolog, Zweiter der Magier, Chiromant, Aëromant, Pyromant, Zweiter in der Hydromantie [...] habe in Gegenwart vieler gesagt [...], daß die Wunder unseres Erlösers Christi nicht anstaunenswert seien; er könne alles tun, was Christus getan habe [...] In den Fasten dieses Jahres kam er nach Kreuznach, wo er sich [...] ganz gewaltiger Dinge rühmte und sagte, daß er in der Alchemie von allen, die je gewesen, der Vollkommenste sei und wisse und könne, was nur die Leute wünschten. Während dieser Zeit war die Schulmeisterstelle in gedachter Stadt unbesetzt, welche ihm auf Verwendung von Franz von Sickingen, dem Amtmann deines Fürsten, einem nach mystischen Dingen überaus gierigen Manne, übertragen wurde. Aber bald darauf begann er mit Knaben die schändlichste Unzucht zu treiben und entfloh, als die Sache ans Licht kam, der ihm drohenden Strafe [...][143]

Die Ausführungen des Trithemius sind in mehrerer Hinsicht bemerkenswert. Ganz abgesehen von den Bezügen auf »Faustus« bezeugen sie so nebenbei, daß Franz von Sickingen hermetische Interessen besaß. Sickingen, enger Freund Ulrichs von Hutten, war einer der mächtigsten Reichsritter und einer der Führer der sogenannten Erhebung der Reichsritter gegen die kaiserliche Macht. Wie Faustus sollte er später Goethe faszinieren, in dessen *Götz von Berlichingen*, das diesen Ritteraufstand schildert, er eine Hauptrolle spielt.
Was aber Faust selbst betrifft, so ist das Portrait, das Trithemius von

ihm zeichnet, eher erbärmlich. Statt eines erhabenen Meistermagiers führt er nur einen unbedeutenden Scharlatan und Päderasten vor. Doch wird deutlich, daß auch Trithemius die Ähnlichkeit zwischen Georgius Sabellicus und der biblischen Figur des Simon Magus aufgefallen ist. Man ist sogar versucht, sich zu fragen, ob nicht vielleicht der Beiname Faustus in der abfälligen und spöttischen Charakterisierung des Sabellicus als »Faustus Junior [...] der Zweite der Magier [...]« durch Trithemius seinen Ursprung hat. Mit anderen Worten, Faustus wäre nichts anderes als eine schwache Imitation und Travestie des Zauberers der Heiligen Schrift.

Ob der Name nun von Trithemius stammt oder Georgius Sabellicus sich ihn selbst zugelegt hat – er blieb jedenfalls hängen. Und ebenso blieb auch, jedenfalls in vielen Fällen, die Meinung des Trithemius über Faustus hängen. Keine der wenigen Erwähnungen eines historischen Faustus nach Trithemius ist besonders schmeichelhaft. In einem Brief vom 7. Oktober 1513 behauptet ein gewisser Conrad Mutianus Rufus, Faustus begegnet zu sein. Er habe ihn »in der Herberge aufschneiden hören«, doch gefunden, daß er »ein reiner Prahler und Narr« sei.[144] Am 12. Februar 1520 war Faustus allem Anschein nach in Bamberg, wo er dem Bischof der Stadt, einem Verbündeten Ulrichs von Hutten, ein Horoskop stellte. Die Rechnungsbücher des Bischofs weisen für diesen Tag eine Auszahlung an Dr. Faustus für dessen Horoskop nach: »X guld(en) geben und geschenckt Doctor Faustus ph(ilosoph)o [...]«[145] Am 17. Juni 1528 erwähnte ein Gelehrter in Ingolstadt die Anwesenheit des »Doctor Jörg Faustus von Haidlberg«, der jedoch kurz darauf der Stadt verwiesen wurde.[146] Vor diesem Ereignis soll Faustus von sich gesagt haben, er sei ein Ritter des Johanniterordens und Komtur eines Ordenshauses an der Grenze zum österreichischen Kärnten. Ebenso soll er astrologische Voraussagen gemacht haben, z. B., Propheten würden geboren, wenn Sonne und Jupiter in Konjunktion stünden. In diesen Berichten ist die Rede von »Georgius Faustus Helmstet(ensis)«.[147] Helmstet, ein Dorf in der Nähe von Heidelberg, gab einem modernen Forscher, Frank Baron, einen möglichen Fingerzeig. Baron durchsuchte die Archive der Universität Heidelberg nach Studenten aus Helmstet und fand einen Georgius Helmstetter, der von 1483 bis 1487 in Heidelberg eingeschrieben war. Damals waren insgesamt 67 Studenten registriert worden, und Georgius war einer von zweien, die sich weigerten, einen Familiennamen anzugeben. Er schloß am 12. Juli 1484 mit dem Bakkalaureat ab und erwarb am 1. März 1487 den Magistergrad.[148] Dies wäre also die einzige greifbare Nachricht über den Bildungsgang des historischen Faustus. Üppig ist ihr Informationswert nicht gerade.

Ein weiterer Bericht gibt an, Faustus sei im Mai 1532, vier Jahre nach seinem Hinauswurf aus Ingolstadt, in Nürnberg aufgetaucht. Die Archive der Stadt enthalten ein vom stellvertretenden Bürgermeister unterzeichnetes Statement: »Doctor Fausto, dem großen Sodomiten und Nigromantico in furt glait ablainen [freies Geleit ablehnen]. Burgermeister iunior.«[149]

1534 schiffte sich Philipp von Hutten – ein Cousin Ulrichs von Hutten –, der auch unter dem Namen Felipe de Urre bekannt ist, mit einer spanischen Expedition Richtung Neue Welt ein. Er suchte vergeblich nach der legendären Stadt Manoa und verschwand in der Wildnis von Orinoko. In einem seiner letzten Briefe aus dem heutigen Venezuela berichtete er Anfang 1540, »daß ich bekennen muß, daß es der Philosophus Faustus schier troffen hat, dann wir ein fast böses Jahr antroffen haben ...«[150] Dies könnte bedeuten, daß Philipp oder einer seiner Bekannten vor dem Aufbruch der Expedition Faustus um eine Voraussage gebeten hat.

Äußerst kurz und qualvoll rätselhaft ist die letzte Erwähnung des historischen Faustus. Im Lauf des Jahres 1534 besetzte eine messianische Sekte holländischer Wiedertäufer die Stadt Münster. Mit der Proklamation, die Stadt sei das neue Jerusalem und ihr Führer der »König von Zion«, nahmen sie die vermeintlich bevorstehende Apokalypse vorweg und errichteten ein Königreich mit zügellosen Sexorgien und Massenmorden. Auch an anderen Orten Norddeutschlands und der Niederlande flammten Erhebungen von Wiedertäufern auf, weshalb sich einige der dortigen Fürsten zusammenschlossen, ein Heer aufstellten und Anfang 1535 Münster belagerten. Am 25. Juni nahmen die Truppen die Stadt ein. Es wird nun berichtet, Faustus sei am selben Tag dort gewesen.[151] Es gibt keinen Hinweis darauf, was er dort zu tun hatte, auch nicht, ob er sich bei den Verteidigern oder bei den Angreifern befunden hat. Ebenso schweigt sich die Quelle darüber aus, was nachher mit ihm geschah, und ob er, falls er sich bei den Verteidigern befand, entrinnen konnte. Man nimmt an, er sei zu einem Zeitpunkt vor 1539 gestorben, aber das genaue Datum ist unbekannt.

Das ist alles, was uns an verläßlichen Informationen über den historischen Faustus verfügbar ist. Nach Frank Baron geht das ihm zugeschriebene Bündnis, sein Pakt mit dem Teufel, vor allem auf Bemerkungen Martin Luthers zurück. Baron schreibt:

> Der Einfluß Martin Luthers ist einer der wichtigsten Faktoren bei der Herausbildung der Faustlegende. Zu einem sehr frühen Zeitpunkt, nämlich noch zu Lebzeiten des historischen Faust, machte Luther die ersten uns überlieferten Äußerungen über den Magier Faust, in denen dieser als enger Verbündeter des Teufels charakterisiert wird. Dieses Bündnis taucht in fast allen nach Fausts Tod über ihn entstandenen Anekdoten auf.[152]

Luther hat offensichtlich die – erstmals im Mittelalter bezeugte und später von Hermetikern wie Ficino, Pico und Reuchlin übernommene – Unterscheidung zwischen göttlicher bzw. natürlicher Magie auf der einen und Zauberei, Nekromantie und Geisterbeschwörung auf der anderen Seite übernommen. Es ist zum Beispiel nicht bekannt, daß er prominente Zeitgenossen wie etwa Agrippa angegriffen hat. Doch die Gestalt des Faustus, wie sie aus den historischen Berichten in Erscheinung tritt, konnte ihm durchaus als Zielscheibe der Kritik dienen. Denn für Luther konnte eine solche Gestalt, welcher Art ihre magischen Fähigkeiten auch sein mochten, nur satanischen Ursprungs sein. Entsprechend erwähnt Luther in den 40er Jahren in seinen Predigten Faustus häufig als abschreckendes Beispiel. Einmal vergleicht er ihn ausdrücklich mit Simon Magus: Simon Magus habe versucht, gen Himmel zu fliegen, doch Petrus habe gebetet, er möge abstürzen. Faust habe dasselbe in Venedig versucht, sei aber schmerzhaft wieder zu Boden gefallen.[153] In den 60er Jahren des Jahrhunderts war die Sage von Faustus als des »Teufels Schwager« schon weit verbreitet. Zu diesem Zeitpunkt war auch sein eigentlicher Name Georgius, oder Georg, aus unbekannten Gründen durch Johannes ersetzt worden. Als John, der englischen Variante für Johannes, tritt er in Marlowes Schauspiel von 1593 auf. 1562 schrieb und veröffentlichte Philipp Melanchthon, einer der eifrigsten Gefolgsleute Luthers, eine Biographie des »Johannes Faustus«. Er traf damit einen empfindsamen Nerv im Publikum. Das Buch erlebte in den folgenden 40 Jahren neun Auflagen. Wenn man die Exzerpte mitzählt, waren am Ende des 16. Jahrhunderts mehr als 14 Ausgaben der Fausterzählung im Druck erschienen. Einige von Melanchthon der Legende hinzugefügte Züge gehörten bald zum Standard der Faustsage. So schrieb er zum Beispiel, Faust sei regelmäßig von einem dämonischen Hausgeist in Gestalt eines schwarzen Hundes begleitet worden: Mephistopheles. Daraus entstand, wie sich noch zeigen wird, im Volk eine postume Vermischung der Faustfigur mit Agrippa. In allen frühen – aus dem 16. und 17. Jahrhundert stammenden – Versionen der Faustsage nimmt Faust unweigerlich ein böses Ende. Sogar Marlowe, der aus seinem Atheismus kein Hehl machte, verspürte die Notwendigkeit, die religiösen Gefühle seiner Hörer zu schonen und seinen Protagonisten als unwiderruflich verdammt darzustellen. Die Moral der Geschichte ist klar: daß ein Pakt mit den sogenannten »unreinen Mächten« unausweichlich ins Verderben führt. Doch zwischen den Zeilen steht bei Marlowe eine weit gefährlichere Botschaft, die mit der unversöhnlichen Feindschaft der Kirche – und des Christentums – gegenüber dem Wissen zu tun hat. Es ist nämlich nicht der Pakt mit dem Teufel, dessentwegen Faust verdammt wird, es sind auch nicht besondere Machtgelüste. In jeder Version der Faustgeschichte, einschließlich der Marlowes und später Goethes, ist der eigentliche Impuls und das den Protagonisten treibende Motiv einfach Wissenshunger. *Dieses* Verlangen ist es, das ihn in den Augen eines Christen als »böse« erscheinen läßt. Aus diesem Motiv wird der Pakt mit dem Teufel geschlossen, und die damit erreichte Macht ist dann lediglich ein Nebenprodukt dieses Paktes. Vom christlichen Standpunkt aus ist alles Wissen, das nicht von der Kirche autorisiert ist, *in sich böse*, in sich der eigentliche Bereich des teuflischen Versuchers, der Eva im Paradies dazu verführt hat, von der Frucht des Baumes der Erkenntnis zu kosten. In der jüdisch-christlichen Überlieferung wird der Fall Adams und Evas aus dem Stand ursprünglicher Unschuld unmittelbar dadurch verursacht, daß sie von der Frucht des Baumes der Erkenntnis kosten. So demonstriert die Faustsage, zumindest in ihren christlichen Varianten, die tiefe Antipathie des Klerus gegen das Wissen. Nichts illustriert so schlagend wie die Faustsage, wie sehr das Christentum nicht nur ein Wissensmonopol beanspruchte, sondern seine Macht auch dadurch ausübte, daß es seine Anhänger einschüchterte und in Unwissenheit hielt.

Welche Vergehen sich der historische Faustus auch zuschulden kommen ließ – das Verbrechen des Faustus der Sage und des Mythos ist ein ganz anderes. In den Augen der Kirche hatte er sich des Wissenshungers schuldig gemacht sowie der anmaßenden Suche nach Mitteln, die diesen Hunger stillen konnten. Solche Mittel lagen mit Notwendigkeit außerhalb der Grenzen der christlichen Lehre. Und insofern mußten sie zwangsläufig als teuflisch verdammt werden.

In späteren Behandlungen der Faustsage – vor allem natürlich bei Goethe – nimmt der Erkenntnishungrige nicht immer ein so schreckliches Ende, noch ist er immer moralisch oder theologisch durch und durch schuldig. So wird Goethes Faust am Ende der Dichtung nicht nur erlöst, sondern auch zu einer Prometheusgestalt erhöht. Er beschäftigt sich mit einer sehr weltlichen und prosaischen Arbeit, der Landgewinnung aus dem Meer, einem Vorgang, der, nach Goethe, das aus dem Unbewußten auftauchende Bewußtsein symbolisieren soll. Und auch die historischen Prototypen der Faustgestalt verfielen nicht alle dem Verdikt der Kirche. Außerdem wurden jene, die für ihre Wahrheitssuche büßen mußten, ja nicht von göttlichen, sondern von menschlichen Instanzen bestraft.

Trithemius

Nun gab es aber eine ganze Anzahl historischer prototypischer Faustgestalten, die weit besser zu dem Faust des Mythos und der Sage paßten als der Scharlatan des 16. Jahrhunderts. Läßt man zum Beispiel die italienische Herkunft und das italienische Milieu des Pico della Mirandola außer acht, so finden sich bei diesem Mann deutliche Anklänge an die Faustfigur. Noch mehr solcher Aspekte lassen sich bei der als Trithemius (1462–1516) bekannten Persönlichkeit ausmachen, durch deren oben zitierten Brief der Name Faustus zum erstenmal historisch faßbar wurde.

Der in einer Winzerfamilie namens Heidenberg geborene Trithemius nahm eine latinisierte Variante seines Geburtsortes, des Dorfes Trittenheim an der Mosel, als Schriftstellernamen an. Von großem Wissenshunger erfüllt, widmete sich der frühreife junge Mann einem anspruchsvollen autodidaktischen Programm, durch das er sich bald für ein Studium an der Universität Trier qualifizierte. Im Alter von 20 Jahren erhielt er ein Stipendium. Er studierte auch in Heidelberg und war Mitglied der dortigen hermetischen Akademie Reuchlins. 1482 bat er auf Wanderschaft in einem Kloster bei Sponheim um ein Nachtlager und fühlte sich dort so wohl, daß er blieb und die Mönchsgelübde ablegte. Der Beweggrund dafür waren aber anscheinend weniger seine Frömmigkeit als Überlegungen anderer Art: Das Kloster bot Absonderung und Abgeschlossenheit vor einer zunehmend turbulenten Welt, es bot Zugang zu Büchern und Materialien für des jungen Mannes alchemistische und wissenschaftliche Experimente, und es bot schließlich das für Privatstudien so förderliche einsame Idyll. Schon ein Jahr später indessen wurde Trithemius zum Abt gewählt und blieb es weitere 21 Jahre. Während dieser Zeit investierte er viel Zeit und Energie in die Restaurierung und den Ausbau des Klosters, und er ließ eine für die damalige Zeit sehr umfangreiche Bibliothek mit mehr als 2000 Bänden bauen. Er machte sich aber auch Feinde und wurde 1506 zur Abdankung veranlaßt. Noch im selben Jahr wurde er zum Abt des Schottenklosters St. Jakob in Würzburg gewählt, wo er 1516 starb.

Im Jahre 1499 war Trithemius, wie er selbst erzählt, in den Verdacht geraten, ein »notorischer Lügner« zu sein und sich mit Dämonen eingelassen zu haben. Teilweise wurde diese Anklage aufgrund seiner hermetischen Beschäftigungen erhoben, die ihn unvermeidlich in die Schußlinie des Klerus bringen mußten. Sie konnte aber auch mit dem Buch zusammenhängen, an dem er arbeitete und das schließlich 1506 unter dem Titel *Steganographia* publiziert wurde. Es baut zum Teil auf seiner Überzeugung auf, daß ein wirklich reiner und gebildeter Mensch gleichgesinnten Freunden telepathisch Gedanken über beträchtliche Entfernungen übertragen könne. Trithemius sprach im Hinblick auf sein entstehendes Werk davon, daß er beabsichtige, darin die Themen telepathischer Verständigung, der Geheimschriften, einer revolutionären Methode zur leichten Erlernung von Sprachen und »[...] viele andere Dinge, die öffentlich nicht verbreitet werden können«[154], zu erörtern. Der wichtigste Aspekt seines Buches war übrigens ein Beitrag zur Kryptographie.

Tatsächlich dürfte Trithemius eine Technik erfunden haben, die in der Folge zur Standardausrüstung eines Spions gehörte: Zwei Agenten nehmen miteinander Verbindung auf, indem sie sich verschlüsselt auf Passagen in einem beiden bekannten Text beziehen. Schon zur damaligen Zeit wurde die politische Verwertbarkeit dieses Systems erkannt. Es überrascht daher nicht, daß sein Buch ein halbes Jahrhundert später von John Dee begeistert aufgenommen wurde – John Dee war nicht nur Hermetiker, sondern auch Spion für Elisabeth I.

Ebensowenig nimmt es wunder, daß manche Zeitgenossen des Trithemius, die sein Werk im Manuskript oder im Druck sahen, seine Steganographie und Kryptographie als kabbalistische oder nekromantische Texte mißverstanden, hinter denen sich verbotene Geheimnisse verbargen. Trithemius unternahm nichts, um solchen absurden Mißverständnissen einen Riegel vorzuschieben. Statt dessen schuf er weitere Werke über genau die Themen, deretwegen man ihn verdächtigt hatte. Zum Beispiel schrieb er über Magie und Alchemie; er zitierte gerne aus dem wichtigsten hermetischen Text, der *Tabula Smaragdina;* er zeigte die für Hermetiker und Kabbalisten charakteristische Vorliebe für die okkulten Eigenschaften der Zahl, und er bemühte sich, Methoden zu entwickeln, um unbekannte, übernatürliche Mächte und Kräfte zu beschwören, mit deren Hilfe Menschen und Dinge beeinflußt werden konnten. Trithemius betrachtete diese Kräfte und Mächte als Wesen der Engelwelt, entsprechend der Gesinnung und dem geistigen Kontext, in dem er sie anrief. Mit anderen Worten, er praktizierte, was man später »weiße Magie« nannte. Manche haben es auch als »Engelsmagie« bezeichnet, und Frances Yates spricht von »angewandter Magie oder Kraftmagie«.[155]

170

Trithemius strebte danach, bewußt die Beziehungen zwischen Mikrokosmos und Makrokosmos auszunützen. Er tat das im Rahmen der »Engelwelt«. Doch unterscheiden sich seine Methoden nicht wesentlich von denen, mit deren Hilfe andere, weniger edel denkende Magier dämonische Kräfte oder Mächte beschworen. Und einem Außenstehenden oder einem frommen Christen dürfte diese Unterscheidung jedenfalls nicht unmittelbar eingeleuchtet haben – außer insoweit, als die in den Beschwörungen des Trithemius zitierten Namen eher Engeln als Dämonen gehörten. Es ist daher sehr begreiflich, daß Trithemius allmählich in den Ruf eines Magiers geriet und daß ihn die spätere Sage zur Faustfigur in Beziehung setzte.

Wie erwähnt, war es ein Brief des Trithemius, durch den Faustus zum erstenmal geschichtlich greifbar wurde. Doch während Trithemius in diesem Brief Faustus kritisierte, verhielt er sich selbst so, daß man ihn durchaus mit dem Getadelten identifizieren konnte. Eine ganze Reihe von Merkmalen, die man später mit Faustus assoziierte, wurden ursprünglich Trithemius zugeschrieben. So behauptete er zum Beispiel, er sei ein wissenderer und kompetenterer Magier als Faustus, ebenso schilderte er die Heimsuchungen, die er unter den Händen eines von ihm beschworenen Dämons zu erleiden hatte. Und die sagenhaften Züge, die sich im Lauf der Zeit an die Person des Trithemius hefteten, waren bald bestimmten Aspekten der Faustsage zum Verwechseln ähnlich. Wie Marlowes Faustus soll Trithemius zum Beispiel am Hof des Kaisers des Heiligen Römischen Reiches Wunder vollbracht haben – und mittels Nekromantie dem Habsburger eine Erscheinung seiner toten Frau vor Augen gezaubert haben. Ebenso wie Faustus galt Trithemius beim Volk als alchemistischer Adept – und ließ sich diesen Ruf gern gefallen. Das Geld zur Restaurierung seines Klosters sollte – und auch diesen Glauben beförderte er – aus seiner alchemistischen Transmutation des Steines der Weisen stammen.

Agrippa und seine okkulte Philosophie

Wenn es Ähnlichkeiten, ja sogar Identitäten zwischen der Faustfigur und Trithemius gab, so ging diese Übereinstimmung noch viel weiter bei des Trithemius berühmtestem Schüler – Heinrich Cornelius Agrippa von Nettesheim. Marlowes Faustus lehnt sich ausdrücklich an Agrippa an, und Goethe soll gesagt haben, es sei in erster Linie Agrippa gewesen, dessen Hintergrund, Persönlichkeit, Bestrebungen, Abenteuer und Wirkung auf die Zeitgenossen ihm das Vorbild für sein großes dramatisches Gedicht lieferten. Agrippa trägt auch Wesentliches zu Marguerite Yourcenars Figur des Renaissance-Magiers Zeno bei, den sie in ihrem erfolgreichen, 1968 veröffentlichten Roman *L'Oeuvre au noir* (*Die schwarze Flamme*) darstellt.

Agrippa wurde 1486 in einer Familie des Kölner niederen Adels geboren. Er erhielt seine Ausbildung an der Universität seiner Heimatstadt und schloß sehr jung, 1502, mit einem Magistertitel ab. Noch nicht zwanzig, entschloß er sich zu einer Karriere beim Militär und diente als Soldat unter Kaiser Maximilian I. Für Tapferkeit vor dem Feind wurde er zum Ritter geschlagen. 1507 muß er Trithemius begegnet sein. Er wohnte zeitweise in Paris, wo er alchemistische Experimente durchführte und eine Geheimgesellschaft gegründet haben soll – nach zuverlässigen Berichterstattern die erste von vielen, die in Europa noch folgen sollten. 1509 hielt er im Alter von 23 Jahren an der Universität Dôle Vorlesungen über das kabbalistische Werk Reuchlins und betrieb weiter alchemistische Studien. Doch eine Anklage wegen Ketzerei zwang ihn, sich wieder der militärischen Laufbahn zuzuwenden, was ihn unter anderem in diplomatischer Mission und wahrscheinlich auch als Spion nach England führte. In England schloß er Freundschaft mit John Colet, bei dem er regelmäßig verkehrte. 1510 hatte er die erste Fassung seines Hauptwerkes *De occulta philosophia* abgeschlossen. Er zeigte den Text Trithemius, der ihn vor einer Veröffentlichung warnte. In den nächsten 23 Jahren zirkulierte das Buch als Manuskript und geriet wegen seines geheimnisvollen Charakters in den Ruf eines Standardwerkes der Mystik. Es erschien erst 1533, um vieles vermehrt, im Druck.

Zwischen 1511 und 1517 hielt sich Agrippa in Italien auf, wieder in

Diensten des Kaisers und anderer hoher Herren. In Pavia hielt er Vorlesungen über Hermetik und vertiefte sich in die Kabbala. 1518 schrieb er einen Traktat über Heilmittel gegen schwere Krankheiten, die er im Zuge seiner alchemistischen Experimente entdeckt hatte. Das Buch wurde 1529 in revidierter und erweiterter Fassung herausgegeben. Zwischen 1518 und 1522 wirkte Agrippa als Verwaltungsbeamter in der Stadt Metz, wo er seine alchemistischen Studien fortsetzte. Während dieser Zeit riskierte er einmal sein Leben, als er »eine Frau, die vom Mob und vom Inquisitor als Hexe denunziert worden war, mutig verteidigte«.[156] Er zog dann weiter in seine Geburtsstadt Köln, schließlich nach Genf und Fribourg, wo er, obwohl ihm die ärztliche Approbation fehlte, Stadtarzt wurde. Zugleich erteilte er prominenten Bürgern Privatunterricht in der hermetischen Philosophie. Eine uns überkommene Nachricht lautet, 1525 sei er im Besitz von Werken Martin Luthers gewesen. Zu diesem Zeitpunkt hatte er eine Anstellung als Arzt, Astrologe und Alchemist bei Louise von Savoyen, der Mutter König Franz' I. von Frankreich, an deren Hof in Lyon. Kurz darauf kam es zu einem Bruch mit seiner Gönnerin. Er mußte sich wieder auf Wanderschaft begeben – zuerst in die Niederlande (wo er als Arzt arbeitete), dann zurück nach Köln (wo er die Protektion des Erzbischofs gewann), nach Bonn und schließlich wieder zurück nach Frankreich, wo er in elender Armut um 1535 in Grenoble starb.

1530, fünf Jahre vor seinem Tod, veröffentlichte Agrippa ein ganz ungewöhnliches Werk: *De vanitate scientiarum.* In diesem Text verbreitete er sich über die »Unsicherheit und Eitelkeit der Wissenschaften«. Er griff Alchemie, Hermetismus, Kabbala, das ganze Spektrum der Disziplinen an, denen er sein Leben geweiht hatte, ebenso wandte er sich gegen seine eigene Argumentation in dem früheren und anspruchsvolleren Werk *De occulta philosophia,* das immer noch als Manuskript zirkulierte. Man nimmt heute allgemein an, daß Agrippas anscheinender Widerruf in *De vanitate scientiarum* nur geheuchelt war, ein Versuch, die inquisitorische Wachsamkeit des Klerus einzulullen und die Aufmerksamkeit von sich abzulenken. Nachdem er also seinen potentiellen Verfolgern durch ein Buch, das orthodoxe Frömmigkeit bekundete, Sand in die Augen gestreut hatte, machte er sich im folgenden Jahr daran, die erste gedruckte Fassung der *occulta philosophia* herauszugeben, die in erweiterter und vermehrter Fassung implizit die Argumente von *De vanitate scientiarum* wieder zurücknahm. Doch war dieses Buch nur der erste Band eines weit voluminöseren Projektes. 1532 folgte ein zweiter Band, und 1533 erschien schließlich der vollständige Text von *De occulta philosophia,* die somit drei Bände umfaßte, im Druck.

Welche Maßstäbe man an ihn auch anlegen will: Agrippa war eine außergewöhnliche Persönlichkeit – Modell und Verkörperung dessen, was wir heute einen »Renaissance-Menschen« nennen. Er hatte sich als kühner Soldat und Mann der Tat auf dem Schlachtfeld bewiesen, und obwohl medizinischer Autodidakt, galt er überall als einer der tüchtigsten Ärzte seiner Zeit – und als einer der scharfsinnigsten Theologen. Doch den größten Ruhm und eine Aura des geheimnisumwitterten Okkultisten gewann er als Vertreter der Hermetik, als Adept der Astrologie, Alchemie, Kabbala und Magie. Offensichtlich verfügte er über beträchtliches Charisma und großen Charme, was ihm Zutritt zu einigen der mächtigsten und berühmtesten Persönlichkeiten des damaligen Europa verschaffte. Zugleich konnte er aber unangenehm abweisend, arrogant, anmaßend, unfreundlich und einschüchternd sein. Und da er wenig Neigung zeigte, die Dummheit der Menschen zu tolerieren oder zu ertragen, machte er sich ebenso leicht Feinde wie Freunde. Mit dem Geld ging er sehr kavaliersmäßig um, befand sich deshalb oft in finanziellen Schwierigkeiten und war in Brüssel sogar einmal für kurze Zeit wegen Schulden eingesperrt. Seine Abneigung gegen die Kirche, speziell die Mönchsorden, sorgte dafür, daß er überall Argwohn erregte und häufig auch Ärger bekam. Außerdem brachte er den Klerus seiner Tage durch seine aufregend moderne Einstellung gegenüber Ehe, Frauen und Sexualität auf. In einem in einer Sammlung von Essays veröffentlichten Traktat zugunsten der Ehe führt Agrippa aus: »Und deshalb lasse du dich, wer auch immer du seist, der sich ein Weib nehmen will, von Liebe leiten, nicht von Vermögen oder Besitz. Wähle ein Weib, nicht ein prächtiges Gewand, lasse dein Weib, nicht ihre Mitgift dich ehelichen […] und lasse sie nicht dir unterworfen, sondern in allem Vertrauen und gemeinsamer Beratung deine Gefährtin sein.«[157] In einem anderen

Essay zum Lob der Frauen geißelt Agrippa die Männer seiner Epoche und entpuppt sich (je nach Perspektive) als Romantiker oder Vorläufer des Feminismus: »Ist es ein Zeichen von Männlichkeit oder eine Zierde des Mutes, Schande über die Frauen zu bringen? Ist dies die Dankbarkeit, die ihr den Urheberinnen eures Daseins entgegenbringt?«[158] Er verurteilt den Umstand, daß »eine Sitte, die sich wie eine ansteckende Seuche verbreitet hat, allgemein geworden ist: dieses Geschlecht abzuwerten und seinen Ruf mit allen Mitteln infamer Sprache und verleumderischer Bezeichnungen zu beschmutzen«,[159] und schließt dann: »Laßt uns dieses edle Geschlecht doch nicht länger herabwürdigen und seine Güte mißbrauchen […] Laßt sie uns wieder auf den Thron der Ehre und Vorzüglichkeit setzen […] und laßt uns ihnen mit all der Achtung und Verehrung begegnen, die solchen irdischen Engeln gebühren.«[160] Es spricht für ihn und verdient festgehalten zu werden, daß diese Aussagen von einem Mann stammen, der mindestens dreimal verheiratet war.

So scharfsinnig Agrippa bei solchen Themen auch vorging, seine hauptsächliche literarische Leistung bleibt doch das gewaltige Opus *De occulta philosophia,* ein dreibändiges Werk, das ein enzyklopädisches Kompendium und eine Interpretation des esoterischen, speziell hermetischen Denkens darstellt. In diesem erstaunlichen dreibändigen Überblick versucht Agrippa alles zu behandeln, was damals von Hermetismus und Magie bekannt war. Oder, um genauer zu sein, er versucht alles zu behandeln, was man seiner Ansicht nach ungefährdet drucken lassen konnte. In einem Brief aus dem Jahre 1527 betont er, es gebe geheime Auslegungen und Deutungen, die nicht durch das gedruckte Wort allein übermittelt, sondern nur persönlich vom Meister zum Schüler weitergegeben werden könnten. In dieser Hinsicht befindet sich Agrippa ganz in Übereinstimmung mit der Tradition, die bis auf Pythagoras, die alten Mysterienschulen und die Welt des alexandrinischen Synkretismus zurückgeht.

Wie für Zosimos und andere hermetische Alchemisten des alten Alexandria ist für Agrippa der Alchemist selbst das einzig wirkliche Subjekt und Objekt seiner Untersuchungen. Alle Alchemie und ebenso alle Magie soll auf einen Prozeß persönlicher Transmutation hinauslaufen: »Wer also sich selbst kennt, kennt in sich selbst alle Dinge, insbesondere

Gott [...] und er weiß, wie alle Dinge mit allen anderen zu ihrer Zeit, an ihrem Ort, in ihrer Ordnung, ihrem Maß, ihren Verhältnissen und ihrer Harmonie in Beziehung gesetzt werden müssen [...]«[161] Und wie für Zosimos und andere hermetische Alchemisten des alten Alexandria ist für Agrippa die Welt der Erscheinungen, die materielle Schöpfung, eine lebendige, fühlende Wesenheit. Für Agrippa »ist die Welt ein Organismus, ein Körper, dessen Teile die Körper der lebenden Geschöpfe sind«.[162]

Wie seine hermetischen Vorläufer in Alexandria ist auch Agrippa dem Glauben gegenüber mißtrauisch. Er legt statt dessen Wert auf unmittelbare Erkenntnis des Heiligen, auf die numinose, »gnostische« Erfahrung. Daher ist es nicht überraschend, daß es ihm widerstrebt, dem Christentum ein Monopol auf die Wahrheit zuzugestehen: »Doch die Riten und Zeremonien sind in Ansehung der Unterschiede von Zeit und Ort unterschiedlich. Jede Religion enthält etwas Gutes, da sie Gott geweiht ist [...] keine Religion ist so falsch, daß sie nicht auch ein Gutteil Weisheit in sich trüge.«[163]

Im Lauf seines Opus magnum zitiert Agrippa eine ganze Reihe wissenschaftlicher Erfindungen und Entdeckungen, die für ihn in den Bereich des immer strebend bemühten Magiers gehören. So erwähnt er zum Beispiel die »Camera obscura«; er erwähnt Techniken des Lesen, Hörens oder Sprechens auf große Entfernungen, und das in einem Zusammenhang, der auf einen Parabolspiegel schließen läßt; er erwähnt Methoden der Hitzeisolierung, die es einem Menschen unter anderem erlauben, glühende Kohlen ohne Schmerz oder Verletzungen in die Hand zu nehmen; und er erwähnt Experimente mit Drogen, bei denen es sich um Opium, Kokain oder Cannabisderivate handeln könnte.

Zu Anfang des 1. Buches seiner *Occulta philosophia* gibt Agrippa eine Definition der Magie: »Diese Wissenschaft ist daher die vollkommenste und höchste, sie ist eine erhabene und heilige Philosophie, ja sie ist die absolute Vollendung der edelsten Philosophie.«[164] Er fährt dann fort: »Von diesen Sternen, Bildern und Eigenschaften hängen nun sämtliche Kräfte und Eigenschaften der unteren Naturgegenstände ab«, so daß deren Kraft zum Magier herabgezogen und angewendet werden kann.[165]

Der Magier oder Magus ist nach Agrippa »in der Naturphilosophie und Mathematik (erfahren) [...] (und hat) außerdem noch die mit diesen beiden zusammenhängenden Hilfswissenschaften, als Arithmetik, Musik, Geometrie, Optik, Astronomie, die Eigenschaften der Gewichte, Maße, Verhältnisse, Gliederungen und Verbindungen, sowie die daraus hervorgehende Mechanik gründlich kennengelernt [...]«[166]

Band I der *Occulta philosophia* ist der »natürlichen Magie«, wie es Agrippa nennt, gewidmet, Band II behandelt die »himmlische Magie«, und Band III hat die »zeremonielle oder göttliche Magie« zum Gegenstand. Aus dieser Einteilung könnte man den Schluß ziehen, das Werk spiegle eine Art inneren Fortschritt wider – einen Aufstieg sozusagen auf einer Leiter, die eine Hierarchie von mehr oder weniger christlichen Werten darstellt. Doch schon der erste Blick auf die Inhalte der drei Bände entzieht einer solchen Vermutung jede Grundlage. Unter dem Titel *Natürliche Magie* beschäftigt sich Agrippa mit den vier Elementen (Erde, Luft, Feuer und Wasser), mit der Wahrsagekunst im allgemeinen und der Astrologie im besonderen, also den Planeten und ihren hermetischen Entsprechungen. *Himmlische Magie* schließt unter anderem »Gematrie, Zahlen, Kabbala, Pentagramme, Geomantische Figuren, Schreiben nach Weise der Engel, Astrologie (als Wiederaufnahme des Themas vom 1. Band), Talismane, Magische Quadrate und Planetensiegel« ein. Unter *Zeremonieller oder Göttlicher Magie* werden »Platonismus, Kabbala, Böse Geister und Dämonen, Göttliche Namen und Siegel der Geister« behandelt.

Es handelt sich also nicht um einen geistigen Fortschritt im gebräuchlichen Sinn des Wortes. Es ist vielmehr ein Fortschritt von Passivität zu zunehmender Aktivität, von Interpretation zu Partizipation und magischer Beschwörung. Es ist ferner ein Fortschritt in bezug auf Kraft, Macht und Potenz. Unter Kategorien wie »Siegel der Geister« erörtert Agrippa zum Beispiel Kräfte apokalyptischen Zuschnitts, Dinge, die wir heute mit der Atomspaltung oder mit der Energie assoziieren würden, wie sie etwa am Höhepunkt der Spannung in Science-fiction-Romanen vom Schlage der *Raiders of the Lost Ark* freigesetzt wird. Mit Bezug auf Agrippa bemerkt ein anerkannter moderner Gelehrter: »[...] dadurch, daß er Magie, heidnische Religionen und den christlichen Glauben auf genau dieselbe Art behandelt, demonstriert er schlagend, wie gefährlich [...] Magie dem Christentum erscheinen mußte.[167]

Und Frances Yates stellt fest:

> Agrippa hat ein Textbuch geschrieben, wie man Magier wird. Damit wurde er zum Theoretiker des Renaissance-Ideals des Magiers, des »göttlichen« Menschen, der magisch im Kosmos zu wirken und sich universelle Erkenntnis und Macht anzueignen vermag – ein Ideal, das so treffend in Picos berühmtem Preislied von der »Würde des Menschen« beschrieben wird. Agrippas *De occulta philosophia* war das bekannteste Handbuch der Renaissance-Magie. Es enthielt sowohl die Magie Ficinos [...] als auch die kabbalistische Magie, wie sie von Pico erläutert und von Reuchlin und den unzähligen Renaissance-Kabbalisten weiter ausgebaut wurde.[168]

Frances Yates kommt zu dem Schluß:

> Ficinos sanfte, kunstvolle, sehr subjektive [...] Magie und Picos ungemein fromme, kontemplative kabbalistische Magie sind ausgesprochen unschuldig im Vergleich zur Magie Agrippas, die mit so gewaltigen Kräften hantiert.[169]

Als ob all dies noch nicht ausgereicht hätte, Agrippas Ruhm zu begründen, war er außerdem eine Art Showman, der sich selbst so konsequent und geschickt inszenierte, daß er immer in genau dem Licht erschien, das er sich wünschte. In einem Zeitalter, das nur zu gerne an Meister-Magier glaubte, verfügte er über eine ganze Anzahl von Tricks, um sich als solchen darzustellen. Er führte zum Beispiel heimlich eine umfangreiche Korrespondenz mit Philosophen und Kollegen, die sich an exotischen Orten aufhielten, um dann vorzugeben, was sie ihm erzählt hatten, von Dämonen oder Hausgeistern empfangen zu haben. Auch legte er großen Wert darauf, immer in Begleitung eines schwarzen Hundes aufzutreten, den das leichtgläubige Volk für seinen persönlichen Schutzgeist halten sollte. Auch der historische Faust wurde angeblich von einem solchen Hund begleitet, was ebenfalls zu Agrippas

Überblendung mit der Faustgestalt beitrug. Und drei Jahrhunderte später erschien der Hund in Goethes Drama von neuem, als eine der Verkleidungen des Mephistopheles.

Durch solche Maßnahmen gelang es Agrippa, sich mit einer Aura des Geheimnisses zu umgeben und buchstäblich schon zu Lebzeiten zur Legende zu werden. Märchenhafte Geschichten über ihn machten die Runde. Es hieß, er bezahle seine Rechnungen in Wirtshäusern mit Münzen, die ganz echt schienen, sich nach seiner Abreise aber in wertlose Muschel- oder Hornschalen verwandelten. Man behauptete, er besitze einen magischen Spiegel, in dem er zeitlich und räumlich entfernte Dinge sehen könne. In diesem Spiegel erblickte der Earl of Surrey angeblich, wie sich seine Geliebte, von der er zeitweise getrennt war, vor Kummer nach ihm verzehrte. Bei einer anderen Gelegenheit soll Agrippa in Gegenwart des Earl of Surrey, des Kurfürsten von Sachsen, des Erasmus und anderer prominenter Persönlichkeiten den Schatten Ciceros beschworen haben, der ihnen als Geschenk eine seiner berühmten Reden hielt.

Eine weitere Anekdote vom Ende des 16. Jahrhunderts illustriert die Ehrfurcht, die Agrippa entgegengebracht wurde. Einmal war der Magus selbst abwesend, und ein Student, der in seinem Haus in Löwen wohnte, schwatzte seiner Frau den Schlüssel zu des Magiers Studierzimmer oder Laboratorium ab. Er drang in des Meisters Sanktum ein und stolperte über ein »Grimoire«, ein Buch mit Zaubersprüchen. Halbwissen kann gefährlich sein. Denn der Student beschwor nun einen Dämon, den er nicht zu beherrschen vermochte. Nach einem Bericht starb er vor Schreck, nach einem anderen erwürgte der Dämon, ziemlich undämonisch rohe physische Gewalt anwendend, den unglücklichen jungen Mann. Als Agrippa zurückkehrte und sah, was geschehen war, hatte er verständlicherweise keine Lust, wegen Mordes angeklagt zu werden. Deshalb, so erzählt die Anekdote weiter, habe er den Dämon nun selbst beschworen und ihm befohlen, den Leichnam des jungen Mannes kurzfristig wieder zum Leben zu erwecken. Durch höllische Kräfte zum Zombie geworden, marschierte die Leiche daraufhin aus dem Haus und schlenderte allen sichtbar über den Marktplatz, so daß jeder sehen konnte, daß der Student gesund und munter war. Plötzlich aber zog sich der Dämon zurück, und der Körper des jungen Mannes brach zusammen, er war also offensichtlich eines natürlichen Todes gestorben.

Phantasiegeschichten dieser Art waren typisch für die mystische Aura, die Agrippa umgab, und typisch für seine Beziehung zum Publikum. Doch hinter den Kniffen und Techniken zur Selbstdarstellung des Scharlatans agierte eine der kühnsten, originellsten und machtvollsten Intelligenzen der damaligen Zeit. Agrippas Ausführungen über magisches und hermetisches Denken sind bis heute eine Fundgrube in diesem Bereich und üben bis zur Gegenwart ihren Einfluß aus. Man kann zum Beispiel Joyce oder Thomas Mann, Jorge Luis Borges oder Robertson Davies und viele andere große Schriftsteller unseres Jahrhunderts nicht lesen, ohne immer wieder auf Zitate von oder Anspielungen auf Agrippa zu stoßen. Und als Persönlichkeit verfügte Agrippa über ein solches Charisma, daß er seinen Stempel nicht nur seinem Zeitalter, sondern in Gestalt des Faust auch den Jahrhunderten der Nachwelt aufdrückte.

Alchemie und Medizin

Agrippa ist eine der außergewöhnlichen Varianten des Renaissance-Magiers, doch wird er vielleicht von einer noch gewaltigeren Gestalt übertroffen: von Aureolus Philippus Theophrastus Paracelsus Bombastus von Hohenheim, im allgemeinen einfach unter dem Namen Paracelsus bekannt. Er und Agrippa besaßen im wesentlichen die gleiche *Weltanschauung,* die gleichen Wertvorstellungen, die gleiche hermetische Schau. Doch fiele es schwer, sich zwei unterschiedlichere Charaktere vorzustellen. War Agrippa kühl, stolz, abweisend und geheimnisvoll, so trat Paracelsus prahlerisch und polternd, jovial, extravertiert, temperamentvoll und mit einem Hang zur Überschwenglichkeit auf, neigte aber zugleich zu homerischem Zorn. Er erinnerte an Rabelais oder an Shakespeares Falstaff.

Paracelsus wurde um 1493, sieben Jahre nach Agrippa, bei Einsiedeln in der Schweiz geboren. Er starb 1541, sechs Jahre nach Agrippa. Sein Vater war der uneheliche Sohn eines in Ungnade gefallenen schwäbischen Edelmanns, eines ehemaligen Großmeisters des Johanniterordens, der Besitz und Ehre verloren hatte. Als ausgebildeter Arzt hatte Hohenheim der Ältere den Wunsch, sein Sohn solle in seine Fußstapfen treten. Paracelsus warf sich daher aufs Studium der Medizin. 1509, im Alter von 16 Jahren, schrieb er sich an der Universität Basel ein. Um 1513 verließ er die Universität und ging auf Wanderschaft. Wanderungen sind charakteristisch für sein ganzes späteres Leben. In Erfurt begegnete er einem gewissen Rufus Mutianus, einem Freund des Pico della Mirandola, und wurde sein Schüler. Und zu irgendeinem Zeitpunkt vor des Trithemius Tod im Jahre 1516 ging Paracelsus, wie schon Agrippa, bei dem hermetischen Abt in die Lehre.

Paracelsus, ein freimütiger, streitbarer Charakter, stand bald auf Kriegsfuß mit dem medizinischen Establishment seiner Zeit. Und seine ganze Laufbahn ist ebensosehr vom bilderstürmerischen Kampf mit diesem Establishment ausgefüllt wie mit dem Versuch, seine eigene Sichtweise durchzusetzen. »Ich bedachte bei mir selbst, wie ich die große Kunst erlernen würde, wenn es auch keinen Lehrer der Medizin in der Welt gäbe. Nicht anders, als in dem großen, offenen Buch der Natur, geschrieben vom Finger Gottes.«[170]

Agrippa war in seinen Büchern maßvoll, überlegen, distanziert und trat weitgehend hinter der Sache zurück. Im Gegensatz dazu trumpfte Paracelsus hochmütig, pomphaft, dogmatisch und orakelhaft auf und entwickelte ein Ego mit einem Schatten groß wie ein Luftballon. Nicht gesonnen, sich bescheiden zurückzuhalten oder den Schein zu wahren, geißelte er die medizinische Tradition des Aristoteles, Galenus und Avicenna und scheute sich nicht, den Überlegenen über diese Art Medizin herauszukehren:

Ich, Philipp Theophrastus Bombast, sage, daß nach göttlicher Gnade vielerlei Wege zur Offenbarung der Tinktur der Physici gesucht worden sind und daß man schließlich zu einem Ende kommen wollte. Daher ist Hermes Trismegistos der Ägypter nach seinem Sinn zu Werke gegangen [...] So ist jeder seinem Kopfe nachgegangen, und alle sind doch zuletzt zu einem Ende gekommen [...] Aber jetzt ist die göttliche Gabe zu Philipp Theophrastus Bombast [...] gekommen, so daß von nun an jeder, der sich mit dem höchsten Werk der Physica beschäftigt, mir wird nachfolgen müssen [...] daß es durch das Feuer bewährt wurde, das das Falsche von dem Richtigen scheiden lehrt. So ist das Licht der Natur geschaffen, daß man dadurch die Probe und den Beweis jedes Dinges sehe und in diesem Lichte wandle.[171]

Und was das medizinische Establishment seiner Zeit betrifft, so meint Paracelsus, daß »die alte smaragdinische Tafel noch mehr Kunst und Erfahrung der Philosophie, der Arznei und der Magie und dergleichen (anzeigt), als von dir und deinem Haufen je gelernt werden wird«.[172] Paracelsus überwarf sich mit den medizinischen Autoritäten seiner Zeit, ging dann aber selbst dazu über, die wissenschaftliche Kunst des Heilens zu lehren, und entwickelte bei diesem Unternehmen ein vollkommen neues System der Medizin. Tatsächlich hat dieses System erst in unseren Tagen die Beachtung gefunden, die es verdient. Paracelsus ging von der typisch hermetischen Grundvoraussetzung aus, daß der Mensch nicht von der Natur getrennt, sondern ein integrierender Bestandteil der Natur ist. Er betrachtete also den menschlichen Organismus in seiner natürlichen Umwelt, eine Methode, die man heute holistisch nennen würde. Wenn, im Einklang mit den hermetischen Prinzipien, alles mit allem verbunden war, so war auch der Mensch ein Mikrokosmos im Kosmos und die Menschheit in all ihren Aspekten ein Mikrokosmos im Ganzen. Infolgedessen mußte der Mensch als eine von einer größeren Totalität umschlossene Totalität aufgefaßt werden: als ein lebendiger Organismus, nicht als ein aus isolierten Teilchen zusammengesetzter Mechanismus. Um den menschlichen Organismus und seine Krankheiten begreifen zu können, mußte man, das war die Einsicht des Paracelsus, die Gesamtheit des menschlichen Lebens kennen, den ganzen kosmischen Zusammenhang, in den dieser Organismus eingebettet war. Und um ein tüchtiger Arzt zu sein, durfte man sich keinesfalls spezialisieren. Man mußte zugleich Psychotherapeut (beziehungsweise das Äquivalent der Renaissance dafür), Kräuterkundiger, Botaniker, Chemiker, Physiker, Astronom, Astrologe, Alchemist, Mineraloge, Metallurg und was es sonst noch alles gab sein. Oberster Richter bei all diesen Tätigkeiten war die Natur; auf die Natur mußte man achten, sie beobachten, sie erforschen, sie respektieren. Für Paracelsus war, wie für Agrippa, die natürliche Welt ein lebender Organismus, der als solcher erkannt und behandelt werden wollte. Die der damaligen Tradition verhafteten Ärzte übersahen das geflissentlich. Sie befragten die Natur nicht mehr und verließen sich allzu ausschließlich auf Verstand und Logik und bloße Spekulation.

Wie Paracelsus zu seinen Studenten in Basel sagte: »Nicht Titel und Beredsamkeit, nicht Sprachenkenntnisse, nicht die Lektüre zahlreicher Bücher [...] sind Erfordernisse eines Arztes, sondern die tiefste Kenntnis der Naturdinge und Naturgeheimnisse [...] Demnach dienen mir als Beweishelfer Erfahrung und eigene Erwägung statt Berufung auf Autoritäten [...]«[173]

Wegweiser auf dem Pfad zu den Geheimnissen der Natur war für Paracelsus Hermes Trismegistos. Und die wirksamste Methode, diesen Pfad zu erkunden, war die Alchemie. Er berief sich auf die alte Parallele zwischen dem Alchemisten und dem Botaniker, wenn er schrieb: »Da nun der Alchemist also hierin ans Licht bringt, was in der Natur steckt, so wißt, daß andere Kräfte in den Knospen, andere in den Blättern, andere in den Blüten [...] sind.«[174] Medizin war im Grunde nur eine Form alchemistischer Magie, die sich des Zusammenhangs zwischen Mikrokosmos und Makrokosmos bediente: »Und wie der Arzt einem Kranken seine Arznei geben kann und diese den Betreffenden von seiner Krankheit heilt, so kann auch der Magier solche Kräfte in einen Menschen bringen, nachdem er sie durch einen Auszug genommen hat.«[175] Und: »Wenn nun der Magier ebenso eine jede Kraft der Sterne in einen bestimmten Gegenstand bannen kann, kann er dann nicht Bilder machen, die zur Gesundheit verhelfen und Krankheit bewirken können?«[176]

Nach einem modernen Kommentator, Allen Debus, waren Paracelsus und seine Nachfolger motiviert

> durch die Reaktion gegen die alten Autoritäten und die Überzeugung, daß neue Beobachtungen der Natur die Grundlage für eine neue Wissenschaft bilden müßten; durch die hermetische, neuplatonische

und neupythagoreische Philosophie; und vor allem anderen durch ein besonderes Interesse an der praktischen Chemie oder Alchemie als dem Schlüssel [...] zu den großen Rätseln des Universums [...][177]

Debus kommt zu dem Schluß:

> Dieses Plädoyer für eine neue Erforschung der Natur stand in engstem Zusammenhang mit der Natur-Magie der Renaissance. Überall im Universum sah man lebendige und magische Kräfte am Werk, und der Mensch war als Glied der alles umfassenden Lebenskette in der Lage, an der ihn umgebenden großen Welt teilzunehmen. Der Ausdruck »magisch« erhielt allmählich die Bedeutung eines auf Beobachtung und Experiment beruhenden Studiums der okkulten Kräfte der Natur.[178]

Um das »große Buch der Natur« zu studieren, begab sich Paracelsus zwischen 1513 und 1524 wieder auf Wanderschaft und durchzog in der Folge das gesamte damals bekannte Europa. Er wanderte von Spanien nach Osteuropa. In Rußland scheint er der Vertraute eines Tartarenfürsten gewesen zu sein, den er nach Konstantinopel begleitete. Er besuchte Palästina, Arabien und Alexandria, wo er Magier-Kollegen begegnete und mit ihnen sprach. Sogar nach Indien soll er gelangt sein. Auf vielen dieser Wanderungen arbeitete er als Wundarzt und Feldchirurg in der einen oder anderen Armee und nahm in dieser Eigenschaft an der Belagerung der Insel Rhodos im Jahre 1522 teil.

Zwischen 1525 und 1526 wirkte er als Arzt in Salzburg. 1527 lebte er in Basel. Hier wurde er auf Fürsprache des Erasmus zum Stadtarzt ernannt, was zugleich die Übernahme eines Lehrstuhls für Medizin an der Universität bedeutete. Aber wie gewöhnlich polarisierte Paracelsus seine Umgebung auch hier sofort durch seine extravagante, sich selbst in Szene setzende Rhetorik, seine dauernden Angriffe auf das ärztliche Establishment, sein exzentrisches, oft unberechenbares Verhalten und seinen extravertierten, streitbaren Charakter. Für ihn gab es nur glühende Anhänger oder erklärte Feinde, nichts dazwischen. Eine aufsehenerregende, bilderstürmerische Geste brachte ihm den Beinamen »Luther der Medizin« ein: Er verbrannte in einem Metallbehälter, der eine

Mischung aus Salpeter und Schwefel enthielt, öffentlich die Werke geheiligter Autoritäten. Damit aber war seines Bleibens in Basel nicht länger. Kurze Zeit danach vertrieb ihn die Auseinandersetzung mit einem Ratsherrn auch aus Zürich. Er mußte wieder wandern. Auf dieser erneuten Odyssee trat er wie ein Prophet des Alten Testamentes auf und schleuderte seinen Feinden einen immer ätzenderen, biblischen Zorn entgegen. Aber auch während dieser Zeit blieb er als Schriftsteller ununterbrochen produktiv. Doch seine Versuche, seine Werke zu publizieren, stießen auf fortwährenden Widerstand und wurden häufig von den Machenschaften seiner Gegner durchkreuzt. Erst in den 60er Jahren des 16. Jahrhunderts wurden seine zahlreichen Abhandlungen und Pamphlete in nennenswertem Umfang gedruckt. Zu dieser Zeit aber war Paracelsus schon tot. Die Umstände seines Todes im Jahre 1541 liegen im Dunkeln. Es gibt Hinweise darauf, daß er auf Betreiben der medizinischen Experten, die er so unablässig und rücksichtslos angegriffen und in ihrer Ruhe gestört hatte, vergiftet wurde.

Dadurch, daß Paracelsus so großen Wert auf Beobachtung und empirische Forschung legte, setzte er eine medizinische und wissenschaftliche Revolution in Gang. Mit voller Berechtigung kann man ihn als einen der Väter nicht nur der ganzheitlichen Heilpraxis, sondern der modernen Medizin überhaupt bezeichnen. Sicher, er bestand wie ein moderner ganzheitlicher Heilpraktiker darauf, immer den ganzen Menschen zu sehen und nicht nur die Symptome, sondern auch die zugrundeliegenden Ursachen zu behandeln. Doch bahnte er gleichzeitig den Weg für viele Entwicklungen der konventionellen Allopathie. Er erkannte zum Beispiel, daß Körperfunktionen häufig, wenn nicht immer, auf chemische Reaktionen zurückgeführt werden können. Und wenn dem so war, konnten chemisch präparierte Heilmittel jedes Ungleichgewicht und jede funktionelle Störung im Körper korrigieren.

Er experimentierte außerdem mit den aktiven Ingredienzien des Mohns und entwickelte Techniken zur Erzeugung von Laudanum, das für vier Jahrhunderte ein immer wieder verschriebenes Palliativ wurde und auch heute noch in Form des Morphiums gebräuchlich ist. Auch erforschte er die Wirkungen anderer Opiumderivate. Er beschäftigte sich mit den Eigenschaften von Drogen und aus der Neuen Welt importierten Arzneien. Er untersuchte den therapeutischen Wert des Schwefels, der bis zur Erfindung der Antibiotika das Standardmittel gegen Infektionen war.[179] Als einer der ersten Europäer deckte Paracelsus die Ursachen der Syphilis auf, und ein Jahrhundert, bevor der königliche Leibarzt William Harvey in den Jahren nach 1620 offiziell den Blutkreislauf entdeckte, sprach Paracelsus schon von der Zirkulation des Blutes.[180] Paracelsus war auch der erste Arzt, der Magnete benützte und das Phänomen des Magnetismus in bezug auf den menschlichen Organismus erforschte. Bei seinen Schlußfolgerungen in dieser Hinsicht mag er sich geirrt haben, doch bahnte er den Weg für die Arbeiten Mesmers und schließlich Freuds. Auch noch andere Bereiche gab es, in denen Paracelsus zur Entstehung der modernen Psychologie beitrug. Sich stets auf das hermetische Prinzip der Verknüpfung von allem mit allem stützend, erkannte er die Verbindung zwischen Seele und physischem Organismus. Er wies die populären Vorstellungen einer »dämonischen Besessenheit« zurück und war ein Pionier der Erforschung von Hysterie und psychosomatischen Krankheiten. Er unterstrich die Bedeutung und den Einfluß der Willenskraft beim Heilungsprozeß, ebenso die positive Macht der Phantasie. Ein wesentlicher Aspekt der Magie war für Paracelsus die praktische Anwendung der hermetischen Prinzipien auf den Vorgang der Heilung. Und »die Einbildung ist ein Anfang und (magischer) Zwang der Zusammenfügung«.[181] Mit anderen Worten: Zur Wiederherstellung eines Kranken mußte dieser fest an die Wirksamkeit der ärztlichen Behandlung glauben und so alle psychischen Ressourcen mobilisieren.

Gleichzeitig konnten natürlich dieselben Prinzipien, wenn man sie unterschiedlich anwandte, ganz verschiedene Wirkungen erzielen: »Der Glaube stellt also ein Instrument dar, das dieselben Dienste leisten kann wie irgendeine Waffe [...] Wenn wir ernstlich daran glauben, können wir Leute zu Tode und krumm und lahm beten [...]«[182]

Solche Behauptungen mögen ungewöhnlich oder weit hergeholt klingen. Doch sind sie in Prinzipien verwurzelt, die heute weltweit anerkannt werden: in der gegenseitigen Verbundenheit von Körper und Seele, der Fähigkeit der Seele, körperliche Störungen zu beheben, und in der Macht der Suggestion, das Selbstvertrauen eines Menschen zu stärken oder zu schwächen. Paracelsus war also ein Pionier in einem Bereich, den sich spätere Magier auf neue Weise zu eigen machten, zum Guten und zum Bösen: dem Bereich der Psychologie.

John Dee: Ein Magier
der elisabethanischen Epoche

Pico della Mirandola verkörperte die erste Generation der Renaissance-Magier; er stand in den letzten Jahrzehnten des 15. Jahrhunderts auf dem Höhepunkt seiner Wirkung. Die zweite Generation, repräsentiert vor allem von Agrippa und Paracelsus, erschien in den ersten Jahrzehnten des 16. Jahrhunderts. Die dritte Generation, die von der Mitte des 16. Jahrhunderts an auftrat, weist zunehmend vom ursprünglichen Muster abweichende, individuellere Gestalten auf. In der englischsprachigen Welt war der einflußreichste von ihnen John Dee.

Sproß walisischer Vorfahren, wurde Dee im Jahre 1527 geboren. Zwischen 1542 und 1545 studierte er in Cambridge Griechisch und Mathematik. Auch beschäftigte er sich intensiv mit den naturwissenschaftlichen Fragen, besonders mit der Mechanik. Er zeigte Interesse an Kartographie und Navigation, das zeit seines Lebens anhielt und zu regelmäßigen Kontakten und Korrespondenzen mit Kartographen in ganz Europa führte. 1546 wurde er zum Mitglied des neugegründeten Trinity College ernannt, an dem er Griechisch lehrte. Nach einem Abstecher in die Niederlande zum Studium der Navigation kehrte er nach Cambridge zurück und machte 1548 seinen Magister Artium. In den nächsten zwei Jahren setzte er seine Studien in Löwen fort. Gerhard Mercator, der größte Kartograph, Geograph und Globushersteller seiner Zeit, zählte dort zu seinen engsten Freunden, jener Mercator, der die »Mercator-Projektion«, die bis heute fast allen Landkartenentwürfen zugrunde liegt, erfand.

1551 kehrte Dee nach Aufenthalten in Antwerpen, Brüssel und Paris nach England zurück und befreundete sich mit Sir William Cecil, dem späteren Lord Burghley, der das elisabethanische Spionagesystem aufbaute. Zwischen 1552 und 1555 diente John Dee in der Umgebung des

Earl of Pembroke und des Herzogs von Northumberland. Zu seinen engsten Freunden in dieser Zeit zählten der Sohn des Herzogs, John, Earl of Warwick, und Robert Dudley, der spätere Earl of Leicester. Im Sommer 1555 verbüßte Dee wegen Verrats an Königin Maria der Katholischen eine kurze Gefängnisstrafe. Kein Wunder, daß ihm das die Gunst der späteren Königin Elisabeth eintrug. Als Elisabeth im Jahre 1558 den Thron bestieg, war es Dee, der den astrologisch günstigsten Tag für die Krönung bestimmte. Er war bei Hof gern gesehen und wurde nach dem Tod von Robert Recorde der einflußreichste Exponent der Naturwissenschaften in England. 1561 ergänzte und erweiterte er Recordes *Grounde of Artes,* den berühmten Text über Mathematik, der arabische Ziffern verwendete. Dies Buch war das erste seiner Art und erlebte während des folgenden Jahrhunderts 26 Auflagen.

Bis 1563 hatte sich Dee eine Anzahl namhafter Feinde gemacht. Man griff ihn in Druckerzeugnissen als den »großen Geisterbeschwörer« an. Ein Jahr später machte er diesem Status alle Ehre, indem er sein bedeutendstes und gefeiertstes Buch veröffentlichte, ein Werk über die hermetische und kabbalistische Magie mit dem Titel *Monas hierogly-phica:* das Zeichen, die Hieroglyphe des Einen. In diesem Text, gewidmet Maximilian I., dem Kaiser des Heiligen Römischen Reiches, stützte sich Dee weitgehend auf die Kabbala des Mönches Francesco Giorgi aus Venedig und auf Agrippas zusammenfassende Darstellung in *De occulta philosophia.* Auf die Gefahr hin, Dees Absichten allzusehr zu vereinfachen, könnte man die *Monas* als einen Versuch beschreiben, aus Agrippas umfangreicher dreibändiger Synthese eine einzige magisch-mathematische Formel zu destillieren, ein einziges Symbol oder eine symbolische Gleichung, die die Totalität der universellen Weisheit verkörperte, sozusagen eine Art hermetisches Äquivalent zu Einsteins $E = mc^2$. In der Folge sollte die *Monas* starken Einfluß auf die geheimnisvollen Rosenkreuzer-Manifeste ausüben; Dees Hauptsymbol, die Glyphe, die die »Monas« selbst versinnbildlicht, ist in einem von ihnen abgebildet.[183]

1566 machte Dee die Bekanntschaft von Edward Dyer, der später geadelt und Kanzler des Hosenbandordens wurde. 1570 schrieb er ein Vorwort zur englischen Übersetzung des Euklid. Im selben Jahr ließ er sich in Mortlake bei Richmond nieder. Aus seinem Schloß wurde im Lauf der Zeit eine Art Akademie nach italienischem Vorbild für elisabethanische Schüler der Hermetik. Dee erlaubte Gelehrten, auf Schloß Mortlake Quartier zu beziehen, andere Räume wurden für wissenschaftliche Instrumente reserviert und als Laboratorien benutzt. Auch wurde eine umfangreiche Bibliothek zusammengestellt, die vier oder fünf Zimmer des Hauses füllte. Sie enthielt außer antiken Texten die Werke mittelalterlicher Magier wie Raimundus Lullus und Roger Bacon sowie natürlich die Bücher des Ficino, Pico, Giorgi, Agrippa und Paracelsus. Nach Frances Yates gab sich die gesamte Renaissance in Dees Bibliothek, der »größten naturwissenschaftlichen Bibliothek des damaligen England«,[184] ein Stelldichein. Dee vergrößerte sie unaufhörlich, indem er ihr Manuskripte und Bücher aus kirchlichen Sammlungen einverleibte, die aufgrund der Aufhebung der Klöster durch Heinrich VIII. verfügbar geworden waren.

Unter den regelmäßigen Gästen auf Mortlake befanden sich auch Dees alter Freund, Sir Edward Dyer, weiter der Spionagechef Elisabeths, Sir Francis Walsingham, Robert Dudley, Earl of Leicester, Leicesters Neffe, Sir Philip Sidney, der bei Dee Hermetismus im allgemeinen und Alchemie im besonderen studierte. Auch Adrian Gilbert fehlte nicht, Halbbruder von Sir Walter Raleigh und Alchemist bei Sidneys Schwester Maria, Gräfin von Pembroke, der der Dichter sein Opus magnum *Arcadia* gewidmet hatte. Aller Wahrscheinlichkeit nach studierte auch die Gräfin – bekannt als Adeptin der Alchemie mit eigenem alchemistischen Laboratorium – bei Dee. Daß Raleigh persönlich Mortlake besucht hat, ist zwar durch keinen Bericht belegt, doch sehr wahrscheinlich. Mit Sicherheit war er einer der engsten Freunde Dees und einer seiner wärmsten Fürsprecher bei Hofe.

Mit Raleigh und dem Mathematiker Thomas Hariot überschnitt sich Dees Kreis mit einem anderen, der ähnliche Interessen verfolgte. Dieser Kreis hatte sein Domizil nicht weit entfernt von Mortlake in Syon House und wurde von Henry Percy, Earl of Northumberland, geleitet. In seinem Schloß in West Sussex hatte der Graf seinerseits eine beeindruckende Bibliothek aufgebaut. Außer Raleigh und Hariot empfing er in Syon House Christopher Marlowe und später den jungen John Donne.

So konnte Dee in seinem eigenen Kreis und in dem des Grafen »einige der einflußreichsten Persönlichkeiten des elisabethanischen England mit seiner Philosophie vertraut machen«.[185]

Aber sie blieben nicht die einzigen. Dee war ein abenteuerlich veranlagter Charakter, dessen großem Tatendrang der mit allen Bequemlichkeiten ausgestattete Herrensitz Mortlake nicht immer genügte. Niemals hatte er seine schon früh gefaßten Leidenschaften, Kartographie und Navigation, aufgegeben und bereits größere Summen in Entdeckungsfahrten zur See investiert. 1576 segelte er persönlich mit Martin Frobisher über den Atlantik, auf der Suche nach der legendären Nordwestpassage in den Fernen Osten. Dabei bekam er zwar von der Neuen Welt kaum mehr als die eisbedeckten Gewässer der Hudson Bay zu Gesicht. Doch Ergebnis dieser Reise war sein Buch *General and Rare Memorials pertayning to the Perfect Arte of Navigation (Allgemeine und besondere Denkwürdigkeiten in Hinsicht auf die vollkommene Kunst der Navigation)*, veröffentlicht 1577. In diesem Werk plädierte Dee unter anderem für die Schaffung einer ständigen britischen Marine. Und sein Interesse an Entdeckungsfahrten zur See nahm weiter zu. Es gibt überzeugende Belege dafür, daß er einer der Sponsoren der Erdumsegelung Drakes gewesen ist. Auf jeden Fall zählten die anderen Sponsoren – unter ihnen Walsingham, Leicester und Dyer – zu seinen engsten Freunden und eifrigsten Protegés. Und auch Drakes unmittelbarer Untergebener, Sir John Hawkins, war regelmäßiger Gast in Mortlake.

Das gilt auch für einen anderen Seefahrer, Sir Humphrey Gilbert, den Halbbruder von Sir Walter Raleigh und Bruder von Adrian Gilbert. 1580 übertrug Sir Humphrey die Exklusivrechte an allem Land, das in der Neuen Welt oberhalb des 30. Breitengrads entdeckt werden würde – das bedeutete den Großteil des modernen Kanada – an Dee.[186] Vor den Gilberts und anderen Freunden entwarf Dee die grandiose Vision eines neuen Imperiums, eines bis dahin unvorstellbaren »Britischen Empire« mit Elisabeth I. als erster Herrscherin.[187] Er sammelte eine Anzahl etwas fragwürdiger Beweise, daß England ein metaphysisches, wenn nicht weltlich-politisches Recht auf den Großteil der Neuen Welt besitze, und entwarf ein umfangreiches Programm zur Kolonisation der neuen Länder. 1583 segelten die Gilberts erneut über den Atlantik, um Dees Pläne zu verwirklichen. Auf Neufundland gründeten sie die erste britische Kolonie Nordamerikas. Doch auf der Rückfahrt lief ihr Schiff auf Grund, und beide Brüder kamen um. Mochte aber dieses Projekt selbst folgenlos bleiben, so bahnte es doch den Weg für andere. Wie Frances Yates sagt, kann Dee mit gutem Grund als »Architekt der Idee des Britischen Empire« betrachtet werden.[188]

1582, ein Jahr vor der unglücklichen Reise der Gilberts, hatte Dee die Bekanntschaft eines Mannes gemacht, der im allgemeinen unter dem Namen Edward Kelley bekannt ist. Kelley war ein schlauer, skrupelloser Scharlatan, ja sogar ein Verbrecher, dem wegen Falschmünzerei beide Ohren abgeschnitten worden waren. Er verbarg diese Verstümmelung immer unter einer schwarzen Kappe. Es war ihm gelungen, sich einen Ruf als Alchemist, Nekromant und Medium zu verschaffen. Dee, der sonst so klug und weitsichtig war, ließ sich von ihm in eine böse Falle locken. Vielleicht fiel er einfach seiner übergroßen Sehnsucht nach Glauben zum Opfer. Jedenfalls ließ er sich davon überzeugen, Kelley sei tatsächlich ein okkulter Adept, ein Führer zu Engelsmächten, zu Kräften, die Agrippa mit der »Engelsmagie« assoziiert hatte. Es kam zu einer sechsjährigen Partnerschaft zwischen Kelley und Dee, die letzterem kein sehr gutes Zeugnis ausstellt. Bei mehr als einer Gelegenheit wurde er nach allen Regeln der Kunst geleimt und rundum genasführt. Es gibt traurige Beispiele dafür, wie er seine erhabenen Bestrebungen Kelleys erbärmlicher Gier und Korruptheit zum Opfer brachte. Eine dieser unrühmlichen Geschichten ist, daß sich Dee durch Kelleys angebliche Engelsbefehle bestimmen ließ, in einen ziemlich schmutzigen Frauentausch einzuwilligen. Die Partnerschaft mit Kelley dauerte zwar nur bis 1589, doch seitdem haftete dem Ruf Dees ein Stigma an. In den Augen der Nachwelt hatte er sich damit kompromittiert und die Chance verspielt, Agrippa oder Paracelsus an die Seite gestellt zu werden. Noch bis vor relativ kurzer Zeit wurde er weniger als echter Renaissance-Magier betrachtet denn als unglückliches, leichtgläubiges Werkzeug eines skurrilen Betrügers. Tatsächlich wurde sein Bild oft mit den Zügen Kelleys dargestellt; man überging ihn als einen Scharlatan und nahm nicht wahr, daß er ein gebildeter Mann war und bedeutende Leistungen vollbracht hatte.

Tatsächlich nimmt die Beziehung zu Kelley ja nur einen kleinen Teil von Dees Leben ein. Und auch während dieser Zeit verfolgte er seine edleren Ziele weiter. 1583 zum Beispiel erhielt er den Auftrag, den Julianischen Kalender für England zu reformieren. Als das erledigt war, reiste er mit Kelley aufs Festland hinüber, wo er die nächsten sechs Jahre verbrachte. 1584 hielt er sich in Prag auf, und Rudolf II., der hermetisch interessierte Kaiser des Heiligen Römischen Reiches, nahm ihn unter seine Fittiche. Ein Jahr später besuchte er Krakau und gab dem König von Polen Vorführungen in hermetischer Magie. 1586, wieder in Prag, sonnte er sich in der Gunst des Kaisers. Bis heute ist ungewiß, wer von beiden den anderen mehr beeinflußt hat. Zweifellos war Rudolf von Dee sehr beeindruckt und empfand die Gesellschaft des englischen Magiers als anregend und lehrreich. Auch gab er Dee Gelegenheit, sich in die große kaiserliche Sammlung esoterischer Literatur zu vertiefen. Wie erwähnt, spiegelten die 30 Jahre später erschienenen Rosenkreuzer-Manifeste, die Rudolf priesen und seine Ideen guthießen, Aspekte des Denkens und der Symbolik Dees. Mit gutem Recht läßt sich annehmen, daß die Ansätze zu diesen Manifesten während Dees Aufenthalt am kaiserlichen Hof zu Prag entstanden.[189]

Kein Wunder, daß die gute Beziehung zwischen dem vermeintlich katholischen Kaiser und einem Magier aus dem protestantischen England die Kirche alarmierte. Hastig setzten die kirchlichen Behörden Untersuchungskommissionen ein. Im Mai 1586 überreichte der päpstliche Nuntius Rudolf ein Memorandum, in dem Dee der Geisterbeschwörung angeklagt wurde. Kurz darauf forderte der Papst vom Kaiser sogar, Dee und Kelley zu verhaften und zur peinlichen Befragung durch das Heilige Offizium nach Rom zu schicken. Rudolf gelang es, dieses Edikt zu unterlaufen, indem er so tat, als verwiese er den Angeklagten des Landes. Wahrscheinlich auf Veranlassung des Kaisers nahm ein böhmischer Edelmann, Graf Rosenberg, Dee und Kelley dann unter seinen Schutz und hintertrieb auf diese Weise den Ausweisungsbefehl. Die nächsten zwei Jahre mußten die beiden auf einem von Rosenbergs Schlössern verbringen.

Zumindest ab 1570 war Dee auch als Spion tätig. Er fertigte nicht nur Spionageberichte an und arbeitete persönlich an der Geheimdienst-

Front, sondern führte, nach dem Zeugnis seines Tagebuchs, selbst Agenten. Sein Interesse an der Mathematik fiel mit einem Interesse an Zahlen und Kryptographie zusammen. Er hatte die Bekanntschaft von Kryptographen in ganz Europa gemacht, und man wußte, daß er des Trithemius Buch über dieses Thema *Steganographia* über alles schätzte.

So mancher Kommentator meinte später, einige von Dees schwer zugänglichen esoterischen Schriften seien in Wirklichkeit komplizierte Codes. Man muß sich hier auch daran erinnern, daß einer von Dees engsten Freunden, Sir Francis Walsingham, Elisabeths Spionagechef und zwischen 1573 und 1590 Außenminister war. Walsinghams Tochter Frances war mit Sir Philip Sidney verheiratet, der bei Dee studiert hatte und für seinen Schwiegervater zahlreiche geheime Missionen durchführte.

1587 mobilisierte Philipp II. von Spanien seine Armee und die angeblich »unbesiegbare Armada« für eine geplante Invasion Englands – eine Invasion, die unter anderem die protestantische »Häresie« endgültig ausrotten sollte. Bei dieser Unternehmung hatte der spanische Monarch, aus seiner Sicht vielleicht mit gutem Grund, auf die Hilfe seines Habsburger Vetters, des Kaisers des Heiligen Römischen Reiches, gerechnet. Doch Rudolf konnte keine Sympathien für die Kirche aufbringen, und wahrscheinlich hätte er dem Unternehmen auch sonst nicht beigepflichtet. Es ist zweifellos möglich, daß Dee von Walsingham den Auftrag erhielt, den Kaiser in seinem Widerstand gegen den Plan seines spanischen Verwandten zu bestärken. Und es könnte durchaus sein, daß die Beziehung zwischen dem Kaiser und dem englischen Magier genau diesem Ziel diente. Auf jeden Fall stellte Walsingham eine Liste von Maßnahmen zum Zweck der Informationsbeschaffung über die geplante Invasion auf. Im vierten Punkt auf dieser Liste ging es darum, »einen Spionagedienst in Krakau einzurichten, um vom Vatikan kommende Berichte über die spanischen Pläne abzufangen«.[190] Genau zu diesem Zeitpunkt reiste Dee, der schon zwei Jahre früher in Krakau gewesen war, wieder dorthin. In Anbetracht seiner langjährigen Freundschaft mit dem Geheimdienstchef der Königin Elisabeth ist es mehr als wahrscheinlich, daß ihm die Aufgabe zufiel, diesen Spionagedienst einzurichten.

Ein Jahr später, 1588, erlitt die spanische Armada eine vernichtende Niederlage, die Invasion Englands war damit vereitelt. 1589 brach Dee endgültig mit Kelley und kehrte nach England zurück. Der Rest seines Lebens verlief relativ friedlich. 1595 wurde ihm die Leitung des Christ's College in Manchester anvertraut. 1603 starb Elisabeth, und Jakob VI. von Schottland bestieg den Thron als Jakob I. von England. Dem neuen Monarchen war alle Magie unheimlich. Er war ihr erklärter Feind. Auch waren zu diesem Zeitpunkt die meisten früheren Freunde und Helfer Dees gestorben oder in Ungnade gefallen. Infolgedessen hatte auch sein eigenes Ansehen bei Hof gelitten. Er starb 1608 in Armut in Mortlake.

Dee hat der britischen Geschichte ein großes Erbe hinterlassen. Wie erwähnt, war er für die Schaffung einer ständigen britischen Marine eingetreten und war »der Architekt der Idee des Britischen Empire« gewesen. Im Vergleich zu Gestalten wie Agrippa und Paracelsus liebte er öffentliches Auftreten und politische Betätigung. Insofern war er ein Magus, dessen Interessen weit über die Esoterik hinausgingen und Bereiche wie Handel, Wirtschaft, Politik und nationalistische Expansion mitumfaßten. Eifrig setzte er sich dafür ein, daß auch die aufstrebenden bürgerlichen Kaufmannsschichten des elisabethanischen England in den Genuß der »Wohltaten der hermetischen Magie« kamen. Zu diesem Zweck kultivierte er »Kontakte mit der aufsteigenden gewerbetreibenden und mittelständischen Bevölkerung«. Um »Bildung auch unter den nicht der alten Sprachen Mächtigen zu verbreiten«,[191] und »vor allem zum Wohl der aufstrebenden Mittelklasse der Gewerbetreibenden und Handwerker«, schrieb er seine naturwissenschaftlichen Werke mit Vorliebe nicht auf lateinisch, sondern auf englisch.[192] So strebte er danach, seine »mystische Vision von einem Britannien, das führend bei der Wiedervereinigung des christlichen Europa und der Wiederherstellung eines goldenen Zeitalters der Kultur sein sollte«,[193] in die Tat umzusetzen.

Ein anderer Aspekt des Vermächtnisses von Dee läßt sich in seiner Einstellung zur Architektur finden. In seinem Vorwort von 1570 zur ersten englischen Ausgabe des Euklid pries er den Architekten als den höchsten hermetischen Meister: »Ich glaube, niemand trägt zu Recht den Namen eines wirklichen Architekten [...] Nur jene, die von Kindheit an zu den höchsten Stufen des Wissens aufgestiegen sind und viele Sprachen und Künste schon mit der Muttermilch eingesogen haben, gelangen zum erhabenen Tabernakel der Architektur.«[194] Und weiter: »Die Bezeichnung Architektur leitet sich von dem Primat her, den diese Wissenschaft über alle anderen Künste besitzt. Und auch Platon meint, daß der Architekt der Meister über alles sein solle.«[195]

Für Dee war Architektur »eine Kunst, die durch die abstrakten Prinzipien mathematischer Proportionen und kosmischer Harmonie bestimmt ist«.[196] Mit anderen Worten: Architektur war durch und durch hermetisch und besaß »eine magische Dimension, weil bei ihr ideale Strukturen nach dem Vorbild mächtiger himmlischer Harmonien errichtet werden«.[197] Derartige Ideen wurden nicht lange danach von Männern wie Inigo Jones und Christopher Wren übernommen. Und ein halbes Jahrhundert nach Dees Tod spielten sie auch eine große Rolle in der Institution der Freimaurerei.

Vom christlichen – und im besonderen vom katholischen – Standpunkt aus ist der Renaissance-Magier John Dee scheinbar nur eine weitere Spielart des Doktor Faustus. Doch ist hier daran zu erinnern, daß Faust nach christlichen Begriffen vor allem verurteilenswert ist, weil er nach Erkenntnis über die von der Kirche gesteckten Grenzen hinaus strebte. Unter weniger dogmatischem Vorzeichen jedoch erscheint eine solche Suche nach Erkenntnis eher rühmenswert, besonders wenn sie dem öffentlichen Wohl gilt und zum Ziel hat, die in Fragmente zersplitterte Realität wieder zu integrieren. Dee erfüllte bei seiner Wissenssuche ganz zweifellos diese Kriterien. Er weist somit nicht nur die gängigen Konturen des Faustbildes auf, sondern auch die eines Pendants zu Faust. Er nimmt, mit anderen Worten, die Konturen von Shakespeares Prospero im *Sturm* an, die Konturen des wohlgesinnten Magiers, der sich dem Dienst und dem Schutz der ihm anvertrauten Menschen weiht. Gewiß verdankt Prospero in Shakespeares letztem Schauspiel einige seiner Züge John Dee. Frances Yates sagt in diesem Zusammenhang: »Dee ist der vollkommene Mensch des elisabethanischen Zeitalters«, in dem sich »Prospero und Sir Francis Drake begegnen und in eins verschmelzen«.[198]

Giordano Brunos
hermetische Mission

»Zu große Nähe«, so geht das Sprichwort, »erzeugt Verachtung.« Und Dee wirkte lange genug in England, um zumindest dem großen Publikum so nahe zu kommen, daß es ihn schon fast abfällig behandelte. Und obwohl er auch treue Anhänger besaß, scheint er auch bei ihnen durch seine Sensibilität, Bescheidenheit, Güte und Liebenswürdigkeit eher Zuneigung als Respekt, eher Besorgtheit als Achtung ausgelöst zu haben. Prospero flößt Vertrauen ein, nicht Furcht. Nirgends hat Dee seine Zeitgenossen in ähnlicher Weise galvanisiert, ja elektrisiert wie Agrippa und Paracelsus. Doch wenn er als Einheimischer schon zur alltäglichen Figur geworden war, gab es andererseits einen Ausländer, der eine ganz andere Wirkung ausübte und ganz anderes Aufsehen erregte. Dieser chaotischste, lärmendste, wildeste aller Magier war ein Italiener: Giordano Bruno.

Bruno, 21 Jahre jünger als Dee, wurde 1548 in einer kleinen Stadt bei Neapel geboren. Im Alter von 15 Jahren trat er in ein Dominikaner-Kloster ein, wo sein extravertiertes, trotziges, rebellisches und in vieler Hinsicht megalomanes Temperament bald für Konflikte mit seinen Oberen sorgte. 1576 zog er die Mönchskutte wieder aus und suchte das Weite, wobei ihm die Autoritäten, die ihn offiziell als Ketzer gebrandmarkt hatten, immer hart auf den Fersen blieben. Zeit seines Lebens befand er sich in einem gnadenlosen Kampf mit der Kirche und irrte heimatlos durch die Welt, stets streitlustig und provokativ, ein Getriebener, unablässig verfolgt vom Klerus.

In Genf löste er bei dem dort herrschenden kalvinistischen Regime sogleich eine ebenso heftige Antipathie aus wie beim Katholizismus. Er sah sich gezwungen, nach Paris zu fliehen, wo er öffentliche Vorlesungen hielt und 1582 seine ersten Bücher veröffentlichte. In zweien dieser Werke stützte er sich stark auf Agrippa und Paracelsus und entpuppte sich als Magier von vergleichbarer Statur. Vielleicht ging er sogar, was die psychologischen Momente seiner Magie betrifft, noch über sie hinaus. Vielleicht aber verbreitete er auch nur öffentlich, was sie lieber geheimgehalten oder nur an auserwählte Eingeweihte weitergegeben hatten. Auf jeden Fall wandte er die klassischen Techniken des Gedächtnistrainings – wie sie zum Beispiel die römischen Redner praktiziert hatten – speziell auf hermetische Zielsetzungen an. Bruno entwickelte nämlich ein praktisches Trainingsprogramm, durch das der Magier sein Bewußtsein in einen Kanal für kosmische Kräfte verwandeln konnte; er konnte seine Psyche zu einer Art Kraftfeld machen, das himmlische Energien anzog und sie konzentriert und fokussiert wieder nach außen projizierte.

Die Aussicht, ebenfalls solche Fähigkeiten zu erwerben, machte den französischen König Heinrich III. auf Bruno aufmerksam. Bruno gewann die Gunst und den Schutz des Königs, der, wie seine Mutter, Katharina de' Medici, schon lange in den Bannkreis der Magie geraten war. Doch Bruno hatte es aus unbekannten Gründen eilig, nach England zu gehen. Heinrich versah ihn mit Empfehlungsschreiben an den französischen Botschafter in London. 1583 kam Bruno in London an und schlug für die nächsten drei Jahre sein Quartier in der Residenz des Botschafters auf.

1584 publizierte Bruno in London seine beiden berühmtesten und bedeutendsten Werke *Cena de le ceneri (Das Aschermittwochsmahl)* und *Spaccio della bestia trionfante (Vertreibung der triumphierenden Bestie)*. In England wurde ihm ein herzlicher, ja begeisterter Empfang zuteil. Man weiß, daß er sich eine Zeitlang in Oxford aufhielt, wo seine Vorlesungen eine lernbegierige Zuhörerschaft anzogen. Darunter befand sich auch eine Anzahl illustrer Namen der Literatur, etwa Sir Fulke Greville und Sir Philip Sidney. Es ist nicht dokumentiert, daß Bruno John Dee jemals persönlich kennengelernt hätte. Doch weiß man, daß Sidney, nachdem er einer von Brunos öffentlichen Debatten beigewohnt hatte, direkt in Dees Schloß in Mortlake ging, vermutlich, um dort zu berichten und zu informieren. In der fraglichen Debatte hatte Bruno die Theorie des Kopernikus, daß sich die Erde um die Sonne drehe, dargestellt und verteidigt.

Schwer zu sagen, was Dee von Bruno gehalten haben mag. Auf jeden Fall war Bruno weit radikaler und wohl auch subversiver als Dee. Nach Frances Yates:

Bruno setzte wie Ficino Talismane ein, und zwar auch zu Rachezwecken und ohne die christlichen Skrupel, die Ficino sich noch machte. Denn Bruno hielt die hermetische, ägyptische Tradition für besser als das Christentum [...] Bruno lehnte das Christentum ab und wandte sich begeistert der hermetischen, ägyptischen Tradition zu, womit er in eine dunkle, mittelalterliche Nekromantie zurückfiel.[199]

Mehr als alle anderen Renaissance-Magier trat Bruno als Mann mit Sendungsbewußtsein auf. Frances Yates beschreibt seine Sendung als spezifisch hermetisch-religiöse Mission, »eine Mission, die darauf hinausläuft, daß Ficinos Magie zur Totalität einer magischen Religion erweitert wird«.[200] Betrachtet man Brunos Werk näher, so ergibt sich, daß er zwei deutlich unterscheidbare, doch sich zugleich überlagernde Ziele verfolgte, beide von extrem revolutionärem Zuschnitt. Erstens suchte er eine konkrete, praktische Methode zu entwickeln, durch die der Magier sein Bewußtsein in eine Empfangsstation und Quelle kosmischer Kraft verwandeln konnte. Zweitens strebte er nach nichts Geringerem als der Gründung einer neuen Weltreligion oder, genauer gesagt, der Wiederherstellung einer alten Religion, nämlich des hermetischen, alexandrinischen Synkretismus in moderner Form.

Nach Frances Yates führt Bruno die Renaissance-Magie auf ihre heidnische Quelle zurück.[201] Die frommen Versuche Ficinos und Picos, den Hermetismus zu christianisieren, lehnt er strikt ab und verweigert jegliche Gemeinsamkeit mit diesen beiden Männern. Statt dessen verdammt er das Christentum und beklagt, daß es die klassischen Götter und die Magie des alten Ägypten ausgerottet habe. Unter Berufung auf das *Corpus Hermeticum* redet Bruno der Verehrung des Göttlichen in allen Dingen das Wort. Nach gut hermetischer Art betont er die alles umfassende Einheit, in der alle Dinge miteinander verbunden, alle miteinander verknüpft sind. Er legt Wert auf die Aussage, daß »ein in allen Dingen gegenwärtiges einfaches Göttliches [...] in den unterschiedlichsten Gegenständen aufscheint und unterschiedliche Namen annimmt«.[202] Und er prophezeit die Ankunft eines neuen Zeitalters der Reformation, das dadurch beschleunigt werden kann, »daß man auf die himmlischen Bilder, von denen alle Dinge drunten abhängen, Einfluß nimmt [...]«[203] Mit einem Wort, Brunos Schau bezieht sich auf die Schaffung einer völlig neuen Weltordnung durch magische Ausnützung der hermetischen Entsprechungen zwischen Mikrokosmos und Makrokosmos. Und indem der Mensch, der Mensch als Magus, diese neue Wirklichkeit hervorbringt, wird er Gott. In Bruno gelangt Faustus zur Apotheose.

Bruno soll wie Agrippa auf seinen Reisen viel Zeit damit verbracht haben, ein Netz von Geheimgesellschaften aufzubauen.[204] Angesichts seiner Bewunderung für Agrippa könnten die beiden als Mitglied oder Mitarbeiter demselben Netz angehört haben. Konsequenterweise wurde Bruno von der Inquisition angeklagt, die Gründung einer neuen Sekte versucht zu haben.[205]

Frances Yates glaubt, in den Rosenkreuzer-Manifesten sowohl John Dees als auch Brunos Einfluß ausmachen zu können. Ebenso sieht sie in der Freimaurerei Einflüsse von Dee und Bruno. Gegen Ende des 16. Jahrhunderts, stellt sie fest, treten

Männer auf, für die die religiöse Hermetik eine Möglichkeit ist, die sich befehdenden Konfessionen zur Toleranz zu bewegen oder Einheit unter ihnen zu stiften [...] Es gab zunächst viele Varianten der christlichen Hermetik, katholischer und protestantischer Prägung, wobei die meisten dieser Varianten der Magie noch vorsichtig auswichen. Und dann kommt Giordano Bruno, beruft sich auf die absolut magische ägyptische Hermetik, predigt eine Art ägyptischer Gegenreformation, prophezeit eine Rückkehr zur ägyptischen Tradition, bei der alle religiösen Probleme in einer neuen Gesamtlösung aufgehen würden, und predigt wie andere eine Sittenreform, wobei die Betonung auf den guten Werken der Nächstenliebe und einer Ethik des sozialen Nutzens liegt [...] Wo sonst findet sich eine solche Kombination religiöser Toleranz, emotioneller Rückbindung an die Vergangenheit des Mittelalters, Betonung guter Werke und Bindung der Phantasie an Religion und Symbolik der alten Ägypter? Die einzige Antwort, die mir auf diese Frage einfällt, ist: in der Freimaurerei [...] Die Freimaurerei tritt zwar in England erst Anfang des 17. Jahrhunderts in Erscheinung, doch besaß sie mit Sicherheit Vorläufer, Vor-

gänger, Traditionen, die auf weit frühere Zeiten zurückgingen [...]
Wir bewegen uns hier noch im Nebel dunkler Geheimnisse. Aber
man kann sich doch der Vermutung nicht erwehren, daß die Töne der
Zauberflöte erstmals vor den Ohren spirituell unbefriedigter Menschen in England erklangen, die aus Brunos »ägyptischer« Botschaft
eine Erfüllung ihrer Sehnsucht heraushören mochten.[206]

Doch schloß die Messianität von Brunos Hermetismus nicht aus, daß er
sich, ähnlich wie Dee, auch in weltlichere Geschäfte verstrickte. Es ist
bekannt, daß Sir Francis Walsingham, Dees Freund und Elisabeths
Spionagechef, zwischen 1583 und 1586 detaillierte Berichte von einem
in der französischen Botschaft operierenden Geheimagenten empfing.
Die Berichte bezogen sich auf die katholische Partei in England und
Schottland – also zum Beispiel auf die Anhänger Marias, Königin von
Schottland, und ihres Sohnes, Jakobs VI. – und ihre Verbindungen zur
katholikenfreundlichen Familie der Guisen in Frankreich. Man weiß,
daß der Agent, der diese Berichte verfaßte, Italiener war, Kleriker oder
Exkleriker, doch von unversöhnlicher Feindschaft gegenüber Spanien
und der Kirche erfüllt. Eine Anzahl seiner Briefe sind uns erhalten
geblieben und beweisen, daß er persönliche Kontakte zu Elisabeth hatte
und Loyalität gegenüber der englischen Krone bewies. In einem 1991
publizierten Buch hat Professor John Bossy von der Universität York
überzeugend nachgewiesen, daß dieser Spion in der französischen Botschaft Bruno gewesen sein muß.
Zeit seines Lebens war Bruno draufgängerisch und kühn bis zu leicht-
sinniger Verwegenheit. Man gewinnt zuzeiten den Eindruck, sein Sendungsbewußtsein habe ihn zu der gefährlichen Überzeugung geführt, er
sei unverwundbar, und eben dies habe seinen Untergang zur Folge
gehabt. 1586, im gleichen Jahr, in dem die Berichte aus der französischen Botschaft abbrechen, kehrte Bruno nach Paris zurück. Es begann
daraufhin eine Odyssee durch verschiedene deutsche Städte. 1588 hielt
er sich sechs Monate lang in Prag auf. Es gibt keinen Bericht darüber,
daß er sich mit Dee, der zum gleichen Zeitpunkt in Böhmen war,
getroffen habe, doch Rudolf II., dem deutschen Kaiser, begegnete er
dort. Schließlich kehrte Bruno 1592 in einer Anwandlung von Tollkühn-

heit nach Italien zurück. Ein Jahr später wurde er in Venedig von der Inquisition verhaftet. Man brachte ihn nach Rom, wo man ihn acht Jahre lang peinlichster Befragung und Folterung unterzog. Im Jahre 1600 wurde er, da er sich weigerte, seine Schriften zu widerrufen, zurückzuziehen oder sich von ihnen zu distanzieren, als Ketzer auf dem Scheiterhaufen verbrannt.

Anders als sonstige Renaissance-Magier genießt Bruno einigen Ruhm als Literat, Dichter und Dramatiker. Sein literarisches Werk, sowohl auf lateinisch als auch auf italienisch verfaßt, verdient auch in künstlerischer Hinsicht Beachtung. Doch was auch die Qualität und der künstlerische Rang dieser Erzeugnisse sein mag, sie werden an Umfang und Intensität durch Brunos visionäre, esoterische Abhandlungen weit in den Schatten gestellt. Wegen ihrer sehr persönlichen, hoch idiosynkratischen und häufig chaotischen Art haben sie indessen nie die Verbreitung wie Agrippas *De occulta philosophia* oder einige Paracelsustexte gefunden. Bruno ist mehr als originelle Persönlichkeit, als Symbol, im Gedächtnis der Nachwelt geblieben. In unserem Jahrhundert bezogen sich Schriftsteller wie etwa Joyce auf ihn. Sein flammendes Rebellentum, seine faustische Wahrheitssuche, sein Stolz und seine kompromißlose Abneigung gegen Rom haben ihn zur Verkörperung aller Renaissance-Werte gemacht – der Freiheit des Denkens und der Phantasie, der intellektuellen Kühnheit, mystischen Intensität und des prometheischen Strebens. Durch seinen Tod ist er für die Nachwelt zum Märtyrer für diese Werte geworden und zugleich zur ständigen Anklage gegen die Tyrannei der Kirche. Ihr Verhalten gegen Bruno war und bleibt eine Schande.

Das große Welttheater

Trithemius, Agrippa, Paracelsus, Dee und Bruno waren die hervorragendsten, einflußreichsten Renaissance-Magier, die Gestalten, die der Nachwelt ein gewaltiges Erbe vermachten. Doch gab es natürlich auch viele kleinere Hermetiker, die ebenfalls originelle und die Zeiten überdauernde Beiträge hinterließen. Da war zum Beispiel Giulio Camillo, dessen magisches Theater mit talismanischen Erinnerungsbildern Bruno bei seinem Versuch beeinflußte, das Gedächtnistraining für hermetische Zwecke einzusetzen. Da war Tommaso Campanella, der einen Großteil seines Lebens in den Gefängnissen der Inquisition verbrachte, der Hinrichtung nur dadurch entging, daß er den Wahnsinnigen spielte, und in seinem berühmtesten Werk *Città del sole (Sonnenstaat)* die humanistische Vision der *Utopia* des Thomas Morus noch einmal in spezifisch hermetischen Begriffen wiedergab. Für unsere Zwecke lohnt sich eine nähere Beschäftigung jedoch nur mit einem dieser Männer, der als letzter echter Renaissance-Magier gelten kann und ihre Reihe zum Abschluß bringt. Diese Persönlichkeit ist wieder ein Engländer, Robert Fludd.

Fludd (1574–1637) war der Sohn eines Ritters, der sich der Gunst Elisabeths I. erfreut und ihr als Kriegsschatzmeister in Flandern gedient hatte. Robert wurde nicht wie sein Vater Soldat, sondern studierte Medizin in Oxford und machte brav seine Abschlüsse, obwohl er die konventionellen Lehrmeinungen zugunsten des Paracelsus ablehnte. Zwischen 1598 und 1604 führte er ein unstetes Wanderleben quer durch Europa, besuchte Frankreich, Spanien und Italien, ließ sich einige Zeit in Deutschland nieder und wirkte als Tutor an verschiedenen Höfen, darunter auch am Hof der Herzöge von Guise. 1605 kam er nach England zurück, wo man wegen seiner hermetischen Orientierung und seiner Ablehnung orthodoxer Lehrmeinungen vier Jahre lang zögerte, ihn in das königliche Ärztekollegium aufzunehmen. Erst 1606 erhielt er die Zulassung als praktizierender Arzt.

Er war ein guter Arzt und unterhielt »hübsche Einrichtungen«, einschließlich eines eigenen Labors. Hier operierte Fludd als sein eigener Apotheker, er bereitete seine individuellen Mischungen chemischer Arzneien zu und führte alchemistische Experimente durch. Auch begann er jetzt mit einer umfangreichen literarischen Produktion. Sein Werk zeigt, daß er Agrippa und Paracelsus viel zu verdanken hat, den größten Einfluß übte aber John Dee auf ihn aus. Es gibt keinen Hinweis darauf, daß Fludd Dee je persönlich kennengelernt hat, ja er erwähnt Dee niemals namentlich, ein Umstand, der sich vielleicht dadurch erklärt, daß Dee damals schon in Ungnade gefallen war. Doch überall trägt Fludds Werk unübersehbar die Spuren Dees. Zweifellos stand er in Verbindung mit einigen von Dees früheren Schützlingen und Schülern. Vielleicht hatte er auch Zugang zu unpublizierten Materialien Dees – zu so unterschiedlichen Abhandlungen wie über Büchsenmacherkunst, Landvermessung und Perspektive in der Malerei –, die er unter seinem eigenen Namen veröffentlichte.[207]

1614 unternahm der Gelehrte Isaac Causabon eine Textanalyse der hermetischen Schriften. Er kam dabei zu dem Schluß, das *Corpus Hermeticum* sei nicht so alt, wie man bisher geglaubt hatte, sondern datiere aus den ersten Jahrhunderten der christlichen Zeitrechnung. Man weiß heute, daß die Inhalte des Korpus sehr viel älter sind, doch wird die Datierung Causabons in bezug auf die Abfassung der Texte im allgemeinen ebenso akzeptiert wie seine Überzeugung, Hermes Trismegistos sei keine historische Persönlichkeit, weder Mensch noch Gott, sondern eine erfundene Figur gewesen. Fludd indessen übersah Causabons Ergebnisse geflissentlich und ließ sich nicht einmal dazu herab, sie zu bestreiten. Er betrachtete Hermes Trismegistos weiterhin als historische Gestalt und berief sich auf das *Corpus Hermeticum,* das für ihn eine Autorität darstellte, die an Alter der Bibel gleichkam. Wie Frances Yates bemerkt, enthält praktisch jede Seite seiner Bücher wenigstens ein Zitat aus dem *Corpus Hermeticum.*

Im gleichen Jahr, in dem Causabon seine revolutionäre Abhandlung veröffentlichte, erschien in Deutschland die erste der berühmten anonymen Schriften, die die Existenz und das kurz bevorstehende Auftreten der angeblichen Rosenkreuzer, der »Bruderschaft des Rosenkreuzes«, ankündigte. Eine zweite Schrift folgte ein Jahr später. In diesen Schriften nahm die Hermetik eine religiös-politische Dimension an. Es wurde die Überwindung der Tyrannei der Kirche prophezeit und eine neue Weltordnung verkündet. Eine Welle hysterischer Paranoia schwappte durch Europa, besonders durch die katholischen Länder.

Auf seinen Reisen durch Europa und besonders in Deutschland war Fludd vielen der Männer begegnet, die später mit der sogenannten Rosenkreuzerbewegung in Verbindung gebracht wurden. Vielleicht hat er sogar den oder die Verfasser der anonymen Schriften getroffen und war in der Lage, sie als solche zu identifizieren. Wenn das der Fall war, so behielt er sein Wissen jedenfalls für sich. Doch beeilte er sich seinerseits, seine Werke im Druck erscheinen zu lassen, und auf der Frankfurter Buchmesse im Frühjahr 1616 legte er seine Verteidigung des Rosenkreuzertums vor, die *Apologia compendiaria*, charakterisiert als »kurze Apologie, welche den Flecken des Argwohns und der Verleumdung, mit dem man die Bruderschaft des Rosenkreuzes beschmutzt hat, sozusagen durch einen Strom (engl. Fludd) der Wahrheit abwäscht«.[208]

In dieser Apologie und in einer ein Jahr später publizierten erweiterten Fassung pries er die alte Weisheit des Hermes Trismegistos und empfahl die Rosenkreuzer wegen ihrer »bewundernswerten Kenntnis der göttlichen und natürlichen Geheimnisse«.[209] Er fügte einen persönlichen Brief »an die Brüder vom Rosenkreuz« hinzu und machte sich erbötig, »das äußerst Mögliche für die Mitglieder Eures Ordens zu tun«. Er lud sie ein, Kontakt mit ihm aufzunehmen.[210] Es gibt aber keinen Hinweis darauf, daß er jemals eine Antwort erhalten hat. Doch überrascht es kaum, daß Fludd selbst sehr rasch in den Ruf kam, ein Rosenkreuzer zu sein, und auch heute noch dafür gehalten wird. Das wurde auch durch seine Verbindung mit anderen rosenkreuzerischen Gestalten begünstigt, etwa dem Alchemisten und Hermetiker Michael Maier, Leibarzt zunächst Kaiser Rudolfs II., dann des Kurfürsten Friedrich von der Pfalz, eines Fürsten, der sich öffentlich zum Rosenkreuzertum bekannte. Fludd hatte denselben Verleger wie Maier: de Bry in Oppenheim. 1611 schickte er eine Grußkarte mit eindeutigen Rosenkreuzersymbolen an Jakob I.[211]

Fludds Hauptwerk war das vielbändige Opus *Utriusque cosmi historia (Geschichte des Makrokosmos und Mikrokosmos)*. Den ersten Band, 1617 veröffentlicht, widmete er König Jakob I. Prompt wurde das Buch von der Inquisition auf den Index gesetzt. In diesem enzyklopädischen Text spürt man, wie auch sonst in Fludds Werk, den Einfluß John Dees. Und wie die Rosenkreuzer versuchte er das ganze Spektrum des hermetischen Denkens und der hermetischen Esoterik in ein kohärentes Ganzes zusammenzufügen, indem er Alchemie, Astrologie, Kabbala, Numerologie, heilige Geometrie und vieles andere in einer alles umfassenden Totalität vereinigte. Auch führte er Magnetismus-Experimente

Hermes Trismegistos (der »dreimal Größte«), mystischer Lehrer und Magier in einer Darstellung aus der Renaissance. Bodenmosaik aus dem späten 15. Jahrhundert in der Kathedrale von Siena.

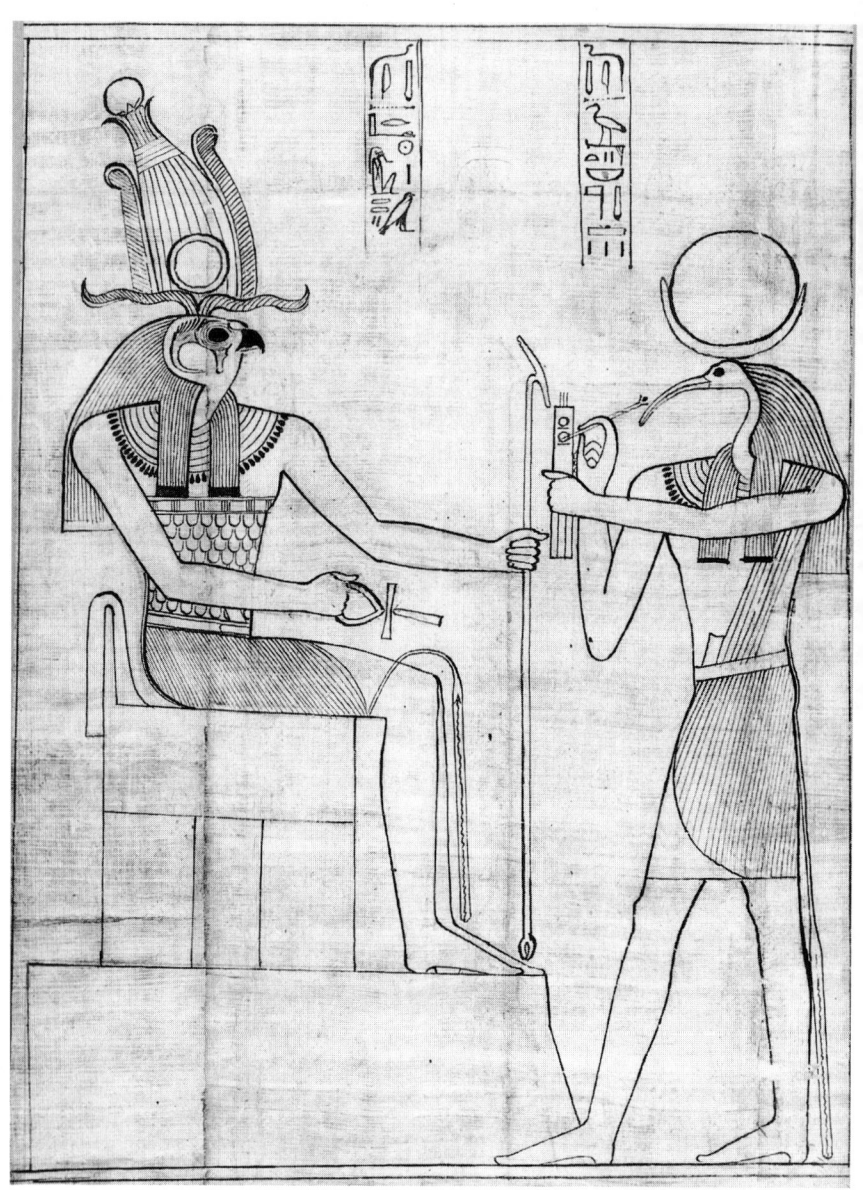

Thot (rechts), der ibisköpfige ägyptische Gott des Mondes und des Wissens, Botschafter des Göttlichen und Erfinder der Magie wie der Schrift, steht vor Ra. Die Griechen identifizierten Thot mit Hermes. Sein Tempel in Hermopolis enthielt eine für Werke über Magie und ägyptische Geschichte bekannte Bibliothek. Papyrus aus Theben, um 950 v. Chr.

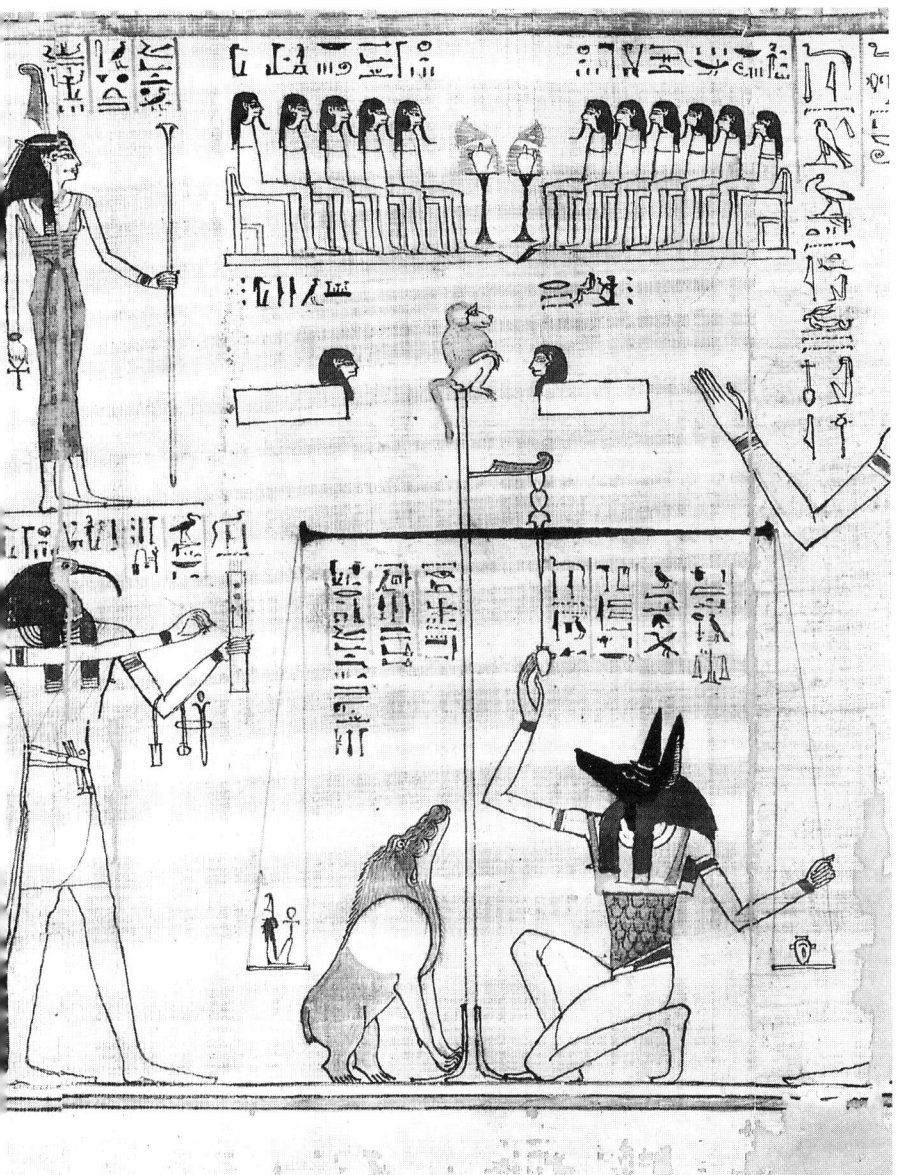

Während Thot (unten links) das Ergebnis aufzeichnet, wiegt Anubis
im Saal des Totengerichts die Herzen der Toten.

Der elisabethanische Magus Doktor John Dee im Alter von 67 Jahren. Er beherrschte Theologie, Philosophie, Mathematik, Geographie, Kryptographie und Magie.

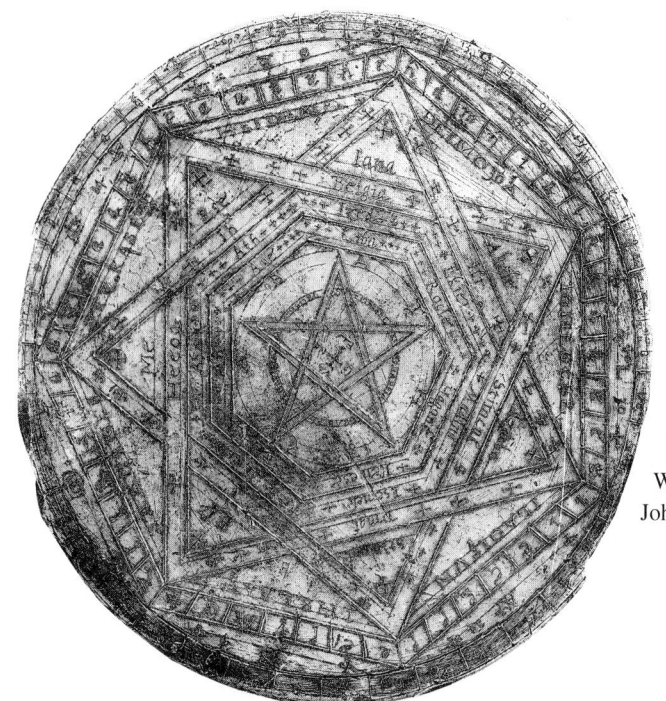

Ein magisches Siegel, in Wachs entworfen von Dokt John Dee. Britisches Museu

Der hermetische Philosoph: ein Alchimist, Kabbalist, Magier und Musiker. Die Inschrift an der Decke lautet: »Ohne göttliche Eingebung ist niemand groß.« Aus Heinrich Khunraths *Amphitheatrum sapientiae aeternae* (1609).

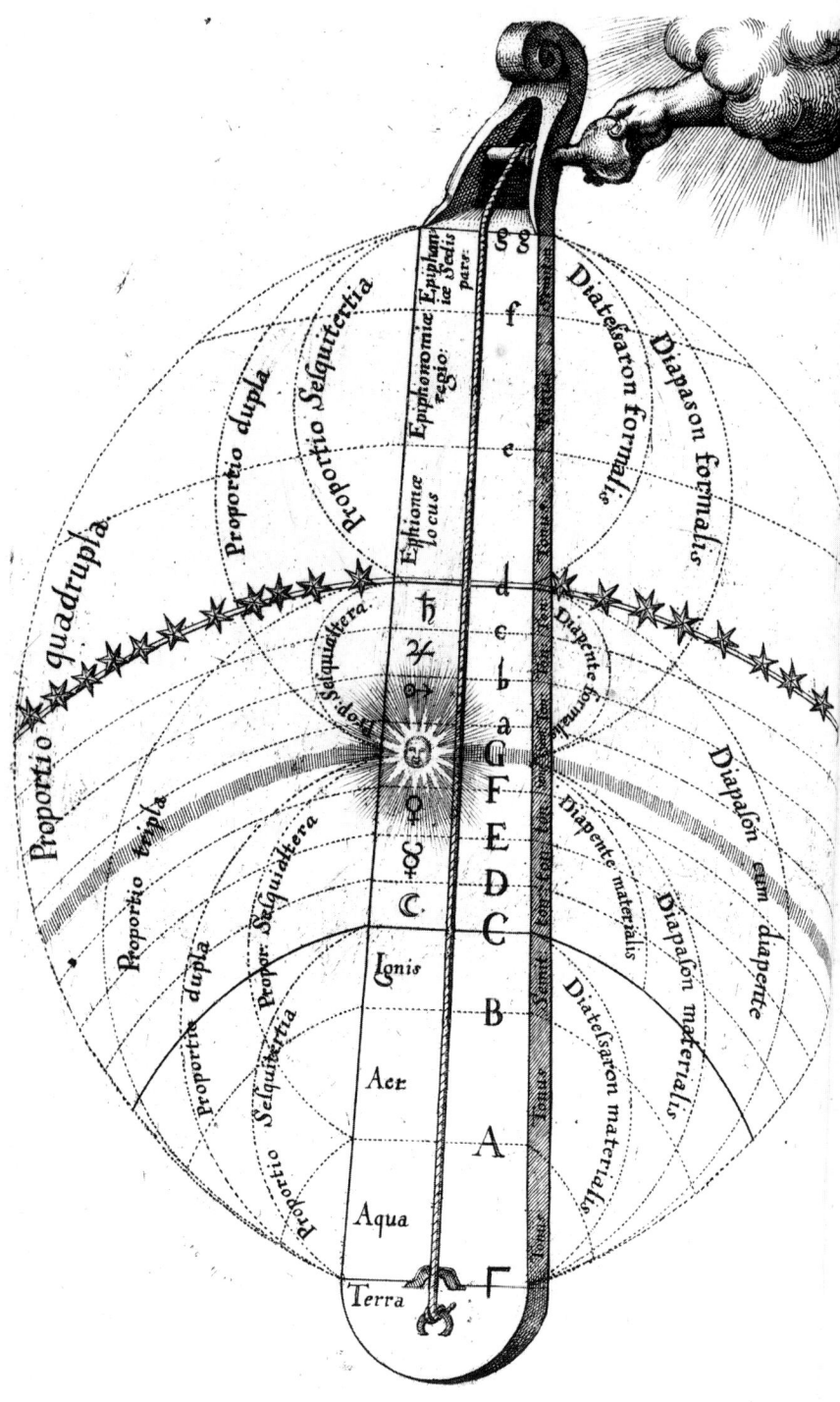

Das Monochord des hermetischen Philosophen Robert Fludd
demonstriert die musikalische Harmonie des Universums. Aus Fludds
Utriusque cosmi… historia (1617).

Der hermetische Philosoph folgt den Spuren der Natur: »Natur, Vernunft, Erfahrung und Bücher mögen dem Alchimisten Führer, Stab, Brille und Lampe sein.« Aus dem »Rosencreutzer«, Michael Maier, *Atalanta Fugiens* (1617).

Geometrie und göttliches Ebenmaß mit dem dazugehörigen, vertonten Epigramm. Aus Michael Maier, *Atalanta Fugiens* (1617).

Das Kolleg der Bruderschaft der Rosenkreuzer, an den Seiten der Tür
Rose und Kreuz. Die Handlungen der geheimen Bruderschaft werden
von der Hand Gottes geleitet. Aus Theophilus Schweighardt,
Speculum Sophicum Rhodo-Stauroticum (1618).

Sandro Botticelli: *Primavera* (Der Frühling), jetzt in den Florentiner
Uffizien. Das Gemälde ist ein magischer Talisman, der den
Betrachter direkt ansprechen und ihm den göttlichen Geist der Venus
vermitteln soll.

Doktor Faustus ruft in einem magischen Kreis den Teufel an.
Frontispiz aus Christopher Marlowe, *Doctor Faustus* (1620).

Gottvater und Christus unter dem Heiligen Geist, die Füße auf dem vollkommenen Kubus. Fresco *La Gloria* von Luca Cambiaso im spanischen Palast El Escorial.

Albrecht Dürers Kupferstich *Melancolia* (1514) beruht auf einem
Zitat aus Agrippas *De occulta philosophia*, das die melancholische
Gabe des Saturn mit Weisheit und Erkenntnis verbindet.

Leonardo da Vinci, Schema der menschlichen Proportionen.

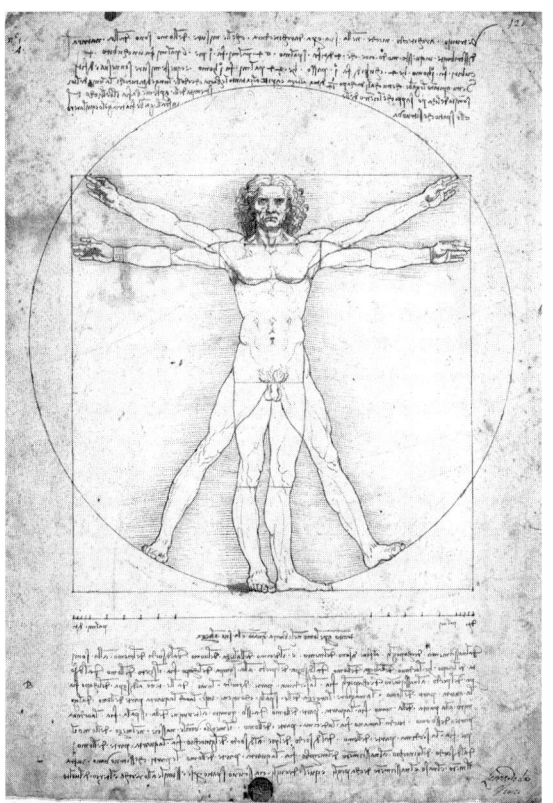

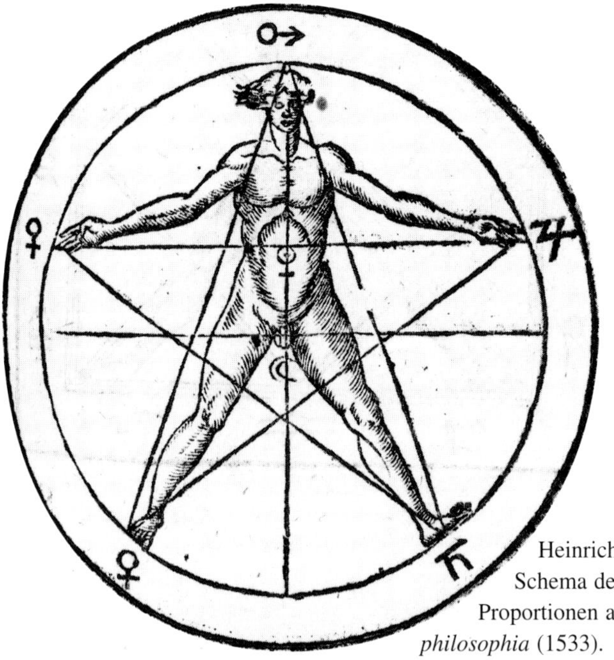

Heinrich Cornelius Agrippa, Schema der menschlichen Proportionen aus *De occulta philosophia* (1533).

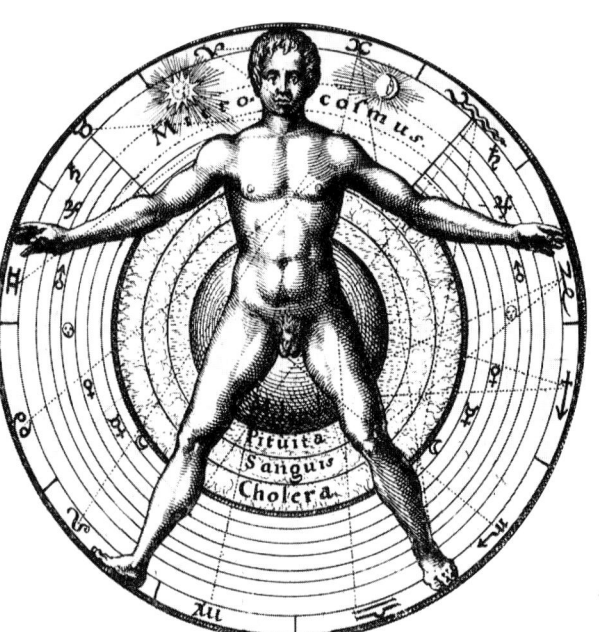

Robert Fludd, Schema der menschlichen Proportionen aus *Utriusque cosmi… historia* (1617).

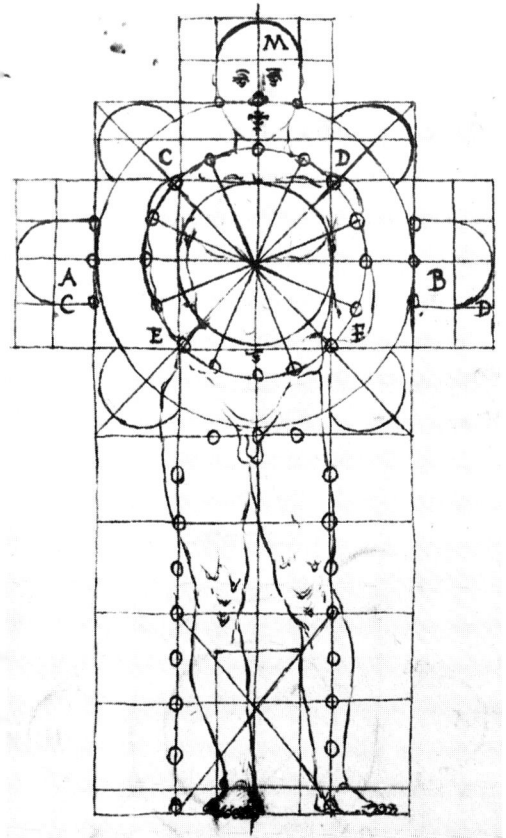

Zeichnung von Francesco Giorgi: Die menschlichen Proportionen in harmonischer Beziehung zum Entwurf einer Kirche.

S. Maria della Consolazione im italienischen Todi ist ein Zentralbau
mit einem kreisförmigen Grundriß als Symbol des Göttlichen anstelle
des Kreuzes.

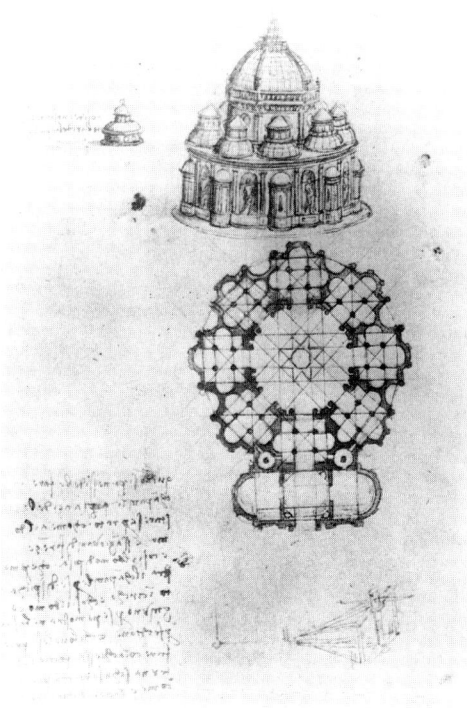

Die Innenansicht der Kuppel von S. Eligio degli Orefici, Rom, zeigt die zentrale Kreisform.

Leonardo da Vinci: Zentraler Kirchenbau auf kreisförmigem Grundriß.

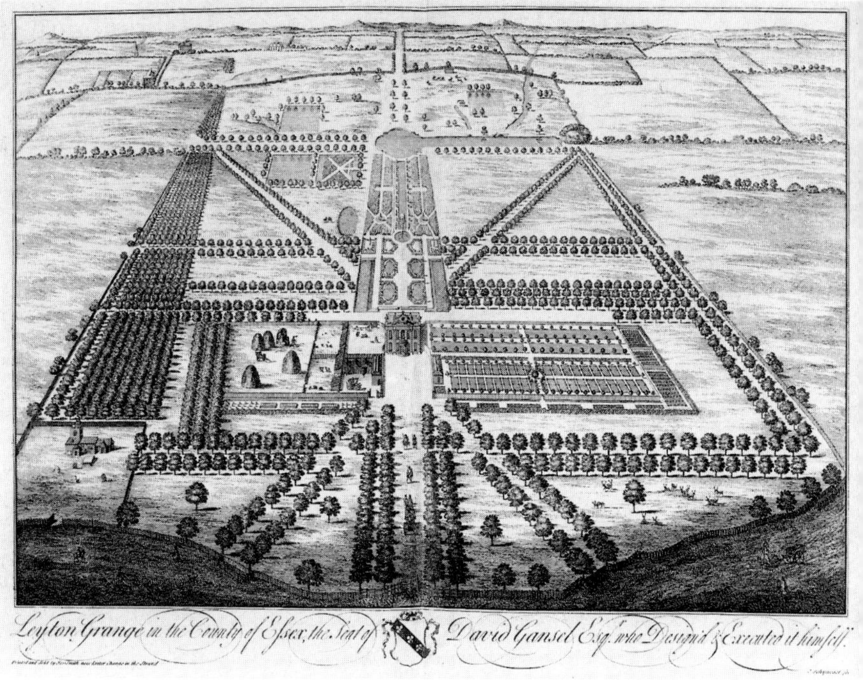

Leyton Grange (Essex) 1740. Ein zentral angelegter geometrischer
Garten bildet eine magische Einheit mit dem Haus, mit dem ihn
harmonische Proportionen verbinden.

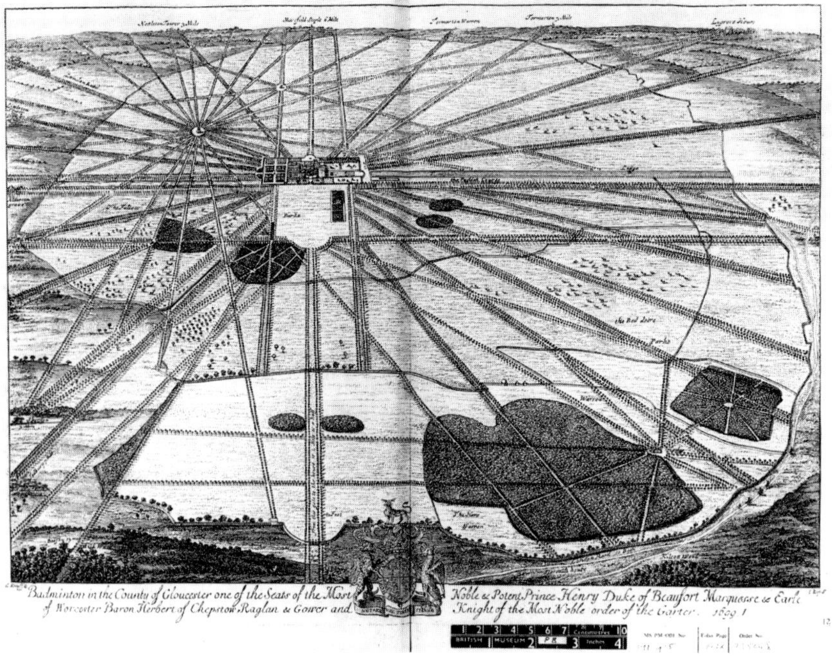

Das Zähmen der wilden Natur. In Badminton strahlt die Geometrie
von einem zentralen Punkt in die Landschaft aus, um sie auf
magische Weise zu beherrschen. Kupferstich von 1720.

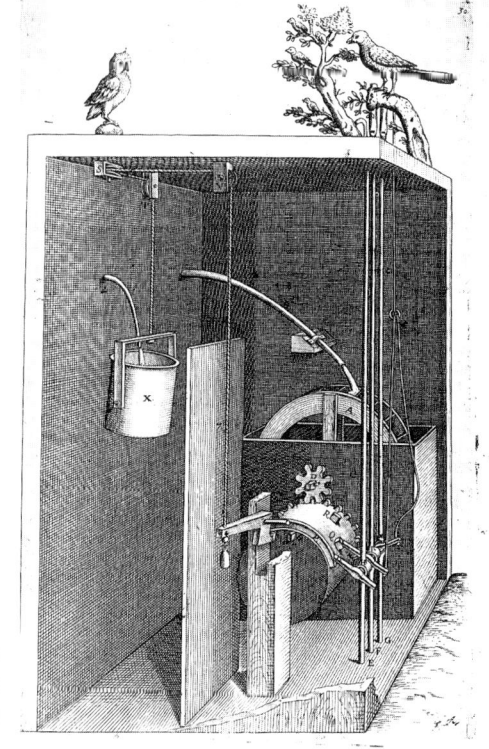

Das Heidelberger Schloß und der von Salomon de Caus, einem engen
Freund von Inigo Jones, geschaffene Garten. Das Schloß war bis zu
seiner Zerstörung durch die französische Armee im Jahre 1620 der
Mittelpunkt eines den Ideen der Rosenkreuzer zugewandten Hofs.

Einer der von Salomon de Caus für den
Heidelberger Schloßgarten entworfenen
Automaten. Aus Caus' *Les Raison des
Forces Mouvantes* (1623).

CVM NVMINE LVMINE ET IN LVMINE NVMEN

VNA VERA
TECVM SED
CAVE NE
SOLVS

Tor zum Amphitheater des ewigen Wissens. Ein Konzept der Rosenkreuzer
darstellender Kupferstich aus Heinrich Khunraths *Amphitheatrum sapientiae* (ⁱ

EHOVA ELOHIM univerſis, omnibus; cunctis ac ſingulis liberaliter extructi; Vbi per Cælum, Aſtra, Terram, perficie Terræ, aut ſub Cælo naſcuntur, IEHOVÆ mirabilis SAPIENTIAM mirificam in libro Naturæ catholico ac NTIÆ æternæ ſcintillula ſapiens, naturaliter-magicè manifeſtando indefeſſo docet ac profiteſur: quod Patres & & Regiones pro chartis, fructus innumeri pro literis & Linguis jam olim ſecundum longum, latum, altum atq̃ ſtudioſi Philoſophiæ Theoſophicæ, ſolius veræ, fideles, etiamnum hodierno die, auctoritate Divina & Sapien, elitus afflati atq̃ illuminati, partim Signatura Divinisve Naturæ characterilmis hieroglyphicis, quibus Res RNÆ, ſolius veræ, in Vniverſo Mundano hoc Sapienter manifeſtata, cognitionem ſolidam atq̃ perfectam, etiam hauriunt; Phyſici geminú veriq̃ Philoſophi non opinantes, ſed ſcientes, ita fierent: quales plures fic ſa- poſſimis; deq̃ iſdem, Semper & Vbiq̃ orthodoxe ac Sapienter Philoſophari; bene q̃ vivere, & beatè mori LIPS. Theoſophiæ amatore fiddi. & MED. utriuſq̃ Doct. Anno à MASCHIACH nato M. DC. II.

Auseinandersetzungen zwischen den Hell's Angels und Besuchern beim Konzert der Rolling Stones in Altamont (Dezember 1969).

Rock-Schamane Jimi Hendrix 1967 bei einem Konzert in London.

Die Grateful Dead spielen 1978 vor der Cheops-Pyramide, um festzustellen, welche Energien der Vergangenheit beschworen werden könnten.

Die pyramidenförmige Bühne des ersten Glastonbury-Festivals, ein Modell der Cheops-Pyramide im Maßstab 1:10. Man schrieb solchen Bauten die Fähigkeit zu, kosmische Energien zu konzentrieren.

Der mysteriöse Blues-Gitarrist Robert Johnson, angeblich in den Voodoo eingeweiht und 1938 ermordet. Manche seiner Songs sind offenbar Voodoo-Hymnen.

Voodoo, der Urahn des Blues. Ritueller Tanz in einem haitianischen Tempel mit einem dem Gott des Kreuzwegs, Legba, geweihten Diagramm (*Vever*).

Voodoo: Vor Beginn des rituellen Banketts wird der *Vever* des Gottes Agwé, des Beherrschers der Meere, gezeichnet.

Beginn eines Voodoo-Rituals. Der *Vever* des Legba wird um den zentralen Pfosten gezogen, der als heilige Achse den Kreuzweg markiert, die Verbindung der sakralen und der profanen Welt.

durch und bahnte so wie Paracelsus Mesmer und den Pionieren der modernen Psychologie den Weg.

Wie Dee und andere Renaissance-Magier war Fludd an der Anwendung der Hermetik besonders auf die Architektur interessiert. Doch die höchste Ausdrucksform des hermetischen Talismans war für ihn die Theaterarchitektur. Mit anderen Worten: Das Theater ersetzte den Tempel und ähnliche Bauten. Es galt ihm als magische Struktur, geeignet, die siderischen Energien des Kosmos zur Erde herabzuziehen. Im Mikrokosmos des Theaters verkörperte und spiegelte sich der Makrokosmos wider, während ein zur Aufführung gebrachtes Schauspiel zum Mikrokosmos des Makrokosmos des menschlichen Lebens und Handelns wurde. So war das Theater für Fludd »das große Welttheater«, dessen adäquate Form die der Kugel (globe) war.

Wenn Frances Yates' Interpretation richtig ist, so enthält Fludds Werk die architektonischen Matrizen für das *Globe Theatre*, in dem viele Stücke von Shakespeare aufgeführt wurden.[212] Ein Werk wie *Der Sturm* war in diesem Sinne ein magischer, talismanischer Mikrokosmos, aufgeführt in einer architektonischen Struktur, die ebenfalls einen magischen, talismanischen Mikrokosmos darstellte. In seinem Werk über Makrokosmos und Mikrokosmos beschreibt Fludd Methoden, Theatereffekte hervorzurufen, zum Beispiel den Klang des Donners oder einer Kanone nachzuahmen, den »Brand Trojas« oder die »Einäscherung Roms« darzustellen und »mit Hilfe verborgener Lichteffekte ein auf dem Altar brennendes Opfer anschaulich zu machen«.[213] Solche Techniken und die dahinterstehenden Überlegungen sollten einen tiefen Einfluß auf Inigo Jones ausüben.[214]

Ganz abgesehen von seinen eigenen Schriften ist Fludd auch deshalb von Bedeutung, weil er in der Entwicklung der Hermetik und im philosophischen Denken des Westens einen wichtigen Übergang markiert. Dieser Übergang spielte eine entscheidende – aber auch äußerst kostspielige – Rolle für die Entwicklung der westlichen Kultur und die Evolution der Welt, wie wir sie heute kennen.

Vom Magier zur Geheimgesellschaft

Noch bis zur Mitte des 16. Jahrhunderts war der Renaissance-Magier –
Agrippa z. B. oder Paracelsus – letzten Endes ein Einzelkämpfer gewesen. Er suchte nach Wahrheit, nach Selbstvervollkommnung und Selbst-
transzendierung, nach persönlicher Erfahrung des Heiligen oder Numinosen. Zwar hielt er natürlich auch Ausschau nach Anhängern, Sympathisanten und Geistesverwandten, aber nur, um Menschen um sich zu
haben, die sein großes Ziel verstanden und dann in eigener Verantwortung Ähnliches erstrebten. Und wenn Agrippa herumreiste, um in ganz
Europa Geheimgesellschaften zu gründen, so nicht, um die europäische
Gesellschaft als ganze zu reformieren, sondern um seine eigenen arka-
nen Entdeckungen zu sichern und ihnen Dauer zu verleihen. Die wichtigsten dieser Entdeckungen konnten, wie er sagte, ohnehin nur von
Person zu Person weitergegeben werden, mündlich vom Meister zum
Schüler, nicht schriftlich. Die Betonung lag also vollständig auf der
einzelnen Person, die in sich selbst die geheimnisvolle und heilige
Beziehung zwischen Mikrokosmos und Makrokosmos verkörperte. Für
Agrippa und Paracelsus konnte sich das Numinose nur in einem höchst
persönlichen Rahmen manifestieren. Die Gesellschaft als Ganzes blieb
sich selbst überlassen.

In Dee und Bruno klingen diese Auffassungen noch nach. Doch gleichzeitig wandten sie ihren Blick auch nach außen, hin zur Gesellschaft und
zur Welt im allgemeinen. Und in Fludd ist diese von Dee und Bruno in
Gang gesetzte Neuorientierung praktisch abgeschlossen. Zur Zeit
Fludds war es schon so, daß die hermetischen Studien nicht mehr nur
auf das Individuum, das sich in Einsamkeit selbst vervollkommnet,
beschränkt blieben. Das neue Ziel war primär die Geheimgesellschaft,
das Konventikel, dessen Ziel erklärtermaßen die Vervollkommnung der
Gesellschaft als Ganzer war. Mit anderen Worten: Die Hermetik Fludds,
der Rosenkreuzer und der frühen Freimaurer war nicht mehr in erster
Linie auf den Einzelnen bezogen, sondern zunehmend mit der ganzen
Welt verknüpft – und, als unvermeidliche Folge, mit der Politik.
Für viele Kommentatoren handelt es sich dabei um eine gradlinig
fortschreitende evolutionäre Entwicklung. Für sie waren die Geheim-

gesellschaften, wie sie zum Beispiel die Rosenkreuzer und die Freimaurer verkörperten, die natürlichen Erben von Einzelgestalten wie Agrippa und Paracelsus. Doch wie sich zeigen wird, könnte man ebensogut argumentieren, die Geheimgesellschaft sei in gewissem Sinne eine Fehlentwicklung, eine Art danebengegangener Mutation, und die wahren Erben Agrippas und Paracelsus' seien woanders zu suchen.

9. Kapitel:
Das hermetische Denken und die Künste:
Der Talisman

Die Wurzel der Kultur, sagt Thomas Mann, ist der Kult. Seit den frühesten Tagen des vorgeschichtlichen Menschen, als dieser seine primitive vorhermetische Magie erstmals in kohärenten Glaubenssystemen zusammenfaßte, sind die Künste immer unauflöslich mit der Religion verbunden gewesen. Es mag Ausnahmen gegeben haben, etwa die Verzierung von Tonkrügen und ähnlichen Gebrauchsgegenständen. Doch zum allergrößten Teil entwickelten sich die früheste Musik, die früheste Malerei und Zeichenkunst, die früheste Skulptur, die früheste Tanzkunst und die früheste Literatur aus religiösen Grundlagen, sie waren alle der Lehre der Religion und dem Ritual zugeordnet. Erst viel später trat in der Entwicklung der Kulturen eine rein weltliche Kunst von einiger Bedeutung in Erscheinung. Und auch dann lebte sie noch extensiv von den Techniken und Motiven, die ihr die religiöse Kunst zur Verfügung stellte.

Im westlichen Christentum tauchten einzelne Beispiele weltlicher Kunst schon im beginnenden Mittelalter auf. Man kann dabei etwa an das *Rolandslied* denken oder an die sich um die Gestalt des El Cid rankenden Dichtungen, obwohl auch hier noch eine starke, wenn auch unausgesprochene religiöse Dimension spürbar wird, insofern die Texte den Kampf des Christentums gegen die moslemischen »Ungläubigen« preisen. Man kann auch an die späteren Epen über den Heiligen Gral denken, die aber ebenfalls von einer spirituellen, wenn nicht überhaupt religiösorthodoxen Komponente durchdrungen waren. Und gegen Ende des Mittelalters entstanden schon ausgesprochen weltliche, sogar durchaus irdische Erzählungen, etwa Boccaccios *Decamerone* oder Chaucers *Canterbury Tales*. Doch waren solche Werke immer noch die große

Ausnahme. Bis zur Reformation Luthers diente die Kunst, in welcher Form sie auch hervortrat, meist den Zwecken der katholischen Religion, bestätigte die von der Kirche definierte Auffassung des Heiligen und lenkte das Publikum in diese Richtung.

Welche Bedeutung nun die Hermetik auch für weltliche Belange gehabt haben mag, in ihrer Orientierung war sie doch immer spirituell. Ja sie stellte, wie erwähnt, zumindest für einige ihrer Anhänger eine wesentliche Ergänzung zum etablierten Christentum dar. Für andere, etwa Agrippa und Bruno, war sie sogar die große Alternative, die Grundlage für eine neue, allumfassende Weltreligion. Unvermeidlich begann sich daher die hermetische Philosophie zunehmend in den Künsten geltend zu machen. Während der Renaissance war sie einer der wichtigsten und kräftigsten Impulse künstlerischen Schaffens. Ende des 16. Jahrhunderts stützten sich Künstler in jedem Bereich der Kunst – von Musik, Malerei und Literatur bis zur Architektur und Landschaftsgärtnerei – auf hermetische Prinzipien, um das Fundament einer neuen, von einer neuen Leitidee bestimmten Ästhetik zu schaffen. In manchen Fällen drückte das Kunstwerk einfach Inhalte der hermetischen Philosophie aus oder illustrierte sie, etwa das Prinzip der Analogie oder der Beziehung zwischen Mikrokosmos und Makrokosmos. In anderen Fällen betrachtete man den Akt des künstlerischen Schaffens als nicht mehr und nicht weniger denn als magische Operation per se. Und das vollendete Kunstwerk war ein magisches Objekt, eine Art Talisman, geeignet, okkulte oder kosmische Energien zu beschwören und zu versammeln.

Die magische Macht der Musik

Nach jüngsten Ergebnissen der Wissenschaft ist die Musik imstande, direkt auf die für Emotionen zuständigen Bereiche des Gehirns einzuwirken.[215] Diese »Entdeckung« löste beträchtliche Spekulationen in den Medien aus. Könnte die Stimulierung der entsprechenden Hirnzentren Persönlichkeitsveränderungen hervorrufen? Könnte das Temperament eines Kindes durch Musik geformt und beeinflußt werden? Zeigen Kinder, die mit der richtigen Dosis Mozart aufgewachsen sind, höhere

Intelligenz als Kinder, die mit Bach großgezogen wurden? Und wie wirken Beethoven oder Wagner, wie wirken die Beatles oder die Werbeschlager für Coca-Cola?

Solche Fragen können tatsächlich provozierend sein. Aber es hätte kaum wissenschaftlicher Forschung bedurft, um uns mitzuteilen, daß Musik auf uns einwirken und unsere Stimmungen beeinflussen kann. Wir alle haben erlebt, daß Musik besänftigt oder erregt, in träumerischen oder besonders wachen Zustand versetzt, still oder wütend, friedlich oder kriegerisch und aggressiv macht. Musik kann einlullen oder stimulieren, beruhigen oder erregen, anästhesieren oder inspirieren. Auf eine Art, die jedes rationale Urteil und jede kritische Fähigkeit umgeht und außer Kraft setzt, kann Musik in uns den Eindruck des Spirituellen oder Bestialischen, des Erhabenen oder Wilden und Brutalen hervorrufen. Religiöse Musik kann zum Heiligen oder Numinosen erheben. In ihrem auf Herz und Blut einhämmernden pulsierenden Rhythmus können bestimmte Arten von Rockmusik die tiefen, elementaren, oft sexuellen Schichten und Antriebe in uns stimulieren. Bei Militärparaden erschüttern die massiv eingesetzten Blasinstrumente und Trommeln eines Highland-Regiments die Eingeweide und versetzen das Nervensystem in schrille Schwingungen. Auf dem Schlachtfeld können die magischen Klänge der Dudelsackpfeifen Panik beim Feind auslösen, wenn sie sich wie gellende Schreie vom Himmel herabschwebender und die Erschlagenen aufsammelnder Walküren ihren Weg durch das Getöse bahnen. Im amerikanischen Bürgerkrieg gelang es Regimentern der Konföderierten, dieselbe schrille kriegerische Kakophonie mit dem Banjo zu erzeugen, einem Instrument, dessen Eigenschaft, das Blut erstarren zu machen, jeder kennt, der die Szene der sich einen Wettstreit liefernden Banjos in der Verfilmung des Romans *Deliverance* (*Flußfahrt*, 1970; dt. 1971) von James Dickey gesehen hat.

Musik kann natürlich auch dazu benutzt werden, Menschen in einen Zauberbann einzuspinnen. Eine Rohrflöte vermag einen Menschen ebensogut zu bannen wie sie eine Schlange bannen kann. In der Antike schrieb man der Panflöte die Macht zu, einen Menschen in den Wahnsinn zu treiben. Und seit langem ist bekannt, daß der Schlag einer Trommel, der mit dem Herzschlag des Menschen synchron geht, bei allmählicher Beschleunigung auch das Herz zu vergleichbarem Tempo beschleunigt.

Zweifellos wurden die magischen Wirkungen der Musik in der Frühzeit des Menschen auch von den Schamanen bei den ersten Stammesritualen eingesetzt. Im Okzident wurde diese Macht zum ersten Mal von den Pythagoreern erforscht, benannt und ausgesprochen, und von ihnen gingen diese Kenntnisse in den alexandrinischen Hermetismus ein. Die pythagoreischen und hermetischen Lehren beruhten auf überzeugendem Augenschein. Wenn zwei Saiten auf dieselbe Frequenz gestimmt sind und die eine gezupft wird, vibriert die andere mit und läßt wie aus »Sympathie« denselben Ton erklingen. Wissenschaftlich ausgedrückt, versetzt die gezupfte Saite die sie umgebende Luft in Schwingungen. Und die schwingende Luft löst dann bei der zweiten Saite denselben Ton aus, vorausgesetzt natürlich, beide Saiten sind »harmonisch aufeinander abgestimmt«.

Für die Pythagoreer und die ihnen nachfolgenden Hermetiker Alexandrias war »harmonische Stimmung« das vorherrschende Prinzip, das nicht nur in der Musik, sondern auch in der ganzen Schöpfung galt. Die Schöpfung wurde als allesumfassende, allesumarmende Totalität aufgefaßt, als allesdurchdringendes Ganzes, in dem alles miteinander verknüpft und aufeinander bezogen war. Die Harmonie war dabei das Bindemittel, die Kraft der Kohäsion, die jede Schöpfungskomponente mit jeder anderen verband und darauf bezog. Mit einem Wort: Der Kosmos war mit einem gewaltigen Musikinstrument, in Harmonie mit sich selbst, zu vergleichen. Er erzeugte selbst seine Musik und versetzte sich damit zugleich in unaufhörliche Schwingungen. Menschen und Götter, Erde und Himmel, Mikrokosmos und Makrokosmos, sie alle waren durch Harmonie miteinander verbunden und spiegelten dieselben harmonischen Proportionen wider. Diese Proportionen konnten mathematisch definiert und beschrieben werden. Zahlen aber entsprachen bestimmten Noten oder Tönen. Und so konnten die mathematisch definierten und beschriebenen Proportionen durch die Musik nachgebildet und aktiviert werden. Nach den Lehren des Pythagoras »sind All und Mensch, Makrokosmos und Mikrokosmos nach denselben harmonischen Proportionen aufgebaut«.[216] Man konnte daher die Mächte des

Kosmos nicht nur durch das konventionelle Gebet beschwören, sondern auch dadurch, daß man sich auf sie »abstimmte«, sich in dieselbe Frequenz versetzte und sie auf diese Weise manipulierte. »Wer irgendeinen Gegenstand gebraucht, der dieselben numerischen Proportionen wie ein himmlischer Körper oder eine himmlische Sphäre besitzt, wird seinen Geist ähnlich proportionieren und dadurch den gewünschten Einfluß des himmlischen Geistes hervorrufen, so wie eine schwingende Saite eine andere auf denselben oder einen konsonierenden Ton abgestimmte Saite harmonisch mitschwingen läßt.«[217] Es heißt, Pythagoras habe behauptet, mit Hilfe solcher aufeinander abgestimmter Proportionen die Harmonien des Weltalls hören zu können, die »Sphärenmusik«, die Klänge, »die die Planeten auf ihren in vollkommener Ordnung verlaufenden Bahnen aussenden«.[218]

Für die Pythagoreer war es, ebenso wie für die ihnen nachfolgenden Hermetiker, ganz selbstverständlich, daß Musik auch therapeutische Wirkung haben konnte. Sie konnte als Gegenmittel für Erregungen der Seele wie Leidenschaft, Depression oder Zorn eingesetzt werden. Diese Vorstellung wurde später von Ficino und anderen Renaissance-Magiern übernommen, und auch Shakespeare spielt im *Kaufmann von Venedig* darauf an:

>»Weil nichts so stöckisch, hart und voll von Wut,
>Das nicht Musik auf eine Zeit verwandelt.« (V,1)

Platon sah in seiner Erziehungslehre Gymnastik für die Gesundheit des Körpers und Musik für die Gesundheit der Seele vor. Musik, so behauptete er, begünstige »die Wohlgestimmtheit der Seele«, die sich jeder Jugendliche erwerben solle.[219] In den Mysterienschulen der Antike wurde Musik im Verein mit dem Tanz eingesetzt, um veränderte Bewußtseinszustände hervorzurufen. In dieser Eigenschaft steht sie auch beim Sufismus in hohen Ehren und wird von den sogenannten »tanzenden Derwischen« praktiziert. Und in der Folge fanden Lied und Sprechgesang, zusammen mit strengen Vorschriften der Atemkontrolle, ihren Weg in die christlichen Mönchsorden.

Der Text des *Corpus Hermeticum* spricht eine deutliche Sprache und betont die Notwendigkeit, den menschlichen Mikrokosmos so zu stimmen, daß er in Resonanz mit dem Makrokosmos des Alls steht. So sollte zum Beispiel der praktizierende Hermetiker »im Innern seine eigene Leier auf den [göttlichen] Musiker stimmen«.[220] Musik ist im *Corpus Hermeticum* der Schlüssel zum Göttlichen: »Sich aber in der Musik auszukennen bedeutet nichts anderes, als die Ordnung aller Dinge zu verstehen und zu wissen, was ihnen der göttliche Plan bestimmt hat. Denn die Ordnung aller einzelnen Dinge mündet dank des Entwurfs ihres Künstlers in eine Einheit und bewirkt so eine Art Harmonie, unendlich schön und wahr in ihrem göttlichen Klang.«[221] Musik war auch der Kanal, der die Mächte des Kosmos mit ihren irdischen Abbildern, den anthropomorphen Göttern, verband, denn diese Götter werden »durch häufige Opfer, Hymnen, Lobgesänge und lieblichste Klänge, die nach Art der himmlischen Harmonie ertönen, erfreut, damit der himmlische Teil in ihnen, der durch wiederholten heiligen Brauch in sie gelockt wurde, trotz menschlicher Umgebung in aller Zufriedenheit lange Zeiten hindurch bestehen kann. So ist der Mensch Bildner der Götter.«[222]

Nach einem römischen Text aus der Kaiserzeit »verwenden die Priester in Ägypten, wenn sie Hymnen zum Preis ihrer Götter singen, die sieben Vokale, die sie in genau bestimmter Reihenfolge aussprechen. Und der Klang dieser Buchstaben ist so wohllautend, daß ihm die Menschen anstelle von Flöten oder Leiern lauschen.«[223]

Dieses Zitat gibt einen interessanten Hinweis auf die Methode, welche die hermetischen Magier der Renaissance später bei ihrer Anwendung der Musik benützt haben. Sie hielten sich natürlich an die Harmonieprinzipien, die von ihren hermetischen, platonischen und pythagoreischen »Vorfahren« formuliert worden waren. Zugleich aber betonten sie auch die Bedeutung der harmonischen Vermählung zwischen dem musikalischen Ton bzw. Akkord und dem Wort. Man verfertigte in diesem Sinne Gedichte von vornherein in der Absicht, sie auch zu vertonen. Und Wort und Text dieser Gedichte enthielten eine musikalische Komponente, die ebenso wichtig war wie die Musik selbst: den Rhythmus. Zeitweise wird »der Rhythmus der Musik sogar dem Metrum des Verses völlig untergeordnet«.[224] Vers und Melodie wurden also zu einem einzigen, untrennbaren Ganzen vereinigt. Aus dieser Praxis, die zum Beispiel von den hermetischen Dichtern der *Pléiade* im Frankreich des 16. Jahrhunderts hoch gerühmt wurde, entstand das Genre des religiösen Musikdramas, aus dem sich dann die Oper entwickelte.[225]

Die Anwendung hermetischer Magie während der Renaissance lief auf die gleiche Synthese hinaus. Die *Klänge* bestimmter Worte, wie sie von der menschlichen Stimme in einer bestimmten Tonhöhe oder Färbung ausgesprochen wurden und einer bestimmten Kadenz bzw. einem bestimmten Rhythmus gehorchten, wurden mit bestimmten Tönen einer Melodie verbunden. Die harmonische Integration all dieser Komponenten mußte vollkommen und mit mathematischer Präzision bestimmt sein. Und wenn diese Vollkommenheit erreicht war, ergab sich daraus ein Beschwörungsakt, denn die erforderliche Kraft dafür, die »Tugend«, war jetzt mit dem Gedicht untrennbar verbunden. Es konnte nun die Schranken zwischen den Dimensionen der Realität niederreißen, ebenso wie ein an einer Stimmgabel angeschlagener Ton ein Gefäß oder eine Glasscheibe zerspringen lassen kann. Auf diese Weise konnten die unsichtbaren Elementarkräfte des Kosmos, ob himmlisch oder höllisch, frei fließen und vermochten sich mit der Welt des Menschen zu verbinden.

Aufgrund ihrer Anwendung auf Magie und Ritual wurde Musik in der Renaissance also auf neue Weise gehört, und sie entwickelte zugleich neue Formen. In Italien zum Beispiel tauchte die Form des weltlichen Madrigals auf: kein einstimmiger Chorgesang mehr, sondern eine vielstimmige Komposition. Das Madrigal leistete auch einen Beitrag zur Entwicklung der Oper. Und so wie das Madrigal immer populärer wurde, so auch die Instrumente, die es in der Regel begleiteten: die Laute, die Leier, die Viola und das Klavichord. Als sich die Hermetik in ganz Italien und dann im übrigen Europa verbreitete, verlegten sich viele Adlige auf die Komposition von Madrigalen und anderen Tondichtungen. Viele brachten es auf ihren Musikinstrumenten zu großer Fertigkeit.

Unter Bezugnahme auf das *Corpus Hermeticum* postulierte Ficino einen »kosmischen Geist«, der wie ein Wind – das *Pneuma* oder der Atem des Göttlichen – durch die ganze Schöpfung wehte. Dieser wesentlich harmonische Geist bildete den »Einflußkanal« zwischen Oben und Unten, Himmel und Erde, Makrokosmos und Mikrokosmos. Der Geist des einzelnen Menschen, so Ficino, werde genährt, erhalten und gereinigt, indem er den kosmischen Geist »anzieht und absorbiert«. Und die Musik war der höchste Faktor und das Medium für diesen Prozeß der Anziehung und Absorption. Auf dem Weg der Musik konnte die kosmische Energie in den Einzelnen einfließen. Mit einem Wort: Musik war dem Gebet verwandt, war jedoch ein Gebet mit dynamischer, aktiver Kraft: »David und Hermes Trismegistos verlangen, daß wir, da wir von Gott zum Singen bewegt werden, auch nur von Gott allein singen.«[226] Wenn Ficino von den Sternen sprach, so meint ein moderner Beobachter, dann kam es ihm nicht »auf eine Verehrung der Sterne an, sondern auf ihre Nachahmung, und wenn man sie nachahmte, gewann man Anteil an ihren Kräfte-Emanationen«.[227] Und »er gab sich nicht damit zufrieden, nur auf mögliche Analogien zwischen Makrokosmos und Mikrokosmos, musikalischen und himmlischen Harmonien hinzuweisen, sondern gab auch praktische Hinweise für eine Musik, die diese Analogien für das Leben nutzen konnte«.[228] In dieser Weise widmete sich Ficino der Komposition und Darbietung »magisch wirksamer Lieder«. So sang er zum Beispiel die orphischen Hymnen und begleitete sich dabei selbst auf der Leier: Vollzug eines magischen Rituals.

In der Folge entwickelten andere Magier auf der von Ficino gelegten Grundlage ihre jeweils eigenen Neuerungen und Varianten. Francesco Giorgi zum Beispiel, der kabbalistische Bettelmönch, benutzte die Musik als Grundlage für seine architektonischen Entwürfe. Die nach seinen Plänen in Venedig erbaute Kirche war nach musikalischen Proportionen entworfen. Oft sprach Giorgi von Gott als dem »Erzmusiker«, und die Welt bezeichnete er als »Gesang Gottes« oder als »Instrument Gottes«.

Agrippa nahm die Gedanken Ficinos auf, erklärte, »die Eigenschaft jedes Sterns und jeder Gottheit« könne durch »in der richtigen Harmonie« erklingende Musik auf die Erde herabbeschworen werden, und plädierte ebenfalls für das Singen der orphischen Hymnen. Doch wo Ficino nur bestrebt war, die gewünschten Einflüsse auszulösen, versuchte Agrippa auf seine faustische Art, die Planeten und andere »Intelligenzen« seinen Wünschen gefügig zu machen. Die orphischen Hymnen, so meinte Agrippa, »vermitteln dem Magier eine ungeheure Kraft« und setzen ihn instand, »das Objekt seiner Beschwörungsgesänge zu binden und zu lenken«.[229] Ficino hatte noch sorgfältig darauf geachtet, die Inhalte des christlichen Glaubens nicht zu verletzen. Agrippa dagegen hatte keine solchen Skrupel mehr. Ein Autor führt dazu aus: »Ficino legt aber großen Wert darauf, daß seine astrologischen Gesänge nichts mit Beschwörung zu tun haben. Er will keine Dämonen herbeizitieren und zur Erzeugung magischer Wirkungen zwingen.«[230] Aber »statt daß der Geist des Betreffenden durch die Musik, wie bei der Theorie Ficinos, in einen für den Planeteneinfluß empfänglichen Zustand gebracht wird, wird er bei Agrippa selbst zu einem aktiven Instrument, das in den zu beschwörenden Gegenstand hineinprojiziert wird, um ihn zu zwingen oder zu lenken«.[231] Doch obwohl bei Agrippa ein Element des magischen Zwangs mit hinzukam, betonte er immer die positiven Wirkungen der Musik. Er sagt: »Die weisen Alten [...] benutzten die Töne und Lieder der Musik nicht vergeblich, um die Gesundheit des Körpers zu befestigen oder wiederherzustellen [...] bis sie den Menschen wieder mit der himmlischen Harmonie in Einklang bringen und ihn vollkommen himmlisch machen. Außerdem gibt es nichts Wirksameres, böse Geister zu vertreiben, als die musikalische Harmonie.«[232]

In der islamischen Welt hatten die moslemischen Hermetiker eine Beziehung zwischen Musik und Alchemie hergestellt. Diese Beziehung wurde von den Renaissance-Magiern im Westen ohne weiteres übernommen. In *The Ordinall of Alchimy*, erschienen 1477, schrieb der englische Alchemist Thomas Norton:

> Die Elemente: Musikalisch mische sie
> In zwei Ursachen – eine für die Melodie:
> Was dann zusammenstimmt, wird auf dich
> Genau richtig wirken, sicherlich.

> Mit andren Akkorden bewirken sie
> Musikalisch durch Proportionen Harmonie
> Ganz wie die Proportionen der Alchemie.[233]

Die Verbindung zwischen Musik und Alchemie wurde bis ins 17. Jahrhundert hinein rege weiterverfolgt. So stellt zum Beispiel eine Illustration in einem rosenkreuzerischen Werk von 1609 einen Alchemisten dar, wie er in seinem Laboratorium vor einem Pentagramm betet. Im Vordergrund liegen mehrere Saiteninstrumente auf einem Tisch, und auf dem hinzugefügten Motto steht der Satz: »Die heilige Musik vertreibt Krankheit und böse Geister.«[234]

1618 veröffentlichte der rosenkreuzerische Hermetiker Michael Maier ein Buch mit dem Titel *Atalanta fugiens*. Es enthält 50 symbolische Kupferstiche, die Phasen des alchemistischen Prozesses darstellen. Jeder Illustration ist ein lateinisches Epigramm beigefügt, und jedes Epigramm enthält eine Sequenz, die musikalisch in eine dreistimmige Fuge umgesetzt werden kann, wobei die Partitur im Text mitabgedruckt ist. Man hat den Eindruck, diese Fugen sollten jeweils im Laboratorium selbst gesungen werden, und zwar immer gerade an der entsprechenden Stelle des Transmutationsprozesses.

Etwa zur selben Zeit erörterte Robert Fludd, Maiers Zeitgenosse und Freund, eine ähnliche hermetische Verbindung zwischen Musik, Magie und Alchemie. Fludd sieht, nach einem Kenner der Materie, »die Musik im selben Licht wie die Alchemie«.[235] Fludd verurteilte die Musik seiner Tage, da sie »nur ein Schatten der wahreren, tieferen Musik« sei, der alten hermetischen Musik, die »wiederentdeckt werden muß, denn durch sie vermag der Mensch sich selbst kennenzulernen und schließlich die mystische Kenntnis Gottes zu erlangen«[236] Bei Fludd wird »der geheime, wesentliche Gegenstand der Musik« beschrieben als »ein Aufstieg von Unvollkommenheit zur Vollkommenheit, von Unreinheit zu Reinheit [...] von Dunkelheit zu Licht, von der Erde zum Himmel [...]«[237] Fludd meinte, die göttlichen Emanationen, die den Mikrokosmos mit dem Makrokosmos verbinden, sollten mittels musikalischer Analogien vergegenwärtigt werden. Man sagte, ein Instrument mit einer Saite, das »Monochord« mit zwei Oktaven, spiegele die Entsprechung zwischen Himmel und Erde, und Gott sei der Spieler dieses »Monochords«.[238]

Es war kaum zu vermeiden, daß Elemente der hermetischen und kabbalistisch-mathematischen Magie ihren Weg auch in die Kirche fanden, wo sie in die religiös-christliche Musik integriert wurden. Am häufigsten fanden sie im Kultus der Muttergottes Verwendung. So galt zum Beispiel die Zahl Sieben der Maria besonders heilig, da sie die sieben Freuden und die sieben Schmerzen, die ihr in der Kirche traditionell zugeschrieben wurden, symbolisierte.[239] In diesem Sinne schrieb 1498 der holländische Komponist Matthäus Pipelare einen siebenteiligen Gesang zum Fest der Sieben Schmerzen. Ein anderer Komponist, Pierre de la Rue, komponierte zwei Messen für dasselbe Fest, wobei das dominante Motiv jeweils eine aus sieben Tönen bestehende Melodie war. Marienmessen in sieben Teilen wurden immer beliebter.[240] Und im 16. Jahrhundert schrieb der englische Komponist Thomas Tallis (ca. 1510–1585) eine Reihe von Werken, die der Muttergottes gewidmet waren und Strophen mit jeweils sieben Stanzen enthielten.

All dies war noch ziemlich harmlos und konnte ohne weiteres mit der offiziellen christlichen Lehre in Einklang gebracht werden. Es gab aber andere, heterodoxere Formen der hermetischen Musik und Magie, die trotzdem von der Kirchenhierarchie übernommen wurden, gelegentlich sogar von der höchsten Spitze, vom Papsttum selbst. Der Anfang des 17. Jahrhunderts regierende Papst zum Beispiel, Urban VIII., war ein eifriger Astrologe, der sich oft damit vergnügte, die Horoskope seiner Kardinäle zu berechnen und den Zeitpunkt ihres Todes vorherzusagen. Heikel wurde diese Situation allerdings, als ihm Astrologen seinen eigenen Tod für das Jahr 1628 prophezeiten. Und in diesem Jahr, in dem sich im Januar eine Mondfinsternis und im Dezember eine Sonnenfinsternis ereignete, bekam es der Papst wirklich mit der Angst zu tun. Er bat den Hermetiker Tommaso Campanella um magische Hilfe.

Das ganze Jahr 1628 über trafen sich also Campanella und der Papst regelmäßig unter vier Augen und zelebrierten Rituale, um widrige Einflüsse der Gestirne abzuwehren. Das Zimmer wurde »von der Luft draußen abgeschlossen«, dann wurden »aromatische Substanzen versprüht«. Man verbrannte Lorbeer, Myrrhe, Rosmarin und Zypresse. Die Wände wurden mit weißen Seidentüchern verhängt und mit Zweigen geschmückt. Zwei Kerzen und fünf Fackeln wurden angezündet, als Symbole für die sieben Planeten. Und überall verteilte man Steine, Pflanzen, Farben und Düfte, die mit den wohltätigen Einflüssen der

Venus und des Jupiter korrespondierten. Der Magier und der Papst tranken dann »astrologisch destillierte Flüssigkeiten« und spielten Musik, die die Energien der Venus und des Jupiter aufrufen sollte.[241] Für den Papst erfüllten diese Rituale offenbar ihren Zweck. Denn trotz der düsteren Voraussagen lebte er noch weitere 16 Jahre bis 1644. Doch bewahrte das Campanella – der schon viele Jahre im Gefängnis gesessen hatte – nicht vor der Rache der Inquisition: Er hatte Galilei unterstützt. 1634 suchte er in Paris Zuflucht vor der undankbaren Kirche.

Gemälde als magische Talismane

Die Hermetik behauptete die Verbundenheit, die Verknüpfung, die Entsprechung zwischen allen Dingen. Es leuchtet daher ein, daß das Prinzip der harmonischen Proportionen, das Magie, Mathematik und Musik verband, auch auf Malerei und Bildhauerei angewendet wurde. Die hermetischen Maler der Renaissance waren alle versierte Mathematiker, einige von ihnen auch Musiker. In seinem Buch *Lebensbeschreibungen der berühmtesten Architekten, Bildhauer und Maler* schildert Giorgio Vasari Leonardo da Vinci als einen weit überdurchschnittlichen Lyraspieler. Er erzählt, die Darbietung Leonardos für Ludovico Sforza, den Herzog von Mailand, sei »den Leistungen aller anderen Musiker, die an den Hof Ludovicos gekommen waren, überlegen« gewesen. Leonardo besaß eine von ihm selbst hergestellte Lyra aus Silber in Gestalt eines Pferdekopfes. »Musik«, soll er gesagt haben, »ist die Schwester der Malerei.«[242]

Die Parallelen zwischen den harmonischen Proportionen in der Musik und den harmonischen Proportionen in den Raummaßen waren eine der Grundvoraussetzungen der hermetischen Kunst der Renaissance. Nach den Worten des Architekten Palladio sind »die Proportionen der Stimme [...] Harmonien für das Ohr, diejenigen der räumlichen Maße für das Auge«.[243] Für Männer wie Palladio vermitteln »beide, die Musik und die Malerei [...] Harmonien, die Musik durch die Akkorde, die Malerei durch die Proportionen«.[244] Die hermetischen Maler der Renaissance zogen auf unterschiedlichste Art Nutzen aus dem Prinzip der

harmonischen Proportionen. Einer dieser Aspekte war die perspektivi-
sche Darstellung: »... denn wenn man Gegenstände von gleicher Größe,
die in gleichen Abständen hintereinander stehen, perspektivisch darstellt, so verkürzen sie sich in ›harmonischer‹ Progression.«[245]
Harmonische Proportion in der hermetischen Malerei der Renaissance
zeigt sich besonders in der häufigen Verwendung des sogenannten
Goldenen Schnitts oder Goldenen Durchschnitts, auch Goldene Proportion genannt. Der Goldene Schnitt vergegenwärtigt eine Zahl mit einer
unendlichen Reihe nach dem Komma und wird gewöhnlich mit dem
griechischen Buchstaben Phi bezeichnet. Es handelt sich um ein kon-
stantes Zahlenverhältnis, das sich aus einer genauen geometrischen
Relation ergibt. Man stelle sich ein regelmäßiges Fünfeck vor, eine
Figur mit fünf gleichen Seiten. Dann beschreibe man dieser Figur ein
Pentagramm, einen fünfzackigen Stern, ein. Die Länge jeder Seite des
inneren Pentagramms steht dann in konstanter Beziehung zur Länge
jeder Seite des äußeren Fünfecks. Dieses Verhältnis ist der Goldene
Schnitt oder Phi. Er stellt eine einmalig harmonische Proportion dar und
teilt eine gegebene Linie derart, daß jeder Abschnitt in einer bestimmten
Relation zum anderen Abschnitt und zum Ganzen steht.

Da der Goldene Schnitt den unveränderlichen mathematischen Prinzipien – den unveränderlichen Gesetzen, die Zahl, Winkel und Form
regieren – inhärent war, galt er als besonders glückliche Manifestation
und Bestätigung der harmonischen Beziehung zwischen Mikrokosmos
und Makrokosmos. Er wurde um so höher geschätzt, als er sich wie eine
göttliche Signatur überall in der Natur finden ließ, zum Beispiel im Bau
des Tritonhorns, dessen Spirale sich geometrisch nach dem Goldenen
Schnitt entfaltet. Auch trug der Goldene Schnitt den Stempel der Autorität der Antike. Architekten und Bildhauer hatten ihn im klassischen
Altertum immer wieder benutzt. Der Parthenon beispielsweise ist nach
dem Verhältnis des Goldenen Schnitts errichtet. Und im alten Ägypten
und Griechenland wußte man, daß sich der Goldene Schnitt auch in den
Abmessungen des menschlichen Körpers manifestiert. Der Nabel zum
Beispiel teilt den Körper im Verhältnis von Phi. Man glaubte daher, ein
nach diesem Verhältnis errichtetes Gebäude verbreite unter all seinen
Bewohnern und den darin Arbeitenden besondere Harmonie.

Die hermetischen Maler der Renaissance pflegten nun ihre Werke auf der Basis einer Geometrie anzulegen, die harmonische Proportionen verkörperte. Häufig war der Goldene Schnitt das beherrschende Prinzip dieser Geometrie. Leonardo zum Beispiel verwendete ihn häufig. Er fällt auch in der *Taufe Christi* von Piero della Francesca auf, der zu Lebzeiten als Mathematiker bekannter war denn als Maler. Auch in Dürers berühmter *Melencolia*[246] zeigt sich eine auf dem Goldenen Schnitt beruhende Fünfeck-Geometrie. Und noch eineinhalb Jahrhunderte später benützte Poussin die gleiche Geometrie.

Abgesehen von weiteren mathematischen und geometrischen Formeln glaubte man, daß der Goldene Schnitt auch eine inhärente metaphysische Dimension verkörpere. Da er auf Zahlen beruhte, existierte er »ewig« und durchdrang alle Dinge. Er konnte also als Manifestation, ja sogar als Eigenschaft des Göttlichen betrachtet werden. Es war offensichtlich, daß Gott, der Schöpfer, mittels der unveränderlichen Gesetze von Zahl und Proportion arbeitete. Daraus ergab sich folgerichtig, daß man die nämlichen Gesetze auch im Mikrokosmos des menschlichen Körpers aufsuchte. Der klassische römische Architekt Vitruv – dessen Lehren von den Hermetikern der Renaissance wiederbelebt wurden – hatte dafür plädiert, Tempel in Übereinstimmung mit den Proportionen des menschlichen Körpers zu bauen. Diese Proportionen umfaßten nicht nur den Goldenen Schnitt, sondern auch Kreise und Vierecke, die aus einer aufrecht stehenden menschlichen Figur mit ausgestreckten Armen und Beinen extrapoliert waren. Eine berühmte Zeichnung dieser Figur – die oft auch der »Mensch als Mikrokosmos« genannt wird – findet sich in Leonardos Notizbüchern. Agrippa und Fludd bedienten sich nun dieser Zeichnung und stellten sie in einen kosmischen Kontext, in einen dem Zodiak entsprechenden Kreis, wobei die astrologischen Zeichen an ihren jeweiligen Orten eingezeichnet wurden. So erwies sich, daß die ewigen harmonischen Proportionen der ganzen Schöpfung auch dem Wunder des menschlichen Körpers inhärent waren. Im Mikrokosmos inkarnierte sich die göttliche Vollkommenheit des Makrokosmos.

Doch vermochte ein Kunstwerk der Malerei oder Bildhauerei noch mehr, als nur das hermetische Prinzip der harmonischen Proportionen zu vergegenwärtigen, zu verkörpern oder aufzuzeigen. Es konnte wie ein Musikstück auch als Talisman, als Mittel magischer Beschwörung dienen, mit anderen Worten, es konnte zu einem aktiven Faktor, einem dynamischen Element der magischen Tätigkeit werden, ja konstituierte schon in sich selbst einen magischen Akt. Mittels der harmonischen Proportionen konnte das Kunstwerk als Magnet, Empfangsorgan und kräfteleitendes Medium für transzendente oder numinose Energien fungieren. Und diese aus dem Makrokosmos emanierenden Energien vermochten, wenn in einem Kunstwerk konzentriert und fokussiert, einen verborgenen Einfluß auf den Mikrokosmos auszuüben. Dieser Einfluß mochte verschwindend gering sein, war aber nichtsdestoweniger wirksam. In der Terminologie der Psychologie des 20. Jahrhunderts gesprochen: Das Kunstwerk konnte universell verbreitete Symbole dazu benutzen, um Bereiche der Psyche – und besonders des Unbewußten – anzuregen, die dem rational begrifflichen oder logischen Denken unzugänglich sind.

In der klassischen Mythologie hatte Venus (Aphrodite), die Göttin der Liebe, durch eine ehebrecherische Beziehung Mars (Ares), den Gott des Krieges, »gezähmt«. Spätere Astrologen nahmen das als allegorischen Hinweis darauf, daß sanfte, wohltätige Einflüsse des Planeten Venus die von Mars ausgehenden kriegerischen, aggressiven, impulsiven Energien neutralisieren könnten. Daß Venus Mars zu »zähmen« und dadurch die Überlegenheit der Liebe über den Krieg zu demonstrieren vermochte, wurde als astrologische Prämisse von den Hermetikern der Renaissance überall akzeptiert. Ficino und Pico zum Beispiel glaubten daran. Und ausgehend von dieser Prämisse malte eine ganze Reihe von Renaissance-Künstlern, einschließlich Botticelli, Bilder mit diesem Thema und stellten beispielsweise Mars dar, wie er ruhig an der Seite der Venus schläft. Solche Bilder waren nicht nur technische Meisterwerke oder sonderbare, den Betrachter in ihren Bann ziehende Wiedergaben mythischer Phantasien und Vorstellungen; noch viel weniger hatten sie zum Ziel, erotische Reize auszustrahlen, im Gegenteil: Sie waren als magisch wirksame Talismane gedacht, die kosmische Energien spezifisch »venusischer« Form beschwören und dadurch Frieden in dem von Kriegen zerrissenen Italien herbeiführen sollten.

Um zu illustrieren, wie ein Talisman-Bild magisch wirkt, lohnt es sich, eins der bedeutendsten dieser Gemälde, Botticellis berühmtes Bild *Primavera*, näher in Augenschein zu nehmen. Er malte dieses Bild für einen Cousin von Lorenzo de' Medici und Schüler Ficinos. Zuvor muß man sich jedoch vergegenwärtigen, daß Botticelli Anhänger eines kosmischen Geistprinzips war, wie es Ficino artikuliert und Pico weiter entfaltet hatte. Der »kosmische Geist« kann in Analogie zum Licht gesehen werden, das, wenn durch ein Prisma gebrochen, Farben erzeugt. Ebenso glaubte man, daß der kosmische Geist, wenn durch den Einfluß oder das Kraftfeld eines Planeten gebrochen, die Energien dieses Planeten vermittelte und übertrug. In seinem Bild *Primavera* versucht Botticelli die jugendlichen Energien der Venus zu beschwören, um sie über die ganze irdische Welt auszubreiten und eine Atmosphäre des ewigen Frühlings hervorzurufen – eine Atmosphäre der Wiedergeburt und Erneuerung, des erwachenden Geschlechtstriebs und der Liebe.[247] Im geometrischen Mittelpunkt des Gemäldes steht die Herrin des ganzen Vorgangs, Venus selbst, eingerahmt von frischem Frühlingsgrün und üppig wuchernden Pflanzen. Rechts von ihr, im Vordergrund, befinden sich ihre irdischen »Avatare«, die drei Grazien: Schönheit, Keuschheit und Leidenschaft. Nach Pico »entfaltet sich die Einheit der Venus in die Dreiheit der Grazien«.[248] Und über die Grazien wird der venusische Einfluß ins Menschenreich übertragen.

Ganz außen rechts wird der »kosmische Geist« in das Bild eingeführt. Er wird durch den Windgott Zephyr in die Szene hineingeweht, dessen Hauch auch das hermetische *Pneuma* ist, was sowohl Atem als auch Geist bedeutet. Man muß sich jetzt vorstellen, daß das durch Zephyr ausgehauchte *Pneuma* aktiv durch das ganze Gemälde »zirkuliert« und sich wie ein kabbalistischer Text im Hebräischen dynamisch von rechts nach links bewegt. Es berührt zuerst die spärlich bekleidete Erdnymphe Chloris, welche die nackte Welt des Winters verkörpert. Unter der Berührung Zephyrs aber weicht Chloris der Flora, der Nymphe des Frühlings – oder verwandelt sich auch in sie –, deren reich geschmückte Erscheinung, in ein prächtiges Kleid strotzender Vegetation gehüllt, die Frühlingserde darstellt. Hierauf setzt das *Pneuma* seinen Weg wie durch eine sorgfältig angelegte Rohrleitung hindurch fort und belebt den Tanz der drei Grazien. Eine von ihnen, die Keuschheit, deren Haar noch bescheiden geflochten und aufgebunden ist, statt lose zu flattern, wird durch Cupidos spitzen Pfeil, der von oben her auf sie abgeschossen wird, zur Liebe erregt. Und diese Liebe richtet sich, wie ihr Schleier, auf Merkur oder Hermes, der auf dem Bild ruhig ganz links außen steht, in symmetrischem Gleich- und Gegengewicht zu Zephyr. Und Merkur lenkt den Geist mit erhobenen Händen und Augen wieder ins Weltall zurück.

Das Bild stellt also einen dynamischen Prozeß dar, ja sucht ihn zugleich in Gang zu setzen. Mittels dieses Prozesses wird der »kosmische Geist« in spezifisch venusischer Gestalt auf die Erde herabbeschworen. Er wird dann auf einem genau bestimmten Reiseweg, einem Itinerar, durch die irdische Welt geleitet. Und sobald er seine Wirkungen ausgeübt hat, wird er wieder ins Firmament zurückgeschickt. Durch seine Zirkulation wird Unten mit Oben, Erde mit Himmel, Mikrokosmos mit Makrokosmos verbunden. Und dieser Prozeß wiederholt sich bis in alle Ewigkeit in immer neuen Kreisläufen. Der »kosmische Geist« betritt bis in alle Ewigkeit die Welt durch Zephyrs kräftig ausgehauchten Frühlingsatem. Und wenn er die schlafende Natur erneuert und wiederbelebt hat, kehrt er zur erhabenen Serenität des Numinosen zurück, von wo er im Frühling des nächsten Jahres wiedererscheint.

Magische Architektur

In der Welt der Renaissance-Hermetik besaß die Architektur einen geheiligten »Stammbaum«, der noch weit vor den der Malerei oder Bildhauerei zurückreichte. Wie bei der Musik führte die Ahnenreihe bis zum pythagoreischen Denken, wenn nicht noch in die Zeit davor, zurück. Sie wurde auch vom frühen Judentum anerkannt und genoß dann, als die Hermetik vor allem unter muslimischer Schirmherrschaft blühte, auch im Islam hohe Wertschätzung.

Im Judentum bestand seit altersher das Verbot, Götzenbilder anzufertigen. Der Islam hat dieses Tabu als Erbe übernommen und fortgeführt. Im Judentum und im Islam war eine kulturelle Tradition entstanden, die jeder darstellenden Kunst feindlich gesinnt war, jeder Abbildung organischer Formen, einschließlich natürlich der des Menschen selbst. Weder in der Synagoge noch in der Moschee sind bildliche Ausschmückungen zu finden, wie man sie von den christlichen Kathedralen gewohnt ist.

Dieses Verbot resultierte zum Teil aus dem Umstand, daß jeder Versuch, die natürliche Welt, einschließlich des Menschen, abzubilden, als blasphemisch galt, als Versuch, mit Gott dem Schöpfer zu wetteifern, ja ihn vielleicht als Schöpfer zu ersetzen oder gar zu verdrängen. Gott allein sollte das Privileg besitzen, Formen aus dem Nichts zu erschaffen, Leben aus Lehm zu erzeugen. Wenn der Mensch solche Formen oder das Leben in Holz, Stein, Farbe und mit anderen Stoffen nachahmte, so war das ein Verstoß gegen dieses göttliche Privileg und mußte zwangsläufig zur Parodie oder Karikatur werden.

Doch gab es noch eine tiefere theologische Begründung für dieses wohl allzu buchstäblich genommene Dogma, eine Begründung, die sich mit dem pythagoräischen Denken deckte, ja vielleicht sogar davon beeinflußt war. Sowohl im Judentum als auch im Islam war Gott, wie der Kosmos bei Pythagoras, Einer. Gott war eine Einheit. Gott war alles. Die Formen der erscheinenden Welt auf der anderen Seite waren zahlreich, vielfach, vielfältig und unterschiedlich. Im Judentum und Islam waren nun diese Formen Zeugnisse nicht der göttlichen Einheit, sondern der Bruchstückhaftigkeit der zeitlichen Welt. Wenn Gott in der Schöpfung überhaupt erkannt werden konnte, so nicht in der Vielfalt ihrer Formen, sondern in den einheitsstiftenden Prinzipien, die diese Formen durchdrangen und ihnen zugrunde lagen. Mit anderen Worten: Gott mußte in den Prinzipien der »Gestalt« – die letzten Endes durch Winkelgrade bestimmt wurde – und der »Zahl« erkannt werden. In Gestalt und Zahl, nicht durch die Darstellung unterschiedlicher Formen manifestierte sich die Herrlichkeit Gottes. Insofern mußte die göttliche Gegenwart in auf Gestalt und Zahl beruhenden und nicht bildnerisch ausgeschmückten Gebäuden ihre Wohnstätte erhalten.

Die Synthese von Gestalt und Zahl aber ist die Geometrie. Durch die Geometrie und die regelmäßige Wiederholung geometrischer Formen wird die Synthese zwischen Gestalt und Zahl vollzogen. Mittels des Studiums der Geometrie wurden also absolute Gesetze sichtbar, Gesetze, die von einer allen Dingen zugrundeliegenden Ordnung, einem Muster, einer Kohärenz, zeugten. Dieser »Meisterplan« war offensichtlich unfehlbar, unveränderlich, allgegenwärtig. Und aufgrund dieser Eigenschaften konnte er als etwas aufgefaßt werden, was göttlichen Ursprungs war: eine sichtbare Manifestation der göttlichen Macht, des göttlichen Willens. Auf diese Weise wurde die Geometrie gleichsam heiliggesprochen und gewann den Status eines zugleich immanenten und transzendenten Mysteriums.

Gegen Ende des 1. Jahrhunderts v. Chr. hatte der römische Architekt Vitruv Prinzipien formuliert, die zu den Grundprämissen späterer Baumeister werden sollten. Er hatte zum Beispiel auch empfohlen, daß sich die Baumeister in miteinander kooperierenden Gesellschaften oder *Kollegien* organisieren sollten. Er hatte Wert darauf gelegt, daß die Altäre der Tempel nach Osten blickten, wie es auch in den christlichen Kirchen der Fall ist. Und was noch wichtiger ist: Für ihn war der Architekt etwas weit Bedeutenderes als nur bloßer Techniker. Der Architekt, so sagte Vitruv, »muß sowohl talentvoll als gelehrig für die Wissenschaft sein – in der Arithmetik unterrichtet, er soll mehrfache geschichtliche Kenntnisse besitzen, die Philosophie fleißig gehört haben, sich auf Tonkunst verstehen – die Sternkunde kennengelernt haben«.[249] Für Vitruv war also der Architekt eine Art Magier, vertraut mit der Summe menschlichen Wissens und eingeweiht in die der Schöpfung zugrundeliegenden Gesetze. Oberstes dieser Gesetze war die Geometrie, auf die sich der Architekt unbedingt stützen mußte, um Tempel »mit Hilfe von Proportion und Symmetrie« zu errichten.

Indem sie diesen Vorschriften des Vitruv entsprachen, bewegten sich Judentum und Islam auf das klassische und hermetische Denken zu. Denn war die Architektur nicht die höchste Vergegenwärtigung und Anwendung der Geometrie, eine Vergegenwärtigung und Anwendung, die viel weiter ging, als es die Malerei jemals vermocht hatte, und die Geometrie ins Dreidimensionale übersetzte? Inkarnierte sich die Geometrie nicht in der Architektur?

In der Reformation wurde das Tabu gegen die darstellende Kunst von einigen der strengeren protestantischen Richtungen übernommen. Vor dieser Zeit hatte es im mittelalterlichen Christentum, unter der Hegemonie der katholischen Kirche, keine derartigen Beschränkungen oder Verbote gegeben. Dennoch eignete sich auch das Christentum die Prinzipien der Heiligen Geometrie sehr schnell an und benützte sie bei seinen eigenen Versuchen, das Göttliche zu verkörpern und ihm zu huldigen. Seit der Zeit der gotischen Kathedralen ging die Heilige Geometrie in der Architektur und im architektonischen Schmuck Hand in Hand mit der darstellenden Kunst als einem integralen Bestandteil des christlichen Gotteshauses.

Mit der Hermetik der Renaissance erhielt die Heilige Geometrie in der Architektur eine neue Dimension, die sich zugleich aber wieder auf die alten Vorläufer berief: auf die Kabbala, auf Vitruv, das platonische und pythagoreische Denken. Man nahm als selbstverständlich an, daß »Musik und Geometrie im Grunde eins sind: Musik ist eine Geometrie der Töne, und genau dieselben Harmonien, die der Geometrie eines Baues zugrundeliegen, werden in der Musik hörbar«.[250] Die hermetischen Architekten bezogen sich ausdrücklich auf die Symmetrie-Prinzipien des Vitruv, »die aus den Gliedern des Gebäudes selbst sich ergebende Übereinstimmung und das entsprechende Verhältnis eines nach den einzelnen Teilen berechneten (größeren) Teils zum Gesamtanblick«.[251] Sie beriefen sich außerdem auf den Ausspruch des Vitruv, das architektonische Gebäude »soll die Proportionen des menschlichen Körpers wiedergeben«, und daß Viereck und Kreis aus der Gestalt des mit ausgestreckten Armen und Beinen dastehenden Menschen extrapoliert werden müßten.[252] Die Gesetze der »kosmischen Ordnung« sollten eingebettet werden »in die mathematischen Verhältnisse, die im Makrokosmos und im Mikrokosmos die Harmonie bestimmen«. Und »nicht die Zahlen an sich, sondern ihre Beziehungen sind das Wichtige«.[253] Im Mittelalter waren Kirchen auf dem Grundriß des Kreuzes errichtet worden und waren somit symbolische Darstellungen des gekreuzigten Christus. Um 1450 jedoch schrieb Leon Battista Alberti (1404–1472) das erste Buch der Renaissance über Architektur. Er postulierte darin, mit Bezug auf Pythagoras, die Einheit von Architektur und Musik: »Die Zahlen, vermittels welcher die Harmonie von Tönen unser Ohr entzückt, sind ganz dieselben, welche unser Auge und unseren Verstand ergötzen [...] Wir werden daher all unsere Regeln für harmonische Beziehungen von den Musikern entlehnen, denen diese Zahlen ausnehmend wohl bekannt sind.«[254] Er argumentierte weiter, der vollkommene Plan für eine Kirche dürfe nicht auf einem Kreuz, sondern müsse auf einem Kreis beruhen. Der Kreis, so erläuterte er, sei die höchste in der Natur vorkommende Form – die Form der Sterne, die Form des irdischen Globus. Im *Timaios* hatte Platon ausgeführt, der Schöpfer habe das Weltall als lebendige Einheit in Gestalt einer Kugel geschaffen,»die die vollkommenste […] aller Gestalten ist«.[255]Für Alberti ergab sich daraus die Notwendigkeit»der Verschmelzung der Proportionen aller Teile eines Gebäudes derart«, daß sie sich zueinander in gegenseitiger Harmonie verhielten und auch im Ganzen Harmonie herrschte. Und die beste geometrische Form, die dieses Kriterium erfüllte, war der Kreis. Ein moderner Kommentator schrieb dazu:»So ist für Alberti und andere Künstler der Renaissance diese von Menschen geschaffene Harmonie nur der Widerschein einer himmlischen, ewig wahren und gültigen Harmonie.«[256]

Was Alberti aussprach, besaß jedoch erhebliche Sprengkraft und war von Anfang an subversiv.»Was sich aber wandelte«, so schrieb derselbe Kommentator,»war die Wesenheit der Gottheit: Christus als der Inbegriff der Vollkommenheit und Harmonie trat an die Stelle dessen, der am Kreuz für die Menschheit gelitten hatte.«[257] Der Akzent war unmerklich von Gott, dem Sohn, auf Gott, den Vater, den Schöpfer, übergegangen, der, wie Platon sagte, das Weltall als eine Einheit, lebendig und in Gestalt einer Kugel geschaffen hatte. Das Gotteshaus war jetzt nicht mehr eine Erinnerung an Opfer und Tod, sondern eine Feier der Schöpfung und ihres Architekten. Wie das Bild Botticellis wurde das Gotteshaus zu einem Werk talismanischer Magie, das die Zirkulation des *Pneuma*, des göttlichen Atems, beschwor und in Gang setzte und Oben und Unten, Makrokosmos und Mikrokosmos in hermetischer Einheit miteinander verknüpfte.

Diese Implikationen entgingen jedoch der Römischen Kirche keineswegs. Es gab eine ganze Reihe kirchlicher Proteste. 1572 verdammte der später heiliggesprochene Erzbischof von Mailand Kirchen mit kreisförmigem Grundriß ausdrücklich als »heidnisch« und forderte eine Rückkehr zum Muster des lateinischen Kreuzes.[258] Doch da war es bereits zu spät. Italien war in der Zwischenzeit mit zentrierten, auf dem Kreisgrundriß errichteten Kirchen übersät. Erwähnenswert sind vor allem Maria degli Angeli in Florenz, entworfen von dem Architekten Brunelleschi, und Maria delle Carceri in Prato bei Pisa von Giuliano de Sangallo; letztere ist völlig von der Geometrie des Kreises und des Vierecks bestimmt: eine hohe, kreisrunde Kuppel, die sich über einem vollkommenen Kubus wölbt.

1534 erhob sich in Venedig ein Streit über die Proportionen von S. Francesco della Vigna, einer neuen, im Bau befindlichen Kirche. Der Doge berief Francesco Giorgi, den kabbalistischen Bettelmönch, dessen Rat auch anläßlich der Scheidung Heinrichs VIII. von England gesucht worden war, zum Schiedsrichter. Giorgi machte in Einklang mit seinen hermetischen und kabbalistischen Prinzipien einen neuen Entwurf für die Kirche, wobei er harmonische Verhältnisse und Proportionen verwendete, die in Begriffen der Musik ausgedrückt werden konnten. Unter den Fachleuten, die Giorgi zu diesem Zweck konsultierte, befand sich auch der Maler Tizian.[259]

1560 schrieb Andrea Palladio (1508–1580) ein weiteres monumentales Buch über Architektur, das größte Renaissance-Werk dieser Art. Palladio bezog sich auf Vitruv und Alberti und übernahm außerdem Gedanken Giorgis. Für Palladio entsteht Schönheit »aus schöner Form und aus der Wechselbeziehung des Ganzen zu den Teilen, der Teile unter sich und zu dem Ganzen«.[260]

Grundlage von Palladios Denken war wiederum die harmonische Beziehung zwischen Mikrokosmos und Makrokosmos: »Wir dürfen nicht bezweifeln, daß die kleinen Tempel, die wir errichten, dem unendlich großen ähneln, den Er, in Seiner unermeßlichen Güte, durch ein Wort seines Mundes erschuf.[261] Und auch Palladio setzte sich für Kirchen auf kreisförmigem Grundriß ein. In der Gestalt des Kreises wird die Kirche »von einem Linienzug umschlossen [...], in welchem Anfang und Ende nicht zu unterscheiden sind [...] und da überdies jeder Punkt vom Mittelpunkt gleich weit entfernt ist, so versinnbildlicht ein solcher Bau aufs schönste die Einheit, die Unendlichkeit, die Ewigkeit und die Gerechtigkeit Gottes.«[262]

Mitte des 16. Jahrhunderts gründete Palladio mit anderen Künstlern eine

Akademie für Architektur, die Accademia Olimpica in Vicenza. Die Interessen dieser Akademie gingen aber bald über die rein religiöse Architektur hinaus und konzentrierten sich vor allem auf Theaterbauten. 1562 beschäftigte sie sich eingehend mit der Errichtung eines Theatergebäudes. Und ein halbes Jahrhundert später sollten Palladios Theaterinteressen enormen Einfluß auf Inigo Jones ausüben, der auf einer Reise durch Italien, 1614 und 1615, viele Originalentwürfe und -zeichnungen des italienischen Architekten käuflich erwarb. Eins der anerkannten Verdienste Jones' ist die Einführung der palladianischen Architektur in England.

Auch in der Architektur gedieh die Hermetik, wie auf so vielen anderen Gebieten, häufig sehr prächtig gerade in Milieus, die ihr eigentlich feindlich gesinnt hätten sein müssen. Spanien in der zweiten Hälfte des 16. Jahrhunderts, damals ein fanatisch katholisches Land, beherrscht von der Inquisition und regiert von dem absolutistischsten aller Könige, Philipp II., dem selbsternannten »Verteidiger des Glaubens«, war ein solches Milieu. In glühender Hingabe an die Kirche hatte Philipp gelobt, die protestantische »Häresie« auszurotten, nicht nur in seinem eigenen Herrschaftsbereich der spanischen Niederlande, sondern auch in England. Entschlossen, Roms Autorität in England wiederherzustellen, sandte er 1588 die Armada aus.

Aber trotz seines Katholizismus war Philipp auch vom hermetischen Denken fasziniert. Besonders beschlagen war er in der Alchemie. Als er während seiner kurzen Ehe mit Mary Tudor London besuchte, machte er die persönliche Bekanntschaft von John Dee, der für ihn und seine Gattin Horoskope erstellte. Und obwohl er später alles Englische von Herzen haßte, ließ der König niemals von seiner Bewunderung für Dee und besaß neben anderen esoterischen Büchern in seiner Bibliothek eine Abschrift der *Monas Hieroglyphica*. Dees hermetische Auffassung der Architektur trug zweifellos zu einer der grandiosesten Unternehmungen Philipps bei, zur Errichtung eines magischen, dem Tempel des Alten Testaments vergleichbaren Bauwerks, wobei er sich selbst in der Rolle des Salomo gefiel. Dieses Bauwerk war der Escorial – Palast, Kloster und Kirche in einem.

Dieser Escorial wurde von Philipps Architektenfreund und Leibmagus

Juan de Herrera errichtet, einer Art spanischem Gegenstück zu John Dee. Es ist sogar möglich, daß Herrera und Dee einander kannten, da sich beide zwischen 1548 und 1550 in Flandern aufgehalten haben. Jedenfalls war Herrera der prominenteste spanische Hermetiker des Zeitalters, der seinem Herrn »regelmäßig okkulte Dienste leistete«, wahrscheinlich Dienste medizinischen, astrologischen und alchemistischen Charakters.[263] Zusätzlich zum gesamten *Corpus Hermeticum* und anderen Werken der Antike enthielt seine gewaltige Bibliothek auch Texte seiner unmittelbaren Vorgänger und Zeitgenossen, einschließlich Ficino, Pico, Trithemius, Agrippa, Reuchlin, Paracelsus, Bruno und John Dee. Er besaß sogar zwei Abschriften der *Monas Hieroglyphica*. Nachdem Philipp Herreras Entwurf für den Bau bewilligt hatte, überwachte er die Bauarbeiten und die Ausschmückung des Escorial in jeder Einzelheit selbst. Das Bauwerk wurde von Anfang an in strengster Konformität mit den Prinzipien geometrischer Harmonie und Proportion geplant und auch so errichtet. Verschiedene Phasen des Baus wurden auf astrologisch errechnete günstige Daten bezogen und zu den entsprechenden Terminen begonnen. Sehr ausgiebig machte man Gebrauch vom Kubus, einem in den hermetischen Texten und im Werk des mittelalterlichen, aus Mallorca stammenden Hermetikers Raimundus Lullus beschriebenen heiligen Symbol. Die Bibliothek des Escorial enthält heute eine Abhandlung Herreras über Lullus' Interpretation der »kubischen Form«. In einem Gewölbe über dem erhöht gebauten Chor der Kirche befindet sich ein rätselhaftes, von Luca Cambiaso gemaltes Fresko – *La Gloria* oder *Die Vision des Paradieses*. Im Mittelpunkt dieses Freskos sind Gott der Vater und Gott der Sohn abgebildet, auf einem Regenbogen sitzend und von Licht umflutet. Ihre Füße ruhen auf einem steinernen Kubus, der so gemalt ist, daß er vor dem Betrachter dreidimensional aus der Fläche herauszuragen scheint.[264]

Der Escorial war als ein neuer Tempel Salomos gedacht, eine ausdrückliche Wiedererrichtung dieses Bauwerks. Und Philipp, der unter anderem den Titel eines Königs von Jerusalem trug, identifizierte sich nicht ungern mit dem König des Alten Testaments. Eine 1582 erschienene spanische Ausgabe des Vitruv wurde Philipp II. als »dem zweiten Salomo und Fürsten aller Architekten« gewidmet.[265]

Bis ins letzte Viertel des 20. Jahrhunderts hinein sollte Spanien die eifrigste Tochter der Kirche bleiben, das festeste Bollwerk, die Bastion des europäischen Katholizismus. Und doch stand, wie Carlos Fuentes in seinem wichtigen Roman *Terra Nostra* anschaulich zeigt, im spirituellen Zentrum dieser kirchlichen Orthodoxie das vielleicht höchste architektonische Beispiel für die heidnische Renaissance-Hermetik.

Magische Landschaften

In Erweiterung ihrer Anwendung auf die Architektur wurden hermetische Prinzipien natürlich auch auf die Gartenkunst ausgedehnt. Der Garten galt häufig als Ergänzung zur Architektur, wenn nicht als ihr integrierender Bestandteil. Zusammen sollten sie ein talismanisches, magisches Ganzes ergeben, vereinigt durch harmonische Proportionen. So war für Alberti zum Beispiel der das Haus umgebende Garten ebensosehr Domäne des Architekten wie das Gebäude selbst. Doch gab es auch Gärten, die für sich selbst schon magische Talismane waren. So ein Garten war zum Beispiel in vier Bereiche aufgeteilt, die die vier Elemente – Erde, Luft, Feuer und Wasser – darstellten. Er konnte auch in zwölf Sektoren aufgeteilt sein, die die Tierkreiszeichen widerspiegelten. Und an dafür geeigneten Stellen befanden sich Grotten, Heiligtümer, Kräuterbeete, Labyrinthe, Arrangements und besondere Anordnungen von Figuren, Szenen oder Farben, die kosmische Energien beschwören sollten.

Im Wettbewerb mit dem Garten als Ausdruck einer überall gültigen architektonischen Struktur entstand ferner das Konzept des Botanischen Gartens, eines harmonisch proportionierten, räumlichen Arrangements, in dem sich alle denkbaren Pflanzen ein Stelldichein gaben. In dieser Eigenschaft wurde aus dem Garten symbolisch ein neuer Garten Eden, ein Mikrokosmos, in dem sich das gesamte Spektrum des Makrokosmos spiegelte. In solchen Gärten konnten auch paracelsische Konzepte der Naturheilkunde verwirklicht werden. Es waren sozusagen Arzneigärten, aus deren Pflanzen und Kräutern Medizinen und Heilmittel gewonnen werden konnten. In dieser Hinsicht bestärkte der Botanische Garten die traditionelle Verknüpfung von Alchemie und Botanik. Er wurde zu einer Art Erweiterung des alchemistischen Laboratoriums.

Sowohl der talismanische als auch der Botanische bzw. Arzneigarten waren mit großer symbolischer Bedeutsamkeit ausgestattet. Sie spiegelten eine ideale harmonische Beziehung zwischen Mensch und Natur wider. Im Garten arbeiteten Mensch und Natur zusammen, um eine harmonische Ordnung des Raumes zu erzeugen. Durch den Garten machte sich der Mensch die Erde buchstäblich zur Gefährtin. Er verband und vereinigte sich in symbolischer Vermählung mit ihr.

Die frühesten hermetischen Gärten der Renaissance wurden von den Medici geschaffen. Ihre Villa in Careggi zum Beispiel, die sie Ficino als Domizil für seine Akademie überlassen hatten, war mit einem solchen Garten ausgestattet. Er entsprach sehr genau »der klassischen Tradition der Schäferidylle« und der damit verbundenen »Suche nach der Heimat der Seele«.[266] Ficino sprach und schrieb oft davon, wie er in seinem Garten spazierenging und an ruhigen Stellen auf seiner Leier orphische Hymnen spielte. Von diesem – oder einem sehr ähnlichen – Garten soll Botticelli das Vorbild für die Flora in seinem Bild *Primavera* genommen haben. Über die magische, talismanische Kraft solcher Orte schrieb Palladio: »Die Grenzen des Gartens schließen ihn jetzt nicht mehr von einer völlig andersartigen Außenwelt ab, sondern dienen dazu, einer Macht, die heute als universell gilt, ihren Ort zuzuweisen.«[267]

In England entstand in der zweiten Hälfte des 16. Jahrhunderts ein mystischer Kult um Elisabeth I. Die »jungfräuliche Königin« wurde mit Asträa identifiziert, der Gerechten Jungfrau in einer *Ekloge* des Vergil, »deren Rückkehr vom Himmel zur Erde ein neues Goldenes Zeitalter einläutet«. Man hat sogar behauptet, das mit Elisabeth assoziierte Idealbild habe zum Ziel gehabt, sie im protestantischen England als Ersatz für die Jungfrau Maria aufzubauen.

Ein solches Idealbild beruhte »auf der fast magischen Macht, die der Souverän über das physische Universum ausübte«.[268] So wurde Elisabeth oft auch mit dem Mond identifiziert und mit der klassischen Mondgottheit der Antike, der römischen Diana oder der griechischen Artemis. Im Nonsuch Palace wurden der Mondgöttin geweihte Grotten zu Ehren Elisabeths errichtet. Auch durch den Phönix und den Pelikan wurde die Königin symbolisiert. Nach einem Kommentator gaben diese Bilder die Eigenschaft der Königin,»nährende Mutter« der Anglikanischen Kirche zu sein, wieder. Andererseits waren Phönix und Pelikan von alters her Symbole für den Prozeß der alchemischen Transmutation. In alchemistischen Begriffen ausgedrückt, leitete Elisabeth als Göttin und Souverän diesen Prozeß, wobei die Welt aus ihrem gefallenen Schlackenzustand in ein neues Goldenes Zeitalter transmutiert wurde.

So ist es wohl kein Wunder,»daß sich der Kult der jungfräulichen Königin« häufig auch in Begriffen der Gartenkunst ausdrückte. Das Goldene Zeitalter, das Elisabeth heraufführen sollte, wurde als Zeitalter des Ewigen Frühlings, der Ewigen Wiedergeburt und Erneuerung aufgefaßt. Entsprechend wurde die englische Königin, wie Botticellis Venus auf dem Bild»Primavera«, ohne weiteres mit dem Frühling, mit Blumen und üppiger Flora in Beziehung gesetzt. In diesem Zusammenhang wurde sie gewöhnlich durch die fünfblättrige Heckenrose symbolisiert.

All das beförderte natürlich die Beschäftigung mit hermetischen Gärten als Hobby der Engländer. Eine der eindrucksvollsten Anlagen besaß ein Günstling der Königin, Robert Dudley, Earl of Leicester, in Kenilworth Castle. Ein anderer Garten wurde von Sir Robert Cecil angelegt, dem jüngeren Sohn Lord Burghleys, der vor Walsingham Spionagechef der Königin war. Cecils Garten ist typisch für die hermetischen Gärten des elisabethanischen England. In ihm wurden die zwölf Tugenden durch Rosen versinnbildlicht und beschworen, die drei Grazien durch Stiefmütterchen und die neun Musen durch Blumen neun verschiedener Arten.

Der berühmteste Gartenarchitekt der Spätrenaissance, dessen Vermächtnis in England immer noch lebendig ist, war ein französischer Hugenotte und Hydraulikingenieur namens Salomon de Caus. Wie John Dee und Robert Fludd war auch de Caus von Automaten und mechanischen Vorrichtungen fasziniert: beweglichen Statuen und Tierfiguren, Türen, die sich von selbst öffneten und schlossen, geheimnisvoll arbeitenden Wasseranlagen und einer Vielzahl scheinbar magischer Phänomene, die aber technisch erzeugt wurden und heute unter die Rubrik

Spezialeffekte fallen würden.[269] Doch während Dee und Fludd daran interessiert waren, solche Apparaturen im Theater zu verwenden, setzte de Caus seine Erfindungen vor allem für die Gartenkunst ein.

Nach 1590 reiste Salomon de Caus ausgiebig durch ganz Italien, besuchte die berühmtesten Gärten der damaligen Zeit und studierte Vitruv sowie Alberti und Palladio. 1601 hielt er sich in Brüssel auf und entwarf Gärten für die Habsburger Herrscher der damals habsburgischen Niederlande. Zwischen 1607 und 1613 wohnte er in England, wo er und Inigo Jones gute Freunde wurden und eng zusammenarbeiteten. Er führte Aufträge für die Gattin Jakobs I., Anne von Dänemark, und den Thronerben Heinrich, Prinz von Wales, aus. Eine seiner eindrucksvollsten Leistungen war die Schaffung »weitläufiger Gärten und Wasseranlagen auf dem Grundstück des Richmond Palace, in Zusammenarbeit mit Inigo Jones«.[270]

Als Prinz Heinrich 1612 unerwartet starb, begab sich de Caus nach Heidelberg an den rosenkreuzerisch eingestellten Hof des Kurfürsten Friedrich von der Pfalz, der mit Jakobs I. Tochter Elisabeth verheiratet war. Hier entwarf er die berühmten Gartenanlagen beim Heidelberger Schloß. Zuzeiten sah er sich gezwungen, ganze Hügel wegzusprengen, um ebene Flächen herzustellen, auf denen er seine komplizierten geometrischen Muster anlegen konnte. Innerhalb dieser Muster wurden dann Grotten errichtet, die Automaten beherbergten. Doch diese Automaten – mechanisch funktionierende Riesen, sprechende Statuen, Orgeln, die bei Änderung des Luft- oder Wasserdrucks Klänge von sich gaben – hatten nicht nur den Zweck, bei Besuchern Eindruck zu machen, sondern dienten auch als Talismane. So verschmolzen wieder einmal Magie und Wissenschaft, um die Grundlagen der modernen Technik zu legen.[271]

Der talismanische Garten erreichte seinen Höhepunkt in den genialen Entwürfen und Erfindungen des Salomon de Caus. Aber daneben hatte sich auch der Botanische Garten weiterentwickelt. Die Entdeckung der Neuen Welt brachte die Erkenntnis, daß es viele Länder, Völker, Pflanzen und Tiere gab, von denen die klassischen Autoren noch nichts gewußt hatten. Die Europäer begannen nun eifrig, die oft sehr aufregenden neuen Entdeckungen zu untersuchen, zu sammeln und zu klassifizieren. Die Welt selbst wurde mehr und mehr als »Buch Gottes« betrachtet, das sogar älter war als die Bibel und ein ebenso großes, wenn nicht größeres Anrecht hatte, studiert zu werden. Zum Zeitpunkt des Sündenfalls, so erklärte man jetzt, waren die Wunder des Gartens Eden auf die vier Kontinente – die im 17. Jahrhundert bekannt waren – verteilt worden. Und mit der Entdeckung der Neuen Welt konnten diese Wunder wieder vereinigt und in ursprünglicher Harmonie verbunden werden. So nahm der Botanische Garten – der Garten als Nachahmung des Gartens Eden – mehr und mehr metaphysische Dimensionen an. Der Garten von Padua beispielsweise, 1545 angelegt, sollte einen Mikrokosmos des irdischen Globus darstellen. Er besaß die Gestalt eines Kreises mit einem in vier Sektoren unterteilten Viereck darin. In den jeweiligen Sektoren standen Pflanzen aus dem Osten, Westen, Norden und Süden. Für den hermetischen Jünger der Zeit

bestand der Wert des Botanischen Gartens darin, daß er eine unmittelbare Gotteserkenntnis übermittelte. Da jede Pflanze ein Geschöpf war und Gott einen Teil seiner selbst in jedem Geschöpf offenbart hatte, mußte Gott durch eine vollständige Sammlung all seiner Geschöpfe auch vollständig offenbart sein. Und in Anbetracht der Beziehung zwischen Makrokosmos und Mikrokosmos mußte, wer die Natur am besten kannte, auch sich selbst am besten kennen.[272]

Magisches Ritual und Literatur

Die Hermetik hatte größtenteils durch die Literatur ihren Weg nach Westeuropa gefunden, und diese Literatur war dann überall verbreitet worden: das *Corpus Hermeticum* und andere klassische Werke, islamische Texte, Werke der mittelalterlichen Zauberer und der Renaissance-Magier. Schon vor der Renaissance waren Elemente der Hermetik in Prosaliteratur und Dichtkunst in Erscheinung getreten, zum Beispiel in den christianisierten Gralsepen, um das vielleicht bekannteste Beispiel zu nennen, und in Dantes *Göttlicher Komödie*. Im 16. Jahrhundert aber unterwanderte das hermetische Denken allmählich die gesamte Literatur ebenso wie die anderen Künste.

Der Roman in seiner heutigen Form existierte als literarische Gattung damals noch nicht, obwohl es schon – oft von Verspassagen unterbrochene – Prosaerzählungen gab. Eins der ersten Werke, in dem hermetische Tendenzen offen zutagetraten, war die anonym erschienene *Hypnerotomachia*, bekannt auch als *Der Traum des Poliphilus*, 1499 von Aldus Manutius in Venedig gedruckt. Die *Hypnerotomachia* ist ein Werk der talismanischen Literatur im gleichen Sinne, wie Botticellis *Primavera*, praktisch gleichzeitig mit diesem Buch entstanden, ein Werk der talismanischen Malerei ist. Es stützt sich zum Teil auf Dantes metaphysische Theorie der Allegorie und versucht kosmische Energien nicht nur zu beschreiben, sondern auch zu beschwören. Oberflächlich und buchstäblich betrachtet, ist es ein mit Holzschnitten illustrierter Roman, dessen sexuelle Freizügigkeit nahelegen könnte, ihn der erotischen, wenn nicht offen pornographischen Literatur zuzurechnen. In Wirklichkeit aber spiegelt er eine magische Operation, einen magischen Akt, wider und vollzieht ihn, einen Akt, der sehr weitgehend auf astrologischen Voraussetzungen beruht und mit den Stufen des alchemischen Prozesses korrespondiert.

Von wesentlich derselben Art ist ein anderer Schäferroman, *Arcadia* von Jacopo Sannazaro (ca. 1456–1530), vollendet um 1496, aber erst 1501 veröffentlicht. Wie die *Hypnerotomachia* schwelgt die *Arcadia* in einem Feuerwerk symbolischer Bilder, unter denen sich jedoch eine streng geregelte, auf Numerologie und Geometrie beruhende Struktur verbirgt. Beide Werke trachten danach, die in der hermetischen Malerei, Musik und Architektur auftretenden Prinzipien der harmonischen Proportion auf die Literatur anzuwenden. Beide können sie als musikalische und architektonische Kompositionen aufgefaßt werden. Und beide sollten einen großen Einfluß auf spätere Dichter und Schriftsteller ausüben, auf Ariost beispielsweise, auf Tasso, Sidney, Spenser und Cervantes. Die *Hypnerotomachia* vor allem dürfte das Vorbild für das vielleicht wichtigste Rosenkreuzer-Manifest des 17. Jahrhunderts abgegeben haben, *Die Alchymische Hochzeit des Christian Rosenkreuz*, die dann ihrerseits für die Konzeption von Goethes *Faust* Pate stand.

In Frankreich wurden die Prinzipien talismanischer Magie durch die Gruppe von sieben Persönlichkeiten, die (nach den sieben Sternen der Plejaden) als »Pléiade« bekannt sind, auf die Dichtung übertragen. Der führende und bedeutendste Dichter dieser Gruppe war Pierre de Ronsard (1524–1585). Weiterhin gehörten Jean Dorat, Joachim du Bellay und Jean-Antoine de Baïf dazu. Die Mitglieder der Pléiade experimentierten ausgiebig mit der magischen Macht der Dichtkunst, besonders der vertonten Dichtkunst. In teilweiser Anlehnung an Dantes Theorie der Allegorie – und die Prinzipien der späteren symbolistischen Autoren vorwegnehmend – sprach Ronsard von seinen und den Werken seiner Kollegen in Begriffen, die ebensogut auch auf alchemistische Texte angewendet werden könnten. Er beschrieb, »wie man Geschichten vortäuschen und verbergen – und die Wahrheit mit einem Märchenmantel verkleiden muß, in dem sie dann eingeschlossen ist«.[273] So kann der Dichter »den Geheimnissen, die das einfache Volk, wenn die Wahrheit zu direkt enthüllt wird, noch nicht verstehen kann, doch durch schöne, farbenprächtige Fabeln Eingang in die Gemüter verschaffen«.[274]

Die Mitglieder der Pléiade bemühten sich um eine umfassende Reform der französischen Sprache, sie »reinigten« sie, indem sie ältere, »vulgäre« Worte ausmerzten und sie durch die Einführung anderer Worte aus dem Vokabular der italienischen Renaissance »erhabener« machten. Unter der Schirmherrschaft von König Karl IX. gründeten die Dichter der Pléiade eine Akademie nach italienischem Vorbild, die die Verschmelzung von Dichtung und Musik weiter vorantrieb und dabei zur Schaffung der Grundlagen der Oper beitrug. Ihre Experimente beruhten wiederum auf hermetischen Voraussetzungen. Frances Yates führt dazu aus:

> Ein wie starkes magisches Element hinter den beschwörenden Psalmen und Gesängen der Akademie Baïfs steckte, läßt sich schwer abschätzen, doch ist es auf jeden Fall möglich, die Bewegung mit Ficinos Therapie in Beziehung zu setzen, bei der auch die Musik eine Rolle spielte. Der harfenspielende David, der Sauls Melancholie vertreibt, war offenbar das Vorbild für den musikalisch-medizinischen Humanismus.[275]

Das erklärte Ziel der Akademie war es, die Wirkungen der alten Musik – das heißt die magische Macht, die mythischen Gestalten der Antike wie Orpheus zugeschrieben wurde – wiederzubeleben.

1581 wurde unter dem Patronat Heinrichs III. ein ausschweifendes Fest veranstaltet, um die Hochzeit des Duc de Joyeuse mit Marie de Lorraine zu feiern. Die Feierlichkeiten zogen sich an die zwei Wochen hin, und jeden Tag gab es neue Veranstaltungen. Zum großen Teil waren die Dichter der Pléiade und der Akademie für diese Veranstaltungen verantwortlich, unter denen sich Theateraufführungen, Ritterturniere, Tänze und Versrezitationen mit musikalischer Begleitung befanden, oft mit exotischen Kostümen und aufwendigen Kulissen. Hier war die große Gelegenheit, öffentlich und in großem Maßstab die magischen Wirkungen der »alten Musik« zu testen. Und tatsächlich waren nach Augenzeugenberichten die Effekte – wenigstens auf bestimmte Mitglieder der Zuhörerschaft – nicht unbeträchtlich. Einmal bewirkte die Musik zum Beispiel, daß »ein Herr, der der Veranstaltung beiwohnte, seine Arme erregt in die Luft warf« und »wieder ganz ruhig wurde«, als die Stimmung wechselte.[276] Frances Yates bemerkt, daß zumindest eins der vertonten Gedichte »wie ein Beschwörungsgesang klingt«.[277] Dieses Gedicht wurde in einem besonders wichtigen Moment des Festes vorgetragen, als nämlich der französische König in einem Turnier gegen seinen Rivalen und Erzfeind, den Herzog von Guise, antrat. Heinrich III. und seine Mutter, Katharina de' Medici, waren Anhänger der hermetischen Philosophie. Sie haben sicher mit der magischen Kraft des Gedichtes und seiner Begleitmusik gerechnet und großen Wert darauf gelegt. Sie benutzten es als schützenden Talisman. »Wahrscheinlich verstanden sie es als das, was es auch war, als einen sehr geschickt arrangierten Beschwörungsgesang, einen Versuch, die Ereignisse durch die letzten magisch-wissenschaftlichen Techniken zu beeinflussen, und eine Bemühung, den Einfluß der dunklen Sterne des Kriegs und Verrats, wie sie die Guisen verkörperten, abzuwehren [...]«[278]

Hermetische Maskenspiele am Hof der Stuarts

In England wurden die hermetischen Prinzipien der Pléiade begeistert übernommen und von den beiden größten Prosa-Schriftstellern des elisabethanischen Zeitalters, Edmund Spenser und Sir Philip Sidney, weiter ausgebaut. Wie erwähnt, war Sidney (1554–1586) Schüler John Dees gewesen, und Bruno hat ihm zwei seiner Bücher gewidmet. Es ist daher nicht verwunderlich, daß er sich die Anwendung talismanischer Magie auch auf die Literatur angelegen sein ließ. Seine Sonette reflektieren den Einfluß der beiden größten Lyriker der Pléiade, Ronsards und du Bellays. Auch in seiner *Defense of Poesy (Verteidigung der Poesie)* lehnte sich Sidney an die Stars der Pléiade an und beanspruchte für den Dichter den Status eines orphischen oder mantischen Barden. Sein bedeutendstes Werk, *Arcadia*, existiert in drei Fassungen, wovon aber keine zu seinen Lebzeiten veröffentlicht wurde. Es ist für seine Schwester, die Alchemistin Gräfin Pembroke, verfaßt und verdankt viel Jacopo Sannazaros talismanischem Werk mit dem gleichen Titel.

Einer der engsten Freunde Sidneys war Edmund Spenser (1552–1599). Wie Sidney träumte er davon, sich um die englische Sprache ebenso verdient zu machen wie die Dichter der Pléiade um die französische. 1578 schloß er sich dem Kreis um Robert Dudley, Earl of Leicester, Sidneys Onkel und Förderer Dees, an. Mit Sidney, Sir Edward Dyer und anderen gründete er einen literarischen Zirkel, den Areopag, für den Ronsards Pléiade zumindest teilweise Modell stand. Zweifellos wäre er auch ständiges Mitglied von Dees Zirkel in Mortlake geworden, hätte man ihn nicht 1579 als Sekretär des dortigen Gouverneurs nach Irland versetzt. In den nächsten 20 Jahren bis zu seinem Tod 1599 lebte er fast ausschließlich in Irland. Nach dem Tod Leicesters und Sidneys war sein wichtigster Förderer in England ein anderer Protegé Dees, Sir Walter Raleigh.

Spensers Gedichte spiegeln, wie die Sidneys, den Einfluß Ronsards und du Bellays wider, ebenso den eines anderen französischen Dichters, Clément Marot, der lose mit der Pléiade in Verbindung stand. Besonders auffällig ist die talismanische Magie Spensers in seinen beiden großen Hochzeitsoden *Epithalamion* und *Prothalamion*. Beide sind Beispiele für die Adaption der Poesie zu Zwecken hermetischer Beschwörung. Sie versuchen, kosmischen Segen und Schutz auf die Hochzeitszeremonie herabzubeschwören. Im *The Shepherds Calendar (Schäferkalender)*, einer Folge von Eklogen oder Schäfergedichten, lehnt sich Spenser nicht nur an die Pléiade, sondern auch an Sannazaros *Arcadia* an. Seine größte Leistung indessen ist natürlich *The Faerie Queen (Die Feenkönigin)*, ein umfangreiches, auf zwölf Bände angelegtes Werk, von dem dann allerdings doch nur sieben vollendet wurden. Frances Yates beschreibt *The Faerie Queen* als »ein großes magisches Renaissance-Gedicht, das von der weißesten aller weißen Magie lebt: von christlicher Kabbala und Neoplatonismus«.[279] Es handelt sich dabei zweifellos um das bedeutendste Werk talismanischer Magie, das im elisabethanischen England entstanden ist.

In dieser vielschichtigen Dichtung bezieht sich Spenser sehr weitgehend auf die kabbalistischen Lehren des Francesco Giorgi sowie auf die Hermetik anderer bedeutender Renaissance-Magier. Jedes der sieben Bücher des Werkes ist zum Beispiel einem Planeten gewidmet, dessen Kräfte, Eigenschaften und Tugenden es zu beschwören sucht. Um die Beziehungen zwischen Mikrokosmos und Makrokosmos einzubauen, benutzt Spenser sich überlagernde allegorische »Schichten«, die sich vom innersten Persönlichen über das allgemeinere Kollektive bis hin zum Kosmischen erstrecken. Auf der allgemeinen, kollektiven Ebene nimmt Spenser John Dees Vision eines mystischen britischen Imperiums wieder auf, regiert von einer mystischen Gott-Königin, deren Herrschaft die Ankunft eines neuen Goldenen Zeitalters ankündigt.

Zur Zeit Sidneys und Spensers war die magische Experimentierkunst der Dichter der Pléiade wie in einem Echo wieder nach Italien, dem Land, von dem sie inspiriert worden waren, zurückgelangt. Hier ging sie mit einer Form des ritualisierten religiösen Dramas eine Verbindung ein, die sich letzten Endes von Ficino herleitete und in der »Worte nicht nur semantische Bedeutungen, übertragen durch Grammatik und Syntax, besitzen […], sondern auch klangliche Bedeutungen, übertragen durch Tonhöhe und Rhythmus«.[280] Ergebnis dieser Verschmelzung zweier literarischer Gattungen war die Oper. Oper (opera) ist die lateinische Bezeichnung für »Werk«, und zwar im alchemistischen Sinne einer neuen, bisher Dunkles erhellenden Synthese. Und so weist schon der Name auf die hermetischen Ursprünge der Oper hin. Die erste eigentliche Oper, Peris Vertonung von Rinuccinis *Dafne,* wurde 1598 in Florenz aufgeführt.

In England hingegen nahm die Synthese der Künste eine ganz andere Form an, nämlich die des Maskenspiels des Zeitalters Elisabeths und Jakobs. Das Maskenspiel war eine Art privates Drama, mit erheblichem Aufwand von und für einen königlichen (vielleicht auch aristokratischen) Hof in Szene gesetzt. Es wurde eine Geschichte in Versen auf einer entsprechend gestalteten, mit den raffiniertesten technischen Apparaturen zur Erzeugung von Spezialeffekten und perspektivischen Tricks ausgestatteten Bühne aufgeführt. Musik und Tanz waren fest eingebaute Bestandteile der Inszenierung, und häufig pflegten sich auch prominente Mitglieder der Zuhörerschaft unter die Schauspieler zu mischen. Am Ende ging das Maskenspiel immer in einen Ball über. Die Schauspieler sprangen von der Bühne und mischten sich unter die Zuschauer. So wurde die unsichtbare Schranke zwischen Illusion und Wirklichkeit durchbrochen, und der Mikrokosmos der Bühne verschmolz mit dem Makrokosmos der großen Welt, in der sie aufgebaut war. Die durch das Schauspiel talismanisch aufgerufenen Energien strömten so in großem Maßstab durch die ganze Welt. Mittels des Maskenspiels erstand das Gemälde *Primavera* zu dreidimensionalem Leben und wurde eins mit der Festgesellschaft, die es unwiderstehlich in seinen magischen Bann zog.

Dazu Frances Yates:

Das Maskenspiel ist ein Anlaß, bei dem die sich im Bewußtsein der Renaissance vollziehende Verbindung zwischen Magie und Technik ihren Ausdruck fand. Die Maskenspiele waren die letzte Errungenschaft der Mechanik und führten zu immer weiteren Verbesserungen der technischen Apparatur. Die mechanischen Vorrichtungen wurden, zumindest teilweise, für magische Zwecke eingesetzt. Sie sollten einen großen, sich bewegenden und verändernden Talisman bilden, der die göttlichen Kräfte zur Unterstützung des Monarchen herabbeschwor.[281]

Das Maskenspiel eignete sich auf einmalige Weise zur Feier des Kultus der jungfräulichen Königin und der mystischen Idee eines britischen Imperiums. So verfaßte schon im Jahre 1578 Sir Philip Sidney ein Maskenspiel für Elisabeth, *The Lady of May (Die Mai-Herrin),* das die Monarchin nicht nur mit der Jungfrau Maria der Kirche assoziierte, sondern auch mit den heidnischen Muttergottheiten der Antike und der einheimischen Volkstraditionen. Ein Vierteljahrhundert später legten auch die Stuarts großen Wert auf Maskenspiele. Inigo Jones hatte ein Maskenspielkostüm für Anne von Dänemark, Gattin Jakobs I., entworfen und meinte, die Farbe, die Anmut und der Glanz der Erscheinung, »die in der Majestät der Königin leuchten, mögen uns zur Betrachtung der Schönheit der Seele führen, deren Entsprechung sie sind«.[282] Für Jakob I. aber spielten noch andere Analogien eine Rolle. »Ein König«, so schrieb er, »ist wie ein Schauspieler auf der Bühne. Auch seine kleinsten Handlungen und Gesten werden vom ganzen Volk wahrgenommen und beobachtet.«[283] 1605 arbeiteten Inigo Jones und Ben Jonson zum erstenmal bei *The Masque of Blackness (Maskenspiel der Schwärze)* zusammen, einer ausgesprochen hermetischen Darstellung der Macht des Königtums.[284] Als sich Jonson bald darauf mit Jones überwarf, führte er eine Serie von Angriffen gegen die Hermetik, deren berühmtester *Der Alchemist* ist. Doch auch er blieb der hermetischen Form des Maskenspiels treu.

Jakob I. berief sich auf das hermetische Prinzip der Analogie, um das göttliche Recht der Könige zu begründen und zu rechtfertigen. Der König, so argumentierte er, sei Gottes Stellvertreter auf Erden und nur Gott verantwortlich. »Deshalb«, so belehrte er seinen Sohn, »bist du ein kleiner Gott, der auf seinem Thron sitzt und über andere Menschen herrscht.«[285] Unter den ersten Stuarts wurde das Maskenspiel zunehmend dazu benutzt, diese hermetische Entsprechung zu bestätigen.

Die Maskenspiele der damaligen Zeit waren sündhaft teuer. Die meisten erforderten einen Aufwand von an die 3000 Pfund, was damals dem Wert eines ansehnlichen herzoglichen Gutes entsprach. Eins, das von den »Inns of Court« (den Advokaten-Innungen des Hofes) inszeniert worden war, kostete sogar 20000 Pfund. Das wäre so, wie wenn man etwa ein Hollywood-Spektakel à la Steven Spielberg in Auftrag gäbe, nur um es ein einziges Mal vor einem zahlenmäßig begrenzten Privatpublikum zu zeigen und dann wieder abzusetzen.

Trotz solcher Verschwendungssucht blieb aber das Maskenspiel bis zum Ende des englischen Bürgerkriegs in Mode. Ein besonders erwähnenswertes Beispiel dieser Spätzeit ist *Comus* (1634), verfaßt von John Milton anläßlich der Einsetzung des Earls of Bridgewater als Lord-Präsident von Wales. John Milton war viel intensiver mit der Hermetik verbunden, als die puritanische Aura, mit der er sich vor seinen Zeitgenossen umgab, vermuten ließ. Doch bald entsprachen der gewaltige Aufwand dieser extravaganten Unternehmungen, ihr ephemerer Charakter und die Tatsache, daß sie immer nur für ein zahlenmäßig begrenztes Publikum aufgeführt wurden, nicht mehr den gewandelten Bedürfnissen der Zeit. Wie schon John Dee erkannt hatte, durften die Segnungen der hermetischen Weltanschauung nicht nur einem gebildeten Hof und der Aristokratie vorbehalten bleiben, sondern mußten auch Englands aufstrebenden gewerbe- und handeltreibenden Schichten zugute kommen. Ein solcher Zweck erforderte ein anderes, populäreres und leichter zugängliches künstlerisches Medium. Als dieses Medium erwies sich das Theater, die höchste kulturelle Manifestation der englischen Renaissance.

Die magische Macht
des Theaters

Nachdem Heinrich VIII. die Klöster aufgehoben und mit der Römischen Kirche gebrochen hatte, wurden in England mehr als ein Jahrhundert lang keine Kirchen mehr gebaut. Statt dessen baute England Theater. Als Ausnahmeerscheinung unter den europäischen Städten besaß London eine Vielzahl aus Holz errichteter Theaterbühnen, die die Bewunderung der Besucher aus dem Ausland erregten. Tatsächlich wurde aus dem englischen Theater eine neue Art Kirche, eine neue Art Tempel. Innerhalb des magischen Bezirks dieser Bauten wurden die Riten und Rituale der hermetischen Mysterien für ein unersättliches Publikum zelebriert.

244

Vitruv, der Architekt des klassischen Rom, auf den sich die Hermetiker der Renaissance so häufig beriefen, hatte den Bau von Theaterbühnen aus Holz befürwortet. In Theatern aus Stein, so meinte er, müßte die Akustik immer durch große, im Bereich der Bühne installierte Bronzegefäße verbessert werden, die als Resonanzkörper wirkten und die Stimme des Schauspielers verstärkten. Im Gegensatz dazu war Holz selbst ein Resonanzmedium und erforderte daher keine Vorkehrungen zur Verbesserung der Akustik. Also wurden in Übereinstimmung mit den Prinzipien Vitruvs die englischen Theater der Zeit Elisabeths und Jakobs aus Holz errichtet.

Das erste Theater im Stil Vitruvs, das einfach »das Theater« genannt wurde, wurde 1576 in London von James Burbage erbaut, der sowohl Schauspieler als auch Zimmermann war. Damals schlossen sich Schauspieler zu Trupps oder Gesellschaften zusammen, die immer unter dem Schutz eines reichen, adligen oder einflußreichen Herrn standen. Ein solcher Schutz war unbedingt notwendig, da in England die Geißel fundamentalistischer, puritanischer Fanatiker, die 75 Jahre später unter Cromwell die Schließung aller Theater verfügten, bereits zu wirken begann. Die Schauspielergesellschaft, für die Burbage sein Theater baute, erfreute sich der Protektion von Robert Dudley, Earl of Leicester. Leicester war, wie erwähnt, der Onkel Sir Philip Sidneys und ein Förderer John Dees, auf dessen Schloß in Mortlake er regelmäßig zu Gast war.

Dee war selbstverständlich ein glühender Verfechter der Architektur des Vitruv, stellte sie für ihn doch ein Mittel hermetischer, talismanischer Magie dar. Ebenso stand er ganz im Bann des Theaters und, wie Fludd und Inigo Jones nach ihm, der mechanischen Theatereffekte. Während seines Aufenthalts in Cambridge 1574 hatte er zum Beispiel ein Stück des Aristophanes inszeniert und dafür eine mechanische »Flugmaschine« konstruiert. Nach Vitruv gehörten solche technischen Fähigkeiten unbedingt zur Magierrolle des Architekten.

Frances Yates ist davon überzeugt, daß Burbage beim Bau seines Theaters Dee konsultiert hat. Sie vermutet sogar, Dee könnte das Bauwerk selbst entworfen haben. Auf jeden Fall weist sie darauf hin, daß die zunehmende Raffinesse des elisabethanischen Dramas auch zunehmend raffinierte Bühneneffekte erforderte. Und an wen, so fragt sie, konnte sich das Theater bei der Erzeugung solcher Effekte um Hilfe wenden? Nicht an die Universitäten, denn diese hatten mit angewandter Wissenschaft und Praxis nichts im Sinn. Es blieben also nur »die hermetischen Philosophen [...], die der Theaterregisseur um Hilfe bitten konnte, denn in einem Zeitalter, in dem sich die Wissenschaft aus der Magie entwickelte, wirkten als Techniker die hermetischen Philosophen.«[286]

Nach dem Bau von Burbages Theater 1576 entstand in rascher Folge eine Vielzahl weiterer öffentlicher und privater Bühnen. Unter den wichtigsten vor 1600 erbauten öffentlichen Theatern befanden sich The Curtain, The Rose, The Swan, The Fortune und The Red Bull. Ein Streit mit dem Eigentümer des Grundstücks, auf dem Burbages ursprüngliches Theater stand, führte dazu, daß es seine Pforten schließen mußte. 1598 wurden seine Balken ans Südufer der Themse verbracht und zum Bau eines neuen Gebäudes, des Globe, verwendet, das 1600 eröffnet wurde. Das Globe war Besitz der Theatertruppe des Lord Chamberlain, der auch Shakespeare, damals schon ein bekannter Stückeschreiber, mindestens seit 1592 angehörte. 1603 wurde die Truppe des Lord Chamberlain der Schutzherrschaft Jakobs I., des jüngst gekrönten Souveräns, unterstellt.

Im Einklang mit den Lehren des Vitruv beruhte der Grundriß des Theaters auf dem Tierkreis. Dieser Kreis war in vier gleichseitige Dreiecke unterteilt, die die »Trigone« markierten, die harmonischsten der astrologischen Beziehungen oder »Aspekte«. Jedes Dreieck verknüpfte drei Tierkreiszeichen und entsprach selbst einem der vier Elemente: Erde, Luft, Feuer und Wasser. Der kreisförmige Grundriß des Theaters stellte somit einen Mikrokosmos der gesamten Schöpfung dar. Dieser Eindruck wurde noch durch ein Zeltdach über der Bühne verstärkt, das mit Sternen bemalt war und das Firmament repräsentierte. Das Ergebnis war »ein ›Großes Welttheater‹, in dem der Mensch [...] seinen Part zu spielen hatte«.[287]

Dies also, so meint Frances Yates, war der Plan des Globe, dessen Name schon den von ihm verkörperten Mikrokosmos bezeichnete und in dem der »kosmische und deshalb religiöse Aspekt« des Theaters Vitruvs seine Auferstehung feierte. So wurde aus dem Theater selbst ein wesentlicher Bestandteil und eine Erweiterung des in ihm aufgeführten Dramas. Es bewies die harmonische Verbindung von Schauspiel und Bühne.

Ein Theater, dessen Grundriß in einfacher geometrischer Symbolik die Proportionen von Kosmos und Mensch, von Weltmusik und menschlicher Musik ausdrückte, war gewiß ein würdiger Schauplatz, auf dem sich der Genius eines Shakespeare entfalten konnte. Shakespeare beschreibt die Bestimmung des Menschen in der ihn umgebenden Welt immer in Begriffen der Musik.[288]

Aufgrund seiner Eigenschaft als hermetischer Mikrokosmos wurde aus einem Theater wie dem Globe »ein magisches Theater, ein kosmisches Theater, ein religiöses Theater«.[289] Und »der Magier als Schöpfer des Theaters und seiner Magie« war eine Analogie zu Gott, dem höchsten Magier, dem Schöpfer des Welttheaters.[290]
In diesem hermetischen Theater-Tempel, in diesem Mikrokosmos talismanischer Magie, erfuhr nun auch der Renaissance-Magier seine literarische Apotheose. Und das geschah für viele seiner Zeitgenossen ebenso wie für die Nachwelt in der Gestalt von Marlowes *Faustus*. Marlowe bekannte sich zwar als Atheist, doch war sein Atheismus nichts anderes als lediglich die Zurückweisung der jüdisch-christlichen Gottesbilder. Trotz dieser Zurückweisung war er stets von einem tiefen Sinn für das Heilige, das Spirituelle durchdrungen. Wie erwähnt, gehörte er zu dem hermetischen Zirkel des Earl of Northumberland, der sich teilweise mit dem Zirkel John Dees deckte. Und wie *Doktor Faustus* beweist, war Marlowe ein Anhänger des hermetischen Denkens. Es ist ganz klar, daß er Agrippa im besonderen bewunderte. Für seinen Faust jedenfalls ist Agrippa eine Art Vorbild:

> Drum, Freunde, steht mir bei in meinem Streben!
> Und ich, der oft durch feine Syllogismen
> Verwirrt die Köpfe deutscher Theologen,
> Um den die stolze Jugend Wittenbergs

Sich drängte, wie die bösen Geister um
Musäus, als er kam ins Reich der Schatten;
Ich will klug werden wie Agrippa war,
Des Schatten ganz Europa noch verehrt.[291]

Marlowe selbst bewundert seinen Helden, identifiziert sich mit ihm und projiziert sich in ihn. Faustus ist für Marlowe in der Tat eine Art romantisiertes, idealisiertes Selbstporträt – ein Spiegelbild der Eigenschaften, die er in sich selbst sah oder zu sehen wünschte. Faustus spiegelt Marlowes »überwältigenden Ehrgeiz« wider und dessen feindselige Verachtung der Schranken, die jüdisch-christliche Theologie und Moral der Erkenntnis auferlegten.

Doch die Bühne, für die Marlowe schrieb, war ein Medium für das Volk, vergleichbar den heute in Hollywood produzierten Filmen. Und während das protestantische England nur allzu gerne bereit war, Katholizismus und Papst mit Schmähungen zu überschütten, war doch noch soviel christliche Frömmigkeit lebendig, daß es vor einem Pakt mit den »unreinen Mächten« zurückschreckte. Dadurch geriet Marlowe in eine Position, vergleichbar der von Drehbuchschreibern und Filmregisseuren, sagen wir der 50er Jahre dieses Jahrhunderts, die sich stets gezwungen sahen, Rücksicht auf die geltenden Moralvorstellungen und Tabus zu nehmen und ihre Storys mit einem ethisch akzeptablen Ausgang zu versehen, damit das Publikum mit der Genugtuung entlassen werden konnte, das Laster sei bestraft und die Tugend belohnt worden. Infolgedessen lehnt sich der *Faustus* ziemlich eng an die übliche englische Übersetzung der 1587 veröffentlichten Faust-Sage an. Nach den Regeln der etablierten Moral mußte Faust notgedrungen verdammt werden. Wenn also der Renaissance-Magier als solcher auf der Bühne dargestellt werden sollte, so mußte das weniger widersprüchlich und subversiv, in positiverem Gewand geschehen.

Viele Kommentatoren, einschließlich der Autoren dieses Buches, sind geneigt, Prospero in Shakespeares *Sturm* als Porträt des John Dee zu sehen. Es besteht heute weitgehend Übereinstimmung darüber, daß Dee Shakespeare für dessen Prospero Modell stand.[292] Geht man von Dees Verbindung mit Burbages Theater und der Schauspieltruppe des Earl of

Leicester aus, so ist es fast unmöglich, daß sich nicht irgendwo die Wege des Stückeschreibers mit denen des Magus gekreuzt haben.[293]

In einem früheren Stück – *Wie es euch gefällt* – hatte Shakespeare die hermetische Entsprechung zwischen Theater und Welt und zwischen Künstler und Schöpfer als Entsprechung zwischen Mikrokosmos und Makrokosmos formuliert:

> Die ganze Welt ist Bühne,
> Und alle Frau'n und Männer bloße Spieler.
> Sie treten auf und gehen wieder ab,
> Sein Leben lang spielt einer manche Rollen.[294]

Dieselbe Entsprechung wird von Prospero im *Sturm* formuliert:

> Das Fest ist jetzt zu Ende; unsre Spieler,
> Wie ich euch sagte, waren Geister, und
> Sind aufgelöst in Luft, in dünne Luft.
> Wie dieses Scheines lockerer Bau, so werden
> Die wolkenhohen Türme, die Paläste,
> Die hehren Tempel, selbst der große Ball,
> Ja, was daran nur Teil hat, untergehn;
> Und, wie dies leere Schaugepräng' erblaßt,
> Spurlos verschwinden. Wir sind solcher Zeug
> Wie der zu Träumen, und dies kleine Leben
> Umfaßt ein Schlaf.[295]

Diese Entsprechung zwischen dem Kunstwerk und der Weltschöpfung, zwischen dem Künstler und dem Weltschöpfer, sollte von ganz entscheidender Bedeutung für die Dichtergestalten des 19. und 20. Jahrhunderts werden. Unter ihren Händen wurden Poesie und Roman zum vielleicht wichtigsten Medium und zum Asyl der Renaissance-Hermetik. Künstler und Magier verschmolzen zu ein und derselben Figur. Und die wahren Erben des Agrippa und Paracelsus entpuppten sich als Goethe und Flaubert, Joyce und Thomas Mann.

10. Kapitel:
Der Aufstieg der Geheimgesellschaften

Zu Beginn des 17. Jahrhunderts hatte die Hermetik die westliche Kultur nachhaltig verändert. Sie hatte jedoch zugleich auch bereits die Kräfte heraufbeschworen, die sie selbst allmählich an den Rand dieser Kultur drängen sollten. Der Magier als Einzelgänger, verkörpert durch Agrippa und Paracelsus, war durch die Geheimgesellschaft, den geheimen Zirkel ersetzt worden, repräsentiert zum Beispiel durch den angeblichen Orden der Rosenkreuzer und die Anfänge der Freimaurerei.

Der geheime Zirkel hatte, indem er die Betonung von der Transformation des Individuums auf die Transformation der Gesellschaft als ganzer verlegte, damit begonnen, die Hermetik zu politisieren. Im England Elisabeths I. und John Dees war es durchaus denkbar, daß sich eine solche politisierte Hermetik, zumindest eine Zeitlang, hielt. Sie konnte sich sogar auch im übrigen Europa in versprengten Enklaven halten, zum Beispiel an dem rosenkreuzerisch orientierten Hof des Kurfürsten Friedrich von der Pfalz, der 1613 Elisabeth Stuart, Tochter Jakobs I., geheiratet hatte. Doch 1618 mündete die politisierte Hermetik auf dem Kontinent in eine europaweite Katastrophe, den Dreißigjährigen Krieg, in seinen Größenordnungen vergleichbar dem Ersten Weltkrieg.

Und doch schien es in den dieser Katastrophe unmittelbar vorausgehenden Jahren, als wolle die Morgenröte einer neuen Zeit anbrechen. Selten hatte in der Geschichte des Westens die Zukunft so verheißungsvoll ausgesehen. Selten, wenn jemals, schien die Heraufkunft eines Goldenen Zeitalters so nahe bevorzustehen. Durch das von der Hermetik begünstigte neue Wissen konnte sogar der Eindruck entstehen, als stünde eine Heilung auch der religiösen Wunden der Zeit in Aussicht. Vor Renaissance und Reformation hatte die Römische Kirche die Klammer dargestellt, die die Wissensbereiche der westlichen Kultur miteinander verband. Praktisch alle Zweige schöpferischen Strebens des Menschen – Künste, Wissenschaften, Philosophie, die gesamte Maschinerie des sozialen und bürgerlichen Lebens – hatten unter dem alles überspannenden Schirm der Kirche existiert. Und in der Regel war es so, daß, wer studieren wollte, Kleriker sein mußte.

Doch mit Renaissance und Reformation war der Schirm Roms löchrig geworden, er hatte aufgehört, allumfassend zu sein und seinen Schatten über das ganze Spektrum schöpferischer Tätigkeit des Menschen zu werfen. Da schien sich die Hermetik während des 16. Jahrhunderts als neues Bindemittel, als neuer Kohäsionsfaktor, anzubieten. Trotz der Schismen zwischen Katholizismus und den jüngst entstandenen Formen des Protestantismus sah es so aus, als könne ein mehr oder weniger einheitliches und integriertes, durch das hermetische Denken verklammertes Wissen die religiösen Schranken durchbrechen. Die Grundvoraussetzung der Hermetik – die gegenseitige Verbundenheit aller Dinge – stellte das Fundament zur Verfügung, auf dem vielleicht ein ganz neuer, überkonfessioneller »Schirm« errichtet werden konnte.

Die frühen Hermetiker – Ficino, Pico, Trithemius und Francesco Giorgi – hatten noch innerhalb der Kirche gewirkt. Sie waren Kleriker gewesen, denen es irgendwie geglückt war, die hermetische Magie mit der katholischen Lehre zu versöhnen. Sogar jenem allerkatholischsten Monarchen, Philipp II. von Spanien, war es gelungen, einen Ausgleich zwischen Hermetik und kirchlicher Frömmigkeit zu schaffen. Der Escorial war der monumentale Zeuge für diese gelungene Angleichung. Und in Frankreich entstand in der zweiten Hälfte des 16. Jahrhunderts unter Führung des hermetisch orientierten Rechtsgelehrten und Schriftstellers Jean Bodin eine ganze Bewegung, die versuchte, mittels der hermetischen Philosophie eine Wiederannäherung zwischen Protestantismus und Römischer Kirche zu erreichen. Dasselbe Prinzip der Annäherung vertrat der italienische Dominikaner Tommaso Campanella, der nach Jahren im Gefängnis die Unterstützung Papst Urbans VIII. gewann und sich später in Frankreich auf ähnliche Weise die Gunst des allmächtigen Staatsmannes Kardinal Richelieu erwarb, obgleich dessen Motive nicht eben die reinsten waren. Unter den französischen katholischen Hermetikern befand sich sogar ein prominenter Jesuit, Athanasius Kircher, der unter anderen den Maler Nicolas Poussin in der Technik der Perspektive unterwies. Kircher war wahrscheinlich der höchste Repräsentant der Hermetik innerhalb der nach-reformatorischen Kirche. Er studierte – und lehrte dann auch – Philosophie, Mathematik, Griechisch und Hebräisch. Wie andere hermetische Praktiker zeichnete er sich dadurch aus, daß er mechanische Vorrichtungen, bewegliche Bühnenbilder und andere Spezialeffekte entwickelte. Er erforschte den Magnetismus. Nachdem er sich ein Fernrohr gekauft hatte, verlegte er sich aufs Studium der Astronomie und berichtete 1625 über seine Beobachtungen der Sonnenflecken. Er machte weite Reisen durch Europa, neugierig auf alles, was sich seinem Blick darbot, und mit einem fast unersättlichen Wissenshunger in bezug auf die Entstehung der Dinge: der Musik, der Sprache, der Religion, der Krankheiten, der Vulkanausbrüche und der Lava. Einmal war er sogar unmittelbar vor einem Vulkanausbruch in den Krater des Vesuv hinabgestiegen; er hoffte, auf diese Weise unmittelbare Aufschlüsse über das Geschehen zu gewinnen.

Als seine Jesuitenoberen ihm verweigerten, als Missionar nach China zu gehen, war Kircher bitter enttäuscht. Trotzdem unterhielt er eine lebhafte Korrespondenz mit Jesuitenmissionaren und auch Gelehrten der ganzen damals bekannten Welt. Besonderes Interesse hatte er an, wie wir es heute nennen würden, vergleichender Religionswissenschaft. Er betrachtete die heidnische Religion Ägyptens als den Ursprung praktisch aller anderen Glaubensrichtungen und Religionen: der griechischen, römischen, hebräischen, chaldäischen, ja sogar der indischen, chinesischen, japanischen, aztekischen und der Inka-Religion. Er studierte zeitlich spätere und besser dokumentierte Systeme religiösen Denkens in der Hoffnung, dadurch mehr über die Quelle, der sie seiner Meinung nach alle entsprungen waren – das alte Ägypten –, in Erfahrung zu bringen. Das *Corpus Hermeticum*, so glaubte er, enthalte den Kern einer alten Theologie, die einst bei allen Völkern heimisch war. Nach ihm besaß jede Religion eine exoterische und eine esoterische Seite. Und für die esoterische Seite der Weltreligionen suchte er nach einem gemeinsamen Nenner. Höchst bemerkenswert für einen frommen Jesuiten, »glaubte Kircher an die Möglichkeit offenbarter Wahrheit in fast allen Religionen der Vergangenheit, und auch unter den nicht-christlichen Religionen seiner eigenen Zeit, bis zu denen die christliche Botschaft noch nicht vorgedrungen war«.[296]

Unter den Korrespondenten Kirchers und seinen begeistertsten Lesern befand sich auch ein Schotte, Sir Robert Moray, einer der ersten bekannten Freimaurer.[297] In einem Brief an einen seiner Briefpartner empfahl Moray wärmstens ein Buch Kirchers. In einer anderen Schrift Kirchers, der *Ars magna sciendi (Die große Kunst des Wissens),* ist auf dem Frontispiz ein in einem Dreieck ruhendes Auge abgebildet, erleuchtet von den Blitzstrahlen der Gottheit. Dieses Symbol fand später seinen Weg in die Freimaurerei und von dort auf die Dollarnote der Vereinigten Staaten.

Überraschend mag sein, daß es Kircher glückte, mit seinen Oberen in der Kirchenhierarchie nicht aneinanderzugeraten. Anders als zum Beispiel Campanella blieb er unbehelligt. Mochte aber auch Kirchers Tätigkeit irgendwie übersehen worden sein, Rom war schon lange zuvor in Sorge, die Hermetik könnte die Kirche als Prinzip, das unter der westlichen Christenheit Einheit stiftete, ersetzen. Noch alarmierender war natürlich das Vordringen des Protestantismus, der immer mehr Anhänger in ganz Europa gewann und sich dabei häufig der Hermetik als einer wahlverwandten Lehre bediente. In dieser Krise hatte sich die Kirche zur »Gegenreformation« entschlossen, wie man diese Bewegung heute nennt, einer massiven konzertierten Aktion, um das an die Häresie verlorengegangene Terrain wiederzugewinnen und die Oberherrschaft der Kirche neu zu etablieren.

Die ersten Ansätze zur Gegenreformation unternahm Papst Paul III., der 1534, ein Jahr nach der Exkommunikation Heinrichs VIII. von England, Papst wurde. 1538 erließ er eine Bulle gegen Heinrich, was aber nur bewirkte, daß sich die Anglikanische Kirche Rom weiter entfremdete und in ihrem Stolz verhärtete. 1540 bestätigte Paul offiziell die Gründung der Societas Jesu, der Jesuiten. 1542 stärkte er die Macht der Inquisition, die jetzt überall auf katholischem Gebiet schalten und walten konnte wie schon in Spanien. 1545 berief der Papst, um die dogmatische Position der Kirche gegenüber dem Protestantismus zu konsolidieren, das Konzil von Trient ein, das auch noch unter seinen

Nachfolgern bis 1563 tagte. Unter anderem führte das Konzil auch den Index verbotener Bücher ein, der erst 1966 wieder abgeschafft wurde. Es dekretierte ferner, daß die religiöse Wahrheit wie in der Schrift, so auch in der Tradition enthalten sei. Es legte fest, daß das alleinige, exklusive Recht, die Schrift zu interpretieren, der Kirche vorbehalten bleibe und daß jene Sakramente der Kirche, die der Protestantismus in Frage gestellt hatte, zum Heil der Seelen unabdingbar seien. Auf dem Reichstag zu Worms 1521 hatte der Kaiser des Heiligen Römischen Reiches in seinem Wunsch nach Harmonie und Ausgleich das Bestreben des Papsttums, Luther und seine Anhänger zu eliminieren, noch verhindert. Das Konzil von Trient indessen schob jeder Möglichkeit des Ausgleichs und der Verständigung einen Riegel vor und beanspruchte die Oberhoheit des Papsttums über den Kaiser in allen Lehrangelegenheiten. Mit einem Wort, es begann jetzt ein Kampf auf Leben und Tod, materiell und spirituell.

Die Stoßtrupps in diesem Krieg waren die Jesuiten. Zwar nahmen sie nie an physischen Kämpfen teil, doch heißt es, ihre Organisation sei nach dem Vorbild der Organisation, Struktur und strengen Disziplin der Tempelritter, die vier Jahrhunderte früher gegründet worden waren, aufgebaut. Wie die Tempelritter sahen sich auch die Jesuiten als paramilitärische Institution, als eine neue *Militia Christi,* als »Soldaten Christi«. Bewaffnet mit den Werkzeugen der Logik, Bildung und des strengsten theologischen Trainings unternahmen sie eine neue Art Kreuzzug, um die der Kirche verlorengegangenen Länder zurückzuerobern und die Herrschaft Roms in den neu entdeckten und erschlossenen Ländern aufzurichten. In den nun folgenden Jahren drangen Jesuitenmissionare in so weit entfernte Länder wie Indien, China, Japan und die beiden Amerika vor und gründeten dort Außenposten. In Europa wurden Gebiete wie Polen, Böhmen und Süddeutschland, die für kurze Zeit weitgehend protestantisch geworden waren, für die Kirche zurückgewonnen und blieben seitdem katholisch. Mit der Niederlage der spanischen Armada 1588 hatte man England, zumindest vorläufig, abgeschrieben. Doch schien immerhin Aussicht zu bestehen, England isolieren zu können. Und ein England, das vom übrigen, katholisch geeinten Europa vollständig isoliert war, würde sich nicht lange behaupten können.

Der Kreuzzug der Jesuiten beschränkte sich auf das Reich des Geistes und des Intellektes. Doch bei anderen Anhängern der Kirche war das nicht so. Während des 16. Jahrhunderts hatten die Heere des katholischen Spanien Tod und Verwüstung in die weitgehend protestantischen spanischen Niederlande und nach Flandern getragen. In Frankreich waren Katholiken und Protestanten in ununterbrochene Kämpfe verstrickt, hatten sich in Verschwörungen, Intrigen und Mordnächten verausgabt und am Ende die Dynastie der Valois ausgelöscht. Um 1630 aber wurde der gegenreformatorische Kreuzzug zugunsten der Kirche dermaßen gewalttätig, wie es vordem unerhört gewesen war.

1612 war Rudolf II., der Römische Kaiser mit den hermetischen Neigungen und dem esoterischen Hof in Prag, gestorben. 1618 boten die Stände Böhmens, gegen die Nachfolger Rudolfs II. rebellierend, die Krone des Landes einem protestantischen Fürsten an, dem rosenkreuzerisch eingestellten Kurfürsten Friedrich von der Pfalz, der mit Elisabeth Stuart verheiratet und damit der Schwiegersohn Jakobs I. von England war. Friedrichs übereilte Annahme des Angebotes gab Ferdinand II., dem neuen Römischen Kaiser und entschiedenen Anhänger der Kirche, einen erwünschten Vorwand zu handeln. Böhmen wurde in kurzer Zeit überrannt, ebenso Friedrichs Fürstentum, die Rheinpfalz mit ihrem Hof zu Heidelberg. Und er und seine Gattin flohen, allen Besitzes beraubt, nach Den Haag ins Exil. Die kaiserlichen Armeen zogen nun mit dem Vorsatz, den Protestantismus gänzlich auszulöschen, sengend und mordend durch ganz Deutschland.

Als ein protestantisches Fürstentum nach dem anderen fiel, intervenierte das protestantische Schweden unter seinem dynamischen, charismatischen Monarchen Gustav Adolf. Gustavs »Neue Armee«, nach deren Muster Cromwell wenig später seine eigene organisierte, wendete zeitweise das Blatt. Doch wurden die bedrängten Heere des Reiches durch das Erscheinen eines geheimnisumwitterten adligen Söldners und Kondottieres gerettet: Albrecht von Wallenstein hatte, ohne daß seine hermetischen Interessen ihn daran gehindert hätten, dem katholischen Lager seine Dienste angetragen. Wallenstein hatte sich ganz der Astrologie ergeben. Seine anscheinend unerschöpflichen Reichtümer, mit denen er seine Truppen bezahlte, schrieb das Gerücht alchemistischem Ursprung zu. Es folgte ein Zusammenstoß gigantischen Ausmaßes zwischen den beiden großen Feldherrn. Fünf Jahre lang rangen die Armeen Wallensteins und Gustav Adolfs in einer blutigen, mörderischen Auseinandersetzung, wobei ganz Deutschland zur Arena ihrer Schlachten und Manöver wurde. 1634 waren beide Feldherrn tot, der schwedische König auf dem Schlachtfeld gefallen und Wallenstein von seinen eigenen Untergebenen ermordet, möglicherweise auf Befehl des Kaisers. Doch war der Krieg noch kaum zur Hälfte vorüber. Es wurden jetzt auch die Kräfte des habsburgischen Spanien mit in die Schlacht geworfen, unterstützt von denen des habsburgischen Österreich. Andere Heere aus Italien, Ungarn, vom Balkan, aus Dänemark, Holland und Schottland schlossen sich den durch Deutschland marodierenden Scharen an, die das Land zunehmend ruinierten. Schließlich intervenierte auch Kardinal Richelieu von Frankreich; paradoxerweise stellte er dabei den französischen Nationalismus über seine religiösen Bindungen; ein katholischer Kardinal unterstützte mit katholischen Truppen aus einem katholischen Land die Sache der Protestanten. Am Ende des Dreißigjähriges Krieges im Jahr 1648 war der Nimbus der spanischen Unbesiegbarkeit in der Schlacht unwiderruflich erschüttert, und Frankreich hatte sich als die vorherrschende Militärmacht auf dem Kontinent etabliert. Deutschland blieb politisch zersplittert, seine Einigung war um zweieinhalb Jahrhunderte hinausgeschoben. Das Land war zu einem wüsten, herrenlosen Spielball der Mächte geworden. Ein volles Drittel seiner Gesamtbevölkerung war umgekommen. Der Dreißigjährige Krieg war, bis zum 20. Jahrhundert, der schrecklichste Krieg, der je auf europäischem Boden geführt worden war.

Der Protestantismus hatte sich behaupten können, doch weitgehend nur in sehr strengen, asketischen, intoleranten Formen. Die Hermetik wurde mehr und mehr in den Untergrund abgedrängt. Ein Jahr nach dem Ausbruch des Krieges publizierte Johann Valentin Andreae – wahrscheinlich Verfasser des dritten Rosenkreuzer-Manifestes, der *Alchymischen Hochzeit des Christian Rosenkreuz* – sein letztes bekannteres Werk. In diesem Buch mit dem Titel *Christianopolis* schildert

Andreae eine ideale Gesellschaft, eine Art hermetisches Utopia in einer magischen Stadt, errichtet im Sinne der hermetischen Geometrie. Hier kreist das ganze Leben nur um Lernen und Lehren – in den Naturwissenschaften, in der Mechanik, in der Medizin, der Architektur, der Malerei und besonders in der Musik. Wie John Dee betont Andreae die Bedeutung der Erziehung und Kreativität in den Ständen der Gewerbetreibenden. Nach *Christianopolis* indessen verstummte er mehr oder weniger und investierte seine Energie vor allem in den Aufbau eines Bundes, der »Societas Christiana«.[298] Sie enthielt möglicherweise Elemente der Freimaurerlogen und Geheimgesellschaften, doch scheint es ihr Hauptzweck gewesen zu sein, gefährdete Hermetiker an sichere Orte zu schmuggeln. Andreae selbst überstand den Dreißigjährigen Krieg unbeschadet, trat aber nach 1620 publizistisch weniger hervor.

Vielleicht der einzige Renaissance-Magier des 17. Jahrhunderts, die einzige Gestalt, die in der Einzelgängertradition des Agrippa und Paracelsus wirkte, war der Deutsche Jakob Böhme (1575–1624). In Schlesien geboren, war Böhme fast vollständiger Autodidakt und verbrachte den Großteil seines Lebens als schlichter Schuster. Versuche, einen kontemplativen Kreis spekulativer Denker in seiner Heimatstadt Görlitz aufzubauen, wurden immer wieder durch den dortigen orthodox-lutherischen Pfarrer durchkreuzt, der Böhme der Ketzerei anklagte. Infolgedessen veröffentlichte Böhme relativ wenig zu Lebzeiten, und die meisten seiner Hauptwerke erschienen postum. Er war ein glühender Anhänger der hermetischen Philosophie, besonders der Alchemie, ging aber über seine Vorgänger noch hinaus, indem er die Alchemie weniger als praktische Disziplin denn als symbolisches System betrachtete – eine seelisch-geistige Methode nach Art der Kabbala, durch die das menschliche Bewußtsein zur direkten Erfahrung des Göttlichen gelangen konnte. Zugleich war Böhme ein echter Mystiker mit dem Bestreben, die »reine« Tradition ekstatischer Mystiker wie Meister Eckhart mit den mehr praktischen Zielen der hermetischen Philosophie zu verschmelzen. Doch wie sehr Böhme auch der Praxis zugewandt war, er blieb doch wesentlich Philosoph und Mystiker. Er gilt heute mehr als Visionär und Denker denn als aktiver Praktiker. So tief, erhellend und bedeutend sein Werk auch sein mag, im strengen Sinn des Wortes war er kein »Magier« und würde wahrscheinlich entschieden abgewinkt haben, wenn man ihn als solchen bezeichnet hätte. In der zweiten Hälfte des 17. Jahrhunderts erfreute er sich beträchtlichen Ansehens in England, zum Beispiel in den Kreisen von Elias Ashmole und der Gebrüder Vaughan. Später übte er erheblichen Einfluß auf Dichter wie Goethe und Novalis und auf Philosophen wie Schelling, Hegel und Schopenhauer aus. Doch solange noch der Dreißigjährige Krieg wütete und die Gegenreformation aktiv war, blieb er weitgehend unbeachtet.

Als der Dreißigjährige Krieg zu Ende ging, war Böhme lange tot. Andreae hatte überlebt, doch sein Hauptwerk erschien entweder schon vor Ausbruch des Krieges oder ganz am Anfang. Ende des 17. Jahrhunderts war die kontinental-europäische Hermetik aus den Hauptströmungen des religiösen, politischen und kulturellen Denkens fast ganz verschwunden. Nur hier und da fanden sich noch versprengte Spuren. Wie Frances Yates zeigt, lassen sich solche Spuren zum Beispiel im Werk des Philosophen Gottfried Wilhelm von Leibniz (1646–1716) finden, der als Ratgeber des Kurfürsten von Hannover, des späteren Georg I. von England, wirkte und Hauslehrer der künftigen Queen Caroline, Gattin Georgs II., war. Frances Yates spricht von »einem hartnäckigen Gerücht«, Leibniz sei Mitglied der geheimen Rosenkreuzer-Gesellschaft gewesen,[299] die vielleicht von Bruno gegründet worden war. Und tatsächlich »haftet Leibniz eine Rosenkreuzer-Aura an«, wie Yates schreibt.[300] Auf jeden Fall ist seine Philosophie mit Elementen der rosenkreuzerisch orientierten Hermetik durchtränkt. Daß er noch zu Lebzeiten berühmt wurde, liegt aber nicht daran; auch hat der Rang, der ihm heute noch in der Geschichte der westlichen Philosophie zugewiesen wird, nichts damit zu tun. Dieser Rang ist außerdem nicht ganz gesichert. Denn etliche Jahre nach Leibniz' Tod unterwarf Voltaire seine Philosophie einer scharfen, rationalistischen Kritik und verspottete sie in seinem *Candide* erbarmungslos. In unserem Jahrhundert ist Leibniz wahrscheinlich besser wegen dieser wüsten Schmähungen des französischen Spötters bekannt als wegen seiner eigentlichen Leistungen.

Wurde die Hermetik auf dem europäischen Kontinent praktisch ausgelöscht, so fand sie in England immerhin eine Art Zuflucht. Als der Dreißigjährige Krieg wütete, brachten sich viele Hermetiker in England in Sicherheit, einige mit Hilfe von Andreaes Societas Christiana. Unter den prominenteren deutschen Flüchtlingen befanden sich auch rosenkreuzerisch gesinnte Männer wie der Preuße Samuel Hartlib, der Böhme Jan Amos Komensky (als Comenius bekannt) und Michael Maier, ehemaliger Leibarzt Jakobs I. und dann des – bald darauf abgesetzten – Kurfürsten Friedrich von der Pfalz.

In England fanden die deutschen Exilanten eine Anzahl Geistesverwandter, mit denen sie ein mehr oder weniger rosenkreuzerisches »unsichtbares Kollegium« bildeten.[301] Einige Mitglieder dieser Institution befanden sich später unter den Gründungsmitgliedern der Royal Society. Doch das englische Asyl stellte sich bald als doch nicht ganz so sicher heraus, wie es zunächst den Anschein gehabt hatte. 1642 wurde das Land ebenfalls von einem Bürgerkrieg überzogen, den viele Historiker als Ausläufer des größeren Konflikts auf dem europäischen Kontinent betrachten. Den Höhepunkt des englischen Bürgerkriegs bedeutete Cromwells Protektorat. Unter dem strengen puritanischen Regime dieser selbsternannten »Auserwählten« wurden die Theater geschlossen und »Hexenjäger-Komitees« eingesetzt; diese Atmosphäre war der hermetischen Magie kaum günstiger als im übrigen Europa.

Doch trotz der vorherrschenden puritanischen Mentalität konnte sich die Hermetik wenigstens soweit halten, daß ihr einige wichtige Beiträge zur englischen Kultur zu verdanken sind. 1650 erschien das ursprüngliche *Corpus Hermeticum* in einer englischen Übersetzung, und 1657 kam eine zweite Ausgabe auf den Markt. 1651 wurde Agrippas *De occulta philosophia* auf englisch publiziert, ein Jahr später gefolgt von zweien der Rosenkreuzer-Manifeste. Die hermetische Philosophie wurde von Männern wie Sir Robert Moray und Elias Ashmole, die mit der frühen Freimaurerei in Verbindung standen, weiter verbreitet. Verbreitet wurde sie auch von dem sogenannten »Platoniker aus Cambridge«, Henry More, der später auf so unterschiedliche Gestalten wie W. B. Yeats und C. G. Jung Einfluß ausüben sollte, ferner von dem Dichter Henry Vaughan und seinem Zwillingsbruder Thomas, dem Alchemisten. Auch im Werk John Miltons findet sich gar nicht wenig Hermetik.

Milton war mit einer Anzahl englischer und ausländischer Hermetiker befreundet, unter anderem mit Samuel Hartlib. Tatsächlich enthalten einige Gedichte Miltons talismanische Magie der Art, wie sie früher von Sidney und Spenser praktiziert wurde.

Wie einige dieser Namen zeigen, beschränkte sich die Hermetik jedoch zunehmend auf die Künste und wurde von den übrigen sozialen, religiösen, philosophischen und, was noch wichtiger ist, wissenschaftlichen Strömungen immer mehr abgeschnitten. Was den Kern all dieser Strömungen betrifft, so geriet die Hermetik unter den Druck einer ganz neuen Denkweise – einer Denkweise, die ihr ebenso feindlich gesonnen war wie das kirchliche Dogma nach dem Konzil von Trient oder die spartanische Strenge und der Fundamentalismus des puritanischen Protestantismus. Diese Denkweise nahm die Form eines skeptischen Rationalismus und wissenschaftlichen Materialismus an. Paradoxerweise war sie innerhalb der Hermetik entstanden. Doch sagte sich dieses undankbare Kind jetzt von seinem Erzeuger los und wollte nichts mehr von ihm wissen. Naturwissenschaft, Technik und Mechanik, die sich aus der Magie und der alten hermetischen Einheit entwickelt hatten, beanspruchten plötzlich Unabhängigkeit und Autonomie. Sie befreiten sich aus dem ursprünglichen Zusammenhang und wurden sich als Bruchstücke selbst zum Gesetz. Das Ergebnis war letzten Endes die fragmentierte Wirklichkeit, wie wir sie heute erfahren.

Eine Schlüsselfigur in diesem Prozeß war Sir Francis Bacon, Baron Verulam und Viscount St. Albans (1561–1626). Bacons Vater war Verwaltungsbeamter in der Regierung Elisabeths I. gewesen, seine Mutter eine Tante von William Cecil, Lord Burghley. Bacon selbst hatte zum Kreis des Earl of Essex gehört. 1613, unter Jakob I., war er Generalstaatsanwalt Englands geworden und 1618 Lordkanzler. 1621 saß er kurze Zeit wegen Bestechung und Korruption im Gefängnis.

Bacons Denken war ursprünglich in der Hermetik verwurzelt und blieb auch in vieler Hinsicht hermetisch. So war er zum Beispiel ein glühender Fürsprecher der Bildung und träumte davon, eine Enzyklopädie des gesamten Wissens zusammenzustellen. Einige seiner Thesen sind ein deutlicher Widerhall der Lehren Agrippas, und in einigen seiner Werke finden sich auch Anklänge an die rosenkreuzerische Hermetik. So spiegelt *Die Neue Atlantis,* seine allegorische Utopie, postum 1627 veröffentlicht, den Einfluß von Andreaes *Christianopolis* wider. Sie beschreibt eine Idealgesellschaft auf einer Insel im Pazifik, regiert von einem Gelehrten-Orden mit Namen »Gesellschaft des Hauses Salomos«. Die Eingeweihten tragen weiße Turbane mit einem roten Kreuz. Die in ihrer Welt geltenden Gesetze sind identisch mit den in den Rosenkreuzer-Manifesten dargestellten. Auch ihr Siegel ist von den Manifesten abgeleitet.

Doch in anderer Hinsicht sagte Bacon der Hermetik die Gefolgschaft auf. Obwohl verwurzelt in der hermetischen Überlieferung, legte er Wert darauf, sich von den seiner Meinung nach zu extremen und subversiven Aspekten der Hermetik zu distanzieren. Er trennte sich entschieden von den konventionellen Vorstellungen vom Renaissance-Magier. Magie und Alchemie verwarf er zur Gänze. Im besonderen kritisierte er Paracelsus. Auch lehnte er die »mathematischen Magier und ihre mystischen Diagramme« ab, eine durchsichtige Anspielung auf John Dee.[302] Statt wie die Hermetiker die harmonische Verbundenheit von Mensch und Natur zu betonen, unterstrich Bacon die Notwendigkeit der Beherrschung der Natur durch den Menschen, womit er implizierte, daß die Natur in sich böse, in sich »sündig« sei und deshalb gezähmt und gelenkt werden müsse. Kein Wunder, daß ihn diese Haltung bei den sich jetzt sammelnden puritanischen Kräften in England empfahl.

In ähnlicher Weise wirkte seine Betonung des Nutzenprinzips. Bacon lehnte jede metaphysische und kosmologische Spekulation ab und verlangte: »Die philosophische Methode muß sich durch den von ihr erbrachten Nutzen ausweisen.«[303] Diese Einbeziehung des Nutzens verlagerte sein intellektuelles Interesse von der alten hermetischen Totalität auf die voneinander getrennten Komponenten dieser Totalität, speziell auf jene Komponenten, die konkret zur »Erleichterung des Zustands der Menschheit« angewendet werden konnten. Die Beziehung zwischen Makrokosmos und Mikrokosmos wurde zugunsten einer Konzentration auf den Mikrokosmos allein und dessen konstituierende Teile aufgegeben. Umfang und Weite der Vision schrumpften und verengten sich auf die Methode als Selbstzweck. Diese Methode nahm die Form des Experimentes an, das zum Beispiel die Gesetze von Ursache und

Wirkung bestimmen sollte. Hier lag der Keim für den späteren britischen Empirismus. Und im Verlauf dieses Prozesses verschob sich der Impetus des philosophischen und wissenschaftlichen Forschens von der Synthese zur Analyse.

Die Instrumente der Analyse, die Methodologie, waren schon von Isaac Casaubon benutzt worden, als er das *Corpus Hermeticum* neu datierte. Diese Veröffentlichung erschien 1614. Casaubon (1559–1614) war ein Schweizer Protestant, der bedeutendste Fachmann seiner Zeit für Griechisch; er wanderte 1610 nach England aus und wurde in seinen Bestrebungen von Jakob I. unterstützt. Im Rahmen eines weitgefächerten Angriffs auf die katholische Gelehrsamkeit beschäftigte er sich mit einer detaillierten Textanalyse der hermetischen Bücher. Er verglich Bezüge im Text, die zitierten Autoren und die Nuancen des Vokabulars und des Stils. Seine Untersuchung führte ihn zu dem Schluß, daß das *Corpus Hermeticum,* jedenfalls in der heute existierenden Form, etwa vom Ende des 1. Jahrhunderts n. Chr. stammen mußte. Er versuchte indessen nicht, die Existenz einer als Hermes Trismegistos bekannten Persönlichkeit – die als Zeitgenosse des Mose oder sogar noch vor ihm gelebt haben sollte – zu leugnen. Wenn aber Casaubons Datierung richtig war, so mußte Hermes Trismegistos entweder viel später gelebt haben, oder er konnte nicht wirklich der Verfasser der ihm zugeschriebenen Bücher sein.

Manche Hermetiker, etwa Robert Fludd, ignorierten Casaubons Schlußfolgerungen schlichtweg. Als die erste englische Übersetzung des *Corpus Hermeticum* 1650 erschien, wurde es in manchen Kreisen immer noch als die älteste Schriftensammlung der Welt gepriesen, älter noch als das Alte Testament. Doch im großen und ganzen haben die meisten Gelehrten von Casaubons Zeit an bis heute seine Datierung als mehr oder weniger richtig akzeptiert. Es besteht Übereinstimmung darüber, daß die Originalquellen des *Corpus Hermeticum* sich in der sprichwörtlichen »grauen Vorzeit« verlieren, daß aber das Corpus selbst, wie es uns überkommen ist, tatsächlich aus dem 1. Jahrhundert der christlichen Ära zu datieren scheint. Und man glaubt heute, daß die dem Hermes Trismegistos zugeschriebenen Schriften von einer Anzahl verschiedener Autoren zusammengestellt sind.

Als Ergebnis der Forschungen Casaubons wurden die hermetischen Texte »des Prestiges beraubt, das sie wegen ihres angeblichen Alters bis dahin besessen hatten«.[304] Es wurde ihnen nicht mehr die fraglose Glaubwürdigkeit und prophetische, unbestreitbare Autorität der Bibel zugeschrieben, auch das Siegel göttlicher Anerkennung fehlte nunmehr. Im Gegenteil, man konnte sie jetzt genauso wie die Werke des Aristoteles oder Platon bewerten, akzeptieren oder ablehnen. Kurz gesagt, sie erhielten den Status einer Textsammlung neben vielen ähnlichen anderen.

Bacon setzte sich für eine der Hermetik im wesentlichen entgegengesetzte Methode ein. Er stellte die die Wirklichkeit konstituierenden Teile auf Kosten des Ganzen und damit verbunden Analyse, Empirismus und Meßbarkeit in den Vordergrund. Obwohl dies nicht seine Absicht war, ja ohne daß er sich dessen bewußt war, setzte Casaubon Bacons Methode gegen das *Corpus Hermeticum* ein. Doch der Hauptexponent der intellektuellen Gegenbewegung, die die Hermetik aus dem Denken des Westens schließlich ganz verdrängte, war René Descartes (1596–1650), oft als der »eigentliche Gründungsvater der modernen Philosophie« bezeichnet. Mehr als jeder andere ist Descartes für die Mentalität, die unsere Welt bis heute entscheidend bestimmt, verantwortlich. Das cartesianische Denken löste im westlichen Bewußtsein eine ähnlich umwälzende Revolution wie die Renaissance aus. Es führte die westliche Kultur zur sogenannten »Aufklärung« bzw. dem »Zeitalter der Vernunft«.

Wie für Bacon stand für Descartes die empirische Methode im Vordergrund. In diesem Sinne trägt sein bedeutendstes Werk den Titel *Abhandlung über die Methode*. Doch ganz wie bei Bacon lagen die Wurzeln des Descartesschen Denkens ebenfalls in der Hermetik. Obwohl bei den Jesuiten erzogen, gab Descartes selbst zu: »[…] ja, unbefriedigt von den Wissenschaften, die man uns lehrte, hatte ich alle mir in die Hände fallenden Bücher über die geheimsten und sonderbarsten Wissenschaften durchgelesen.«[305] Descartes fühlte sich außerdem stark vom Rosenkreuzertum angezogen oder zumindest von dem, was er darüber wußte. 1623 erschienen Plakate in den Straßen von Paris und kündeten die unmittelbar bevorstehende Ankunft der »Brüder vom Rosenkreuz« in der Stadt an, die, so hieß es auf der Ankündigung, »ohne Bücher oder Zeichen lehren«, wie man »alle Sprachen sprechen« kann, um die Menschen »aus Irrtum und Tod zu befreien«.[306] Die Hysterie, die jetzt bei den frommen Katholiken und ihren Institutionen ausbrach, hätte nicht größer sein können, wenn der Antichrist persönlich verkündet worden wäre. Und sofort begann eine Hexenjagd, die um so fanatischer war, als ihre Ziele angeblich »unsichtbar« waren. Descartes hatte sich zu dieser Zeit den katholischen Heeren der Gegenreformation angeschlossen, die die mitteleuropäischen Länder durchzogen. Er kam mit der erklärten Absicht nach Paris zurück, die sich jedem Zugriff entziehenden Rosenkreuzer doch ausfindig zu machen und um Zulassung zu ihrer esoterischen Bruderschaft nachzusuchen. Wie er einräumt, fand er niemals einen Rosenkreuzer aus Fleisch und Blut, wurde aber kurz darauf selbst angeklagt, einer zu sein. Geschickt wies er diese Anschuldigungen zurück, indem er auf seine »Sichtbarkeit« verwies. Und obwohl er immer wieder in den Geruch kam, selbst ein Rosenkreuzer zu sein, reicht schon das cartesianische Denken selbst aus, den Verdacht zu entkräften.

In seiner *Abhandlung über die Methode* behauptete Descartes, ausreichend intelligent zu sein, um »nicht mehr getäuscht zu werden, weder von den Verheißungen eines Alchemisten, noch den Vorhersagen eines Astrologen, den Betrügereien eines Zauberers oder von den Kniffen und Prahlereien eines jener Scharlatane, die vorgeben, mehr zu wissen, als sie wissen«.[307] Wie Bacon schwor Descartes auf eine Form des empirischen Rationalismus. Er suchte in der Philosophie dieselbe Gewißheit und Beweisbarkeit wie in der Geometrie oder Mathematik. Alle Manifestationen des Irrationalen lehnte er ab und war davon überzeugt, der rationale Verstand sei der höchste Richter und Schiedsrichter der Wirklichkeit, wobei er nicht erkannte, daß ein Glaube an den Supremat des Verstandes letzten Endes ebenso irrational ist wie jede andere Form des Glaubens.

»*Cogito ergo sum* – Ich denke, also bin ich.« Das war der berühmte, oft zitierte Eckstein des cartesianischen Denkens. Ob absichtlich oder nicht, der Ausspruch sollte jedenfalls bald nur allzu wörtlich genommen werden. In den folgenden Jahrhunderten identifizierte sich der Mensch

zunehmend mit seiner Fähigkeit zu denken, seinem Vermögen, schluß-
zufolgern. Alles, was nicht quantifiziert oder der Analyse durch den
rationalen Verstand unterworfen werden konnte, wurde als irrelevant,
wenn nicht illusorisch verworfen. Alles im Menschen, was jenseits des
Zugriffs seines Verstandes lag – seine Gefühle zum Beispiel, seine
Intuition, seine Träume, seine religiösen Erfahrungen, ungewöhnliche
Bewußtseinszustände, Begegnungen mit dem Bereich, der in der späteren Psychologie als das Unbewußte bezeichnet wurde –, all dies galt als
bedeutungslos, zweitrangig, zufällig oder überhaupt nicht existent. Nur
das mit dem Verstand errungene Wissen wurde als zulässig betrachtet.
Kein Forschungsgegenstand, der nicht der Welt des empirisch Meßbaren angehörte, lohnte, daß man sich mit ihm befaßte.

Das cartesianische Denken beherrschte bald auch die englische Royal
Society, obwohl viele ihrer Mitglieder der ersten Zeit – wie schon Bacon
und Descartes vor ihnen – in der Hermetik wurzelten. Aber jetzt ver-
leugneten sie, zumindest in der Öffentlichkeit, die hermetische Philosophie. Während des Bürgerkriegs und des Protektorates pflegte sich eine
Anzahl gebildeter Männer – rosenkreuzerisch orientierte Flüchtlinge
aus dem kontinentalen Europa und Engländer wie etwa John Wilkins,
Robert Boyle und Christopher Wren – mehr oder weniger regelmäßig
in losen, informellen, oft einander überschneidenden Zirkeln zu treffen.
Da gab es zum Beispiel das sogenannte »unsichtbare Kollegium«. Es
gab eine Gruppe, die sich im Gresham College in London zusammen-
fand, das 50 Jahre zuvor von Sir Thomas Gresham – einem reichen
elisabethanischen Kaufmann, der auch die Royal Exchange gegründet
hatte – errichtet worden war. Es gab weiter einen Ableger des Gresham-
College-Kreises in Oxford. Anfangs widmeten sich diese Organisationen der Erforschung des damals noch unklaren Grenzgebietes zwischen
Hermetik und Naturwissenschaft. Und aus diesen Organisationen rekru-
tierten sich die Gründer und ersten Mitglieder der Royal Society.[308]
Im Jahr 1660, zwei Jahre nach dem Tod Cromwells, wurde in der Person
Karls II., der aus dem Exil nach England zurückkehrte, die Monarchie
wiederhergestellt. Im November desselben Jahres konstituierte sich am
Gresham College öffentlich eine gelehrte Gesellschaft; sie gelangte im
Juli 1662 unter die Schirmherrschaft des Königs und konstituierte sich

als die Royal Society. Unter ihren Gründungsmitgliedern befanden sich Sir Robert Moray, John Wilkins, John Evelyn, John Aubrey, Robert Boyle und Christopher Wren. Insgesamt umfaßte sie 115 Mitglieder, von denen einige – Moray zum Beispiel, Ashmole und später wahrscheinlich auch Wren – Freimaurer waren.

Einige dieser Persönlichkeiten – wie Moray und Ashmole – waren hermetisch orientiert. In ihrer Gesamtheit jedoch tendierte die Royal Society dazu, die Hermetik zu ignorieren, wenn nicht abzulehnen und sich dem von Bacon und Descartes vertretenen empirischen Rationalismus zu verschreiben. Diese Tendenz verstärkte sich allmählich zu einer neuen, zunehmend dogmatischen Orthodoxie des wissenschaftlichen Materialismus, in dem sich die Hermetik nicht länger zu behaupten vermochte. So starr wurde diese Orthodoxie, daß Männer, auch wenn sie weiterhin ein Interesse an der Hermetik hatten, sich gezwungen sahen, es zu verhehlen. Ein gutes Beispiel für das zweigleisige Verhalten solcher Persönlichkeiten ist Robert Boyle. Sein ganzes Leben lang beschäftigte er sich intensiv mit alchemistischen und sonstigen hermetischen Studien, doch das eigentliche Ausmaß seines Engagements in diesen Bereichen wurde erst vor kurzer Zeit bekannt. Er betrieb seine Forschungen im geheimen und führte in aufwendig verschlüsselten Berichten Buch darüber. In der Öffentlichkeit und in seinen Beziehungen zur Royal Society aber trat er für Bacon ein, unterstützte den empirischen Rationalismus, griff alchemistische Schriften in Satiren an und bekundete seine Feindschaft gegen »die hermetischen Lehren«. Und natürlich war es diese öffentlich bekundete Einstellung, die sein Bild bei den Zeitgenossen und der Nachwelt prägte. Seine heimlichen hermetischen Forschungen und Experimente wurden, wie die Hermetik selbst, in einen Schattenbereich verwiesen oder, als dem wissenschaftlichen Ruf Boyles abträglich, an den Rand geschoben. So groß war die Macht der neuen Orthodoxie, so groß der Druck zur Konformität.[309]

Nach 1650 flackerten an den Rändern Europas gelegentlich Kämpfe auf: an der Ostgrenze der österreichischen Habsburger gegen die Türken, in Skandinavien, in den Pyrenäen zwischen Frankreich und Spanien, zur See zwischen England und Holland und dann England und Frankreich, in Irland zwischen den Heeren Jakobs II. und Wilhelms von Oranien.

Doch meistenteils erfreute sich Europa, noch vom Dreißigjährigen Krieg geschwächt, einer Periode des relativen Friedens. Sogar der Kampf zwischen Katholizismus und Protestantismus versiegte, außer in Irland, wo er dynastischen Zielen untergeordnet war. Jede Konfession strebte danach, ihren Besitzstand zu konsolidieren. Doch der philosophische Kampf tobte weiter, zwischen zwei entgegengesetzten Denkweisen, zwei entgegengesetzten Traditionen, zwei entgegengesetzten Orientierungen. Dieser Kampf und seine Folgen waren entscheidend dafür, wie unsere Welt heute aussieht. Unsere modernen Einstellungen zum Wissen und zur Wirklichkeit entstammen diesem Konflikt zwischen einer im wesentlichen hermetischen Perspektive und dem empirischen Rationalismus des neuen wissenschaftlichen Materialismus.

Außer in den Künsten war jedoch dieser Kampf sehr einseitig. Die Hermetik wurde vom Hauptstrom des westlichen Denkens zunehmend abgetrennt. Doch die immer kleiner werdende Schar der Anhänger der Hermetik hielt weiter an den Traditionen des Renaissance-Magiers fest. Für den »Platoniker aus Cambridge«, Henry More, um nur ein Beispiel zu nennen, waren alle Dinge der Wirklichkeit weiterhin miteinander verbunden und bildeten eine einzige, allumfassende Einheit, einen »Teppich ohne Naht«. Und um diese Einheit verstehen zu können, mußte auch das Wissen als Ganzheit ohne Naht aufgefaßt werden. Alle Disziplinen waren ebenso miteinander verbunden wie die Wirklichkeit, mit der sie sich beschäftigten. Alle wissenschaftlichen Disziplinen waren im Innern miteinander verknüpft, gingen ineinander über, nährten und vermehrten einander. Um zum Beispiel die Mysterien des menschlichen Körpers zu ergründen, mußte man die Natur des Kosmos ergründen, in den dieser Körper eingebettet und dessen Bestandteil er war. Man mußte außerdem die Natur des menschlichen Bewußtseins, des Geistes und der Seele ergründen. Der Mensch wurde als Organismus betrachtet und behandelt, der wiederum sozusagen eine einzelne Zelle in einem größeren Organismus darstellte, kurz, er war ein Mikrokosmos, in dem der gesamte Makrokosmos enthalten war. Und das sogenannte »laterale Denken«, das heute als so revolutionär und innovativ gilt, war in der hermetischen Überlieferung die selbstverständliche Norm.

Jetzt aber setzte sich der abtrünnige Nachkomme der Hermetik, der Rationalismus, die empirische Methodik, der wissenschaftliche Materialismus von Bacon und Descartes, in Gegensatz zur hermetischen Tradition. Die alte hermetische Einheit wurde der neuen Methodik untergeordnet und dadurch zergliedert und aufgespalten, in eine stets wachsende Menge immer kleinerer Komponenten, deren jede zu einer getrennten, autonomen Disziplin wurde, einem getrennten autonomen Bereich der Forschung und Untersuchung. Wissensbereiche, die früher miteinander verbundene Gewässer gewesen waren, wurden jetzt zu bodenlosen Schächten und Tümpeln, worin ein Forscher sein Leben lang untertauchen – und durchaus auch ertrinken – konnte. Die Verbindung zwischen disparaten Forschungsbereichen wurde immer brüchiger, löchriger und schwächer und brach häufig ganz ab. Das Renaissance-Konzept des enzyklopädischen Wissens wich einer Unzahl von Spezialisierungen, deren jede sich immer schärfer von allen übrigen abhob. Integration wurde durch Fragmentierung und die Apotheose der Fragmente ersetzt. Synthese machte der Analyse Platz – einer Analyse, die sich so an ihrer Fähigkeit der Zerlegung berauschte, daß sie schließlich das Vermögen verlor, wieder zusammenzusetzen, was sie auseinandergenommen hatte. Und der Organismus wurde durch den Mechanismus ersetzt. Der Kosmos wurde mehr und mehr als eine Art Maschine aufgefaßt, eine riesige Spieluhr, geschaffen vielleicht von irgendeinem göttlichen Architekten oder Ingenieur, aber danach als Automat ihrem eigenen Ablauf überlassen. Und auch der Mensch wurde allmählich mechanistisch aufgefaßt, als bloßes Konglomerat von Teilen, von denen viele wie Reifen oder Treibriemen austauschbar waren.

Doch im Übergang vom 17. zum 18. Jahrhundert versuchte ein Mann von imposanter Größe wenigstens in seiner Person das hermetische mit dem cartesianischen Denken zu versöhnen. Gemeint ist Sir Isaac Newton. Heute gilt Newton selbstverständlich als Naturwissenschaftler, ja als einer der Gründerväter der modernen Naturwissenschaft. Doch Newton selbst wäre vor einer solchen Charakterisierung erschrocken zurückgezuckt und hätte sich heftig dagegen verwahrt. Denn er sah sich nicht so sehr als »Naturphilosophen« – also als Naturwissenschaftler –

denn als »Philosophen« im weiteren, traditionellen Sinne des Wortes, als »Liebhaber der Weisheit«. Und dabei war er Philosoph mit spezifisch hermetischer Orientierung, für den Naturwissenschaft nichts anderes als »Naturphilosophie« bedeutete. Die wissenschaftlichen Leistungen, mit denen der Namen Newton heute verknüpft ist, bildeten nur einen Teil – und für ihn den weniger wichtigen Teil – seines Lebenswerkes. Selbst dem Umfang nach werden seine wissenschaftlichen Werke von anderen, davon sehr verschiedenen Arbeiten, in den Schatten gestellt: Es handelt sich um alchemistische Untersuchungen, Prophezeiungen, theologische Meditationen, Studien über Architektur und Maße des salomonischen Tempels, eine Genealogie der Könige Israels im Alten Testament. Ein moderner Biograph schreibt, es sei »ein Kuriosum und eine Anomalie – daß Newtons astronomische, optische und mathematische Forschungen nur einen sehr kleinen Teil seiner Zeit beanspruchten. Statt dessen investierte er den Großteil seiner gewaltigen Arbeitskraft in Kirchengeschichte, Theologie, ›die Chronologie alter Königreiche‹, Prophetie und Alchemie.«[310]

Für Newton umfaßte Philosophie wie seinerzeit für Agrippa und Paracelsus das gesamte Spektrum des menschlichen Wissens und Handelns. Und die reine Naturwissenschaft, zu der er auf so entscheidende Weise beitrug, war für ihn stets in einen breiteren, viel umfassenderen Rahmen eingebettet. Sie aus diesem Rahmen zu lösen und als autonome Disziplin zu behandeln, wäre in Newtons Augen Unsinn, Irrtum, ja eine moralische Verfehlung gewesen, eine Verstümmelung der großen Wahrheit, nach der er auf der Suche war.

Aber genau diese Verstümmelung trat ein. Wenn Newton selbst hermetisch eingestellt war und die Verbundenheit aller Dinge betonte, so waren seine Anhänger und Schüler Cartesianer, berauscht von einer analytischen Methodologie, die immer rationalistischer und begrenzter wurde und sich immer mehr vom ursprünglichen, allumfassenden Ansatz Newtons, ihres geistigen Vaters, trennte. Sie taten sogar alles, um jene Aspekte seines Werkes, die nicht mit der neuen wissenschaftlichen »Respektabilität« übereinstimmten, zu unterdrücken. Als Newton 1727 starb, verschwanden seine nicht wissenschaftlichen Werke – einschließlich seiner Arbeiten über die Alchemie, an die 650 000 eigenhändig geschriebene Worte – sozusagen mit dem Vermerk »nicht zum Druck geeignet« in der Versenkung.[311]

Erst nach über zwei Jahrhunderten wurden sie wieder ans Licht gezogen. 1936 brachten Newtons Nachkommen seine unveröffentlichten Papiere bei Sotheby's zur Versteigerung. Es stellte sich heraus, daß insgesamt 121 Bündel mit Schriften über Alchemie und hermetische Philosophie existierten. Der Verkaufskatalog listet außerdem eine umfassende Bibliothek mit alchemistischen und hermetischen Texten auf, von denen viele reichlich mit Randbemerkungen versehen sind. Er enthält auch handschriftliche Anmerkungen Newtons zu diesen Texten, die 162 Seiten umfassen.[312]

Aufgrund der Auktion des Jahres 1936 sahen sich die Gelehrten zum ersten Mal in der Lage, den Umfang und die Intensität der hermetischen Interessen Newtons abzuschätzen. Es war wie eine überwältigende Offenbarung.

Der erste, der Stellung zur Veröffentlichung des bisher unterdrückten Werkes bezog, war der Ökonom John Maynard Keynes, der spätere Lord Keynes. Er kam zu dem Schluß, »Newtons tiefste Begabungen« seien »okkult, esoterisch und semantisch gewesen [...]« Keynes: »Newton war nicht der erste Vertreter des Zeitalters der Vernunft. Er war der letzte Magier [...]« Und weiter:

Warum ich ihn einen Magier nenne? Weil er das ganze Universum und alles, was darin existiert, *als ein Rätsel* betrachtet, als ein Geheimnis, das nur dadurch entschlüsselt werden konnte, daß man das reine Denken auf das anwandte, was unmittelbar gewiß war, auf bestimmte mystische Anhaltspunkte, die Gott über die Welt verstreut hatte, um der esoterischen Bruderschaft eine Art philosophischer Schatzsuche zu ermöglichen. Er glaubte, diese Anhaltspunkte lägen zum Teil in den Bahnen des Himmels und in der Beschaffenheit der Elemente [...] zum Teil aber auch in gewissen Dokumenten und Überlieferungen, die uns von den Brüdern in einer ununterbrochenen, bis zur ursprünglichen geheimen Offenbarung in Babylonien zurückreichenden Kette überkommen seien. Er betrachtete das Universum als ein vom Allmächtigen entworfenes Kryptogramm [...] Durch reines Denken, durch Konzentration des Bewußtseins, so glaubte er, konnte dem Eingeweihten das Rätsel entschlüsselt werden.[313]

Und in den Worten eines späteren Kommentators:

Es läßt sich trotzdem mit Sicherheit sagen: Newtons alchemistische Gedanken ruhten so sicher auf ihren Fundamenten auf, daß er ihre Allgemeingültigkeit niemals zu verleugnen brauchte. In gewissem Sinne kann sein ganzes Leben nach 1675 als ein langdauernder Versuch betrachtet werden, Alchemie und mechanistische Philosophie miteinander zu versöhnen.[314]

Und ein demnächst erscheinendes Buch über Newton von Michael White mit dem bezeichnenden Titel *The Last Sorcerer (Der letzte Zauberer)* wird den Beweis erbringen, daß Newton nicht nur der Alchemie, sondern auch der hermetischen Magie ergeben war.
Dies also war die Seite Newtons, die seine unmittelbaren Nachfolger und Schüler als unvereinbar mit ihrer cartesianischen Orientierung zu unterdrücken suchten. In den Jahren nach seinem Tod zerstörten sie nicht nur sein Lebenswerk als Forscher, sondern auch seinen Namen. Und das verstümmelte Porträt ihres geistigen Vaters wurde bald überall als solches übernommen. Kaum ein Jahrhundert später war Newtons Name unlöslich mit all jenen verbunden, die dem Zeitalter den Namen »Aufklärung« aufdrückten. So wurde er ungerechterweise (wie Rousseau) von William Blake (1757–1827) als Erzschurke, als »Schlächter der höheren Wahrheit«, apostrophiert, bis zur Blindheit betört von einem falschen Glauben an seinen eigenen stolzen Verstand.

> So spottet nur, Voltaire, Rousseau:
> So spottet nur, es glückt euch nicht.
> Ihr werft den Sand nur in den Wind
> Er fliegt zurück, euch ins Gesicht.
> Und Sandkorn wird zum Edelstein,
> Erglänzt in Gottes Licht so hell.
> Des Spötters Auge blendet er

Bescheint den Pfad von Israel.
Doch die Atome Demokrits,
Die Lichtpartikel Newtons – ach,
Sind Sand am Roten Meer, allwo
Zelt Israels strahlt tausendfach.[315]

Auch Blakes Vision war typisch hermetisch. Auch er sah ein Gewebe, ein Netz von Entsprechungen, das Mikrokosmos und Makrokosmos verbindet:

Wer eine Welt erblickt im Körnchen Sand
Und Himmel in dem Blumengrunde,
Schließt die Unendlichkeit in seine Hand
Und Ewigkeit in eine Stunde.[316]

Zur Zeit Blakes aber, als Rationalismus, Empirismus und wissenschaftlicher Materialismus ihre Position als Vorhut der westlichen Zivilisation weiter ausbauten, hatte die Hermetik ihre letzte Zuflucht in den Künsten gefunden. Eine immer unversöhnlichere Kluft zwischen Kunst und Wissenschaft tat sich auf. Es kam zu dem Phänomen der sogenannten »Zwei Kulturen«, wie es C. P. Snow, ein Autor unseres Jahrhunderts, ausdrückt.

11. Kapitel:
Die Fragmentierung der Wirklichkeit

Zu Newtons Zeiten war eine im wesentlichen hermetische Einstellung zur Wirklichkeit – eine allumfassende, alles einbeziehende, einheitliche Weltanschauung – noch möglich. Doch seitdem hat sich die Welt sehr verändert. Die Welt, die wir heute bewohnen, ist eine Welt, in der, wie einmal gesagt worden ist, der Verstand »Moralsysteme entwirft, deren Grundprinzip der gesellschaftliche Nutzen ist«.[317] Diese Welt ist das Produkt der sogenannten »Aufklärung« bzw. des »Zeitalters der Vernunft«.

Seit dem Triumph des cartesianischen Denkens zu Beginn des 18. Jahrhunderts hat die westliche Zivilisation die Analyse auf Kosten der Synthese, den Mechanismus auf Kosten des Organismus verherrlicht. Eine Folge davon war hemmungslose Spezialisierung und damit einhergehende Fragmentierung. Statt eines einzigen, alles durchdringenden Erkenntnisprinzips, das der Gesamtheit des menschlichen Handelns Sinn verleiht, gibt es nun eine Vielzahl konkurrierender Prinzipien, eins mit dem anderen wetteifernd, eins mit dem anderen um die Vorherrschaft kämpfend und um unsere Gunst buhlend. Jeder dieser miteinander konkurrierenden Wissensbereiche ernennt sich selbst zu einer »Disziplin«. Und jede Disziplin bildet eine Art Kult aus, mit eigener Priesterschaft und eigener »Theologie«. Kunst, Naturwissenschaft, Psychologie, Soziologie, Geschichte, Wirtschaftswissenschaften, politische Wissenschaften und Religion, ebenso die zahlreichen und häufig divergierenden »Denominationen« innerhalb jedes Bereiches – sie alle besitzen ihre eigenen Hohenpriester, die jeweils für die Verbreitung eines hochspezialisierten Dogmengebäudes eintreten. Jede Priesterschaft besitzt ihre eigenen Mysterien, die sich normalerweise hinter dem Vorhang eines verwirrenden Jargons verbergen und für alle, außer dem

Eingeweihten, unzugänglich sind. Und jede dieser Priesterschaften muß, wie es bei Priesterschaften immer der Fall ist, ihre Interessen schützen, weswegen »Häretiker« exkommuniziert werden.

Für die unglückliche Menschheit aber, die nach Bedeutung, Sinn und Ziel ihres Daseins sucht, ist das Resultat bestürzend. Wir sehen uns heute einer verwirrenden Vielfalt einander widersprechender »absoluter« Aussagen gegenüber, deren jede behauptet, die gesuchten Antworten zu besitzen und auf ihre eigene individuelle Interpretation der Wirklichkeit pocht. Chemie, Biologie und Physik – und die Kombinationen dieser Wissenschaftszweige –, sie alle behaupten, die absolute Wahrheit zu kennen. In starkem Gegensatz dazu erheben die organisierte Religion und besonders der religiöse Fundamentalismus ebenfalls ihre Stimme, genauso die Soziologie, Psychologie und politische Wissenschaft. Und dann gibt es natürlich noch die zahllosen Ismen, die in den letzten eineinhalb Jahrhunderten ins Kraut geschossen sind: Marxismus, Maoismus, Faschismus, Kapitalismus, Monetarismus und so weiter.

Wie kann aber nun der einzelne, der sich diesem Lärm rivalisierender und oft einander ausschließender Ansprüche auf die alleinseligmachende Wahrheit gegenübersieht, eine vernünftige Auswahl treffen, vor allem, wenn es ihm durch die jeweilige Priesterschaft weitgehend unmöglich gemacht wird, die Gültigkeit eines Anspruchs zu prüfen, und er sich diesen Dingen in gutem Glauben nähern muß? Eine Folge dieser Schwierigkeit ist, daß wir geneigt sind, uns dem Anspruch zuzuwenden, der der »sicherste« zu sein scheint, der das wenigste Engagement erfordert und das geringste Risiko bedeutet. Leider wird ein solcher Anspruch aber auch immer der anspruchsloseste sein. Zum Beispiel sind die meisten Leute heute ohne weiteres bereit, blind zu glauben, daß sie und die sie umgebende Welt aus Molekülen bestehen und daß Moleküle aus Atomen, Atome aus Protonen, Neutronen und Elektronen aufgebaut sind, die ihrerseits wieder aus Myriaden kleinerer Teilchen bestehen. Und ohne den Begriff »Lichtjahr« wirklich zu verstehen, sind die meisten Leute ganz ähnlich bereit, guten Glaubens zu akzeptieren, daß zum Beispiel der Sirius eine bestimmte Anzahl von Lichtjahren von der Erde entfernt ist. Doch können solche unhinterfragten »Glaubensartikel« uns helfen, unser Leben zu leben, Entscheidungen zu treffen, irgendeinen Sinn, eine Bedeutung, ein Ziel für unser Dasein zu gewinnen? Können uns solche »Glaubensartikel« helfen, den Kurs unseres Handelns zu bestimmen, oder können sie den Grund für eine Ethik, einen moralischen Imperativ, eine Wertehierarchie legen? Was dies betrifft, leben wir, wie der österreichische Schriftsteller Robert Musil festgestellt hat, in einer Situation, in der die Bedingtheit der Perspektive in erkenntnistheoretische Panik übergeht.

Rationalismus und Empirismus

Die Fragmentierung des Wissens, die mit dem baconschen und cartesianischen Denken begann, beschleunigte und steigerte sich im Lauf des 18. Jahrhunderts noch. Mit besonderem Eifer wurde sie in Frankreich vorangetrieben, wo sie sich im Werk der *Philosophes* – Montesquieu, Diderot und, vor allem, Voltaire – ausdrückte. Im England des 18. Jahrhunderts waren ihre Hauptvertreter Philosophen wie David Hume (1711–1776), dessen *Treatise of Human Nature (Traktat über die menschliche Natur)* den Untertitel trug *Ein Versuch, die experimentelle Methode des Schlußfolgerns auf moralische Gegenstände zu übertragen.* Literarische Koryphäen wie Pope und Swift, Addison und Steele machten aus dem Rationalismus ein Leitprinzip sogar in den Künsten und betrachteten den Verstand als »unseren eigentlichen Wissensgaranten«. Als die einem Intellektuellen angemessenste Einstellung galt ein formeller Skeptizismus. Und geistreich zu sein schätzte man, als Gehirnakrobatik, höher ein als die irrationale und deshalb verdächtige Fähigkeit der Phantasie. Gegen Ende des Jahrhunderts verfestigte sich diese Haltung in dem berühmtesten Schriftsteller seiner Tage, Samuel Johnson.

Der Rationalismus drang also mehr und mehr in die Künste ein und fand auch seinen Weg in die organisierte Religion, wo er die Form des Deismus annahm. Nach den Vorstellungen des Deismus hatte Gott, nachdem er die Welt geschaffen hatte, sich endgültig aus ihr zurückgezogen und es dem Menschen überlassen, diese Welt, über die er jetzt zum alleinigen Wächter bestellt war, zu bewohnen, zu interpretieren und zu erforschen. Aber dieses Reich wurde nicht als der alles umschließende, lebendige Organismus aufgefaßt, in dem, nach der Auffassung Agrippas und Paracelsus', alles mit allem verbunden war. Im Gegenteil, es wurde jetzt als kosmischer Mechanismus betrachtet, als eine ungeheure mechanische Uhr, die durch Analyse in ihre Komponenten zerlegt werden konnte. Und dieser Prozeß der Analyse bereitete solches Vergnügen, daß man sich kaum noch fragte, wie das Spielwerk wieder zusammengesetzt werden konnte. Für Descartes waren sogar Pflanzen und Tiere bloße Mechanismen. »Es ist«, so hatte er deklariert, »ebenso natürlich für eine Uhr, mittels ihrer Rädchen die Zeit anzuzeigen, wie für einen Baum, Früchte zu tragen.«[318] Für Descartes' Anhänger hatte der Mensch die Pflicht, den Baum so zu zerlegen, als wäre er eine Uhr, um seine Funktionsweise zu ergründen. Auf diese Weise versuchte der Deist die Herrschaft des Menschen über die Natur zu befestigen und daraus die Berechtigung zur Ausbeutung der Natur abzuleiten.

Wie der fromme Christ in Vorrenaissancezeiten faßte der Deist den Menschen nicht als einen von der Natur untrennbaren, sondern von ihr verschiedenen Teil auf. Für den frommen Christen aus Vorrenaissancezeiten kam jedoch diese Trennung von der Natur dadurch zustande, daß der Mensch Geist und Seele hatte, während die Natur unerlöst oder »sündig« war. Für den Deisten dagegen beruhte die Trennung des Menschen von der Natur auf dem Gegensatz zwischen dem rationalen Intellekt des Menschen und der Bestimmung der Natur, sich diesem Intellekt zu unterwerfen. Doch ebenso wie der fromme Christ der Vorrenaissance berief sich der Deist auf die Bibel und ihren Auftrag, die Schätze der Erde auszubeuten: »Herrscht über die Fische des Meeres, über die Vögel des Himmels und über alle Tiere, die sich auf dem Land regen!«[319]

Die biblische Naturauffassung befreite den Menschen von den naturalistischen Fesseln der griechischen Religiosität und Philosophie und gab der technischen Entwicklung – mit dem Ziel der Beherrschung der Natur durch den Menschen – die religiöse Sanktion. Obwohl das mechanistische Weltbild in der Bibel nicht enthalten ist, hat es mit den biblischen Vorstellungen doch gemeinsam, daß es eine Entgötterung der Natur vornimmt. Dadurch fielen die Schranken, die die Vergötterung der Natur vor den Alten errichtet hatte, und es wurde möglich, daß der Mensch mit der Natur nicht nur wetteifern oder sie überholen *konnte*, sondern sogar *sollte*. Jetzt gab es kein Halten mehr. Die Natur hatte ihren göttlich-heiligen Charakter eingebüßt.[320]

Im 19. Jahrhundert wurden die Risse und Sprünge in dem einst so monolithischen Wissensgebäude immer tiefer, immer sichtbarer, immer weniger reparierbar. Das Darwinsche Denken stellte die Naturwissenschaft in anscheinend irreversiblen und unversöhnlichen Gegensatz zur organisierten Religion und in vieler Hinsicht auch zur humanistischen Tradition. Und in der Nachfolge Darwins wurde der Agnostizismus, wie er von Thomas Huxley und Herbert Spencer vertreten wurde, nicht nur anerkannt, sondern sogar zur Mode. Doch war Darwin nicht das einzige ahnungslose Instrument der Fragmentierung. Es gab auch eine Reihe von Sozialphilosophen, einschließlich Marx und Engels, deren Rationalismus das gesamte Gebiet menschlichen Handelns auf einen höchst vereinfachten, von sozialen und wirtschaftlichen Gesetzen bestimmten Mechanismus reduzierte. Und Freud übertrug schließlich diesen Rationalismus auf die Psychologie, propagierte die Erforschung des menschlichen Bewußtseins als »Naturwissenschaft« und reduzierte sogar die immateriellen Kräfte der Psyche auf mechanistische Vorgänge.
1959 veröffentlichte der englische Schriftsteller, Wissenschaftler und Politiker C. P. Snow ein sehr einflußreiches Werk unter dem Titel *The Two Cultures (Die beiden Kulturen)*. In diesem Werk führte er aus, in der westlichen Kultur habe sich eine gefährliche Spaltung und Polarisation zwischen zwei Denkweisen, zwei Werte-Hierarchien, vollzogen, die nicht mehr imstande seien, miteinander zu kommunizieren. Auf der einen Seite befinde sich die »literarische« Tradition, wie er es nannte, die Künste, Religion, Phantasie und alles Irrationale umfaßt. Auf der anderen Seite stehe die naturwissenschaftliche Mentalität und die wissenschaftliche Methodik. Doch Snow war weder ein großer Gelehrter noch ein besonders tiefer Denker. Und zu seiner Zeit hatte sich die Lage

noch weiter verkompliziert, so daß seine einfache Dichotomie ihr nicht mehr gerecht wurde. Es gab nicht mehr nur zwei Kulturen. Es gab viele. Und jede von ihnen hatte, wie oben beschrieben, ihre eigene Terminologie, ihre eigene Phraseologie, ihren eigenen Jargon entwickelt. In einer jeden hatte sich, was anfangs nur ein besonderer Wortschatz war, zu einer voll ausgewachsenen Theologie mit entsprechenden Dogmen entfaltet. Eine jede hatte Begriffe hervorgebracht, die anfangs nur definitorische Übereinkünfte beschrieben, dann aber diese Übereinkünfte mit Wahrheit verwechselten.

So sind zum Beispiel Maße, um nur ein besonders auffallendes Beispiel zu nennen, im Grunde eine Übereinkunft. Einteilungen von Raum und Zeit – in Zentimeter oder Kilometer, Minuten, Stunden oder Jahre – sind prinzipiell willkürlich. Es sind Erfindungen des menschlichen Verstandes, dazu bestimmt, weit ungreifbarere Realitäten zu bezeichnen. Mittels dieser Erfindungen wird dem sprichwörtlichen Chaos eine scheinbare Ordnung aufgeprägt, wodurch die menschliche Gesellschaft effizienter funktioniert. Doch wir alle wissen, daß die Uhrzeit beispielsweise herzlich wenig mit anderen Arten der Zeit zu tun hat. Wir alle wissen, daß die »innere Zeit« – die vom menschlichen Bewußtsein direkt erfahrene, subjektive Zeit – wenig mit der von unserer Uhr vorgenommenen Einteilung zu tun hat. Wenn jemand an einer Sache stark engagiert oder interessiert ist, kann eine Stunde wie im Flug vergehen. Langweilt er sich aber, kann sich dieselbe Stunde quälend lang hinziehen. Dieselbe Relativität gilt für die kalendarische Zeit. Für den Jugendlichen kann ein Jahr endlos lang sein. Doch wenn der Mensch älter wird, verfliegt vielleicht ein ganzes Jahrzehnt mit beunruhigender Schnelligkeit, und die einzelnen Jahre verschwimmen ineinander.

Maße – die Einteilung von Zeit und Raum in handhabbare Einheiten – sind also eine Übereinkunft, keine Wahrheit und ganz gewiß keine absolute Wahrheit, obwohl sie oft damit verwechselt werden. »Lichtjahre« und »Nanosekunden« haben keine andere Bedeutung als die, die ihnen der menschliche Verstand beilegt. Natürlich sind solche Übereinkünfte so alt wie die Kulturen selbst und zur Regelung der menschlichen Angelegenheiten notwendig. Aus diesem Grund haben wir ja auch das Geld erfunden, angeblich, um die immaterielle Qualität des »Wertes«

zu kennzeichnen. Doch müssen wir zugeben, daß eine Fünf-Pfund-Note oder ein Fünf-Dollar-Schein in Afrika oder Asien einen ganz anderen Wert besitzt als in Europa oder Nordamerika, und in der Öde der Antarktis wird sie überhaupt nichts wert sein. In ähnlicher Weise wissen wir alle, daß ein Vermögen an einem Ort der Erde an einem anderen eine Lappalie sein kann.

Die elementarste Übereinkunft ist die Sprache selbst. Worte als solche sind gewiß keine absoluten Wahrheiten. Ihre Bedeutungen können sogar in ein und derselben Sprache variieren. In anderen Sprachen bedeuten sie vielleicht gar nichts oder etwas vollkommen anderes. So lautet eine oft erzählte, vielleicht erfundene Anekdote, die Firma Rolls-Royce habe vorgehabt, für ihren Wagen in Deutschland mit der Bezeichnung »Silver-Mist« zu werben (silbriger Nebelstreif), ohne zu bedenken, daß »Mist« im Deutschen »Dreck« bedeutet.

Mit der weitergehenden Spezialisierung mußten ganze Wörterbücher, weitläufige Begriffsgebäude, eingeführt werden, die anfangs noch als Übereinkünfte aufgefaßt wurden, dann aber als Wahrheiten, als axiomatische Realitäten an sich gelten sollten, verdinglicht, quantifizierbar und greifbar. Als Beispiele könnte man den Ödipuskomplex der Freudschen Psychologie anführen oder den »Klassenkampf«, das »Proletariat« oder die mit Großbuchstaben geschriebene »GESCHICHTE« im Marxismus. Man kann auch an die »Demokratie« denken, die in der modernen Politik immer so lautstark beschworen wird, obwohl viele »demokratische« Regierungen gegen die Mehrheit regieren. Oder man denke an Absurditäten wie den gegenwärtig so in Mode gekommenen »Feel-good-Faktor«, der von angeblich gebildeten Politikern und Journalisten so hoch gepriesen wird, als wäre es eine Art sozialer heiliger Gral, dessen Wert man ebenso genau bestimmen könnte wie den Preisanstieg oder -verfall bei Häusern. All diese Begriffe werden in ihrem jeweiligen Umfeld nicht als Übereinkünfte, sondern als Wahrheiten, ja sogar als beweisbare Fakten angesehen.

Die Hermetik als Unterströmung

Was aber wurde während dieses Fragmentierungsprozesses aus der Hermetik mit ihrer Vision von einer allesdurchdringenden Einheit, einer Vision, die zur Zeit der Renaissance nahe daran schien, verwirklicht und in die Praxis umgesetzt zu werden? Was wurde aus den Leitfiguren der Hermetik, den Magi oder Magiern in der Nachfolge eines Agrippa und Paracelsus oder ihres fiktiven Avatars, des Doktor Faustus? Wenn man den orthodoxen Historikern und dem allgemeinen Konsens glauben will, verkümmerten das Faust-Thema und die Hermetik, die für dreieinhalb Jahrhunderte eine Hauptströmung der westlichen Kultur gewesen waren, zu einem bloßen Nebenfluß, zur sogenannten Esoterik. Und die Historiker sind der Auffassung, diese Esoterik sei durch das Zeitalter der Aufklärung und die »wissenschaftliche Revolution« weit in den Hintergrund gedrängt worden.

Wie erwähnt, war die Hermetik über die Renaissance hinaus lebendig geblieben, jedoch als Randphänomen, dessen Repräsentanten kaum noch beachtet wurden, wenn sie nicht überhaupt suspekt erschienen. In den Augen der orthodoxen Historiker sind die wahren Erben des Agrippa und Paracelsus keine Einzelgestalten, sondern Kollektive, die dieses Vermächtnis für sich beanspruchten. Die Geheimgesellschaft, so heißt es, habe den einzelnen Magus ersetzt und sein Erbe angetreten. Anfangs, das wird zwar noch eingeräumt, hätten diese Geheimgesellschaften – beispielsweise das Rosenkreuzertum des 17. Jahrhunderts oder die Freimaurerei in ihren Anfängen – zum Hauptstrom der historischen Entwicklung, wenngleich indirekt, noch beigetragen. Dann aber seien sie immer mehr in die Defensive geraten, von der Evolution der westlichen Kultur abgeschnitten und auf den »radikalen Flügel« abgedrängt worden. In historischen Werken, die nicht speziell unter die Rubrik »Esoterica« fallen, widmet man ihnen kaum mehr als eine Fußnote. So ergeht es zum Beispiel den bayerischen Illuminaten des 18. Jahrhunderts, dem Orden der Goldenen Morgenröte (Golden Dawn) oder dem Ordo Templi Orientis Ende des 19. und Anfang des 20. Jahrhunderts; so auch den bizarren deutschen Sekten – dem Orden der Neu-Templer, der Thule-Gesellschaft und dem Germanen-Orden –, die zum Aufstieg des Dritten Reiches beitrugen;[321] und so ergeht es auch einigen der Kulte und Sekten unserer Tage, die behaupten, rituelle Magie im Sinne expliziter oder impliziter hermetischer Prinzipien zu lehren und zu betreiben, zum Beispiel dem ausgesprochen selbstdestruktiven Orden der Sonnentempler, dessen Mitglieder Mitte der 90er Jahre kollektiven Selbstmord begingen und für internationale Schlagzeilen sorgten.

Nach Auffassung der orthodoxen Historiker gab es allerdings gelegentlich doch auch noch die große Einzelpersönlichkeit. Noch im 18. Jahrhundert hätten solche »großen Persönlichkeiten« im leichtgläubigen Publikum Anhänger gefunden und seien als »hohe Eingeweihte«, die in erhabener, geheimnisumwitterter Einsamkeit wirkten, verehrt worden. Ein solcher Status wird zum Beispiel dem legendären, angeblich alterslosen Grafen von Saint-Germain zugeschrieben. Aber ganz gewiß führte dieser Mann niemals die Existenz, die ihm von Leuten, bei denen der Wunsch der Vater des Gedankens war, angedichtet wurde. Den gleichen Status machte man auch für den Sizilianer Giuseppe Balsamo geltend, besser bekannt als Graf Cagliostro, der höchstwahrscheinlich tatsächlich der Scharlatan war, als den ihn seine Feinde schmähten.

Doch im 19. Jahrhundert wurde die Figur des Magiers von eigenen Gnaden noch weiter an den Rand gedrängt. Er wurde zum bloßen Propagandisten, zum exzentrischen, wenn nicht nachweisbar geistesgestörten Proselytenmacher, der mit anderen seinesgleichen wetteiferte, wer im Besitz der meisten Geheimnisse war, der eher für Mystifikationen als für Mysterien zuständig war und oft auch seinen eigenen Kult, seine Sekte, seinen Orden oder sein System gründete. Als Beispiel kann hier Eliphas Lévi dienen, die prominenteste Gestalt in der französischen Esoterik des 19. Jahrhunderts. Man mag auch an Dr. Gérard Encausse, besser bekannt als »Papus«, denken oder an den berüchtigten Aleister Crowley sowie den ehemaligen Schüler Crowleys, Dion Fortune. Und man kann Persönlichkeiten als Beispiele heranziehen, die die hermetische Tradition mit anderen Überlieferungen verschmolzen und auf diese Weise versuchten, neue Religionen zu gründen, wie etwa Helena Petrovna Blavatsky, die Gründerin der Theosophie, oder Rudolf Steiner, den Vater der Anthroposophie.

Im allgemeinen wird widerstrebend zugegeben, daß solche nachaufklä-
rerischen Manifestationen des hermetischen Denkens gelegentlich Wirkungen erzielten, die über die periphere, flüchtige esoterische Szene als
solche hinausgingen. Es wird zum Beispiel eingeräumt, daß Rosenkreuzertum und Freimaurerei Einfluß auf Politik und Kultur ausübten,
wenngleich man darüber meist mit einem bedauernden Achselzucken
hinweggeht. In manchen Fällen werden diese Einflüsse jedoch, obwohl
man sich über sie lustig macht, für wichtiger eingeschätzt als die
Hermetik selbst, aus der sie hervorgegangen sind. Wenige Menschen
wüßten heute beispielsweise etwas vom Orden des Golden Dawn, wäre
nicht auch William Butler Yeats Mitglied gewesen.

Bekümmert reagieren orthodoxe Historiker auch auf das mehrmalige
Wiederauftauchen »okkulter Strömungen« in den letzten 300 Jahren
und beklagen dieses Phänomen. Sie geben zu, daß Ende des 18., Anfang
des 19. Jahrhunderts der hermetische Gedanke in der europäischen
Romantik seine Auferstehung feierte. Sie nehmen auch Notiz von der
geistigen Strömung Mitte des 19. Jahrhunderts in Frankreich, die in der
Décadence des *fin-de-siècle* gipfelte. Sie geben zu, daß sich am Vorabend der Russischen Revolution »esoterische« Interessen überall in
Rußland bemerkbar machten und daß ein unterirdischer esoterischer
Strom durch ganz Europa verlief und die Strömung nährte, die dann als
Nationalsozialismus in Deutschland an die Oberfläche trat. Sie leugnen
auch den »verschwommenen Mystizismus« als einen der bedauerns-
werten Züge der schamlos »freizügigen« 60er Jahre dieses Jahrhunderts
nicht. Und sie beurteilen diesen Mystizismus als alarmierendes Sym-
ptom eines Hungers nach Sinn, Bedeutung und Orientierung, der heute
so weit verbreitet ist.

Widerstrebend werden die Historiker also immer zugeben, daß wieder-
auftauchende »okkulte Strömungen« in gewisser Weise Einfluß auf die
sozialen und politischen Verhältnisse ausgeübt haben. So ist zum Beispiel die Überzeugung noch weit verbreitet, die Französische Revolution sei, zumindest teilweise, von Freimaurern und anderen Geheimgesellschaften geschürt worden. Eher nachweisbar ist, daß okkulte Strömungen Einfluß auf die Künste gehabt haben. Doch immer wird man
diese Strömungen im Vergleich zu den Hauptströmungen der Geschich-

te des sogenannten Westens als im Grunde peripher ansehen. Und wenn man gar nicht mehr umhin kann, sie als Realität anzuerkennen, charakterisiert man sie als eine Art Abweichung oder gar als verderbliches, perverses Phänomen. Gestalten wie Eliphas Lévi und Aleister Crowley stempelt man (nicht ganz ohne Berechtigung) als Freaks ab. Theosophie und Anthroposophie belächelt man. Ein Beobachter, der etwas auf sich hält, kann so etwas nicht ernst nehmen. Und peinlich berührt betrachten Literaturkritiker und Wissenschaftler die unleugbaren »esoterischen« Interessen William Butler Yeats' als schreckliche Verirrung; nur dem Dichter billigt man solche Verrücktheiten zu, da sie seine Originalität begünstigen und Wasser auf seine ästhetischen Mühlen leiten.

Die Wissenschaft entdeckt die Sünde

So wurde die Hermetik während der vergangenen drei Jahrhunderte eingeschätzt: reduziert auf ein bloßes Anhängsel der »Esoterik«. Sie wurde auf ein Nebengleis der Kulturgeschichte abgeschoben, und ihr Vertreter, der Magier, wurde zu einem anomalen Exzentriker degradiert, dessen hauptsächliche Leistung darin bestand, Künstler zu verderben. Hat man den Eindruck, ein solcher Magier nehme sich selbst zu ernst, gilt er als eingebildeter Narr und wird zur Zielscheibe des Spottes. Hält er sich dagegen bedeckt und läßt sich nicht in die Karten schauen, wird er als zynischer, andere manipulierender Scharlatan gegeißelt. Die selbsternannten modernen Magier entsprachen natürlich häufig wirklich einem dieser beiden Typen oder beiden zugleich. Aber das ist noch längst nicht die ganze Wahrheit. Zwar läßt sich Faust heute manchmal dazu herab, den Clown zu spielen. Andererseits wirkt er jedoch auch auf eine viel ernstere, folgenreichere Art. Aber er bleibt dabei inkognito. Die fest in sich gefügte, alles umfassende *Weltanschauung* der Renaissance war wesentlich hermetisch gewesen. Als die Einheit dieser Weltanschauung zerbrach, zerbrach die Hermetik mit ihr. Spuren des hermetischen Denkens überlebten und hielten sich, jetzt aber über ebensoviele verschiedene Bereiche, Disziplinen und Forschungsgebiete verstreut wie die Wissenschaft selbst. Jeder solche Bereich, jede Disziplin, jedes

Forschungsgebiet brachte fortan seine eigenen hermetischen Adepten, seine Magier, seine Faust-Gestalten hervor. Wenn Renaissance-Magier wie Agrippa und Paracelsus gleichzeitig als Wissenschaftler gelten konnten, so kann der moderne Wissenschaftler umgekehrt auch als Magier aufgefaßt werden – als Magier von eigenen Gnaden. Für viele Menschen könnte tatsächlich der Eindruck entstehen, der moderne Wissenschaftler sei der wahre Erbe von Persönlichkeiten wie Agrippa und Paracelsus. Man führe sich nur einmal eine Liste der berühmten wissenschaftlichen Namen der letzten drei Jahrhunderte vor Augen: Henry Cavendish, Antoine Lavoisier, André Ampère, Michael Faraday, Pierre und Marie Curie, Ernest Rutherford, Max Planck, Wolfgang Pauli, Albert Einstein. All diese Persönlichkeiten werden im allgemeinen als die Magier unseres Zeitalters angesehen. Und außer diesen »Adepten« der reinen Wissenschaft gibt es noch die Praktiker der angewandten Wissenschaft, die Erfinder, Ingenieure und Techniker: George und Robert Stephenson, Isambard Brunel, George Westinghouse, Thomas Edison, Nikola Tesla, Guglielmo Marconi. Der höchste wissenschaftliche Magier wäre die Persönlichkeit, die – wie etwa John Dee in der Renaissance – reine und angewandte Wissenschaft in sich vereinigt. Das bekannteste Beispiel dafür wären Robert Oppenheimer und sein Team, unter anderem Enrico Fermi, Edward Teller und Niels Bohr, die in Los Alamos das Atomzeitalter einleiteten. Aus der jüngeren Vergangenheit sei an den Raketenkonstrukteur Wernher von Braun erinnert, dessen Traum, Menschen auf den Mond zu schicken, noch vor kaum einem halben Jahrhundert ebenso verrückt erschien wie der Versuch, Blei in Gold zu verwandeln. Und schließlich seien noch die »Gentechniker« unserer Tage erwähnt. Der Renaissance-Magus versuchte unter anderem auch Leben zu schaffen: in Gestalt des sogenannten »Homunkulus«. Durch die Techniken der In-vitro-Befruchtung und des Klonens ist der moderne Wissenschaftler der Verwirklichung dieses Ziels sehr nahe gekommen.

Es gibt außerdem natürlich die romanhaften Beschreibungen dieses Wissenschaftlers. Auf der einen Seite findet sich der positive Typus: der Hohepriester mit heilenden Kräften, Wächter über erhabene Mysterien, dem Fortschritt dienend, die Welt revolutionierend, das menschliche

Leben verbessernd und fähig, Arzneien für jedes Übel zu finden. Und auf der anderen Seite der negative Typus: der uns allen vertraute exzentrisch verbohrte Fachidiot oder das wahnsinnige Genie, verkörpert durch Frankenstein oder Strangelove und die ganze Galerie der neu-faustischen Experimentatoren, die die Seiten und Umschläge von Horrorstorys und Science-fiction-Romanen schmücken. All diese Gestalten sind, ob kreativ oder destruktiv, eigentliche Magiergestalten. Sie verkörpern für viele den Magier unserer Zeit, sie sind eine der Verkleidungen, in denen Faust weiterlebt und weiterwirkt. Alle stützen sich auf die Grundvoraussetzung der hermetischen Magie: Sie nutzen das Prinzip der gegenseitigen Verbundenheit aller Dinge, um »Dinge geschehen zu lassen«.

Zumindest einige Wissenschaftler waren sich des faustischen Charakters ihrer Bestrebungen durchaus bewußt. Alfred Nobel zum Beispiel, der im 19. Jahrhundert das Dynamit erfand, hoffte aufrichtig, seine Sprengstoffe würden die Ächtung des Krieges zur Folge haben – der Krieg der Zukunft würde einfach zu schrecklich sein. Als aber seine Erfindung doch zu militärischen Zwecken mißbraucht wurde, versuchte Nobel desillusioniert und bitter enttäuscht, Sühne zu leisten. In einer Goethes Faust, der dem Meer Land abgewann, verwandten Geste führte Nobel das von ihm verdiente Vermögen einer Stiftung zu, die internationale Preise für dem Wohl der Menschheit dienende Fortschritte der Wissenschaft und für die Förderung von Literatur und Frieden vergibt.

Robert Oppenheimer und sein Team hatten, als sie in der Wüste New Mexikos in Los Alamos arbeiteten, das Gefühl, daß sie Grenzen überschritten und religiöses Gebiet beträten. Einige von ihnen verglichen sich ausdrücklich mit Faust und Prometheus und waren davon überzeugt, sie seien einem kosmischen Mysterium auf der Spur. Mehr als einer von ihnen berichtete, er habe sich gefragt, ob ihre Arbeiten nicht vielleicht die Grundstrukturen der Schöpfung zerstören und sie unmittelbar vors Angesicht Gottes bringen könnten – und wäre es auch nur ein Gott in Form reiner Energie. Als vorläufige (und glücklicherweise irrige) Berechnungen den Schluß nahelegten, ihre Experimente könnten in einer spontanen Kettenreaktion Lunte an den gesamten Wasserstoff- und Sauerstoffvorrat der Erde legen, wurde ihnen mit Schrecken klar, wie gewaltig die Macht war, über die sie geboten. Es sah ganz so aus, als griffen sie direkt in die Rechte Gottes ein.[322]

Oppenheimer selbst war ein sehr vielseitiger, tief ethischer Mensch, ein Bewunderer der Dichtkunst, der selbst Gedichte schrieb, ein Universalgelehrter, der fließend eine ganze Reihe von Sprachen – einschließlich Griechisch und Sanskrit – sprach und ein glühendes Interesse an vergleichender Religionswissenschaft, speziell an den Religionen des Ostens, bekundete. Nachdem er im Frühjahr 1945 Zeuge des ersten Atomversuchs geworden war, zitierte er nach verbürgten Berichten einen Vers aus dem 11. Kapitel der *Bhagavad-Gita*, der ihm spontan dazu einfiel:

> Und stiegen tausend Sonnen auch zugleich
> am Horizont empor, so wäre doch
> ihr Licht nicht jener Herrlichkeit vergleichbar,
> die dort Arjunas Geistesauge sah.[323]

Das betreffende Kapitel schildert die Schau des Göttlichen, des Absoluten, dessen Avatar der Gott Krishna ist. Zutiefst erschüttert – »mit Furcht und Zittern« – beschreibt Arjuna, der menschliche Protagonist der *Gita*, die Majestät, der er sich gegenübersieht:

> Den Himmel streifend seh ich dich, du leuchtest
> in vielen Farben, offen ist dein Mund
> und mich erschrecken deine Flammenaugen.
> Denn keine Ruhe, Vishnu, find ich da.[324]

Oppenheimer scheint Ähnliches erlebt zu haben. Dem ersten Bombenabwurf auf Hiroshima hatte er widerstrebend zugestimmt. Doch dem zweiten Angriff, dem auf Nagasaki, war er innerlich nicht mehr gewachsen. Er legte kurz darauf seinen Posten als Direktor der Forschungseinrichtungen in Los Alamos nieder. Und als die Wissenschaftler, die mehr und mehr unter den Einfluß der Militärs gerieten, von der Atombombe zur Wasserstoffbombe übergingen, überwältigten Oppenheimer immer quälendere Angstzustände und Schuldgefühle. Er schrieb: »In einem

ganz elementaren Sinn des Wortes, der sich durch keine Bagatellisie-
rung, keinen Scherz, keine Übertreibung aus der Welt schaffen läßt,
haben die Physiker die Sünde kennengelernt.«[325]

Information oder Weisheit?

Die hermetische Philosophie war von der gegenseitigen Verbundenheit
und Verknüpfung aller Dinge ausgegangen. Zog man an einem Faden
im Gewebe der Wirklichkeit, so spannte man irgendwo anders einen
Faden an oder trennte ihn auf. Die Kernphysiker waren, falls sie überhaupt an etwas glaubten, von der Allgemeingültigkeit dieser Voraussetzung überzeugt und übersetzten die ihr zugrundeliegende Theorie in
eine nur allzu gut anwendbare Praxis. Auch fanden die Kernphysiker in
den analogen Strukturen des Atoms und des Sonnensystems eine Art
Bestätigung für die alte hermetische Lehre von Makrokosmos und
Mikrokosmos. Es gibt wohl kaum einen Studenten der Naturwissenschaft, der sich in einer müßigen Stunde nicht schon einmal gefragt hat,
ob nicht das einzelne Atom selbst wieder ein ganzes Sonnensystem
bildet und ob nicht das Sonnensystem, das wir bewohnen, vielleicht ein
einzelnes Atom in einer unvorstellbar größeren Schöpfung darstellt. Ein
solches Denken ist an sich schon typisch hermetisch.
Abgesehen von solchen ausschweifenden Spekulationen hat die moderne Naturwissenschaft im Grunde das hermetische Prinzip der Verbundenheit aller Dinge.übernommen, ohne es natürlich beim Namen zu
nennen oder seine Herkunft zu kennen. Die Vorstellung eines miteinander verknüpften Mikrokosmos und Makrokosmos mag, buchstäblich
genommen, für den wissenschaftlichen Empirismus zu metaphysisch
sein. Doch wird er das Prinzip der gegenseitigen Verbundenheit aller
Dinge nicht in Frage stellen. Jedes Schulkind zum Beispiel lernt den
Kreislauf des verdampfenden Wassers und der darauf folgenden Nie-
derschläge oder den Kreislauf von Wachstum und Verfall. Und wenige
einigermaßen informierte Menschen können heute die Augen vor der
Tatsache verschließen, daß der doch so weit entfernte brasilianische
Regenwald trotzdem einen Einfluß auf ihr eigenes Leben ausübt. Um-

weltenquêten konfrontieren uns tagtäglich mit der Notwendigkeit, unseren Planeten als lebendigen und äußerst bedrohten Organismus aufzufassen, dessen Vergewaltigung, mag sie sich auch in weiter Ferne abspielen, Auswirkungen auf unser eigenes Dasein hat. Der Gedanke ist inzwischen Allgemeingut geworden, daß die Ressourcen unserer Erde nicht unerschöpflich, sondern begrenzt sind und daß wir ihrer Erschöpfung gefährlich nahe gekommen sind. Allgemeingut ist auch die Einsicht, daß winzige Handlungen Konsequenzen katastrophalen, ja apokalyptischen Ausmaßes haben können – das ist eine Anwendung des Schneeballeffektes der Chaostheorie. Eine in der Privatheit unseres Badezimmers versprühte Dose mit FCKW hat Auswirkungen auf die Ozonschicht. Ein Feuer mit Herbstblättern im Garten trägt zum Treibhauseffekt bei. Die Gifte, mit denen wir unsere Umwelt verschmutzen, kommen in der Nahrung, die wir essen, im Wasser, das wir trinken, und in der Luft, die wir atmen, zu uns zurück. Wie die Hermetiker des alten Alexandria immer betont haben, stehen wir in Wechselbeziehung zur Natur und sind ein untrennbarer Teil von ihr.

In vieler Hinsicht haben allerdings die cartesianische Methode, der rationalistische Empirismus und die wissenschaftliche Analyse unbestreitbare Triumphe gefeiert. Organtransplantationen zum Beispiel sind heutzutage schon normal, und man kann Organe wie Maschinenteile ersetzen oder herstellen. Insofern hat sich die Mentalität der Aufklärung rentiert und bestätigt. Nur allzuoft indessen vergessen ihre Vertreter, inwiefern sich die alternative Einstellung, die der hermetischen Integration und Synthese, ebenfalls bestätigt hat. Allzuoft verlieren sie aus dem Blick, bis zu welchem Grad sie selbst sie vertreten und von ihr abhängig sind.

Zu Beginn dieses Jahrhunderts zum Beispiel hatten sich Biologie, Chemie und Physik zu drei separaten, autonomen Disziplinen entwickelt: jede ein Spezialgebiet, eine in sich abgeschlossene Welt. Nur allmählich und sehr zögernd wurden dann Verknüpfungen zwischen ihnen hergestellt, wodurch Forschungsbereiche wie Astrophysik, Biophysik und Biochemie entstanden. Dabei wurden diese angeblich neuen Forschungsbereiche als höchst innovativ und revolutionär gepriesen. Und doch spiegeln sie nur wider, was letzten Endes schon immer die

Realität war – die Realität, wie sie von Männern vom Schlage eines Agrippa und Paracelsus gesehen wurde. Sie spiegeln eine Einheit wider, die existierte, lange bevor der analytische Prozeß eine künstliche Trennung zwischen ihren Konstituenten und Komponenten hervorrief. In Wirklichkeit sind Biologie, Chemie und Physik schon immer miteinander verknüpft gewesen, und die cartesianische Wissenschaft befand sich im Irrtum, als sie sie zu getrennten Sphären erklärte.

In Gebieten wie der Umweltforschung entdeckt also die Wissenschaft heute wieder das hermetische Prinzip der Verknüpfung aller Dinge und findet entsprechende Bestätigungen. Auch ist die Wissenschaft zur Zeit damit beschäftigt, ihre Unterteilungen zu reintegrieren und zur Synthese zu führen – was ein eigentlich hermetisches Verfahren ist. Doch weigert sie sich noch, eine ähnliche Reintegration und Synthese mit anderen Wissensbereichen vorzunehmen, anderen Gebieten schöpferischen Wirkens des Menschen, mit der Philosophie zum Beispiel, der organisierten Religion, der Psychologie oder mit den Künsten. Zu diesen Bereichen steht die Naturwissenschaft mehr oder weniger in offener oder verdeckter Opposition. Und solange diese Opposition anhält, wird das Wissen fragmentiert und fragmentarisch bleiben, wird es mehr den Charakter von Information als von Weisheit besitzen.

Diese Situation spiegelt sich auch im modernen Bildungswesen wider und wird von ihm verfestigt. Im Idealfall und theoretisch soll unser Bildungssystem gewährleisten, daß die Lernenden sich mehr und mehr Wissen aneignen. Dieser Prozeß sollte an der Universität seinen krönenden Abschluß finden, die, wie ja schon ihr Name sagt, Wissensinhalte und Perspektiven von »universellem« Ausmaß vermittelt und die Totalität menschlichen Wissens umfaßt. In der Praxis jedoch führt unser Bildungssystem zum genauen Gegenteil. Die moderne Universität ist kaum noch »universell«, vielmehr eine Institution, die der Weitergabe von spezialisiertem Wissen dient. Das Wissen ist strengstens in Schubladen eingeteilt. Jedes Gebiet, jede Disziplin ist von allen anderen isoliert und getrennt. Dieses Schubladendasein der Wissenschaft ist ein Erbe und eine Widerspiegelung der cartesianischen Wissenschaft und des rationalistischen Empirismus.

Die Naturwissenschaft hat weiterhin wenig Interesse daran, Verbindung mit anderen Arten des Wissens aufzunehmen, und ebensowenig Interesse daran, Verbindung mit etwas noch Wichtigerem herzustellen: mit ethischen Zusammenhängen, mit einem Sinn für moralische Verantwortung und einer Wertehierarchie. Natürlich gibt es Ausnahmen: Einstein zum Beispiel und, wie erwähnt, Robert Oppenheimer. Und da die Wissenschaft heute mehr und mehr auf Neuland vorstößt, werden sich immer mehr Naturwissenschaftler der Notwendigkeit bewußt, sich selbst moralische Schranken zu setzen und einer Art moralischem Imperativ zu folgen. Doch im großen und ganzen würden sie in ihrer Mehrzahl mit Wernher von Braun und dessen Feststellung einig gehen, daß Wissenschaft »an sich keine moralische Dimension« besitzt und daß selbst die Entwicklung von Massenvernichtungswaffen »ethisch neutral« ist. So wird es möglich, daß etwa Professor Lewis Wolpert, berühmter Pionier der Embryoforschung und prominentes Mitglied der Royal Society, über die ethischen Implikationen der Gentechnologie schreibt: »Das ist kein Thema für den Wissenschaftler – nur für die Öffentlichkeit [...] Selbst im Hinblick auf die Implantation von Genen in menschliche Zellen ist es nicht Aufgabe des Wissenschaftlers oder Arztes, darüber zu entscheiden, ob solche Verfahren klug oder tunlich sind.«[326]

Professor Wolpert scheint fast erstaunt darüber zu sein, daß seine Einstellung ethische Bedenken hervorrufen könnte. Es hört sich mehr und mehr nach Doktor Frankenstein an, wenn er schließlich die Frage aufwirft: »Was wäre [...] denn so schlimm an einer ›Supermarkt‹-Lösung, bei der Gene zu einem bestimmten Preis und mit entsprechenden Hinweisen über mögliche Nebeneffekte versehen, angeboten würden?«[327] Und während sich der Professor verteidigt, liefert er eine außergewöhnlich moderne Neuformulierung der alten cartesianischen Methodik, indem er jede Synthese verdammt und nur der Analyse das Wort redet: »Jede in ihrem Kern holistische Philosophie muß notwendig auf Antiwissenschaft hinauslaufen, da sie ausschließt, daß Teile eines Systems für sich untersucht werden – daß Teile isoliert und in ihrem Verhalten ohne Bezug auf alles übrige erforscht werden.«[328] Das ist genau die Stimme des zeitgenössischen Faust. Es ist nicht die Stimme des Faust als Renaissance-Magier, der lediglich – und zu Recht – die engen Vorschriften und Inhalte der strengen jüdisch-christlichen Moral in Frage stellte. Es ist vielmehr die Stimme des für das 20. Jahrhundert typischen Faust, der in seinem Streben nach Wissen statt nach Weisheit die Grundwerte menschlicher Existenz leugnet.

12. Kapitel:
Rückkchr zur Einheit

Der Renaissance-Magier hat mittels der hermetischen Philosophie »magisch« auf die sogenannte objektive oder Erscheinungswelt, die Welt der meßbaren Quantitäten und konkreten Fakten, eingewirkt. In dieser Welt war »Magie« mehr oder weniger synonym mit Wissenschaft. Im Zuge der Aufklärung aber wurde die Magie allmählich durch die Wissenschaft – besser: durch die Wissenschaften, denn jede einzelne Wissenschaft wurde zu einem eigenen Forschungsbereich – ersetzt, und der Wissenschaftler wurde zum Magier von eigenen Gnaden. Chemie, Biologie und Physik erzeugten alle ihre eigenen Magier, bis neue Kombinationen wie Biophysik und Biochemie wiederum ihre höhere Magie und höhere Magier hervorbrachten. Manipulation, Beherrschung der äußeren Welt wurde zunehmend zur Zielsetzung und zum Privileg der Naturwissenschaften, während es vor ihrer Entstehung immer so ausgesehen hatte, als enthülle die äußere Welt schrittweise ihre Mysterien, als gehe Wissenschaft allmählich in Metaphysik über.

Doch das hermetische Prinzip der Verknüpfung bezog sich nicht nur auf Oben und Unten, auf Makrokosmos und Mikrokosmos. Es bezog sich auch auf Innen und Außen, auf das, was außerhalb und innerhalb des Menschen war. Der hermetische Magier der Renaissance wirkte magisch auch auf die Welt im Innern ein, auf die unmeßbaren und nicht quantifizierbaren Dimensionen des menschlichen Körpers und das noch ungreifbarere menschliche Bewußtsein. In diesen Bereichen versuchte er Einfluß auf »Wesenheiten« wie die »Humores«, die »magnetischen Fluide« und die Inkubi, Sukkubi oder Dämonen zu gewinnen, die man mit Zuständen der Besessenheit in Beziehung brachte. Zu Beginn der Aufklärung hatte die Wissenschaft diese Gebiete links liegenlassen, sie blieben der organisierten Religion und den Künsten vorbehalten. Nur allmählich wandte sich die Wissenschaft ihnen wieder zu, und nur allmählich versuchte sie, sie ihrer eigenen Domäne anzugliedern. Zunächst entdeckte die Wissenschaft die innere Welt dadurch wieder für sich, daß sie Magnetismus und Elektrizität erforschte, die beide, wie man herausfand, deutliche Auswirkungen nicht nur auf den menschlichen Körper, sondern auch auf die menschliche Psyche hatten. Aus diesen Forschungen ergab sich die Entdeckung der Hypnose, dann der Tiefenpsychologie. Und in Hypnose und Tiefenpsychologie begegnete der Mann der Wissenschaft seinen hermetischen Vorgängern wieder. Auf diese Weise hatte die Wissenschaft ihren Kreis bis zum Ende abgeschritten und fand, peinlich überrascht, den Weg zu den hermetischen Prinzipien zurück, die sie einst so hochmütig über Bord geworfen hatte.

Die Innenwelt ist heute die anerkannte Domäne der Psychologie. In dieser Innenwelt, dem nicht greifbaren Reich der Psyche oder »Seele« (im Gegensatz zu dem greifbareren wissenschaftlichen Begriff des »Gehirns«), ist der Psychologe zu einer neuen Verkörperung des modernen Magus geworden. Wie sein Vorgänger in der Renaissance – und wie der Priester – nimmt er die therapeutische Funktion eines Beichtvaters wahr. Und wie sein Vorgänger oder wie der Priester versucht er die »Dämonen« unserer Zeit zu exorzieren: Schuldgefühle, Angst, Obsessionen, Zwangsvorstellungen und all die psychischen Störungen, die offiziell als Neurosen oder Psychosen klassifiziert werden.

Wissenschaft des Unbewußten

Bis weit über die Hälfte des 19. Jahrhunderts existierte die Psychologie, sofern sie überhaupt als legitimer Forschungsbereich galt, als bloßer Wurmfortsatz der Neurologie. Psychologische Störungen schrieb man im allgemeinen Störungen des Nervensystems zu. Davon abgesehen wurde der Psychologie, so wie wir sie heute kennen, nur von der Religion und den Künsten Beachtung geschenkt. Und in der Religion war die Psychologie natürlich den religiösen Inhalten, dem religiösen Dogma untergeordnet. So blieb also der Künstler, vor allem der Schriftsteller und Dichter, im großen und ganzen der einzige, der sich wirklich mit Psychologie beschäftigte. Bevor sich die Psychologie als autonome Disziplin etablierte, waren »Künstler« und »Psychologe« im Grunde Synonyme. Und als sich die Psychologie dann als autonome Disziplin etablierte, beriefen sich ihre Gründer unweigerlich auf Vorläufer wie Sophokles, Shakespeare, Goethe, Balzac, Stendhal und Dostojewski.

Zu Anfang des 19. Jahrhunderts versuchten die Künstler noch, aus der Perspektive der Wissenschaft und Methodik der Aufklärung einen Zugang zur Psychologie zu gewinnen. In seinem Roman *Die Wahlverwandtschaften* (1809) benutzte Goethe zum Beispiel die wissenschaftlichen Begriffe seiner Zeit als Metapher, um die psychologische Dynamik der sexuellen Anziehung und des Ehebruchs zu erkunden. »Wahlverwandtschaft« war im Verständnis der Goethezeit ein Erklärungsprinzip für den Prozeß, durch den die Elemente zweier chemischer Verbindungen, wenn nahe zusammengebracht, sozusagen einen »Partnertausch« vornahmen und sich zu neuen Kombinationen und ganz neuen Verbindungen zusammenschlossen. Doch verwandte Goethe diese chemische Analogie nur als Metapher, als Symbol, nicht als wörtlich zu nehmende Erklärung. Anders als die Wissenschaftler seiner Zeit dachte Goethe organisch, nicht mechanistisch. Selbst in seinen wissenschaftlichen Untersuchungen bestand für ihn die Bedeutung eines Forschungsobjektes immer in seiner »Beziehung zum Ganzen«. Mit anderen Worten: Goethes Perspektive war genau die des Renaissance-Magiers – eine Perspektive, die mehr auf Synthese als auf Analyse, mehr auf Totalität als auf Untersuchung der Teilstücke hinauslief. Natürlich ist es inzwischen zum Klischee geworden, Goethe als den »letzten Renaissance-Menschen« zu bezeichnen. Aber es stimmt auch: Dadurch, daß er im Übergang vom 18. zum 19. Jahrhundert ein charakteristisches Element des Denkens der Renaissance aufgriff, hat er auch, durch seinen Einfluß auf die Begründer der modernen Psychologie, dieses Denken an unsere eigene Epoche übermittelt.

Doch war es erst länger als ein halbes Jahrhundert nach seinem Tod (1832) soweit. Bis dahin blieben die weißen Flecken auf der Landkarte der Tiefenpsychologie weiße Flecken und wurden nur von anderen Literaten, etwa E. T. A. Hoffmann in Deutschland, Edgar Allan Poe in den Vereinigten Staaten, Gogol und Dostojewski in Rußland ausgekundschaftet und unsystematisch hier und da mit Wegweisern versehen. Und die Welt des Rationalismus der Aufklärung achtete damals nur wenig auf den Mann, der heute im Rückblick als Begründer der modernen Tiefenpsychologie gelten kann.

Franz Anton Mesmer wurde 1734 (15 Jahre vor Goethe) in einer kleinen schwäbischen Stadt am deutschen Ufer des Bodensees geboren. Sein Vater war Wildhüter beim Bischof der dortigen Diözese, Johann Franz Schenk von Stauffenberg. Nach einem Studium der Philosophie und Theologie an zwei Jesuiten-Universitäten entschied sich Mesmer, doch nicht in den Kirchendienst einzutreten, und begann 1759 ein Jurastudium an der Universität Wien. Ein Jahr später verlagerten sich seine Interessen auf die Medizin, in der er 1766 promovierte. Thema seiner Dissertation waren die Auswirkungen der Planeten auf den menschlichen Körper. Die Arbeit war in vielem Paracelsus verpflichtet.

Paracelsus hatte erklärt, Heilung könne auch durch »feine Fluiden« erfolgen, »elektromagnetische Kraftfelder«, wie wir sie heute nennen würden, die in den Körper des Patienten eingeführt werden. Mesmer stellte die Theorie auf, die Sterne könnten ihren Einfluß gerade durch solche »feinen Fluiden«, die er als »physikalische Kraftübertragungsbahnen« auffaßte, ausüben. Wie Newton sah Mesmer sich als Wissenschaftler, der die physikalischen Gesetze des Kosmos erforscht. Doch wie die Wissenschaft Newtons war auch die Mesmers in einen grundsätzlich hermetischen Zusammenhang und Rahmen eingebettet. Alle Dinge waren seiner Auffassung nach miteinander verknüpft, da sie in »feinen Fluiden« wie »in einem kosmischen Ozean« schwebten – einem Meer, dessen Ebbe und Flut, dessen Gezeiten und Strömungen eine nachweisbare Wirkung auf den Gesundheitszustand des Menschen ausübten.

1767, ein Jahr nach Abschluß seiner Dissertation, begann Mesmer als Arzt zu praktizieren. 1768 heiratete er eine reiche Aristokratenwitwe, die eine hochherrschaftliche Villa in Wien besaß und ihm den Zugang zu den höchsten Kreisen der Wiener Gesellschaft ebnete. Er gelangte schnell zu Reichtum und Erfolg, gab elegante Gesellschaften und förderte die Künste, besonders die Musik. Er war zum Beispiel einer der ersten Sponsoren Mozarts, und eine von dessen Opern erlebte eine private Aufführung in Mesmers Wohnung. Er und seine Frau befreundeten sich eng mit den Mozarts und spielten eine prominente Rolle in der Wiener Hautevolée.

1773 behandelte Mesmer eine Frau, deren Hysterie die Form krampfartiger Anfälle und anderer Symptome annahm, die zunächst auf Wahnsinn schließen ließen. Mesmer beobachtete nun, daß sich diese Anfälle in zyklischen Kreisläufen, in regelmäßigen Intervallen wiederholten, was ihn vermuten ließ, die »feinen Fluiden« seien einem »Gezeitenstrom« unterworfen, der die körperliche Verfassung der Frau bestimmte. Er suchte nun nach Mitteln, diesen »Gezeitenstrom« zu regulieren, und experimentierte dabei mit starken Magneten, die er an den Körper seiner Patientin anlegte. Welche Erklärung man dafür auch geben mag, das Experiment war erfolgreich, und der Gesundheitszustand der Frau verbesserte sich entscheidend, ja vielleicht war sie sogar völlig geheilt. Mesmer hatte eine noch unbestimmte Beziehung zwischen Magnetismus und dem menschlichen Stoffwechsel entdeckt. Diese Beziehung ist auch heute noch bis zu einem gewissen Grad unerklärt, doch wird sie als Tatsache mehr oder weniger anerkannt. So kann man zum Beispiel auf postalischem Wege oder in Apotheken magnetische Armbanduhren, Gürtel und Heftpflaster bestellen, die in Fällen arthritischer oder rheumatischer Schmerzen, bei Muskelkrämpfen und -verspannungen tatsächlich Linderung verschaffen.

Doch Mesmer scheint auch etwas von einem »Naturheiler«, wie wir das heute nennen, an sich gehabt zu haben. Es gibt viele Hinweise darauf, daß er durch Anlegen oder »Auflegen« seiner Hände lokale Störungen und Schmerzen im Körper mildern konnte. Dies führte ihn zu der Schlußfolgerung, daß magnetische Kräfte nicht nur durch Magneten, sondern auch von einem menschlichen Körper zum anderen fließen konnten. Er formulierte diese Ergebnisse in der Wissenschaftssprache seiner Zeit als Theorie des »animalischen Magnetismus«.

Aber der Name tut nichts zur Sache. Mesmers Behandlung erwies sich – ob durch seine natürlichen Heilereigenschaften oder durch ein noch unquantifizierbares Prinzip der elektromagnetischen Kraft – in der Praxis als höchst erfolgreich. Seinen rationalistischen Zeitgenossen indessen schmeckte seine Theorie zu sehr nach »Okkultismus«, und bald denunzierte man ihn als Geisterbeschwörer und Scharlatan. 1778 sah er sich gezwungen, mit seiner Frau Wien zu verlassen und eine Klinik in Paris zu eröffnen.

In Paris glückte es ihm ebensowenig wie in Wien, beim wissenschaftlichen Establishment viel Sympathie oder Unterstützung zu finden. Doch seine Klinik hatte, wenigstens zeitweise, riesigen Zulauf. Viele seiner Patienten kamen aus Kreisen des Hochadels und des Hofes und verbreiteten den Ruf seiner Kuren in den höheren Gesellschaftsschichten der Stadt. Aber Mesmer verschmähte es keineswegs, auch »einfache« Pariser zu beträchtlich reduzierten Honoraren zu behandeln. Mehr und mehr gelangte er außerdem zur Überzeugung, daß auch die Musik Heilkräfte besitze – ein altes hermetisches Prinzip! –, und behauptete, der »animalische Magnetismus« könne auch durch Klänge übertragen werden. Seine Therapie wurde deshalb im Lauf der Zeit mehr und mehr durch rituelle Elemente angereichert – Musik, gedämpftes oder an- und abschwellendes Licht, besondere, oft sehr aufwendige Gewänder und einen angeblich magnetischen Stab, der verdächtige Ähnlichkeit mit einem Zauberstab hatte. Obwohl er keinen Namen dafür gehabt hätte, arbeitete Mesmer tatsächlich mit dem psychologischen Prinzip, das wir heute die »Macht der Suggestion« nennen. Auf diese Weise hatte er den »Mesmerismus« entdeckt, der uns heute unter dem Namen »Hypnose« bekannt ist. Er versetzte seine Patienten in hypnotischen Tiefschlaf und konnte ihnen dann Vorstellungen einsuggerieren, die bedeutsame Veränderungen im Verhalten zur Folge hatten. »In moderner Terminologie ausgedrückt, drang Mesmer ins Unbewußte vor«, »er arbeitete als Tiefenpsychologe und im Sinne einer dynamischen Psychiatrie«.[329] Er war ein Pionier »der psychotherapeutischen Kunst […] und gehörte zu einer Strömung, die dann im 19. und 20. Jahrhundert die Tiefenschichten der menschlichen Persönlichkeit untersuchen sollte und durch so illustre Namen wie Charcot und Bernheim, Freud und Jung Ansehen gewann«.

1783 gründete Mesmer eine Geheimgesellschaft mit dem Namen Société de l'Harmonie. In geheimen Treffen wurden Übungen durchgeführt und die Technik erlernt, den mesmerischen Tiefschlaf zu steuern und zu beherrschen. Unter den Mitgliedern, die alle einen Vertrag mit Mesmer persönlich unterzeichnen mußten, befand sich auch eine Anzahl prominenter Aristokraten, unter ihnen der Marquis de Lafayette. 1784 erzählte Lafayette bei einem Besuch der neu gegründeten Vereinigten Staaten George Washington begeistert, was er bei Mesmer gelernt hatte, woraufhin Washington in einen sehr freundschaftlichen Briefwechsel mit Mesmer eintrat. Inzwischen hatte Mesmers Société de l'Harmonie, deren Sitz in Paris war, Ableger, assoziierte »Logen«, produziert – fünf in Frankreich, eine in Italien und eine in der Schweiz. Er selbst knüpfte immer engere Beziehungen zu den Freimaurern der mehr hermetisch orientierten Riten.

Es liegt auf der Hand, daß Mesmers Verbindung mit Geheimgesellschaften – seiner eigenen und anderen – kaum dazu beitragen konnte, ihn beim wissenschaftlichen Establishment seiner Tage zu empfehlen. Weitere Antipathien riefen die zeremoniellen, offensichtlich »okkulten« Aspekte seiner Therapie hervor. Und auch seine Neigung zu extravagantem, schauspielerhaftem Auftreten, zu einem an einen Magier erinnernden Verhalten und Lebensstil, taten ihr übriges. Es konnte gar nicht anders sein, es mußte ein Rückschlag erfolgen. 1784 setzte die französische Regierung einen Ausschuß unter dem Vorsitz Benjamin Franklins ein, eines prominenten Freimaurers, der im allgemeinen als »Erfinder« der Elektrizität gilt. Der Ausschuß sollte den animalischen Magnetismus untersuchen, fand aber, was sich wohl zu sagen erübrigt, keinen Beweis für die Existenz eines solchen Phänomens.

Jetzt begannen Mesmers Stern und seine akademische Reputation zu sinken. Bei zwei Anlässen sah er sich gezwungen, Paris zu verlassen, kehrte jedoch bald wieder zurück. Dann veröffentlichte er 1799 ein Werk über ein Thema, das man heute der Rubrik »Parapsychologie« zuordnen würde. Dieses Buch gab seinem schon angeschlagenen Ruf den Rest. 1802 zog er sich in seine Heimat am Bodensee zurück, wo er bis zu seinem Tod im Jahr 1815 lebte. Im Gegensatz zur gängigen Meinung starb er aber nicht in Vergessenheit und als gescheiterter, armer und verbitterter Mensch. Im Gegenteil, er führte ein relativ wohlhabendes Leben, praktizierte immer wieder einmal als Arzt, machte Musik – und lehnte Einladungen, nach Paris zurückzukehren oder die Akademie der Wissenschaften in Berlin zu besuchen, freundlich ab.

In den folgenden Jahren jedoch erwarb er sich postum einen Ruf, verwandt dem eines Cagliostro oder Grafen von Saint-Germain, den Ruf eines Scharlatans, eines geriebenen Quacksalbers, der wie ein Komet seine Leuchtspur durch eine wundergläubig starrende Welt gezogen hatte, dann entlarvt worden und wieder verschwunden war. Dieses Porträt erhielt in der Folge noch deutlichere Konturen durch den Eifer, mit dem Mesmers Theorie des »animalischen Magnetismus« von selbsternannten Rosenkreuzern späterer Tage wie Edward Bulwer-Lytton und von der spiritistischen Bewegung übernommen wurde. In Wirklichkeit hatte Mesmer viel mit seinem anerkannten Vorläufer Paracelsus gemeinsam. Wie Paracelsus war er ein echter, grundlos verleumdeter Pionier, wobei diese Verleumdung der Eifersucht der Fachkollegen und seinem Talent, sich Feinde zu machen, zu verdanken war, nicht irgendwelchen Verrücktheiten. Wenn seine Theorien manchmal falsch waren, so waren sie es nicht mehr als so manche andere wissenschaftlich anerkannte Theorie seiner Zeit. Und welche Mängel diese Theorien auch haben mochten: Mesmers berufliche Praxis wies vorzeigbare Erfolge auf, milderte die Leiden unzähliger Menschen und eröffnete einen wichtigen neuen Weg zum Selbstverständnis des Menschen und zum Verständnis der geheimnisvollen seelischen Prozesse.

Mesmer ist wahrscheinlich das erste Beispiel für einen Magier-Psychologen. Doch während des Großteils des 19. Jahrhunderts folgte ihm noch niemand auf dem Weg, den er gebahnt hatte. Möchtegern-Esoteriker und Spiritisten mißverstanden statt dessen seine Hinweise als Dogmen, die sie nur zur Untermauerung ihrer eigenen Meinung benützten. Andererseits bahnten sich Literaten wie Dostojewski und Rimbaud ihre eigenen Wege, die sich aber nicht für die wissenschaftliche Systematisierung eigneten. Erst in den 80er Jahren des 19. Jahrhunderts beschäftigte sich der hervorragende französische Neurologe Jean-Martin Charcot ernsthaft mit dem Phänomen des Mesmerismus oder der Hypnose.

Charcot (1825–1893) hatte 1853 seinen medizinischen Abschluß gemacht. Von 1860 bis zu seinem Tod wirkte er als Professor an der

Universität Paris. Er befaßte sich speziell mit neurologischen Studien und gilt als derjenige, der als erster eine Reihe von bisher unbekannten neurologischen Krankheiten diagnostiziert und benannt hat. 1882 gründete er eine neurologische Klinik, die bald als führend in Europa anerkannt war. Auf seiner Suche nach den »physiologischen Wurzeln des seelischen Verhaltens« gewann Charcot ein immer größeres Interesse an dem Phänomen der Hysterie und wandte die Hypnosetechnik an, um ein früher unkontrollierbares Verhalten seiner Patienten doch unter Kontrolle zu bringen.

Aus der ganzen Welt strömten die Studenten herbei, um bei Charcot zu lernen. Unter ihnen befand sich 1885 ein junger österreichischer Jude, Sigmund Freud. Freud avancierte schnell zu Charcots Lieblingsschüler und Schützling. Die beiden Männer machten sich daran, mittels Hypnosetechnik immer tiefer in das Rätsel der Hysterie einzudringen. Für Charcot blieb die Hysterie im wesentlichen immer ein neurologisches und physiologisches Phänomen. Doch Freud begann zu vermuten, daß noch etwas anderes dahintersteckte. Er kam immer mehr zu der Auffassung, daß es eine ganze Welt jenseits des rational Beherrschbaren, ja sogar des bewußten Wissens des Menschen geben müsse. Er nannte diese Welt das »Unbewußte«.

Heute ist das Unbewußte fast überall zur Selbstverständlichkeit geworden. Die Menschen gehen mehr oder weniger blasiert damit um, außer es manifestiert sich einmal in einem drastischen Ausbruch im Alltag. Deshalb ist es schwer, sich die Aufregung vorzustellen, die die Gedanken Freuds am Ende des 19. und zu Beginn des 20. Jahrhunderts auslösten.

Seit den Anfängen der überlieferten Geschichte und zweifellos auch schon vorher wußte der Mensch natürlich, daß es in seinem Wesen unbekannte Schichten gab. Er wurde ja – häufig ganz unerwartet und eher zu seinem Leidwesen – durch Träume, Anfälle von »Wahnsinn« und unerklärliche Vorgänge im Bewußtsein in diese Schichten hineingezogen. Doch verfügte er noch über keinen angemessenen Begriff, um sich mit solchen Phänomenen auseinanderzusetzen, keinen terminologischen Rahmen, um sie zu interpretieren oder ihnen einen Sinn abzugewinnen. Stammten Träume zum Beispiel aus einer Quelle im

Innern, oder waren sie eine Heimsuchung durch äußere Mächte, etwa die Götter? Sollte man Träume als Bedeutungsträger vielleicht sogar prophetisch auffassen, oder waren sie rein zufällig und zusammenhanglos? War Wahnsinn etwas, was im Menschen verursacht war, oder wurde er von außen auferlegt, sei es durch dämonische Mächte, die in den Menschen eindrangen und ihn in Besitz nahmen, oder durch Umstände, die auch für andere Störungen und Krankheiten verantwortlich waren, etwa Seuchen? Und was hatte es zu bedeuten, wenn ein offensichtlich »normaler« und wohlangepaßter Mensch einen schrecklichen Alptraum erlebte, der auf gewalttätige, ja kriminelle Neigungen schließen ließ, oder einen plötzlichen hysterischen Anfall, oder eine Halluzination?

Dadurch, daß Freud »das Unbewußte« als solches benannte, daß er ein Erklärungsmuster für seine Wirkungen anbot und es als Eigenschaft, die prinzipiell jeder Mensch besitzt, erkannte, verlieh er ihm – und seiner Erforschung – eine Art wissenschaftlicher Respektabilität. Die irrationalen Impulse, Triebe und Dimensionen der menschlichen Seele galten jetzt nicht länger als Abirrungen, sondern als Teil des Menschheitserbes, als charakteristisches, dem *Homo sapiens* inhärentes Merkmal. Das war tröstlich und belebend zugleich.

Für die Männer und Frauen der Zeit Freuds war die Entdeckung des Unbewußten in ihrer Bedeutung der Entdeckung Amerikas durch Kolumbus oder der Eroberung des Weltraums in unserer Ära vergleichbar. Hier, im Innern der menschlichen Seele, lag offenbar ein »verlorener Kontinent«, eine Art versunkenes Atlantis, ein reiches, fruchtbares Land, das dem Meer wieder abgewonnen werden mußte – ganz wie das Land, das Faust am Ende der Goetheschen Dichtung dem Meer wieder abgewinnt, in einem Prozeß, den Goethe selbst als Sinnbild für das »auftauchende Bewußtsein« bezeichnet hatte. Zweier Jahrhunderte des trockensten Rationalismus überdrüssig geworden, stürzten sich die Menschen nun auf das neue Gebiet und suchten dort nach allem möglichen, von Selbsterkenntnis bis hin zu bloßer Befriedigung der Neugierde. Ganze Kunstströmungen – zum Beispiel der Surrealismus in Frankreich und der Expressionismus in Deutschland – warfen sich auf die Erforschung des Unbewußten mit einem Eifer, der dem der spanischen Konquistadoren vier Jahrhunderte davor durchaus an die Seite zu stellen ist.

Freud etablierte die Psychologie endgültig als autonome Disziplin und sich selbst, zumindest zeitweise, als ihren eigentlichen Magus und Hohepriester. Unter Freud entwickelte die Psychologie ihre eigene Terminologie und schließlich eine Theologie, die es ihr ermöglichte, als eine Art neuer Religion – oder Alternativ-, wenn nicht Ersatzreligion – mit dem Darwinismus und Marxismus zu konkurrieren. Und der Psychologe begann mehr und mehr, parallel zur traditionellen Autorität des Magus, auch die priesterliche Funktion des Beichtvaters auszuüben.

Doch mag Freud auch ein selbsternannter Magier gewesen sein, seine Einstellung war ganz gewiß nicht hermetisch. Im Gegenteil, seine Methode stand grundsätzlich im Einklang mit dem cartesianischen Rationalismus. Die Psychologie Freuds war nur wieder eine andere Manifestation der Fragmentierung des Wissens und, in der Folge, der Fragmentierung der Wirklichkeit. Und diese Fragmentierung wurde noch dadurch akzentuiert und verschärft, daß Freud irrtümlich darauf beharrte, Psychologie müsse eine echte Naturwissenschaft sein und bleiben. Er wendete auf die Psyche naturwissenschaftliche Methoden an und behandelte ungreifbare Phänomene, als wären sie nicht weniger konkret und meßbar als die Daten der Chemie, Biologie oder Physik. Das Freudsche Denken beruhte letzten Endes auf einem unlösbaren Paradox. Es strebte nach vermeintlich »wissenschaftlicher Objektivität«. Doch das einzige Instrument des Menschen zum Wissenserwerb ist sein Verstand. Und der Verstand kann sich selbst gegenüber nicht »wissenschaftlich objektiv« sein. Noch weniger kann ein bloßer Teil der Seele – der Teil, der das rationale Bewußtsein umfaßt – objektiv ihre Ganzheit erfassen, einschließlich jener Aspekte, die definitionsgemäß unbewußt sind. Freud war natürlich intelligent genug, um dieses Paradox zu bemerken. Aber er zog es vor, so zu tun, als existiere es nicht. Statt dessen führte er Verfahren ein, durch die aus dem Psychologen eine Art Seelenchirurg wurde – durch Analysieren, Dissoziieren und Fragmentieren zerlegte er Wissen und Wirklichkeit in immer kleinere Einheiten, die sich immer mehr von dem größeren Zusammenhang, in den sie eingebettet waren, lösten. Bei dem Versuch, die

Psychologie als Naturwissenschaft zu legitimieren, verfestigte Freud die Irrtümer der Naturwissenschaft und wurde, genauso wie die Magier der Naturwissenschaft selbst, zu einem Schamanen in einem streng umrissenen Bezirk, in einem vom eigenen Dogma umzäunten Forschungsbereich.

Die wichtigste Korrektur an der Freudschen Psychologie brachte Freuds einstiger Freund, Kollege und Schüler an, der Schweizer Psychologe Carl Gustav Jung (1875–1961). Wie Mesmer wurde Jung an den Ufern des Bodensees geboren, doch zog seine Familie kurz darauf nach Basel. Sein Vater war Pastor. Er klammerte sich hartnäckig, aber immer hoffnungsloser an einen Glauben, der zunehmend von Zweifeln unterhöhlt wurde. Schon als Junge war Jung von religiösen Fragen fasziniert, oft auch gequält. Doch das Schauspiel des väterlichen Seelenkampfes verstärkte seine Antipathie gegenüber der christlichen Kirche als Institution und dem unhinterfragten Glauben, den sie von ihren Mitgliedern forderte. Reifer geworden, fühlte er sich mehr und mehr zur Hermetik und ihrer Betonung der Gnosis, der direkten Erkenntnis und Erfahrung, hingezogen, die alle Probleme eines A-priori-Glaubens gegenstandslos machte. Er kam zu dem Schluß:»Solange die Religion nur Glaube und äußere Form und die religiöse Funktion nicht eine Erfahrung der eigenen Seele ist, so ist nichts Gründliches geschehen.«[330] Und:»Als die Erzsünde des Glaubens erschien mir die Tatsache, daß er der Erfahrung vorgriff.«[331] Was den Dogmatismus der Propagandisten des Christentums betraf, so meinte er:»Sie alle wollen mit logischen Kunststücken etwas erzwingen, was sie nicht empfangen haben, und um das sie nicht wirklich wissen. Sie wollen sich einen Glauben anbeweisen, wo es sich doch um Erfahrung handelt!«[332]

Als Jugendlicher zeigte Jung eine beeindruckende Spannweite von Interessen: Naturwissenschaft, Philosophie, Archäologie, Literatur und Künste beschäftigten ihn. Während seiner Studienjahre fühlte er sich immer wieder zu Schopenhauer, Kant und Nietzsche hingezogen. Doch den tiefsten und nachhaltigsten Einfluß übte Goethe auf ihn aus. Er behauptete zwar immer, er habe die Familientradition, daß er Abkömmling eines illegitimen Nachkommens Goethes sei, gründlich satt, fühlte sich aber insgeheim doch geschmeichelt. Sein ganzes Leben lang war der *Faust* für ihn das heiligste aller Bücher. Er betrachtete ihn als Werk der hermetischen Magie, als alchemische Transmutation an und für sich und Goethe als alchemistischen Magier:

> In meiner Beschäftigung mit der Alchemie sehe ich meine innere Beziehung zu Goethe. Goethes Geheimnis war, daß er von dem Prozeß der archetypischen Wandlung, der durch die Jahrhunderte geht, ergriffen war. Er hat seinen *Faust* als ein opus magnum oder divinum verstanden. Darum sagte er richtig, daß *Faust* sein »Hauptgeschäft« war, und darum war sein Leben von diesem Drama eingerahmt. Man merkt in eindrucksvoller Weise, daß es eine lebendige Substanz war, die in ihm lebte und wirkte, ein überpersönlicher Prozeß, der große Traum des mundus archetypus.[333]

Für Jung verkörperte Goethe die von den hermetischen Magiern der fernen Vergangenheit – von Paracelsus und Agrippa bis zurück zu Zosimos und den Praktikern des alten Alexandria – immer wieder formulierte Prämisse, der Alchemist sei letzten Endes Subjekt und Objekt seiner Experimente. Er wird durch seine Experimente selbst transmutiert. Dieselben Prinzipien wandte Jung auf seine Arbeit als Psychotherapeut an:

> Der Psychotherapeut muß aber nicht nur den Patienten verstehen; ebenso wichtig ist es, daß er sich selbst versteht. Darum ist die conditio sine qua non der Ausbildung die eigene Analyse, die sogenannte Lehranalyse. Die Therapie des Patienten beginnt sozusagen beim Arzt; nur wenn er es versteht, mit sich und seinen eigenen Problemen umzugehen, kann er das auch dem Patienten beibringen. Aber nur dann. In der Lehranalyse muß der Arzt lernen, seine Seele zu erkennen und ernst zu nehmen. Wenn er das nicht kann, lernt es der Patient auch nicht. Damit verliert er aber ein Stück seiner Seele, so wie auch der Arzt das Stück seiner Seele, das er nicht kennenlernte, verloren hat. Es genügt daher nicht, daß der Arzt sich in der Lehranalyse ein Begriffs-System aneignet. Als Analysand muß er realisieren, daß die Analyse ihn selber angeht, daß sie ein Stück wirkliches

Leben ist und keine Methode, die man auswendig (in wörtlichem Sinne!) lernen kann.[334]

Doch gerade die wissenschaftliche Methodik, und besonders eine zur Routine gewordene Methodik war genau das Problem, mit dem Jung zunächst zu kämpfen hatte. Er hatte mit dem Studium der Medizin begonnen, fühlte sich aber schnell von der damals gerade entstehenden Disziplin der sogenannten Psychiatrie angezogen. 1900, im Alter von 25 Jahren, promovierte er und nahm die Arbeit in einem Nervenkrankenhaus in Zürich auf. Zu diesem Zeitpunkt schien ihm Freud der Mann zu sein, der einer sonst mit rein statistischen Kompilationen, Routinediagnosen und mechanistischen Klassifikationen psychischer Krankheiten befaßten Disziplin offenbar auch Tiefendimension zu geben vermochte. Begeistert übernahm Jung Freuds allgemeines Konzept des Unbewußten und betrachtete wie Freud Träume als den Königsweg zu einem bis dahin unerforschten Territorium. Im folgenden Jahrzehnt wurden er und Freud enge Freunde und Kollegen. Für Freud war der junge Schweizer Arzt der Musterschüler, der Protegé und designierte Erbe. Sie standen in ständiger Verbindung miteinander und unternahmen zusammen sogar eine Reise in die Vereinigten Staaten.
Doch ab 1909 kühlte die Beziehung zwischen den beiden ab. Jung fühlte sich zunehmend von Freuds exzessiv mechanistischem und materialistischem Denken, so jedenfalls schien es ihm, abgestoßen. Er konnte Freuds verzweifelte Bemühungen, im Namen der wissenschaftlichen Respektabilität am Rationalismus festzuhalten, nicht mehr akzeptieren. Vor allem widerstrebte ihm Freuds unablässiges Bestreben, praktisch alles, einschließlich der Spiritualität und der menschlichen Suche nach Sinn und Ordnung, auf verdrängte Sexualität zurückzuführen. Und am allermeisten fühlte er sich von Freuds Dogmatismus abgestoßen. Als Freud auch noch Verrat am Prinzip der Aufrichtigkeit übte und sich weigerte, empirische Daten anzuerkennen, die die Inhalte seiner »Theologie« in Frage gestellt hätten, rebellierte Jung. Es kam zum Bruch zwischen Meister und Schüler, und Jung ging von jetzt an seine eigenen Wege.
Es wäre weder praktikabel noch sinnvoll, hier den Versuch einer detail-

lierten Darstellung des Jungschen Denkens zu machen. Es genügt zu sagen, daß Jung, wie Freud auch, natürlich bestrebt war, der Psychologie Respekt zu verschaffen. Und wenn sich Respekt nur mittels der Legitimation durch die naturwissenschaftliche Methode erreichen lassen sollte, so versuchte er selbstverständlich, diese Legitimation für sein Werk in Anspruch zu nehmen. Doch letzten Endes war Jung weniger an solcher Legitimierung interessiert als an einem weit ehrgeizigeren Ziel, das sich am besten durch eines seiner Lieblings- und am häufigsten gebrauchten Worte, nämlich »Integration«, wiedergeben läßt. In seiner klinischen Arbeit bestand Jung stets auf der Notwendigkeit der Integration der Psyche, auf der Notwendigkeit eines harmonischen Gleichgewichts, einer Ausgewogenheit zwischen den Funktionen und Prozessen der Seele. Und dieses Gleichgewicht beruhte auf den alten hermetischen Grundsätzen der Synthese im Gegensatz zur Analyse, des Organismus im Gegensatz zum Mechanismus, der Einheit im Gegensatz zur Bruchstückhaftigkeit. Wenn der Verstand des Menschen sein einziges Instrument war, sich mit der Realität auseinanderzusetzen, sie zu bewerten und zu bestimmen, so mußte ein fragmentierter Verstand notwendigerweise eine ähnlich fragmentierte Wirklichkeit wahrnehmen. Und bevor die Wirklichkeit wieder zu einem kohärenten, sinnvollen Ganzen zusammengefügt werden konnte, mußte der Verstand zur eigenen Ganzheit zurückfinden.

Jung war also bestrebt, durch die Reintegration der Interaktionsprozesse, die sich zwischen Seele und Wirklichkeit abspielen, die Wirklichkeit selbst zu reintegrieren, das heißt, sie wieder zu der kohärenten Ganzheit zu machen, die sie während der Renaissance gewesen war. Die Vielheit von disparaten und miteinander unverbundenen Prinzipien, deren jedes von wieder einer anderen Disziplin beherrscht wurde, sollte überwunden werden. Infolgedessen geriet Jung durch seine Arbeiten sehr rasch weit über die engen Schranken der klinischen Psychiatrie hinaus. Seine Untersuchungen griffen auf die Künste über, auf vergleichende Religionswissenschaft und Mythologie sowie auf alle Gebiete, die der westliche Rationalismus als »Esoterik« beiseite geschoben hatte: Astrologie, Alchemie und hermetische Philosophie. In der hermetischen und alchemistischen Symbolik entdeckte Jung Bilder, Motive und Themen, die immer wieder in so verschiedenen Bereichen wie Träumen, Mythen, Märchen, großen Kunstwerken und Religionen überall auf der Welt und in den Phantasien klinisch »Geisteskranker« auftauchten. Solche gemeinsamen Nenner boten erhellende Einsichten in die tiefsten und universellsten Muster menschlicher Seelenerfahrung. Seit Ewigkeiten arbeitete der menschliche Geist im Einklang mit ihnen. Für Jung wurde – wie für die hermetischen Magier der Vergangenheit – der alchemische Prozeß zu einem Symbol für die innere Dynamik eines Wandels, eines Wachstums, einer Entwicklung und Reife. »Im Hermetismus«, so schrieb Jung später, »war ich auf das historische Gegenstück zu meiner Psychologie des Unbewußten gestoßen.« Und wenn sich Freud auf Darwin berief, so berief sich Jung, obwohl er Darwin nicht übersah, auch und gleichzeitig auf Gestalten wie Agrippa und Paracelsus.

Zur Verblüffung, ja Kränkung Freuds und anderer Zeitgenossen konfrontierte sie Jung mit ernsthaften Untersuchungen der Aspekte der hermetischen Philosophie, die der westliche Rationalismus seit langem ins Reich längst überlebten und abstrus archaischen Aberglaubens verwiesen hatte. Infolgedessen geißelte man Jung zeitlebens (und in gewissen Dunkelmännerkreisen auch heute noch) als Mystiker und wies ihn dementsprechend zurück – als ob Mystik von vornherein etwas Schlechtes wäre. Durch Worte und Begriffe wie »introvertiert«, »extravertiert« und »Archetypus« leistete Jung einen signifikanten Beitrag zu unserem modernen alltagssprachlichen Vokabular und unserem Verständnis der Wirklichkeit. Er übte ungeheuren Einfluß auf zeitgenössische Autoren wie Joyce, Rilke, Thomas Mann, Hermann Broch, Hermann Hesse und Eugene O'Neill aus. Besonders auffallend im Werk späterer Künstler ist seine Wirkung bei Patrick White, Doris Lessing, Robertson Davies, John Fowles und Lindsay Clarke. Doch für das psychologische Establishment, das immer noch auf das naturwissenschaftliche Experiment setzte, war und blieb er ein Ärgernis. Für alle, die für die Psychologie eine naturwissenschaftliche Legitimation suchten, war Jung bestenfalls ein Häretiker, im schlechtesten Fall ein gefährlicher Abweichler.

In seinem Streben nach Integration versuchte Jung sein Leben lang

Brücken zwischen Psychologie und Wissenschaft, Psychologie und organisierter Religion, Psychologie und Kunst, Psychologie und Philosophie, Psychologie und Mythologie zu schlagen. Er zeigte auch, wie sehr die hermetische Unterströmung unser Leben, privat und öffentlich, heute noch prägt. Zweifellos stellt er das höchste Beispiel für einen Psychologen dar, der im 20. Jahrhundert als authentischer Renaissance-Magier auftrat. Allein die Spannweite seiner Interessen stellt ihn schon in die Tradition von Männern wie Agrippa und Paracelsus, ebenso seine Betonung der Integration, des Organischen, der Synthese, des Gleichgewichts, der Ausgewogenheit und der Harmonie.

Aber seine Welt war nicht mehr die der Renaissance. Seine Welt war, anders als die der Renaissance, bereits fragmentiert. Und seine Stimme dringt heute nur aus einem Teilbereich der Wirklichkeit an unser Ohr, wie aus dem Teilstück eines durcheinandergeratenen Puzzles. Statt aus dem Zentrum eines einheitlichen Reiches des Wissens sprechen zu können, kann Jung Respekt und Autorität nur von einem der kleinen Duodez-Fürstentümer aus für sich in Anspruch nehmen, in die dieses Reich heute zerfallen ist. Infolgedessen haben es die selbsternannten Priester und Machthaber anderer solcher Fürstentümer leicht, ihn zur Seite zu schieben oder zu ignorieren. Und selbst in seinem eigenen Fürstentum, dem der angeblich autarken Disziplin der Psychologie, ist eine Majorität tonangebend, die eine falsche naturwissenschaftliche Respektabilität für die Psychologie anstrebt und Jungs Orientierung dementsprechend als feindlich empfindet.

Auf diese Weise ist die moderne Psychologie, besonders an den Universitäten, in eine oberflächliche Tatsachenhuberei ausgeartet, in statistische Untersuchungen bedingter Reflexe und Verhaltensmuster, in eine kindische Wissenschaft vom Selbstverständlichen. Jahrelang müssen die Studenten studieren und büffeln, um dann nichts Besseres als sadistische Wärter für in Laufräder gesperrte unglückliche Nagetiere zu werden. Große Geldsummen werden ausgegeben, nur um zu beweisen, daß, wenn ein Hund bestraft wird, sobald er bellt, und gefüttert, sobald er sich auf dem Boden wälzt, es wahrscheinlicher ist, daß er sich auf dem Boden wälzt, als daß er bellt. Und so spiegelt unsere Wirklichkeit die Fragmentierung unserer Seelen.

13. Kapitel:
Die Wiederentdeckung des
hermetischen Denkens

Jungs unerwartetes »häretisches« Eintreten für die Hermetik hat dieser neuerlich Geltung und Glaubwürdigkeit verliehen. Dies geschah jedoch erst im 20. Jahrhundert. Das Denken Jungs ist zwar in den letzten 30 Jahren allmählich wie per Tropf in den Mainstream der westlichen Kultur eingesickert, doch im großen und ganzen bleibt es auch heute noch weitgehend auf die Randgebiete beschränkt. Die durch den Fortschritt des naturwissenschaftlichen Rationalismus beiseite gedrängte Hermetik fand unterdessen vor allem in den Künsten und insbesondere in der Literatur eine Zuflucht. Anhänger der Hermetik gab es natürlich auch in anderen Medien – Wagner, zum Beispiel, oder Debussy und Marcel Duchamp –, doch waren es in erster Linie die Lyrik und der Roman, die im 19. und 20. Jahrhundert die hermetische Tradition bewahrten und die faustische Figur des hermetischen Magus lebendig hielten.

Ende des 18. Jahrhunderts wurden einige Literaten, zunächst in Deutschland und später auch in England, durch den trockenen Intellektualismus und die spirituelle und emotionale Sterilität des cartesianischen Denkens immer mehr ernüchtert. Um das Jahr 1800 wurde aus dieser Desillusion eine regelrechte Rebellion. Die Anstifter dieser Rebellion waren in Deutschland zunächst der junge Goethe, sein Dichterkollege Friedrich von Schiller und Johann Gottfried Herder. Die kulturelle Bewegung, die sie ins Leben riefen, der *Sturm und Drang*, verwarf den naturwissenschaftlichen Rationalismus zugunsten der tieferen, inneren »Wahrheit« der Gefühle. Goethe, Schiller und Herder übten in England einen entscheidenden Einfluß auf Wordsworth und Coleridge, später auch auf Byron und Shelley aus. Innerhalb einer Generation weitete sich der Sturm und Drang zu einer noch breiteren Bewegung aus, die unter der späteren Bezeichnung »Romantik« bald die gesamte europäische Kultur beherrschen sollte. Mit der Romantik entdeckte die westliche Welt erneut die Innenwelt emotionaler und spiritueller Bedeutung, die der naturwissenschaftliche Rationalismus verworfen hatte. Die Wiederentdeckung dieser inneren Welt bedeutete die Wiederentdeckung der Hermetik.

In seiner *Biographia Literaria* beispielsweise rühmte Coleridge »die lebendige Philosophie der Kabbalisten und Hermetiker, die von der Universalität der Sinneswahrnehmung ausgingen«,[335] und lieferte ein leidenschaftliches Plädoyer für Jakob Böhme. Es ist nicht verbürgt, ob Wordsworth (der nicht unbedingt als unersättlicher Leser galt) tatsächlich hermetische Texte studiert hat, doch dürfte er zweifellos von Coleridge in die Hermetik eingeweiht worden sein; in der englischen Literatur findet das hermetische Denken kaum einen gültigeren Ausdruck als in Gedichten wie »Tintern Abbey« und »Ode: Intimations of Immortality«. Dies gilt auch für bestimmte Gedichte von Shelley, wie etwa »Mont Blanc« und »Hymn to Intellectual Beauty«. Shelley war stark geprägt von der Hermetik, besonders vom Werk Henry Mores, des Cambridge-Platonikers des 17. Jahrhunderts. Wie praktisch jeder Literat jener Zeit war er zudem tief beeindruckt vom ersten veröffentlichten Teil von Goethes *Faust* und versuchte sich eine Zeitlang selbst an einer Version des Faust-Stoffes. Dasselbe tat übrigens Lord Byron in *Manfred*, ebenso wie Charles Robert Maturin in *Melmoth*.

In Deutschland verschrieben sich der Hermetik auch der bizarr-phantastische Erzähler E. T. A. Hoffmann und der mystisch-philosophische Poet Friedrich Leopold von Hardenberg, besser bekannt unter seinem Pseudonym Novalis. Doch der führende deutsche Vertreter der Hermetik war und bleibt natürlich Goethe. Goethe wird oft als »der letzte Renaissance-Mensch« bezeichnet, was zweifellos treffend ist. Zeit seines Lebens war er sich – sehr zu seinem Verdruß – der Fragmentierung des Wissens bewußt. Beherzt und beharrlich und mit einer titanischen Anstrengung, die ihm den Beinamen des »Olympiers« einbrachte, machte er sich daran, die fragmentierte Welt um ihn herum wieder zu einer Ganzheit zu vereinigen. Zu diesem Zweck betätigte er sich nicht nur als Lyriker, Dramatiker und Romancier, sondern auch als Maler, Komponist, Philosoph, Ästhetiker und Kulturkritiker, als Naturwissenschaftler, Ökonom, Soziologe, Höfling und Minister – eine wahrhaft napoleonische Gestalt auf dem Gebiet des Geistes. Hinter der enzyklopädischen Breite und Vielfalt seiner Aktivitäten verbarg sich im Grunde derselbe Impuls wie bei Agrippa und Paracelsus: das Streben nach Selbstvervollkommnung, Entwicklung und Selbstüberwindung. Weit mehr als die Geheimgesellschaft war Goethe der wahre Erbe des hermetischen Renaissance-Magus, der weitgehend in der Abgeschiedenheit arbeitete und sich selbst zum eigentlichen Subjekt und Objekt seines alchemistischen Experiments machte. Goethe hat der Faust-Figur nicht nur literarische Form verliehen. Wie bereits seine Zeitgenossen erkannten, war er selbst eine faustische Gestalt, deren dichterisches Abbild des Magus lediglich ein Attribut seines eigenen hermetischen Strebens war. Hatte Shakespeare sich implizit mit Prospero gleichgesetzt, so verglich Goethe sich explizit mit Faust.

Von Goethes Zeit an sollte sich die Faust-Figur in Kunstwerken aller Medien wiederfinden, manchmal unter ihrem eigenen Namen, manchmal in abgewandelter Form. Byrons *Manfred* und Maturins *Melmoth* wurden bereits erwähnt. Man könnte auch die Opern von Bizet und Gounod anführen. Man könnte auch spätere Werke nennen wie etwa *Die Brüder Karamasow* mit der faustischen Figur des Iwan oder aus jüngerer Zeit Patrick Whites *Voss*. Doch von Goethes Zeit an wurde der faustische Magus in zunehmendem Maße speziell mit dem kreativen Künstler selbst gleichgesetzt. So erscheint Faust im 20. Jahrhundert in der Gestalt des Künstlers, wie in Thomas Manns *Doktor Faustus* oder in Patrick Whites Roman *The Vivisector*.

Der Künstler und der Magus verschmolzen jedoch nicht allein im Rahmen der Dichtung. Auch im sogenannten wirklichen Leben identifizierte sich der Künstler – wie Goethe – immer mehr mit dem Magier und betrachtete sein Werk als einen Akt der hermetischen Magie. Der künstlerische Prozeß und der alchemistische Prozeß – die letztlich nie so grundverschieden gewesen waren – wurden nun immer mehr als ein und dasselbe betrachtet. In diesem Licht sah beispielsweise Richard Wagner sein Werk. Dasselbe trifft auf Flaubert zu.

Gustave Flaubert gilt im allgemeinen als Schöpfer des modernen Romans. Doch in der einsiedlerischen Abgeschiedenheit seines Hauses in Rouen war er, genau wie Goethe, auch ein Erbe von Agrippa und Paracelsus; unablässig trachtete er nach einem hehren Ideal an Vollkommenheit, jonglierte auf der Suche nach *le mot juste* mit Synonymen wie mit Elixieren, kombinierte und sortierte Worte und Bilder wie in einem alchemistischen Verfahren und ging dabei selbst in sein Experiment ein. »Ich bin Madame Bovary«, erklärte er in einem berühmten Ausspruch. Er meinte damit nicht, daß Emma Bovary ein Ausdruck seiner selbst, quasi eine Art Selbstporträt sei. Er meinte vielmehr, um sie zu erschaffen, um sie wirkungsvoll wiederzugeben, habe er sie werden müssen, habe er aufhören müssen, er selbst zu sein, habe er sich auflösen und vergeistigen und der von ihm dargestellten Figur den Atem, den Geist, das *Pneuma* seiner eigenen Einbildungskraft einflößen müssen.

Flauberts Hermetik beschränkte sich indes nicht auf diese Aspekte. Vom Elfenbeinturm seines abgeschiedenen Künstlerdaseins warf er einen feindseligen Blick auf die Welt, die um die Mitte des 19. Jahrhunderts immer fragmentierter, immer materialistischer wurde. Er gelangte zu der Überzeugung (wie er in seinen Briefen bekundete), daß sich die institutionalisierte Religion ihrer Verantwortung entzogen habe, das Heilige, das Numinose, das Spirituelle anzusprechen oder zu vermitteln. Die institutionalisierte Religion hatte ihre heuchlerische Maske der »Heiligkeit« längst abgelegt und sich als das zu erkennen gegeben, was sie im Grunde schon immer gewesen war, nämlich eine gesellschaftliche und politische Institution mit einem mehr oder weniger beliebigen Sittenkodex, der in erster Linie zur Kontrolle der öffentlichen Ordnung proklamiert wurde.

Dies war natürlich kaum eine originelle oder revolutionäre Erkenntnis. Doch die für Flaubert daraus folgende Konsequenz war in der Tat neu, und wenn sie auch nicht gänzlich neu sein sollte, so war sie doch zumindest noch nie so klar und deutlich ausgesprochen worden. Die Kunst, so erklärte Flaubert in seinen Briefen, stehe nunmehr in der Pflicht, das Vakuum zu füllen, das durch das Versäumnis der institutionalisierten Religion entstanden sei. Die Kunst müsse die Verantwortung übernehmen, derer sich die organisierte Religion entledigt habe, und müsse zu dem werden, was die organisierte Religion der Theorie nach sein sollte: ein Kanal oder ein Brennglas für das Heilige. Die Kunst solle wieder zu dem werden, was sie ursprünglich einmal gewesen war, nämlich ein Zeugnis und ein Gefäß des Numinosen, und die Kultur solle die hohen Privilegien des Kultes wieder einfordern. Dazu solle das Kunstwerk mit denselben magischen Eigenschaften auf der Grundlage hermetischer Entsprechungen ausgestattet werden, welche die magische Kunst der Renaissance gekennzeichnet hatten:

> Liegt in der Genauigkeit der Zusammenfügungen, der Seltenheit der Elemente, der Geschliffenheit der Oberfläche, der Harmonie des Ganzen nicht eine wesentliche Tugend, eine Art göttliche Kraft, etwas so Ewiges wie ein Prinzip? (Ich spreche als Platoniker.) Warum besteht eine notwendige Beziehung zwischen dem zutreffenden und dem musikalischen Wort? Warum gelangt man immer zu einem Vers, wenn man sein Denken allzusehr zusammenpreßt? Das Gesetz der Zahl regiert also die Gefühle und Bilder, und was das Äußere zu sein scheint, ist ganz einfach das Innere.[336]

Für Flaubert bedingte die Kunst also wie in der Renaissance einen magischen, alchemistischen Prozeß, der auf weitgehend hermetischen Prinzipien beruht. Und der Künstler mußte gleichzeitig ein Hohepriester und ein Magus sein. Um diesen Gedanken zu erläutern, stützte sich Flaubert auf das alte hermetische Prinzip der Analogie und stellte eine Korrespondenzbeziehung zwischen dem Schöpfer des Mikrokosmos und dem des Makrokosmos her: »Ein Künstler muß in seinem Werk wie Gott in der Schöpfung sein, unsichtbar und allmächtig; man soll ihn überall spüren, ihn aber nirgends sehen.«[337]

Flaubert stellte die hermetischen Analogien privat, das heißt in seinen Briefen, auf. Sein Zeitgenosse, der Dichter Charles Baudelaire, dagegen hatte dies öffentlich getan. Baudelaires berühmtes Gedicht »Correspondences«, in dem der Dichter eine der wichtigsten hermetischen Lehren zitiert und einen »Wald der Zeichen« und Symbole postuliert, gilt nach wie vor als eines der beredtesten Zeugnisse der Hermetik in der Moderne, das sämtliche Künste bis in die Gegenwart beeinflußt hat.

Im Tempel der Natur, wo jede Säule lebt
Und zu uns redet mit geheimnisvollen Zungen,
Sind wir in einen Wald der Zeichen eingedrungen,
Des Blick uns so vertraut und aufmerksam umwebt.

Und wie die Echo, die verhallend in den Lüften
Sich fern vereinigen zu satter Dunkelheit,
Und endlos wie die Nacht und wie die Helligkeit
Entsprechen Klänge sich mit Farben und mit Düften.

Ein Duft mag frisch sein, so wie er auf Kindern ruht,
Und grün wie Wiesen, süß wie der Hoboen Singen [...]
Ein anderer herrisch und betäubend, voller Glut,

Mag gleich Unendlichem in letzte Tiefen dringen:
Wie Ambra, Benzoe und Weihrauch uns beweist.
Ist doch ein jeder wie Musik für Sinn und Geist.[338]

Baudelaire, der selbst eine wahrhaft faustische Gestalt war, verfolgte seine hermetische Vision im Leben wie in der Kunst: Er griff zu Absinth, Haschisch und allerlei anderen Mitteln der Ausschweifung, um eine Art psychisch-geistigen »Durchbruch« zu erzielen – einen flüchtigen Eindruck des Numinosen inmitten menschlicher Verkommenheit. In dieser Hinsicht entsprach auch er dem Diktum von Renaissance-Magiern wie Agrippa und Paracelsus, die beharrlich beteuerten, daß der Alchemist selbst das Grundmetall seines eigenen Experiments sei. Und wie schon Agrippa und Paracelsus sprach auch Baudelaire von Hermes Trismegistos:

Du unbekannter Hermes, der mir Beistand leistet
und der seit je mich einschüchterte,
du machst mich dem Midas gleich,
dem kläglichsten der Alchimisten.[339]

Eine Generation später sollte Baudelaire in Sachen Selbstumwandlung von dem Wunderkind Arthur Rimbaud noch übertrumpft werden. Auch Rimbaud trat dafür ein, daß der Künstler sich auf ein Gebiet vorwage, das der Priester aufgegeben hatte, und den Mut aufbringen solle, sich dem Heiligen zu stellen. Der Dichter, so behauptete er, müsse ein regelrechter Seher sein und in typisch faustischer Manier danach streben, die Grenzen der menschlichen Erfahrung zu überschreiten und in »das Unbekannte« vorzudringen:

Man muß, sage ich, ein *Seher* sein, sich zum *Seher* machen. Der Dichter macht sich zum *Seher* durch eine lange, wunderbare und vernünftige Umwälzung *sämtlicher* Sinne. Jede Form der Liebe, des Leidens, des Wahns; er durchforscht sich, er verzehrt all die Gifte in ihm und bewahrt nur deren Quintessenz. Eine unsägliche Tortur, bei der er all seinen Glauben und übermenschliche Kräfte aufbieten muß, der große Verbrecher, der große Kranke, der gänzlich Verdammte, der oberste Gelehrte! Denn er erreicht das Unbekannte! Denn er hat seine Seele entwickelt – reichlicher als alle anderen! Er erreicht das Unbekannte; und selbst wenn er am Ende, halb toll geworden, seine Visionen nicht mehr versteht, so hat er sie doch gesehen! Mag er verrecken bei seinem Sturz in all diese unaussprechlichen und unzähligen Dinge; es werden andere Schreckenswerker kommen, und sie werden an dem Horizont beginnen, an dem er unterging.[340]

Rimbaud ging bei seiner Suche nach hermetischen Entsprechungen noch über Baudelaire hinaus; in seiner »Alchimie des Wortes« stellte er Bezüge zwischen vokalisch ausgedrückten Lauten und Farben her: »Ich erfand die Farbe der Vokale! – *A* schwarz, *E* weiß, *I* rot, *O* blau, *U* grün. – Ich ordnete Form und Bewegung eines jeden Konsonanten, und ich schmeichelte mir, mit Hilfe instinktiver Rhythmen ein dichterisches Wort zu erfinden, das des einen oder anderen Tages allen Sinnen zugänglich wäre.«[341]
Experimente dieser Art und die Suche nach neuen Analogien jenseits der Grenzen des rationalen Bewußtseins mußten wohl zwangsläufig in bisweilen bizarre Bereiche führen. Das von Baudelaire und Rimbaud

gepriesene faustische Bestreben gipfelte schließlich in der sogenannten Dekadenz, die der mittlerweile als *fin de siècle* bezeichneten Epoche ihren unverkennbaren Stempel aufdrückte. In Oscar Wildes Roman *Das Bildnis des Dorian Gray* wird der Protagonist durch den Einfluß eines unheimlichen gelben Büchleins »verderbt«. Das fragliche Buch existierte tatsächlich. Es handelte sich um einen Roman mit dem Titel *A Rebours (Gegen den Strich)* aus der Feder von Joris-Karl Huysmans. Auf der Suche nach immer neuen und unentdeckten Entsprechungen und immer neuen Empfindungen und Erfahrungen entwickelt Huysmans' Held einen einzigartigen Apparat, eine Art Orgel oder Klavier aus Flaschen oder Phiolen, die mit Likören unterschiedlicher Farbe und unterschiedlichen Aromas gefüllt sind, welche jeweils mit einem speziellen Ton oder Akkord korrespondieren. Indem der Held in einer bestimmten Reihenfolge von den Likören nippt, erfindet er ganze Melodien, die er auf seinem Gaumen, in seiner Gurgel, in seinem Metabolismus spielen kann, um auf diese Weise die Sphärenmusik sozusagen in sein Inneres aufzunehmen.

Von derlei Possen ganz abgesehen, sollten Baudelaires »Wald der Zeichen« und Rimbauds »Alchimie des Wortes« eine völlig neue Ästhetik begründen, eine ganze Schule der Literatur, Malerei und Musik – den sogenannten Französischen Symbolismus. Dessen Hohepriester und Obermagier war der kryptische und enigmatische Dichter Stéphane Mallarmé, der oft als »Meister« oder »Magus« bezeichnet wurde. Von den wenigen feinziselierten und hochverklausulierten Versdichtungen Mallarmés soll jede für sich ein magischer Zauber, ein alchemistisches Fällprodukt sein, das den Verstand überlistet und den Sinnen des Lesers eine direkte Wahrnehmung des »Unendlichen«, »Idealen«, des Numinosen vermittelt. In Mallarmés Dichtkunst gewinnt das Kunstwerk als Werk talismanischer Magie eine neue psychologische Dimension.

Die hermetischen Prinzipien, die dem Französischen Symbolismus zugrunde lagen, fanden rasch Verbreitung. Sie weiteten sich auch auf andere Kunstgattungen aus. Im Theater griff sie der belgische Dramatiker Maurice Maeterlinck auf, in der Musik Claude Debussy (der Werke von Mallarmé und Maeterlinck in Lied und Oper vertonte) und in der

Malerei Odilon Redon und James Whistler. Und sie breiteten sich auch in anderen Ländern aus. In England setzten sich Yeats, Joyce, Eliot und Virginia Woolf für sie ein. In Deutschland und Österreich verschrieben sich ihnen Dichter wie Hugo von Hofmannsthal, Stefan George und Rainer Maria Rilke sowie Romanciers wie Franz Kafka, Thomas Mann, Robert Musil und Hermann Broch. In Italien begründeten die Prinzipien des Französischen Symbolismus eine »hermetische« Dichterschule von eigenen Gnaden, den *ermetismo* mit den Vertretern Giuseppe Ungaretti, Salvatore Quasimodo und Eugenio Montale. Weiter östlich wurde der Russische Symbolismus zu einer eigenen bedeutenden Bewegung, aus der unter anderem der Dichter Aleksander Blok und der Romancier Andrei Bely hervorgingen. Durch die Verbreitung des Symbolismus sollte das hermetische Denken zum vielleicht wichtigsten Einfluß auf die Entwicklung der Literatur zu Beginn des 20. Jahrhunderts werden.

Ein Paradebeispiel für das Kunstwerk als Werk der talismanischen Magie ist eines der berühmten Gedichte von Yeats, »Meerfahrt nach Byzanz«. Dessen einleitende Strophe beschwört die »schlackige« beziehungsweise »unedle« Materie der physischen Welt, einer Sphäre, in der es von Kreisläufen aufkeimenden und absterbenden Lebens nur so wuchert und wimmelt:

> Das ist kein Land für Greise. Jugend schlang
> Arm unter Arm, in Bäumen Vogelbrut
> – Die sterbenden Geschlechter – im Gesang,
> Fälle voll Lachs, makrelensatte Flut,
> Fisch, Fleisch, was fliegt, lobpreist allsommerlang
> Was nur erzeugt, geboren wird und stirbt,
> Sinnen-, musikverstrickt, läßt man verwaist
> Was Denkmal ist vom alterslosen Geist.[342]

In der dritten Strophe wird das Gedicht regelrecht zur Beschwörung, zum Zauberspruch. Der alternde Dichter bittet darum, aus der Natur heraus in die Dauerhaftigkeit, die Beständigkeit, die Unsterblichkeit der Kunst hinein verwandelt zu werden:

O, Weise, aufrecht in Gotts heiligem Feuer
Wie in dem Goldmosaik einer Wand,
Kommt aus dem Feuer, kreiselnde Erneurer,
Geht meiner Seel als Singlehrer zur Hand.
Zehrt mir das Herz auf – krank von Wollustfeuer
Und einem sterbenden Tiere eingespannt
Weiß es nicht, was es ist [...] und tragt mich weit
Ins künstliche Gebäu der Ewigkeit.[343]

In der Schlußstrophe wird die Verwandlung endgültig vollzogen:

Einmal naturentrückt sei nie bestellt
Form meines Körpers irgend aus Natur,
Nein solcher Form, die Hellas' Goldschmied wählt
Aus Gold gehämmert und mit Goldlasur,
Die einen schläfrigen Kaiser wach erhält,
Oder auf goldnem Zweig mit Koloratur
Singt Herrn und Damen von Byzanz, was frommt
Von dem was war, vergänglich ist und kommt.[344]

In »Meerfahrt nach Byzanz« wird der Prozeß der alchemistischen Umwandlung nicht nur einfach beschrieben; das Gedicht verkörpert, ja vollzieht diesen Prozeß selbst. In der letzten Strophe, in der das Wort »Gold« nicht weniger als viermal auftaucht, ist das Gedicht selbst »golden« geworden. Schon in seiner Lautform, in seinen schwingenden und hallenden Klängen, wurde es selbst zum sprachlichen Äquivalent von »solcher Form, die Hellas' Goldschmied wählt / Aus Gold gehämmert und mit Goldlasur«. Das Gedicht selbst ist, wie sein thematischer Stoff, hermetisch verwandelt worden. Ein ähnlicher Prozeß vollzieht sich in dem begleitenden Gedicht mit dem schlichten Titel »Byzantium«.

In der Mitte des 19. Jahrhunderts hatte sich Flaubert auf die hermetischen Prinzipien der Analogie, der Korrespondenz, des Mikro- und Makrokosmos berufen und das Verhältnis zwischen Künstler und Werk mit der Beziehung zwischen Gott und der Schöpfung verglichen. 60

Jahre später sollte eine Figur von vergleichbarer, wenn nicht sogar noch größerer Bedeutung in der modernen Literatur sein Postulat fast wörtlich übernehmen. In *A Portrait of the Artist as a Young Man (Ein Porträt des Künstlers als junger Mann)* bezeichnet sich Stephen Dedalus, der Held in dem Roman von James Joyce, ausdrücklich als »Priester der Imagination« und nimmt sämtliche traditionellen priesterlichen Privilegien für sich in Anspruch. Seine Hingabe an die Kunst ist, wie die eines Priesters an seinen Glauben, keine freie Entscheidung, sondern eine Frage der »Berufung«. Im Laufe des Textes entwirft Stephen, der an dieser Stelle als Sprachrohr für Joyce dient, eine langatmige und komplizierte ästhetische Theorie. Die Theorie, die weitgehend von Flaubert abgeleitet ist, bedient sich der gängigen Sprache der Theologie und wendet diese auf speziell ästhetische Fragen an. Für Joyce wird die Kunst zu einem Quell und Kanal der »Epiphanie«, ein Aufleuchten oder Erscheinen, ein Moment der Erleuchtung oder Offenbarung. Und auch er beruft sich auf die hermetische Analogie zwischen dem Künstler und dem jüdisch-christlichen Gottesbegriff, und zwar in Formulierungen, die deutlich an Flaubert erinnern: »Das Mysterium der ästhetischen Schöpfung ist vollbracht wie das der materiellen. Der Künstler, wie der Gott der Schöpfung, bleibt in oder hinter oder jenseits oder über dem Werk seiner Hände, unsichtbar, aus der Existenz hinaussublimiert, gleichgültig, und maniküirt sich die Fingernägel.«[343]
Wie für Flaubert ist auch für Joyce Gott der oberste Magier, der höchste Zauberer. Der Künstler benutzt das Wort – analog zum Wort Gottes –, um aus dem Nichts eine Vorstellung, etwas Künstliches zu zaubern, das »wirklicher« ist als die »Wirklichkeit« selbst. Der Prototyp des Künstlers ist für Joyce der Namensvetter seines Helden, der Daedalus der griechischen Mythologie: ein Magus, Handwerksmeister und Architekt, der dem Menschen erstmals Flügel verliehen und als eine Art hermetischen Mikrokosmos das Labyrinth von Kreta entworfen und angelegt hat. An diese Figur, diesen »phantastischen Artifex«, appelliert Stephen in dem berühmten Satz, der das Buch beschließt: »Urvater, uralter Artifex, steh hinter mir, jetzt und immerdar.« Doch hinter Daedalus taucht ein weiterer, noch älterer Schutzgeist auf, der für Stephen aufgrund der hermetischen Doktrin der Korrespondenzen erkennbar wird,

als er seine »Berufung« verstehen lernt. Die Figur, die vor seinem geistigen Auge heraufbeschworen wird, ist Thot, der ägyptische Gott der Schrift und der Magie, sozusagen das Alter ego des Hermes Trismegistos. In einer Passage, die bereits zu Beginn dieses Buches zitiert wurde, taucht das Bild von Thot auf, als Stephen auf der Treppe der Bibliothek des Trinity College in Dublin steht und dem Flug der Vögel über ihm zusieht:

> Warum schaute er hinauf von den Stufen des Portals aus, hörte auf ihren schrillen zwiefachen Schrei, beobachtete ihren Flug? Für ein Augurium des Guten oder Bösen? Ein Satz des Cornelius Agrippa flog ihm durch den Sinn, und dann, kreuz und quer, formlose Gedanken von Swedenborg über die Entsprechung von Vögeln und geistigen Dingen und darüber, daß die Kreaturen der Luft ihre eigene Weisheit haben und ihre Stunde und Jahreszeit wissen, weil sie, anders als der Mensch, in der Ordnung ihres Lebens leben und diese Ordnung nicht durch den Verstand pervertiert haben.
> Und seit Jahrhunderten hatte der Mensch hinaufgeschaut, wie er jetzt schaute, zum Vogelflug. Die Kolonnade über ihm ließ ihn undeutlich an einen antiken Tempel denken und der Eschenstock, auf den er sich müd stützte, an den Krummstab des Auguren. Ein Gefühl von Angst vor dem Unbekannten regte sich im Herzen seiner Müdigkeit, Angst vor Symbolen und Vorzeichen, vor dem falkengleichen Mann, dessen Namen er trug und der sich schwang hoch auf aus der Gefangenschaft auf weidengeflochtenen Flügeln, vor Thoth, dem Gott der Schreiber, der mit einem Rohr auf ein Täfelchen schrieb und auf seinem schmalen Ibiskopf das Mondhorn trug.[346]

Wie »Meerfahrt nach Byzanz« ist auch *Ulysses* ein Werk der talismanischen Magie, ein bedacht konstruierter Mikrokosmos, der durch ein allumfassendes Netz hermetischer Entsprechungen zusammengehalten wird, auf die Joyce auch die christliche Lehre der Konsubstantiation, der Mitgegenwart des Leibes und Blutes Christi beim Abendmahl, anwendet. Jedes Kapitel entspricht einem Organ des Körpers. Das Werk als ganzes wird zu einer Verkörperung des »Adam Kadmon«, der

wichtigsten Gestalt der Kabbala. Und das Wortspiel mit seinen mannig-
faltigen Bedeutungsebenen knüpft das Netz hermetischer Verbunden-
heit sogar noch enger. Dasselbe gilt für *Finnegans Wake*, dessen letzter
Satz in den ersten überfließt. Bereits in seiner Form kopiert *Finnegans
Wake* auf mikrokosmische Weise den alchemistischen Uroborus, die im
Kreis gewundene Schlange, die ihren eigenen Schwanz verschlingt.
Die talismanische Magie liegt in ähnlicher Weise auch einem großen
Teil des Werks von Thomas Mann zugrunde. Am Ende seines 1924
erschienenen Romans mit dem passenden Titel *Der Zauberberg* wird
dem Leser lakonisch mitgeteilt, die eben erzählte Geschichte »war
weder kurzweilig noch langweilig, es war eine hermetische Geschichte«. Wenn man dann auf die über 700 vorausgegangenen Seiten zurück-
blickt, entdeckt man dort ein durchgängiges, massives Aufgebot an
hermetisch begründeten symbolischen Entsprechungen, eine komplexe
architektonische Struktur, die auf den formalen Grundlagen der Musik
und der Mathematik aufgebaut ist. Eine ähnliche Struktur kennzeichnet
auch den Roman *Doktor Faustus* aus dem Jahre 1947, der in erschöp-
fender Länge und Breite die versteckten hermetischen Verbindungen
zwischen Magie, Mathematik, Musik und den Künsten im allgemeinen
erforscht. *Doktor Faustus* stellt nicht nur die wichtigste Bearbeitung des
Faust-Stoffes seit Goethe dar; der Roman bildet auch die definitive
Übertragung des Stoffes auf unser Jahrhundert. In den 1950er Jahren,
am Ende seines Lebens, wandte sich Thomas Mann noch einmal einem
Roman zu, der ursprünglich 1911 veröffentlicht worden war, nämlich
Felix Krull. Zu seinen Lebzeiten wurde lediglich ein Band abgeschlossen und veröffentlicht, doch eigentlich hatte Mann den Roman zu einem
mehrbändigen Resümee seines gesamten literarischen Schaffens erwei-
tern wollen. Es überrascht nicht, daß Hermes Trismegistos wiederholt
als oberste geistige Instanz des Buches zitiert wird. An zahlreichen
Stellen im Text betont Mann die hermetische Doktrin der Beziehung
und Wechselwirkung zwischen Mikrokosmos und Makrokosmos:

Dies Ineinander- und Umeinanderkreisen und Wirbeln, dieses Sich-
ballen von Nebeln zu Körpern, dies Brennen, Flammen, Erkalten,
Zerplatzen, Zerstäuben, Stürzen und Jagen, erzeugt aus dem Nichts

und das Nichts erweckend, das vielleicht besser, lieber vielleicht im Schlaf geblieben wäre und auf seinen Schlaf wieder warte, – es sei das Sein, auch Natur genannt, und es sei eines überall und in allem.

Ich möge nicht zweifeln, daß alles Sein, daß die Natur eine geschlossene Einheit bilde, vom einfachsten leblosen Stoff bis zum lebendigsten Leben, zur Frau mit dem vollschlanken Arm und zur Hermesgestalt. Unser Menschenhirn, unser Leib und Gebein – Mosaiken seien sie derselben Elementarteilchen, aus denen Sterne und Sternstaub, die dunklen, getriebenen Dunstwolken des interstellaren Raumes beständen. Das Leben, hervorgerufen aus dem Sein, wie dieses einst aus dem Nichts, – das Leben, diese Blüte des Seins, – es habe alle Grundstoffe mit der unbelebten Natur gemein, – nicht einen einzigen habe es aufzuweisen, der nur ihm gehöre. Man könne nicht sagen, daß es sich unzweideutig gegen das bloße Sein, das unbelebte, absetze. Die Grenze zwischen ihm und dem Unbelebten sei fließend. Die Pflanzenzelle erweise die natürliche Möglichkeit, dem Steinreich angehörige Stoffe mit Hilfe des Sonnenäthers so umzubauen, daß sie in ihr Leben gewönnen. Das urzeugerische Vermögen des Blattgrüns gebe uns also ein Beispiel von der Entstehung des Organischen aus dem Unorganischen. Es fehle nicht am Umgekehrten. Wir hätten die Gesteinsbildung aus tierischer Kieselsäure. Zukünftige Festlandgebirge wüchsen im Meere, wo es am tiefsten sei, aus den Skelettresten winziger Lebewesen. Im Schein- und Halbleben der flüssigen Kristalle spiele augenfällig das eine Naturreich ins andre hinüber. Immer, wenn die Natur uns gaukelnd im Unorganischen das Organische vortäusche, wie in den Schwefel-, den Eisblumen, wolle sie uns lehren, daß sie nur eines sei.[347]

Sowohl in Thomas Manns Aufsätzen als auch in seinen literarischen Werken klingt immer wieder die hermetische Analogie an, die bereits Flaubert formuliert und die schon Joyce wiederholt hatte – das Wort als sprachliche Größe bildet einen Mikrokosmos, der mit dem Wort als Logos in einer Wechselbeziehung steht. Das Wort wird somit zu einem Instrument der Schöpfung, zu einem Mittel, mit dem der Künstler, wie der jüdisch-christliche Gott, eine Vorstellung zaubert, die »wirklicher«

zu sein scheint als die sogenannte »Wirklichkeit« selbst. Diese Analogie wurde auch von zahlreichen anderen Literaten besonders nach dem Zweiten Weltkrieg aufgegriffen. Man findet sie im Werk von Vladimir Nabokov, bei Patrick White und bei dem französischen Romancier Michel Tournier. Und sie findet sich bei Jorge Luis Borges und in den Reihen der großen Autoren, die Lateinamerika inzwischen hervorgebracht hat.

In Gabriel García Márquez' berühmtem Werk *Hundert Jahre Einsamkeit* bilden die Alchemie und der alchemistische Prozeß ein wiederkehrendes symbolisches Motiv. Eine der Hauptfiguren, ein praktizierender Alchemist, trägt den Namen »Aureliano«, der sich von *aurum*, dem lateinischen Wort für »Gold«, ableitet; dieser Name wird in der Familie an nachfolgende Generationen weitergegeben, um die es in dieser Erzählung geht. Am Ende der Geschichte überfliegt Aureliano Babilonia, der letzte lebende Vertreter der Dynastie, einen Text, den er gerade entschlüsselt hat. Der Text entpuppt sich als genau der Text, in dem er und seine Familie beschrieben, d. h. geschrieben werden. Das Buch wird somit zu einem hermetischen Mikrokosmos für ein größeres Buch – das Buch der Geschichte, das Buch der Wirklichkeit, das Buch des Lebens selbst. Und wenn das konkrete Buch in einer Apokalypse gipfelt, so trifft dies auch auf das übertragene Buch zu:

Hier machte Aureliano in seiner Ungeduld, seinen eigenen Ursprung kennenzulernen, einen Sprung. Nun kam der Wind auf, mild, tastend, voll von Stimmen der Vergangenheit, vom Geflüster uralter Geranien, vom Geseufze der noch vor den hartnäckigsten Sehnsüchten erlebten Enttäuschungen. Er nahm ihn nicht wahr, weil er in diesem Augenblick die ersten Anzeichen seines Seins in einem lüsternen Großvater entdeckte, der sich von der Leichtfertigkeit eines betörten Hochlands mitreißen ließ, auf der Suche nach einer schönen Frau, die er nicht glücklich machen würde. Aureliano erkannte ihn, verfolgte die dunklen Pfade seiner Herkunft und stieß auf den Augenblick seiner eigenen Zeugung zwischen den Rohrdommeln und den gelben Faltern eines Dämmerbades, wo ein Arbeiter seine Geilheit mit einer Frau befriedigte, die sich ihm aus Auflehnung ergab. Er war so versunken, daß er auch den zweiten Ansturm des Windes nicht merkte, dessen Zyklonengewalt Türen und Fenster aus den Angeln riß, das Dach der Westgalerie abdeckte und die Grundmauern entwurzelte. Erst jetzt entdeckte er, daß Amaranta Ursula nicht seine Schwester war, sondern seine Tante, und daß Francis Drake Riohacha nur überfallen hatte, damit sie sich in den verwickeltsten Labyrinthen des Blutes suchen konnten, bis das mythologische Tier gezeugt war, das der Sippe ein Ende setzen würde. Macondo war bereits ein von der Wut des biblischen Taifuns aufgewirbelter wüster Strudel aus Schutt und Asche, als Aureliano elf Seiten übersprang, um keine Zeit mit allzu bekannten Tatsachen zu verlieren, und begann den Augenblick zu entziffern, den er gerade durchlebte, und enträtselte ihn, während er ihn erlebte, und sagte sich im Akte des Entzifferns selber die letzte Seite der Pergamente voraus, als sähe er sich in einem sprechenden Spiegel. Nun blätterte er von neuem, um die Voraussagen zu überspringen und Tag und Umstände seines Todes festzustellen. Doch bevor er zum letzten Vers kam, hatte er schon begriffen, daß er nie aus diesem Zimmer gelangen würde, da es bereits feststand, daß die Stadt der Spiegel (oder der Spiegelungen) vom Wind vernichtet und aus dem Gedächtnis der Menschen in dem Augenblick getilgt sein würde, in dem Aureliano Babilonia die Pergamente endgültig entziffert hätte, und daß alles in ihnen Geschriebene seit immer und für immer unwiederholbar war, weil die zu hundert Jahren Einsamkeit verurteilten Sippen keine zweite Chance auf Erden bekamen.[348]

In einer seiner Kurzgeschichten, »Blacamán der Gute, Wunderverkäufer«, liefert García Márquez eine Art Schlüssel für sein gesamtes Werk. Der Erzähler und Held ist hier ein wandernder Wundertäter, ein Zauberer, ein Schwindler, ein Scharlatan – und metaphorisch der Künstler als Gott-Magier:

... und da soll sich einer unterstehen zu behaupten, ich sei kein Menschenfreund, meine Madamen und Kavaliere, und nun, Herr Kommandant der Zwanzigsten Flotte, befehlen Sie Ihren Jungens, daß sie die Barrikaden forträumen, damit die kranke Menschheit aufmarschieren kann, die Schwärenbedeckten linkerhand, die Fallsüchtigen rechterhand, die Gichtbrüchigen, wo sie nicht stören, und dort hinten die weniger eiligen Fälle, doch bitte drängeln Sie nicht, denn ich kann hinterher keine Verantwortung übernehmen, wenn sich Ihre Krankheiten vermischen und Sie von etwas geheilt werden, was Sie gar nicht haben, und die Musik soll weiterspielen, bis das Kupfer kocht, und die Raketen sollen steigen, bis die Engel verbrennen, und der Weinbrand soll einheizen, bis er das Denken tötet, und die Küchendragoner sollen kommen und die Seiltänzer und die Schlächter und die Fotografen, und all das auf meine Rechnung [...] Das einzige, was ich nicht mehr mache, ist Tote erwecken, denn sobald sie die Augen aufmachen, schlagen sie aus Wut und Rache den tot, der ihre Ruhe stört, und so sterben am Ende wiederum aus Enttäuschung die, die sich nicht selber umbringen. Anfangs verfolgte mich ein Schwarm von Gelehrten, um die Legalität meiner Unternehmung zu untersuchen, und als sie sich davon überzeugt hatten, bedrohten sie mich mit der Hölle Simons des Zauberers und empfahlen mir ein bußfertiges Leben, damit ich den Stand des Heiligen erreichte; doch ohne ihre Autorität geringzuachten, erwiderte ich ihnen, daß ich gerade damit begonnen hätte. Wahr ist, daß ich, seitdem ich tot bin, von dem Stand des Heiligen nichts gewinne, denn ich bin ja Künstler [...][349]

Hüter des Heiligen

Die Künste hatten sich, wie gesagt, schon immer dem Heiligen zugewandt, jenem Bereich, der als Domäne der institutionalisierten Religion galt, und sie hatten in gewisser Weise schon immer magische Techniken angewandt. Man denke nur an Dantes *Divina Commedia (Die göttliche Komödie)* oder Miltons *Paradise Lost (Das verlorene Paradies)*, an die Gemälde Raffaels oder die Musik von Bach und Händel. Selbst im Rationalismus, im Säkularismus und im fragmentierten Denken der Aufklärung gab es Menschen wie Blake, die außerhalb des Horizonts der organisierten Religion das Numinose suchten; und Shelley, ein erklärter Atheist, konnte in »Mont Blanc« und in »Hymn to Intellectual Beauty« durchaus einen Sinn für das Heilige vermitteln. Ab der Mitte des 19. Jahrhunderts wurde das Bestreben des Künstlers, sich den Nimbus des Magus und des Priesters zu verleihen, immer mehr zu einer bewußten Taktik, zu einem ästhetischen Prinzip. Gemäß der Aufforderung Flauberts übernahm der Künstler immer mehr die Aufgabe, der sich die institutionalisierte Religion entzogen hatte – das Heilige anzusprechen und zu vermitteln. Und mit dieser Aufgabe war eine weitere verbunden, welche die organisierte Religion vor der Renaissance zu erfüllen getrachtet hatte: der Versuch, die Fragmente der Realität zu einer allumfassenden Einheit zu verbinden. Als die institutionalisierte Religion nicht mehr als wirksames Bindemittel zu gebrauchen war, bot das hermetische Denken – die hermetischen Prinzipien der Analogie und der Korrespondenz – die praktischste Alternative. Am Beginn des 20. Jahrhunderts war solch eine Alternative sogar noch notwendiger geworden.

Am Beginn des 20. Jahrhunderts hatte die Fragmentierung des Wissens kritische Ausmaße angenommen; die Menschheit stand vor einer akuten Sinnkrise. Diese Krise und der damit einhergehende Werteverfall, von dem Hermann Broch sprach, bewegte die führenden Kulturschaffenden jener Epoche. Abgesehen von Jung und einigen wenigen Denkern auf anderen Gebieten scheinen lediglich die Künstler das Ausmaß des Dilemmas erkannt zu haben, vor dem die westliche Zivilisation damals stand. Und die Künstler waren sich eines noch viel beunruhigenderen Phänomens bewußt. Sie erkannten, daß als Folge der Fragmentierung des Wissens und der fortschreitenden Spezialisierung die vier zentralen Säulen, auf die sich der westliche Rationalismus stützte, brüchig geworden waren.

Vor dem 20. Jahrhundert gründete sich der westliche Rationalismus – und damit die westliche Zivilisation insgesamt – stillschweigend auf vier entscheidende Prämissen. Zeit, Raum, Kausalität und Person galten allesamt als unveränderliche, unerschütterliche, ja unanfechtbare Gewißheiten, als verläßliche Grundlagen eines auf Konsens beruhenden Wirklichkeitsverständnisses. Die Begriffe Zeit, Raum, Kausalität und

Person hatten eine vermeintlich »objektive« Gültigkeit, die gegen sämtliche »subjektiven« und irrationalen Wechselfälle gefeit zu sein schien. Mit der Einführung von Meßsystemen wurde die Zeit durch Uhr und Kalender meßbar gemacht und schien somit endgültig »gebändigt«. Der Raum beziehungsweise die Entfernung schien in ähnlicher Weise dem Maß unterworfen worden zu sein. Und das mehr oder weniger konstante Verhältnis zwischen Zeit und Raum hatte die Unveränderlichkeit der beiden Größen anscheinend noch zusätzlich gesichert. Seit der Vorgeschichte hatten Reisen im Grunde immer gleich lang gedauert – ganz gleich ob zu Fuß, zu Pferde oder mit Fahrzeugen, die von Pferden gezogen wurden. Beim Überqueren von Gewässern, ob mit Ruder oder Segel, war das Verhältnis zwischen Zeit und Raum ähnlich festgelegt. Das Dampfzeitalter, das mit dem 19. Jahrhundert einsetzte, hat diese Verhältnisse entscheidend verändert, aber noch nicht völlig aufgelöst. Erst im 20. Jahrhundert wurden die festen Begriffe von Zeit und Raum allmählich in Frage gestellt, theoretisch durch verschiedene Spezialdisziplinen und empirisch durch technologische Entwicklungen. Die Psychologie zum Beispiel relativierte die äußeren Meßwerte durch den Hinweis auf die Bedeutung des inneren Zeit- und Raumbegriffs. Die Zeit war nun nicht mehr allein die Domäne des Kalenders und der Uhr, der Raum nicht mehr die des Lineals und der Landkarte. Beide verfügten nun über ein eigenes inneres Kontinuum, das eine Gültigkeit besaß, die mit der des äußeren vergleichbar war. Folglich galten äußere Maße bald nicht mehr als definitive Fakten, sondern als das, was sie im Grunde schon immer waren – reine Zweckdienlichkeiten, willkürliche Erfindungen des menschlichen Intellekts. Und selbst die Verläßlichkeit solcher zweckbedingter Mittel wurde von der Naturwissenschaft und der Technik immer mehr in Frage gestellt. Durch naturwissenschaftlichen Konsens wurden Zeit und Raum quasi fluidal, sprunghaft, unbestimmt und letztendlich relativ. Vor allem aber konnte man diese Relativität in der Praxis erfahren. Mit dem Auto konnte man 50 Meilen schneller zurücklegen als fünf Meilen zu Fuß. Mit der Concorde konnte man 3000 Meilen schneller zurücklegen als 300 Meilen mit dem Auto. Mit der Concorde wurde es sogar möglich, daß man beispielsweise am 12. eines Monats um die Erde flog und am 11. ankam. Maße waren somit nicht mehr »objektive Fakten«, sondern wurden vielmehr abhängig von inneren Zuständen, technologischen Abläufen oder beidem.

Nicht nur Zeit und Raum wurden durch die Entwicklungen des 20. Jahrhunderts gesprengt, sondern auch das ehrwürdige Prinzip der Kausalität. Seit der frühesten Antike hatte das vermeintliche Gesetz von Ursache und Wirkung als unumstößlich und allbestimmend gegolten. Nun erschien dieses angeblich eherne »Gesetz« auf einmal höchst fehlbar. Die Psychologie zeigte zum Beispiel, daß es unmöglich war, die menschliche Motivation zu quantifizieren oder zu schematisieren, und sie wies darauf hin, daß das menschliche Verhalten vielmehr von einer Ambivalenz gekennzeichnet ist, die jeder logischen Gleichung von Ursache und Wirkung widerspricht. Faktoren wie Unbestimmtheit, Unberechenbarkeit, Zufall und Willkür wurden zunehmend in die naturwissenschaftliche Theorie eingeführt. Ferner hatte bis dahin die Auffassung geherrscht, die Kausalität entfalte sich in einer linearen Vorwärtsbewegung, sozusagen »durch« Zeit und Raum. Wurden aber Zeit und Raum relativiert, so wurde die Grundlage, auf der die Kausalität beruhte, ein für allemal aufgehoben. Und so kam Jung auf die Idee, einen gänzlich neuen Begriff, den der »Synchronizität«, einzuführen, der als »nicht-kausales Verbindungsprinzip«, wie er es nannte, dienen sollte.

Die plötzliche Instabilität im Begriff der Kausalität hatte Auswirkungen auch auf andere, praktischere Bereiche. Die Moral basierte in erheblichem Maße auf der Prämisse von Bestrafung und Belohnung. Bestrafung und Belohnung beruhten wiederum auf dem Grundsatz von Ursache und Wirkung. War aber der Zusammenhang zwischen Ursache und Wirkung relativiert, so wurden auch die Gesetze, die Bestrafung und Belohnung regelten, um einiges dehnbarer. Bestrafung war nun nicht mehr die unabwendbare Folge von Missetaten, und Tugendhaftigkeit wurde nicht mehr automatisch belohnt. Im Gegenteil, man konnte hoffen, der Strafe zu entgehen, die man »verdiente«, und einen Lohn einzustreichen, der einem nicht zustand.

Neben Zeit, Raum und Kausalität bildete der Begriff der Person den vierten wichtigen Grundpfeiler des rationalen Denkens im Abendland. Seit Aristoteles hatte man den Charakter für eine mehr oder weniger festumrissene Eigenschaft, das Individuum für eine einzigartige Einheit gehalten. In unterschiedlichen Epochen hatte man angenommen, daß der Charakter von unterschiedlichen Faktoren geprägt werde – von der Konstellation der Planeten zum Zeitpunkt der Geburt, von den Elementen Erde, Luft, Feuer und Wasser, von den sogenannten Körpersäften und so weiter. Außer im Falle von Krankheit, Geistesgestörtheit oder auch religiöser Konversion galt der Charakter jedoch als unveränderlich. Nun gelangte man plötzlich zu der beunruhigenden Erkenntnis, daß der Charakter beziehungsweise die Person des Einzelnen gar keine feste Größe war – oder womöglich überhaupt nicht existierte. Die Soziologie stellte die Person als etwas dar, was kaum mehr war als ein Komplex konditionierter Reflexe, die fast ausschließlich von Umwelt und Vererbung abhingen. Die Naturwissenschaft bekräftigte diese Thesen und ging sogar noch weiter, indem sie den Charakter auf biologische und chemische Größen, auf Nervenimpulse und DNA-Codes reduzierte. Und indem die Psychologie die Existenz des Unbewußten propagierte, versetzte sie der Person, wie sie bis dahin verstanden worden war, sozusagen den Gnadenstoß. Träume – die bisher als periphere Gebilde betrachtet wurden, die nicht der eigenen Identität, sondern äußeren Quellen entsprangen – wurden nun zu einem ebenso gültigen Ausdruck des eigenen Selbst erklärt wie das Wachbewußtsein. Der Wahnsinn konnte nicht mehr als Zufallsphänomen betrachtet werden und auch nicht als Krankheit im konventionellen Sinne, sondern vielmehr als Anlage, die in jedem menschlichen Wesen schlummerte. Der Mensch mußte auf einmal erkennen, daß er viele Ichs, viele Impulse und Dimensionen, viele Unterpersönlichkeiten in sich barg, die nicht unbedingt alle miteinander vereinbar waren. Das Wesen beziehungsweise die Person konnte außerdem mit alarmierender Leichtigkeit verändert werden: durch Drogen, durch Traumata, durch sensorische Deprivation, durch Konditionierung, durch den Einsatz von Elektroden oder Skalpellen am Gehirn. Existierte das Individuum überhaupt, so entpuppte es sich als zugleich ein Mehr und ein Weniger, verglichen mit dem, wofür es bislang gehalten wurde. Aber als Folge dieses Zuwachses an Wissen wurde sich der Mensch nur noch ein größeres Rätsel – und im selben Maße von sich selbst entfremdet.

Niemand erkannte und benannte die Krise, welche die Fragmentierung des Wissens und die Relativierung von Zeit, Raum, Kausalität und Person heraufbeschwor, so früh und so klar wie schöpferische Schriftsteller des 20. Jahrhunderts. T. S. Eliots Gedicht *The Waste Land (Das wüste Land)*, das 1922 veröffentlicht wurde, kann immer noch als Summe der Erfahrung des 20. Jahrhunderts gelten. *The Waste Land* stürzt den Leser kopfüber in die Aufhebung von Zeit und Raum, die Negierung der Kausalität und die Auflösung der Person; übrig bleibt nur eine leise, orientierungslose Stimme, die sich verzweifelt klarwird: »Diese Scherben hab ich gestrandet, meine Trümmer zu stützen.« Um das moderne Dilemma unmittelbar bewußt zu machen, zitiert Eliot nicht nur die Französischen Symbolisten, sondern verwendet auch die hermetischen Techniken, die er von diesen ererbte. Und wenn er, sowohl als Mensch wie auch als Dichter, einen Ausweg aus dem wüsten Land findet, so geschieht auch dies in Übereinstimmung mit den hermetischen Prinzipien. Eliot trat offiziell zur anglikanischen Kirche über, weil er sich vor allem von deren Ritual angezogen fühlte. Aber seine späteren Werke wie *Four Quartets* sind kaum konventionell christlich. Sie enthalten im Gegenteil zahlreiche Zeilen, ja ganze Absätze, die beinahe wörtlich dem *Corpus Hermeticum* entstammen könnten. Und sie weisen Passagen auf, in denen die Verfahren des Französischen Symbolismus angewandt werden, um wiederum den hermetischen Grundsatz von der Wechselbeziehung zwischen Mikrokosmos und Makrokosmos darzulegen:

> Der Tanz die Schlagader entlang,
> Der trägen Lymphe kreisender Gang
> Gleicht dem Gesetz des Sternenraums.[350]

Seit dem Beginn des 20. Jahrhunderts wird die Entwicklung der Künste und insbesondere der Literatur – implizit oder explizit – vor allem von zwei Impulsen bestimmt. Der erste besteht darin, die Relativierung von Zeit, Raum, Kausalität und Person in menschlichen Begriffen verständlich zu machen; der zweite darin, mittels hermetischer Prinzipien das fragmentierte Wissen zu einer neuen und allumfassenden Einheit zu verbinden, einer Einheit, die wiederum in menschlichen Begriffen sinnvoll ausgedrückt werden kann.

Die entsprechenden Bemühungen erwiesen sich jedoch weitgehend als idealistisch und weltfremd, weil die Kunst selbst aus dem Zentrum der westlichen Kultur verbannt worden war. Die Kunst ist selbst peripher geworden, sie ist nur noch ein Fragment unter vielen, das in den Augen der Mehrheit sogar weit randständiger ist als das meiste andere. Darüber hinaus wurde in den Elfenbeintürmen der Universitäten auch die Kunst durch die rationalistische Methodik fragmentiert. Unter Begriffen wie »New Criticism« oder »Dekonstruktivismus« wurde die Betrachtung eines Romans oder eines Gedichts zu einer Art Pseudowissenschaft verdreht. Das Kunstwerk wird nunmehr seziert und analysiert, als handele es sich um ein rein mechanisches Gebilde: ein totes Konstrukt aus Wörtern und Bildern, das wie die Organe einer Leiche bei einer Autopsie zerstückelt und Stück für Stück unter die Lupe genommen wird. Was der Künstler eigentlich vermitteln wollte, gilt dabei als nebensächlich oder belanglos.

Als Folge davon werden Menschen, die in ihrem Leben nach Sinn, Zweck und Ziel suchen, sich dem östlichen Denken zuwenden, sich zu Sekten oder Kulten hingezogen fühlen oder sich verbissen und masochistisch durch Hunderte Seiten Gurdjieff, Blavatsky oder Rudolf Steiner hindurchbeißen – ohne zu merken, daß das, was sie eigentlich suchen, direkt vor ihrer Nase liegt. Für solche Menschen ist die Kunst ein abgelegener und in sich abgeschlossener Bereich, eine Sphäre des spezialisierten und vergeistigten akademischen Studiums, die keinerlei Bedeutung für ihr eigenes Leben hat. Diese Menschen kommen nicht auf die Idee, in der Kunst das zu erkennen, was Flaubert vorschwebte: ein Gefäß und ein Kanal für das Heilige. Solchen Menschen würde es auch niemals einfallen, die freche und doch so schlichte Frage zu stellen: Wer ist eigentlich »spiritueller« – Rilke oder der Papst? Ganz offensichtlich ist Rilke »spiritueller« – genauso wie Nikos Kazantzakis, der Autor des Romans *Die letzte Versuchung*, »spiritueller« ist als die selbstgerechten Frömmler, die sein Buch und den darauf basierenden Film von Martin Scorsese verdammt haben.

Teil II

14. Kapitel:
Der magische Kreis

Im weitesten Sinne ist Magie »die Kunst, Dinge geschehen zu machen«, Dinge möglich zu machen. Deshalb ist Magie im weitesten Sinne eine Metapher für die dynamische Beziehung zwischen dem menschlichen Bewußtsein oder Willen und allem, was außerhalb desselben liegt: Ereignisse, Umstände, Objekte, andere Menschen. Magie bedingt zumindest ein gewisses Maß an Steuerung, sei es durch Führung oder durch Manipulation. Das heißt, sie beinhaltet eine Technik, durch welche die Realität angeregt, bewegt, veranlaßt oder gezwungen wird, bestimmten Zwecken und Zielen zu entsprechen. Kurz gesagt, Magie ist der Prozeß, durch den die Formbarkeit der Wirklichkeit ausgenutzt wird und durch den die Wirklichkeit bestimmten Zwecken und Zielen gemäß gestaltet beziehungsweise alchemistisch umgewandelt wird.

Die psychische und moralische Einstellung, mit der man sich auf den Prozeß der Wirklichkeitsveränderung einläßt, ist entscheidend dafür, ob die Magie, die man dabei anwendet, den Definitionen aus dem Mittelalter und der Renaissance entsprechend »weiß« oder »schwarz«, »rein« oder »unrein«, »sakral« oder »profan« ist. Auf die Gefahr der groben Vereinfachung hin könnte man fast sagen, daß sich die Menschheit im Grunde in drei allgemeine Kategorien einteilen läßt: Es gibt »sakrale« Magier, »profane« Magier und Opfer.

Der Magier, ob sakral oder profan, übernimmt eine aktive Rolle gegenüber der Welt, in der er lebt und die er entsprechend verändert. Das Opfer dagegen bleibt passiv – ein hilfloser Sklave der Umstände. Es versteht sich natürlich von selbst, daß diese Rollen nicht unabänderlich festgelegt sind und auch nicht unbedingt konsequent eingehalten werden. Man kann sozusagen in gewissen Umständen ein profaner Magier, in anderen ein heiliger Magier oder auch ein Opfer sein. Bedauerlicherweise sind die meisten Menschen jedoch die meiste Zeit ihres Lebens nur Opfer. Sie sind nicht in der Lage, ihre Wirklichkeit zu gestalten, und noch viel weniger, Wirklichkeit zu schaffen; im Gegenteil, sie übernehmen ihre Wirklichkeit aus zweiter Hand und machen sich damit selbst zu Sklaven.

Diese offensichtlich polemische Behauptung läßt sich durch eine einfache Analogie – das Tun des Alchemisten in seinem Labor – erhärten. Der Alchemist in seinem Labor kann auch als Metapher für den Naturwissenschaftler dienen, der Experimente mit der Kernspaltung oder Kernfusion durchführt. Er kann für jeden und alle von uns stehen, die wir mit den Elementen im Laboratorium unseres individuellen oder kollektiven Lebens herumexperimentieren. Er kann für die westliche Zivilisation als Ganzes stehen, für den Forscher in dem Laboratorium des komplizierten menschlichen Experiments, das als »Geschichte« oder »Kultur« bezeichnet wird.

Der Alchemist, der in seinem Labor Experimente mit Elementen und chemischen Verbindungen, mit Tieren, Pflanzen und Mineralien durchführt, kann die Techniken entweder der sakralen oder aber der profanen Magie anwenden. Von außen betrachtet kann der Prozeß völlig identisch erscheinen. Doch in der Innenansicht unterscheidet sich die Dynamik der beiden Prozesse entscheidend.

Der profane Magier oder Alchemist trachtet danach, Distanz gegenüber seinem Experiment zu wahren. Er ist bestrebt, es auf Abstand, quasi wie mit einer Zange zu bewerkstelligen. Er ist bemüht, eine absolute Kontrolle walten zu lassen, dabei aber selbst unberührt und unverändert zu bleiben. Aus seiner distanzierten Position heraus kann er sich daran machen, die Komponenten seines Experiments zu manipulieren und sogar »unnatürliche« Verfahren anzuwenden, um sie seinem Willen zu unterwerfen.

Ohne Rücksicht auf den Druck, den er auf die Wirklichkeit ausübt, beugt er diese gewaltsam seinem Willen; oft bedient er sich dabei bestimmter Verfahren, die denen der Natur zuwiderlaufen. Er ignoriert und verletzt vielleicht sogar das grundlegende hermetische Prinzip der harmonischen Verbundenheit. Und weil er bei seinem Experiment anscheinend auf Distanz bleibt, kann er die Illusion hegen, daß die Energien und Kräfte, die er anwendet oder entfesselt, ihn nicht persönlich berühren.

Und so erfinden wir Maschinen, nicht so sehr, damit wir Zeit sparen, sondern damit wir unsere »Würde« wahren, unsere Hände nicht schmutzig machen, uns vor dem »Dreck und Blut« der conditio humana schützen, von dem Yeats sprach. So setzen wir Technologien ein, um eine möglicherweise bedrohliche Realität in Schach zu halten und uns gleichzeitig gegen sie abzuschirmen. Und dabei verlieren wir leicht die Tatsache aus dem Auge, daß genau dieselben Apparaturen, die wir zu unserem Schutz erfinden, uns auch in die Isolation treiben. Wir werden so etwas wie Magier, die Kräfte innerhalb der schützenden Grenzen eines magischen Kreises heraufbeschwören. Solange der Kreis intakt bleibt, mag er die beschworenen Kräfte durchaus in Schach halten. Doch der Kreis sperrt uns auch ein und hindert uns, mit der Welt draußen in Austausch zu treten. Indem wir versuchen, der Gefahr zu entgehen, setzen wir uns der größten Gefahr überhaupt aus, nämlich unsere Menschlichkeit aufzugeben.

Der sakrale Magier oder Alchemist dagegen bemüht sich, der Forderung des Renaissance-Magiers gemäß selbst zum Subjekt und Objekt seines Experiments zu werden. Er versucht, ganz in sein Experiment einzutauchen, um es sozusagen von innen her zu erleben, damit sein Experiment zum Spiegel seiner eigenen Veränderung und seine Veränderung zum Spiegel seines Experiments wird. Anstatt die Dinge von außen zu beherrschen, will er sie von innen leiten, will er so sehr zu einem Teil seines Experiments werden, daß es sich bei jeder Bewegung, die er macht, mit ihm bewegt. Er liefert sich der Veränderung aus, mit allen Risiken, die dies mit sich bringen mag. Aber weil er selbst Subjekt und Objekt seines Experiments ist, wird er jeglichen Zwang, jede Gewalt und alles Unnatürliche vermeiden. Der Renaissance-Magus vergleicht seine Tätigkeit mit der des Botanikers oder Gärtners, der innerhalb der natürlichen Ordnung operiert und die Natur in ihrem Werk unterstützt, sie hegt, sie anregt, damit das, was an Möglichkeiten in ihr schlummert, reift und Früchte trägt. Um noch einmal Paracelsus zu zitieren: »Der Alchemist [...] bringt ans Licht, was in der Natur steckt.«[351] Oder, wie Giambattista Della Porta wenige Jahre nach Paracelsus' Tod schreibt:

»Die Werke der Magie sind nichts anderes als die Werke der Natur, deren gehorsame Dienerin die Magie ist [...] wie in der Landwirtschaft, ist es die Natur, die Korn und Kraut hervorbringt, aber es ist die Kunstfertigkeit, die ihnen den Weg bereitet.«[352]

Wie lassen sich aber diese metaphorischen Parallelen in vertrautere psychologische Begriffe übersetzen? Eine Antwort auf diese Frage liefert zumindest teilweise die Vorstellung dessen, was wir persönliches »Wachstum« oder »Reifung« nennen. Was genau meinen wir aber mit »Wachstum« und »Reifung«? In Wirklichkeit kann man auf zwei grundlegend verschiedene Weisen wachsen oder sich entwickeln.

Gemäß der profanen Magie, wie sie hier definiert wurde, kann man sozusagen durch Akkumulation, durch Anhäufung wachsen. Mit anderen Worten, das Ego bleibt sozusagen weitgehend unverändert und behält im Grunde dieselbe Konfiguration bei; es nimmt lediglich immer mehr in sich auf: soundso viele sexuelle Eroberungen gemacht, Länder bereist, Abenteuer erlebt und Besitztümer erworben. Aufgrund dieser Anhäufung wird das Ego metaphorisch gesprochen immer größer, immer aufgeblähter; doch es behält seine ursprüngliche Konfiguration, der die jeweils gemachten Erfahrungen dann angepaßt werden müssen. Demgegenüber kann man versuchen, Erfahrung nicht aufzunehmen, sondern sich von ihr aufnehmen zu lassen. Anstatt sexuelle Eroberungen oder Reiseziele zu »sammeln«, kann man sich von jedem dieser Phänomene verändern oder verwandeln lassen. Jede neue Erfahrung wird in diesem Fall so verinnerlicht, daß sich die Grundstruktur des Egos stetig wandelt, ständig ihre Form verändert, sich immer neu an die Umstände oder Bedingungen anpaßt, in die es eingebettet ist. Größe und Menge werden somit weniger entscheidend als die Verwandlung. So wird beispielsweise der Tourist zum Pilger.

Anhand dieser Merkmale läßt sich der profane Magier als eine Art Speicherzelle bezeichnen: Er sammelt immer mehr Macht, immer mehr Energie in sich an, bis es schließlich zur Explosion kommt. Solch ein Prozeß läßt sich zum Beispiel an einem Individuum wie Adolf Hitler veranschaulichen. Der sakrale Magier hingegen agiert sozusagen als Kanal oder als Brennglas; die Energie wird *durch* ihn, gebrochen oder reflektiert, auf etwas jenseits von ihm weitergeleitet. Dies ist etwa bei

Menschen der Fall, die eine mystische Bekehrung im traditionellen Sinn erfahren haben, beim heiligen Franziskus zum Beispiel oder bei Buddha. Dies dürfte vielleicht auch auf Persönlichkeiten wie Gandhi oder Martin Luther King zutreffen. Es dürfte auf jeden echten Heiler zutreffen.

Die bildliche Unterscheidung zwischen sakraler und profaner Magie kann nicht nur psychologische, sondern auch tiefgreifende theologische Implikationen haben. Für hermetisch ausgerichtete Christen kann sie die Grundprämisse der Menschwerdung Gottes näher bestimmen. Dieser Ansicht war etwa der Romancier und Theologe Charles Williams, der unter anderem mit C. S. Lewis und J. R. R. Tolkien befreundet war und dem die Bekehrung T. S. Eliots und W. H. Audens zum Anglikanismus als Verdienst angerechnet wurde.

Williams und auch anderen hermetischen Denkern zufolge konnte man den Gott des Alten Testaments als eine Art profanen Magier oder Alchemisten ansehen. In dieser Eigenschaft fällt dieser Gott die Welt in einer Art alchemischen Experiments aus, wobei er sich selbst aus dem Experiment heraushält. Von seinem distanzierten Standpunkt aus inszeniert er die Ereignisse wie ein Puppenspieler oder ein Regisseur, der im wahrsten Sinne des Wortes wie ein *deus ex machina* eingreift, wenn es ihm gerade einfällt, beispielsweise um das Rote Meer zu teilen, um Hiob eine willkürliche Prüfung aufzuerlegen oder um eine Sintflut heraufzubeschwören, wenn er die Geduld verliert. Er handelt mit Majestät und Macht, inszeniert Spektakel im Stil von Cecil B. De Mille und gebietet auf oft launische Weise und aus bisweilen launischen Gründen Gehorsam. Wie der profane Magier führt er sein Experiment auf Distanz durch und hantiert wie mit einer Zange an seiner Schöpfung herum.

Dem christlichen Glauben zufolge nimmt der Gott des Alten Testaments jedoch Menschengestalt an. Laut Williams gleicht er somit dem Alchemisten, der in sein Werk eingeht und zum Subjekt, zum Objekt und notfalls auch zum Opfer seines Experiments wird. Anstatt den Vorgang von außen zu steuern, will er ihn von innen her führen – und dabei gleichzeitig die *conditio humana*, die er schuf, in seinem eigenen leiblichen Sein quasi aus erster Hand erfahren. Im Grunde nimmt er selbst an seiner Schöpfung teil, damit diese Schöpfung eine eigene Seele bekommt, damit sie nicht länger bloß das Spielzeug eines allmächtigen Schöpfers ist, sondern selbst die Verantwortung des freien Willens und der moralischen Entscheidung übernimmt. Um seine Schöpfung mit dieser Eigenschaft auszustatten, muß er sogar bereit sein, von ihr zum Märtyrer gemacht zu werden, falls ihm die Schöpfung diesen Kurs vorschreibt. Auf diese Weise trägt das alchemistische Experiment Früchte und erfüllt sich, auch wenn dies die Verwandlung, ja sogar die Opferung des Alchemisten selbst erfordern sollte.

Aus dieser theologischen Sicht hat die Menschwerdung also den Zweck, der Schöpfung eine eigene Seele zu verleihen, anders ausgedrückt: den freien Willen, der sich in der Opferung des eigenen Schöpfers kundtut. Hierin besteht der Neue Bund und die Möglichkeit der Erlösung. Die Schöpfung ist nicht länger das Marionettentheater des Alten Testaments, in dem der Puppenspieler willkürliche Regeln aufstellen oder walten kann, wie er will. Im Gegenteil, die Schöpfung verfügt nun über die Freiheit und die damit verbundene Verantwortung, für sich selbst Rechenschaft abzulegen.

Ob man diese theologische Auffassung nun teilt oder nicht, es deutet wenig darauf hin, daß die Menschheit diesen freien Willen beziehungsweise die ihr zuteil gewordene Erlösung oder Aussicht auf Erlösung wirklich schöpferisch genutzt hat. Fast 2000 Jahre nach den Ereignissen, die den Beginn dieser neuen göttlichen Lenkung der Welt markierten, scheint die Menschheit nicht viel erlöster zu sein als zuvor. Anstatt der *Nachfolge Christi* eines Thomas von Kempen nachzueifern, bemüht sich der Mensch des Abendlandes – seit dem Beginn der christlichen Ära genauso wie davor – um die Nachfolge von Simon Magus; und er nutzt das hermetische Denken in einer Weise, für die nicht Jesus, sondern Faust das Rollenvorbild ist. Die Geschichte der westlichen Zivilisation ist letztlich die Geschichte des menschlichen Strebens nach dem Faustischen. Faust ist der Archetyp und die Urgestalt des abendländischen Menschen. Doch der Faust des 16. Jahrhunderts trachtete, wie bereits erwähnt, nur nach Wissen außerhalb der Beschränkungen der christlichen Moral. Der Faust des 20. Jahrhunderts strebt nach Wissen – und Macht – jenseits der Grenzen jeglicher Moral, jeglicher menschlicher Wertordnung. Konnten die Kräfte, die der Faust des

16. Jahrhunderts entfesselte, die Verdammung nach christlichem Standard bedeuten, so drohen durch die Mächte, die seine modernen Zeitgenossen entfachen, viel schrecklichere und viel greifbarere Formen der Verderbnis.

Im übertragenen und oft auch im wörtlichen Sinne pflegte der Magier des Mittelalters und der Renaissance einen magischen Kreis um sich zu ziehen. In diesem Schutzkreis unternahm er es, wie er glaubte, Kräfte aus himmlischen oder höllischen Quellen heraufzubeschwören, zu lenken und zu beherrschen. Solche Kräfte galten als potentiell gefährlich. Es gibt zahlreiche Volkssagen und Legenden vom übertrieben ehrgeizigen Magier, der Kräfte ruft, die er nicht mehr zu beherrschen vermag, Kräfte, die seinen Schutzkreis durchbrechen und ihn, den Magier, vernichten. Doch selbst wenn der Magier die Macht über die Kräfte, die er ruft, behält, so bedeutet derselbe Kreis, der ihm Schutz gewährt, zugleich eine Beschränkung. Der Magier kann nicht aus seinem Kreis heraustreten, ohne Gefahr zu laufen, durch die von ihm entfesselte Energie zu Schaden zu kommen. Und so wird der magische Kreis zum Gefängnis, das den Magier gegenüber der äußeren Wirklichkeit schützt und ihn gleichzeitig von ihr trennt, von einer Wirklichkeit, in der nun neu entfesselte mächtige Kräfte auf unberechenbare Weise wirken. Ist dies nicht ein treffendes Bild für unsere Zivilisation insgesamt? Für unsere heutige Kultur bilden die Technologie und ihre Produkte eine Art magischen Kreis. Aus dem vermeintlichen Schutz dieses Kreises heraus entfesseln wir Kräfte von apokalyptischem Zerstörungspotential. Wir verschmutzen unsere Umwelt mit Plastik und Strahlung, mit giftigen Chemikalien und Industrieabfällen. Aus der vermeintlichen Sicherheit unseres Kreises heraus maßen wir uns die Macht der Göttlichkeit an und begehen Experimente, welche die Natur selbst nicht begeht – in der Genmanipulation, in der Kernspaltung und Kernfusion sowie in der Entwicklung chemischer und biologischer Kampfstoffe. Wie Frankenstein erschaffen wir Monstren. Und wie der leichtfertige Magier in jenen scheinbar drolligen und belanglosen Fabeln verlieren wir allzu leicht die Kontrolle über die Kräfte, die wir rufen – wie es zum Beispiel in Tschernobyl der Fall war. Dann sind wir überhaupt keine Magier mehr, weder sakrale noch profane. Dann werden wir alle zu Opfern.

Doch selbst wenn wir alles im Griff haben, werden wir von dem magischen Kreis, der uns eigentlich schützen soll, eingeengt und eingesperrt. Die Technologie vergrößert die Kraft und die Reichweite unseres Arms, aber nicht die Weisheit, mit dem wir ihn gebrauchen. So geben wir uns der Täuschung hin, wir genössen eine größere Freiheit, obwohl wir uns im Grunde freiwillig einer noch größeren Unterwerfung fügen. Wir liefern uns mit zunehmender Hilflosigkeit auf Gedeih und Verderb immer autonomer werdenden mechanischen Systemen aus, von der Klimaanlage und dem künstlich regulierten Ökosystem bis zum Computernetz von globaler Reichweite. Und in unserer Abhängigkeit von der Technik werden wir immer ohnmächtiger und geben immer mehr Macht und Verantwortung auf. Eine moderne Stadt ist viel weniger in der Lage, mit einem unerwarteten schweren Schneefall fertigzuwerden als ein St. Petersburg oder Berlin des 18. Jahrhunderts. Ein kleiner Defekt oder ein Virus in einem Computer kann das Leben des einzelnen völlig durcheinanderbringen, kann Banken und internationale Konzerne erschüttern, kann unter Umständen sogar einen atomaren Konflikt auslösen. Es wurde bereits ernsthaft vor der Gefahr des Computer-Terrorismus gewarnt; ein Häuflein Hacker könnte ein ganzes Land lahmlegen oder erpressen.

Durch diese Entwicklung werden wir natürlich, wie bereits erwähnt, immer weiter von der Wirklichkeit um uns herum abgespalten. Wir werden übermäßig verhätschelt und beschirmt und sind immer weniger bereit oder in der Lage, die Verantwortung für unser Leben selbst in die Hand zu nehmen. Wir geben unaufhörlich anderen die Schuld und gehen vor Gericht, um Entschädigungen zu fordern, wenn die Wechselfälle der Lebenswirklichkeit störend in unseren Kokon eindringen. Wir nehmen an der geringsten Reibung Anstoß und schmirgeln die Kanten des sozialen Austausches mit der grotesken Sprache der *political correctness* glatt. Immer mehr Befugnis vertrauen wir sogenannten Spezialisten an, die uns unablässig umlauern und darauf warten, daß in unserem Leben etwas schiefgeht, damit sie von unserem Unglück profitieren können. Und damit werden wir nur noch anfälliger für Manipulation.

Diese Art von Manipulation ist ein Mittel, um »Dinge geschehen zu machen«, und sie ist somit eine Form der Magie. Doch sie ist etwas gänzlich anderes als die sakrale Magie der Hermetiker der Renaissance. Sie läuft vielmehr auf das hinaus, was Agrippa als bloße Trivialhexerei verwarf, jene Hexerei, wie sie von einer Vielzahl kleiner Faustgestalten in ihren engen und fragmentierten Sphären praktiziert wurde. Wenn diese Magie auch kleingeistig und profan sein mag, so ist sie dennoch gefährlich und sicherlich weit verbreitet. Und wir können alle ihr Opfer werden, wenn wir es nicht schon längst sind. Um genau diese Art von »Magie« soll es in den folgenden Kapiteln in erster Linie gehen.

15. Kapitel:
Mentale Kontrolle

Von 1950 bis 1953 kämpften die Streitkräfte von 15 Ländern, allesamt Mitglieder der kurz zuvor gegründeten Vereinten Nationen, in Nordost-Asien gegen die Armeen Nordkoreas und des kommunistischen China. Den Truppenkontingenten der Vereinten Nationen gehörten Soldaten aus Großbritannien, Frankreich, Kanada, Australien, Griechenland, Südkorea und vorwiegend aus den Vereinigten Staaten an. Bereits im Sommer 1950, knapp einen Monat nach Ausbruch des Konflikts, wurde der Westen mit einem demütigenden Spektakel konfrontiert. Gefangene Soldaten gaben vor der Filmkamera wiederholt öffentliche Statements ab, in denen sie mutwillige Aggression gestanden, ihre Loyalität aufkündigten und die Tugenden und die Sache derjenigen priesen, in deren Gefangenschaft sie waren. Solche Äußerungen wiederholten sich während der gesamten Dauer des Krieges. Diese Statements stammten indes fast ausschließlich von amerikanischen, nicht jedoch von britischen, französischen, kanadischen, australischen oder anderen Soldaten. Und sie stammten auch nicht von Angehörigen der amerikanischen Luftwaffe, der US Air Force, und nicht von Angehörigen des United States Marine Corps. Das Phänomen beschränkte sich praktisch auf die United States Army.

Eine später durchgeführte Untersuchung lieferte zumindest teilweise eine Erklärung. In der United States Army herrschte eine erschreckend lockere Disziplin, speziell im Vergleich zu den Einheiten Großbritanniens und des Commonwealth. Die Moral war auf einem alarmierenden Tiefstand, zumal die meisten amerikanischen Soldaten gar nicht genau wußten, wofür oder bisweilen sogar gegen wen sie kämpften. Und weil der größte Teil der diensttauglicheren Einheiten der US Army in Deutschland, in der NATO und dem Westlichen Bündnis im Einsatz war, bestanden die Einheiten in Korea aus besonders minderqualifizierten Mannschaften. Von den Soldaten der US Army, die in Gefangenschaft gerieten, verfügten 51 Prozent über einen IQ von unter 90; 44 Prozent hatten keine höhere Schule abgeschlossen oder auch nur angefangen.[353]

Solche Faktoren sollten später zumindest teilweise eine Erklärung für die Vorkommnisse liefern. Doch damals waren die Äußerungen der gefangenen GIs für die amerikanische Öffentlichkeit und das militärische Oberkommando nicht nur demütigend, sondern auch unerklärlich und erschreckend. Denn es war ganz und gar offenkundig, daß diese Statements nicht mit konventionellen Druckmitteln – beispielsweise unter Folter oder Androhung körperlicher Gewalt – erzwungen worden waren. Im Gegenteil, die Männer ließen ganz klar erkennen, daß sie ihre Äußerungen freiwillig und ohne jedes erkennbare Anzeichen von Mißhandlung machten. »Innerhalb von 48 Stunden [...] hatten einige von ihnen hinter den kommunistischen Linien höchst ungewöhnliche Meldungen verbreitet, hatten ihre Regierung und ihr Heimatland in einer Sprache angegriffen, die ganz und gar von der Rhetorik Moskaus und Pekings geprägt war.«[354] Über 70 Prozent der Kriegsgefangenen der US Army gestanden Kriegsverbrechen oder andere Vergehen ein oder »unterzeichneten Petitionen, in denen ein Ende der amerikanischen Kriegshandlungen gefordert wurde«.[355] Sie schienen sogar allen Ernstes zu glauben, was sie sagten. Schlimmer noch: »Eine alarmierende Anzahl von Gefangenen blieb bei ihren Geständnissen, nachdem sie in die Vereinigten Staaten zurückgekehrt waren. Sie haben sie nicht, wie man erwartet hatte, widerrufen, sobald sie amerikanischen Boden betraten.«[356]

In der anfänglichen Schockreaktion kam es zu einem Skandal; rasch wurde der Vorwurf des Verrats erhoben. Erst allmählich wurde klar, daß man es mit etwas viel Heimtückischerem als gewöhnlicher Grausamkeit und etwas ganz anderem als Verrat zu tun hatte. Geflohene und befreite Gefangene zum Beispiel lieferten entsetzliche Berichte, reine Horrorszenarien für eine Öffentlichkeit, welche die Psychologie noch immer skeptisch betrachtete und nach wie vor überzeugt war, daß die Persönlichkeit des einzelnen eine feste und unveränderliche Einheit bilde.

Allmählich sickerten Einzelheiten durch über Techniken wie sensorische Deprivation und Zermürbung, Pawlowsche Konditionierung und zahlreiche weitere Methoden, welche die Persönlichkeit in einem Maße veränderten, wie man es bis dahin für unmöglich gehalten hatte. In einem Zeitungsartikel vom September 1950 prägte ein Autor – es war angeblich »ein CIA-Propagandist, der in der Tarnung eines Journalisten arbeitete« – den Begriff des »Brainwashing«.[357] Damit ging ein neues Wort in die englische Sprache und eine neue Angst in das öffentliche Bewußtsein ein.

Daß der Feind so etwas wie Gehirnwäsche routinemäßig durchführen konnte, machte ihn nur noch abscheulicher und verstärkte die allgemeine Paranoia gegenüber dem Kommunismus, die Anfang der 50er Jahre im Westen herrschte. Hier hatte man es mit einem Feind zu tun, der im Gegensatz zum »aufrichtig« bösen Nazi oder Japs nicht mehr offen und direkt bekämpft werden konnte. Man hatte es mit einem Feind zu tun, der nicht nur die Gesellschaft heimtückisch infiltrieren konnte, sondern auch die unantastbare Sphäre des individuellen Geistes, die Psyche des einzelnen, der eine gewisse Form des Mesmerismus oder der Hypnose anwenden konnte, um dem Menschen die Seele zu »verbiegen«, wenn nicht sogar zu rauben. Hollywood holte sich schnell Anregungen von dieser neuen Quelle des Schreckens. In zahlreichen Science-fiction-Filmen jener Zeit, wie zum Beispiel *Invasion of the Body Snatchers* *(Invasion der Körperfresser/Die Dämonischen)*, wurde der Kommunist allegorisch mit dem »Alien« gleichgesetzt, der den Nachbarn von nebenan, ja sogar die Angehörigen der eigenen Familie »beherrschen« und »in die Hand nehmen« konnte.

Die Öffentlichkeit erfuhr erst viel später, daß Hollywood nicht die einzige Instanz war, die sich von den Möglichkeiten der Gehirnwäsche anregen ließ. Ein ähnliches Interesse verfolgte auch der amerikanische Geheimdienst, die CIA. Die Central Intelligence Agency stand angesichts der peinlichen Äußerungen der amerikanischen Kriegsgefangenen anfangs vor einem Rätsel.

Chemiker der CIA zogen alte Almanache zu Rate, um dahinterzukommen, ob sich die Vorkommnisse durch einen Hexentrank erklären ließen; Archivare suchten in den Dokumenten der Inquisition nach Hinweisen; Orientalisten forschten auf ihrem Gebiet, Arabisten auf ihrem. Es gab nichts – keinen einzigen Hinweis, dem sich entnehmen ließ, wie die Nordkoreaner diese sonderbare Kooperation erreichten und mit welcher Technik sie gewährleisteten, daß die Wirkung anhielt.[358]

Einem CIA-Bericht von 1950 zufolge ließen sich die Geständnisse durch nichts anderes erklären als »eine Umgestaltung und Neuausrichtung der Psyche der Geständigen«.[359] In dem Bericht hieß es weiter:

Durch historische Erfahrung ist hinreichend belegt, daß durch traditionelle Methoden der körperlichen Folter nicht grundlegende Veränderungen in der funktionalen Organisation des menschlichen Geistes erzielt werden können; diese bewirken höchstens eine widerwillige, vorübergehende Gefügigkeit und hinterlassen darüber hinaus ihre Spuren beim Opfer. Neuere beziehungsweise raffiniertere Techniken mußten daher in Betracht gezogen werden [...][360]

Bereits im April 1950 hatte die CIA eine Reihe von Projekten gestartet, um Techniken der mentalen Steuerung zu erforschen. Im Jahre 1953 wurden diese Projekte unter einem gemeinsamen Dach mit dem Codenamen MKUltra zusammengefaßt. Das MKUltra-Programm sollte, zumindest offiziell, bis 1973 weiterbetrieben werden. Das Projekt dieses Namens wurde dann eingestellt; es wäre jedoch gewiß naiv anzunehmen, daß die betreffende Forschung nicht unter einem anderen Titel beziehungsweise von anderen Institutionen außerhalb der CIA übernommen wurde.
In einem der ersten Projekte der CIA ging es darum, »naturwissenschaftliche Methoden und Kenntnisse auszuwerten, die zur Änderung der Einstellungen, Überzeugungen, Denkprozesse und Verhaltensmuster von Agenten benutzt werden können. Dazu gehört der Einsatz erprobter psychiatrischer und psychologischer Methoden, einschließlich der Anwendung von Hypnose in Verbindung mit Drogen«.[361]
Umfangreiche Studien dienten der Suche nach einer »Wunderdroge«,

welche die Psyche in der gewünschten Weise formbar machen sollte. Es war zwar nie an die Öffentlichkeit gedrungen, doch in Geheimdienstkreisen war bekannt, daß die SS während des Krieges an Insassen von Konzentrationslagern erfolglose Experimente mit Meskalin durchgeführt hatte. Mit etwas größerem, aber immer noch eingeschränktem Erfolg hatte die OSS, der Vorläufer der CIA während des Krieges, mit Cannabis experimentiert. Bei späteren Forschungsarbeiten kam das sogenannte »Wahrheitsserum« Thiopental-Natrium heraus, das inzwischen weltweit eingesetzt wird, um aus widerwilligen Personen Informationen herauszubekommen. Die Suche nach weiteren brauchbaren Drogen führte die CIA-Mitarbeiter auch in die Urwälder von Mittel- und Südamerika. Sie brachten eine Reihe sogenannter psychotroper Arzneipflanzen mit, die bei den Studien verwendet wurden. Es wurden auch chemisch synthetisierte Substanzen eingesetzt. Im Jahre 1953 startete die CIA das erste ihrer langfristigen und inzwischen weitbekannten Experimente mit LSD.

Nach dem Zweiten Weltkrieg hatte der Gerichtshof der Nürnberger Prozesse sieben Nazi-Ärzte wegen ihrer Experimente zum Tode verurteilt. Das Gericht erließ außerdem einen »Kodex für wissenschaftliche Forschung«, in dem es abschließend hieß: »Die Forscher brauchen die vollkommen freiwillige Einwilligung sämtlicher Probanden; die Experimente sollten fruchtbare Ergebnisse zum Wohle der Gesellschaft liefern, die auf keine andere Weise gewonnen werden können; die Forscher sollten keine Versuche durchführen, bei denen Todesfälle oder ernsthafte Verletzungen auftreten können, ›außer vielleicht‹ wenn die leitenden Ärzte ebenfalls als Probanden dienen.«[362]

Im Jahre 1956 legte das United States Department of the Army einen eigenen Bericht vor, in dem es hieß: »Die eigentliche ›Gehirnwäsche‹ ist ein längerer psychologischer Prozeß, bei dem die früheren Ansichten und Überzeugungen einer Person ausgelöscht und durch neue ersetzt werden sollen. Sie ist eine ausgesprochen gewaltsame Praxis, die nicht mit den allgemein gültigen ethischen Grundsätzen der Medizin vereinbar ist.«[363]

Derartige Verbote trugen wenig dazu bei, die Erforschung der mentalen Steuerung zu erschweren und einzuschränken. Im Gegenteil, in den 60er

Jahren bekam diese Forschung neuen Aufschwung; und als der Vietnam-Krieg eskalierte, steigerte sich das Tempo noch. In logistischer Hinsicht erwies sich der Konflikt in Südostasien als vorteilhaft, denn mit den gefangenen Vietkong und Nordvietnamesen verfügten die Forscher über genügend Nachschub an »Verbrauchsbestand«, wie es im euphemistischen Sprachgebrauch der CIA hieß. Die Gesamtzahl der Opfer unter diesen »Verbrauchsbeständen« wird wahrscheinlich nie bekanntwerden. Sicherlich sind viele ums Leben gekommen. Und sicherlich lassen sich manche der Experimente, die an ihnen durchgeführt wurden, mit denen von Dachau vergleichen. Die Anordnung und Genehmigung dieser Experimente stützte sich auf Äußerungen wie jene, die Dr. Ernest Dichter, eine Kapazität auf dem Gebiet der Verhaltens- und Motivationsforschung, im Jahre 1960 machte: »Erst heute wird uns allmählich bewußt, daß wir in ein Zeitalter der Psychologie eingetreten sind. Wir führen ein Scheingefecht mit Raketen und Wasserstoffbomben, während der wirkliche Kampf, der heimliche Krieg dahinter, der Beherrschung des menschlichen Geistes gilt.«[364]

Manipulation in den Sekten

In den 50er Jahren, als die Öffentlichkeit im Westen nicht wußte, daß die CIA selbst heimliche Experimente in Sachen mentaler Steuerung durchführte, wurde der Begriff »Gehirnwäsche« speziell und ausschließlich mit dem Kommunismus in Verbindung gebracht. Erst allmählich erkannte man, daß die Techniken der Gehirnwäsche alles andere als neu waren. In der Vergangenheit hatte man solche Methoden jedoch in erster Linie mit dem Bereich der Religion und insbesondere mit religiösem Fanatismus in Verbindung gebracht; Beispiele sind etwa die Assassinen beziehungsweise Haschischim während der Kreuzzüge, die Thug in Indien oder die Anhänger des Mahdi im Sudan Ende des 19. Jahrhunderts. Aufgrund der allgemeinen Fragmentierung des Wissens hatte man in den 50er Jahren nicht erkannt, daß in so scheinbar unterschiedlichen Bereichen wie der radikalen Theologie und der politischen Ideologie im Grunde dieselbe Psychodynamik am Wirken war.

In den 60er Jahren wurde die Wahrnehmung der Öffentlichkeit psychologisch gesehen differenzierter. Seither werden Gehirnwäsche, psychologische Manipulation und mentale Steuerung in erster Linie mit extremen religiösen Sekten und Kulten in Verbindung gebracht. Bei solchen Begriffen denkt man heute meist an Leute wie Charles Manson, Jim Jones oder David Koresh. Noch häufiger vielleicht denkt man an Organisationen wie »The Process«, die unheimliche Sekte, der Manson in den 60er Jahren angehört haben soll, oder an die Aum-Shinri-Kyo-Sekte in Japan oder den schweizerisch-kanadischen Orden des Sonnentempels.

Der Begriff Gehirnwäsche, der früher ausschließlich mit der »Roten Gefahr« des Kommunismus zu Zeiten des Koreakrieges in Verbindung gebracht wurde, wird inzwischen also mehr und mehr auf die Methoden von Sekten angewandt. Seit den 60er Jahren gilt dies auch für einen anderen, etwas sarkastischeren Begriff: »Mind-fucking«, also »Gehirn-Fick«. Dieser Ausdruck war nicht eine jener lockeren Stegreifobszönitäten, die dem Jargon der Zeit entsprangen. Im Gegenteil, »Mind-fucking« bezeichnete äußerst treffend einen Prozeß der psychischen Vergewaltigung, das gewaltsame »Eindringen« in Geist und Psyche einer anderen Person, die dann aufgrund ihrer »Hingabe« beherrscht oder »besessen« wird.

Was in den 60er Jahren neu und erschreckend schien, ist in den 90er Jahren zum traurigen Alltag geworden. Heutzutage vergeht kaum eine Woche, in der die Zeitungen oder das Fernsehen nicht eine Meldung, eine Enthüllung oder eine Untersuchung über die selbstzerstörerischen Aktivitäten irgendeiner Sekte bringen. Die Methoden der Manipulation und Verformung der Persönlichkeit sind in Büchern und Filmen – in fiktiven wie faktischen Szenarien – erschöpfend dargestellt worden. Die Medienorganisationen schleusen regelmäßig Reporter bei diversen Sekten ein, um zu erfahren, mit welchen Methoden aus sensiblen Menschen gleichsam Zombies gemacht werden – Zombies, die oft ein engelhaft verzücktes Lächeln zeigen, die aber trotzdem Zombies sind. Man hat nicht nur die Techniken dargestellt, sondern auch die tieferen Ursachen erklärt, welche die Menschen dazu bringen, sich solcher psychischen Selbstverleugnung zu unterwerfen.

Sekten und Kulte ziehen nicht nur Einsame, Außenseiter und Unangepaßte an. Sie ziehen auch Menschen an, die unter einem gestörten Selbstwertgefühl, einem Gefühl der Minderwertigkeit oder Bedeutungslosigkeit leiden. Doch auch vollkommen »gesunde« Menschen sind anfällig. Sekten und Kulte bieten ein Gefühl von Sinn und Orientierung, das viele Menschen anderswo beziehungsweise in sich selbst nur sehr schwer finden. Sie bieten einen Ausweg aus der Einsamkeit, eine Illusion der Zugehörigkeit, der Gemeinschaft und des Eingebundenseins in eine höhere Sache. Und nicht zuletzt herrscht die schmeichelhafte Überzeugung, in ein Geheimnis eingeweiht und auserwählt zu sein, was ein befriedigendes und bisweilen sogar berauschendes Gefühl der Überlegenheit verleiht.

Diese Dinge bilden den Köder. Ist das Opfer erst einmal in die Falle gegangen, wird das Gefühl der Eigenpersönlichkeit des Individuums systematisch aufgelöst und ersetzt durch die Identifikation mit der Gruppe und die Abhängigkeit von der Gruppe, wodurch eine unterwürfige Gleichförmigkeit entsteht. Potentielle Rebellen werden durch ausdrückliche oder unterschwellige Einschüchterung gefügig gemacht; man arbeitet mit der Angst vor körperlicher oder seelischer Gewalt, der Furcht vor Ächtung oder Ausschluß aus der Gemeinschaft gemäß dem ursprünglichen Verständnis von »Exkommunikation«. Für einen Menschen, dessen Selbstwertgefühl ohnehin schon angekratzt ist, kann die Aussicht auf solch ein Verstoßenwerden ein schreckliches Gefühl der Einsamkeit und Hoffnungslosigkeit bedeuten. Oft werden die Opfer auch mit einer Art »Selbstzerstörungsmechanismus« programmiert, der analog zu gängigen Vorstellungen des Voodoo funktioniert. Es wird einem beispielsweise eingeimpft, daß man sich durch Austritt oder Ungehorsam eine Art Bannfluch oder persönliches Unglück zuzieht; und weil man sich dieser Überzeugung nicht erwehren kann, wird sie in der Regel zu einer sich selbst erfüllenden Prophezeiung. Solche Verfahren verwischen auf heimtückische Weise den Unterschied zwischen einem Guru einerseits und einem Diktator andererseits sowie zwischen Schüler und Sklaven.

Die Gefahr von Sekten ist natürlich nichts Neues. Sekten und Kulte bestehen schließlich schon seit Jahrtausenden. Sie sind in jüngster Zeit zum Teil deswegen stärker in den Blickpunkt gerückt, weil sie zu einer Welt, die von einem naturwissenschaftlichen Rationalismus beherrscht wird, in krassem und unvereinbarem Gegensatz stehen. Und ihre Anziehungskraft ist in jüngster Zeit durch den fortschreitenden Verfall anderer, traditionellerer gesellschaftlicher Einheiten wie Familie und kommunale Gemeinschaft verstärkt worden. Doch innerhalb der letzten zehn Jahre hat man erkannt, daß die Gefahr der Gehirnwäsche, die man bisher vor allem bei Sekten und Kulten witterte, auch noch aus einer anderen Ecke droht. Inzwischen haben sich die Unterschiede zwischen Sekten einerseits und religiösem Fundamentalismus andererseits immer mehr verwischt. Im Grunde sind viele Sekten nichts anderes als ein Ausdruck eines religiösen Fundamentalismus. Jeder Versuch, sie als etwas anderes auszugeben, ist letztlich irrig.

Weil der islamische Fundamentalismus allgemein als mögliche Gefahr für die liberale westliche Zivilisation betrachtet wird, steht diese Form des Fundamentalismus im Denken vieler Menschen ganz im Vordergrund. Es ist unvergeßlich, wie Zehntausende junger Burschen während des Kriegs mit dem Irak für die Theokratie der Ayatollahs im Iran sich auf die Feinde stürzten und sogar vor den regulären Truppenverbänden auf Minenfelder liefen, im Glauben, daß der Tod auf dem Schlachtfeld mit der sofortigen Entrückung in das Paradies belohnt werde. Wir wissen von den Selbstmordkommandos im Libanon und in Israel, die mit demselben Eifer wie die japanischen Kamikaze-Piloten im Zweiten Weltkrieg freiwillig ihr Leben opfern. Und wer sich für Literatur und das kulturelle Leben interessiert und schöpferische Phantasie schätzt, weiß von der Fatwa, die wegen der *Satanischen Verse* gegen Salman Rushdie verkündet wurde. Hinrichtung ist jedoch keine legitime Form der Kritik.

Doch der Islam hat nicht das Monopol auf solch selbstgerechte Verbohrtheit. Im heutigen Indien werden auch militante hinduistische Fundamentalisten immer mehr zum Problem. Ebenfalls auf dem Vormarsch ist der jüdische Fundamentalismus, der sich auf höchst dramatische Weise in der Ermordung von Jitzchak Rabin bemerkbar gemacht hat. In den Vereinigten Staaten grassiert ein christlicher Fundamentalismus, mitunter in einer Weise, welche die fundamentalistischen Auswüchse anderer Religionen harmlos erscheinen läßt. Ganz davon durchdrungen sind unter anderem solche selbsternannten »Milizen« wie jene, die für das Bombenattentat auf das Bundesgebäude in Oklahoma City verantwortlich gemacht wird. Dieser christliche Fundamentalismus beherrscht auch die religiöse Rechte in der Republikanischen Partei der Vereinigten Staaten. Er beherrscht Rundfunk- und Fernsehsender und andere wichtige Medienbereiche, einschließlich großer Zeitungen. Er gebietet die Ermordung von Mitarbeitern von Abtreibungskliniken. Er propagiert Bücherverbote und Bücherverbrennungen, wie man sie von den Nationalsozialisten kannte. Und manchmal schmiedet er trotz seiner Intoleranz seltsame Bündnisse mit fundamentalistischen Bewegungen anderer Religionen. So entstand zum Beispiel die Organisation »Juden für Jesus«. So arbeiten auch jüdische Fundamentalisten in Israel gemeinsam mit christlichen Fundamentalisten in den Vereinigten Staaten an dem Traum, den Tempel in Jerusalem wiederaufzubauen.

Einer fundamentalistischen Religion liegt weitgehend dieselbe Dynamik zugrunde wie einer Sekte. Diese Dynamik beruht auf derselben Grundprämisse, nämlich der Unterscheidung zwischen den wenigen Erwählten, die errettet und erlöst werden, und der übrigen Menschheit. In dieser Hinsicht können David Koresh und seine Anhänger in Waco zugleich als Sekte und als Form des jüdisch-christlichen Fundamentalismus bezeichnet werden. Dasselbe gilt für die Vereinigungskirche von San Myung Mun. Die Organisation Aum Shinri Kyo in Japan, die für die Giftgasattentate in U-Bahn-Schächten verantwortlich war, wird im allgemeinen als Sekte bezeichnet, doch ihre Ausrichtung entspricht im Grunde der einer apokalyptischen fundamentalistischen Religion. In dem Vakuum, das der Zusammenbruch des Kommunismus in Rußland hinterließ, entstanden zahllose Sekten mit selbsternannten Erlösern und Messiasgestalten, die ähnlich fundamentalistisch geprägt sind.

Im fortschrittlichen Westen werden Sekten und Kulte in der Regel angeprangert. Dasselbe gilt, außer in bestimmten Regionen der Vereinigten Staaten, auch für den Fundamentalismus. Die etwas toleranteren Strukturen der etablierten Religionsgemeinschaften dagegen gelten weithin als nützlich und löblich. Die arrivierten christlichen Konfessionen – die Römisch-katholische Kirche zum Beispiel oder die Kirche von

England – werden als Bastionen der Mäßigung, der Moral und der »familienorientierten Werte« gebilligt und genießen ein hohes Maß an moralischer Autorität. Wir dürfen aber nicht vergessen, daß praktisch jede größere Weltreligion – und insbesondere die monotheistischen – eine Phase fundamentalistischer Inbrunst, Intoleranz und Bigotterie durchlaufen hat und jederzeit wieder durchlaufen kann. Ebensowenig dürfen wir vergessen, daß so gut wie jede größere Weltreligion ursprünglich als Sekte begonnen hat. Für die Menschen zur Zeit ihrer Gründung schienen sie eine ebenso große Bedrohung darzustellen wie so manche heutige Sekte für uns.

Selbst die lockersten und liberalsten der heutigen etablierten Kirchen weisen Spuren und Reste ihrer Ursprünge als Sekte auf. Und selbst die offenste und toleranteste Kirche bediente oder bedient sich der psychischen Manipulation, der emotionalen Erpressung und der Werkzeuge von Sünde und Schuld, Strafe und Belohnung. Die Römisch-katholische Kirche mag zwar nicht mehr in der Lage sein, einen Feldzug der Vernichtung zu predigen, wie sie es im 13. Jahrhundert im Albigenser-Kreuzzug gegen die »Ketzerei« der Katharer tat. Auch ihre Inquisitoren können nicht mehr nach Belieben walten und eine Macht ausüben, die mit jener vergleichbar ist, die in diesem Jahrhundert die Gestapo und der ehemalige KGB innehatten. Doch die Unnachgiebigkeit des Vatikans in Fragen der Frauenrechte, der Ehescheidung, der Geburtenkontrolle und der Abtreibung kann noch immer bei Millionen Menschen Seelenqualen auslösen und UNO-Konferenzen behindern. In Irland kann die Kirche trotz einer zunehmenden Säkularisierung der Gesellschaft noch immer mit denkbar knapper Mehrheit die Legalisierung der Scheidung vereiteln; und die Versuche von Politikern, die sexuellen Fehltritte von Priestern zu beschönigen, können noch immer zum Sturz einer Regierung führen. Was den Protestantismus betrifft, so mögen Cromwells Oberster Hexenjäger und der Justizmord bei den Salemer Prozessen im Massachusetts des 17. Jahrhunderts der Vergangenheit angehören, doch noch im Jahre 1995 beteuerte der Erzbischof von Canterbury im Namen der Kirche von England, daß Paare, die ohne den Bund der Ehe zusammenlebten, die seelische Last eines »Lebens in Sünde« auf sich luden.

16. Kapitel:
Politische Manipulation

Psychologische Manipulation tritt nicht nur im Bereich der Religion auf, sondern auch auf dem Gebiet der Politik. Die aufgeklärte Öffentlichkeit hat angesichts der Politik völlig neue Tiefen des Zynismus ausgelotet. Der Berufspolitiker dürfte wohl derjenige Stand in unserer modernen Gesellschaft sein, dem am wenigsten Respekt und am meisten Mißtrauen und Verachtung entgegengebracht wird. Dies mag zum Teil daran liegen, daß ein beträchtlicher Prozentsatz unserer heutigen Politiker weniger gebildet und weniger sensibilisiert ist als ein Großteil der Wähler. Zum Teil liegt es auch daran, daß die Wähler schon so oft, so plump und so schamlos manipuliert wurden, daß sie sich getäuscht und mißbraucht fühlen.

Die politische Propaganda ist natürlich so alt wie die Politik selbst. Ist die Prostitution das älteste Gewerbe, so folgt die politische Propaganda mit Sicherheit gleich auf Platz zwei, es sei denn, man betrachtet letztere als eine Form der ersteren. Mögen die Motive des politischen Propagandisten auch alles andere als ehrenwert und seine Methoden oft zwielichtig sein, so erzielen seine Bemühungen bisweilen eine Wirkung, die beides noch weit übertreffen. Die frühesten Kunstformen standen wahrscheinlich in engem Zusammenhang mit der Religion. Die frühesten weltlichen Künste aber waren zweifellos mit der Politik verknüpft. Das antike babylonische Schöpfungsepos *Enuma elisch* ist ein überwiegend sakral-religiöses Werk, doch es diente auch dem politischen Zweck, die Oberhoheit Babylons über die rivalisierenden Stadtstaaten zu festigen. Die *Ilias* und die *Odyssee* des Homer kann man sicherlich als politische Propaganda betrachten, welche die verblaßte Glorie des Trojanischen Krieges heraufbeschwört, um unter den Griechen den Fremdenhaß zu schüren. Vergils *Äneis* sollte das neu gefestigte Römische Reich von

Julius Cäsars Adoptivsohn Octavian verherrlichen, der den Namen Augustus angenommen hatte. Vergil hatte selbst das Gefühl, daß seiner Dichtung dermaßen korrupte politische Motive anhafteten, daß er das Werk vernichten wollte und es wohl auch vernichtet hätte, wenn nicht der neue Kaiser persönlich eingegriffen hätte. Im vorchristlichen Irland bildeten die gälischen Sagen um den keltischen Helden Cuchulain und die Krieger des Roten Zweiges ein ähnliches Beispiel politischer Propaganda; hinter ihnen stand die Absicht, das Königreich Ulster über die rivalisierenden Königreiche Munster, Leinster und Connaught zu erheben.

Elemente der politischen Propaganda finden sich bei Dante und Chaucer. Und seit langem schon hat man erkannt, daß bestimmte Dramen von Shakespeare, insbesondere natürlich die Historien, leicht verschleierte Werke politischer Propaganda sind, welche den Anspruch Elisabeths I. auf den englischen Thron untermauern und ihre Gegner verunglimpfen sollten. Shakespeares Historiendrama *Henry V.* mag eines der großartigsten Werke seiner Art sein, es ist aber auch eines der gelungensten Beispiele politischer Propaganda – und als genau das hat Sir Laurence Olivier es in seinem berühmten Film aus dem Jahre 1945 verstanden. Wurde König Henry V. zu politischen Zwecken verherrlicht – und für die Nachwelt mit einem Image versehen, das sich von der wirklichen historischen Person deutlich unterschied –, so wurde mit Richard III. genau umgekehrt verfahren. Es gilt heute als erwiesen, daß Richard III. nicht ganz der buckelige machiavellistische Mörder war, als der er in Shakespeares Drama dargestellt wird. Er war zwar alles andere als ein Heiliger, wohl aber kaum schlimmer als seine Gegner. Doch Shakespeare rückte ihn in ein schlechtes Licht, und zwar aus Gründen, die für die Politik des elisabethanischen England von Belang waren. Und nun macht sich die Nachwelt anhand von Shakespeares Porträt ihr Bild von ihm.

Im 19. und besonders im 20. Jahrhundert wandelte sich die politische Propaganda aufgrund einiger bedeutsamer Entwicklungen. Ehemals rechtlose Gesellschaftsschichten, die erst seit kurzem und nur ansatzweise alphabetisiert waren, erlangten immer mehr politisches Gewicht. Gleichzeitig sorgten Fortschritte im Bereich der Kommunikationstechnologie dafür, daß die Mittel, mit denen das neue Publikum erreicht werden konnte, immer komplizierter wurden und immer raffiniertere Methoden der Manipulation zuließen. Während des Ersten Weltkrieges war die Propaganda noch recht plump und führte meist nicht zum gewünschten Ziel. Doch in den 30er Jahren hatte man erkannt, daß die Propaganda ein so wirksames Mittel der Manipulation und der Kontrolle war, daß das Dritte Reich ein ganzes Ministerium dafür einrichtete; und Joseph Goebbels, der Propagandaminister der Nazis, war einer der ranghöchsten Funktionäre in der Hierarchie der Nationalsozialistischen Partei überhaupt.

Die Nazi-Propaganda umfaßte ein breites Spektrum. Ihre Mittel reichten vom plump Lächerlichen bis zum bösartig pervertierten Erhabenen; manchmal waren sie beides zugleich. Einerseits machte man extremen Gebrauch vom Rundfunk; an jeder Straßenecke dröhnte Hitlers Stimme unaufhörlich aus Lautsprechern. Dadurch wurde der Führer, wie ein Kommentator bemerkte, zu einer Art Ersatzgottheit und war »wenn schon nicht allwissend, so doch allgegenwärtig«. Andererseits wurde das sich rasch entwickelnde Medium Film in vergleichsweise krasser Manier ausgebeutet. In einem berühmt-berüchtigten Propagandafilm, *Jud Süß*, wurden Juden auf heimtückische Weise mit Ungeziefer verglichen. Es sollte Abscheu beim Publikum erzeugt werden. Auf eine Einstellung, in der es von Ratten nur so wimmelte, folgten nach einem abrupten Schnitt Szenen mit Juden in den überfüllten Straßen eines Ghettos. Weit beeindruckender war Leni Riefenstahls *Triumph des Willens*, ein Film über einen Parteitag in Nürnberg, der majestätische Techniken mit problematischen Inhalten verband und der noch heute hitzige Debatten auslöst. Die Eröffnungssequenz, die Hitlers Ankunft mit dem Flugzeug zeigt, wurde oft als Meisterwerk in der Kunst der Manipulation bezeichnet. Diese Sequenz übt auch heute, nach über 60 Jahren, noch immer eine unheimliche, hypnotische Wirkung auf den Betrachter aus. In den 30er Jahren muß diese Faszination vergleichsweise noch größer gewesen sein. Zu jener Zeit waren Flugzeuge eine Neuheit. Damals waren nur wenige Menschen jemals in die Lüfte aufgestiegen; und nur wenige Staatsoberhäupter reisten regelmäßig mit dem Flugzeug. Dem damaligen Filmpublikum muß Hitlers Blick auf

Nürnberg bei der Landung des Flugzeugs atemberaubend – wie die Perspektive eines Gottes – erschienen sein. Und dem aus den Wolken herabsteigenden Führer verlieh Riefenstahl all die Erhabenheit und Größe einer Gottheit einer Wagner-Oper. Niemand wußte natürlich, daß Hitler in Wahrheit Angst vor dem Fliegen hatte.

Propaganda ist indes nicht die einzige Form der politischen Manipulation. Es gibt auch solch bewährte Erfindungen wie den *Agent provocateur* und das, was wir heute als *dirty trick* bezeichnen. Die Anwendung dieser Mittel reicht, wie die der Propaganda, bis in die Antike zurück. Wie die Propaganda erreichten auch sie im Europa des 19. Jahrhunderts, in der Ära Metternichs in der Zeit nach dem Wiener Kongreß von 1815, ein neues Ausmaß. In Rußland beispielsweise war der *Agent provocateur* in den 75 Jahren vor der Revolution von 1917 eine durchaus vertraute Figur, so vertraut sogar, daß er beinahe zur Witzfigur wurde. Bei der Ochrana, der zaristischen Geheimpolizei, und den revolutionären und terroristischen Untergrundorganisationen war es allgemein üblich, sich gegenseitig zu unterwandern und im Namen der jeweils anderen Seite Gewalttaten und Sabotageakte zu begehen. Polizeispitzel sorgten regelmäßig für Vorkommnisse, welche die revolutionären Kader in Mißkredit bringen sollten; sie griffen beispielsweise niedere Beamte an, legten Bomben oder ermordeten unschuldige Passanten. Die Terroristen verfuhren üblicherweise genauso oder opferten sogar entbehrliche Mitglieder aus ihren eigenen Reihen, um die Ochrana in einem noch brutaleren Licht erscheinen zu lassen. Und es gab nicht wenige Leute, die beide Seiten gegeneinander ausspielten, die als Doppel- oder Dreifachagenten gleichzeitig für die Polizei und eine revolutionäre Vereinigung arbeiteten, in der Regel zum Schaden beider.

Das vielleicht beste Beispiel eines *dirty trick* in der Politik der Zarenzeit bildet die höchst infame Veröffentlichung mit dem Titel *Die Protokolle der Weisen von Zion*. Dieses Dokument, das angeblich den Geheimplan einer »internationalen jüdischen Verschwörung« zur Beherrschung der Welt darlegt, wurde 1903 erstmals veröffentlicht und bald weit verbreitet, um den Antisemitismus zu schüren. Längst ist man dahintergekommen, daß das Dokument eine Fälschung ist. Im Grunde wurde es bereits kurz nach seinem Erscheinen als Fälschung entlarvt. Es wurde von einem Mitarbeiter der Ochrana verfaßt, der sein Material aus früheren, weit harmloseren nicht-jüdischen Quellen bezog: aus einem französischen Satiretraktat aus der Mitte des 19. Jahrhunderts, aus verfälschten Freimaurertexten, vielleicht auch aus den Dokumenten einer echten, aber sicherlich nicht jüdischen Geheimgesellschaft.[365] Trotzdem wurden *Die Protokolle* ein Vierteljahrhundert später begeistert von den Nazis aufgenommen und auch von zahlreichen anderen rechtsextremen Organisationen auf der ganzen Welt. Noch heute gibt es fundamentalistische, rechtsgerichtete beziehungsweise antisemitische Organisationen, welche *Die Protokolle* als angeblich authentisches Zeugnis einer »jüdischen Weltverschwörung« verbreiten.

Die Nazis übernahmen von den Russen nicht nur *Die Protokolle,* sondern auch anderes, und nicht nur von dem alten zaristischen Regime, auch von dem bolschewistischen, das diesem folgte. Von Lenin und Stalin lernten sie, wie wichtig es war, sich als »sozialistische Arbeiterpartei« auszugeben. Sie schauten sich die ausgeklügelte Methode der Manipulation der Massen ab. Sie lernten, wie man die Menschen dazu bringen konnte, sich gegenseitig zu bespitzeln und so eine Atmosphäre der allgegenwärtigen Paranoia, der Angst und des Mißtrauens zu schaffen. Sie lernten, wie sie das Vertrauen, das andere Instanzen verloren hatten, für sich gewinnen konnten. Und es waren die Nazis, die den wohl wichtigsten und entscheidendsten *dirty trick* in der Geschichte des 20. Jahrhunderts ausspielten. Am 27. Februar 1933 brannte der Deutsche Reichstag auf »rätselhafte« Weise nieder. Heute geht man allgemein davon aus, daß diese Brandstiftung auf das Konto nationalsozialistischer Provokateure ging; damals jedoch war es allzu leicht, den Brand kommunistischen Agitatoren in die Schuhe zu schieben. Und so hatte Hitler nun einen plausiblen Vorwand, gegen die Kommunisten vorzugehen. Noch in derselben Nacht wurden mehr als 4000 kommunistische Funktionäre verhaftet, zusammen mit unzähligen Intellektuellen und diversen Regimegegnern. Der Brand des Reichstags ebnete auf einen Schlag Hitlers Aufstieg zur absoluten Macht.

Kennedy gegen Nixon: Sieg durch Image

Die Entwicklungen in Rundfunk und Film hatten in der Zeit zwischen den Weltkriegen neue Möglichkeiten der politischen Manipulation eröffnet. In der Zeit nach dem Zweiten Weltkrieg entdeckte man sogar noch wirksamere Mittel. Das Fernsehen entwickelte sich schnell zum wirkungsvollsten und einflußreichsten Massenmedium in der Geschichte der Menschheit; es überflügelte sogar die Printmedien, und seine Möglichkeiten der politischen Manipulation wurden schließlich in einem bisher nie gekannten Ausmaß ausgenutzt.

Seltsamerweise wurde diese Möglichkeit nicht sofort erkannt. Es dauerte ungefähr 15 Jahre, bis der Groschen endlich fiel. Er fiel schließlich während des amerikanischen Präsidentschaftswahlkampfs von 1960, in dem Richard Nixon und John F. Kennedy gegeneinander antraten und sich im allerersten je im Fernsehen übertragenen Streitgespräch der Kandidaten gegenüberstanden. Nixon war damals bereits eine bekannte Persönlichkeit. Er war unter Eisenhower Vizepräsident gewesen. Schon während der berühmt-berüchtigten McCarthy-Ära hatte er sich einen gewissen Namen gemacht, er war eine Art fanatisch antikommunistischer Generalbundesinquisitor. Kennedy, damals Senator aus Massachusetts, war der breiteren Öffentlichkeit weniger bekannt; er konnte sich jedoch den enormen Einfluß und Reichtum seiner Familie sowie seinen Status als Kriegsheld zunutze machen.

Die Auswirkungen der Fernsehdebatte zwischen Nixon und Kennedy hat man längst erkannt. Sie gilt als historischer Wendepunkt in der Entwicklung der westlichen Politik und in der Funktion der Medien innerhalb dieser Politik. Nach der Debatte erkannten die Kommentatoren schnell, daß die Diskussionsthemen und die Standpunkte der Kandidaten zweitrangig geworden waren. Von primärer Bedeutung war schlicht und einfach das, was man seither als »Image« bezeichnet. Kennedy und seine Mannschaft waren sich dieses Umstands zumindest in gewissem Maße schon im voraus bewußt und konzentrierten sich gezielt darauf. Und so wurde Kennedy sorgfältig für die Kameras geschminkt. Die Beleuchtung wurde so eingestellt, daß sie ihn im denkbar günstigsten Licht erscheinen ließ. Dadurch wirkte er wie die

Verkörperung all dessen, was Amerika sein und in seiner politischen Führung sehen wollte: Er war jung, forsch, unbefangen, dynamisch, natürlich, der typisch amerikanische Junge von nebenan mit einem einnehmend verwuschelten Haarschopf, einem entwaffnenden Lächeln und tadellosen Leistungen im Krieg.

Nixon, der der Frage des Image nur wenig Aufmerksamkeit gewidmet hatte, erschien als das Gegenteil all dessen: Er wirkte verschlagen, falsch, gerissen und hatte einen unamerikanischen Bartschatten um die Backen. Kennedy drückte sich in seinem unverwechselbaren Tonfall klar und deutlich aus, Nixon dagegen murmelte. Während sich Kennedy mit eindrucksvollem schauspielerischem Talent direkt zu den Kameras wandte, wich Nixon der Kamera aus, wahrscheinlich weil er sich von ihr eingeschüchtert fühlte; und sein Vermeiden jeglichen Blickkontakts erweckte den Eindruck eines Menschen, der niemandem in die Augen schauen konnte. Folglich wirkte er wie der sprichwörtliche Winkeladvokat, wie der verschlagene kleine Syndikus, der versucht, Unfallopfer als Klienten zu gewinnen, oder wie der niederträchtigste aller amerikanischen Typen, der Gebrauchtwagenhändler. Überall sah man von dem unrasierten Schlitzohr Fotos mit der Unterschrift: »Würden Sie bei diesem Mann einen Gebrauchtwagen kaufen?« Die Antwort schien eindeutig, und die amerikanische Öffentlichkeit reagierte, wie man es von den meisten Menschen erwarten würde.

Nach der Fernsehdebatte war das Wahlergebnis von 1960 im Grunde entschieden. Kennedys geringer Vorsprung bewies, wie knapp die Entscheidung tatsächlich war; und man ging allgemein davon aus, daß das Fernsehimage der entscheidende Faktor war, der letztlich den Ausschlag gab. In diesem Fall ist das Ergebnis der Manipulation natürlich kaum zu bedauern. Die Vereinigten Staaten wären zweifellos ein ganz anderes und sicherlich ein weniger einnehmendes Land gewesen, wäre Nixon 1960 zum Präsidenten gewählt worden. Selbstverständlich war auch Nixon durchaus mit den Mitteln der Manipulation vertraut. Es war einfach so, daß er in einem Medium, mit dem er sich nicht auskannte, in seinem eigenen Spiel geschlagen wurde. Aber es war klar, wie die Lektion lautete, und die Politiker haben sie inzwischen gründlich gelernt.

Seit der Präsidentenwahl von 1960 spielen die Medien und ihre Image-Manipulatoren eine immer wichtigere Rolle in der Politik; und in der Politik wird immer bedeutsamer, was die Werbefachleute als »Wahrnehmungs-Management« bezeichnen; der Begriff soll ein Euphemismus sein, er entlarvt jedoch mehr, als er beschönigt. Es lohnt sich, zwei Beispiele näher unter die Lupe zu nehmen, bei denen ein geschicktes »Management« die Wahrnehmung tatsächlich entscheidend verändert und die gesellschaftliche und politische Geschichte dramatisch beeinflußt hat. Das erste Beispiel veranschaulicht sehr deutlich, wie die Manipulationstricks der profanen Magie auch für lobenswerte Ziele eingesetzt und genutzt werden können. Dem zweiten Beispiel fehlt dieser versöhnliche Zug.

Bürgerrechte in den Vereinigten Staaten

Nach dem Erlaß einiger Bundesgesetze Mitte der 50er Jahre gewann die Bürgerrechtsbewegung im amerikanischen Süden immer mehr an Boden. Es gab Friedensmärsche. In Restaurants und Geschäften mit Rassentrennung kam es zu Sitzstreiks. Es gab Boykotte und Kundgebungen. Man erlebte auch gezielte Provokationen; Schwarze weigerten sich beispielsweise, auf die hinteren Sitze von Bussen verwiesen zu werden, oder liberale weiße Sympathisanten setzten sich mit ihnen auf diese Sitze. Die Bürger im Norden der Vereinigten Staaten erfuhren allmählich mehr über die Lage im Süden; im Süden dagegen sorgte die Aufmerksamkeit der Medien für eine peinliche Verlegenheit und verstärkte die Spannungen. Bis 1964 trat die Bürgerrechtsbewegung nur sporadisch in Erscheinung; das schleppende Tempo, in dem sie sich entwickelte, bestärkte den Groll und die Ungeduld, zeitigte aber nur wenige konkrete Ergebnisse. Die Bürger im Norden waren zwar entsetzt und empört über die Brutalität, die sie per Fernsehbildschirm und Zeitung mitbekamen, doch das Ganze kam ihnen eher fern und entlegen vor, wie Ereignisse in einem anderen Land. Ende der 50er und Anfang der 60er Jahre wollten sich nur relativ wenige Studenten so recht engagieren. Jene, die eine »gemeinsame Sache« suchten, befaßten sich genauso bereitwillig mit dem Konflikt, der damals in Algerien wütete. Bei den Anführern der Bürgerrechtsbewegung wuchs die Frustration über die Gleichgültigkeit, die fast überall in den Vereinigten Staaten herrschte.

Während des Präsidentschaftswahlkampfs von 1964 änderte sich dies entscheidend. Im November des Vorjahres war John F. Kennedy in Dallas ermordet worden; sein Nachfolger wurde Vizepräsident Lyndon B. Johnson. Im November 1964 trat Johnson gegen den republikanischen Kandidaten Barry Goldwater, einen Senator aus Arizona, an. Für damalige Verhältnisse galt Goldwater als beinahe schon extremistischer rechter Eiferer mit einem Hang zum Säbelrasseln und großmäuligen Prahlen mit Amerikas militärischer Stärke. Die Aussicht, daß Goldwater ins Weiße Haus einziehen könnte, schien auch die Möglichkeit eines weltweiten Atomkriegs näherrücken zu lassen.

In Wirklichkeit hatte Goldwater nicht die geringste Chance, die Wahl zu gewinnen. Im Rückblick hat man längst erkannt, wie aussichtslos seine Ambitionen auf das Präsidentenamt tatsächlich waren. Die Bürgerrechtler witterten jedoch die Chance, sich die Situation zunutze zu machen. Indem sie die Aufmerksamkeit auf ihren eigenen Feldzug lenkten und gegen Goldwater arbeiteten, konnten sie zwei Fliegen mit einer Klappe schlagen. Die Alarmglocke wurde mit einer Dringlichkeit zum Schrillen gebracht, von der man heute weiß, daß sie weit übertrieben war. Würde Goldwater gewählt werden, so behauptete man, käme es wohl unvermeidlich zum atomaren Krieg. Deswegen müsse Goldwater gestoppt werden. Und wie ließ sich das am besten erreichen? Indem man Lyndon Johnson eine überwältigende Mehrheit der Stimmen sicherte. Und wie war das am besten zu bewerkstelligen? Im Süden gab es Hunderttausende schwarzer Bürger, die entrechtet waren, denen das Wahlrecht vorenthalten wurde, und zwar durch vorsätzlich behindernde Regelungen, die sie von der Erfassung im Wählerverzeichnis ausschließen sollten. Wenn diese Bürger für die Wahl registriert und somit in die Wählerschaft eingebracht werden konnten, würden sich ihre Stimmen als entscheidend erweisen.

Wenn solch eine Logik auch einen gewissen Zynismus enthielt, so erschien sie damals jedenfalls absolut plausibel. Die Wahlkampfarbeit gegen Goldwater wurde dementsprechend gleichbedeutend mit der Registrierung schwarzer Wähler. Und das Registrieren schwarzer Wähler wurde bald zu einer vorrangigen Aufgabe für viele Nordstaatler, die bis dahin nur wenig Interesse an den Mißständen im Süden gezeigt hatten, die aber eine panische Angst vor der Aussicht eines atomaren Holocaust hatten. Sämtliche liberalen Bastionen des Nordens verschrieben sich tatkräftig der Wählererfassung, besonders in Massachusetts mit seiner abolitionistischen Tradition und seiner großen Ballung von Colleges und Universitäten sowie in New York und Kalifornien. Und jene, die sich anfangs aus reiner Selbsterhaltung engagierten, erkannten bald, daß die Sache in sich berechtigt und begründet war. Genau ein Jahrhundert nach William T. Shermans verheerendem Marsch von 1864 erlebte der amerikanische Süden eine weitere Invasion, diesmal jedoch nicht von blau-uniformierten Soldaten der Union, sondern von einem Heer von Studenten und Professoren, Richtern, Pfarrern, Priestern und Nonnen, Anwälten, Buchhaltern, Journalisten, Künstlern und allerlei Abenteurern – Menschen, für die die Rassendiskriminierung im Süden und die Gefahr eines Atomkrieges zu ein und demselben Thema verschmolzen waren und für die das Überleben der Menschheit gleichbedeutend geworden war mit einem moralischen Feldzug im Namen der Unterdrückten.

Tausende von Studenten und Berufstätigen aus dem Norden opferten ihre üblichen Oster- und Sommerferien für die Registrierung schwarzer Wähler im Süden. Als drei Bürgerrechtler, zwei davon weiße Nordstaatler, in Mississippi vom Ku-Klux-Klan ermordet wurden, gewann die Bewegung eine unwiderstehliche Dynamik. Das Justizministerium unter Bobby Kennedy engagierte sich bereits stark für die Sache der Bürgerrechtler. Auf den Druck der Öffentlichkeit hin schaltete sich nun auch das FBI ein, trotz der widerwilligen und ablehnenden Haltung seines Direktors. J. Edgar Hoover haßte Martin Luther King, sah sich aber gezwungen, FBI-Agenten in den Süden zu schicken.

Im November 1964 gewann Lyndon Johnson die Präsidentschaftswahl in einem der überwältigendsten Wahlsiege in der Geschichte der Vereinigten Staaten. Bald war allgemein klar, daß Goldwater im Grunde überhaupt keine Chance gehabt hatte und auf jeden Fall – auch ohne die massive Wählerregistrierung – verloren hätte, wenn auch nicht ganz so haushoch. Doch das spielte kaum eine Rolle. Dies war nicht bloß irgendeine Präsidentenwahl, dies war etwas viel Denkwürdigeres. Die Bürgerrechtsbewegung erzielte einschneidende Veränderungen in der amerikanischen Gesellschaft und in den Rassenbeziehungen. Damit begann eine neue Ära für das Land. Im Rückblick wurde vielen Menschen klar, daß sie manipuliert worden waren. Andere gestanden ein, manipulative Mittel eingesetzt zu haben. Es wurden jedoch kaum Beschuldigungen erhoben. Auch wenn eine Form der profanen Magie angewandt worden war, so war sie eindeutig für eine berechtigte Sache eingesetzt worden. Wie in Goethes *Faust* waren die Tricks des Teufels im Namen der Engel angewandt worden.

Manipulation in Nordirland

In der amerikanischen Bürgerrechtsbewegung war die politische Manipulation in allgemein löblicher Weise und zu insgesamt löblichen Zwecken eingesetzt worden, um nämlich echte Mißstände zu beheben und Unterstützung für eine wirklich verdienstvolle Sache zu gewinnen. Es versteht sich indes von selbst, daß politische Manipulation auch zu weniger ehrenwerten, ja sogar zu destruktiven Zwecken eingesetzt werden kann. Nordirland ist ein besonders anschauliches Beispiel. Ende der 1960er Jahre entstand in Nordirland eine Bürgerrechtsbewegung, die sich eng an das Vorbild im amerikanischen Süden anlehnte. Anfangs bediente man sich in Nordirland derselben Taktiken und Strategien: Märsche, Sitzstreiks, Demonstrationen und eine gezielte Nutzung der Medien. Sogar dieselben Lieder wurden gesungen, zum Beispiel »We Shall Overcome« oder »We Shall Not Be Moved«.
Anfangs ging es der Bürgerrechtsbewegung in Nordirland in keiner Weise um Fragen der Verfassung. Der Status von Ulster als Teil des Vereinigten Königreichs wurde so gut wie einhellig als Gegebenheit des internationalen Rechts anerkannt, und die Bürgerrechtsbewegung trachtete nicht danach, daran etwas zu ändern. Von einem »vereinten Irland« war überhaupt nicht die Rede. Die Bürgerrechtsbewegung verfolgte

lediglich das Ziel, bestimmte Mißstände zu beheben, die mit der ehemaligen Situation im amerikanischen Süden vergleichbar waren, auch wenn die Lage in Nordirland vielleicht nicht ganz so kritisch war. Die Klagen, die von den Anhängern der Bewegung vorgebracht wurden, waren nicht unbegründet. Bis zum Jahre 1968 wurden die Katholiken in Nordirland – in gewisser Weise ähnlich wie die Schwarzen im amerikanischen Süden – tatsächlich als »Bürger zweiter Klasse« behandelt. Durch eine massive Manipulation der Wahlbezirksgrenzen beispielsweise wurden viele Katholiken in Ulster von einer repräsentativen Beteiligung an der Provinzpolitik ausgeschlossen. Eine spürbare Diskriminierung der Katholiken gab es auch bei der Vergabe von Wohnungen und Arbeitsplätzen, bei Dienstleistungen und in vielen anderen alltäglichen, aber dennoch wichtigen Bereichen. Die damalige Königliche Gendarmerie von Ulster und ihre sogenannten Hilfskräfte waren berüchtigt für ihren parteiischen Gesetzesvollzug. Und das nordirische Parlament in Stormont wurde in eklatanter Weise von Protestanten beherrscht.

Vor allem in diesen Bereichen war die Bürgerrechtsbewegung um Reformen bemüht. In dieser Phase der Entwicklung spielten die Sinn Fein und die IRA überhaupt keine Rolle. Die IRA war zu jener Zeit sogar so unsichtbar und unerheblich, daß ihre Gegner ihre Untätigkeit kritisierten. Die Initialen, so spottete man, standen für »I Ran Away« – ich lief davon.

Als die Bürgerrechtler bei ihren Märschen wiederholt vom loyalistischen Mob angegriffen wurden, schritt die damalige Königliche Gendarmerie von Ulster kaum ein. Mit Sicherheit griff sie nicht wirksam genug ein, so daß die Szenen im Fernsehen an die Bilder erinnerten, die ein paar Jahre davor aus Mississippi und Alabama kamen. Die Bürgerrechtler wollten sich vor ihren Gegnern und der anscheinend gleichgültigen Polizei schützen und folgten wiederum ihren amerikanischen Vorbildern. Sie besannen sich auf den Präzedenzfall, den Martin Luther King mit seinem Marsch von Selma nach Montgomery, der Hauptstadt Alabamas, einst geschaffen hatte.

Gegen Ende des Winters und zu Beginn des Frühjahrs 1965, als die amerikanische Bürgerrechtsbewegung nicht mehr das konkrete Ziel der

Wählererfassung verfolgte, drohte die Bewegung zum Stillstand zu kommen. Da rief Martin Luther King in einem verzweifelten Versuch, die Bewegung aufrechtzuerhalten, zu einem groß angekündigten Marsch von Selma nach Montgomery auf. Der Gouverneur von Alabama, George Wallace, tat so, als ginge es um die Verteidigung von Verdun im Jahre 1916, und schwor, man werde die Marschierenden nicht durchziehen lassen. Städtische und staatliche Polizeieinheiten, einheimische Sheriffs und die Nationalgarde des Staates Alabama versicherten ihn ihrer Unterstützung. Eine direkte Konfrontation war klar abzusehen. Die Bürgerrechtler fürchteten ein massives Blutvergießen; sie wandten sich an die Bundesregierung in Washington und forderten Unterstützung. Die Appelle an die Adresse Washingtons stammten allerdings nicht nur von den Führern der Bürgerrechtsbewegung. Überall in den Vereinigten Staaten kam es zu Demonstrationen vor Gebäuden der Bundesregierung. Mit diesen Appellen und Kundgebungen sollte Washington veranlaßt werden, Soldaten der regulären Bundesarmee zum Schutz der Marschteilnehmer nach Alabama zu entsenden. Washington gab dem Druck der öffentlichen Meinung nach. Dem Gouverneur wurde die Befehlsgewalt über die Nationalgarde von Alabama entzogen, das Kommando wurde offiziell auf den Präsidenten übertragen. Die staatseigene Nationalgarde wurde also der Zuständigkeit des Bundes unterstellt. Gleichzeitig wurden etwa 2000 Soldaten des Bundesheeres nach Alabama verlegt, außerdem zwei Einheiten der Militärpolizei und fast 100 Beamte der Bundespolizei. Die Regierung stellte ferner eine Flotte von Krankenwagen und Hubschraubern und zwei Krankenhäuser – eines davon auf einem Luftwaffenstützpunkt – bereit.

Die Maßnahmen führten dazu, daß Gouverneur Wallace nachgab und der Marsch von Selma nach Montgomery unbehindert vonstatten ging. In seiner Folge gab es zwei Todesopfer. Eine Frau, die Demonstranten nach Selma zurücktransportierte, wurde von Mitgliedern des Ku-Klux-Klan auf offener Straße aus einem Wagen heraus erschossen. Ein Geistlicher aus Boston wurde zu Tode geprügelt, als er zu Fuß von der Hauptroute des Marsches abwich. Diese Zwischenfälle ereigneten sich jedoch nicht während des Marsches selbst. Der Marsch wurde als der wohl größte – und wie sich zeigte letzte – Triumph der Bürgerrechtsbewegung im amerikanischen Süden gefeiert.

Auf dieses historische Beispiel beriefen sich die Bürgerrechtler in Nordirland 1969. Nordirland, so argumentierten sie, war genauso ein Teil des Vereinigten Königreichs wie Alabama ein Teil der Vereinigten Staaten war. Wenn Washington den Demonstranten in Alabama militärischen Schutz gewähren konnte, dann könne London dasselbe für die Demonstranten in Ulster tun. Die britische Regierung reagierte ganz dem amerikanischen Präzedenzfall entsprechend. Im August 1969 wurden die ersten Kontingente der britischen Armee auf den Straßen von Londonderry und Belfast eingesetzt, um die Bürgerrechtsdemonstranten, die katholische Bevölkerung und katholische Enklaven vor Vandalismus und Brandbomben zu schützen.

Für all jene, die es fertigbrachten, die damaligen Umstände zu ignorieren oder zu vergessen oder erst gar nicht zur Kenntnis zu nehmen, lohnt es sich, die Zeitungsmeldungen und Fotos sowie die Fernsehberichte von damals in Erinnerung zu rufen. In einer typischen Meldung in der *Times* hieß es beispielsweise: »Die Menschenmenge in der [katholischen] Falls Road bereitete den Soldaten einen begeisterten Empfang. Einige Passanten jubelten. In der [protestantischen] Shankill Road war dies allerdings nicht der Fall; dort schrie eine Frau: ›Die verdammten Schweine!‹«[366] Als die Soldaten in Belfast in den römisch-katholischen Bezirk Ardoyne vorrückten, wurden sie mit Beifall, Händeschütteln, Tee und Bier »herzlich begrüßt«. Ein Reporter sprach von einem »hohen Maß an Dankbarkeit«. Und er fügte hinzu: »In bezug auf einen angeblichen Putschversuch der IRA kann man nur sagen, daß die Organisation in Ardoyne derzeit völlig unpopulär ist.«[367]

Als die britischen Soldaten auf den Straßen von Londonderry und Belfast auftauchten, wurden sie also als regelrechte Retter empfangen. Sie selbst gefielen sich durchaus in der Rolle edler Ritter, die einem bedrängten Volk zu Hilfe kamen. In Filmen und auf Fotos aus jener Zeit sieht man, wie sie die Straßen entlangspazieren; sie haben katholische Mädchen am Arm, und ältere Damen heißen sie mit Kuchen und Tee willkommen. Es herrschte eine Atmosphäre von Romantik und Euphorie. Die britische Armee, die von der katholischen Bevölkerung nach

Nordirland geholt worden war, wurde mit ungebremstem Überschwang empfangen.

Innerhalb von 18 Monaten wurde diese Atmosphäre in irreparabler Weise vergiftet. Aus den Soldaten, die man als Retter und Beschützer empfangen hatte, waren Feinde geworden – »legitime Ziele« zunächst für Steine, später für Kugeln und Bomben sowie mit Rasierklingen und Glassplittern »gewürztes« Konfekt. Nach 18 Monaten wurden sie beschimpft und bespuckt, und sie reagierten entsprechend. Innerhalb von eineinhalb Jahren war aus den ehemaligen Rittern in dem übertriebenen Sprachgebrauch, der damals in Nordirland gepflegt wurde, eine »ausländische Besatzungsarmee« geworden. Anfang der 70er Jahre steigerte sich die Spannung zwischen den britischen Soldaten und der katholischen Bevölkerung zu unversöhnlichem Haß. Dieser Haß erreichte seinen Höhepunkt am 30. Januar 1972, dem sogenannten »Blutigen Sonntag«, an dem bei Unruhen in Londonderry Angehörige eines Fallschirmregiments 13 katholische Demonstranten erschossen. Von da an wurde der Groll zwischen der britischen Armee und der Mehrzahl der nordirischen Katholiken immer verbitterter. Aber wie war es dazu gekommen? Wie waren die Soldaten, die sozusagen in die Provinz eingeladen und begeistert empfangen worden waren, zu Erzfeinden und scheinbaren Monstern geworden?

Man geht heute allgemein davon aus, daß die ursprüngliche Bürgerrechtsbewegung in Nordirland zu einem gewissen Zeitpunkt von der Sinn Fein und der IRA – zunächst in ihrer »offiziellen« und später in ihrer »provisorischen« Form – regelrecht »gekidnappt« wurde. Sinn Fein und IRA, die den Beginn der Bürgerrechtsbewegung verschlafen hatten, begannen, die Situation für sich auszunützen. Sie und sie allein änderten die politische Zielsetzung: von Reform und Abstellung von Mißständen zu Revolution mit dem Ziel der Verfassungsänderung. Anstatt die Bürgerrechte in einer Provinz des Vereinigten Königreichs durchzusetzen, ging es der IRA nun um ein »vereintes Irland«. Es sollte jedoch nicht irgendein vereintes Irland sein. Die Vorstellung von der Einheit war stets verschwommen und im Ansatz sogar schizophren; einmal propagierte man im Gespann der katholischen Kirche einen archaischen Nationalismus im Stil des 19. Jahrhunderts, ein andermal eine marxistische Republik à la Kuba inmitten der Irischen See.

Um ihren Traum zu verwirklichen, entwickelten die Sinn Fein und die IRA eine sorgfältig kalkulierte Strategie, mit der ein Keil zwischen die katholische Bevölkerung Nordirlands und die britische Armee und Regierung getrieben werden sollte. Ein Teil dieser Strategie war unverhohlene Einschüchterung. So wurden zum Beispiel immer wieder junge Frauen wegen »Kollaboration« beziehungsweise »Fraternisierung mit dem Feind« bestraft. Begingen katholische Mädchen das »Verbrechen«, mit britischen Soldaten zu flirten oder – noch schlimmer – sich in sie zu verlieben, so wurden ihnen die Haare abgeschnitten, sie wurden geteert und gefedert, an Laternenmasten gebunden und oft brutal verprügelt. Es war auch üblich, daß die IRA Demonstrationen oder Krawalle organisierte, bei denen Frauen und Kinder gezwungen wurden, die vordersten Linien zu bilden, so daß sie als erste und am schwersten betroffen waren, wenn die Sicherheitskräfte mit Schlagstöcken oder Gummigeschossen reagierten.

Es gab aber auch subtilere Formen der Manipulation, die bisweilen wie einfache Streiche aussahen, letztlich aber nichts anderes waren als *dirty tricks* oder etwas noch Übleres. Als die britische Armee erstmals auf den Straßen von Belfast und Londonderry eingesetzt wurde, verfügte sie über keinerlei Erfahrung in der Art von Operation, in die sie verwickelt wurde. Die Soldaten waren auf die altbewährte Weise ausgebildet worden und verhielten sich zwangsläufig wie typische Soldaten; anfangs war ihnen nicht bewußt, daß ihre Rolle viel heikler, viel schwieriger war. Um so ungeschützter waren sie gegenüber den Ränken, die gegen sie geschmiedet wurden.

Es kam zum Beispiel vor, daß kurz nach einem Anschlag eines Heckenschützen auf eine Patrouille beim Hauptquartier der britischen Armee telefonisch ein anonymer Hinweis einging: In einer bestimmten Wohnung in der Falls Road, so die unbekannte Stimme, befinde sich ein geheimes Waffenlager. In solch einem Fall folgte die Armee der üblichen Vorgehensweise, das heißt, sie machte eine Razzia, durchwühlte die Räumlichkeiten und fand natürlich nichts. Das Einsatzkommando entschuldigte sich gebührend und sorgte dafür, daß eventuell fälliger

Schadenersatz geleistet wurde. Eine Woche oder einen Monat später wurde dieselbe Wohnung jedoch von Soldaten einer anderen Einheit durchwühlt, die ebenfalls einen anonymen Hinweis auf ein geheimes Waffendepot erhalten hatte. Nach drei oder vier solcher Vorkommnisse brachten die Bewohner der britischen Armee gewiß keine Sympathien mehr entgegen.

Ein anderes typisches Szenarium sah so aus: Eine Patrouille nahm beispielsweise nach einer Schießerei die Verfolgung auf, bog um eine Ecke und stand vor einem Spielplatz, auf dem es von Kindern wimmelte. Zwischen den Kleinen kniete oder kauerte vielleicht eine ältere Person, die einen Gegenstand hielt, den man auf den ersten Blick für eine Waffe halten konnte – einen Baseball- oder Kricketschläger, einen Golfschläger oder einen Schirm. Irgendwo abseits, außer Sicht, zündete jemand vielleicht einen kleinen Feuerwerkskörper, schoß mit einer Kinder- oder Startschußpistole oder zerknallte auch nur eine aufgeblasene Papiertüte. Bei dem Laut nahmen die Soldaten natürlich blitzschnell ihre Waffen in Anschlag. In diesem Augenblick klickte eine Kamera. Am nächsten Tag veröffentlichten dann republikanische Zeitungen und Flugschriften Fotos von britischen Soldaten, die mit ihren Gewehren auf irische Kinder zielten.

Etwa ein Jahr lang wurden derlei Taktiken angewandt. 1971 hatte man das Ziel erreicht. Die Soldaten, die kurze Zeit zuvor von den Katholiken Nordirlands als Retter empfangen worden waren – sie waren zu Mördern und Schlächtern geworden, zu einem Feind, der bei jeder Gelegenheit verunglimpft, provoziert, bespitzelt, angegriffen und getötet werden konnte. Der Haß war so allgegenwärtig und virulent geworden, daß im Jahre 1974 ein britischer Soldat, der von einem Heckenschützen verwundet wurde und hilflos dalag, von einer Horde Kinder, die noch nicht einmal zehn Jahre alt waren, zu Tode gesteinigt werden konnte. So groß kann die Macht wirksamer Manipulation sein.

Für die Welt von heute ist die krasseste und schändlichste Form der politischen Manipulation natürlich der wahllose Terrorismus. Anschläge auf Staatsoberhäupter, prominente Politiker, Soldaten, auf die Polizei sowie auf Kasernen und Einrichtungen von militärischer Bedeutung sind für die Zivilbevölkerung im Westen nichts Neues mehr. Die Aussicht auf ein völlig wahlloses Morden – eine Bombe oder einen Kugelhagel in einem überfüllten Lokal, in einem Stadtzentrum, in einem Bürogebäude, Flughafen oder Flugzeug – eröffnet jedoch eine gänzlich neue Dimension des Terrors. Es nützt nicht viel, das Risiko rational abzuwägen, sich beispielsweise vorzurechnen, daß es weniger wahrscheinlich ist, bei einem Terroranschlag ums Leben zu kommen als bei einem Verkehrsunfall oder auch nur beim Überqueren der Straße, und daß die Zahl der Todesopfer von Terrorakten statistisch kaum ins Gewicht fällt. Denn diese Statistiken beruhen darauf, daß eben einzelne sterben; und die Aussicht, einer von ihnen zu sein, verängstigt die Menschen so sehr, daß sie ihre Urlaubsziele ändern, ihre Flüge streichen, Stadtzentren meiden und sich von allen Orten fernhalten, an denen sie einer Gefahr ausgesetzt sein könnten. Dies fördert eine Paranoia, die in keinerlei Verhältnis zu der tatsächlichen Bedrohung steht. Der Terrorist nistet sich sozusagen dauerhaft in den Köpfen der Menschen ein. Und so vervielfacht sich der Terrorist mittels Manipulation selbst und gewinnt den Status der Ubiquität. Seine profane Magie verschafft ihm virtuelle Omnipräsenz. Und diese Allgegenwart verleiht ihm eine Art Allmacht, die er aufgrund seiner tatsächlichen Macht niemals ausüben könnte.

17. Kapitel:
Manipulation und Kommerz

Um »Dinge geschehen zu machen«, greift die Magie auf Manipulation zurück – Manipulation der Wirklichkeit, Manipulation der menschlichen Wahrnehmung sowie Manipulation des Image. Mittels solcher Manipulation kann der Magier Welten – beziehungsweise die Illusion davon – umgestalten, verändern und bisweilen sogar erschaffen.

Einer der wichtigsten Angelpunkte der Manipulation menschlicher Wesen ist die sogenannte Kraft der Suggestion. Wir sind alle und immer beeinflußbar; und unsere Anfälligkeit für Suggestionen macht uns verwundbar und bietet der Manipulation eine breite Angriffsfläche. Diese Manipulation ist oft um so wirksamer, als sie unbewußt geschieht – nicht nur für den Manipulierten, sondern häufig auch für den Manipulator. Solche Manipulation ist nicht selten ein integraler Bestandteil des täglichen Lebens. Es kann zum Beispiel sein, daß ich fröhlich, ja überschwenglich spazierengehe und mir ein Freund oder Bekannter begegnet, der mich nach einer Begrüßung besorgt anstarrt und fragt: »Fehlt dir etwas? Du siehst so abgespannt und blaß aus. Bist du vielleicht krank?« Ich beteuere, daß mir nichts fehlt. Wenn ich dann aber weitergehe, wird sich meine Stimmung auf subtile Weise verändert haben. Ich werde mir Gedanken machen. Meine vorherige Stimmung hat einen Dämpfer bekommen.

Auch das Umgekehrte kann natürlich vorkommen. Es kann sehr gut sein, daß ich mich lustlos, trübsinnig, gereizt oder bedrückt fühle. Ein Bekannter, dem ich zufällig begegne, gerät in schiere Begeisterung darüber, wie gut ich aussehe, und meint allen Ernstes, ich würde vor Vitalität strotzen. Wenn ich dann meines Weges gehe, werde ich mich wieder ausgeglichen fühlen; meine vorige Niedergeschlagenheit ist einer frischen Heiterkeit gewichen. Die düstere Wolke, die eben noch mein Gemüt überschattete, ist plötzlich wie weggezogen.

Unsere Psyche ist ständig für derlei Suggestion anfällig. Diese Anfälligkeit bestimmt weitgehend unser Befinden, unser Bewußtsein, unsere Einstellung zu uns selbst und unser Verhältnis zur Welt um uns herum. Sie beeinflußt die Art und Weise, wie wir uns in den unterschiedlichsten Bereichen selbst wahrnehmen, wie gesund oder krank wir uns fühlen, wie attraktiv oder unattraktiv wir auf andere zu wirken meinen, wie sicher oder unsicher, wie optimistisch oder pessimistisch wir sind. Ein Elternteil, Lebenspartner oder Kollege, der unablässig, wenn auch mit den besten Absichten, dahin wirkt, daß wir uns um uns selbst sorgen und ängstigen, kann unser Selbstwertgefühl entscheidend untergraben und oft dauerhaft schädigen. Demgegenüber kann ein Mensch, der ständig unsere Stimmung hebt und uns ein gutes Selbstwertgefühl vermittelt, ein echtes Gefühl der Ausgeglichenheit und Zufriedenheit erzeugen. Ärzte werden oft nicht allein nach ihren klinischen oder diagnostischen Fähigkeiten beurteilt, sondern auch nach ihrem Umgang mit dem Patienten, das heißt danach, ob es ihnen mit Hilfe der Kraft der Suggestion gelingt, daß dieser sich besser fühlt. Und jeder Arzt weiß, wie leicht jenes schwer faßbare Prinzip des Lebenswillens gestärkt oder untergraben werden kann.

Wir sind nicht nur den Suggestionen anderer Menschen ausgesetzt, sondern auch unseren eigenen. Wir nutzen unentwegt die Kraft der Suggestion, um unsere Stimmungen zu beeinflussen. Bin ich zum Beispiel abergläubisch und es läuft mir zufällig eine schwarze Katze über den Weg, so hängt möglicherweise den ganzen Tag lang ein düsterer Schatten über mir; und wenn ich mir stark genug einrede, daß etwas Schreckliches geschehen wird, so verwandelt sich diese Überzeugung unter Umständen in eine sich selbst erfüllende Prophezeiung, und ich ziehe genau das an, was ich fürchte. Seltsamerweise ziehen es viele Menschen vor zu leiden, nur um Recht zu haben und ihren Aberglauben bestätigt zu sehen, als daß sie zugeben, sich in einem ihrer Aberglaubensartikel geirrt zu haben.

In unserer Alltagserfahrung wird die Kraft der Suggestion im allgemeinen unbewußt eingesetzt, sie kann aber auch gezielt und im vollen

Bewußtsein um die Mittel und Wirkungen angewandt werden. Nirgendwo wird die Kraft der Suggestion gezielter, systematischer und skrupelloser ausgebeutet als in der Welt der Werbung. An einem einzigen Tag werden wir durch Rundfunk, Fernsehen, Zeitungen, Zeitschriften, Reklametafeln, Autoaufkleber und unzählige andere Mittel mit einer irremachenden Fülle von Werbung überfüttert. Ein gewisser Teil dieser Werbung verheißt uns Heilung von einem absolut krankmachenden Aufgebot an Leiden, von Kopfweh und Rückenschmerzen über Hämorrhoiden bis zu Menstruationsbeschwerden. Die schiere Allgegenwart dieser Verheißungen überzeugt uns, wenn auch nur unterbewußt, daß wir diese »Allheilmittel« unbedingt brauchen, mit anderen Worten, daß wir unter den Beschwerden, die zu heilen sie versprechen, leiden müssen oder sollten. Es dürfte also kaum verwundern, daß wir zu einer Gesellschaft von Hypochondern und Neurotikern geworden sind. Die Werbung zielt speziell darauf ab, uns dazu zu machen.

Die Art und Weise, wie die Werbung die Kraft der Suggestion ausnutzt, ist manchmal unverschämt grobschlächtig, bisweilen teuflisch raffiniert und gelegentlich beides gleichzeitig. Die Werbefachleute begnügen sich nicht immer mit der Suggestion. Sie können einem auch massiv und direkt zusetzen. Dies ist die sogenannte »aggressive Taktik«, welche die meisten sensiblen Menschen längst vergrault hat, von der Werbebranche aber aus Mangel an Phantasie nach wie vor hartnäckig eingesetzt wird, obwohl sie damit unentwegt unsere Intelligenz beleidigt. Seit es das Fernsehen gibt, sehen wir Hausfrauen auf dem Bildschirm, die anscheinend nichts Wichtigeres im Sinn haben, als über die »verbesserte Waschkraft« jeder neuen Produktgeneration und jeder veränderten Formel eines bestimmten Waschmittels in eine Ekstase zu geraten, die regelrecht einem Orgasmus gleicht. Angesichts der Häufigkeit solcher Verbesserungen müßte man meinen, daß die Sauberkeit und Weiße inzwischen eine metaphysische Dimension erreicht hat und beinahe schon an transzendente Erleuchtung grenzt.

Doch auch in diesen Werbespots für Waschmittel, die mit zum Grobschlächtigsten im gesamten Bereich der Werbung zählen, steckt eine subtilere Form der Manipulation. Das Fernsehzeitalter fällt mit dem Atomzeitalter zusammen. Das Fernsehen und die Atomenergie zeugen von der triumphierenden Macht der Naturwissenschaften. Mit der Atomspaltung errang die Naturwissenschaft praktisch einen gottgleichen Stellenwert. Wie bereits erwähnt, wurde die Naturwissenschaft im Grunde zur Religion unserer heutigen Zeit, zur alleinigen Autorität, der uneingeschränkter und unerschütterlicher Glaube entgegengebracht wird. Die Dogmen der traditionellen Religion genießen innerhalb der breiten Bevölkerung ein ganz unterschiedliches Maß an Glaubwürdigkeit. Doch nur wenige Menschen würden die Postulate der Naturwissenschaften ernsthaft in Frage stellen, auch wenn diese für die praktischen Aufgaben des Alltagslebens und für moralische Entscheidungen überhaupt nicht von Belang wären.

Wurden die Naturwissenschaften nach dem Zweiten Weltkrieg zur Religion der Zeit, so wurde der Naturwissenschaftler ihr Hohepriester. Daher berufen sich selbst Werbespots für etwas so Alltägliches wie Waschmittel auf die dem Naturwissenschaftler zugestandene Autorität. Ist der Werbespot selbst auch noch so plump und grobschlächtig, so stützt man sich unterschwellig – nicht explizit, sondern suggestiv – auf die vermeintliche Unfehlbarkeit der Naturwissenschaften. So wird beispielsweise die »verbesserte Waschkraft« eines neuen Waschmittels einem neu hinzugefügten »aktiven Wirkstoff« mit einem ominösen, wissenschaftlich klingenden Namen zugeschrieben, einem Wirkstoff, der angeblich »wissenschaftlich getestet und klinisch erprobt« ist. Und die Wirksamkeit der neuen Substanz wird in der Regel durch eine Gestalt bezeugt, die den Naturwissenschaftler oder Labortechniker erkennen lassen soll, dessen weißer Kittel – ähnlich der Soutane des Priesters – eine Garantie für seine unanfechtbare Glaubwürdigkeit darstellt. Natürlich kommen nicht nur Waschmittel in den Genuß solcher pseudo-wissenschaftlichen Referenzen. Zahnpasten, Shampoos, Gesichtscremes und unzählige weitere Artikel werden auf ähnliche Weise beworben. Jedes dieser Produkte enthält angeblich einen revolutionären, wissenschaftlich nachgewiesenen Inhaltsstoff, dessen Wirksamkeit von einer Person bestätigt wird, die mit der priesterlichen Autorität eines Forschers spricht. Solche Personen sollen auch Unterschiede zwischen Produkten suggerieren, die sich im Grunde überhaupt nicht unterscheiden. Es gibt zum Beispiel vier schmerzstillende Substanzen, die ohne Rezept in Apotheken erhältlich sind – Acetylsalicylsäure, Paracetamol, Ibuprofen und Codein. Diese können nur in einer begrenzten Anzahl von Kombinationen vermarktet werden, deren Maximaldosierung gesetzlich vorgeschrieben ist. Sämtliche Mittel, die beispielsweise Acetylsalicylsäure und Paracetamol oder Acetylsalicylsäure und Codein enthalten, sind letztlich völlig identisch. Dennoch beschwören die Hersteller die Sprache und die Autorität der Naturwissenschaft herauf, um zwischen einzelnen Marken gravierende Unterschiede zu suggerieren.

Nicht selten gehen die Hersteller sogar noch weiter. Eine Firma beispielsweise überschwemmte die amerikanischen Krankenhäuser mit ihrem Schmerzmittel zu einem drastisch reduzierten Preis – das Produkt wurde regelrecht verschenkt. Selbstverständlich gingen die Krankenhäuser dazu über, dieses Produkt häufiger zu verabreichen als andere Marken. Dadurch konnte der Hersteller in der Werbung erklären, in Krankenhäusern sei sein Schmerzmittel das Mittel der Wahl, und dadurch suggerieren, es sei auch wirksamer.

Werbung

Die Methoden der Gehirnwäsche und der mentalen Programmierung, die während des Koreakrieges entstanden, wurden nicht nur in Geheimdienstkreisen ausgeschlachtet. Als gezielte Strategie fanden sie auch in der Werbebranche Anklang und begeisterte Anwendung. Für die Werbefachleute in der »Schönen Neuen Welt« der 50er Jahre bot die Psychologie unbegrenzte Perspektiven für potentielle Manipulation. Und solche Manipulation galt als zentrale Voraussetzung für stetig wachsenden Wohlstand. Mit ihr ließ sich eine praktisch unbegrenzte Komsumnachfrage erzeugen. Dies mußte wiederum einen praktisch unbegrenzten Produktionsprozeß rechtfertigen und aufrechterhalten. In der Vergangenheit wurde das Angebot in der Regel mehr oder weniger durch die Nachfrage geregelt. Mit Hilfe der mentalen Manipulation wurde es möglich, die Nachfrage zu steigern und somit eine stetige Expansion des Angebots zu sichern. Jede Steigerung der Kaufkraft des

Konsumenten ließ sich in eine neue Nachfrage umformen, und diese Nachfrage machte dann wiederum ein erweitertes Angebot erforderlich. Mitte der 50er Jahre war die Gleichförmigkeit vor allem in den Vereinigten Staaten zum Fundament geworden, auf dem eine neue Gesellschaft von ungeahntem Wohlstand entstehen sollte. Der Angestellte im grauen Anzug wurde zum Leitbild, dem die Hersteller und Werbeexperten mit allen Mitteln der Psychologie und der psychologischen Manipulation zusetzten. Die Firmen gingen immer mehr dazu über, psychologische Methoden anzuwenden – nicht nur beim Konsumenten, sondern auch bei ihren eigenen neueingestellten und älteren Mitarbeitern. Als Garanten der »Normalität« und der »Konformität« kamen psychologische Tests und Leistungskurven immer mehr in Mode.

Den schlaueren Köpfen entging keineswegs, welche Hinterlist hier am Werk war. Als Warnung vor den aktuellen Entwicklungen verstanden sich vor allem zwei Bücher, die Ende der 50er Jahre erschienen – *The Hidden Persuaders* (1957; *Die geheimen Verführer*) von Vance Packard und *The Affluent Society* (1958; *Gesellschaft im Überfluß*) von John Kenneth Galbraith. Packard wies beispielsweise darauf hin, daß die amerikanische Wirtschaft seit 1940 ein stetiges Wachstum erfahren hatte und daß die Industrie Mitte der 50er Jahre die Befürchtung hegte, dieser Trend könnte nachlassen. Zu dieser Zeit besaßen die meisten Amerikaner bereits Radios, Fernseher, Kühlschränke, Autos, Waschmaschinen und andere Erzeugnisse der Technik. Folglich mußten sie irgendwie dazu gebracht werden, neue Konsumgüter zu kaufen – oder aber ständig auf den neuesten Stand gebrachte Versionen der älteren Produkte. Ein Trick, mit dem dies erreicht werden sollte, war das Prinzip der künstlichen Veralterung beziehungsweise des eingebauten Verschleißes: Produkte wurden mit einer absichtlich begrenzten Lebensdauer hergestellt. Amerikanische Autos beispielsweise wurden damals so gebaut, daß sie ungefähr drei Jahre oder etwa 100000 Kilometer hielten. Danach fingen sie an auseinanderzufallen, so als seien sie mit einem eigenen Selbstzerstörungsmechanismus ausgestattet. Die Reparaturkosten waren in der Regel so hoch, daß die meisten Autobesitzer es für wirtschaftlicher hielten, ein neues Fahrzeug zu kaufen.

Packard wies jedoch darauf hin, daß es auch das Prinzip der »psychologischen Veralterung« gab. Entsprechend diesem Prinzip wurde die Bauart alle paar Jahre einschneidend geändert, so daß sich die Besitzer älterer Modelle auf peinliche Weise altmodisch und rückständig vorkommen mußten. Dem Konsumenten wurde ständig suggeriert, mit dem Nachbarn mithalten zu müssen; fuhr man ein Auto, das älter als drei oder vier Jahre war, so kam dies – auch wenn es noch ausgezeichnet lief – einem Eingeständnis finanzieller Not gleich. In Großbritannien wurde die Bauweise nicht ganz so häufig verändert, aber man entwickelte andere Mechanismen, um Druck für Neuerwerbungen zu erzeugen. Das Alter eines Wagens beispielsweise ließ sich vom Nummernschild ablesen; und so kam es jedes Jahr im August zu einem Ansturm auf Fahrzeuge mit den neuesten Nummernschildern. Weil sichtbar war, wie neu ein Konsumartikel war, konnte man stolz mit seinem Wohlstand protzen; wer dagegen nicht »mithalten« konnte, mußte automatisch Schuld- oder Schamgefühle bekommen.

Mit solchen Methoden wurde Packard zufolge gezielt Unzufriedenheit erzeugt. Durch einen immer raffinierteren Einsatz psychologischer Mittel »erforschte man die verborgenen Wünsche, Bedürfnisse und Neigungen [der Menschen], um ihre schwachen Punkte zu entdecken«. Waren diese Sehnsüchte und Bedürfnisse – nach Anerkennung, Sicherheit, Erfolg, Überkompensation – erst einmal klar bestimmt, konnten sie geschickt oder auch plump ausgenutzt werden. Man nahm immer gezielter ganz bestimmte Sehnsüchte, Bedürfnisse und Triebe ins Visier, Schuldgefühle zum Beispiel, Angst, Feindseligkeit oder auch das Gefühl der Rückständigkeit. »Zahnpastahersteller verdoppelten ihre Absätze innerhalb weniger Jahre«, wie Packard bemerkte, und zwar vor allem »dadurch, daß sie viele Leute unsicher in bezug auf ihre Zähne machten«. Eine bestimmte Marke schlachtete besonders das schlechte Gewissen aus; in ihrer Werbung empfahl die Firma ihr Produkt »jenen, die nicht nach jeder Mahlzeit die Zähne putzen können«. Durch die Absolution, die diese Marke erteilte, konnte der Hersteller innerhalb von zwei Jahren sämtliche Konkurrenten abhängen. Dadurch, daß die Werbeleute allgemeine Ängste und Unsicherheiten schürten, bemerkte Packard, konnten sie ein bestimmtes Produkt an den Mann und an die Frau bringen, indem sie zusammen mit dem Produkt die Illusion emotionaler Sicherheit verkauften. Kurzum, »Amerika wurde groß durch die systematische Erzeugung von Unzufriedenheit«.[368]

Galbraiths Perspektive war mehr die eines Wirtschaftswissenschaftlers als die eines Psychologen. Seine Schlußfolgerungen deckten sich jedoch mit denen von Packard. Eine moderne Volkswirtschaft, erklärte er, erzeugt selbst die Bedürfnisse, die sie dann zu befriedigen sucht. Die Produktion ist abhängig von der kalkulierten Erzeugung von Nachfrage, und »die Nachfrage entspringt [...] einer Kultur, die dem Konsum einen hohen gesellschaftlichen Wert beimißt«.[369] Mit anderen Worten, der Konsum als solcher und die Gelegenheit, ihn zur Schau zu stellen, wurden zum Statussymbol. Und dieser Konsum, meinte Galbraith, ließ sich leicht mit der puritanischen Arbeitsmoral verbinden, die sowohl in Großbritannien als auch in den Vereinigten Staaten im Mittelpunkt der wirtschaftlichen und industriellen Entwicklung stand. Dieser Moral zufolge belohnte Gott hartes Arbeiten. Wohlstand konnte somit als Zeichen für Gottes Wohlgefallen und Anerkennung angesehen werden; wer Erfolg hatte, war demzufolge ein guter Mensch. Besitz war der sichtbare Ausdruck von Wohlstand – und damit mehr als nur ein Statussymbol; er war zugleich auch ein Zeugnis von Tugendhaftigkeit.[370] Diese Logik wurde für die westliche Gesellschaft zu einer so feststehenden »Tatsache«, daß sie für absolut selbstverständlich gehalten wurde, wobei nur sehr wenige Menschen sich ihrer überhaupt bewußt waren. Dadurch konnte sie auf das leichteste ausgenutzt werden. Indem die Hersteller den Wunsch der Menschen nach einer Bezeugung ihrer Tugendhaftigkeit stillten, hatten sie »eine vollendete und raffinierte Rechtfertigung für die Bedeutung der Produktion« vorzuweisen. Das Ergebnis, so Galbraith, war »die massive und unübersehbare Tendenz des modernen Wirtschaftssystems, die Bedürfnisse zu kultivieren oder zu erzeugen, die sie befriedigt [...]«[371] Doch letztendlich kann die Produktion »nur eine Leere füllen, die sie selbst hervorgebracht hat«, und das vorrangige Ziel der Werbung besteht darin, »Bedürfnisse zu wecken – Wünsche entstehen zu lassen, die vorher gar nicht bestanden«. Packard und Galbraith brachten die Werbeindustrie ganz schön in Verlegenheit. Die Verlegenheit wurde noch größer, als gewisse Methoden der Industrie öffentlich bekannt wurden. Zu den übelsten und manipulativsten Methoden, die Packard aufdeckte, gehörte das Senden unterschwelliger Signale oder Botschaften. Diese Botschaften können über die akustische beziehungsweise über die visuelle Wahrnehmung aufgenommen werden. Eine unterschwellige Botschaft in akustischer Form kann etwa in einem ansonsten harmlosen Soundtrack vergraben sein, beispielsweise als Mahnung oder als Warnung, die von Musik oder Geplapper überdeckt wird oder auf einer Frequenz liegt, die für das ahnungslose Ohr nicht wahrzunehmen ist. In visueller Form kann die Botschaft etwa aus Bildern oder Textzeilen bestehen, die in einem Film in regelmäßigen Abständen auftauchen, allerdings so kurz und schnell, daß das Auge sie nicht bewußt registriert. In beiden Fällen wird die Botschaft unter der Schwelle des Bewußtseins übermittelt und wirkt auf das Unterbewußte in einer ähnlichen Weise wie die Suggestion unter Hypnose.

Die Enthüllungen über das Senden unbewußter Signale lösten einen riesigen Skandal aus. Als man dahinterkam, daß die Werbeleute diesen Trick im Kino, im Rundfunk und im Fernsehen anwandten, schreckte die Öffentlichkeit entsetzt zurück. Nicht zu Unrecht wurde das Senden unterschwelliger Botschaften als eine Form der Gehirnwäsche betrachtet; in den Zeitungen sprach man von einer neuen Gefahr für die »Integrität des menschlichen Geistes«. Als Reaktion auf diesen kritischen Widerhall einigte sich der Bundesverband der Fernseh- und Rundfunkanstalten in den Vereinigten Staaten darauf, jede Form von unterschwelliger Botschaft zu verbieten. Eine ähnliche Ächtung sprach auch die Vereinigung der Werbeagenturen in Großbritannien aus. Doch amerikanische Rundfunk- und Fernsehsender, die nicht dem Bundesverband angehören, sind an keinerlei Einschränkungen gebunden. Dasselbe gilt für englische Werbeagenturen, die nicht im entsprechenden Branchenverband organisiert sind. In keinem der beiden Länder bestehen Gesetze gegen den Einsatz der Technik.

Man fragt sich zwangsläufig, in welchem Maße unterschwellige Signale möglicherweise auch zu politischen Zwecken gesetzt wurden, etwa von staatlich kontrollierten Medien in autoritären Regimen: etwa von den rechtsgerichteten Militärdiktaturen während der 70er und 80er Jahre in Argentinien und Chile, vom früheren Apartheid-Regime in Südafrika, von der Sowjetunion und ihren Satellitenstaaten. Auch drängt sich die Frage auf, in welchem Umfang derartige Methoden möglicherweise heute noch angewandt werden – bei Behörden, Geheimdiensten und Organen des Gesetzesvollzugs.

Aus dem Rundfunk, dem Fernsehen und dem Kino mögen unterschwellige Botschaften – jedenfalls in den westlichen Ländern – weitgehend verbannt sein, doch in anderen Bereichen kommt die Methode nach wie vor zum Einsatz. In akustischer Form wird sie zum Beispiel in Kaufhäusern und Einzelhandelsgeschäften angewandt, um Ladendiebe abzuschrecken und, soviel man weiß, auch um den Verkauf gewisser Artikel anzukurbeln. Im Jahre 1973 behauptete Wilson Bryan Key, ein amerikanischer Professor der Kommunikationswissenschaften, er habe mindestens 13 Firmen entdeckt, unter anderem Autohändler, Kaufhäuser und Supermärkte, die mit unterschwelligen Botschaften arbeiteten. Eine Einzelhandelskette meldete einen Rückgang der Ladendiebstähle um 37 Prozent, nachdem eine Warnung in Form einer unterschwelligen Botschaft eingeführt worden war. Seither wird der Einsatz solcher Botschaften auch in Popsongs und in Popvideos immer wieder angeprangert. In jüngster Zeit hat man sie in Computerspielen für Kinder entdeckt. Eingebettet in die ständig wiederholten Musikstücke sind beispielsweise unterschwellige Aussagen wie »Ich kann tun, was ich will« oder »Ich bin unabhängig«. Wenn die Hersteller darauf angesprochen werden, heißt es, Äußerungen dieser Art förderten das allgemeine Wohlbefinden.

Anscheinend sind inzwischen die meisten Werbeagenturen, wenn auch ungern, unter dem Druck der öffentlichen Meinung und aus Angst vor Strafverschärfung vom Einsatz unterschwelliger Botschaften abgerückt. Andere gleichermaßen manipulative Methoden haben sie indes nicht aufgegeben. Freud, Jung und andere Pioniere auf dem Gebiet der Tiefenpsychologie untersuchten unter anderem auch die Psychodynamik jenes allerältesten hermetischen Instruments, des Symbols. Im Kielwasser solcher Untersuchungen erwies sich die psychologische Systematik der Symbole als vortreffliches Jagdrevier für die Werbefachleute. Symbole funktionieren über die Assoziation, über feste gedankliche Verbindungen zwischen den unterschiedlichsten Dingen. Die

Werbestrategen nutzten die Eigenschaft des Symbols, assoziative Verknüpfungen herzustellen, um so die Kraft der Suggestion zu verstärken. Die sexuelle Symbolik, insbesondere in der groben und plumpen Form, in der Freud sie darstellte, wird inzwischen längst belächelt; trotzdem wird sie in der Werbung noch immer wirkungsvoll ausgebeutet.[372] Die Verwendung sexueller Symbolik beispielsweise in der Autowerbung ist längst ein Klischee. Heutzutage dürfte es kaum einem gebildeten Menschen verborgen bleiben, welch eine Pseudoverbindung die Werbung zwischen dem Auto und der sexuellen Potenz oder der sexuellen Anziehungskraft herzustellen versucht.

Die manipulativ eingesetzte Symbolik der Werbebranche muß sich jedoch nicht auf das Sexuelle beschränken. Sie kann genausogut Sicherheit, Komfort, Gesundheit, Jugend, Langlebigkeit, Leistungsfähigkeit, Intelligenz oder alles mögliche andere konnotieren. Und sie kann auch dazu eingesetzt werden, um ein entsprechendes Gefühl des Mangels hervorzurufen und dadurch wiederum Bedürfnisse zu wecken, die zu befriedigen die Werbung verspricht. Mit dieser Symbolik wird insgeheim angedeutet, daß jeder, der sich einen bestimmten Artikel nicht beschaffen kann, unattraktiv, altmodisch, geschmacklos oder stillos, ungesund, zu dick oder zu dünn, unintelligent oder uninformiert, ärmer, weniger abgesichert oder in irgendeiner anderen Weise unzulänglich ist. Und wir lassen uns im allgemeinen nur allzu leicht einreden, daß das Entbehrliche und Überflüssige irgendwie lebensnotwendig sei. So hat sich der Mensch nach etwa einem halben Dutzend von Jahrtausenden, in denen er ohne pastellfarbenes Toilettenpapier überlebt hat, einreden lassen, jenes sei ein notwendiger Bestandteil des modernen Lebens.

Unterschwellige Botschaften und Symbole sind nur zwei der Instrumente, die in der Werbung zur Manipulation eingesetzt werden. Es gibt zahlreiche weitere. In den letzten Jahren haben einige Werbefachleute widerwillig einsehen müssen, daß die Öffentlichkeit auf die aggressiven Werbemethoden und die grobschlächtige Symbolik mehr und mehr mit Unmut reagiert. Die Werbeleute griffen statt dessen zu durchgehenden Handlungsfäden, Trickfotografie und Spezialeffekten, zu Witz, Humor und sogar Selbstironie. Manche der so gestalteten Werbungen sind wahrhaftig kreativ, originell und unterhaltend. Doch auch sie enthalten einen manipulativen Grundton: »Siehst du? Ich habe nicht versucht, dich unter Druck zu setzen. Ich habe nur versucht, dich zu unterhalten und zum Lachen zu bringen. Wenn mir das gelungen ist, kannst du dich dankbar zeigen, indem du dieses Produkt kaufst.« Dies läuft im Grunde auf eine Form der emotionalen Erpressung oder Nötigung hinaus. Und aus der Sicht des Werbers ist diese Vorgehensweise nicht einmal besonders effektiv. Bei statistischen Untersuchungen hat sich wiederholt gezeigt: Je genialer und innovativer eine Werbung ist, desto weniger merkt sich das Publikum das darin umworbene Produkt.

Die Musik wird in den manipulativen Methoden der Werbung ebenfalls eingespannt. Es ist natürlich fraglich, ob sich die Werbeexperten vor einem halben Jahrhundert der traditionellen Verbindung zwischen Musik und Magie überhaupt bewußt waren. Sie erkannten aber immerhin, daß eine eingängige Melodie in den Köpfen hängenbleibt und sich dort immer wieder aufs neue abspult. Und so dachten sich die Hersteller von Pepsi-Cola in den 40er Jahren für die damaligen Radiohörer den ersten gesungenen Werbespot aus: *Pepsi-Cola hits the spot* – Pepsi-Cola trifft's genau. Andere Werbeagenturen beeilten sich, auf diese neue und anfangs prickelnde Welle aufzuspringen. Bald wurden Erkennungsmelodien – wie die *Leitmotive* eines Richard Wagner – mit bestimmten Produkten assoziiert. Seither werden die Konsumenten mit einer Flut alberner Jingles überschwemmt. Viele Werbeleute scheinen nicht zu merken, wo der Charme des Eingängigen den Sättigungspunkt übersteigt und in eine Art Aversionstherapie umschlägt.

Manche Jingles können wahrhaft schädliche Wirkungen zeitigen – Wirkungen, die eines Tages hoffentlich wegen »Verschmutzung des Bewußtseinsstroms« juristisch belangt werden können. In der Ökologie der Psyche entsprechen sie einer Giftstoffhavarie. In den 60er Jahren beispielsweise war eines der meistumworbenen Produkte im amerikanischen Fernsehen die Zigarettenmarke Salem, eine der Mentholzigaretten, die damals in Mode waren. Verkauft wurde sie in einer grünweißen Packung, welche die Frische von Pfefferminz und Schnee vermitteln sollte. In der Salem-Werbung verwendete man einen fast mantraähnlichen Slogan: »Man kann die Salem aus dem Land nehmen, *aber* [...] man kann nicht das Land aus der Salem nehmen.« Diese Worte wurden von einer einschmeichelnden weiblichen Stimme gesungen. Das Wort »aber« wurde besonders betont. Darauf folgte eine spannungserzeugende Pause. In der Pause ertönte ein wohlklingender Glockenton, wie das »Ping« einer Stimmgabel. Erst nach einer weiteren Pause folgte der Rest des Werbesongs.

Das Jingle mit seinen auffallenden Pausen und dem einprägsamen »Ping« erklang zweimal in einem Werbespot, in dem eine ländliche Idylle gezeigt wurde – eine Waldszene mit einem rauschenden Fluß, einem sprudelnden Wasserfall, einem strahlenden Himmel, grünem Geäst und einem funkelnden Cabriolet auf dem üppigen Teppich einer gepflegten Wiese. Vor dieser neo-arkadischen Kulisse amüsiert sich ein junges, attraktives Paar, das nach dem Einatmen des berauschenden, zephirgleichen Aromas der Salem mit einem Ausdruck orgiastischer Verzückung zum Himmel blickt. Zwischen den Jingles läßt sich eine sonore männliche Stimme salbungsvoll über die Vorzüge der Zigarette aus. Vor der Ausblendung des Werbespots erklang das Jingle ein drittes Mal. Diesmal brach es jedoch abrupt bei dem Glockenton ab: »Man kann die Salem aus dem Land nehmen, *aber – (Ping)*«. Die restlichen Worte wurden weggelassen. Und nach dieser beinahe pawlowschen Konditionierung lieferte der Zuschauer dann den ganzen Tag lang aus dem Gedächtnis die fehlenden Worte. Den ganzen Tag spulte sich der ausgelassene Teil des Jingles endlos im Kopf des Zuschauers ab, griff auf andere Gedanken über, untergrub die Konzentration und verdrängte weitaus wertvollere Musik. Diese Werbung war so übel, daß sie kontraproduktiv wirkte. Viele amerikanische Studenten waren so empört über eine solch geschmacklose und zugleich tückische Unterwanderung ihrer Psyche, daß sie Salem bewußt boykottierten.

Nicht nur die »Verschmutzung des Bewußtseinsstroms« sollte zur strafbaren Handlung erklärt werden. Die Werbeindustrie hat sich auch anderer, gleich schwerer, wenn nicht sogar noch schlimmerer Vergehen schuldig gemacht. Vielleicht eines der gravierendsten Vergehen ist das, was man – auch auf die Gefahr hin, arrogant zu klingen – als »Korrumpierung des kulturellen Erbes« bezeichnen könnte. Diese zeigt sich unentwegt in der Art und Weise, wie die Werbung die klassische Musik ausschlachtet. Lebende Komponisten sind natürlich durch das Urheberrecht geschützt. Keinerlei Schutz genießen jedoch Purcell und Händel, Bach und Mozart, Beethoven und Wagner, Debussy und Mahler. Deren Musik – die zum Teil bewußt in Übereinstimmung mit traditionellen Prinzipien der Magie komponiert wurde – gilt als Freiwild; und die Wirkungen der Magie werden so für korrupte Zwecke prostituiert beziehungsweise an das lächerlich Kitschige verschwendet.

Jahrelang wurde einer der bekanntesten Werbespots in den Vereinigten Staaten – er warb für ein führendes Hundefutter – unentwegt im Radio oder im Fernsehen ausgestrahlt. Die Klangkulisse bildete die Melodie *An der schönen blauen Donau* von Johann Strauß, kontrapunktisch überlagert vom Bellen eines Hundes. Einerseits ist dies natürlich so plump, daß es geradezu lächerlich wirkt. Und zugegebenermaßen bildet *An der schönen blauen Donau* nicht gerade den olympischen Höhepunkt der abendländischen Musik. Gemessen an Werken von Mozart oder Beethoven nimmt dieser Walzer vielleicht denselben Rang ein wie ein Roman von Wilkie Collins neben den Romanen von Tolstoi oder Dostojewski. Dennoch ist er eines der bekanntesten und beliebtesten Stücke innerhalb unseres musikalischen Erbes. Er verdient es vielleicht nicht unbedingt, in das Pantheon des anspruchsvollen Kenners aufgenommen zu werden, doch ebenso wenig verdient er es, für nachfolgende Generationen von Hörern kaputtgespielt zu werden. Aber eben dieses Schicksal hat er erlitten.

Erwachsene erkennen die Melodie natürlich und lächeln vielleicht – wahrscheinlicher sind sie jedoch ungehalten – angesichts des Zwecks, für den die Musik herhalten muß. Auch wenn die Werbung das Stück für Erwachsene nicht unbedingt ruiniert hat, so dürfte es für nachwachsende Generationen von Kindern endgültig zugrunde gerichtet worden sein. In einer Zeit, die von Radio, Fernsehen und Konsumgeist beherrscht wird, lernen Kinder *An der schönen blauen Donau* in einer Hundefutter-Werbung kennen, lange bevor sie der Melodie – wenn überhaupt – in einem würdigeren Rahmen begegnen. Und zeit ihres Lebens verbinden sie es automatisch mit einem Hundefutter. Die Komposition von Strauss ist natürlich nicht das einzige Opfer dieser Art. In England sind derzeit mindestens zwei CDs beziehungsweise Musikkassetten im Handel, die ausschließlich in der Rundfunk- oder Fernsehwerbung eingesetzte Werke der klassischen Musik enthalten.

Verbraucherreaktion »Zapping«

Obwohl die Werbestrategen alle möglichen manipulativen Tricks in der Hand hatten und haben, ging es nicht immer ganz nach ihrem Kopf. In den 60er Jahren ging die gebildete Generation der Babyboom-Jahre zu einigen der krasseren Formen der Werbung immer mehr auf Distanz. Ein allgemeines Mißtrauen gegenüber dem sogenannten Establishment führte zu einzelnen Kampagnen, wie zum Beispiel Ralph Naders Feldzug gegen die Automobilindustrie, und zur Gründung von Verbraucherschutzorganisationen. Die Opposition gegen den Krieg in Vietnam verstärkte die Antipathie gegenüber dem »militärisch-industriellen Komplex« und bewirkte heftige Reaktionen gegen bestimmte Firmen, zum Beispiel die Dow Chemical, die Grundstoffe für Napalm herstellte. Im Rahmen dieses Prozesses wurde auch die Werbeindustrie zur Rechenschaft gezogen. Unter dem Druck der Öffentlichkeit gründeten die Werbeagenturen eigene Körperschaften der freiwilligen Selbstkontrolle, und staatliche Behörden führten zumindest ein gewisses Maß an Einschränkungen ein. Werbung für bestimmte Produkte – zum Beispiel Alkohol und Tabak – wurde aus immer mehr Bereichen verbannt. Bei der systematischen Überwachung der Werbung in den 60er und 70er Jahren konzentrierte man sich jedoch weitgehend auf Fragen der Wahrheit von Behauptungen sowie auf Fragen des Geschmacks und nicht auf Methoden der Manipulation. Die Werbeleute konnten belangt werden, wenn sie unhaltbare oder übertriebene Behauptungen aufstellten oder Regeln des Anstandes verletzten, nicht aber, wenn sie manipulative Mittel einsetzten. In einem UNESCO-Bericht aus dem Jahre 1980 hieß es, »die Werbung zielt im wesentlichen darauf ab, die materialistischen Vorzüge des Konsums zu verherrlichen«,[373] und schrecke dabei nicht davor zurück, »reale menschliche Situationen zu Stereotypen zu vereinfachen, Ängste auszunutzen – [und] Manipulation [einzusetzen]«.[374] In weiteren Studien, ebenfalls aus den 80er Jahren, wurde insbesondere die manipulative Einwirkung auf Kinder verurteilt, die für die Kraft der Suggestion natürlich besonders anfällig sind.[375] Nur ganz allmählich wurden die Werbestrategen in die Defensive gedrängt. Sie behaupteten, es gebe keinerlei »wissenschaftliche Beweise«, welche die Kritik an ihren Methoden untermauerten. Und sie argumentierten, daß das Grundrecht der Redefreiheit in der Wirtschaft genauso unantastbar sein sollte wie in Politik, Religion und Kunst.[376] Für jedes Produkt, das legal verkauft werden könne, so meinten sie, müsse auch ganz legal geworben werden können, das heißt mit all den Mitteln, die der Hersteller oder sein Werbefachmann für angebracht hielten.

Zur Zeit ist die Debatte um die Beschränkung der Werbung in eine gewisse Sackgasse geraten. Einzelne offenkundig extreme Methoden, wie der Einsatz unterschwelliger Botschaften, können unterbunden werden. Auch die Werbung für bestimmte Produkte kann verboten werden. Und die Werbeagenturen können zur Rechenschaft gezogen werden, wenn sie gegen die Grundsätze von Wahrheit und Schicklichkeit verstoßen. Es ist jedoch ausgesprochen schwierig, gegen manche der subtileren Formen der Manipulation rechtlich vorzugehen, beispielsweise gegen den trickreichen Einsatz einer bestimmten Symbolik oder Musik beziehungsweise gegen emotionale Erpressung oder Nötigung.

Die Werbestrategen mögen gelernt haben, rechtliche Beschränkungen zu umgehen, doch das allergrößte Hindernis bleibt weiterhin bestehen, nämlich die Gleichgültigkeit und der zunehmende Zynismus des Konsumenten. Bereits 1952 war klargeworden, wie groß dieses Hindernis eigentlich war. In jenem Jahr machte der Leiter der Wasserwerke in Toledo, Ohio, eine aufschlußreiche Entdeckung. Während der Übertragung einer populären Fernsehsendung kam es, wie er bemerkte, in regelmäßigen Abständen zu einer deutlichen Druckverminderung in der städtischen Wasserleitung. Die Druckverluste fielen immer genau auf die Werbeunterbrechungen. Die Erklärung für dieses rätselhafte Phänomen lag bald klar auf der Hand. Ein großer Teil der Einwohner von Toledo betätigte zur selben Zeit die Toilettenspülung, und zwar mit hartnäckiger Gleichgültigkeit immer genau dann, wenn die Werbung ihre Produkte anzupreisen versuchte. Mit anderen Worten: Für die

Zuschauer bestand der Hauptgewinn der Werbemaßnahmen darin, daß sie ihnen die Gelegenheit zum Toilettengang boten. Für die Werbeleute, die intelligent genug waren, die entsprechende Schlußfolgerung zu ziehen, muß diese Erkenntnis wohl recht demütigend gewesen sein – auch wenn sich die Zuschauer öffentlich-rechtlicher Sendeanstalten angesichts ihres Blasendrucks nach den willkommenen Pausen der kommerziellen Sender gesehnt haben dürften.

Besonders beim Fernsehen ist die Gleichgültigkeit des Publikums für die Werbeindustrie nach wie vor ein unüberwindbares Hindernis. Im Jahre 1980 ergab eine statistische Erhebung von *Newsweek*, daß nur 22 Prozent der Zuschauer einer Fernsehsendung tatsächlich die Werbung über sich ergehen ließen.[377] Wie ein führender Wirtschaftler 1983 schätzte, flossen von den 16 Milliarden Dollar, die jährlich für Fernsehwerbung ausgegeben wurden, mehr als sechs Milliarden in »Werbespots, die ins Leere gingen«.[378] Und die Werbefachleute brachten es natürlich immer wieder fertig, das Ganze selbst noch zu verschlimmern, etwa indem sie spät in der Nacht Werbung ausstrahlten, die der Mentalität von Fünfjährigen entsprach, oder stur Spots wiederholten, deren »Verfallsdatum« seit Monaten, wenn nicht seit Jahren überschritten war. Solch ein Mangel an Einfühlung kann selbst aus dem genialsten und innovativsten Werbespot eine Art Aversionstherapie machen. Die Saturierung soll angeblich als Form der Konditionierung wirken. Doch in der Praxis konditioniert sie die Menschen nur dazu, sich gegen die Werbung zu wappnen oder diese völlig zu boykottieren. Eine ähnliche Wirkung entsteht bei jenen infantilen Mitteln, die auch heute noch »Bildschirmverschmutzung« verursachen, zum Beispiel mißtönender Lärm, alberne Gesichter oder derbe Stimmen in maximaler Dezibelzahl. Die Einführung und Verbreitung der Fernbedienung beim Fernsehen beschwor eine neue Gefahr für die Werbung herauf: den Hang zu dem, was die Werbeindustrie in der ihr eigenen Eloquenz als »Zapping« bezeichnet; damit ist das Herunterschalten der Lautstärke während der Werbung oder, noch schlimmer, das Umschalten auf einen anderen Sender gemeint. Eine Untersuchung in typischen New Yorker Haushalten im Jahre 1988 hat ergeben, daß die Zuschauer im Durchschnitt alle drei Minuten und 42 Sekunden den Sender wechselten; natürlich kann man einen Sender zu jedem beliebigen Zeitpunkt »abzischen lassen«, am häufigsten geschah dies jedoch während der Werbung.[379] Das »Zapping« bescherte der Werbeindustrie somit eine weitere bittere Erkenntnis: Ihre Bemühungen wurden von vielen Menschen nicht einfach nur ignoriert, sondern bewußt und absichtlich gemieden. Der zunehmende Einsatz von Videorecordern während der 80er Jahre verschlimmerte die Lage noch zusätzlich. Sehr zum Verdruß der Werbestrategen gewöhnten es sich die Zuschauer an, eine Sendung aufzunehmen und beim Abspielen die Werbung mit dem Schnellvorlauf einfach zu überspringen.

Diese um sich greifende Form der Undankbarkeit bereitet der Werbeindustrie inzwischen großes Kopfzerbrechen, denn schließlich muß sie ihre übertrieben hohen Kosten vor ihren Auftraggebern rechtfertigen. Zur Lösung des Problems wurden allen Ernstes Vorschläge gemacht, die vom surrealistisch Bizarren bis zum regelrecht Diabolischen reichen. So wurde beispielsweise dafür plädiert, die Fernsehsender in Amerika sollten zusammenarbeiten und ihre Werbeunterbrechungen synchron schalten, so daß der »Zapper«, egal wohin er umschaltet, auf Werbung stößt. Manche befürworteten einen geteilten Bildschirm, auf dem Sendung und Werbung gleichzeitig erscheinen sollten. Es wurde auch vorgeschlagen, die Werbespots nicht länger als ein oder zwei Sekunden dauern zu lassen und »etwa alle zwei Minuten« auszustrahlen. Solche Werbespots »würden so kurz und so häufig laufen, daß die Zuschauer gar nicht wüßten, wann sie umschalten sollten«.[380] Das grenzt natürlich fast schon an die Manipulation durch das Senden unterschwelliger Signale. Der einzige Unterschied bestünde darin, daß diese Manipulation dann gar nicht mehr unterschwellig wäre.

18. Kapitel:
Manipulation in den Medien

Am 1. April 1957 strahlte ein BBC-Nachrichtenmagazin die inzwischen berühmte »Ente« über die »Spaghetti-Rekordernte in der Südschweiz« aus. Ganze Trupps unechter schweizerischer Matronen in drolliger ländlicher Tracht hangelten sich auf reich bekränzten »Spaghettibäumen« herum und pflückten armlange tropfende Pasta von den schwerbehängten Ästen. Diese Sendung ist mittlerweile zur Fernsehlegende geworden. Für all jene, die nie geglaubt hätten, daß die gute alte BBC über so etwas wie Humor verfüge und für die der Sender bisher eine steife, schwülstige und verstaubte Art »ausstrahlte«, war es zudem eine riesige Überraschung.

Das kanadische Fernsehen war darauf erpicht, etwas Ähnliches zu produzieren. Das Studio Vancouver machte sich dann im Frühjahr 1972 daran, die Rekordernte der BBC noch zu überbieten. Was dabei herauskam, war eine völlig ernst wirkende pseudowissenschaftliche Reportage über die Stiftung für lykanthropische Kinder in Vancouver. In dem Nachrichtenbeitrag wurde behauptet, Vancouver sei von einer Lykanthropie-Epidemie bedroht; die alltagssprachliche Bezeichnung für dieses Phänomen wurde an keiner Stelle erwähnt.

Einen Teil der Reportage bildete ein Interview mit zwei Eheleuten, die als Jakob und Rebecca Schlöss vorgestellt wurden und angeblich die Eltern eines lykanthropischen Kindes namens »Ferdi« waren. Die Dreharbeiten für diese Sequenz fanden in einem Foyer der Bibliothek der Simon Fraser University statt. Für das Interview gab es nur ein spärlich ausgearbeitetes Skript; es wurde weitgehend improvisiert, das heißt, die beiden Leute, die Jakob und Rebecca spielten, dachten sich ihre Sätze erst im Laufe des Gesprächs aus. Häufig hatte das Filmteam alle Mühe, ernst zu bleiben. Als der besorgt dreinblickende Jakob beispielsweise schilderte, wie er das erste Haar auf der Handfläche des kleinen Ferdi entdeckt hatte, brach ein Kameramann in solch unbeherrschtes Lachen aus, daß die Kamera vom Stativ fiel und auf den Boden krachte. Ein paar jüngere Studenten, die sich während des Interviews zufällig in dem Foyer aufhielten, fanden dieses Benehmen äußerst befremdlich und verfolgten das Ereignis mit zunehmendem Unbehagen. Als das Interview zu Ende war, brachte einer der Studenten genügend Mut auf, um den Moderator – ein bekanntes Gesicht in der damaligen Fernsehszene von Vancouver – anzusprechen.

Der Student brachte sein Unbehagen zum Ausdruck. Was sollte er von dem, was er da gerade gesehen hatte, halten? Wieso hatte das Filmteam sich nicht zusammenreißen können, während es mit einem hilflosen Ehepaar drehte, dessen Kind anscheinend an einer schrecklichen Krankheit litt? War die Welt des Fernsehens wirklich so roh und abgebrüht? Die Antwort auf diese ernsten Fragen steckte voll arroganter und schnodderiger Ironie. Gewissen Problemen, erklärte man ihm mit ungerührter Miene und mit der größten Selbstverständlichkeit, könne man nur mit einem Lachen begegnen, wenn man sich von ihrem Ausmaß und ihrer Willkür nicht verrückt machen lassen wolle. Über ein so lässiges Abtun der Angelegenheit wurde der Student ungehalten und aufgebracht.

»Das Ganze beunruhigt mich«, klagte er dem inzwischen freundlich lächelnden Moderator. »Immerhin vertrauen wir auf Sie. Wir verlassen uns darauf, daß Sie uns die Nachrichten liefern, uns über das informieren, was in der Welt geschieht. Wir sollen uns doch auf Sie verlassen – auf Ihre Sorgfalt und Genauigkeit. Nun bin ich mir nicht mehr sicher, ob ich das noch kann. Ich bin mir nicht mehr sicher, ob ich Ihnen wirklich trauen kann. Ich möchte, daß Sie mich beruhigen. Kann ich Ihnen trauen?«

»Natürlich nicht«, erwiderte der Moderator freundlich. »Aber eigentlich gibt es in Vietnam ja auch gar keinen Krieg. Die haben bloß ein größeres Budget als wir.«

Dieser Dialog war durchaus unterhaltsam – und aufschlußreich. Nachdem der unselige Student verärgert davonmarschiert war, machten sich alle, die an dem Schwindel beteiligt gewesen waren – darunter auch einer der Autoren dieses Buches –, über ihn lustig. Bei allem Spaß war jedoch auch ganz klar, daß das Anliegen des jungen Mannes zutiefst begründet war – und ebenso die Antwort des Moderators. Es ist selbstverständlich, daß die Menschen tatsächlich ein großes Maß an Vertrauen in die Medien setzen. Und mit den nötigen Mitteln können die Medien mit dem in sie gesetzten Vertrauen machen, was sie wollen.

Massenkommunikation

Spricht man über »die Medien«, so meint man natürlich die Massenkommunikation beziehungsweise die Mittel oder Kanäle, über die sie stattfindet. Und Kommunikation wird seit dem Beginn der historischen Überlieferung, wenn nicht sogar schon länger, traditionell mit Magie in Verbindung gebracht. Ton und Klang waren stets eine Form der Magie. Die menschliche Stimme – das Sprechen – galt von Natur aus als magisch. Dasselbe galt für die Sprache. In der Genesis vollzieht Adam den im Wesen magischen Akt, die Kreaturen der natürlichen Welt zu benennen. Durch diesen Akt erhält er als Geschenk Gottes die Herrschaft über die Natur. Einen Gegenstand zu benennen bedeutet, ihm eine Form zu geben. Form geben heißt, Kontrolle ausüben. Der Akt des Benennens wird somit zu einer Manifestation magischer Kraft. Und so werden die Namen selbst mit magischer Kraft besetzt. Im frühen Judentum war der Name Gottes selbst ein Quell der Macht und durfte nur vom Hohepriester und nur von ihm allein einmal im Jahr im Allerheiligsten des Tempels ausgesprochen werden. In den unterschiedlichsten Kulturen erhalten diejenigen, die sich einem Initiationsritus unterziehen, neue und oft geheime Namen, welche potentielle Feinde nicht kennen und daher nicht ausnutzen können. Und auch nach uralter irischer Tradition konnte der Dichter, der aufgrund seiner magischen Beherrschung der Sprache einen besonderen Rang innehatte, einen Menschen verfluchen, indem er dessen Namen in einen Bannfluch einbezog.
Nicht nur die Kommunikation selbst galt als Form der Magie, sondern auch das, was ihr Beständigkeit und dauerhafte Form verleiht, so daß

sie konserviert und wiederholt übermittelt werden kann. In der ägyptischen Mythologie zum Beispiel ist Thot sowohl der Gott der Magie wie auch der Schrift, und der Unterschied zwischen den beiden Bereichen hat sich immer mehr verwischt. Im hebräischen Alphabet und später in der Kabbala wurden die Buchstaben und Worte an sich zu Quellen magischer Kraft. Das Buchstabieren ist hier gleichbedeutend mit Zaubern. In vielen alten Kulturen galten jene, die exklusiven Zugang zur Magie hatten – zu den geheimnisvoll verschlüsselten Glypten, welche die Kommunikation ermöglichten und konservierten –, als Wächter der Magie.

Je weiter sich die Kommunikation von den Mitteln, die allen zugänglich waren, entfernte – das heißt, je mehr sie zum Privileg von Eingeweihten wurde –, desto mehr wurde sie mit Geheimnis und Magie befrachtet. Agrippa, wie wir uns erinnern, korrespondierte mit Gelehrten im Ausland und untermauerte sein eigenes Image als Magus, indem er die ihm zugänglich gemachten Informationen als Botschaften von Geistern ausgab. Was hätte Agrippa nicht alles fertiggebracht, wenn er Zugang zu den Mitteln der modernen Technologie gehabt hätte – zu Telefon und Fernsehen, zu Faxgerät und E-mail? Und hätte nicht jeder Zeitgenosse Agrippas, egal wie aufgeklärt und gelehrt er gewesen sein mochte, die technischen Spielereien von heute als Erscheinungen der Magie betrachtet?

Wenn ein Zeitgenosse Agrippas auf einer Zeitreise in unsere heutige Zeit versetzt würde, so erschiene ihm sicherlich nichts magischer als der Bereich der Medien und der Kommunikation. Die Sioux und Cheyenne im amerikanischen Westen waren vor eineinhalb Jahrhunderten viel weniger von dem furchteinflößenden, aber immerhin greifbaren »Dampfroß« beeindruckt als von den unheimlichen »singenden Drähten« des Telegraphen entlang den Bahnlinien; sie waren ein weit rätselhafterer Beweis für die Magie des Weißen Mannes. Doch auch die weißen Siedler, die den Telegraphen als Tatsache hinnahmen, sollten von späteren Entwicklungen kaum weniger beeindruckt werden. Ob als technologisches oder magisches Phänomen – der Telegraph ist im Vergleich zu Telefon, Film, Rundfunk und Fernsehen ausgesprochen primitiv. Und selbst diese Medien erscheinen altmodisch, wenn nicht schon völlig überholt, wenn man sie mit den Kommunikationsmitteln der 90er Jahre dieses Jahrhunderts vergleicht: Fax, Mobiltelefon, Computer, Internet, E-mail und Satellit; diese Geräte haben ein weit größeres und zuverlässigeres Gedächtnis als wir selbst, und sie können inzwischen mehr oder weniger unabhängig von uns miteinander kommunizieren.

Es spielt keine Rolle, daß wir heute so konditioniert sind, daß wir diese Produkte als Mittel der Technik und nicht der Magie verstehen. Bis zur Fragmentierung des Wissens durch das cartesianische Denken waren Magie und Technologie ein und dasselbe. Das sind sie auch heute noch, wenn auch nur in einem metaphorischen Sinne. Egal welchen Namen man verwendet, es geht nach wie vor um die *Kunst, Dinge geschehen zu machen*. Und diese Kunst zeigt sich nirgendwo offenkundiger als im Bereich der Kommunikation und der Medien. Dieser Bereich bildet nicht nur die vielleicht augenscheinlichste Manifestation »magischer« Kräfte in unserer heutigen Zeit, er enthält auch das größtmögliche Potential zur Manipulation.

Schurkereien und Leinwandschlachten

Es versteht sich von selbst, daß die Manipulation in den bisher genannten Bereichen – in Religion, Politik und Werbung – inzwischen immer mehr auf die Massenmedien angewiesen ist. So versuchen etwa Politiker auf der ganzen Welt, sich in den Medien eine günstige Position zu verschaffen. Selbst das übelste Regime reagiert empfindlich auf seine Darstellung in den Medien und bemüht sich in irgendeiner Form um Public Relations und Imagepflege. In jeder westlichen Demokratie werden die Fernsehzuschauer mit regelmäßigen parteipolitischen Sendungen, die kein halbwegs vernünftiger Mensch ernst nimmt und die sich nur ausgemachte Masochisten freiwillig anschauen, fast zu Tode gelangweilt. Von Roosevelts »Kamingesprächen« während des Zweiten Weltkriegs bis zu den Trivialdebatten von heute zeigt sich, daß Politik und Massenmedien immer mehr voneinander abhängig geworden sind.

In ähnlicher Weise beschäftigen sich auch religiöse Interessengruppen zunehmend mit den Massenmedien. Seit dem Aufkommen der Zeitungen gab es wohl nur wenige Blätter ohne eine Kolumne für religiöse Themen, eine Tageslosung oder Wochenpredigt oder eine Sammlung von Klatsch und Tratsch aus einer Kirchengemeinde. Auch der Rundfunk und später das Fernsehen nahmen regelmäßige Sendungen zu religiösen Angelegenheiten – die sogenannten »Gottes-Fenster« – ins Programm, die vom Kirchenchoral und Sonntagsgottesdienst bis zur ernsten Diskussion über Fragen der Theologie und der Moral alles mögliche beinhalten konnten.

Im Zuge der Freigabe neuer Sendefrequenzen haben sich religiöse Vereinigungen in den letzten 25 Jahren um mehr und mehr Sendezeit bemüht. In den Vereinigten Staaten ist seit den 70er Jahren eine neue Art von Möchtegern-Magier, nämlich der Fernsehprediger, auf dem Vormarsch. Schon mehrfach wurde die Glaubwürdigkeit solcher Individuen ernsthaft kompromittiert. Einer der charismatischsten jungen Prediger, Marjoe Gortner, hat sich Anfang der 70er Jahre auf dem Höhepunkt seiner Karriere in aller Öffentlichkeit als Betrüger offenbart; er gestand seine Skepsis gegenüber der Religion und wurde Schauspieler, wobei er meist in der Rolle des Psychopathen auftrat. Der Fernsehprediger Jim Bakker trat 1987 nach einer Affäre mit einer Sekretärin von seinem »geistlichen Amt« zurück. Er wie auch seine grotesk geschminkte Frau Tammy begaben sich daraufhin in eine Drogentherapie; Bakker wurde 1989 zu 45 Jahren Gefängnis und 500000 Dollar Strafe verurteilt, weil er »seine Herde um zig Millionen Dollar betrogen« hatte.[381] Ein weiterer Prediger, Jimmy Swaggart, wurde 1988 mit einer Prostituierten ertappt, worauf er vor einem Fernsehpublikum von weltweit 500 Millionen Zuschauern seine Vergehen eingestand. Doch trotz solcher Skandale bleibt das Business der Fernsehprediger ein blühendes Geschäft. In den Vereinigten Staaten erfreut es sich einer Kundschaft von etwa 60 Millionen Menschen, und mit der herannahenden Jahrtausendwende wird die Zahl immer größer. Die Fernsehprediger haben oft mit nichts weiter als einem bescheidenen TV-Studio angefangen und es geschafft, gigantische Medienimperien aufzubauen, einschließlich eigener Magazine, Verlage, Versandhäuser, politischer Lobbyorganisationen, Archive und Tonstudios. Manche haben sogar eigene Universitäten gegründet. Nur strenge staatliche Kontrollen haben verhindert, daß solch gierige Organisationen in anderen Ländern ähnlich auf Raub ausgehen wie in Amerika.

Der Zusammenhang von Massenmedien und Werbung ist so offensichtlich, daß sich eine eingehende Erörterung erübrigt. Mit der immer seltener werdenden Ausnahme staatlicher Sender ist dies inzwischen ein höchst komplexes symbiotisches Verhältnis. Die Werbung braucht Platz in den Printmedien und Sendezeit in Rundfunk und Fernsehen. Zeitungen, Radio- und Fernsehsender brauchen Einnahmen, um ihren Betrieb aufrechtzuerhalten, und ein großer Teil dieser Einnahmen stammt aus der Werbung. Jede Seite kann Druck auf die andere ausüben. Die Werbestrategen können eine bestimmte Sendung abservieren, wenn sie während ihrer Ausstrahlung keine Sendezeit kaufen; eine Zeitung kann die Werbung durch ihren Boykott sogar in den Bankrott treiben. Die Medien wiederum können den Werbestrategen schaden, indem sie einem Anbieter Raum oder Sendezeit verweigern und statt dessen einem Konkurrenten anbieten. Wenn beide kooperativ zusammenarbeiten, stellen die Massenmedien der Werbung das wirksamste Instrument zur Manipulation zur Verfügung.

Die Massenmedien sind nicht nur für Politik, Religion und Werbung Werkzeug der Manipulation, sie können die Menschen auch in eigener Sache, für eigene Zwecke manipulieren. In den letzten 25 Jahren hat sich diese Tendenz immer mehr verstärkt und immer größere Wirkungen gezeigt. Es gibt in den westlichen Gesellschaften heute wohl kaum ein mächtigeres Mittel der Manipulation als die Medien.

Die Möglichkeiten solcher Macht sind natürlich keineswegs neu. In der letzten Dekade des 19. Jahrhunderts hat William Randolph Hearst, der berühmt-berüchtigte Zeitungsmagnat und geistige Vater des Sensationsjournalismus, sich damit gebrüstet, praktisch im Alleingang den Spanisch-amerikanischen Krieg angezettelt zu haben. Hearst kämpfte mit seinen Konkurrenten erbittert um Auflagenhöhen und brauchte unbedingt einen Krieg, um seine Zeitungen zu verkaufen. Kuba, einer der letzten Außenposten des zerbrechenden spanischen Imperiums, bot eine ideale Chance. Auf der Insel gab es andauernd Aufstände gegen die spanische Oberherrschaft, und so kam Hearst auf die Idee, einen Reporter hinzuschicken, der über »Greuel und Krieg« berichten sollte. Bei seiner Ankunft in Havanna telegrafierte der Reporter Frederick Remington, es gebe gar nicht so viele Greueltaten und eigentlich gar keinen richtigen Krieg. »Sorgen Sie für die Bilder«, antwortete Hearst und befahl Remington, in der kubanischen Hauptstadt zu bleiben, »und ich sorge für den Krieg.« Am 15. Februar 1898 wurde das alte und klapprige Schlachtschiff *Maine*, das damals in kubanischen Gewässern vor Anker lag, auf rätselhafte Weise in die Luft gejagt. In Hearsts Blättern wurden die Explosion und der Tod von 260 Amerikanern sofort in grellen Schlagzeilen angeprangert und einem »teuflischen Komplott der Spanier«[382] zugeschrieben. Die allgemeine Antipathie gegen Spanien nahm hysterische Ausmaße an. Weil 1898 ein Wahljahr war und der Präsident, William McKinley, um Wählerstimmen buhlen mußte, beugte er sich der öffentlichen Meinung und erklärte Spanien den Krieg.

Durch das Anstacheln nationalistischen Eifers machten Hearsts Zeitungen aus einer Situation, die auf diplomatischem Wege hätte gelöst werden können, einen regelrechten Krieg. In ihrem ersten kriegerischen Feldzug gegen eine ausländische Macht seit dem Mexikanischen Krieg von 1846–48 vernichteten die Vereinigten Staaten die letzten Überreste des spanischen Überseereiches und begründeten damit ihre eigene Einflußsphäre in den ehemals spanischen Besitzungen von Spanien bis zu den Philippinen. Im Laufe dieser Ereignisse wurde der Oberstleutnant Theodore Roosevelt, der einen Sturm der leichten Kavallerie auf den Hügel von San Juan befehligte, zum Helden der Nation – und vier Jahre später zum Präsidenten des Landes. All dies, so behauptete Hearst, sei ihm zu verdanken. Im Jahre 1925 gehörten ihm 25 Zeitungen in 17 Großstädten. Außerdem besaß er noch eigene Zeitschriften, Filmgesellschaften, Rundfunksender und zwei Nachrichtenagenturen. Hearst wurde damit zum Prototyp der heutigen Medienmagnaten.

Bereits in den 1930er Jahren war die Manipulation durch die Medien ein bekanntes und verbreitetes Phänomen. Die skrupellose Jagd nach dem »Knüller«, der »Sensationsmeldung«, war zum verbreiteten Klischee geworden, und zwar so sehr, daß sich auch Hollywood des öfteren mit dem Thema befaßte, manchmal in Satiren und Klamaukkomödien, manchmal auch in ernsthafteren Umsetzungen, die von echter Entrüstung zeugten. In derselben Zeit warf der Direktor des FBI, J. Edgar Hoover, ausgerechnet im zerbrechlichsten aller Glashäuser mit Steinen. Wiederholt griff er die Heuchelei der Medien an, die vorgaben, Banditen wie Bonnie und Clyde,»Pretty Boy« Floyd und John Dillinger anzuprangern, sie im Grunde jedoch zu romantisch-heroischen Robin-Hood-Gestalten hochstilisierten. In Wahrheit hatten die Medien ihre tatsächliche Macht jedoch noch gar nicht voll entdeckt.

Verzögert wurde diese Entdeckung durch den Zweiten Weltkrieg, durch den sich in der britischen und amerikanischen Gesellschaft die Reihen schlossen und die Medien in die allgemeinen Kriegsanstrengungen eingespannt wurden. Während des darauffolgenden Kalten Krieges und McCarthys berühmt-berüchtigter »Hexenjagd« blieben die Medien weitgehend geduckt und gefügig. Dies änderte sich erst mit dem Vietnamkrieg. Als das amerikanische Militär zu jener Zeit versuchte, die Medien zu manipulieren, setzten diese sich zur Wehr und pochten auf ihre Unabhängigkeit. In dem daraus resultierenden Machtkampf entdeckten die Medien allmählich ihre Stärke; sie entdeckten, daß sie selbst dem amerikanischen Militärapparat die Stirn bieten konnten, und zwar mit Erfolg. Die Behandlung des Vietnamkriegs in den Medien war schließlich ausschlaggebend dafür, daß sich die amerikanische Öffentlichkeit immer mehr gegen den Krieg wandte. Macht und Unabhängig keit der Medien wurden kurze Zeit später eindringlich bestätigt, als Richard Nixon mit Schimpf und Schande aus dem Präsidentenamt gejagt wurde.

Die Berichterstattung über Vietnam und Watergate war insgesamt lobenswert; sie zeigte, daß die Medien nicht nur um Unabhängigkeit, sondern auch um Integrität bemüht waren. Insofern waren Vietnam und Watergate für die Medien Augenblicke des Triumphs. Doch solche Triumphe und die daraus erwachsende Macht können leicht zu Kopf steigen und auf gefährliche Weise den Blick verzerren. Solche Triumphe können auch leicht aus ihrem ursprünglichen Zusammenhang gerissen und um ihrer selbst willen gefeiert werden. Und sie können einen ungeheuren Druck erzeugen und nach Neuauflagen verlangen, egal um welchen Preis. Seit Vietnam und Watergate suchen die Medien ohne jede Rücksicht auf moralische Überlegungen immer wieder den damit gesetzten Standard zu erreichen und zu übertreffen. Als es 1982 wegen der Falklandinseln zum Krieg zwischen Großbritannien und Argentinien kam, versuchte die britische Regierung – belehrt durch die Vietnam-Erfahrung –, die Berichterstattung in den Medien durch eine Beschränkung des Zugangs zum Einsatzgebiet zu kontrollieren. Dieses Anliegen wurde natürlich durch die Logistik des bewaffneten Konfliktes unterstützt. Wer nicht offiziell berechtigt war, die britischen Streitkräfte zu begleiten, hatte als Medienvertreter keinerlei Möglichkeit, in das Kriegsgebiet zu kommen. Dies schreckte die britischen Medien zu Hause jedoch in keiner Weise ab. Fast jeden Abend wurden Angehörige der Armee und der Marine, meist pensionierte Militärs, interviewt. Die Kommentatoren in Fernsehen und Presse stützten sich auf diese Expertenmeinungen und verstiegen sich zu kühnen Spekulationen. Mögliche Strategien mit allen denkbaren Abwandlungen wurden unter Einbezug von Karten, Tafeln und anderem Anschauungsmaterial bis ins letzte Detail skizziert. Es soll einen Fernsehexperten und Salon-Generalissimus gegeben haben, der mit einem fanatischen »Versenkt-die-*Bismarck*«-Blick Spielzeugschiffe in einem Sandkasten herumschob. Solche Übungen in den Medien waren nicht gerade hilfreich für die britischen Kommandeure im Südatlantik, deren Erfolg davon abhing, den Feind zu überraschen und zu überlisten. Die Offiziere und Soldaten des Fallschirmregiments, die einen Angriff auf die argentinische Garnison in Goose Green vorbereiteten, sahen zu ihrem Entsetzen, daß ihre Offensive nur wenige Stunden vor dem Einsatz in allen Einzelheiten im Programm der BBC vorhergesagt wurde. Nur um sich einen »Knüller« zu sichern und ihre Kriegslist zu demonstrieren, hatten die Kommentatoren den Einsatzplan der ganzen Welt offenbart, die argentinischen Truppen alarmiert und somit das Leben britischer Soldaten aufs Spiel gesetzt. Kein Wunder, daß sich die Soldaten empört zeigten und sogar von »Verrat« sprachen.

In der Medienberichterstattung über Vietnam, Watergate und den Krieg um die Falklandinseln war genaugenommen keine Manipulation im Spiel. Es ging vielmehr um die Behauptung der Selbständigkeit und Macht der Medien. Von der Durchsetzung der eigenen Autonomie ist es jedoch nur ein winziger Schritt bis zur krassen Manipulation. Wir sind es heute nur allzu gewohnt, daß die Medien Ereignisse in ihrem eigenen Sinne – oder im Sinne der »Story« – manipulieren. In Belfast beispielsweise wurden Journalisten ertappt, wie sie Jugendliche dafür bezahlten, daß sie auf ihr Stichwort hin randalierten, um Presse und Fernsehen auf diese Weise mit »sensationellem« Material zu beliefern. Ein britischer Fernsehsender wurde zur Rechenschaft gezogen, weil sein Kamerateam die Straßen einer italienischen Stadt mit Müll verschandeln ließ; der Ort sollte im Dokumentarfilm heruntergekommener aussehen, als es in Wirklichkeit der Fall war. Für die Boulevardpresse gehen die Reporter meist in Rudeln auf die Jagd und sprechen sich oft untereinander ab, wie eine Story ausgeschlachtet werden soll; im Kampf um Schlagzeilen führt dies natürlich zu krassen Verzerrungen und Erfindungen.

Seit Vietnam und Watergate weiden sich die Medien unverfroren an ihrer Macht und ihrem Eigendünkel; und auf der Jagd nach einer Story von ähnlich explosiver Wirkung versuchen sie, aus allem Kapital zu schlagen, von den Kirchen über den amerikanischen Präsidenten bis zum britischen Königshaus. Und da die Medien das allgemeine Mißtrauen gegenüber öffentlichen Institutionen fleißig geschürt haben, können sie aus ihren dubiosen Unternehmungen immer wieder neues Material hervorholen. So ist das Mißtrauen gegenüber öffentlichen Einrichtungen selbst schon zur »Story« geworden, die es den Medien ermöglicht, durch ein narzißtisches Zurschaustellen ihrer eigenen Macht immer wieder neue »Nachrichten« herauszuschlagen. Der Rest der Welt beugt sich dieser Macht immer mehr. Inzwischen ist es allgemein üblich, daß führende Politiker nicht nur wichtige Bekanntmachungen, sondern auch militärische Operationen zeitlich so planen, daß sie in die Abendnachrichten kommen. Während des Golfkriegs beispielsweise entflammte der Himmel über Bagdad gerade rechtzeitig für die 6-Uhr-30-Nachrichten in Washington und New York. In Somalia stürmten amerikanische »Friedenstruppen« in voller Kriegsbemalung und Kampfausrüstung aus den Landungsbooten an Land, wo sie allerdings nicht auf eine bewaffnete Widerstandstruppe stießen, sondern auf einen schnatternden Haufen abgestumpfter Reporter und Kameraleute.

Die Massenmedien haben sich zudem immer neue Aufgaben und Rollen einfallen lassen, mit denen sie ihren Fortbestand sichern und ihre Existenz rechtfertigen können. Eine dieser Rollen ist die des politischen Kommentators oder Interviewers. Theoretisch besteht die Aufgabe der Medien in erster Linie darin, über Tatsachen zu berichten und diese dann vielleicht in einem Leitartikel unter Darlegung der eigenen Position zurückhaltend zu kommentieren. Inzwischen jedoch verdrängt und verdunkelt der Kommentator häufig das Material, das er eigentlich erläutern sollte. Neuerdings hat man für die eigentlichen Entwicklungen auf der politischen Bühne viel weniger Zeit und Raum übrig als für deren angeblich sachliche Interpretation. Aus einem Zehn-Sekunden-Statement eines Politikers lassen sich ganze Stunden an Sendezeit und jede Menge Zeitungsspalten für ausgedehnte Analysen herausschlagen. Und der größte Teil dieser angeblichen Analysen ist nichts anderes als die müßige Spekulation sogenannter Experten, die vielleicht über mehr Daten verfügen, aber nicht unbedingt über mehr Durchblick als der intelligente Leser, Hörer oder Zuschauer. Die Medienmagnaten scheinen nicht zu merken, wie herablassend, entmündigend und beleidigend solche Analysen im Grunde sind. Sie geben zu verstehen, daß die Öffentlichkeit zu dumm ist, um die Ereignisse selbst zu verstehen und sich selbst ein Bild davon zu machen. Sie gehen davon aus, daß Ereignisse, Entwicklungen und Äußerungen kleingehackt, vorgekaut und dem Zuschauer eingetrichtert werden müssen, weil er sonst nicht imstande wäre, das Ganze zu kapieren. Sie meinen, wir hätten tatsächlich die Analyse von Material nötig, das in den meisten Fällen von sich aus ohne weiteres verständlich ist und daher gar keiner Analyse bedarf. Und diese Art von Interpretation bahnt natürlich den Weg für heimliche Manipulation. Der Eifer, mit dem diese Analysen betrieben werden, soll den Menschen suggerieren, daß sie tatsächlich nötig sind, daß die Welt um uns herum im Grunde viel zu schwierig ist, als daß man sie ohne jede Hilfe verstehen könnte. Auf diese Weise entsteht eine symbiotische Abhängigkeit, die letztlich die Ignoranz fördert.

In westlichen Demokratien ist keine politische Partei gegen peinliche Pannen gefeit. Folglich müssen Vertreter jeder Partei irgendwann einmal die lästige Inquisition der Medien über sich ergehen lassen. Wenn die Zuschauer dies oft genug mitverfolgt haben, empfinden sie allmählich nur noch Mißtrauen und Verachtung gegenüber nervösen, heuchlerischen Politikern. Auf einer unbewußten Ebene erleben sie den Interviewer als eine Instanz, die Kontrolle ausübt, als einen Magus, der gegenüber dem Ritual der Demütigung Distanz wahrt, das er anderen auferlegt, während er selbst sich auf eine erhabene Position der Unantastbarkeit zurückzieht. Auf diese Weise wächst die manipulative Macht der Medien nur noch weiter.

Die Medien spielen sich nicht nur in kleineren politischen Debatten als scheinbar unparteiische Schiedsrichter auf, sondern auch dann, wenn es um größere, ja sogar globale Zusammenhänge geht. Sie können die Rolle eines überstaatlichen Rudelführers spielen, der zankende Regierungen zur Ordnung ruft und zur Rechenschaft zieht. Erste Anzeichen dieses Rollenverständnisses zeigten sich während des Golfkriegs, als sich die amerikanische und die irakische Regierung nicht nur über die traditionellen diplomatischen Kanäle miteinander austauschten, sondern auch indirekt über Fernsehinterviews. Über die Medien kann sich ein Staatsoberhaupt auch direkt an ein fremdes Volk wenden, praktisch über die Köpfe der Führung hinweg. So forderte George Bush beispielsweise die Bevölkerung des Irak auf, gegen Saddam Hussein zu rebellieren. Doch je mehr sich die Medien auf diese Rolle verlegen, desto stärker greifen sie in die Ereignisse ein, über die sie eigentlich nur berichten sollten. Wie ein Kommentator feststellte, sind die Medien und insbesondere die internationalen Fernsehsender inzwischen »aktiver Teilnehmer an den Ereignissen, über die sie angeblich ›berichten‹. Das Fernsehen sollte nicht mehr bloß [...] als Beobachter und Berichterstatter betrachtet werden. Es ist auf das engste in diese Ereignisse verstrickt und ist ganz offenkundig zu einem integralen Bestandteil jener Realität geworden, die es vermittelt.«[383]

Durch die unterschwellig eingesetzte Kraft der Suggestion impfen uns die Medien in hohem Maße heimlich ihr eigenes Wertesystem ein. Dies geschieht wohl am offenkundigsten durch das Maß an Bedeutung beziehungsweise Bedeutungslosigkeit, das sie bestimmten Nachrichten beimessen. Zugegebenermaßen verlangen gewisse Meldungen von sich aus eine höhere Aufmerksamkeit und rücken automatisch in den Vordergrund. Ein Attentat, eine Flugzeugentführung oder ein anderer Terrorakt, ein Flugzeugabsturz, eine verheerende Katastrophe oder ein größerer politischer Skandal bilden natürlich für jede Zeitung, Rundfunk- oder Fernsehanstalt den »Aufmacher«. Wenn aber kein besonderes Thema die Aufmerksamkeit der Öffentlichkeit derart in Anspruch nimmt, müssen die Medien selbst eine Skala der Gewichtigkeit anlegen. Ereignisse im näheren geographischen Umfeld genießen zwangsläufig einen gewissen Vorrang. Zwei oder drei tote Deutsche oder Österreicher erregen in den Medien ihres jeweiligen Heimatlandes weit mehr Aufmerksamkeit als zwei- oder dreitausend Tote in einem fernen Winkel Afrikas oder Asiens. Ein einzelner deutscher oder österreichischer Staatsbürger, der wegen Drogenschmuggels in Thailand im Gefängnis landet, erweckt in den Medien viel größeres Interesse als so manche Entwicklung, die im Ausland weit mehr Gewicht hat – beispielsweise ein territorialer Konflikt zwischen Peru und Bolivien, der unter Umständen Tausende von Menschenleben fordert. Natürlich ist das nicht anders zu erwarten. Wir sind alle viel tiefer berührt von Dingen, die uns direkt betreffen und die irgendwie Folgen für unsere eigene Lebenswirklichkeit haben. Doch gerade in der Gewichtung dieser Themen macht sich die Manipulation durch die Medien höchst wirksam und heimtückisch bemerkbar.

An einem Tag ohne erschütternde Nachrichten zeigt sich dann, welches verborgene Wertesystem die Medien selbst durch die Macht der Suggestion zum Tragen bringen. Boulevardblätter beispielsweise quetschen das Letzte aus dem neuesten Klatsch über das englische Königshaus, den amerikanischen Präsidenten oder irgendeine andere Persönlichkeit des öffentlichen Lebens, die einen völlig belanglosen Fauxpas begangen hat. Andere Zeitungen räumen ganz anderen Themen den Vorrang ein. Die eine Zeitung, Rundfunk- oder Fernsehanstalt bringt vielleicht ein wirtschaftliches Thema groß heraus. Die anderen betonen dagegen Themen aus der Politik oder Meldungen über ergreifende menschliche Schicksale. Das langsame und undramatische Auf und Ab von Friedensverhandlungen wird beiseite geschoben zugunsten einer Meldung, die letztlich kaum mehr als sensationslüsternes Geschwätz ist. Und all solche Nachrichten, bei denen es sich nicht gerade um die Ermordung

von Kennedy dreht, sind von ausgesprochen beschränkter »Lebensdauer«.

Natürlich erwarten Leser, Hörer und Zuschauer in den Nachrichten
dramatische Meldungen. »Letzte Nacht eine halbe Million Frauen in
Boston nicht vergewaltigt und nicht belästigt« – das gibt (außer vielleicht in einigen amerikanischen Großstädten) kaum eine besonders
eindrucksvolle Schlagzeile ab. Aber irgend etwas stimmt nicht, wenn
die jüngsten Kapriolen eines Sportlers oder eines Popstars wichtiger
genommen werden als etwa ein ethnischer Konflikt in Miami oder eine
entscheidende Entwicklung in Nordirland. Die meisten intelligenten
Menschen würden zugeben, daß solche Themen letztlich wichtiger sind
als das, was Mike Tyson, Michael Jackson, Steffi Graf oder Madonna
in ihrem Privatleben treiben. Doch indem die Medien diesen »Promis«
soviel Bedeutung beimessen, wollen sie uns vom Gegenteil überzeugen,
und sie beeinflussen damit, welche Prioritäten wir selbst setzen, sie
rütteln an unserem Wertesystem und steuern unsere Wahrnehmung der
Wirklichkeit. Live übertragene Sportsendungen sind dafür ein gutes
Beispiel. Immense Summen werden ausgegeben, nur weil ein paar
Halbwilde einer aufgepumpten Blase hinterherjagen. Für derlei Spektakel werden andere Sendungen, unter anderem auch die Nachrichten,
ohne weiteres willkürlich beiseite gedrängt. Und diejenigen, die dieses
Schauspiel kommentieren, tun dies mit einer atemlosen Dringlich-
keit und in einem Ton frenetischer Begeisterung, die vielleicht dem
Schlachtfeld oder der Wiederkunft Christi angemessen wären. Auf diese
Weise will man uns glauben machen, solche Dinge seien tatsächlich
wichtig.

Die Medien bestimmen unsere Prioritäten auch auf andere Weisen, die
zugleich so subtil und so offensichtlich sind, daß sie leicht übersehen
werden. Wir brüsten uns zum Beispiel damit, nicht nur in einer »zivilisierten«, sondern auch in einer »kultivierten« Gesellschaft zu leben.
Jede Woche werden allein in Großbritannien über hundert Bücher
veröffentlicht. Davon verdienen es wenigstens ein paar, als »ernste
Literatur« bezeichnet zu werden. Einige sind vielleicht Neuerscheinun-
gen oder Übersetzungen neuer Werke oder erstmalige Übersetzungen
anerkannter Klassiker, wie beispielsweise die kürzlich erschienene de-

finitive englische Übersetzung von Robert Musils *Mann ohne Eigenschaften*. Manche sind möglicherweise die Klassiker von morgen – ein neuer Gedichtband von Seamus Heaney oder der jüngste Roman von Gabriel García Márquez oder Carlos Fuentes. Darunter sind auch zahlreiche Sachbücher, von denen viele wirklich wichtig sind. Daneben gibt es unzählige weitere kulturelle Ereignisse – Ausstellungen, Konzerte, Opern und Schauspielaufführungen.

Doch wieviel Raum wird diesen Dingen selbst in einer Zeitung, die sich als erklärtermaßen »kultiviert« ausgibt, gewidmet? Wieviel Zeit wird ihnen in den Fernsehnachrichten eingeräumt? Jeder größeren Nachrichtensendung folgen Meldungen mit den letzten Ergebnissen vom Sport. Jede Zeitung widmet dem Sport drei, vier, fünf oder sogar noch mehr Seiten. Jede Zeitung enthält auch mindestens vier Seiten mit Informationen aus Finanzwelt und Wirtschaft. In einer typischen Tageszeitung bekommen Kunst und Kultur jedoch selten mehr als eine oder zwei Seiten ab, und diese müssen dann das gesamte Spektrum der Kulturbereiche abdecken. Zeitungen bringen meist nur einmal pro Woche Buchbesprechungen, und selbst diese stellen nur eine kleine und mehr oder weniger willkürliche Auswahl dar. »Ernste Literatur« ist unter diesen wenigen Titeln oft überhaupt nicht vertreten, schon gar nicht, wenn es sich um ein fremdsprachiges Werk oder eine Publikation eines kleineren, weniger kommerziellen Verlages handelt. In den Fernsehnachrichten wird die seriöse Literatur in der Regel überhaupt nicht erwähnt, es sei denn, ein berühmter Autor stirbt oder erhält einen renommierten Preis. Wie soll diese Unausgewogenheit nicht unser Urteil über das, was wichtig oder unwichtig ist, beeinflussen?

Dem kann man natürlich entgegenhalten, daß es eigene Kulturzeitschriften gibt, die ausschließlich diesem Bereich gewidmet sind. Dasselbe gilt aber auch für den Sport und die Wirtschaft; dennoch finden letztere auch in den Massenmedien Platz. Darüber hinaus befassen sich die Publikationen, die angeblich kulturellen Phänomenen gewidmet sind, inzwischen immer weniger mit denselben. Seit einigen Jahren haben Blätter wie beispielsweise *The New York Review of Books* immer weniger Raum für Bücher übrig und statt dessen immer mehr für Aufsätze oder Kommentare zu Themen der Zeit. Und schließlich werden kulturelle Themen gerade dadurch, daß sie in spezielle Zeitschriften, Rundfunk- und Fernsehserien verbannt werden, zusätzlich von der allgemeinen Öffentlichkeit abgesondert – womit wiederum die stillschweigende Annahme der Massenmedien, solche Dinge sollten einer kleinen Elite vorbehalten bleiben und keinen Platz in der breiten Mitte der Gesellschaft einnehmen, noch verstärkt wird.

Wie wir bereits dargelegt haben, ist die Kunst im 20. Jahrhundert zum vielleicht wichtigsten Überlebensraum der Hermetik geworden. Dadurch, daß die Massenmedien die Kunst an den Rand drängten und drängen, tragen sie nur noch mehr zur Fragmentierung des Wissens und der Realität bei. Und nicht zuletzt fördern sie damit das Entstehen einer Welt, die von Mittelmaß und Heuchelei geprägt ist.

19. Kapitel:
Magie und Musik

Im Januar 1965 wurde Richard Nixon als Präsident eines Landes vereidigt, das seit dem Bürgerkrieg knapp 100 Jahre zuvor nicht mehr so gefährlich gespalten war. Im April 1965 überstieg die Zahl der amerikanischen Kriegstoten in Vietnam die des Koreakrieges. An dem Wochenende vom 15. bis 17. August versammelte sich fast eine halbe Million Hippies, Yippies, Musikfans, Studenten und Professoren zahlreicher Colleges und Universitäten, Angehörige der sogenannten Gegenkultur und unzählige andere Menschen auf einem groß angekündigten Musikfestival in Woodstock im Staat New York. Das Treffen stand im Zeichen unterschiedlichster Anliegen, doch das Hauptmotto war der Widerstand gegen den Krieg in Vietnam. Selbst für die zurückhaltendsten Beobachter schien sich damals eine Art Revolution in der amerikanischen Gesellschaft und Kultur anzukündigen. Selbsternannte »patriotische« Verteidiger von Wahrheit, Gerechtigkeit und allem Amerikanischen reagierten mit Sorge, ja Panik, denn sie sahen Anarchie, Chaos und »dunkle Mächte« hereinbrechen. Optimisten dagegen witterten, etwas naiver, den Beginn einer neuen Zivilisation. Natürlich haben sich weder die düsteren noch die rosigen Vorahnungen erfüllt. Doch auch heute noch gilt Woodstock als eines der epochalen Ereignisse der 60er Jahre, als einer der entscheidendsten Momente, wenn nicht sogar als die Apotheose jener Ära.

Das Echo von Woodstock ging um die ganze Welt. In Kalifornien, das einst die Speerspitze so vieler gesellschaftlicher und politischer Proteste und Umwälzungen bildete, fühlte man sich in den Hintergrund gedrängt. Um der amerikanischen Westküste ein eigenes Woodstock zu bescheren, wurde ein Musikfestival von ähnlich großem Ausmaß organisiert. Man wollte das Festival an einer Örtlichkeit innerhalb von San Francisco – beispielsweise im Golden Gate Park – abhalten, doch dieser Plan scheiterte, und so wurde das Spektakel schließlich auf den Altamont Speedway, eine trostlose, stillgelegte Autorennstrecke in einer öden Gegend am Rand der Stadt verlegt. Man lud einige Westküsten-Bands ein, unter anderem Jefferson Airplane und Grateful Dead. Die Hauptattraktion an diesem 6. Dezember sollten jedoch Mick Jagger und die Rolling Stones sein, die eben eine Tournee durch die Vereinigten Staaten absolviert hatten. Die Stones gaben bekannt, sie seien bereit, an einem Konzert mit freiem Eintritt teilzunehmen, denn sie meinten, »das entspricht dem Geist der Zeit«.[384] Mick Jagger erklärte, sie wollten »eine Art mikroskopische Gesellschaft schaffen, die ganz Amerika als Beispiel dafür dienen wird, wie man sich bei großen Menschenansammlungen benehmen kann«.[385]

In der Vergangenheit gab es immer wieder Spannungen zwischen dem Lager der kalifornischen Studenten, Künstler, Hippies und Yippies, die alle gegen den Vietnamkrieg waren, und dem Lager der Hell's Angels, die – soweit sie überhaupt politisch waren – ein fanatisch rechtsgerichtetes, ja sogar neonazistisches oder pseudonazistisches Image pflegten. Nach dem großen Musikereignis bestritt zumindest einer der Stones, Keith Richards, daß seine Gruppe die Hell's Angels überhaupt zu dem Festival eingeladen habe. Er führte deren Anwesenheit auf eine Einladung seitens der kalifornischen Acid-Rock-Band Grateful Dead zurück.[386] Letzten Endes ist es jedoch völlig belanglos, wer die Angels einlud. Entscheidend ist, daß sie eingeladen wurden. Und zwar wurden sie eingeladen, um ausgerechnet die Rolle eines Ordnungsdienstes zu übernehmen. Wenn man nach der landesweiten Publicity im Vorfeld des Festivals geht, hatten die Stones die erklärte Absicht, die Kluft zwischen den Angels und ihren einstigen Gegnern zu überwinden; die Musik sollte als eine Art heilende Magie dienen, die »negative Energie austreiben«, die den kalifornischen Äther wie Ozon belastete, und ein neues Zeitalter der sozialen Harmonie einläuten.

Seit dem »Sommer der Liebe« in Woodstock hatte sich die Stimmung in Amerika tatsächlich gewandelt. Als Nixon den widerrechtlichen Einmarsch in Kambodscha befahl, nahm der Krieg in Vietnam eine neue Dimension an. Die Einstellungen gegenüber dem bewaffneten Konflikt verhärteten und polarisierten sich zunehmend. Im November marschierte eine Viertelmillion Demonstranten nach Washington, und die Kundgebung war merklich militanter und weniger der »universellen Liebe« und der »Flower power« verschrieben als frühere Proteste. Überall in den Vereinigten Staaten war die Atmosphäre düsterer und explosiver geworden. Und besonders in Kalifornien herrschte nicht nur eine unsichere und gespannte Lage, sondern eine regelrecht paranoide Stimmung.

In der Nacht vom 9. auf den 10. August, also eine Woche vor Woodstock, waren in Beverly Hills sieben Menschen – darunter Roman Polanskis Frau, die schwangere junge Schauspielerin Sharon Tate – grausam niedergemetzelt worden. Man vermutete zwar eine Art »Ritualmord«, doch anfangs bestand kein Grund, diese Greueltat mit der Gegenkultur in Verbindung zu bringen. Die Morde wirkten sich jedenfalls wenig auf die Stimmung des Festivals in Woodstock aus. Im Oktober wurden jedoch nach langwierigen Ermittlungen Charles Manson und seine Jünger unter Mordverdacht verhaftet. Den ganzen Herbst über waren die Medien voll von Schauergeschichten über Mansons sogenannte Familie und deren bizarren alternativen Lebensstil. Am 5. Dezember, dem Tag vor dem Festival von Altamont, nahm eine kalifornische Jury die ersten Anhörungen im Fall Manson auf. Das Verfahren sollte angeblich unter Ausschluß der Öffentlichkeit stattfinden, doch in den Schlagzeilen an jenem Abend hieß es, die »Tate-Mörder« hätten »wilde LSD-Orgien« gefeiert. Somit entstand eine Verbindung zur »Gegenkultur«, deren bevorstehendes Festival in Altamont die zweite große Story des Tages bildete. Im Bewußtsein der Öffentlichkeit verschmolzen die beiden Meldungen sofort in eins, und das Festival stand folglich von Anfang an unter dem unheilvollen Omen des Falles Manson.

Allein die Anwesenheit der Rolling Stones verstärkte die negative Assoziation. Im Oktober, als Mansons Name erstmals in den Schlagzeilen aufgetaucht war, hatten die Stones in Los Angeles das Album *Let It Bleed* aufgenommen. Diese Platte sicherte ihnen rasch den Ruf der härtesten Rockgruppe der Musikszene. Ihr Song »Street Fighting Man« wurde einem Kommentator zufolge zur »Hymne der Ära«. Das Auftreten der Stones wurde in den Medien als »bedrohlich brütender Hexensabbat« bezeichnet.[387] Allein die Erwähnung des Wortes »Hexensabbat« schuf im Bewußtsein der Öffentlichkeit eine Verbindung zu Manson und seinesgleichen. Songs wie »Sympathy for the Devil« hatten natürlich den gleichen Effekt.

Die Stones schienen bewußt die Augen davor zu verschließen, wie sehr sich die Stimmung im Land wandelte und wie sich ihr eigenes Image auf die Gesellschaft auswirkte. Dasselbe galt auch für ihre Fans. In der Hoffnung, daß das Festival von Altamont ein ebenso denkwürdiges und historisches Ereignis werden würde wie Woodstock, standen jedoch schon etliche Filmemacher in den Startlöchern. Kamerateams nahmen die Vorbereitungen und den Auftakt des Spektakels auf: das Eintreffen von etwa 300 000 Menschen, das hektische Treiben hinter den Kulissen, die Proben, das Geplauder und Geplänkel in den Wohnwagen, die als Garderoben dienten, und schließlich auch die Auftritte der teilnehmenden Bands. Der Dokumentarfilm *Gimme Shelter* aus dem Jahre 1970 bildet eine visuelle Chronik der damaligen Ereignisse.

Bis heute ist unklar, welche Rolle den Hell's Angels eigentlich zugedacht war. Aus dem Film geht hervor, daß sie im Grunde nicht viel mehr taten, als eine lockere Absperrkette um die Bühne zu bilden, damit die Fans nicht die Künstler überrollten, und sich systematisch zu betrinken. Bei dem Konzert herrschte von Anfang an Gewalt, lange bevor die Stones auftraten. Der Film zeigt Angels, wie sie mit beschwerten Billardstöcken auf die Leute eindreschen. Immer häufiger werden die Fans über die Lautsprecheranlage eindringlich aufgefordert, sich nicht gegenseitig zu verletzen. Zwischendurch wird ein Arzt ausgerufen. Um die Bühne herum kommt es immer wieder zu Raufereien, und die Musik wird ständig unterbrochen. Einmal befinden sich fast 200 Personen gleichzeitig auf der Bühne. Das Handgemenge um die Bühne herum greift schließlich auf die Bühne über. Ein Mitglied von Jefferson Airplane wird von einem Angel mit einem Fausthieb ins Gesicht bewußtlos geschlagen.

Die Stones treten erst bei Einbruch der Nacht auf. Als sie auf die Bühne steigen, blickt Mick Jagger ausgesprochen besorgt drein. Seine ersten Worte dienen der Ermahnung der Menge: »Bleibt ganz cool da vorn.«

Dann stimmt die Gruppe den ausgesprochen unglücklich gewählten Song »Sympathy for the Devil« an. In diesem Augenblick entsteht in den vordersten Reihen ein Handgemenge, und Jagger hört auf zu singen. Die anderen Mitglieder der Gruppe spielen beinahe verzweifelt weiter, so als wüßten sie nicht, was sie sonst tun sollten, während die Rauferei in eine regelrechte Schlägerei ausartet und einige Angels auf die Bühne stürmen. Jagger fordert Keith Richards auf, er solle aufhören zu spielen. Richards würgt seine Gitarre abrupt ab, und Jagger bittet inständig um Ruhe: »He! He! Leute, Schwestern, Brüder und Schwestern, Brüder und Schwestern, also bitte, ich meine alle, bleibt cool! Wollt ihr wohl alle ruhig sein! Ich weiß! Ich bin hier! Also alles cool jetzt, ist ja schon gut […] Sind wir jetzt cool?«

Als sich der Tumult dann allmählich legt, erklärt er mit einem kurzen nervösen Lachen, daß »[…] etwas ganz Sonderbares geschieht, wenn wir mit dieser Nummer anfangen«.

Die Stones fangen mit »Sympathy for the Devil« noch einmal von vorn an. Diesmal gelingt es ihnen, einige Verse zu singen, bevor irgendwo im Hintergrund erneut ein Tumult losbricht. Jagger und die Band spielen weiter, doch Keith Richards dreht sich ernsthaft besorgt nach der Störquelle um. In der Menschenmenge kommt es zu einem Gerangel. Jagger singt und tanzt noch einen Moment lang weiter auf der Bühne, bis ihn ein Angel abrupt unterbricht und ihm etwas ins Ohr sagt. Jagger erschrickt und wirkt plötzlich äußerst besorgt. Halbherzig beginnt er erneut zu tanzen und bleibt auf einmal stehen und schaut hilflos auf die Menge. Es ist klar, daß ihm die Kontrolle über sein Publikum völlig entglitten ist und daß er nicht mehr weiterweiß. Die anderen Musiker versuchen zaghaft eine andere Nummer, während Jagger beruhigende Worte im Takt der Musik spricht. Als ein bewußtloser Mann von einigen Angels weggetragen wird, kommt die ganze Show endgültig zum Stillstand.

»Ach, Leute!« appelliert Jagger. »Wer bekriegt sich denn da und wozu? Wieso bekriegen wir uns? Wieso bekriegen wir uns? Wir wollen uns nicht bekriegen. Wer will sich schon bekriegen? Überall sonst war es cool!«

In diesem Augenblick hat Keith Richards offensichtlich genug. Er hat

412

erkannt, daß philosophische Ermahnungen zur Brüderlichkeit nicht genügen. Er entreißt Jagger das Mikrophon, deutet zornig auf eine Gestalt in der Menge und faucht: »Da! Der Kerl dort! Wenn der nicht endlich aufhört, Mann [...]! Hört her! Entweder hören die Typen auf damit, oder wir spielen nicht!«

Ein Reporter beschrieb die Szene später folgendermaßen: »Während Jagger merkte, daß er die Kontrolle verlor, und um Ruhe bat, wußte Richards, daß sie verloren wären, wenn sie zögerten oder versuchten, mit einer Rock-and-Roll-Meute vernünftig zu argumentieren. Er trat an das Mikrophon, deutete direkt auf einen Hell's Angel in der Menge, der einen unschuldigen Zuschauer verprügelte [...]«[388]

Weitere Rufe nach einem Arzt werden laut. Jagger nimmt das Mikrophon wieder an sich und fleht noch einmal verzweifelt: »Ich weiß nicht, was los ist, wer was macht, es ist ein einziges Gerangel. Ich kann nur an euch appellieren, San Francisco, dies könnte der schönste Abend des ganzen Winters sein, versteht ihr, und wir sind im Grunde [...] Wir sollten ihn nicht versauen, wir sollten uns zusammenreißen. Ich kann nicht mehr tun als euch bitten, euch anflehen, daß ihr euch zusammen- reißt. Ihr könnt es! Es steht in eurer Macht! Jeder! Alle! Hell's Angels! Alle! Wir sollten einfach nur zusammenhalten. Wenn wir alle eins sind. Wir wollen zeigen, daß wir alle eins sind!«

Als die Ordnung scheinbar wiederhergestellt ist, stimmen die Stones »Under My Thumb« an. Sie singen ein paar Verse. Jagger wiederholt die Zeile »I pray that it's all right« – Ich bete, daß alles in Ordnung ist – und blickt nervös nach links. Die wogende Menge weicht plötzlich auseinander. In der Mitte steht ein schwarzer Jugendlicher in einem hellen olivgrünen Anzug, auf den die Faust eines Angel zweimal blitz- schnell einzuschlagen scheint. Die Freundin des jungen Mannes, eine Blondine in einem weißen gehäkelten Oberteil und einem schwarzen Minirock, schreit. Weitere Angels stürzen sich auf den Jugendlichen und zerren ihn rasch nach links aus dem Blickfeld der Kamera. Die meisten umstehenden Zuschauer rühren sich nicht, entweder weil sie gar nichts mitbekommen haben oder weil sie wie gelähmt sind. Den Stones auf der Bühne ist der Vorfall lediglich wie eines der vielen Handgemenge erschienen. Jagger verliert die Geduld, hört auf zu singen und brüllt: »Wir hauen ab, Mann, wenn die Kerle nicht aufhören, jeden zusammenzuschlagen [...] Ich will, daß sie verschwinden [...]!«

Es wird laut davon gesprochen, daß jemand eine Pistole hätte. Hier wechselt die Filmszene jedoch abrupt in einen Schneideraum, wo immer wieder Nahaufnahmen des Vorfalls abgespult werden. In diesen Naheinstellungen erkannt man ganz deutlich, daß sich in der Hand des Hell's Angel bei dem raschen Zuschlagen ein Messer befand.

Ohne zu wissen, daß ein Mord geschehen ist, setzen die Stones ihren Auftritt fort und stimmen – wiederum feinfühlig ausgewählt – den Song »Street Fighting Man« an. Während sie auf der Bühne bleiben, werden die anderen Rockgruppen in einer quasi militärischen Operation per Hubschrauber evakuiert. Die Stones spielen fast eine Stunde lang weiter. Erst später erfahren sie, was geschehen war. Außer dem Opfer, das vor laufender Kamera erstochen worden war, gab es in Altamont übrigens drei weitere Todesfälle sowie vier Geburten.

Nach dem Spektakel wurden natürlich massive Beschuldigungen erhoben, und die Stones bekamen mehr als ihren Teil ab. Keith Richards bekannte später: »Wir gerieten ganz ahnungslos in diese Situation. Es war eben Amerika im Jahre 1969.« Aber das war nicht alles. In der *Newsweek* hieß es: »Nach dieser blutbefleckten Tournee schien die Musik der Stones selbst zu einer mythischen Kraft zu werden, ekstatisch, zynisch, allmächtig – ein erotischer Exorzismus für eine dem Untergang geweihte Dekade.«[389]

Das vielleicht aufschlußreichste Resümee zog Jerry Garcia, der verstorbene Gitarrist der Grateful Dead: »[...] die Musik hat das Ganze hervorgerufen [...] Als die Rolling Stones vor der Menge spielten und die Schlägereien im Gang waren und die Rolling Stones ›Sympathy for the Devil‹ spielten, wurde mir klar, daß ich es hätte wissen müssen. Man kann das nicht einfach so bringen, ohne daß es irgendwo auf einen zurückfällt.«[390]

In der für die damalige kalifornische Szene typischen Rhetorik hat Garcia auf etwas Wichtiges hingewiesen. *Gimme Shelter* stellt mehr als nur das schauerliche Spektakel eines Mordes vor laufender Kamera dar. Der Film ist auch eine aufschlußreiche Parabel. Seiner Biographie zufolge war Keith Richards in Altamont high durch LSD, Kokain,

Opium und Haschisch.[391] Ob das nun stimmt oder nicht, sicher ist, daß er und die anderen Mitglieder der Gruppe high durch Adrenalin waren. In ihrem aufgeputschten Zustand vollführten sie allesamt einen ungeheuerlichen Akt ritueller schamanistischer Magie, wobei die Bühne quasi als magischer Kreis diente, aus dem heraus der Zauberer seine Beschwörung vollzieht. *Gimme Shelter* illustriert somit eine moderne Abwandlung der Geschichte aus Mittelalter und Renaissance, in der der Zauberer die Macht über die Kräfte verliert, die er ruft.

Voodoo und Rockmusik

Wir haben bereits die Verbindung von Magie und Musik skizziert, die seit dem Beginn der überlieferten Geschichte, wenn nicht sogar schon länger existiert. Die ältesten Formen der Musik standen, wie wir uns erinnern, in Zusammenhang mit »primitiver« schamanistischer und vorhermetischer Magie. Die hermetische Magie spiegelt sich in der Tradition, die sich von der unmittelbar vorklassischen Zeit – der pythagoreischen »Sphärenmusik« – bis zu Komponisten wie Bach und Mozart, Wagner, Mahler und Schönberg durchzieht. Diese Tradition ist von der Musikwissenschaft natürlich eingehend erforscht worden. Die hermetischen Grundlagen dieser Tradition wurden auch von diversen Autoren aufgedeckt, beispielsweise von dem kubanischen Romancier und Musikwissenschaftler Alejo Carpentier und vielleicht am gründlichsten von Thomas Mann in *Doktor Faustus*.

Ganz anders sieht es jedoch mit der populären Musik aus. Die populäre Musik vor dem 20. Jahrhundert ist im Grunde nur schwer zu definieren. Es gibt natürlich zahlreiche Volkslieder – die sogenannten *Border Ballads*, die Kinderballaden und jene, die mit Thomas the Rhymer in Verbindung gebracht werden –, die tief von einer vorhermetischen, heidnischen Magie durchdrungen sind. Noch im 19. Jahrhundert wurde die Melodie von »Danny Boy«, auch bekannt als »Londonderry Air«, der Legende zufolge einem schlafenden Fiedler oder Harfenisten von den Sidhe, dem Feenvolk, im Traum anvertraut. Der australische Romancier S. J. Koch behandelt in seinem Buch *The Double Man* ausführlich diese sogenannte »Feenmusik« und ihren Einfluß auf die sogenannte Renaissance des Okkulten in den 1960er Jahren.

In den meisten Fällen wurde unter populärer Musik vor dem 20. Jahrhundert etwas anderes verstanden, zumindest in Großbritannien und den Vereinigten Staaten. Da gab es zum Beispiel die Volkslieder, Seemannslieder, Kirchenlieder und Marschlieder aus bestimmten Epochen: »The British Grenadiers« etwa, David Garricks »Hearts of Oak«, »Yankee Doodle« oder »The Girl I Left Behind Me«. In Amerika sang man in der Mitte des 19. Jahrhunderts die Balladen des Westens, wie zum Beispiel »Red River Valley«, und die ewig populären Lieder von Stephen Foster. Und man kannte die Musik des amerikanischen Bürgerkriegs, die bisweilen flott und beschwingt, bisweilen kraftvoll majestätisch oder auch regelrecht schauerlich klang. Und schließlich gab es die unendlich populäre Musik des Varietétheaters und der Operette, beispielsweise von William Gilbert und Arthur Sullivan. Abgesehen von dem, was diese Musik zufällig zum »Ohrwurm« machte, hatte sie nicht im geringsten irgend etwas bewußt Magisches an sich. Die Komponisten verfolgten mit Sicherheit keinerlei bewußt magische Absicht.

Erst mit der Erfindung und Verbreitung zunächst des Phonographen und später des Rundfunks entwickelte sich die populäre Musik, so wie wir sie heute kennen. Doch mit Ausnahme des Jazz stammte der größte Teil davon noch bis in die 1950er Jahre direkt oder indirekt aus dem Varietétheater. Vertreter dieser Musik waren sogenannte Schnulzensänger wie Bing Crosby und Frank Sinatra, deren Repertoire wenig, wenn überhaupt irgend etwas Magisches enthielt. Der Jazz hingegen wies deutlich Elemente der Magie auf und galt deswegen in bestimmten Kreisen als fast »subversiv«. Doch er blieb in vielerlei Hinsicht ein Insiderphänomen, und seine magischen Elemente wurden oft durch seinen intellektuellen Anspruch aufgewogen. Trotz seiner Popularität übte seine Magie deshalb nicht den gleichen Bann auf ganze Generationen von Jugendlichen aus, wie es die Magie des Rock'n'Roll bald vermochte. Der Rock 'n' Roll hat die uralte Verbindung zwischen Magie und Musik wieder neu gefestigt, eine massive Industrie entstehen lassen und in der Entwicklung der modernen westlichen Kultur eine entscheidende Rolle gespielt.

Es ist längst bekannt, daß der Rock letzten Endes von der Musik der Schwarzen in den amerikanischen Südstaaten abstammt, von Spirituals und Gospels, von Jazz, Blues und Rhythm and Blues. Weniger bekannt ist die Tatsache, daß diese Formen der Musik wiederum auf das religiöse Glaubenssystem zurückgehen, das allgemein als Voodoo (Wodu) bezeichnet wird. War die Musik der Schwarzen der Vater des Rock, so ist der Voodoo sein Großvater.

Jorge Luis Borges zufolge waren es christliche Nächstenliebe und Barmherzigkeit, die zur Einführung des Sklavenhandels zwischen Afrika und dem kurz zuvor entdeckten Amerika führten. »Im Jahre 1517 empfand der spanische Missionar Bartolomé de las Casas solch großes Mitleid für die Indianer, die in den höllischen Schächten der antillischen Goldminen schmachteten, daß er dem spanischen König Karl V. vorschlug, Schwarze zu importieren, damit diese in den höllischen Schächten der antillischen Goldminen schmachten mochten.«[392]

Im Jahre 1518 wurden die ersten drei Sklaven aus Westafrika in die frisch kolonisierten spanischen Besitzungen in der Karibik gebracht. Der Sklavenhandel, das Geschäft mit dem sogenannten »schwarzen Elfenbein«, nahm bald unglaublich lukrative Ausmaße an und breitete sich überall auf dem Festland von Nord- und Südamerika aus. 1526 wurden die ersten Sklaven in das Gebiet der späteren Vereinigten Staaten importiert.

Die Menschen, die aus ihren Dörfern an der afrikanischen Küste entführt und gewaltsam über den Atlantik verschleppt wurden, verloren so gut wie alles; manchmal blieben ihnen die Familien, die aber in der Regel gleich nach der Ankunft in der Neuen Welt auseinandergerissen wurden. Aus ihrem bisherigen Leben behielten die meisten Sklaven nichts außer ihrem religiösen Glauben. Dies war ein weitgehend animistischer Glaube, der sich in der schamanistischen Anrufung zahlreicher Naturgottheiten, ähnlich denen im vorchristlichen heidnischen Europa, ausdrückte. Trommelklänge, Tanz, rhythmische Zaubersprüche und manchmal auch Drogen bewirkten einen Zustand der Trance, der »Besessenheit« von Geistern. In der Sprache des Fon-Stammes im ehemaligen Dahomey war *Wodu* die Bezeichnung für »Naturgottheit«.[393]

Keine afrikanische Stammesreligion wurde in Amerika so tief verwurzelt wie die der Fon. Sie breitete sich von der Karibik nach Westen aus und nahm dabei, je nach Region, eine mehr oder weniger große Beimischung des Katholizismus in sich auf. Diese Mischform wurde in Kuba, wo der Einfluß des Katholizismus am stärksten war, als Santeria bezeichnet. In Jamaica hieß sie Obeah, in Trinidad Shango und in Brasilien Macumba. In Barbados und später in Haiti erhielt sie die Bezeichnung Voudoun bzw. Voodoo.

Je nach dem Einfluß der Römisch-katholischen Kirche blieben im Voodoo und seinen verschiedenen Varianten einige wichtige Bestandteile der afrikanischen Ursprungsform erhalten. Dazu zählten Musik, Gesang, Tanz, das Opfern von Haustieren wie Hühnern, das Verzehren des Fleisches des geopferten Tieres und die rituelle Verwendung seines Blutes, das manchmal auch getrunken wurde. Das wichtigste war jedoch der dadurch hervorgerufene Zustand der Trance oder »Besessenheit«.

> Die vielleicht dramatischste religiöse Erfahrung im Voodoo ist das Phänomen der »Besessenheit«, jener Augenblick, in dem eine Gottheit in die Seele eines Gläubigen eindringt und dieser in Geist, Tat und Rede zu diesem Gott wird. Dieses Phänomen ist ebenso typisch und wesentlich für die afrikanischen Praktiken wie für die Voodoo-Rituale in der westlichen Hemisphäre.[394]

Von einem Gott oder Geist »besessen« zu sein ist das höchste Ziel der Voodoo-Zeremonie. Es gilt als Zeichen großer Gunst und deutet darauf hin, daß der Gott oder Geist einen Menschen als würdiges Gefäß für die göttliche Immanenz erachtet.

Die aus Europa stammenden Sklavenaufseher und Sklavenbesitzer waren mit gutem Grund beunruhigt. Sie erkannten, daß der Voodoo vielleicht das einzige war, was die Sklavenbevölkerung einer bestimmten Region vereinen und zu einem Aufstand mobilisieren konnte. Und es dauerte tatsächlich nicht lange, bis solche Revolten ausbrachen. Die erste fand 1522 statt, ganze vier Jahre nach der Ankunft der ersten Sklaven. In den folgenden drei Jahrhunderten kam es immer wieder zu vereinzelten Aufständen, die manchmal nur mit Hilfe großer europäischer Truppenverbände niedergeschlagen werden konnten. Im Jahre

1804, als Napoleon mit Kriegen in Europa beschäftigt war und von der britischen Flotte an der Zufahrt nach Westindien gehindert wurde, erhob sich die Sklavenbevölkerung von Haiti gegen ihre französischen Herren und gründete ein eigenes Königreich.

Seither konnte der Voodoo in Haiti natürlich richtig Fuß fassen. Unter seinen verschiedenen Bezeichnungen konnte er aber auch an anderen Orten tiefe Wurzeln schlagen. Wenn Revolten niedergeschlagen wurden, suchten viele Sklaven Zuflucht in den undurchdringlich dicht bewaldeten Hügel- und Bergregionen, wo ihre weißen Herren sie nicht verfolgen konnten. Den Flüchtigen schlossen sich andere Sklaven an, die entweder einzeln oder in kleinen Gruppen aus den Zuckerrohr- oder Tabakplantagen flohen. Nachts hörten die weißen Siedler in der Ferne die unablässigen Trommelschläge mit hypnotischen afrikanischen Rhythmen. In ihren abgelegenen Schlupfwinkeln bewahrten die entflohenen Sklaven nicht nur ihre Freiheit, sondern auch ihre Religion. Sie wurden zu Hütern einer kollektiven Stammestradition und bewahrten die Erinnerung an die Gottheiten und Rituale ihrer afrikanischen Vorfahren.

Im 18. Jahrhundert erkannte die britische Verwaltung in Westindien und Nordamerika die potentielle Gefahr. Die meisten Angehörigen des Fon-Stammes wurden aus Barbados und anderen britischen Besitzungen deportiert und andernorts verkauft. In den britischen Kolonien wurde den Sklaven das Trommeln verboten. Dadurch war die Ausführung von Ritualen eingeschränkt; doch viele der wichtigsten Rhythmen wurden mit Hilfe anderer Instrumente und durch den Gesang, oft in improvisierter Form, bewahrt. Während man in den britischen Gebieten Nordamerikas die Ausbreitung des Voodoo zu verhindern wußte, stieß die animistische Praxis in der französischen Besitzung Louisiana auf keinerlei Hindernisse. New Orleans sollte bald ein wichtiges Zentrum nicht nur für den nordamerikanischen Sklavenhandel, sondern auch für den Voodoo werden. Im Jahre 1800 war er bereits tief verwurzelt. In jenem Jahr unternahm die französische Verwaltung einen kläglichen Versuch, den Voodoo zu unterdrücken, indem sie den Kauf von Sklaven aus voodoo-besessenen Inseln in der Karibik verbieten ließ. Doch 1803 kaufte die Regierung der Vereinigten Staaten den Franzosen das Territorium Louisiana ab. Innerhalb kurzer Zeit war New Orleans von Flüchtlingen aus Haiti und anderen Inseln überschwemmt. Bald war der Voodoo so verbreitet, daß der Stadtrat von New Orleans sich 1817 gezwungen sah, die Teilnahme von Schwarzen an öffentlichen Versammlungen zu verbieten.[395]

Als direkte Folge dieses Verbots wurden die Bande, welche die Musik des Voodoo mit dem Kult als solchem verknüpften, immer lockerer. Die Musik löste sich zwar nie ganz von ihren religiösen Ursprüngen, doch sie entwickelte sich weitgehend unabhängig. Bald wurden die afrikanischen Rhythmen auf den Instrumenten Westeuropas und Nordamerikas gespielt, und es entstand die Tradition der New Orleans *brass bands*. Dies war, wie ein Kenner feststellte, »der Beginn der Gärung und Reifung, die ein Jahrhundert währte und letzten Endes die großen populären Musikstile des 20. Jahrhunderts hervorbrachte – Jazz, Blues, Rhythm and Blues sowie Rock and Roll«.[396]

Nach der Proklamation zur Befreiung aller Sklaven und dem Bürgerkrieg wanderten unzählige ehemalige Sklaven in den Norden. Die meisten zogen aus New Orleans und dem Mississippidelta den Mississippi hinauf nach Memphis und St. Louis. Viele gingen noch weiter nach Norden, bis Chicago und Detroit. In diesen Städten wurde gegen Ende des 19. Jahrhunderts der Blues geboren, und in diesen Städten ist er auch heute noch lebendig.

Unter allen Gattungen der schwarzen Musik war der Blues wohl der unmittelbarste Vorläufer des Rock. Und von allen anderen Arten schwarzer Musik bewahrte der Blues wohl die engsten Verbindungen zum Voodoo, dem er entstammte. Der Blues ist durchtränkt von bildlichen Vorstellungen und Anspielungen aus dem Voodoo, manchmal explizit, manchmal in den scheinbar unschuldigen Maskierungen, die zur Zeit der Sklaverei entstanden, um sich unerkannt an den Ohren ahnungsloser Weißer vorbeizuschmuggeln. Solche Metaphern und Bezüge bilden ein eigenes Lexikon, jene Art von »Code«, wie sie jedes verfolgte oder unterdrückte Volk entwickelt, um ungehindert zu kommunizieren, ohne sich den Zorn seiner Beherrscher zuzuziehen. So finden sich im Blues beispielsweise häufig Anspielungen auf den *mojo*, einen talismanischen Voodoofetisch, meist in einem zotigen, doch ansonsten angeblich unschuldigen Zusammenhang. Es finden sich auch Hinweise auf »John the Conqueror«, einen Pflanzentalisman im Dienst des »Wurzelarztes«, eines Voodoo-Priesters oder Schamanen, der als *hoochie coochie man* bezeichnet wurde. Folglich meint Muddy Waters mehr als nur die amouröse »Eroberung«, wenn er davon singt, einen Ausflug nach Louisiana zu machen, um sich einen *mojo* zu besorgen, der wirkt.

> I'm going down to Louisiana to get me a mojo,
> I'm going to have all you women,
> Got my mojo working,
> Got my mojo working but it just don't work on you.[397]

> Ich fahr nach Louisiana und hol mir einen Mojo,
> Ich werde jede Frau kriegen,
> Mein Mojo funktioniert,
> Mein Mojo funktioniert, aber bei dir klappt's einfach nicht.

Dies wird noch deutlicher in einem anderen berühmten Song von Muddy Waters, dessen Text von Willie Dixon stammt:

> I got a black cat's bone
> I got a mojo too
> I'm John the Conqueror
> I'm gonna mess with you
> I'm gonna make you girls
> Lead me by the hand
> Then the world will know
> That I'm the Hoochie Coochie man.[398]

> Ich habe den Knochen einer schwarzen Katze
> Ich habe auch einen Mojo
> Ich bin John der Eroberer
> Ich werde mich an euch ranmachen
> Ich werde dafür sorgen, daß ihr Mädchen

Mich bei der Hand nehmt
Dann wird die ganze Welt wissen
Daß ich der Hoochie Coochie Man bin.

Eine der häufigsten und ominösesten Metaphern des Voodoo ist das Bild des Scheidewegs. Im Voodoo symbolisiert der Scheideweg die Pforte zur unsichtbaren Welt, der Welt der Götter und Geister. Dieser Pforte muß man sich mit den entsprechenden Gebeten und Bitten um übernatürlichen Beistand nähern. Folglich beginnen alle Voodoo-Rituale und Zeremonien mit einer Begrüßung des Gottes, der den Scheideweg bewacht. Wer den Scheideweg passiert, tritt in die Phase der Voodoo-Initiation ein.

Das Bild des Scheidewegs spielt auch in der Musik von Robert Johnson, dem rätselhaftesten und unheimlichsten aller Bluessänger, eine große Rolle. Johnson übte einen entscheidenden Einfluß auf Muddy Waters und andere Sänger aus. Zwischen 1936 und 1937 nahm er in nur wenigen Sitzungen 29 Songs auf und verschwand dann im Alter von 28 Jahren. Später fand man heraus, daß er 1938 an einer Flasche vergifteten Whiskeys, den ihm seine Freundin gegeben hatte, gestorben war. Diejenigen, die seine Bildsprache kannten, hielten ihn im allgemeinen für einen Voodoo-Eingeweihten, der über eine infernalische magische Kraft verfügte und dessen Geschicklichkeit auf der Gitarre einem faustischen Pakt zugeschrieben wurde, den er »an einem Scheideweg« geschlossen haben soll. Sein »Crossroads Blues« ist im Grunde eine Art Voodoo-Hymne. »Ich begab mich an die Wegscheide«, beginnt er, »und kniete nieder [...]« In den folgenden Zeilen tauchen Bilder und Metaphern auf, die auch in Voodoo-Ritualen vorkommen. Die anderen Songs von Johnson strotzen in ähnlicher Weise vor dämonischer Magie. Schon der Titel von »Hell-hound on My Trail« – Der Höllenhund ist mir auf der Spur – deutet einiges an. »Me and the Devil Blues« – Der Blues von mir und dem Teufel – beginnt folgendermaßen: »Good morning, Satan, I believe it's time to go« – Guten Morgen, Satan, ich glaube, es ist Zeit zu gehen. Selbst Muddy Waters fand Johnson furchteinflößend und sah in ihm etwas rätselhaft »Finsteres«. Über einen Auftritt von Johnson berichtete Waters, »er war ein *gefährlicher* Mensch [...] und er hat die

Gitarre wirklich zu *verwenden* gewußt [...] Ich schlich weg und machte mich davon, denn das war zu heavy für mich [...]«[399]

Der Schwefelgeruch, der Johnson anhaftete, mag besonders stark gewesen sein, doch er umgab auch viele andere. Es wurde oft gesagt, daß die meisten frühen Bluessänger etwas Faustisches an sich hatten. Einer von ihnen, Peetie Wheatstraw, bezeichnete sich als »des Teufels Schwiegersohn und Obersheriff der Hölle«. Der Teufel und die dämonische Magie sind bis zum heutigen Tag zentrale Motive des Blues. Songs wie »Sympathy for the Devil« folgen ganz bewußt dieser thematischen Tradition. Dasselbe gilt beispielsweise auch für den »Low Down Rounder Blues«:

> I cannot shun the devil, he stays right by my side.
> There's no way to cheat, I'm so dissatisfied.[400]

> Ich kann den Teufel nicht meiden, er weicht nicht
>   von meiner Seite.
> Man kann sich nicht entziehen, ich bin so unzufrieden.

Es ist kaum ein Zufall, daß die Rolling Stones etliche von Robert Johnsons Songs gespielt und ihren Namen einem Titel von Muddy Waters entlehnt haben.

Wie die Stones und andere Rockmusiker haben auch Bluessänger regelmäßig eine Art schamanistisches Ritual vollzogen, das beim Publikum einen Zustand ekstatischer Hysterie auslösen sollte. Bessie Smith zum Beispiel, die 1923 ihre ersten Schallplatten einspielte, versetzte ihre Zuhörer, schwarze wie weiße, immer wieder in eine »religiöse Verzückung«, wie ein Kommentator es nannte.

> Sie trat langsam in das Rampenlicht vor, begleitet vom Heulen der gedämpften Blechbläser, dem monotonen afrikanischen Trommelschlag [...] und begann ihr seltsam rhythmisches Ritual mit einer Stimme voller Schreien und Stöhnen und Beten und Leiden [...] [Die Menge] brach in hysterische, fast religiös anmutende Klageschreie aus. Ein Amen nach dem anderen gellte durch den Raum.[401]

Hier erkennt man bereits die Elemente, die etwa 35 Jahre später das typische Rockkonzert kennzeichnen sollten. Elvis Presley, Jerry Lee Lewis, die Everly Brothers, die Beatles, die Rolling Stones und spätere Rockgruppen mußten ihren Songs nur noch eine etwas explizitere sexuelle Zweideutigkeit beimischen. Dies und die Dynamik des schamanistischen Aktes genügte schon, um ekstatische Teenager in wilde Schreianfälle und deren Eltern in bange Sorge zu versetzen – Eltern, die die Macht des Irrationalen im faschistischen Deutschland und Japan erlebt hatten und entsetzt waren, als nun inmitten der vermeintlichen Sicherheit der rationalistischen Nachkriegsgesellschaft eine scheinbar ähnliche Energie hervorbrach.

Die Raserei der Rockkonzerte mochte beunruhigende Erinnerungen an die Nazi-Parteitage in Nürnberg wachrufen, doch sicherlich haben nur wenige erkannt, daß beide von Prinzipien der schamanistischen Magie beherrscht waren. Die Agierenden selbst verstanden dies jedoch sehr wohl; sie kannten die psychischen und sogar die neurologischen Wirkungen von Musik, Gesang, Rhythmus, Licht und hypnotisierendem Ritual. Keith Richards bemerkte dazu folgendes: »Die haben einfach Angst vor diesem Rhythmus. Das verstört sie. Jede Klangvibration hat eine gewisse Wirkung auf einen. Man kann bestimmt Geräusche erzeugen, bei denen einem automatisch schlecht wird. Mit Sicherheit wirkt sich jeder Sound auch körperlich aus, und ein guter *backbeat* läßt die Leute wie Espenlaub zittern.«[402] Ähnlich äußerte sich Mickey Hart, ein Drummer der Grateful Dead: »Wenn ich heute auf die Anfangszeit des Rock and Roll zurückblicke, kann ich verstehen, weshalb die Erwachsenen Angst hatten. Das Schreien, die Ekstase, die Hysterie – diese Musik besaß eine Kraft, die Erwachsene nicht begreifen konnten.«[403]

Zu den Auswirkungen des Rock meinte R. F. Taylor: »Es war, als hätten die alten Schamanen den letzten Schleier abgelegt und stünden nun endlich unmaskiert auf der Bühne.«[404] Taylor sieht in der Rockmusik eine ganz spezielle und bewußt magische Reaktion auf den naturwissenschaftlichen Rationalismus und dessen möglicherweise destruktive Technologie:

Solche Waffenarsenale schienen das allgemeine Mißtrauen gegenüber der mangelnden Voraussicht der modernen Technologie unwiderlegbar zu bestätigen. Vielleicht hatte der alte, unglaubwürdig gewordene Magier schließlich doch recht, wenn er betonte, wie nötig es sei, Weisheit zu erlangen, bevor man Macht erlangte. Zahlreiche Menschen wollten viel mehr Magie und viel weniger Naturwissenschaft.[405]

Taylor fährt fort:

Die jungen Menschen gingen voran. Die Generation, die die Augen aufmachte und sah, daß ein Krieg zu Ende war und hektische Vorbereitungen für den nächsten bereits im Gange waren, griff instinktiv nach einer Alternative zu den neuen »schwarzen Künsten«. In den folgenden Jahrzehnten entdeckten und entwickelten sie eine ausgesprochen schamanistische Reaktion. Sie wandten sich der *heilenden Magie* zu. Dies war keine religiöse Bewegung im üblichen Sinn – man suchte nach einer wirksamen Magie in *dieser* Welt. Und so hielt man also Ausschau nach Schamanen.[406]

Auf eben diese Suche nach Schamanen gaben die Rockmusiker eine Antwort. Altamont kann daher als genau das schamanistische Ritual angesehen werden, das es im Grunde war beziehungsweise sein wollte. Altamont war sicherlich einzigartig, was das Blutvergießen betrifft, keineswegs jedoch in bezug auf die schamanistische Kraft, die dort herrschte. Und da die Rockmusiker immer mehr erkannten, welches Maß an Energie sie manipulieren konnten, klangen sie bald mehr und mehr wie traditionelle Zauberer. John Lennon beispielsweise wußte genau um den »heiligen und magischen Rahmen«, in dem die Beatles und ihr Publikum während eines Auftritts vereint waren. »Wir scheinen nicht für sie zu spielen«, sagte er. »Sie spielen *uns*.« Er hegte auch keinerlei Bedenken, einen heiligen, religiösen, ja sogar messianischen Stellenwert für sich selbst in Anspruch zu nehmen. Als er 1981 gefragt wurde, weshalb die Beatles nicht wieder zusammenkommen wollten, erwiderte er:

Wenn die Leute die Beatles schon in den 60er Jahren nicht verstanden haben, was zum Teufel könnten wir dann heute für sie tun? Sollen wir wieder die Fische und Brote für die Speisung der Fünftausend austeilen? Sollen wir wieder über das Wasser gehen, nur weil so viele Idioten es beim ersten Mal nicht gesehen haben oder es nicht glauben wollten, als sie es gesehen haben?[407]

Und wie ein traditioneller Schamane bezeichnete er sich selbst lediglich als Kanal oder Gefäß für eine Energie, die von einem anderen Ort ausging:

Das Schönste für mich [...] ist das Inspirierende, das Geistige [...] es freut mich, wenn man sozusagen besessen ist, wie ein Medium. Ich sitze nur da, es kommt mitten in der Nacht [...] es kommt immer als Ganzes, Text und Musik. Ich meine, kann ich sagen, ich hätte es geschrieben? Ich weiß nicht, wer zum Teufel es geschrieben hat. Ich sitze einfach nur hier, und der ganze verdammte Song ist auf einmal da.[408]

Die Beatles waren natürlich nicht die einzigen in dieser Hinsicht. Im Alter von vier Jahren, so berichtete Jim Morrison von den Doors, seien er und seine Eltern an einer Unfallstelle vorbeigefahren, an der ein älterer Indianer ums Leben gekommen war. Morrison glaubte, die Seele des Indianers habe ihn »besetzt«. Die Szenerie auf der Bühne beschrieb ein Mitglied von Morrisons Gruppe einmal folgendermaßen:

Es war so, als sei Jim ein elektrischer Schamane, und wir waren die Band des elektrischen Schamanen und hämmerten hinter ihm drauf- los. Manchmal war ihm nicht danach, sich in die Stimmung zu begeben, doch die Band hämmerte unentwegt drauflos, und langsam aber sicher übermannte es ihn. Ich konnte ihn mit meiner Orgel in einen elektrischen Schock versetzen. John [Densmore] konnte es mit seinen *drum beats*. Man konnte es hin und wieder sehen – zuck – ich brauchte nur einen Akkord anzuschlagen, und er zuckte. Dann war er wieder weg.[409]

426

Die Doors »repräsentierten nicht«, wie sie selbst zugaben, »die Haltung des Festivals: Friede und Liebe und flower power. Wir standen für die Schattenseite des Ganzen«.[410] John Densmore, der Drummer, berichtete, die »Konzerte hatten sich zu ritualähnlichen Handlungen« entwickelt, bei denen Morrison »der Medizinmann war, der uns alle durch die Zeremonie führte«.[411] Morrison selbst bezeichnete die Auftritte der Doors als so etwas »wie ein Reinigungsritual im alchemistischen Sinne«.[412]

War der Schriftsteller des 19. und des 20. Jahrhunderts der unmittelbare Erbe des wahren Renaissance-Magus, so entsprach der Rocksänger den populäreren und konventionelleren Vorstellungen der Faust-Figur. Elvis Presley, Jim Morrison, Jimi Hendrix, Janis Joplin und viele weniger berühmte Stars verkörpern allesamt die Eigenschaften, die mit traditionellen Darstellungen von Faust in Verbindung gebracht werden, nämlich die zwanghafte Energie, den unersättlichen Drang zu experimentieren und zu erforschen und den letztlich selbstzerstörerischen Antrieb. Dasselbe gilt übrigens auch für jene, die noch leben, die die faustische Suche bis zu einer bestimmten Grenze betrieben haben und dann sozusagen umkehrten, um davon zu berichten: Bob Dylan zum Beispiel, Eric Clapton, Kris Kristofferson, Mick Jagger und die anderen Mitglieder der Rolling Stones.

Die von den Rockmusikern ursprünglich praktizierte Magie, die über den Blues vom Voodoo abstammte, war im Grunde eine schamanistische Magie. Wie der Voodoo und die heidnische Magie des mittelalterlichen Europa war es letztlich eine »primitive« Form der Magie. Sie kann sogar als eine Art »vor-hermetischer« Magie betrachtet werden. Sie förderte nicht jene Integration und Synthese, welche die Hermetik kennzeichnet. Sie förderte nicht so sehr die eigene Transzendenz oder Vervollkommnung als vielmehr das Eintauchen und Untergehen in einer Art von »Herdentrieb«. Sie förderte nicht die Intensivierung des Bewußtseins, sondern eher die Vernebelung desselben. In diesem Sinne hatte sie tatsächlich etwas von jener Dynamik, die sich bei Phänomenen wie den Nürnberger Parteitagen äußerte.

Doch viele Rockmusiker wurden selbst bei ihrem faustischen Streben allmählich etwas gelehrter und kultivierter und entsprachen bald mehr

dem Bild der *poètes maudits* in der Art eines Baudelaire und Rimbaud. Sie fingen an, nach irgendeiner Art hermetischer Synthese zu suchen. Bob Dylan beispielsweise verschmolz eine Reihe musikalischer Gattungen, wie etwa den Rock und die *faery music* der Folk-Tradition. In Songs wie »A Hard Rain's A-Gonna Fall« verbinden sich hypnotisch-rhythmische Beschwörungsformeln mit verblüffenden surrealen Bildern und intellektuellen Inhalten, die mehr auf ein vertieftes Bewußtsein als auf blindes Hochgefühl abzielen. Auch die Beatles verabschiedeten sich auf dem Weg von der Bühne ins Studio von ihren infantilen Texten und verschmolzen musikalische Formen, um mehr zu bewirken als bloße Hysterieanfälle bei Teenys. Von nun an prägten Begriffe wie »kosmische Magie« und »kosmische Harmonie« ihr Denken. In den Fußstapfen von Bluessängern wie Robert Johnson begegnete auch Kristofferson dem »Teufel«. Doch Kristoffersons »Teufel«, dessen Whiskey er trinkt und dem er seinen Song stiehlt, war eine viel komplexere, viel raffiniertere Gestalt als der von Johnson; er ähnelte eher Blakes Luzifer oder Goethes Mephistopheles.[413] Das Leben von Jimi Hendrix mag an die Faust-Erzählung erinnern; und da in seinen Adern Irokesenblut floß, verspürte er einen natürlichen Hang zum »primitiven« Schamanismus. Doch seine Ansichten über die Musik waren im Grunde hermetisch geprägt. »Ihm schwebte eine Musik vor, die eine ähnliche Wirkung auf die Psyche hat wie psychedelische Drogen, ein Sound, der das Bewußtsein verändert und ›den Menschen die Augen für die kosmischen Kräfte öffnet‹ [...] Er spekulierte offen über die Möglichkeit, Gitarrenklänge über unglaubliche Entfernungen zu übermitteln, um jedermann auf seinem Weg zu beeinflussen [...]«[414] Laut Monika Dennemann, seiner letzten Lebensgefährtin, wollte Hendrix »klare, positive Musik machen, die eine harmonisierende Wirkung erzielte. Durch die Kraft seiner Musik wollte er grundlegende Veränderungen in den Köpfen der Menschen bewirken«.[415] Weiter berichtet sie: »Jimi glaubte, Musik sei Magie [...] eine übernatürliche Kraft [...] er sah seine Musik in ihrer Wirkung als eine magische Wissenschaft [...] der Rhythmus konnte hypnotisch werden und den Hörer in einen tranceartigen Zustand versetzen [...]«[416]
Hendrix wollte eine Musik erfinden, die in der Lage war, »die Psyche

der Menschen zu heilen und sie zu befähigen, die Welt zum Besseren zu verändern«. Er dachte darüber nach, wie man »eine Musik produzieren könnte, die so vollkommen ist, daß sie wie Strahlen durch einen hindurchgeht und einen vollständig heilt«. Hendrix äußerte sich dazu folgendermaßen: »Es ist mehr als nur Musik. Es ist wie eine Kirche, wie eine Quelle für den möglicherweise Verlorenen. Wir machen die Musik zu einer neuen Art von Bibel, einer Bibel, die man im Herzen tragen kann.«[417] Kurz vor seinem Tod erklärte er, er »arbeite daran, die Musik zu einer vollkommen magischen Wissenschaft zu machen [...]«[418] Der Übergang von schamanistischer zu hermetischer Magie wurde nie klar abgegrenzt. Folglich war der Unterschied selbst für die Sänger und Musiker nicht immer klar und eindeutig zu fassen, und noch viel weniger für ihre Fans. Auch heute ist die Grenze eher verschwommen, um so mehr, als die derzeitige Popmusik sowohl die schamanistische als auch die hermetische Magie umfaßt und beide Formen oft von ein und demselben Interpreten praktiziert werden. Einige Kenner haben jedoch eine Entwicklung festgestellt:

Die Vorstellung, Musik könne veränderte Bewußtseinszustände hervorrufen, brauchte für die Rock-'n'-Roll-Musiker nicht extra bewiesen zu werden. Sie waren alle mit den tranceartigen Zuständen vertraut, in die einige ihrer eifrigsten Fans sich versetzen konnten. Doch konnte diese Wirkung ausgedehnt werden und Momente des Friedens, Augenblicke der Erkenntnis oder kurze Blitze der Transzendenz herbeiführen? Konnte der Rock'n'Roll Heil und Harmonie hervorbringen, wenn nur die richtigen Noten gefunden wurden?[419]

Diese Fragen beantwortet der, der sie stellt, selbst, indem er auf die Hermetik zurückgreift, ohne sie allerdings beim Namen zu nennen:

Wichtiger für die Musiker war die These, der Klang habe heilende Eigenschaften. Im Altertum, so hieß es, hätte man musikalische Formeln gekannt, die Ekstase, körperliche Heilung oder universelle Harmonie hervorrufen konnten. In jener Zeit mußten die Musiker nicht von Lösungen *singen*, sie konnten sie *bewirken*. Sie konnten Ärzte, Chirurgen, Priester, Therapeuten und Politiker sein, allein mit Hilfe ihrer Instrumente.[420]

In diese im Grunde hermetische Richtung gehen zumindest gewisse Trends in der heutigen Popmusik. Als Antwort auf 25 Jahre »Troubles« beispielsweise verbinden einige irische Gruppen die heidnische Magie der *faery music* mit einer mystischen Hermetik, um Frieden und Versöhnung zu fördern. Und Van Morrison, um noch ein weiteres Beispiel zu nennen, betrachtet die Musik als eine Form heilender Magie im traditionell hermetischen Sinn. Für Morrison, der von einer tiefen Spiritualität erfüllt ist, bestehen Sinn und Zweck seiner Musik idealerweise darin, »die Menschen in einen Zustand der Meditation und Ekstase zu versetzen und sie zum Nachdenken zu bringen«.[421]

20. Kapitel:
Neue Sinnfindung

Abgesehen von dem Kapitel über die Popmusik haben wir uns im zweiten Teil dieses Buches recht weit von der Hermetik entfernt. Egal welche Illusionen gewisse Musiker und Fans auch hegen mögen, den meisten Menschen ist klar, daß die Popmusik die Welt weder verändern noch retten wird. Trotz aller Bemühungen seitens der Popmusiker leben wir noch immer in einer Realität, die durch die Fragmentierung des Wissens in ein wahres Puzzle aufgesplittert ist. Wir stehen noch immer vor unzähligen miteinander rivalisierenden und sich widersprechenden Prinzipien, die allesamt nach der Vorherrschaft drängen und den Anspruch erheben, die Antworten auf alle wichtigen Fragen zu kennen. Noch immer mißtrauen wir den meisten, wenn nicht allen dieser Ansprüche. Und in unserer Skepsis sehnen wir uns noch immer nach einem einigenden Prinzip, einem Beweis für einen grundlegenden Zusammenhang, irgendeiner Struktur, die unserem Leben Sinn, Zweck und Ziel gibt.

Die meisten Menschen haben – wenn auch nur verstandesmäßig – erkannt, daß Synthese besser ist als Analyse, Organismus besser als Mechanismus, Integration besser als Fragmentierung. Doch für die meisten von uns scheint die bessere Alternative unerreichbar zu sein, weil die Notwendigkeiten, die unsere Lebensumstände beherrschen, unabänderlich zu sein scheinen. Wir haben das Gefühl, in diesen scheinbaren Gesetzmäßigkeiten festzusitzen, ihnen unterworfen und ausgeliefert zu sein. Und so wächst die Versuchung, selbst zu der einfachsten Lösung des Dilemmas zu greifen und Zuflucht im vermeintlichen Schutz irgendeiner selbsternannten Autorität zu suchen. Wir sind entsetzt über die Möglichkeit, daß unser Leben sinnlos und bedeutungslos sein könnte. Wenn Leiden als Rechtfertigung für unser

Leben dienen und ihm einen Sinn geben kann, dann sind wir sogar bereit zu leiden.

Trotz allem sind die Aussichten nicht unabänderlich düster. Die Schlagzeilen, die uns täglich bombardieren, zeugen zugegebenermaßen wenig von der Aufgeklärtheit der Menschheit als ganzer. Doch trotz dieser Schlagzeilen wachen immer mehr Menschen auf, erkennen die Sackgasse, vor der sie stehen, und suchen nach Alternativen. Wo könnten solche Alternativen liegen? Wie können wir versuchen, die Scherben unserer zerbrechlichen Welt wieder zusammenzufügen? Ein Vergleich mit der Individualpsychologie liefert vielleicht erste Hinweise auf eine Antwort.

Einer der großen Fehler Freuds bestand in der Annahme, daß ein gestörtes Gleichgewicht oder eine mangelnde Anpassung in der Psyche einfach beseitigt, ausgemerzt oder korrigiert werden könne. Er ging zum Beispiel davon aus, daß gewisse Neigungen, wie etwa der Todeswunsch, allein dadurch »geheilt« werden könnten, indem man sie diagnostizierte, indem man den Patienten zwang, sich mit ihnen auseinanderzusetzen und den dadurch bedingten Erkenntnisschock zu durchleben. Jung dagegen erkannte, daß die Störungen der menschlichen Psyche ein wesentlicher Teil dieser Psyche sind. Außer durch eine Art psychischer »Lobotomie« konnten sie nicht einfach eliminiert werden. Man konnte sie jedoch neutralisieren, ausgleichen, auf ein erträgliches Maß reduzieren oder sogar produktiv nutzen, wenn man sie in einen geeigneten Kontext einbettete. Anstatt also eine möglicherweise destruktive Neigung ausmerzen oder umpolen zu wollen, versuchte Jung, sie einzudämmen, indem er sie in ein neues Gleichgewicht brachte. Anstatt einen Todeswunsch »auslöschen« zu wollen, bemühte sich Jung, diese Kraft aufzuwiegen, indem er in dem Patienten einen gleich starken oder noch stärkeren Lebenswillen entfachte. Dies führte zu einer neuen und größeren Form der Ganzheit. Für Jung bedeutete dies wahres Wachstum. Bildlich vorstellen kann man sich dies als einen Prozeß, bei dem immer größere konzentrische Kreise entstehen, wie wenn man einen Stein in ein stehendes Gewässer wirft. Jeder neue Kreis entspricht, psychologisch gesprochen, einer neuen Schicht von »Narbengewebe«, die sich über der Verwundung bildet und diese heilt. Und wenn veränderte Umstände eine neue Störung oder ein neues Ungleichgewicht hervorrufen, ist es Zeit, einen neuen, größeren Kreis zu bilden. Auf diese Weise wächst und reift das Individuum stetig. Für Jung war die Psyche nicht statisch, so wie sie es für Freud war. Im Gegenteil, für Jung befand sich die Psyche ständig in Bewegung, ständig in einer spontanen und dynamischen Entwicklung in Richtung Gleichgewicht.

Dasselbe Prinzip läßt sich auch bei der Gesellschaft als ganzer wahrnehmen. Das Kollektiv ist ebensowenig in der Lage wie das Individuum, in ein verlorengegangenes Paradies zurückzukehren und eine längst eingebüßte Unschuld zurückzuerlangen. Im Gegensatz zu unseren naiveren Vorfahren können wir nicht auf ein neues »Goldenes Zeitalter« hoffen. Und im Gegensatz zu unseren naiveren Vorfahren ist uns klargeworden, daß es solch ein Zeitalter wahrscheinlich nie gegeben hat. Folglich kann die Gesellschaft das, was sie erworben hat, nicht einfach ablehnen, leugnen oder verwerfen. Wenn uns nicht eine globale Katastrophe dazu zwingt, verzichten wir wohl kaum freiwillig auf unsere Autos und Flugzeuge, das Fernsehen und Telefon, die Zentralheizung und all die anderen technischen Errungenschaften, die für uns zu unentbehrlichen Bestandteilen des Alltagslebens geworden sind. Wir werden nicht freiwillig zu einem »niedrigeren« Lebensstandard zurückkehren, selbst wenn wir die Sklaven jener Dinge sind, die uns einen »höheren« Standard sichern. Aber es ist dennoch und durchaus möglich, sozusagen einen größeren Kreis um diese Dinge herum zu ziehen – einen Kreis, der ihnen ihre Autonomie und ihre Allmacht über uns nimmt, sie in einen ethischen Rahmen stellt und sie dadurch auf handhabbare Ausmaße reduziert, der ihnen den Anspruch der Gesetzesmacht streitig macht und sie statt dessen menschlichen Werten unterstellt. Indem wir die fragmentierten Bereiche unseres Wissens und Handelns neu verbinden und integrieren, können wir wieder eine einheitliche Matrix für unsere Kultur und Zivilisation schaffen, eine Matrix, die uns wieder Sinn, Zweck und Ziel vermittelt. Egal welche Begrifflichkeit wir für solch einen Prozeß wählen, es wird im Grunde ein hermetischer Prozeß sein.

Die vereinigende Vision der Kunst

Wieder einmal haben die Künste, und speziell die Literatur, die Richtung markiert, in die wir uns bewegen müssen, um wieder ein kollektives Gleichgewicht zu schaffen. Große Dichter und Romanciers haben sich Anfang bis Mitte des 20. Jahrhunderts das hermetische Denken zu eigen gemacht, um eine Realität in sich schlüssig zu machen, in der die alten Grundpfeiler der Sicherheit – Zeit, Raum, Kausalität und Person – beunruhigend zu wanken begonnen haben. In den 1960er Jahren entstand eine im Grunde völlig neue Ästhetik, die eine gänzlich neue Weltanschauung widerspiegelt. Diese Ästhetik beruht zwar auf Erkenntnissen aus der ganzen Welt, doch inzwischen wird sie in erster Linie mit den Ländern und Literaturen Lateinamerikas in Verbindung gebracht. Als ihre »Paten« gelten im allgemeinen eine Handvoll Autoren, die um die Jahrhundertwende geboren wurden, darunter Jorge Luis Borges, Alejo Carpentier und Miguel Angel Asturias. Spätere Vertreter sind Gabriel García Márquez, Carlos Fuentes, José Donoso, Mario Vargas Llosa, Julio Cortázar und andere, denen der sogenannte Boom der lateinamerikanischen Literatur zugeschrieben wird.

Der Boom wird im allgemeinen mit dem inzwischen gängigen Begriff des »magischen Realismus« in Verbindung gebracht. Im Grunde sagt dieser Begriff jedoch nur sehr wenig aus. Er ist außerdem irreführend und nicht besonders präzise. Sinnvoller wäre es, die zentrale Prämisse der jüngeren lateinamerikanischen Literatur zu betrachten, eine Prämisse, die für all jene, die an dem Boom mitgewirkt haben, ein vereinheitlichendes Prinzip, eine gemeinsame ästhetische Basis bildet. Diese Prämisse besagt implizit oder explizit, daß das Kunstwerk – und in der Konsequenz auch die Wirklichkeit selbst – eine Form der hermetischen Phantasmagorie ist.

Es gibt, mit anderen Worten, wie in der traditionellen Hermetik nur eine einzige Ganzheit, und die Unterscheidungsgrenzen zwischen verschiedenen Graden oder Stufen der Realität werden effektiv aufgelöst. Laut Jung sind mentale oder subjektive Fakten genauso real, genauso gültig wie die sogenannten Fakten der phänomenalen Welt. In der Ästhetik, die der jungen lateinamerikanischen Literatur zugrunde liegt, sind sämtliche »Fakten« – psychische, phänomenale sowie jede andere Art – zu einem einzigen nahtlosen Geflecht verwoben und bilden ein glattes, dicht verknüpftes Gewebe, das alles beinhaltet. Innerliche und äußerliche Bereiche gehen ineinander über, verwandeln sich ineinander, nähren und stützen sich gegenseitig. Dasselbe gilt für Träume beziehungsweise Phantasien und das sogenannte »Wachbewußtsein«. Dasselbe gilt für Vergangenheit, Gegenwart und Zukunft. Nicht anders ist es bei Mythos, Legende und Geschichtsschreibung. Auch auf die Magie und die Naturwissenschaften trifft dies zu. Ebenso auf die schöpferische Phantasie und das Material, mit dem diese sich befaßt. Und nicht zuletzt gilt dies auch für den gottgleichen Künstler und die Welten beziehungsweise Charaktere, die er durch das »Wunder des Lebens aus Tinte« hervorzaubert.

Dieser Auffassung zufolge besteht die Geschichte eines Volkes, eines Landes oder einer Kultur nicht allein aus Schlachten, Vertragsunterzeichnungen, Grenzziehungen, Regierungsernennungen und Gesetzeserlassen. Sie beinhaltet auch das, was Jung die Fakten des psychischen Lebens nennt, das heißt Träume, Sehnsüchte, Aberglauben, Legenden, Märchen, die Übertreibungen des Mythos sowie die Wunder, an welche die Menschen glauben wollten und die erlebt zu haben sie sich folglich einredeten. Werke wie García Márquez' *Hundert Jahre Einsamkeit* und *Terra Nostra* von Carlos Fuentes, die diesen Dingen einen rechtmäßigen Status zuerkennen, bewirken eine typisch hermetische Synthese, die es den lateinamerikanischen Lesern ermöglicht, ihre individuellen und kollektiven Phantasien und Kindheitserfahrungen, ihr individuelles und kollektives Volkstum neu zu integrieren – all jene Elemente, die ursprünglich zu psychischem und geistigem Wachstum angeregt hatten, die dann aber durch den westlichen Rationalismus und Materialismus abgelehnt und verworfen worden waren. Durch die neuerliche Vereinigung dieser Elemente wird das verlorengegangene Gefühl einer Vollkommenheit wiederhergestellt. Lateinamerikanische Leser werden somit angeregt, sich mit ihren Ursprüngen auseinanderzusetzen und, in den Worten von Carlos Fuentes, »ihre Ursprünge neu zu schöpfen«. Hierin liegt die wahre Magie des sogenannten magischen Realismus, einer typisch hermetischen Form der Magie.

Es überrascht wohl kaum, daß sich der Einfluß dieser Magie von den 60er Jahren an rasch in der ganzen Welt ausgedehnt hat. Seit den Werken von Joyce, Proust, Kafka, Eliot und Rilke in den 20er Jahren hatte es nichts annähernd so Einflußreiches gegeben. Autoren, die an anderen Orten in einem vergleichbaren hermetisch-phantasmagorischen Stil schrieben, zum Beispiel Italo Calvino in Italien, waren nicht mehr sonderbare Randfiguren und genossen plötzlich ein ungekanntes Maß an Legitimität und Achtbarkeit. Jüngere Autoren aus so unterschiedlichen Weltteilen wie Osteuropa, Südafrika und Indien entdeckten in der hermetischen Phantasmagorie eine neue Quelle künstlerischer Inspiration. In den Techniken, die von den Südamerikanern entwickelt und verfeinert worden waren, fanden Schriftsteller aus anderen Kulturen und Ethnogruppen – zum Beispiel die nordamerikanischen Indianer, die Schwarzen in den Vereinigten Staaten sowie die Asiaten und Afrikaner in Großbritannien und Frankreich – Mittel und Möglichkeiten, ihr persönliches und kollektives Erbe, ihre persönliche und kollektive Identität für sich zu reklamieren und zu integrieren. Werke mit ähnlicher Funktion und Wirkung entstehen derzeit auch in Westeuropa und in den Vereinigten Staaten.

Die hermetische Phantasmagorie der lateinamerikanischen Literatur ist indes mehr als nur eine neuartige literarische Technik, mehr als nur eine artistische Mode. Ganz abgesehen von ihrer rein ästhetischen Bedeutung bietet sie *eine neue und umfassendere Möglichkeit, sich per Wahrnehmung und Verstehen mit der Realität auseinanderzusetzen.* Durch die hermetische Phantasmagorie gewinnt die westliche Kultur insgesamt ein neues Verständnis ihrer eigenen Mythenbildung, ihrer kollektiven Identität und Psychohistorie. Wir alle erleben derzeit eine mehr oder weniger subtile Umorientierung des Bewußtseins. Wir haben begonnen, zwischen unserem inneren und äußeren Leben lebenswichtige und dynamische Verbindungen herzustellen, die noch vor 35 oder 40 Jahren undenkbar gewesen wären.

Gefördert wird dieser Prozeß dadurch, daß die anderen Künste dem Beispiel der Literatur inzwischen nacheifern und eine eigene hermetische Vision verbreiten. So erfuhren in den letzten Jahren beispielsweise hermetische Maler des frühen 20. Jahrhunderts, etwa Wassily Kandinsky, Franz Marc, Nicholas Roerich und Alfred Kubin, eine neue Würdigung. Sidney Nolan ist in der Malerei als ähnlicher Visionär anerkannt wie Patrick White in der Literatur. Die ausgesprochen jungianische Kunst eines Cecil Collins wird inzwischen in eine Art Neo-Blake'sche Tradition gestellt. In den Vereinigten Staaten hat sich Ernst Fuchs als ausgeprägt kabbalistischer Maler etabliert. Ganz besonders bedeutsam ist der deutsche Künstler Joseph Beuys, der als Luftwaffenpilot 1943 über der Krim abgeschossen und von Tartaren gerettet wurde. Bei diesem Tartarenstamm gewann er ein tiefes Verständnis für den Schamanismus, den er später mit seinem höchst mystischen christlichen Glauben verband.

Beuys verglich den Künstler ausdrücklich mit dem typisch hermetischen Schamanen, dem »Heiler und Weisen primitiver Stämme«.[422] Der schöpferische Prozeß bedeutete für ihn einen Akt der rituellen Magie, bei dem bestimmte Instrumente und Prozeduren verwendet wurden, die das »Innenleben« vertiefen sollten. In einer Welt, die »immer mehr von den Naturwissenschaften geprägt wird«, meinte Beuys, ist »die Kunst [...] die einzige wirklich revolutionäre Kraft«.[423] Sein Credo formulierte ein Kritiker folgendermaßen:

Nur die Kunst allein kann angesichts des ausschließlichen Diktats der Rationalität wieder sämtliche Sinne des Menschen aktivieren. Alle künstlerischen Aktionen und Provokationen von Beuys zielten daher darauf ab, die Kreativität des Menschen, die unter dem ständigen Einsatz der Vernunft verschüttet worden war, wieder zu erneuern. Beuys hoffte, daß der Mensch, dessen Kreativität auf diese Weise wiederbelebt worden war, [...] sich nicht mehr als Individuum begreifen würde [...], sondern vielmehr als ein kreatives Element innerhalb eines allumfassenden Organismus [...], als Mikroorganismus eines universellen Makroorganismus.[424]

Viele Werke von Beuys tragen Titel wie *Kommunikation mit Kräften jenseits des Menschlichen*, *Heilende Planeten*, *Schamanenhaus* und *Schamane in Ekstase*. Gleichzeitig hat er »immer die tiefen Wurzeln des europäischen Erbes beachtet«,[425] die er besonders in der keltischen

Kultur verkörpert sah. Es überrascht daher nicht, daß er für James Joyce eine besondere Bewunderung hegte. Er hat Joyce zwar nie persönlich kennengelernt, doch hat er oft im Spaß behauptet, »auf den Wunsch von Joyce« zwei zusätzliche Kapitel zu *Ulysses* geschrieben zu haben. Er hoffte, in Dublin sechs Skizzenbücher nach Ulysses auszustellen.[426] Einer seiner Zeitgenossen meinte, Beuys verdiene es am ehesten, die Werke von Arno Schmidt zu illustrieren, der die technischen und sprachlichen Erneuerungen, die Joyce in der englischen Sprache eingeführt hatte, in der deutschen Nachkriegsliteratur weiterführte.

Die bildende Kunst ist nicht das einzige Medium, das den Vorsprung der Literatur in bezug auf die Hermetik aufzuholen beginnt. Die gleiche Entwicklung beobachten wir auch im Film. Um nur zwei Beispiele zu nennen: Fritz Lang und Jean Cocteau, die vom deutschen Expressionismus beziehungsweise vom französischen Surrealismus ausgingen, waren mit die ersten, die mit der hermetischen Magie auf Celluloid experimentierten. Schon bevor die lateinamerikanischen Autoren ihre Ästhetik der hermetischen Phantasmagorie einführten, haben Regisseure wie Federico Fellini, Andrei Tarkowski und Luis Buñuel sie auf den Film angewandt. Besonders Buñuel hat die Vertreter der südamerikanischen Nachkriegsliteratur stark beeinflußt und manchmal sogar mit ihnen zusammengearbeitet. Die Techniken dieser Pioniere wurden in jüngerer Zeit auch von Regisseuren wie Werner Herzog in Deutschland und Peter Weir in Australien übernommen. Durch den Film hat die Kunstform der hermetisch-magischen Phantasmagorie neue Dimensionen angenommen und ein weitaus breiteres Publikum erreicht als der literarische Roman. Durch den Film beginnt die Hermetik sogar, unsere Sehgewohnheiten zu verändern, wenn auch nur sehr langsam. In der verwässerten Form von Serien wie *Twin Peaks* beginnt sie sogar schon, in die simplere Welt des Fernsehens einzudringen.

Beeinflußt der Film die Psyche des 20. Jahrhunderts offensichtlicher als jedes andere künstlerische Medium, so wirkt sich die Architektur, wenn auch nur unterschwellig, so doch allgegenwärtiger und unübersehbarer aus. So sehr man die anderen Künste auch ignorieren mag, von der Architektur ist und bleibt man stets umgeben. Wie wir in diesem Buch nachgezeichnet haben, galt die Baukunst jahrhundertelang als eine der höchsten Künste und eines der wichtigsten Gefäße der hermetischen Magie. Dies änderte sich jedoch mit dem Beginn der Aufklärung. Die Architektur unseres Jahrhunderts nahm bis vor kurzem zwei extreme Formen an. Zum einen gab es Ausschmückung, Neuheit und Innovation allein um ihrer selbst willen, ohne jegliche Berücksichtigung der traditionellen hermetischen Prinzipien von Harmonie und Proportion. Das andere Extrem bildete eine brutal nüchterne Sachlichkeit, die sich genausowenig um Harmonie und Proportion kümmerte. Besonders in den Jahren nach dem Zweiten Weltkrieg pflegte sich die Architektur sowohl über ihren menschlichen als auch ihren natürlichen Kontext hinwegzusetzen und ihren Bezug zu der Gemeinschaft, in der sie existierte, außer acht zu lassen. Das Ergebnis war eine reine Anhäufung isolierten Stückwerks, welche die psychologische und philosophische Orientierungslosigkeit einer fragmentierten Gesellschaft widerspiegelte.

Typisch für diese Architektur, die wir alle nur zu gut kennen, sind »die Ausweitung der Technik, die Zerstörung der natürlichen Landschaft und die ständige Wiederholung von modernem urbanem Design«.[427] Ihren Kritikern zufolge hat diese sogenannte modernistische Ausrichtung Bauten hervorgebracht, die nicht für jene Menschen gebaut wurden, die sie tatsächlich bewohnen, sondern nur für andere Architekten. Der norwegische Architekturprofessor Christian Norberg-Schulz schrieb 1988 folgendes dazu:

> In den letzten Jahrzehnten war unsere Umwelt nicht nur zunehmender Verschmutzung und der Ausbreitung der Städte ausgesetzt, sondern auch einem Verlust jener Qualitäten, die dem Menschen ein Gefühl von Zugehörigkeit und Anteilnahme ermöglichen. Als Folge davon halten viele ihr Leben für »sinnlos« und werden »entfremdet«.[428]

Schuld an der Entfremdung, so Norberg-Schulz, ist in erster Linie »der Verlust an Identifikation mit der Natur und mit vom Menschen geschaffenen Dingen, welche die menschliche Umgebung ausmachen«.[429] Verschlimmert wird diese Entfremdung durch die vielen modernen Bauten, die »in einem ›Nirgendwo‹ existieren [...], ohne jeglichen Bezug zu einer Landschaft oder einem zusammenhängenden urbanen Ganzen«.[430]

Norberg-Schulz hat das Problem nicht nur genau erkannt, sondern auch eine Lösungsmöglichkeit vorgeschlagen, die seiner Meinung nach die sogenannte Postmoderne bietet: »Die zahlreichen Tendenzen und Strömungen, welche die ›postmoderne‹ Architektur ausmachen, haben eines gemeinsam: die Forderung nach Sinn.«[431] Wie notwendig es ist, Sinn zu vermitteln, betont auch der Wissenschaftler Jonathan Sime:

> Die Notwendigkeit der Pflege und *Erhaltung* von Landschaften, historischen Stätten oder öffentlichen Foren, die zur Selbstwahrnehmung der Menschen beitragen, ist [...] eine wichtige Forderung an die Stadtplaner. [...] Das Planen großdimensionierter Bauprojekte birgt die Gefahr, die Lebensgeschichte einer Örtlichkeit oder die unzähligen mit dem Ort verbundenen Lebensereignisse zu vergessen, welche die Einwohner erfahren haben.[432]

Des weiteren betont Norberg-Schulz, »durch ein naturwissenschaftliches Verständnis allein gewinnt der Mensch keinen Halt. Er braucht *Symbole*, das heißt, Kunstwerke, die ›Lebenssituationen repräsentieren‹ [...] Die Funktion eines Kunstwerks besteht darin, Sinn zu bewahren und zu vermitteln.«[433] Somit ist die Architektur für Norberg-Schulz letztlich eine Ergänzung zur Poesie beziehungsweise eine Form der Poesie. »Nur die Poesie in all ihren Formen [...] verleiht der menschlichen Existenz Sinn, und *Sinn* ist das grundlegendste menschliche Bedürfnis.«[434] »Die Architektur ist ein Teil der Poesie, und ihr Zweck besteht darin, dem Menschen auf der Erde verweilen zu helfen.« Norberg-Schulz verfolgt das erklärte Ziel, »die *psychischen* Implikationen der Architektur zu erforschen, und nicht ihre praktische Seite«.[435] Zu diesem Zweck zieht er einen im Grunde hermetischen Begriff aus der griechisch-römischen Antike heran, den des *Genius loci*.[436] Diese Vorstellung vom »Geist eines Ortes« wurde ursprünglich von D. H. Lawrence für die Kultur des 20. Jahrhunderts wiederentdeckt und später von Lawrence Durrell aufgegriffen. Der *Genius loci* (beziehungsweise *Deus loci*) bezeichnet die immaterielle »geistige« Qualität oder Wesensart, die einen bestimmten Ort durchflutet und ihm eine einzigartige Identität verleiht und einen besonderen Stellenwert in der Gesamtordnung aller Dinge beimißt. Der Mensch der Antike, so betont Norberg-Schulz, wußte genau, wie wichtig es war, »sich mit dem *Genius* der Örtlichkeit zu befassen, an der sein Leben sich abspielte«. Der Mensch der Antike »erlebte die Umgebung als bedeutungsvoll«, und »die Identität des Menschen setzt die Identität des Ortes voraus«.[437]

Die Aufgabe der Architektur besteht für Norberg-Schulz darin, »den *Genius loci* zu konkretisieren«. Dies erreicht man, so stellt er fest, »mit Hilfe von Gebäuden, welche die Eigenschaften des Ortes in sich aufnehmen und dem Menschen näherbringen. Der erste und wichtigste Schritt der Architektur besteht folglich darin, die ›Bestimmung‹ eines Ortes zu erkennen. Auf diese Weise schützen wir die Erde und werden selbst Teil einer umfassenden Ganzheit«.[438]

Für Norberg-Schulz wie auch für die Architekten der Antike und der Renaissance spiegelt ein architektonisches Bauwerk einen geistigen und hermetischen Prozeß wider, der viel mehr von einem künstlerischen oder poetischen Schöpfungsakt hat als von einer naturwissenschaftlichen Konstruktion und Montage. Er verweist selbst auf die hermetische Prämisse von der Beziehung zwischen Mikrokosmos und Makrokosmos: »Um zwischen Himmel und Erde zu wohnen, muß der Mensch diese beiden Elemente und deren Wechselwirkung ›verstehen‹.« Und mit »verstehen«, so erläutert Norberg-Schulz, meint er nicht naturwissenschaftliches Begreifen, sondern eine Form der Erkenntnis, die sich auf die »Erfahrung von *Sinn*« bezieht. Um sinnvoll zu sein, muß ein Bau in Harmonie und in Proportion sein – mit sich selbst und mit seiner Umgebung. »Wenn die Umgebung bedeutungsvoll ist, fühlt sich der Mensch ›zu Hause‹.«[439] Letztlich gilt: »Sinnhaftigkeit ist ein *psychischer* Faktor. Sie setzt Identifikation und ein Gefühl der Zugehörigkeit voraus. Sie bildet daher die Grundlage für das Wohnen. Wir müssen betonen, daß das elementarste Bedürfnis des Menschen darin besteht, seine Existenz als sinnvoll zu erleben.«[440]

Wie Norberg-Schulz selbst einräumt, wurden seine architektonischen Prinzipien am wirksamsten von dem in Estland geborenen Architekten Louis Kahn (1901–74) umgesetzt. Kahn wanderte in die Vereinigten

Staaten aus und wurde zum vielleicht berühmtesten amerikanischen Architekten der Nachkriegszeit. Kahns Haltung drückt sich in der Frage aus, die er sich stets vor der Planung eines Gebäudes stellte: »Was will das Gebäude überhaupt sein?« Ein Kommentator beschrieb Kahns Standpunkt folgendermaßen:

> Zuerst und vor allem stand für Kahn die Architektur in Beziehung zum Ort. Ein »Raum« ist für ihn ein Ort mit einem besonderen Charakter, einer »spirituellen Aura«, und ein Gebäude ist eine »Gemeinschaft von Räumen«. Eine Stadt ist »eine Ansammlung von Orten, denen die Aufgabe zukommt, das Gefühl eines bestimmten Lebensstils aufrechtzuerhalten«.[441]

So formulierte Kahn mit eigenen Worten den Begriff des *Genius loci*, wie Norberg-Schulz ihn propagierte. Besonders beeinflußt war er von Werken über das Denken, die Kunst und die Architektur der Renaissance, die in den 1950er und 60er Jahren erschienen. Diese Studien, wie etwa die von Edgar Wind und Frances Yates, unterstrichen die Rolle der Hermetik in der Renaissance und maßen dem weltlichen Humanismus einen viel geringeren Stellenwert bei. Kahns wichtigste Inspirationsquelle war die hermetische Architektur der Renaissance. In einer Studie heißt es: »Die Baumeister von Zentralkirchenbauten in der Renaissance hatten im Grunde eine ausgesprochen spirituelle Entsprechung zwischen dem Mikrokosmos des Menschen und dem Makrokosmos Gottes hergestellt. Bezeichnenderweise übernahm Kahn selbst gern die Aufgabe, geeignete Kultstätten, jüdische wie christliche, zu entwerfen.«[442]

Bis vor kurzem waren Diskussionen über moderne Architektur einer sozusagen geschlossenen Gesellschaft vorbehalten und der allgemeinen Öffentlichkeit scheinbar unzugänglich. Es ist das Verdienst des Prinzen von Wales – ein Verdienst, das in den sensationslüsternen Medien allzuoft übersehen wird –, solche Diskussionen in den letzten zehn Jahren aus ihrem Elfenbeinturm herausgeholt und in das Licht der Öffentlichkeit gerückt zu haben. Einige kritische Äußerungen des Prinzen sind inzwischen in das Bewußtsein der Öffentlichkeit eingegangen;

so bezeichnete er etwa den Erweiterungsbau zur englischen National-galerie als »riesigen Karbunkel im Gesicht eines Freundes« und die neue Britische Bibliothek als eine Art Trainingsakademie für die Geheimpo-lizei. Allgemein bekannt ist auch seine Behauptung, die englischen Nachkriegsarchitekten hätten London schlimmer entstellt als die Bom-ber der deutschen Luftwaffe. Weniger bekannt sind einige seiner posi-tiveren Aussagen, die er in seinem Buch *A Vision of Britain* machte. In jenem Buch klingen die hermetischen Prinzipien von Norberg-Schulz und Kahn an: »Ich denke, wenn ein Mensch die Verbindung mit der Vergangenheit verliert, dann verliert er seine Seele. Und wenn wir die architektonische Vergangenheit leugnen [...], dann verlieren unsere Gebäude *ihre* Seele.«[443]

Wenn man auf einem neuen Grundstück baut, so der Prinz, »[...] besteht der Trick, wie mir scheint, darin, Möglichkeiten zu finden, die natürli-che Umgebung vorteilhaft zur Geltung zu bringen«.[444] Auch vom Begriff des *Genius loci* hat der Prinz eine eigene Vorstellung: »Anstatt am Reißbrett zu entwerfen oder Straßentrassen auf der Landkarte zu planen, sollten wir ein Gefühl für die Lage und die Konturen eines Landstrichs entwickeln und diese entsprechend beachten.«[445] Die her-metische Architektur eines Palladio billigt der Prinz. Er spricht wieder-holt von der Bedeutung von Harmonie und Proportion. Und in einem Absatz, der beinahe wörtlich aus einem Handbuch eines Renaissance-Hermetikers stammen könnte, stellt er fest: »Der Mensch ist das Maß aller Dinge. Gebäude müssen sich zuallererst nach menschlichen Pro-portionen richten und dann den Maßstab der umliegenden Gebäude respektieren.«[446]

Durch sein Eingreifen in die Diskussion über die Architektur hat der Prinz eine ganz konkrete und wahrhaft positive Wirkung erzielt. Er hat dafür gesorgt, daß sich die breite Öffentlichkeit ihrer Umgebung immer mehr bewußt wird. Vielleicht noch bedeutsamer ist, daß er sie dazu ermutigt hat, die Gleichgültigkeit und Passivität zu überwinden, die durch ein Gefühl der Hilflosigkeit entsteht. Er hat sie zu der Erkenntnis gebracht, daß sie eine Stimme haben und das Recht, bei der Gestaltung ihrer Umwelt mitzureden.

Die Verbindung der Einzelteile

In einem seiner frühen Werke, dem Versdrama *Sappho*, behauptet Lawrence Durrell, die Menschheit werde dann Reife erlangen, »wenn der Mob zum Künstler wird«. Leider zeigt »der Mob« bislang jedoch kaum irgendwelche Anzeichen für solch eine progressive Entwicklung. Doch auch wenn der Mob sich noch sträubt, fangen immer mehr sogenannte normale Menschen an, sich auf Gebiete vorzuwagen, die bisher als Domäne des Künstlers, des Philosophen, des Psychologen und des Mystikers galten. Und, was vielleicht noch wichtiger ist, sie werden dazu von Menschen angeregt, die Ansehen und Einfluß genießen.

Im Jahre 1982 wurde der damalige Dekan von Windsor, Michael Mann, vom Herzog von Edinburgh beauftragt, eine fortlaufende Reihe von Konferenzen zu organisieren. Diese Konferenzen waren zwar alles andere als geheim, doch sie wurden nie groß publik gemacht. In den folgenden drei oder vier Jahren brachten sie führende Vertreter aus Religion, Wissenschaft, Wirtschaft und Erziehung zusammen, wobei jungianische Psychologen als Verbindungsleute beziehungsweise »Dolmetscher« zwischen den unterschiedlichen Belangen dienten. Es wurden Dialoge angeregt, Brücken zwischen den Disziplinen geschlagen, und die Wissensgebiete befruchteten sich gegenseitig. Mit philosophischen Themen befaßte man sich in einer Weise, in der die Teilnehmer zwangsläufig etwas von den jeweils anderen Standpunkten lernen mußten. In den nachfolgenden Jahren sollte sich das Echo der formlosen Windsor-Konferenzen wellenartig ausweiten.

Zum 25jährigen Bestehen des World Wildlife Fund im Jahre 1986 rief der Herzog von Edinburgh im italienischen Assisi eine groß angekündigte Konferenz zusammen. Wie kaum eine andere Gestalt in der Geschichte des Christentums verkörperte der heilige Franziskus die hermetische Verbundenheit des Menschen mit der Natur. Bei der Konferenz in Assisi kamen unter der symbolischen Schirmherrschaft des heiligen Franziskus Vertreter der Weltreligionen zusammen, um sich mit der geistigen Beziehung zwischen Mensch und Natur zu befassen. Hier und da wurden natürlich heuchlerische Stimmen des Protestes laut. Der anglikanische Geistliche Tony Higton äußerte sich zum Beispiel zutiefst empört darüber, daß andere Glaubensrichtungen in denselben Rang erhoben werden sollten wie seine eigene dogmatische Version des christlichen Glaubens. Seinem Wettern in der Presse nach zu urteilen scheint er befürchtet zu haben, die Kirche von England könne sich per Ansteckung eine Art spiritueller Infektion zuziehen. Trotz der entrüsteten Äußerungen des Reverend Higton bildete die Konferenz von Assisi einen Meilenstein in der interkonfessionellen Annäherung und ein Modell für die Rolle, welche die Religionen auf dem Weg ins 21. Jahrhundert spielen könnten. Sie erzeugte auch einige dynamische Ableger. *Arts for Nature*, zum Beispiel, fördert in den unterschiedlichsten Medien künstlerische Arbeiten, die der Öffentlichkeit eine pantheistische Sicht vermitteln, die geistige Verwandtschaft der Menschheit mit der natürlichen Ordnung betonen und die Notwendigkeit einer harmonischen Beziehung zur Umwelt unterstreichen. Und der *International Sacred Literature Trust* veröffentlicht Übersetzungen wichtiger Texte aus der ganzen Welt, von denen manche aus anerkannten Religionen stammen und andere das Numinose aus unabhängiger, nicht institutionalisierter Sicht betrachten.

Die Zahl der Organisationen und Institutionen nimmt unentwegt zu. Es würde den Rahmen sprengen, hier auch nur die wichtigsten davon aufzuzählen. Erwähnt werden soll jedoch das *Warburg Institute* der Universität London, das in den 1930er Jahren gegründet wurde und heute eines der aktivsten und renommiertesten Zentren für hermetische Studien auf der ganzen Welt ist. Genannt werden soll auch die *Westminster Pastoral Foundation*, die in ihrem Ausbildungsprogramm für Psychotherapeuten christliche und jungianische Lehren verbindet. Erwähnung verdient auch *The Network*, eine lockere Vereinigung von Ärzten, Psychologen und Wissenschaftlern, die Verbindungen zwischen ihren jeweiligen Disziplinen und den ethisch-geistigen Anliegen von Religion und Philosophie herstellen wollen. In den Vereinigten Staaten gibt es Körperschaften wie das *Institute of Noetic Sciences* in Sausalito und das *California Institute for Integral Studies*, an dem Wissenschaftler, Philosophen und Psychologen einen integrativen Ansatz zu den Naturwissenschaften und Künsten praktizieren.

In solchen Einrichtungen und auch in kleinen informellen Studien- und

Diskussionsgruppen wenden zahlreiche Menschen im Grunde hermetische Prinzipien an, um fragmentierte Einzelteile der Realität neu zu verbinden. Dabei entdecken sie ein ganz neues Gefühl von Sinn, Zweck und Ziel und oft auch ein Gefühl für das Numinose. Sehr oft erkennen sie, daß die institutionalisierte Religion keinen alleinigen Besitzanspruch auf das Heilige genießt. Viele gelangen auf anderen Wegen zur Erfahrung des Heiligen – über die Kunst, die Psychologie, die Philosophie und sogar über die Naturwissenschaften. Sie kommen dahinter, daß Menschen wie Blake oder Rilke vielleicht tatsächlich »spiritueller« sind als der Papst oder andere traditionelle Religionsführer und ein viel weiteres und tieferes Verständnis von »Spiritualität« haben und dieses viel eindringlicher und nachvollziehbarer vermitteln.

Immer mehr Menschen erkennen außerdem, daß die Funktionen, die von der »maskulinen« linken Hemisphäre des Gehirns beherrscht werden – beispielsweise logisches Denken und rationale Analyse – für sich allein weder genügen noch unbedingt zuverlässig sind. Mehr und mehr Aufmerksamkeit schenkt man neuerdings den Funktionen, die von der »femininen« rechten Hemisphäre bestimmt werden – dem sogenannten »lateralen Denken«, der Intuition, die nicht bloß Fakten wahrnimmt, sondern auch die weniger greifbaren Zusammenhänge zwischen einzelnen Fakten erkennt. Die Aussicht, daß die beiden Hemisphären des Gehirns in einem Gleichgewicht zusammenarbeiten und sich in ihren Aufgaben gegenseitig ergänzen, bestärkt die Hoffnung auf eine neue individuelle Ganzheit, eine neue psychische Harmonie, ein neues inneres Gleichgewicht.

Unterdessen fangen auch immer mehr Menschen an, eine neue Sprache zu lernen: die Sprache von Symbol und Paradox, in der die verschiedenen Ebenen der Psyche viel stärker zum Schwingen kommen als durch den nüchtern-rationalen Intellekt allein. Durch die Sprache des Symbols und des Paradoxes begegnen die Menschen den Mehrdeutigkeiten, Ambivalenzen und Widersprüchen in ihrem Wesen und entdecken darin möglicherweise eine ungenutzte Quelle schöpferischer Energie. Durch Symbol und Paradox finden sie Zugang zu einer Innenwelt von bislang ungeahnter Fülle und Vitalität.

Und was vielleicht am allerwichtigsten ist: Immer mehr Menschen gewinnen eine neue Einstellung gegenüber dem stereotypen Vorwurf, sie hätten »zuviel Phantasie«. Sie kommen dahinter, daß man letztlich niemals zuviel Phantasie haben kann und daß die gegenteilige Auffassung ein Zeichen innerer Armut und geistiger Enge ist. Vielleicht ohne Coleridge selbst zu kennen, folgen sie seiner Unterscheidung zwischen Phantasie als bloßer Einbildung und Phantasie als kreativer Vorstellung. Sie erkennen, daß sogar Phantasie als Einbildung ihre Gültigkeit haben kann und nicht geringgeachtet werden sollte. Und sie erkennen in der kreativen Vorstellung die vielleicht wichtigste geistige Fähigkeit des Menschen überhaupt.

Phantasie muß nicht allein dem Künstler vorbehalten bleiben. Im Gegenteil, sie kann – und idealerweise sollte sie – integraler Bestandteil und Ergänzung all unserer mentalen Tätigkeiten sein, eine Art Dynamo, dessen Energie sich auf all unsere anderen Tätigkeiten und Fähigkeiten überträgt. Im Vorstandszimmer, im Klassenzimmer, in einer Beziehung, am Arbeitsplatz, am Verhandlungstisch kann sie genausoviel ausrichten wie bei der Ausführung eines Kunstwerks. Sie kann sowohl Sinn als auch Schönheit stiften. Sie kann, wie Paracelsus sagte, unsere magische Verbindung zum Heiligen und Numinosen bilden. Sie ermöglicht es uns, vielleicht zum ersten Mal die Auswirkungen und Folgen unseres Tuns zu erkennen; und somit hilft sie uns, einen moralischen Rahmen für unser Leben zu schaffen. Die Phantasie zu benutzen ist der Inbegriff des magischen Aktes, durch den wir die Welt unentwegt neu erschaffen. Die Phantasie benutzen heißt wach werden.

Nachwort

Es versteht sich von selbst, daß mancher Gedanke in den vorausgegangenen Kapiteln – wenn nicht sogar das Buch als Ganzes – leicht mit dem Etikett »New-Age-Psychogeschwafel« abgetan werden könnte. Dies ist natürlich eine jener oberflächlichen, aber griffigen Vokabeln, mit denen hochnäsige Experten, Kritiker und Kommentatoren all das leichtfertig abtun, was ihrem skeptischen Rationalismus abträglich ist, auch wenn es ein hohes Maß an vorsätzlicher Ignoranz erfordert, das älteste aller philosophischen Gebote – die Selbsterkenntnis – als »New-Age-Getue« zu betrachten.

Selbstverständlich herrscht heutzutage sehr viel Naivität, sehr viel Leichtgläubigkeit und Wunschdenken, sehr viel absurder Jargon, der tatsächlich die Bezeichnung »Psychogeschwafel« verdient. Wie wir erwähnt haben, gibt es eine Unzahl von Kulten, Sekten, Schulen und Therapien, die nur Scheinlösungen für die Sinnkrise anbieten, zu der die Fragmentierung des Wissens geführt hat. Die immer stärker werdende Sehnsucht der Menschheit nach etwas, an das sie vertrauensvoll glauben kann, wird oft auf zynische Weise ausgebeutet. Und trotz aller guten Absichten herrscht in den Köpfen der Menschen sehr viel Verwirrung. Ein gewisses Maß an Kenntnis und Urteilsvermögen ist vonnöten, um zwischen dem Gültigen und dem Falschen zu unterscheiden und um nicht das sprichwörtliche Kind mit dem Bade auszuschütten. Nicht viele von denen, welche die öffentliche Meinung diktieren, besitzen diese Eigenschaften. Und bevor jene, denen diese Voraussetzungen fehlen, mit fröhlichem Schlachtengebrüll zum Angriff blasen, sollten wir uns noch eine Dimension des faustischen Paktes vor Augen führen, die wir bisher noch nicht betrachtet haben.

Als Mephistopheles in Goethes Versdrama zum ersten Mal auftaucht, stellt er sich Faust mit folgenden Worten vor: »Ich bin der Geist, der stets verneint.« Für das Wort »Geist« könnte in diesem Fall auch »Prinzip« stehen. Mit anderen Worten, Mephistopheles stellt sich in die diabolische Tradition des »ewigen Neinsagens«. Doch in seinen nachfolgenden Worten und Taten zeigt Mephistopheles, daß sein Neinsagen mehr als nur Ablehnung und Zurückweisung ist. In seiner Verneinung steckt eine aktive Kraft, welche die Dinge mit einem eiskalten dämonischen Gelächter vernichtet.

Letztlich verkörpert Mephistopheles natürlich die »Sünde des geistigen Hochmuts«, die ihm in der christlichen Überlieferung stets unter einem seiner anderen Namen, Luzifer, zugeschrieben wurde. Doch für Goethe bedeutet »geistiger Hochmut« mehr, nämlich einen abgrundtiefen Nihilismus, in dem man an nichts mehr glaubt außer an die eigene Gescheitheit. Hochmut bedeutet eine Abgehobenheit von allem Menschlichen, allem Warmen und Lebendigen, eine kühle Distanziertheit, so frostig und steril wie die Öde des interstellaren Raums. Und er bedeutet ein selbstgefälliges, herablassend zynisches und höhnisches Gelächter, das alles, was sein eiskalter Atem berührt, einen geistigen Erfrierungstod sterben läßt. Vor solchem Hohngelächter ist nichts sicher. Liebe, Ehre, Schönheit, Ehrlichkeit, Aufrichtigkeit, Würde – alles, was uns hoch und heilig und zutiefst menschlich ist, kann dieses spöttische Lachen lächerlich machen. Wenn man eine genügende Distanz zu allem Menschlichen hat, kann man über alles lachen. Man kann selbst etwas so Abscheuliches wie etwa Auschwitz zur Farce machen. Dies geht viel weiter als der sogenannte schwarze Humor, der zumeist Entrüstung oder Empörung provozieren will und oft ein Element berechtigter Satire enthält. Im Gegensatz dazu ist dies ein Gelächter heilloser Gleichgültigkeit, ein Zeichen des geistigen und moralischen Bankrotts.

Genau in diesem Geiste hochnäsigen Spotts wird in der Regel mit Begriffen wie »New-Age-Psychogeschwafel« um sich geworfen. Und meist tun dies Leute, die selbst nur an Scheingewißheiten aus zweiter Hand oder – abgesehen von ihrer eigenen Cleverneß – an gar nichts glauben. In genau diesem Geiste wird jeder ernsthafte Versuch der Selbstreflektion und Selbsterkenntnis ins Lächerliche gezogen. Und in diesem Geiste wird jedes Bemühen, hinter die Oberfläche der Dinge zu sehen, auf dem Altar des rein egozentrischen Esprit geopfert.

Egal wie naiv, wie leichtgläubig der »New-Age-Sucher« oft sein mag, so ist zumindest das »Suchen« selbst etwas Positives, etwas Löbliches. Es zeugt wenigstens von einem Wunsch nach Lernen und Verstehen, von einem Bemühen um Verbesserung und Veränderung. Zuallermindest zeigt sich darin das Streben nach »etwas Besserem«. Egal wie oberflächlich, vereinfachend, ja sogar irrig dieses Streben bisweilen auch sein mag, es ist auf jeden Fall besser als jene blasierte Selbstgefälligkeit, die sich vor all diesen Bemühungen scheut, sich hinter vorgefaßten Meinungen verschanzt und nichts Kreativeres zuwege bringt als Spott.

Natürlich stimmt der uralte Gemeinplatz, daß jeder ein Recht auf eine eigene Meinung hat. Um aber eine stichhaltige Meinung zu haben, muß man entsprechend unterrichtet sein. Man muß zumindest eine gewisse Ahnung von dem haben, was man kritisiert. Von den Spöttern verfügen nur wenige über ein entsprechendes Wissen. Und wenn man unzureichend informiert ist, so ist die vorgebrachte Meinung im Grunde überhaupt keine Meinung. Sie ist nur ein Vorurteil.

Dank

Ein weiteres Mal danken wir Ann Evans und Jonathan Clowes für ihr gekonnt ausgeübtes Hirtenamt. Mit zisterziensischer Virtuosität im Umgang mit Brotlaiben, wenn nicht gar Fischen, haben sie uns und dieses Buch durch die der Schriftstellerei eigene Einöde der Illiquidität geführt.

Dank schulden wir auch den Mitarbeitern von Viking-Penguin und besonders unserem Lektor Robin Waterfield für seine Hilfe und Unterstützung. Und wir danken Sacha Abercorn, Jane Baigent, Ann Baring, Brie Burkman, Lindsay Clarke, Leonidas Goulandris, Belind Hunt, Sonia Kanikova, Peter Kingsley, Beverly Kleiman, Francis Kyle, David Milne-Watson, Andrew Newmark, Andrew Nurenburg, Isobel Pilsworth, Peter Phillips, John Saul, Esther Sidwell, Lucas Siorvanes, Yuri Stoyanov, Geoff Vanderplank, Jan de Villeneuve und Tatiana Wolff wie auch den Mitarbeiterinnen und Mitarbeitern des Lesesaals der British Library und des Warburg-Instituts an der Universität von London.

Anhang

Bildnachweis

1 Hermes Trismegistos; ©: Scala, Florenz (Kathedrale, Siena)
2 Thot steht vor Ra; ©: British Museum, London
3 Thot und Anubis als Totenrichter; ©: British Museum, London
4 Der elisabethanische Magus Doktor John Dee (anonymer Meister, Englische Schule, 1594); ©: Ashmolean Museum, Oxford
5 Ein magisches Siegel, in Wachs entworfen von Doktor John Dee; © British Museum, London
6 Der hermetische Philosoph; ©: British Library, London
7 Das Monochord des hermetischen Philosophen Robert Fludd; ©: British Library, London
8 Der hermetische Philosoph folgt den Spuren der Natur; ©: British Library, London
9 Geometrie und göttliche Proportion; ©: British Library, London
10 Das Kolleg der Bruderschaft der Rosenkreuzer; ©: British Library, London
11 Sandro Botticelli: *Primavera*; ©: Scala, Florenz (Uffizien, Florenz)
12 Doktor Faustus ruft den Teufel an; ©: British Library, London
13 Luca Cambiaso: *La Gloria*; ©: MAS, Barcelona (El Escorial, Madrid)
14 Albrecht Dürer: *Melencolia*; ©: British Museum, London
15 Leonardo da Vinci: Schema der menschlichen Proportionen; ©: Scala, Florenz (Accademia, Venedig)
16 Heinrich Cornelius Agrippa: Schema der menschlichen Proportionen; ©: British Library, London
17 Robert Fludd: Schema der menschlichen Proportionen; ©: British Library, London
18 Francesco Giorgi: Die menschlichen Proportionen in harmonischer Beziehung zum Entwurf einer Kirche; © Biblioteca Nazionale Centrale di Firenze
19 S. Maria della Consolazione, Todi; © Scala, Florenz
20 Innenansicht der Kuppel von S. Eligio degli Orefici, Rom; ©: Scala, Florenz
21 Leonardo da Vinci: Zentraler Kirchenbau auf kreisförmigem Grundriß; ©: Bulloz, Paris (Bibliothèque de L'Institut de France, Paris)
22 Leyton Grange: Essex 1740; ©: British Library, London
23 Das Zähmen der wilden Natur in Badminton, 1720; ©: British Library, London
24 Schloß und Schloßgarten von Heidelberg; ©: British Library, London
25 Einer der von Salomon de Caus entworfenen Automaten; ©: British Library, London
26 Tor zum Amphitheater des ewigen Wissens. Kupferstich aus dem Kreis der Rosenkreuzer; ©: British Library, London

Anmerkungen

1 Philostratos, *Das Leben des Apollonios von Tyana,* VI 11, S. 613.
2 Butler, *The Myth of the Magus,* S. 73.
3 Epiphanius, *Contra Haereses,* II 4, zitiert in: Mead, *Simon Magus,* S. 27.
4 Jonas, *Gnosis und spätantiker Geist,* S. 356.
5 *Petrusakten,* 31–32, in: W. Rebell, *Neutestamentliche Apokryphen und Apostolische Väter,* S. 154 f.
6 Jonas, *The Gnostic Religion,* S. 111.
7 Eine grundlegende Darstellung der jakobinischen und der paulinischen Fraktion im frühen messianischen Judentum, aus dem sich das Christentum entwickelte, findet sich in: *Baigent/Leigh,* Verschlußsache Jesus, S. 222–251.
8 Bowman, *Egypt after the Pharaos,* S. 27 (14800 Talente und 1,5 Millionen Artab Weizen).
9 Zur Bibliothek vgl.: Fraser, *Ptolemaic Alexandria,* Bd. 1, S. 311 ff.; Parsons, *The Alexandrian Library,* S. 29 ff.; Pfeiffer, *Geschichte der klassischen Philologie,* S. 127–133; Blum, *Kallimachos,* S. 95 ff.
10 Die fragmentarischen Papyrosrollen, die in der Höhle Nr. 7 von Qumran gefunden wurden, waren alle in griechischer Sprache abgefaßt. Sie enthielten einen Teil des 2. Buch Mose, einen Teil des Buchs Jeremia, vier nicht identifizierbare Bibelfragmente und 18 nicht aus der Bibel stammende Fragmente. Siehe M. Baillet/J.T. Milik/R. de Vaux, *Discoveries in the Judaean Desert,* Bd. 3, Oxford 1962.
11 Josephus, *Der Jüdische Krieg,* VII 10, S. 564–567.
12 Ammianus Marcellinus, *Das Römische Weltreich vor dem Untergang,* XXII 20, S. 384.
13 Ebd., XXII 17, S. 383.
14 Ebd., XXII 19, S. 384.
15 Milne, »Graeco-Egyptian Religion«, S. 376.
16 Einen umfassenden Überblick über die in Alexandria aktiven Religionen bietet Fraser, *Ptolemaic Alexandria,* S. 189 ff.
17 Dodds, *Heiden und Christen in einem Zeitalter der Angst,* S. 95.
18 Joyce, *Ein Porträt des Künstlers als junger Mann,* S. 253 f.
19 Fowden, *The Egyptian Hermes,* S. 28; vgl. Platon, *Phaidros,* 274b–275b.
20 Ebd.
21 *Hermetica* (Übers. Copenhaver), S. XIV.
22 Bernal, *Schwarze Athene,* S. 227.
23 Fowden, *The Egyptian Hermes,* S. 25.
24 *Das Corpus Hermeticum Deutsch,* Bd. 1, S. 206.
25 Vgl. Stoyanov, *The Hidden Tradition in Europe,* und Runciman, *Häresie und Christentum.*

26 Übers. hier nach Hans-Dieter Leuenberger, *Das ist Esoterik*, Freiburg, 6. Aufl. 1993, S. 61.

27 Holmyard, *Alchemy*, S. 97 f.; Zitat aus: R. Steele/D. Singer, *Proceedings of the Royal Society of Medicine* 21, 1928, S. 42.

28 Siehe Anm. 26.

29 Kingsley, *Ancient Philosophy, Mystery and Magic*, S. 301.

30 Ebd., S. 326.

31 Lindsay, *The Origins of Alchemy in Graeco-Roman Egypt*, S. 254.

32 Zu Maria der Jüdin vgl. Lindsay (s. Anm. 31), S. 240 ff., und Patai, *The Jewish Alchemists*, S. 60 ff. Sie scheint das als *Bain Marie* bezeichnete Wasserbad erfunden zu haben, ein doppeltes Gefäß, dessen äußerer Teil Wasser und dessen innerer die zu erhitzende Substanz enthält. Wir verdanken ihr auch die älteste Beschreibung eines Destillierkolbens (vgl. Patai, S. 61).

33 Fowden, *The Egyptian Hermes*, S. 121.

34 Ebd., S. 123.

35 Ein Überblick über die astrologischen magischen Kulte Harrans findet sich in: Baigent, *From the Omens of Babylon*, S. 184 ff.

36 Drijvers, »Bardaisan of Edessa and the Hermetica«, S. 209.

37 Zu Proklos siehe: Siorvanes, *Proclus*.

38 Tardieu, »Sabiens Coraniques et ›Sabiens‹ de Harran«, S. 13–18, 22 f.

39 Burnett, »The Astrologer's Assay of the Alchemist«, S. 103.

40 Nach: *Hermetica* (Übers. Scott), Bd. 1, S. 97–101.

41 J. Wood Brown 1897, zitiert bei: Thorndike, *History of Magic and Experimental Science*, Bd. 2, S. 814.

42 Garin, *Astrology in the Renaissance*, S. 49.

43 Pingree, »Some of the Sources of the *Ghayat Al-Hakim*«, S. 4.

44 Garin, a. a. O., S. 51.

45 Ebd.

46 Nasr, *Islamic Studies*, S. 76.

47 Ebd., S. 69.

48 Affifi, »The Influence of Hermetic Literature on Moslem Thought«, S. 854.

49 Nasr, *Islamic Studies*, S. 77.

50 Nasr, *Islamic Science*, S. 203.

51 Ebd., S. 204.

52 Shah, *Die Sufis*, S. 24.

53 Plessner, »Geber and Jabir ibn Hayyan: An Authentic Sixteenth-century Quotation from Jabir«, S. 115. Plessner kommentiert Agrippa, dem ein heute verschollenes Werk Jabirs vorlag.

54 Tacitus, *Annalen*, XIV 30, S. 663.

55 Ebd.

56 Tolstoy, *Auf der Suche nach Merlin*, S. 57.

57 Gregor von Tours, *Zehn Bücher Geschichten*, VI 35, S. 61.

58 Augustinus, Letters of St Augustin (Nr. 47), S. 293.

59 Beda, *Kirchengeschichte des englischen Volkes*, S. 112 f.

60 Ausführlich ist dieser Vorgang dargestellt bei: Begg, *Das Rätsel der schwarzen Madonna*.

61 Frazer, *Der goldene Zweig*, S. 179.

62 Ebd., S. 180.

63 MacRitchie, *Scottish Gypsies under the Stuarts*, S. 57 f.

64 Chadwick, *Priscillian of Avila*, S. 2.

65 Kieckhefer, *Magie im Mittelalter*, S. 68 f.

66 Brown, *Die Heiligenverehrung*, S. 17.

67 Le Mée, *Chant*, S. 123–127.

68 Tyack, *A Book about Bells*, S. 59.

69 Morris, *Legends o' the Bells*, S. 30.

70 Ebd.

71 Eine Geschichte dieses jüdischen Staates findet sich bei: A. J. Zuckerman, *A Jewish Princedom in Feudal France. 768-900,* New York 1972.

72 M. Makki, »The Political History of Al-Andalus«, in: Jayyusi, *The Legacy of Muslim Spain*, Bd. 1, S. 40.

73 Siehe R. Hillenbrand, »›The Ornament of the World‹. Medieval Córdoba as a Cultural Centre«, in: Jayyusi, *The Legacy of Muslim Spain*, S. 112–135.

74 Ebd., S. 115.

75 Matthew Paris, zitiert in: Ronay, *The Tartar Khan's Englishman*, S. 29 f.

76 Ebd., S. 30.

77 Ebd., S. 31.

78 Ebd.

79 Siehe Fletcher, *The Quest for El Cid*, S. 107 ff.

80 Lomax, *Die Reconquista*, S. 170.

81 Isidor von Sevilla, zitiert in: Chadwick, *Priscillian of Avila*, S. 21.

82 Ebd., S. 233.

83 Affifi, *The Mystical Philosophy of Muhyid Din-Ibnul Arabi*, S. 20.

84 Burnett, »The Translating Activity in Medieval Spain«, in: Jayyusi, *The Legacy of Muslim Spain*, Bd. 2, S. 1044. Siehe auch: Burnett, »A Group of Arabic-Latin Translators Working in Northern Spain in the Mid-12th Century« und Thorndike, *A History of Magic and Experimental Science*, Bd. 2, S. 66 ff.

85 Burnett, »The Translating Activity in Medieval Spain«, in: Jayyusi, S. 1044.

86 Socarras, *Alfonso X of Castile*, S. 121, Anm. 25.

87 Eine ausführliche Darstellung der Drusen findet sich bei: Abu-Izzeddin, *The Druzes.*

88 Masson, *Das Staunen der Welt*, S. 293

89 Ebd., S. 240.

90 Geoffrey of Monmouth, *History of the Kings of Britain*, S. 245.

91 Einhard, *Das Leben Karls des Großen* 25, S. 75.

92 Augustinus, *Vom Gottesstaat,* V 7, S. 272.

93 Thorndike, *History of Magic and Experimental Science*, S. 673 u. 689.

94 Smoller, *History, Prophecy and the Stars*, S. 31.

95 Ebd., S. 32.

96 R. Boase, »Arab Influences on European Love-poetry«, in: Jayyusi, *The Legacy of Muslim Spain*, Bd. 1, S. 461 f.

97 *Perlesvaus*, S. 25.

98 Ebd.

99 Ebd., S. 360.

100 Wolfram von Eschenbach, *Parzival,* IX 469, Übers. Spiewok, S. 246 f.

101 Wolfram von Eschenbach, *Parzival,* Übers. Mustard/Passage, S. 251, Anm. 11.

102 Sermoise, *Joan of Arc*, S. 13.

103 Ebd., S. 39.
104 Thorndike, *History of Magic and Experimental Science*, Bd. 2, S. 554 f.
105 Ebd., S. 567.
106 Ebd., S. 555.
107 Flamel, *His Exposition of the Hieroglyphical Figures*, S. 8.
108 Ebd., S. 13.
109 Ebd., S. 15 f.
110 Woodhouse, *George Gemistos Plethon*, S. 168.
111 Garin, *Astrology in the Renaissance*, S. 58.
112 Hankins, »Cosimo de' Medici and the ›Platonic Academy‹«, S. 150.
113 Ficino, *Briefe*, S. 23.
114 Ficino, *Briefe des Mediceerkreises*, S. 96.
115 Fowden, *The Egyptian Hermes*, S. 32.
116 Plassmann, *Orpheus*, S. 11 f.
117 Ficino, *The Book of Life*, S. 90.
118 Ebd., S. 131.
119 Ebd., S. 167.
120 Yates, *Ideas and Ideals in the North European Renaissance*, S. 185.
121 Ebd., S. 187.
122 Yates, *Renaissance and Reform*, S. 11.
123 Goethe, *Sämtliche Werke*, S. 9.
124 Wirszubski, *Pico della Mirandola's Encounter with Jewish Mysticism*, S. 5 u. 11.
125 Idel, »Hermeticism and Judaism«, S. 67.
126 Ebd., S. 66.
127 Pico della Mirandola, *De dignitate hominis*, S. 77.
128 Ebd., S. 31.
129 Yates, *Giordano Bruno and the Hermetic Tradition*, S. 88.
130 Pico della Mirandola, *De dignitate hominis*, S. 77.
131 Yates, *Giordano Bruno and the Hermetic Tradition*, S. 107.
132 Ebd., S. 111.
133 Ebd., S. 116.
134 Lowry, *The World of Aldus Manutius*, S. 200.
135 Yates, *Die okkulte Philosophie*, S. 29.
136 Lowry, *The World of Aldus Manutius*, S. 264.
137 Yates, *Die okkulte Philosophie*, S. 34.
138 Ebd., S. 35.
139 Ebd., S. 36.
140 Evans, *Rudolf II.*, S. 154.
141 Ebd., S. 157.
142 *Fama Fraternitatis*, hier nach: Jan van Rijckenborg, *Der Ruf der Bruderschaft des Rosenkreuzes*, S. XXVII.
143 Zitiert in Kiesewetter, *Faust in der Geschichte und Tradition*, Bd. 1, S. 3.
144 Ebd., S. 6.
145 Baron, *Doctor Faustus from History to Legend*, S. 42.
146 Stadtarchiv Ingolstadt, *Ingolstädter Ratsprotokolle*.
147 Baron, a. a. O., S. 13.
148 Ebd., S. 14–17.
149 Staatsarchiv Nürnberg, *Nürnberger Ratserlasse*, Nr. 870, f. 12.

150 Philipp von Hutten, Brief vom 15. Januar 1540, in: Georg Witkowski, *Der histori-sche Faust*, Deutsche Zeitschrift für Geschichtswissenschaft, N.F. 1 (1896–97).

151 Palmer/More, *The Sources of the Faust Tradition*, S. 91.

152 Baron, a. a. O., S. 70.

153 Martin Luther, *Predigten der Jahre 1540–1546* (Weimarer Ausgabe), 1913.

154 Thorndike, *History of Magic and Experimental Science*, IV, S. 524–525.

155 Yates, *Giordano Bruno and the Hermetic Tradition*, S. 145.

156 Thorndike, a. a. O., V, S. 127.

157 Agrippa, *Von dem Heiligen Ehestand*, in: *Ges. Werke*, S. 720.

158 Agrippa, *Von dem Vorzug des weiblichen Geschlechts vor dem männlichen*, a. a. O., S. 701.

159 Ebd., S. 700.

160 Ebd., S. 703.

161 Agrippa, *De occulta philosophia*, Bd. 4, S. 121.

162 Ebd., Bd. 3, S. 83.

163 Ebd., Bd. 3, S. 102.

164 Ebd., Bd. 1, S. 44.

165 Ebd., Bd. 1, S. 88.

166 Ebd., Bd. 2, S. 10 f.

167 Walker, *Spiritual and Demonic Magic*, S. 96.

168 Yates, *Ideas and Ideals in the North European Renaissance*, S. 262.

169 Yates, *Giordano Bruno and the Hermetic Tradition*, S. 141.

170 Zitiert in Spence, *An Encyclopaedia of Occultism*, S. 315.

171 Paracelsus, *Über die Tinktur der Physici*, in: *Sämtliche Werke*, Bd. 3, S. 316.

172 Ebd., S. 314.

173 Zitiert bei Ernst Kaiser, *Paracelsus*, Hamburg 1986, S. 89 f.

174 Paracelsus, *Buch Paragranum*, in: *Sämtliche Werke*, Bd. 1, S. 390.

175 Paracelsus, *Sämtliche Werke*, Bd. 4, S. 773.

176 Ebd.

177 Debus, *The English Paracelsians*, S. 14.

178 Ebd., S. 20.

179 Paracelsus, *Über die Entstehung der Metalle und Minerale*, in: *Sämtliche Werke*, Bd. 3.

180 Paracelsus, *Über die Natur der Dinge*, in: *Sämtliche Werke*, Bd. 3.

181 *Sämtliche Werke*, Bd. 1, S. 781.

182 Ebd., S. 231.

183 *Die Chymische Hochzeit des Christian Rosenkreuz*.

184 Yates, *Theatre of the World*, S. 12.

185 French, *John Dee*, S. 63.

186 Ebd., S. 179.

187 Ebd., S. 180.

188 Yates, *The Occult Philosophy in the Elizabethan Age*, S. 156; siehe auch S. 84–85.

189 Ebd., S. 88–89; 169–172.

190 Deacon, *John Dee*, S. 231.

191 Yates, *Theatre of the World*, S. 18.

192 French, a. a. O., S. 19.

193 Ebd., S. 56.

194 Yates, *Theatre of the World*, Appendix A, S. 194.

195 Ebd., S. 196.

196 French, a. a. O., S. 58.

197 Ebd.

198 Yates, *Theatre of the World*, S. 18.

199 Yates, *Giordano Bruno and the Hermetic Tradition*, S. 197.

200 Ebd., S. 211.

201 Ebd., S. 214.

202 Ebd., S. 213.

203 Ebd., S. 231–232.

204 Ebd., S. 312, 313, 320–321, 324.

205 Ebd., S. 312, Nr. 5 und Nr. 6.

206 Ebd., S. 273–274.

207 Yates, *Theatre of the World*, S. 46.

208 Fludd, *Essential Readings*, S. 45 ff.

209 Ebd., S. 47.

210 Ebd., S. 56.

211 Heute in der National Library of Scotland.

212 Yates, *The Art of Memory*, S. 328–354.

213 Yates, *Theatre of the World*, S. 51–52.

214 Inigo Jones könnte als junger Mann bei John Dee studiert haben. Auch war er vielleicht eine Zeitlang mit Robert Fludd in Übersee unterwegs. Beide kehrten 1605 nach England zurück. Siehe Yates, a. a. O., S. 82–83.

215 Für eine detaillierte Darstellung dieses Themas siehe Storr, *Music and the Mind*, 1992; Robertson, *Music and the Mind*, 1996.

216 Walker, *Spiritual and Demonic Magic from Ficino to Campanella*, S. 14.

217 Ebd.

218 Michell, *The Dimensions of Paradise*, S. 89.

219 Platon, *Politeia* 522a; siehe auch *Politeia* 376e.

220 *Hermetica* XVIII,5. Vgl. *Das Corpus Hermeticum Deutsch*, Bd. 1, S. 224, mit Anm.

221 *Asclepius* 13; *Das Corpus Hermeticum Deutsch*, Bd. 1, S. 271.

222 *Asclepius* 38; a. a. O., S. 311.

223 Fowden, *The Egyptian Hermes*, S. 118–119.

224 Walker, »Musical Humanism in the 16th and Early 17th Centuries«, S. 8.

225 Vgl. auch Donington, *The Rise of Opera*, S. 34 ff. Er weist nicht nur auf die Bedeutung der französischen Dichter der Pléiade hin, sondern auch auf die Entstehung von »Schäferdramen« mit Musikbegleitung.

226 Ficino, *Briefe*, 2, S. 66, Übers. von Karl Markgraf von Montoriola.

227 Walker, *Spiritual and Demonic Magic from Ficino to Campanella*, S. 1617.

228 Ebd., S. 25.

229 Agrippa, *De occulta philosophia* I, 71.

230 Ammann, *The Musical Theory and Philosophy of Robert Fludd*, S. 220.

231 Ebd.

232 Agrippa, *De occulta philosophia* II, 28.

233 Read, *Prelude to Chemistry*, S. 250.

234 Khunrath, *Amphitheatrum sapientiae aeternae*, ff. 15v–16r.

235 Ammann, a. a. O., S. 212.

236 Ebd., S. 198–199.

237 Ebd., S. 212.

238 Dieses Thema steht in seiner *Utriusque cosmi historia*, 1617–1618, zentral.

239 Elders, *Symbolic Scores*, S. 99.

240 Siehe ebd., S. 151–179.

241 Walker, *Spiritual and Demonic Magic from Ficino to Campanella*, S. 207.

242 Wittkower, *Grundlagen der Architektur im Zeitalter des Humanismus*, S. 96.

243 Ebd., S. 92.

244 Ebd., S. 96.

245 Diese knappe Darstellung findet sich bei Wittkower, ebd., S. 96.

246 Eine detaillierte Analyse gibt Michell, *The Dimensions of Paradise*, S. 82–89.

247 Ausführliche Untersuchungen dieses Gemäldes finden sich bei Wind, *Pagan Mysteries in the Renaissance*, S. 125 ff; Yates, *Giordano Bruno and the Hermetic Tradition*, S. 77–78; Snow-Smith, *The ›Primavera‹ of Sandro Botticelli*.

248 Wind, a. a. O., S. 114.

249 Vitruv, *Über Architektur*, I 1, Abs. 3 (S. 3), in der Übers. von Franz Reber, Berlin 1930.

250 Wittkower, a. a. O., S. 16.

251 Vitruv, a. a. O., I 2, Abs. 4 (S. 12).

252 Ebd., III 1, Abs. 14.

253 Wittkower, a. a. O., S. 83 u. 84.

254 Ebd., S. 97.

255 Platon, *Timaios* 33b.

256 Wittkower, a. a. O., S. 15f.

257 Ebd., S. 30.

258 Ebd., S. 31.

259 Ebd., S. 84–86.

260 Ebd., S. 24.

261 Ebd., S. 25.

262 Ebd.

263 Taylor, *Architecture and Magic*, S. 85.

264 Ebd., S. 81.

265 Ebd., S. 90, Nr. 89.

266 Comito, *The Idea of the Garden in the Renaissance*, S. 78.

267 Ebd., S. 162.

268 Strong, *The Renaissance Garden in England*, S. 47–49; siehe auch Yates, *Astraea*, S. 59 ff; Yates (S. 79) zitiert ein nach Elisabeths Tod verfaßtes Couplet, »aus dem hervorgeht, daß die verstorbene Königin Elisabeth jetzt eine zweite Selige Jungfrau im Himmel ist«. McLure/Wells gelangen in »Elisabeth I as a Second Virgin Mary«, S. 40, sogar zu dem Schluß, daß »eine mystische Verwandtschaft zwischen der Jungfrau Elisabeth und der Jungfrau Maria im Mittelpunkt […] des Kultes der englischen Monarchin stand […]«

269 Viele dieser Automaten sind abgebildet in: Caus, *Les Raisons des forces mouvantes*, 1623.

270 Strong, a. a. O., S. 74.

271 Yates, *Aufklärung im Zeichen des Rosenkreuzes*, S. 37–39.

272 Prest, *Garden of Eden*, S. 55.

273 Donington, *The Rise of Opera*, S. 36.

274 Ebd.

275 Yates, *Ideas and Ideals in the North European Renaissance*, S. 125.

276 Yates, *Astraea*, S. 154.

277 Ebd., S. 160.

278 Ebd. Das Haus Guise war Führerin der Katholischen Liga gegen den französischen König Heinrich III.

279 Yates, *The Occult Philosophy in the Elizabethan Age*, S. 107.

280 Donington, a. a. O., S. 72.

281 Yates, *Theatre of the World*, S. 86.

282 Orgel, *The Illusion of Power*, S. 56.

283 Ebd., S. 42.

284 Harris/Orgel/Strong, *The Kings Arcadia*, S. 35.

285 Orgel/Strong, *Inigo Jones*, S. 50

286 Yates, *Theatre of the World*, S. 32.

287 Ebd., S. 128.

288 Ebd., S. 134–135.

289 Ebd., S. 189.

290 Zitat aus Yates, a. a. O., S. 172.

291 *Doctor Faustus*, I, 1, in der Übers. von Friedrich Bodenstedt.

292 Frances Yates behauptet in ihrem Buch *The Occult Philosophy in the Elizabethan Age*, Shakespeares König Lear (S. 156–157) und Prospero (S. 160–161) seien Porträts von John Dee.

293 Die Verbindung Shakespeares mit dem Kreis um John Dee und Sir Philip Sidney könnte weit enger gewesen sein als bisher vermutet. In einem 1665 veröffentlichten Buch heißt es, Fulke Greville, enger Freund Sidneys, sei Schutzherr Shakespeares und Ben Jonsons gewesen. Fulke Greville befand sich in Gesellschaft Sidneys und Giordano Brunos, als dieser England besuchte. Und Grevilles Familienwohnsitz lag dicht bei Stratford-on-Avon. Frances Yates meint, daß »Shakespeare, als er als junger Mann nach London kam, Zugang zu Grevilles Haus und seinem Kreis gehabt haben könnte«. Siehe Yates, *The Art of Memory*, S. 309.

294 *Wie es euch gefällt*, II, 7, in der Übers. von Schlegel-Tieck.

295 *Der Sturm*, IV, 1, in der Übers. von Schlegel-Tieck.

296 Godwin, *Athanasius Kircher*, S. 18.

297 Aufgenommen am 20. Mai 1641 in die Schottische Loge zu Edinburgh, Nr. 1. Siehe: Pick/Knight, *The Pocket History of Freemasonry*, S. 44.

298 Siehe Yates, *Aufklärung im Zeichen des Rosenkreuzes*, S. 151–166.

299 Ebd., S. 165. Yates weist darauf hin, die Regeln für den von Leibniz geplanten Orden der Barmherzigkeit seien praktisch ein Zitat aus der *Fama*.

300 Yates, *The Art of Memory*, S. 372.

301 Yates, *Aufklärung im Zeichen des Rosenkreuzes*, S. 193 f.

302 Yates, *Ideas and Ideals in the North European Renaissance*, S. 64.

303 Eamon, *Science and the Secrets of Nature*, S. 324.

304 *Hermetica*, trans. Scott, S. 43.

305 Descartes, *Abhandlung über die Methode*, in der Übers. von Lüder Gäbe, Hamburg 1964, S. 9.

306 Naudé, *Instruction à la France sur la Vérité de l'histoire des Frères de la Roze-Croix*, S. 26–27.

307 Descartes, a. a. O., S. 15.

308 Siehe Birch, *The History of the Royal Society of London*; Hartley (Hrsg.) *The Royal Society*; Purver/Bowen, *The Beginning of the Royal Society*.

309 Siehe Baigent, *Freemasonry, Hermetic Thought and the Royal Society of London.*
310 Dobbs, *The Foundations of Newtons Alchemy*, S. 6.
311 Ebd., S. 12.
312 Dobbs gibt eine Liste der Einträge im Verkaufskatalog, ebd., S. 235–248.
313 Keynes, »Newton, the Man«, S. 27–29.
314 Dobbs, a. a. O., S. 230.
315 Blake, *Mock on, Mock on, Voltaire, Rousseau.*
316 Blake, *Auguries of Innocence.*
317 A. Flew (Hrsg.), *A Dictionary of Philosophy*, London 1984, S. 106.
318 Hooykaas, *Religion and the Rise of Science*, S. 66.
319 *Genesis* 1,28.
320 Hooykaas, a. a. O., S. 67.
321 Siehe N. Goodricke-Clarke, *The Occult Roots of Nazism*, Wellingborough, 1985; M. Baigent/R. Leigh, *Secret Germany*, London, 1994, S. 240–250.
322 1934 gaben die Curies ihrer Sorge über diese Möglichkeit Ausdruck; auf einer Konferenz 1942 warnte Edward Teller ebenfalls vor dieser Gefahr; Robert Oppenheimer quälte sich mit der Frage: »Bestand wirklich die Möglichkeit, daß eine Atombombe die Explosion des Sauerstoffs in der Atmosphäre und des Wasserstoffs in den Meeren auslöste? Das wäre die Katastrophe des Endes. Besser die Sklaverei unter den Nazis ertragen, als Gefahr zu laufen, endgültig den Vorhang über der Menschheit herabzulassen.« Siehe Rhodes, *The Making of the Atomic Bomb*, S. 202–203; 418; 419.
323 *Bhagavad Gita*, 11,12. Übers. von Franz Hartmann.
324 Ebd., 11, 24.
325 Powers, *Heisenberg's War*, S. 464.
326 Wolpert, *The Unnatural Nature of Science*, S. 169.
327 Ebd., S. 167.
328 Ebd., S. 138.
329 Buranelli, *The Wizard from Vienna*, S. 119.
330 Jung, *Psychologische Betrachtungen*, S. 402 f.
331 Jung, *Erinnerungen, Träume, Gedanken*, S. 99.
332 Ebd., S. 74.
333 Ebd., S. 209 f.
334 Ebd., S. 138.
335 Coleridge, *Biographia Literaria*, S. 141 (Übers. aus d. Engl.).
336 Flaubert, *Briefe*, S. 652.
337 Ebd., S. 366.
338 Baudelaire, »Correspondences«, S. 234.
339 Baudelaire, »Alchimie de la douleur«, S. 209.
340 Rimbaud, *Illuminations and Other Prose Poems*, S. XXX–XXXI (Übers. nach dem Engl.).
341 Rimbaud, »Ein Aufenthalt in der Hölle«, S. 237–239.
342 Yeats, »Sailing to Byzantium«, S. 157–158.
343 Ebd.
344 Ebd.
345 Joyce, *Ein Porträt des Künstlers als junger Mann*, S. 242.
346 Ebd., S. 253–254.
347 Mann, *Bekenntnisse des Hochstaplers Felix Krull*, S. 214.

348 García Márquez, *Hundert Jahre Einsamkeit*, S. 467–468.
349 García Márquez, »Blacamán der Gute, Wunderverkäufer«, S. 256–257.
350 Eliot, »Burnt Norton«, in: *Vier Quartette*.
351 Paracelsus, *Buch Paragranum*, S. 390.
352 Eamon, *Science and the Secrets of Nature*, S. 217–218.
353 Biderman, *March to Calumny*, S. 149–150.
354 Thomas, *Journey into Madness*, S. 156.
355 Marks, *The Search for the »Manchurian Candidate«*, S. 126.
356 Ebd.
357 Thomas, a. a. O., S. 159–160.
358 Ebd., S. 163.
359 Ranelagh, *The Agency*, S. 203.
360 Ebd.
361 Ebd., S. 204.
362 Marks, a. a. O., S. 10.
363 Biderman, a. a. O., S. 140.
364 Dichter, *The Strategy of Desire*, S. 18.
365 Siehe die Abhandlung über die »Protokolle« in M. Baigent/R. Leigh/H. Lincoln, *The Holy Blood and the Holy Grail*, London 1982, S. 160–163.
366 *The Times*, 16. August 1969, S. 1.
367 *The Times*, 18. August 1969, S. 1.
368 Packard, *Die geheimen Verführer*, S. 207.
369 Galbraith, *Gesellschaft im Überfluß*, S. XVI–XVII.
370 Ebd., S. XXVI.
371 Ebd., S. XII.
372 Siehe Key, *Subliminal Ad-Ventures in Erotic Art*, sowie Radford, *Subliminal Persuasion*.
373 Ramsey, *Consumer Protection*, S. 369.
374 Ebd.
375 Siehe zum Beispiel Kinsey, »The Use of Children in Advertising and the Impact of Advertising Aimed at Children«.
376 Ein Beispiel ist Morse, »Commercial Speech as a Basic Freedom«.
377 Schudson, *Advertising, the Uneasy Persuasion*, S. 69.
378 Nakra, »Zapping Nonsense: Should Television Media Planners Lose Sleep Over It?«, S. 217.
379 Ebd., S. 219.
380 Ebd., S. 219–220.
381 *The Times*, 25. Oktober 1989, S. 1.
382 Brogan, *The Penguin History of the United States of America*, S. 452–453.
383 Curran/Gurevitch, *Mass Media and Society*, S. 214.
384 Booth, *Keith*, S. 152.
385 Dieses und weitere Zitate aus dem Konzert von Altamont stammen, wenn nicht anderweitig gekennzeichnet, aus dem Film *Gimme Shelter*, © Maysles Films Inc., 1970, 1993.
386 Booth, a. a. O., S. 152.
387 Bockris, *Keith Richards*, S. 163.
388 Ebd., S. 165.
389 *Newsweek*, zitiert in Bockris, a. a. O., S. 167.

390 *Garcia*, S. 94.
391 Bockris, a. a. O., S. 164.
392 Borges, *A Universal History of Infamy*, S. 19.
393 Gilfond, *Voodoo*, S. 3.
394 Ebd., S. 5.
395 Hart, *Drumming at the Edge of Magic*, S. 224.
396 Ebd., S. 225.
397 »Got My Mojo Working« von McKinley Morganfield (Muddy Waters).
398 »I'm Your Hoochie Coochie Man« von Willie Dixon.
399 Murray, *Crosstown Traffic*, S. 109.
400 »Low Down Rounder Blues« von Peg Leg Howell, siehe Taylor, *The Death and Resurrection Show*, S. 161.
401 Albertson, *Bessie*, S. 106f, mit einem Zitat von Carl Van Vechten aus »Memories of Bessie Smith«, *Jazz Records*, September 1947, S. 6.
402 Booth, a. a. O., S. 189.
403 Hart, a. a. O., S. 228.
404 Taylor, a. a. O., S. 169.
405 Ebd., S. 170.
406 Ebd.
407 Taylor, a. a. O., S. 202; zitiert wird ein Interview in *Playboy*, Januar 1981.
408 Ebd., S. 205.
409 Densmore, *Riders of the Storm*, S. 144.
410 Ebd., S. 114.
411 Ebd., S. 208.
412 Turner, a. a. O., S. 95.
413 »To Beat the Devil« von Kris Kristofferson.
414 Turner, a. a. O., S. 120.
415 Dennemann, *The Inner World of Jimi Hendrix*, S. 96.
416 Ebd., S. 112.
417 Ebd., S. 96.
418 Ebd., S. 101, mit einem Zitat von Sue Clark vom Dezember 1969.
419 Turner, a. a. O., S. 120.
420 Ebd., S. 119.
421 Ebd., S. 126.
422 Beuys, *Joseph Beuys. Drawings*, S. 11.
423 Beuys, *In Memoriam Joseph Beuys*, S. 12.
424 Ebd., S. 19.
425 Beuys, *Joseph Beuys. The Revolution in Us*, S. 9.
426 Ebd.
427 Sime, »Creating Places or Designing Spaces«, in: Groat, *Giving Places Meaning*, S. 32.
428 Norberg-Schulz, *Architecture: Meaning and Place*, S.181.
429 Norberg-Schulz, *Genius Loci*, S. 168.
430 Ebd., S. 190.
431 Norberg-Schulz, *Architecture: Meaning and Place*, S. 181.
432 Sime, a. a. O., S. 32.
433 Norberg-Schulz, *Genius Loci*, S. 5.
434 Ebd., S. 23.

435 Ebd., S. 5.
436 Ebd., S. 16.
437 Ebd.
438 Ebd., S. 23.
439 Ebd.
440 Ebd., S. 166.
441 Ebd., S. 197 f.
442 Masheck, *Building-Art*, S. 123.
443 Seine Königliche Hoheit, der Prinz von Wales, *A Vision of Britain*, S. 10.
444 Ebd., S. 103.
445 Ebd., S. 78.
446 Ebd., S. 82.

Literatur

Abu-Izzeddin, N. M., *The Druzes*, Leiden 1984

Addas, C., Quest for the Red Sulpher. The Life of Ibn Arabi, übers. v. P. Kingsley, Cambridge 1993

Affifi, A. E., *The Mystical Philosphy of Muhyid Din-Ibnul Arabi*, Cambridge 1939

Affifi, A. E., »The Influence of Hermetic Literature on Moslem Thought«, in: *Bulletin of the School of Oriental and African Studies*, XIII, 1951, S. 840–855.

Agrippa von Nettesheim, H. C., *De occulta philosophia*, 5 Bde., Berlin 1916

Agrippa von Nettesheim, H. C., *De occulta philosophia. Drei Bücher über die Magie*, Nördlingen 1987

Agrippa von Nettesheim, H. C., *Gesammelte Werke*, Nürnberg 1713

Agrippa von Nettesheim, H. C., *Die magischen Werke*, Wiesbaden 1982

Albertson, C., *Bessie*, London, 1972

Ammann, P. J., »The Musical Theory and Philosophy of Robert Fludd«, in: *Journal of the Warburg and Courtauld Institutes*, 30, 1967, S. 198–227

Ammianus Marcellinus, *Das Römische Weltreich vor dem Untergang*. Übers. von O. Veh, Zürich/München 1974

Anastos, M. V. »Pletho's Calendar and Liturgy«, in: *Dumbarton Oaks Papers*, IV, 1948, S. 183–305

Anderson, W., *Green Man. The Archetype of Our Oneness with the Earth*, London, 1990

Andreae, J. V., *Die Chymische Hochzeit des Christian Rosenkreuz*, Basel 1987

Andreae, Johann Valentin, *Fama Fraternitatis* (1614). *Confessio Fraternitatis* (1615). *Chymische Hochzeit Christiani Rosencreutz anno 1459* (1616), hrsg. von R. van Dülmen, 3. Aufl., Stuttgart 1981

Asclepius, siehe *Corpus Hermeticum*

Ashmole, E., *Theatrum Chiemicum Britannicum*, London 1652

Ashmole, E., *The Diary and Will of Elias Ashmole*, hrsg. von R. T. Gunther, Oxford, 1927

Athanassakis, A. N., *The Orphic Hymns*, Atlanta 1988.

Augustinus, Aurelius, *Letters of St. Augustin*, übers. von J. G. Cunningham, in: *A Select Library of the Nicene and Post-Nicene Fathers of the Christian Church*, vol. I, hrsg. von P. Schaff, New York 1892

Augustinus, Aurelius, *Vom Gottesstaat*. Übertr. von W. Thimme, Zürich 1955

Austin, R. W. J., *Sufis of Andalusia*, Sherborne 1981

Bacon, F., *The Advancement of Learning*, London 1973

Baigent, M., *From the Omens of Babylon*, London 1994

Baigent, M., »Freemasonry, Hermetic Thought and the Royal Society of London«, in: *Ars Quatuor Coronatorum*, 109, 1996

Baigent, M./R. Leigh, *Verschlußsache Jesus. Die Qumranrollen und die Wahrheit über das frühe Christentum,* München 1993

Barber, R., *King Arthur in Legend and History,* Ipswich 1974

Baron, F., *Doctor Faustus from History to Legend,* München 1978

Baudelaire, Ch., »Alchimie de la douleur«, deutsch von F. Kemp, in: Baudelaire, *Sämtliche Werke/Briefe,* Bd. 3, München 1975

Baudelaire, Ch., »Correspondences«, deutsch von C. Fischer, in: Baudelaire, *Sämtliche Werke/Briefe,* Bd. 4, München 1975

Beda Venerabilis, *Kirchengeschichte des englischen Volkes.* Übers. von G. Spitzbart, Darmstadt 1982

Begg, E., *Das Rätsel der schwarzen Madonna,* St. Goar 1992

Bernal, M., *Schwarze Athene. Die afroasiatischen Wurzeln der griechischen Antike,* München/Leipzig 1992

Beuys, J., *Joseph Beuys. Drawings,* London 1983

Beuys, J., *In Memoriam Joseph Beuys,* Bonn 1986

Beuys, J., *Joseph Beuys. The Revolution is Us,* Liverpool 1993

Biderman, A. D., *March to Calumny: the Story of American POWs in the Korean War,* New York 1963

Birch, T., *The History of the Royal Society of London,* 4 Bde., London 1756

Blum, R., Kallimachos. The Alexandrian Library and the Origins of Bibliography, Madison 1991

Bockris, V., *Keith Richards,* Harmondsworth 1993

Bonwick, J., *Irish Druids and Old Irish Religions,* Faksimile Reprint, Dorset Press, 1986

Booth, S., *Keith. Till I Roll Over Dead,* London 1994

Borges, J. L., *A Universal History of Infamy,* übers. v. N. T. Di Giovanni, London 1973

Bossy, J., *Giordano Bruno and the Embassy Affair,* New Haven 1991

Bowart, W., *Operation Mind Control,* London 1978

Bowman, A. K., *Egypt after the Pharaohs,* London 1986

Boyle, R., *The Sceptical Chymist,* London 1911

Broek, R. van den/Vermaseren, M. J., *Studies in Gnosticism and Hellenistic Religions,* Leiden 1981

Brogan, H., *The Penguin History of the United States of America,* London 1985

Brown, P., *Die Heiligenverehrung. Ihre Entstehung und Funktion in der lateinischen Christenheit,* Leipzig 1991

Browne, C. A., »Rhetorical and Religious Aspects of Greek Alchemy«, in: *Ambix,* II, 1938, S. 129–137

Buranelli, V., *The Wizard from Vienna,* New York 1975

Burnett, C. S. F., »The Legend of the Three Hermes and Abu Ma'Shar's *Kitab Al-Uluf* in the Latin Middle Ages«, in: *Journal of the Warburg and Courtauld Institutes,* 39, 1976, S. 231–234

Burnett, C. S. F., »A Group of Arabic-Latin Translators Working in Northern Spain in the Mid-12th Century«, in: *Journal of the Royal Asiatic Society,* 1977, S. 62–76

Burnett, C. S. F., »Hermann of Carinthia and the *Kitab Al Istamatis*: Further Evidence for the Transmission of Hermetic Magic«, in: *Journal of the Warburg and Courtauld Institutes,* 44, 1981, S. 167–169

Burnett, C. S. F., »The Astrologer's Assay of the Alchemist: Early References to Alchemy in Arabic and Latin Texts«, in: *Ambix,* 39, 192, S. 103–109

Burns, R. I., *The Worlds of Alfonso the Learned and James the Conqueror*, Princeton 1985

Butler, E. M., *The Myth of the Magus*, Cambridge 1979

Butterfield, H., *The Origins of Modern Science 1300–1800*, London 1949

The Cambridge History of Later Greek and Early Medieval Philosophy, hrsg. von A. H. Armstrong, Cambridge 1967

Campion, N., *An Introduction to the History of Astrology*, London 1982.

Campion, N., *The Great Year. Astrology, Millenarianism and History in the Western Tradition*, London 1994

Cassirer, E., Kristeller, P. O., Randall, J. H., *The Renaissance Philosophy of Man*, Chicago 1948

Caus, S. de, *Les Raisons des forces mouvantes*, Paris 1623

Chadwick, H., *Priscillian of Avila*, Oxford 1976

Chopra, D., *Quantum Healing*, New York 1990

Coleridge, S. T., *Biographia Literaria*, New York 1967

Comito, T., *The Idea of the Garden in the Renaissance*, Hassocks 1979

Confessio Fraternitatis: siehe Andreae, Rijckenborgh

Cornell, K., *The Symbolist Movement*, New Haven 1951

Corpus Hermeticum: Das Corpus Hermeticum Deutsch, hrsg. von C. Colpe u. J. Holzhausen, 3 Bde., Stuttgart-Bad Cannstatt 1997

Curran, J., Gurevitch, M., *Mass Media and Society*, 2. Aufl., London 1996

Deacon, R., *John Dee*, London 1968

Debus, A. G., *The English Paracelsians*, London 1965

Dee, J., *A True and Faithful Relation of What Passed for Many Years between Dr. John Dee and Some Spirits*, hrsg. von Meric Casaubon, London 1659

Dee, J., *The Private Diary of Dr. John Dee*, hrsg. von J. O. Halliwell, London 1942

Dee, J., *The Heptarchia Mystica of John Dee*, hrsg. von R. Turner, Wellingborough 1986.

Dee, J., *Die Monas-Hieroglyphe*, Interlaken 1982

Densmore, J., *Riders on the Storm*, London 1991

Deren, M., *Divine Horsemen. The Living Gods of Haiti*, New York 1953

Descartes, *Abhandlung über die Methode*. Übers. von Lüder Gäbe, Hamburg 1964

Dichter, E., *The Strategy of Desire*, London 1960.

Diogenes Laertius

Dobbs, B. J. T., *The Foundations of Newton's Alchemy*, Cambridge 1975

Dodds, E. R., *Heiden und Christen in einem Zeitalter der Angst. Aspekte religiöser Erfahrung von Mark Aurel bis Konstantin*, Frankfurt a. M. 1985

Donington, R., *The Rise of Opera*, London 1981 (dt.: *Geschichte der Oper*, München 1995)

Drake-Brockman, H., *Voyage to Disaster*, London 1964

Drijvers, H., »Bardaisan of Edessa and the Hermetica«, in: *Jaarbericht van het Vooraziatisch-Egyptisch Genootschap Ex Oriente Lux*, XXI, 1970, S. 190–210

Durken, J., »Alexander Dickson and S. T. C. 6823«, in: *The Bibliotheck*, 3, 1952, No. 5, S. 183–187

Duveen, D. I., *Bibliotheca Alchemica et Chemica*, London 1949

473

Eamon, W., *Science and the Secrets of Nature*, Princeton 1994

Einhard, *Das Leben Karls des Großen*. Nebst Auszügen aus: *Der Mönch von St. Gallen über die Taten Karls des Großen,* Essen/Stuttgart 1986

Eisenmann, R. H., *James the Just in the Habbakkuk »Pesher«*, Leiden 1986

Elders, W., *Symbolic Scores. Studies in the Music of the Renaissance*, Leiden 1994

Eliot, T. S. »Burnt Norton«, in: *Vier Quartette.* Übers. von N. Wydenbruck, in: Eliot, *Gesammelte Gedichte 1909–1962* (T. S. Eliot, *Werke* Bd. 4), hrsg. von E. Hesse, Frankfurt a. M. 1972

Encyclopaedia of Islam, Neuausgabe, 8 Bde., Leiden 1954–1995

Encyclopaedia of Religion and Ethics, hrsg. von J. Hastings, 13 Bde., Edinburgh 1908–1926

Evans, J., *The Ancient Stone Implements, Weapons and Ornaments of Great Britain*, 2. überarb. Ausg., 2 Bde., London 1897

Evans, R. J. W., *Rudolf II. Ohnmacht und Einsamkeit*, Graz/Wien/Köln 1980

Fama Fraternitatis: siehe Andreae, Rijckenborg

Ficino, Marsilio, *The Books of Life.* Übers. von Ch. B. Irving, Texas 1980

Ficino, Marsilio, *Briefe des Mediceerkreises aus Marsilio Ficino's Epistolarium*. Übers. von Karl Markgraf von Montoriola [d. i. K. P. Hasse], Berlin 1926

Ficino, Marsilio, *Briefe von Marsilio Ficino*, Haarlem 1994

Finn, J., *The Bluesman*, London 1986

Flamel, N., *His Exposition of the Hieroglyphical Figures*, hrsg. von L. Dixon, New York 1994.

Flaubert, G., *Briefe*, hrsg. und übers. von Helmut Scheffel, Stuttgart 1964

Fletcher, R., *The Quest for El Cid*, London 1989

Flint, V. I. J., *The Rise of Magic in Early Medieval Europe*, Oxford 1991

Fludd, R., *Essential Readings*, hrsg. von W. H. Huffman, London 1992

Forey, A. J., *The Templars in the »Corona de Aragon«*, London 1973

Fowden, G., *The Egyptian Hermes*, Cambridge 1986

Fraser, P. M., *Ptolemaic Alexandria*, Oxford 1972

Frazer, J. G., *Der goldene Zweig. Eine Studie über Magie und Religion,* Köln/Berlin 1968

French, P., *John Dee*, London 1972

Galbraith, J. K., *Gesellschaft im Überfluß.* Übers. von R. Mühlfenzl, München 1959

Garcia, by the Editors of Rolling Stone, London 1996

García Márquez, G., »Blacamán der Gute, Wunderverkäufer«. Übers. von C. Meyer-Clason, in: *Die Erzählungen*, München 1996

García Márquez, G., *Hundert Jahre Einsamkeit*. Übers. von C. Meyer-Clason, München 1996

Garin, E., *Astrology in the Renaissance*, London 1983

Geoffrey of Monmouth, *The History of the Kings of Britain*, übers. v. L. Thorpe, London 1969

Geoghegan, D., »A Licence of Henry VI to Practise Alchemy«, in: *Ambix*, VI, 1957, S. 10–17

Gilfond, H., *Voodoo: Its Origins and Practices*, New York 1976

Gill, J., *The Council of Florence*, Cambridge 1959

Gill, J. S., »How Hermes Trismegistus was Introduced to Renaissance England: The

Influence of Caxton and Ficino's ›Argumentum‹ on Baldwin and Palfreyman«, in: *Journal of the Warburg and Courtauld Institutes*, 47, 1984, S. 222–250

Godwin, J., *Athanasius Kircher. Ein Mann der Renaissance und die Suche nach verlorenem Wissen*, Berlin 1994

Goethe, J. W., *Italienische Reise*, in: *Sämtliche Werke*, hrsg. von Chr. Michel und H.-G. Dewitz, Frankfurt 1993

Good, D. J., *Reconstructing the Tradition of Sophia in Gnostic Literature*, Atlanta, 1987

Green, T. M., *The City of the Moon God. Religious Traditions of Harran*, Leiden 1992

Gregor von Tours, *Zehn Bücher Geschichten*, 8. Aufl., Darmstadt 1990

Grese, W. C., *Corpus Hermeticum XIII and Early Christian Literature*, Leiden 1979

Groat, L., (Hrsg.), *Giving Places Meaning*, London 1995

Guinsburg, A. M., »Henry Moore, Thomas Vaughan and the Late Renaissance Magical Tradition«, in: *Ambix*, 27, 1980, S. 36–58

Haddow, A. J., »Sir Robert Moray's Mark«, in: *Year Book of the Grand Lodge of Scotland*, Edingburgh, 1970, S. 76–80.

Hale, J., *The Civilization of Europe in the Renaissance*, London 1993

Hamarneh, S. K., »Arabic-Islamic Alchemy – Three Intertwined Stages«, in: *Ambix*, 29, 1982, S. 74–87

Hankins, J., »Cosimo de' Medici and the ›Platonic Academy‹«, in: *Journal of the Warburg and Courtauld Institutes*, 53, 1990, S. 144–159

Harris, J., Orgel, S., Strong, R., *The Kings Arcadia: Inigo Jones and the Stuart Court*, London 1973

Hart, M., *Drumming at the Edge of Magic*, New York 1990

Hartley, H. (Hrsg.), *The Royal Society. Its Origins and Founders*, London 1960

Haschmi, M. Y., »The Beginning of Arab Alchemy«, in: *Ambix*, IX, 1961, S. 155–161

Haskins, J., *Voodoo & Hoodoo*, Lanham (MD) 1990

Haynes, A., *Invisible Power: The Elizabethan Secret Services*, Stroud 1992

Hermes Trismegistos: siehe *Corpus Hermeticum*

Hermetica, hrsg. und übers. von W. Scott, Reprint, Boulder 1982

Hermetica, hrsg. und übers. von B. P. Copenhaver, Cambridge 1992

Hershbell, J. P., »Democritus and the Beginning of Greek Alchemy«, in: *Ambix*, 34, 1987, S. 5–20

Heym, G., »Al-Razi and Alchemy«, in: *Ambix*, I, 1937, S. 184–191

Hillgarth, J. N., *The Spanish Kingdoms, 1250–1516*, 2 Bde., Oxford 1976

Holmyard, E. J., *Alchemy*, Harmondsworth 1968

Hooykaas, R., *Religion and the Rise of Modern Science*, Edinburg 1972

Horkheimer, M., und Adorno, Th. W., *Dialektik der Aufklärung*, Frankfurt a. M., 8. Aufl. 1995

Huffman, W. H., *Robert Fludd and the End of Renaissance*, London 1988

Hutin, S., *Les Disciples anglais de Jacob Boehme*, Paris 1960

The Hypnerotomachia, or The Dream of Poliphilus, hrsg. von A. McLean, Edinburgh 1986

Jamblich von Apamea, *Über die Geheimlehren*, Hildesheim 1987

Idel, M., *Kabbalah. New Perspectives*, New Haven 1988

Idel M., »Hermeticism and Judaism«, in: Merkel/Debus, *Hermeticism and the Renaissance*, 1988, S. 59–76

Iversen, E., *Egyptian and Hermetic Doctrine*, Kopenhagen 1984

Jacob, M. C., »John Toland and the Newtonian Ideology«, in: *Journal of the Warburg and Courtauld Institutes*, 32, 1969, S. 307–331

Jacob, M. C., *The Radical Enlightenment*, London 1981

Jayyusi, S. K. (Hrsg.), *The Legacy of Muslim Spain*, 2 Bde., Leiden 1994

Jonas, H., *Gnosis und spätantiker Geist. Erster Teil: Die mythologische Gnosis*, 3. Aufl., Göttingen 1964

Jonas, H., *The Gnostic Religion*, Boston 1963

Josephus, Flavius, *Der Jüdische Krieg*, 4. Aufl., München 1987

Josten, C. H., »William Backhouse of Swallowfield«, in: Ambix, IV, 1949–1951, S. 1–33

Joyce, J., *Ein Porträt des Künstlers als junger Mann*. Übers. von Klaus Reichert, Frankfurt a. M. 1984

Jung, C. G. (Hrsg.), *Man and His Symbols*, London 1980

Jung, C. G., *Psychologie und Alchemie. Gesammelte Werke*, Bd. 12, Olten/Zürich, 7. Aufl. 1994

Jung, C. G., *Erinnerungen, Träume, Gedanken*, Aufgez. und hrsg. v. Aniela Jaffé, Olten, 14. Aufl. 1997

Jung, C. G., *Psychologische Betrachtungen*, hrsg. von Jolan Jacobi, Zürich 1949

Justin Martyr, The First Apology, in: *The Ante-Nicene Fathers*, Bd. I, Reprint, Grand Rapids, 1985

Kaiser, E., *Paracelsus*, Hamburg 1986

Karpenko, V., »Coins and Medals Made of Alchemical Metal«, in: *Ambix*, 35, 1988, S. 65–76

Kepel, G., Die Rache Gottes. Radikale Moslems, Christen und Juden auf dem Vormarsch. Übers. von Th. Schmidt, München 1991

Key, W. B., *Subliminal Ad-Ventures in Erotic Art*, Boston 1992

Keynes, J. M., »Newton, the Man«, in: *The Royal Society Newton Tercentenary Celebrations*, Cambridge 1947, S. 27–34

Khunrath, H., *Amphitheatrum sapientae aeternae*, Hannover 1609

Kieckhefer, R., *Magie im Mittelalter*, München 1992

Kiesewetter, C., *Faust in der Geschichte und Tradition*, Bd. 1, Berlin 1921

Kiesewetter, K., *John Dee und der Engel vom westlichen Fenster*, 1893, Neuausgabe Berlin 1993

Kingsley, P., »Poimandres: The Etymology of the Name and the Origins of the Hermetica«, in: *Journal of the Warburg and Courtauld Institutes*, 56, 1993, S. 1–24

Kingsley, P., »From Pythagoras to the ›Turba Philosophorum‹: Egypt and the Pythagorean tradition«, in: *Journal of the Warburg and Courtauld Institutes*, 57, 1994, S. 1–13

Kingsley, P., *Ancient Philosophy, Mystery and Magic*, Oxford 1995

Kinsey, J., »The Use of Children in Advertising and the Impact of Advertising Aimed at Children«, in: *International Journal of Advertising*, 6, 1987, S. 169–177

Klein-Franke, F., »The Geomancy of Ahmad b.'Ali Zunbul. A Study of the Arabic Corpus Hermeticum«, in: *Ambix*, XX, 1973, S. 26–35

Klibansky, R., *The Continuity of the Platonic Tradition during the Middle Ages*, London 1939.

Kraemer, J. L., *Humanism in the Renaissance of Islam*, Leiden 1986

Kristeller, P. O., *Renaissance Concepts of Man*, New York 1972

Lawlor, R., *Sacred Geometry*, London 1987

Le Mée, K., *Chant*, London 1994

Lloyd, G. E. R., *Magic, Reason and Experience*, Cambridge 1979

Lindsay, J., *The Origins of Alchemy in Graeco-Roman Egypt*, London 1970

Lippman, E. O. von, »Some Remarks on Hermes and Hermetica«, in: *Ambix*, II, 1938, S. 21–25

Lomax, D. W., *Die Reconquista. Die Wiedereroberung Spaniens durch das Christentum*, München 1980

Lowry, M., *The World of Aldus Manutius*, Oxford 1979

Luhrmann, T. M., »An Interpretation of the *Fama Fraternitatis* with Respect to Dee's *Monas Hieroglyphica*«, in: *Ambix*, 33, 1986, S. 1–10

Lyon, D. M., *History of the Lodge of Edinburgh*, Edinburg 1873

Mac Kay, A., *Spain in the Middle Ages*, London 1977

McKie, D., »The Origins and Foundations of the Royal Society of London«. in: Hartley, H., *The Royal Society. Its Origins and Founders*, London 1960, S. 1–37

McLean, A., »A Rosicrucian/Alchemical Mystery Centre of Scotland«, in: *The Hermetic Journal*, 4, 1979, S. 10–13

McLure, P., Wells, R. H., »Elizabeth I as a Second Virgin Mary«, in: *Renaissance Studies*, 4, 1990, S. 38–70

MacRitchie, D., *Scottish Gypsies under the Stuarts*, Edinburgh 1984

Mahdihassan, S., »Early Terms for Elixier hitherto Unrecognized in Greek Alchemy«, in: *Ambix*, 23, 1976, S. 129–133

Mann, Thomas, *Bekenntnisse des Hochstaplers Felix Krull*, Frankfurt a. M. 1972

Marks, J., *The Search for the »Manchurian Candidate«*, London 1979

Marquet, Y., »Quelles furent les relations entre ›Jabir Ibn Hayyan‹ et les Ihwan As-safa?«, in: *Studia Islamica*, LXIV, 1984, S. 39–51

Masheck, J., *Building-Art: Modern Architecture under Cultural Construction*, Cambridge 1993

Masson, G., *Das Staunen der Welt. Friedrich II. von Hohenstaufen*, Tübingen 1958

Matthews, J., *Robin Hood Green Lord of the Wildwood*, Glastonbury 1993

Mead, G. R. S., *Simon Magus*, London 1892

Merkel, I., Debus, A. G., *Hermeticism and the Renaissance*, Cranbury (NJ) 1988

Merkur, D., »The Study of Spiritual Alchemy: Mysticism, Gold-making, and Esoteric hermeneutics«, in: *Ambix*, 37, 1990, S. 35–45

Merrifield, R., *The Archaeology of Ritual and Magic*, London 1987

Michell, J., *The Dimensions of Paradise*, London 1988

Milne, J. G., »Graeco-Egyptian Religion«, in: *Encyclopaedia of Religion and Ethics*, vol. 6, 1913, S. 374–384

Mookerji, R., *Asoka*, London 1928

Morley, H., *The Life of Henry Cornelius Agrippa von Nettesheim*, 2 Bde., London 1856

Morris, E., *Legends o' the Bells*, London 1935

Morse, A. A., »Commercial Speech as a Basic Freedom«, in: International Journal of Advertising, 9, 1990, S. 271–276

Müller-Jahncke, W. D., »The Attitude of Agrippe von Nettesheim (1486–1533) towards Alchemy«, in: *Ambix*, 22, 1975, S. 134–150

Murray, C. S., *Crosstown Traffic: Jimi Hendrix and Post-war Pop*, London 1990

Nakra, P., »Zapping Nonsense: Should Television Media Planners Lose Sleep over It?« in: *International Journal of Advertising*, 10, 1991, S. 217–220

Nasr, S. H., Islamic Science, London 1976

Nasr, S. H., *Islamic Studies*, Beirut 1967

Nasr, S. H., *An Introduction to Islamic Cosmological Doctrines*, überarb. Neuausg., London 1978

Naudé, G., *Instruction à la France sur la vérité de l'histoire des Frères de la Roze-Croix*, Paris 1623

Netton, I. R., *Muslim Neoplatonists*, Edinburgh 1991

Newman, W., »Prophecy and Alchemy: The Origin of Eirenaeus Philalethes«, in: *Ambix*, 37, 1990, S. 97–115

Nicholl, C., *The Reckoning: The Murder of Christopher Marlowe*, London 1992

Norberg-Schulz, C., *Genius Loci. Towards a Phenomenology of Architecture*, London 1980 (dt. Genius Loci. Landschaft, Lebensraum, Baukunst, Stuttgart 1982)

Norberg-Schulz, C., *Architecture: Meaning and Place*, New York 1988

Norwich, J. J., *The Normans in the South*, London 1981

Orgel, S., Strong, R., *Inigo Jones. The Theatre of the Stuart Court*, 2 Bde., Berkeley 1973

Orgel, S., *The Illusion of Power: Political Theatre in the English Renaissance*, Berkeley 1975

Oulton, J. E. L., Chadwick, H., *Alexandrian Christianity*, London 1954

Outram, D., *The Enlightenment*, Cambridge 1995

Packard, V., *Die geheimen Verführer. Der Griff nach dem Unbewußten in jedermann.* Übers. von H. Gross, Düsseldorf 1992

Pachter, H. M., *Paracelsus: Magic into Science*, New York 1951

Palmer, P. M., More, R. P., *The Sources of the Faust Tradition*, New York 1936

Palmer, R., *Dancing in the Street*, London 1996

Papathanassiou, M., »Stephanus of Alexandria: Pharmaceutical Notions and Cosmology in His Alchemical Works«, in: *Ambix*, 37, 1990, S. 121–133

Paracelsus, *Buch Paragranum*, in: *Sämtliche Werke*, Bd. 1

Paracelsus, *Sämtliche Werke.* Nach der Huserschen Gesamtausgabe, mit erklärenden Anmerkungen von Bernhard Aschner, 4 Bde., Jena 1926–1932

Paracelsus, *Über die Entstehung der Metalle und Minerale*, in: *Sämtliche Werke*, Bd. 3

Paracelsus, *Über die Natur der Dinge*, in: *Sämtliche Werke*, Bd. 3

Paracelsus, *Über die Tinktur der Physici*, in: *Sämtliche Werke*, Bd. 3

Parsons, E. A., *The Alexandrian Library*, London 1952

Patai, R., *The Jewish Alchemists*, Princeton 1994

Peacock, J., »The Stuart Court Masque and the Theatre of the Greeks«, in: *Journal of the Warburg and Courtauld Institutes*, 56, 1993, S. 183–208

Pearson, B. A., *Gnosticism, Judaism, and Egyptian Christianity*, Minneapolis 1990

Pennick, N., *That Ancient Science of Geomancy*, London 1979

The Perlesvaus, übers. von S. Evans als: *The High History of the Holy Graal*, Cambridge 1969

Pétrement, S., *A Seperate God. The Christian Origins of Gnosticism*, übers. von C. Harrison, London 1991

Pfeiffer, R., *Geschichte der klassischen Philologie. Von den Anfängen bis zum Ende des Hellenismus,* 2. Aufl., München 1978

Philostratos, *Das Leben des Apollonios von Tyana,* München/Zürich 1983

Pick, F. L., u. Knight, G. N., *The Pocket History of Freemasonry,* 8. Aufl. 1991

Pico della Mirandola, G., *De dignitate hominis*. Übers. von H. H. Reich, Bad Homburg 1968

Piggott, S., *The Druids*, Harmondsworth 1977

Pingree, D., »Some of the Sources of the *Ghayat Al-Hakim*«, in: *Journal of the Warburg and Courtauld Institutes*, 43, 1980, S. 1–15

Pingree, D., »Between the *Ghaya* and *Picatrix*«, in: *Journal of the Warburg and Corutauld Institutes*, 44, 1981, S. 27–56

Plassmann, J. O., *Orpheus: Altgriechische Mysterien,* 2. Aufl., München 1992

Platon, *Der Staat*, Stuttgart 10. Aufl. 1982

Platon, *Timaios*, hrsg. und übers. v. H. G. Zekl, Hamburg 1992

Plessner, M., »Hermes Trismegistus and Arab Science, in: *Studia Islamica*, II, 1954, S. 45–59

Plessner, M., »Geber and Jabir Ibn Hayyan: An Authentic sixteenth-century Quotation from Jabir, in: *Ambix*, XVI, 1969, S. 113–118

Plotin, *Schriften*, 5 Bde., Hamburg 1956–1967

Porter, E., *Cambridgeshire Customs and Folklore*, London 1969

Powers, T., *Heisenberg's War: The Secret History of the German Bomb*, London 1994

Prest, J., *The Garden of Eden*, New Haven 1981

Preston, I. L., *The Tangled Web They Weave. Truth, Falsity and Advertisers*, Madison 1994

Prince of Wales, *A Vision of Britain*, London 1989

Principe, L. M., »Robert Boyle's Alchemical Secrecy: Codes, Ciphers and Concealments«, in: *Ambix*, 39, 1992, S. 63–74

Pritchard, A., »Thomas Charnock's Book Dedicated to Queen Elizabeth«, in: *Ambix*, 26, 1979, S. 56–73

Purver, M., Bowen, E. J., *The Beginning of the Royal Society*, Oxford, 1960

Radford, P. R., *Subliminal Persuasion: The Theoretical Possibilities of Persuasion without Awareness*, Dissertation, Sheffield City Polytechnic 1983

Radhakrishnan, S. (Hrsg.), *History of Philosophy Eastern and Western*, London 1952

Ramsay, I., *Consumer Protection*, London 1989

Ranelagh, J., *The Agency: The Rise and Decline of the CIA*, London 1986

Read, J., *Prelude to Chemistry*, London 1936

Read, J., »Alchemy under James IV of Scotland«, in: *Ambix*, II, 1938, S. 60–67

Rebell, W., *Neutestamentliche Apokryphen und Apostolische Väter,* München 1992

Reid, R. W., *Tongues of Conscience: War and the Scientist's Dilemma*, London 1969

Rijckenborgh, J. van, *Das Bekenntnis der Bruderschaft des Rosenkreuzes*, Haarlem 1971

Rijckenborgh, J. van, *Der Ruf der Bruderschaft des Rosenkreuzes*, 3. Aufl., Haarlem 1985

Rimbaud, A., »Ein Aufenthalt in der Hölle«, in: *Sämtliche Dichtungen*. Übers. von Th. Eichhorn, München 1997

Rimbaud, A.: *Iluminations/Farbstiche*, übers. von W. Küchler, Stuttgart

Robertson, A., *The Life of Sir Robert Moray*, London 1922

Robertson, P., *Music and the Mind*, London 1996

Ronay, G., *The Tartar Khan's Englishman*, London 1978

Rostovtzeff, M., *The Social and Economic History of the Hellenistic World*, 3 Bde., Oxford 1941

Runciman, St., *Geschichte der Kreuzzüge*, München 1995

Runciman, St., *Häresie und Christentum. Der mittelalterliche Manichäismus*, München 1988

Ruska, J., *Tabula Smaragdina*, Heidelberg 1926

Schudson, M., *Advertising, the Uneasy Persuasion*, London, 1993

Schuler, R. M., »William Blomfild, Elizabethan Alchemist«, in: *Ambix*, XX, 1973, S. 77–87

Segal, J. B., »Pagan Syriac Monuments in the Vilayet of Urfa«, in: *Anatolian Studies*, III, 1953, S. 97–119

Segal, J. B., »Some Syriac Inscriptions of the 2nd–3rd Century A.D.«, in: *Bulletin of the School of Oriental and African Studies*, XVI, 1954, S. 13–36

Sermoise, P. de, *Joan of Arc and her Secret Missions*, übers. von J. Taylor, London 1973

Shah, I., *Die Sufis. Botschaft der Derwische, Weisheit der Magier, 7. Aufl.*, München 1990

Sheppard, H. J., »Gnosticism and Alchemy«, in: *Ambix*, VI, 1957, S. 86–101

Sheppard, H. J., »The Redemption Theme and Hellenistic Alchemy«, in: *Ambix*, VII, 1959, S. 42–46

Sheppard, H. J., »Alchemy: Origin or Origins«, in: *Ambix*, XVII, 1970, S. 69–84

Shirley, J. W., »The Scientific Experiments of Sir Walter Ralegh, the Wizard Earl, and the Three Magi in the Tower 1603–1617«, in: *Ambix*, IV, 1949–1951, S. 52–66

Siorvanes, L., *Proclus. Neo-Platonic Philosophy and Science*, Edinburgh, 1996

Smoller, L. A., *History, Prophecy and the Stars*, Princetown 1994

Snow, C. P., *The Two Cultures and the Scientific Revolution*, Cambridge 1959

Snow-Smith, J., *The »Primavera« of Sandro Botticelli: A Neoplatonic Interpretation*, New York 1993

Socarras, C. J., *Alfonso X of Castile: A Study on Imperialistic Frustration*, Barcelona 1975

Spence, L., *An Encyclopaedia of Occultism*, New York 1960

Stapleton, H. E., Lewis, G. L., Taylor, F. S., »The Sayings of Hermes Quoted in the *Ma' Al-Waraqi* of Ibn Umail«, in: *Ambix*, III, 1949, S. 69–90

Stevenson, D., *The Origins of Freemasonry*, Cambridge 1988

Storr, A., *Music and the Mind*, London 1993

Stoyanov, Y., *The Hidden Tradition in Europe*, London 1994

Strabo, Erdbeschreibung (Geographica), Hildesheim 1988

Strong, R., *The Renaissance Garden in England*, London 1979

Summerson, H., *Inigo Jones*, Harmondsworth 1983

Szulakowska, U., »The Tree of Aristotle: Images of the Philosopher's Stone and Their Transference in Alchemy from the Fifteenth to the Twentieth Century«, in: *Ambix*, 33, 1986, S. 53–77

Tabula Smaragdina: siehe Ruska

Tacitus, Cornelius, *Annalen*, hrsg. von E. Heller, München/Zürich 1982

Tardieu, M., »Sabiens Coraniques et ›Sabiens‹ de Harran«, in: *Journal Asiatique*, 274, 1986, S. 1–44

Tarn, W. W., *Hellenistic Civilisation*, 3. Aufl., London 1952

Taylor, F. S., »The Origins of Greek Alchemy«, in: *Ambix*, I, 1937, S. 30–47

Taylor, F. S., »Thomas Charnock«, in: *Ambix*, II, 1938, S. 148–176

Taylor, R., »Architecture and Magic«, in: *Essays in the History of Architecture Presented to Rudolph Wittkower*, 2 Bde., London 1967

Taylor, R. P., *The Death and Resurrection Show*, London 1985

Theissen, W. R., »John Dastin's Letter on the Philosophers' Stone«, in: *Ambix*, 33, 1986, S. 81–87

Theissen, W. R., »John Dastin: The Alchemist as Co-creator«, in: Ambix, 38, 1991, S. 73–78

Thomann, J., »The Name Picatrix. Transcription or Translation?«, in: *Journal of the Warburg and Courtauld Institutes*, 53, 1990, S. 289–296

Thomas, G., *Journey into Madness. Medical Torture and the Mind Controllers*, London 1988

Thorndike, L., *A History of Magic and Experimental Science*, 8 Bde., New York, 1923–1958

Thorndike, L., *Michael Scot*, London 1965

Thune, N., *The Behmenists and the Philadelphians*, Uppsala 1948

Tolstoy, N., *Auf der Suche nach Merlin. Mythos und geschichtliche Wahrheit*, München 1989

Turnbull, G. H., *Samuel Hartlib*, Oxford 1920

Turnbull, G. H., *Hartlib, Dury and Comenius*, London 1947

Turner, S., *Hungry for Heaven. Rock and Roll and the Search for Redemption*, überarb. Neuausg., London 1995

Tyack, G. S., *A Book about Bells*, London 1898

Vasari, G., *Lebensläufe der berühmtesten Maler, Bildhauer und Architekten*, Zürich, 5. Aufl. 1993

Verbeke, W., »Advertisers Do Not Persuade Consumers; They Create Societies around Their Brands to Maintain Power in the Marketplace«, in: *International Journal of Advertising*, 11, 1992, S. 1–13

Vitruv, *Über Architektur*. Übers. von Franz Reber, Berlin 1930

Vleeschauwer, H. J. de, »The Hellenistic Library«, in: *Mousaion*, 71, 1963, S. 50–99

Wallis, R. T. (Hrsg.), *Neoplatonism and Gnosticism*, Albany 1992

Walker, D. P., »Musical Humanism in the 16th and Early 17th Centuries«, in: *The Music Review*, 2–3, 1941–1942, S. 1–13, 111–121, 220–227, 288–308, 55–71

Walker, D. P., *The Ancient Theology*, London 1972

Walker, D. P., *Spiritual and Demonic Magic from Ficino to Campanella*, London 1975

Walker, D. P., *Studies in Musical Science in the Late Renaissance*, London/Leiden 1978

Waterson, M. J., »Advertising Facts and Advertising Illusions«, in: *International Journal of Advertising*, 3, 1984, S. 207–221

Watt, W. M., Cachia, P., *A History of Islamic Spain*, Edinburgh 1977

Webb, J., *The Flight from Reason*, London 1971

Welles, E. B., »The Unpublished Alchemical Sonnets of Felice Feliciano: An Episode in Science and Humanism in 15th Century Italy«, in: *Ambix*, 29, 1982, S. 1–16

Wellesz, E., »Music in the Treatises of Greek Gnostics and Alchemists«, in: *Ambix*, IV, 1949–1951, S. 145–158

Westra, J. H., *From Athens to Chartes. Neoplatonism and Medieval Thought*, Leiden 1992

Wilkinson, R. H., *Symbol and Magic in Egyptian Art*, London 1994

Wilson, R. McL., *Nag Hammadi and Gnosis*, Leiden 1978

Wind, E., Pagan Mysteries in the Renaissance. Überarb. Ausgabe, London 1980 (dt.: *Heidnische Mysterien in der Renaissance*, Frankfurt a. M. 1981)

Wirszubski, C., *Pico della Mirandola's Encounter with Jewish Mysticism*, Cambridge (Mass.) 1989

Witkowski, G., *Der historische Faust* (Deutsche Zeitschrift für Geschichtswissenschaft, N.F. 1, 1896-97)

Wittkower, R., *Grundlagen der Architektur im Zeitalter des Humanismus*, München 1990

Wolfram von Eschenbach, *Parzival*. Übers von W. Spiewok, Ottobrunn bei München 1984

Wolfram von Eschenbach, *Parzival*. Übers. von H. M. Mustard/C. E. Passage, New York 1961

Wolpert, L., *The Unnatural Nature of Science*, London 1992

Woodhouse, C. M., *George Gemistos Plethon: The Last of the Hellenes*, Oxford 1986

Yamauchi, E. M., *Pre-Christian Gnosticism*, London 1973

Yates, F. A., *Aufklärung im Zeichen des Rosenkreuzes*, Stuttgart 1972, 1975

Yates, F. A., The Occult Philosophy in the Elizabethan Age, London 1979 (dt.: *Die okkulte Philosophie im elisabethanischen Zeitalter*, Amsterdam 1991)

Yates, F. A., The Art of Memory, Harmondsworth 1978 (dt.: *Gedächtnis und Erinnern*, Berlin 1990)

Yates, F. A., Giordano Bruno and the Hermetic Tradition, London 1978 (dt.: *Giordano Bruno in der englischen Renaissance*, Berlin 1989

Yates, F. A., *Ideas and Ideals in the North European Renaissance*, London 1984

Yates, F. A., *Lull & Bruno*, London 1982

Yates, F. A., *Renaissance and Reform: The Italian Contribution*, London 1983

Yates, F. A., *The Theatre of the World*, London 1987

Yeats, W. B., »Sailing to Byzantium«. Übers. von W. Vordtriede, in: Yeats, *Werke I. Ausgewählte Gedichte*, hrsg. von W. Vordtriede, Neuwied/Berlin 1970

Zabughin, V., *Giulio Pomponio Leto*, 2 Bde., Rom 1909–1910

Register

494